次のページもご覧ください ▶▶▶

普通科

都立 青山（あおやま） 高等学校

https://www.metro.ed.jp/aoyama-h/

〠 150-0001　渋谷区神宮前 2-1-8
☎ 03-3404-7801
交通　東京メトロ外苑前駅　徒歩３分
　　　都営地下鉄国立競技場駅　徒歩 15 分
　　　ＪＲ中央線・総武線信濃町駅　徒歩 15 分
　　　ＪＲ中央線・総武線千駄ケ谷駅　徒歩 15 分

[カリキュラム] ◇三学期制◇

・１、２年次は英語、数学、国語に力を入れながら共通科目を履修し、国公立大学進学や大学での専門的研究に備えて幅広い学力を身につける。
・２年次には自由選択科目としてドイツ語やフランス語も選択が可能。
・３年次は**文系**と**理系**に分かれ、それぞれ幅広い選択科目のなかから進路希望にあわせて選択履修し、希望実現を図る。
・「**土曜日授業**」を実施（平成 24 年度からは年間 20 回実施）。また、**講習デー**（年３回）も実施している。

[部活動]

・常に９割以上が参加。
・全国大会出場の実績をもつ**青山フィルハーモニー管弦楽団**や**ラグビー部**をはじめ、いずれの部も熱心に活動している。
・令和２年度は、**ラグビー部**が全国大会予選で準決勝に進出し、東京都第３位となった。

★**設置部**（※は同好会）
硬式野球、バレーボール、バスケットボール、バドミントン、剣道、陸上競技、水泳、サッカー、ラグビー、硬式テニス、ソフトテニス、アルペン、ダンス、生物、演劇、軽音楽、青山フィルハーモニー管弦楽団、クッキング、漫画研究、百人一首、美術、英語、クイズ研究、※鉄道研究

[行　事]

文化祭は本校最大のイベント。全クラスがミュージカルや演劇を上演して競いあう全国的にも有名な行事で、生徒は熱く燃える。

5月　遠足（１・２年）
6月　体育祭
9月　外苑祭（文化祭）
12月　球技大会（１・２年）
2月　体育的行事（１・２年）
3月　修学旅行（２年）

[進　路] （令和５年３月）

・進路ガイダンスは１年次より実施し、面談も各学年で実施するなど、早い時期から進路や受験を意識して取り組んでいけるよう指導している。
・ほとんどの生徒が大学進学を希望しており、ほぼ全員が共通テストを受ける。
・１年生86％、２年生82％、３年生52％が塾や予備校に通っていない。
・平日7:30～20:00、授業のある土曜日の7:30～18:00に**自習室**を設置。「**自学自習**」の習慣を養っている。
・１、２年生を対象とした**大学分野別模擬講座**では、東京工業大学や一橋大学、筑波大学などから講師を招き、最先端の研究についての講義を受けることができる。

★**卒業生の主な合格実績**
東京大、京都大、一橋大、東京工業大、北海道大、東北大、大阪大、東京外国語大、東京学芸大、筑波大、千葉大、東京農工大、横浜国立大、東京都立大、早稲田大、慶應義塾大、上智大、東京理科大

♣**指定校推薦枠のある大学・短大など**♣
東京都立大、早稲田大、慶應義塾大、青山学院大、学習院大、北里大、中央大、津田塾大、東京理科大、東京薬科大、明治薬科大、法政大、立教大　他

[トピックス]

・昭和 15 年、東京府立第十五中学校として青山師範学校跡地に開校。現在地に移転したのは 33 年。平成 11 年に**新校舎**が落成。
・東京都教育委員会指定の**進学指導重点校**の一つであり、「**高きを望めと、青山で**」を合言葉に、難関国公立大学を目指す進学校である。その一方で、知徳体のバランスのとれた全人教育も目指している。
・落ち着いた学習環境の中、「**自主自律**」の考え方に基づく指導によって精神面を支えられつつ、高い目標に向かって全力投球できる学校である。
・部活動や学校行事も盛んで、生徒は生き生きと学校生活を送りながら進学実績を上げている。
・私服可ではあるが、校外学習や式典など決められたときには**標準服**を着用する。
・**全室冷暖房完備**の新校舎は、外音を完全に遮断する硝子を壁面としているため、明るく美しい外観になっている。サンルーフ付きプール、人工芝のテニスコート、体育館冷房完備など、設備も充実している。
・東京都教育委員会より、**英語教育研究推進校**に指定されている。

[学校見学] （令和５年度実施内容）

★**学校説明会　10・11・12月各１回**
★**学校公開　６・２月各１回**
★**外苑祭　９月　見学可**
★**学期中の学校見学は毎週火曜日15時40分より（要予約）。夏季休業期間中には学校見学会を実施（要予約）。**

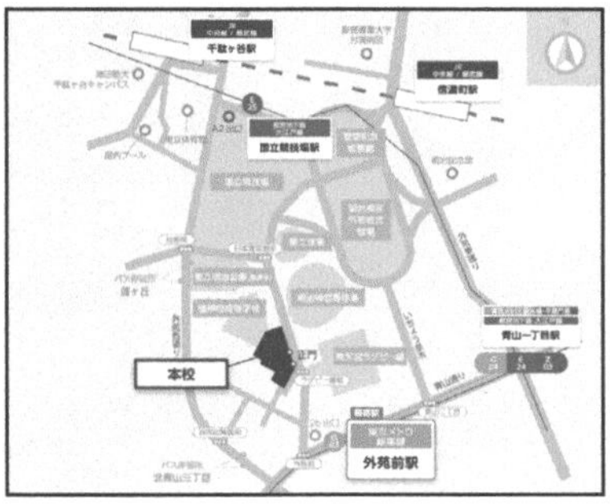

入試!インフォメーション

※本欄の内容はすべて令和６年度入試のものです。

受検状況

科名・コース名	募集人員	推薦に基づく入試				第一次募集・分割前期募集			
		募集人員	応募人員	応募倍率	合格人員	募集人員	受検人員	受検倍率	合格人員
普　通	277	56	212	3.79	56	221	412	1.86	227

入学者選抜実施方法

	科名・コース名	推薦枠		調査書の活用		満点					備考
		割合(%)	特別推薦の有無	観点別学習状況の評価	評定	調査書点	集団討論・個人面接	小論文	作文	実技検査	
推薦	普　通	10	−	−	○	450	100	400	−	−	

	科名・コース名	分割募集	男女枠緩和	学力検査		調査書		学力検査：調査書	満点					備考
				教科	学校指定による傾斜配点	教科の評定の扱い			学力検査	調査書点	面接	小論文・作文	実技検査	
						学力検査を実施する教科	学力検査を実施しない教科							
第一次・分割前期	普　通	−	○	5*		1倍	2倍	7：3	700	300	−	−	−	＊国数英は自校作成。

〈本校の期待する生徒の姿〉

青山高校は、自立した考えをもって行動するという伝統の下、質の高い授業が展開され、部活動も大変盛んです。したがって、以下の項目に該当する生徒を望んでいます。

1　学習に意欲的に取り組むことができ、極めて優秀な成績の生徒
2　入学後も着実に努力を重ね、将来の進路に対する明確な目標をもつことができる生徒
3　学校行事・部活動・生徒会活動等に積極的に参加し、リーダーシップを発揮できる生徒
4　自分の行動に責任をもち、集団生活のルールとマナーを守ることができる生徒
※　特に推薦選抜においては、上記１から４の高い意識をもち、難関国立大学への現役合格を目指す生徒が望ましい。

難易度（偏差値）	ＡＡ（72－70）	併願校選択例	青山学院、國學院、中央大、東洋、日本大鶴ケ丘

都立青山高等学校

〈収録内容〉

便利な DL コンテンツは右の QR コードから

解答用紙　過去年度　リスニング ⇒

※データのダウンロードは 2025 年 3 月末日まで。
※データへのアクセスには、右記のパスワードの入力が必要となります。 ⇒ 740150

本書の特長

実戦力がつく入試過去問題集

▶ 問題 …………… 実際の入試問題を見やすく再編集。
▶ 解答用紙 …… 実戦対応仕様で収録。
▶ 解答解説 …… 詳しくわかりやすい解説には、難易度の目安がわかる「基本・重要・やや難」の分類マークつき（下記参照）。各科末尾には合格へと導く「ワンポイントアドバイス」を配置。採点に便利な配点つき。

入試に役立つ分類マーク

基本 確実な得点源！
受験生の 90%以上が正解できるような基礎的、かつ平易な問題。
何度もくり返して学習し、ケアレスミスも防げるようにしておこう。

重要 受験生なら何としても正解したい！
入試では典型的な問題で、長年にわたり、多くの学校でよく出題される問題。
各単元の内容理解を深めるのにも役立てよう。

やや難 これが解ければ合格に近づく！
受験生にとっては、かなり手ごたえのある問題。
合格者の正解率が低い場合もあるので、あきらめずにじっくりと取り組んでみよう。

合格への対策、実力錬成のための内容が充実

▶ 各科目の出題傾向の分析、合否を分けた問題の確認で、入試対策を強化！
▶ その他、学校紹介、過去問の効果的な使い方など、学習意欲を高める要素が満載！

解答用紙ダウンロード 解答用紙はプリントアウトしてご利用いただけます。弊社ＨＰの商品詳細ページよりダウンロードしてください。トビラのＱＲコードからアクセス可。

UD FONT 見やすく読みまちがえにくいユニバーサルデザインフォントを採用しています。

過去問の効果的な使い方

① **はじめに**　入学試験対策に的を絞った学習をする場合に効果的に活用したいのが「過去問」です。なぜならば，志望校別の出題傾向や出題構成，出題数などを知ることによって学習計画が立てやすくなるからです。入学試験に合格するという目的を達成するためには，各教科ともに「何を」「いつまでに」やるかを決めて計画的に学習することが必要です。目標を定めて効率よく学習を進めるために過去問を大いに活用してください。また，塾に通われていたり，家庭教師のもとで学習されていたりする場合は，それぞれのカリキュラムによって，どの段階で，どのように過去問を活用するのかが異なるので，その先生方の指示にしたがって「過去問」を活用してください。

② **目的**　過去問学習の目的は，言うまでもなく，志望校に合格することです。どのような分野の問題が出題されているか，どのレベルか，出題の数は多めか，といった概要をまず把握し，それを基に学習計画を立ててください。また，近年の出題傾向を把握することによって，入学試験に対する自分なりの感触をつかむこともできます。

過去問に取り組むことで，実際の試験をイメージすることもできます。制限時間内にどの程度までできるか，今の段階でどのくらいの得点を得られるかということも確かめられます。それによって必要な学習量も見えてきますし，過去問に取り組む体験は試験当日の緊張を和らげることにも役立つでしょう。

③ **開始時期**　過去問への取り組みは，全分野の学習に目安のつく時期，つまり，9月以降に始めるのが一般的です。しかし，全体的な傾向をつかみたい場合や，学習進度が早くて，夏前におおよその学習を終えている場合には，7月，8月頃から始めてもかまいません。もちろん，受験間際に模擬テストのつもりでやってみるのもよいでしょう。ただ，どの時期に行うにせよ，取り組むときには，集中的に徹底して取り組むようにしましょう。

④ **活用法**　各年度の入試問題を全問マスターしようと思う必要はありません。できる限り多くの問題にあたって自信をつけることは必要ですが，重要なのは，志望校に合格するためには，どの問題が解けなければいけないのかを知ることです。問題を制限時間内にやってみる。解答で答え合わせをしてみる。間違えたりできなかったりしたところについては，解説をじっくり読んでみる。そうすることによって，本校の入試問題に取り組むことが今の自分にとって適当かどうかが，はっきりします。出題傾向を研究し，合否のポイントとなる重要な部分を見極めて，入学試験に必要な力を効率よく身につけてください。

数学

各都道府県の公立高校の入学試験問題は，中学数学のすべての分野から幅広く出題されます。内容的にも，基本的・典型的なものから思考力・応用力を必要とするものまでバランスよく構成されています。私立・国立高校では，中学数学のすべての分野から出題されることには変わりはありませんが，出題形式，難易度などに差があり，また，年度によっての出題分野の偏りもあります。公立高校を含め，ほとんどの学校で，前半は広い範囲からの基本的な小問群，後半はあるテーマに沿っての数問の小問を集めた大問という形での出題となっています。

まずは，単年度の問題を制限時間内にやってみてください。その後で，解答の答え合わせ，解説での研究に時間をかけて取り組んでください。前半の小問群，後半の大問の一部を合わせて50%以上の正解が得られそうなら多年度のものにも順次挑戦してみるとよいでしょう。

英語

英語の志望校対策としては，まず志望校の出題形式をしっかり把握しておくことが重要です。英語の問題は，大きく分けて，リスニング，発音・アクセント，文法，読解，英作文の5種類に分けられます。リスニング問題の有無(出題されるならば，どのような形式で出題されるか)，発音・アクセント問題の形式，文法問題の形式(語句補充，語句整序，正誤問題など)，英作文の有無(出題されるならば，和文英訳か，条件作文か，自由作文か）など，細かく具体的につかみましょう。読解問題では，物語文，エッセイ，論理的な文章，会話文などのジャンルのほかに，文章の長さも知っておきましょう。また，読解問題でも，文法を問う問題が多いか，内容を問う問題が多く出題されるか，といった傾向をおさえておくことも重要です。志望校で出題される問題の形式に慣れておけば，本番ですんなり問題に対応することができますし，読解問題で出題される文章の内容や量をつかんでおけば，読解問題対策の勉強として，どのような読解問題を多くこなせばよいかの指針になります。

最後に，英語の入試問題では，なんと言っても読解問題でどれだけ得点できるかが最大のポイントとなります。初めて見る長い文章をすらすらと読み解くのはたいへんなことですが，そのような力を身につけるには，リスニングも含めて，総合的に英語に慣れていくことが必要です。「急がば回れ」ということわざの通り，志望校対策を進める一方で，英語という言語の基本的な学習を地道に続けることも忘れないでください。

国語

国語は，出題文の種類，解答形式をまず確認しましょう。論理的な文章と文学的な文章のどちらが中心となっているか，あるいは，どちらも同じ比重で出題されているか，韻文(和歌・短歌・俳句・詩・漢詩)は出題されているか，独立問題として古文の出題はあるか，といった，文章の種類を確認し，学習の方向性を決めましょう。また，解答形式は，記号選択のみか，記述解答はどの程度あるか，記述は書き抜き程度か，要約や説明はあるか，といった点を確認し，記述力重視の傾向にある場合は，文章力に磨きをかけることを意識するとよいでしょう。さらに，知識問題はどの程度出題されているか，語句(ことわざ・慣用句など)，文法，文学史など，特に出題頻度の高い分野はないか，といったことを確認しましょう。出題頻度の高い分野については，集中的に学習することが必要です。読解問題の出題傾向については，脱語補充問題が多い，書き抜きで解答する言い換えの問題が多い，自分の言葉で説明する問題が多い，選択肢がよく練られている，といった傾向を把握したうえで，これらを意識して取り組むと解答力を高めることができます。「漢字」「語句・文法」「文学史」「現代文の読解問題」「古文」「韻文」と，出題ジャンルを分類して取り組むとよいでしょう。毎年出題されているジャンルがあるとわかった場合は，必ず正解できる力をつけられるよう意識して取り組み，得点力を高めましょう。

数学 出題傾向の分析と合格への対策

▼年度別出題内容分類表……

出題内容			2020年	2021年	2022年	2023年	2024年
数と式	数の性質						
	数・式の計算		○				○
	因数分解						○
	平方根		○	○	○	○	
方程式・不等式	一次方程式		○			○	
	二次方程式			○	○		
	不等式						
	方程式・不等式の応用						
関数	一次関数		○	○	○	○	○
	二乗に比例する関数		○	○	○	○	○
	比例関数						
	関数とグラフ		○	○	○	○	○
	グラフの作成						
図形	平面図形	角度	○	○	○		○
		合同・相似	○	○			○
		三平方の定理			○	○	○
		円の性質	○	○	○	○	○
	空間図形	合同・相似	○	○		○	○
		三平方の定理	○	○	○	○	○
		切断	○	○	○	○	○
	計量	長さ	○	○	○	○	○
		面積	○				○
		体積	○	○	○	○	○
	証明		○		○	○	○
	作図		○	○	○	○	○
	動点		○				
統計	場合の数			○			
	確率		○	○	○	○	○
	統計・標本調査		○	○	○	○	○
融合問題	図形と関数・グラフ		○	○	○	○	○
	図形と確率						
	関数・グラフと確率						
	その他			○			
その他							

都立青山高等学校

――出題傾向とその内容――

出題数は，大問4題，小問数にして15問と，ほぼ例年通りであり，分量に大きな変化はない。自校作成問題で入試を行っている他校と同じ形式で，「数学的な見方や考え方，表現・処理に関する能力をみる」という点にねらいを定めている。そのため，解答に至る途中式や計算，推論の過程を記述する問題が2～4において出題された。

1は中学数学全分野からの標準～応用レベルの小問群で，作図問題を含む。2は図形と関数・グラフの融合問題で，関数や図形の性質を理解し，問題を総合的にとらえて，論理的に考える力が試されている。3は平面図形の問題で，円の性質を用いるものが中心であったが，本年はこの〔問3〕が最も難しかったのではなかろうかと思う。理解と応用力を問う問題である。4は空間図形の問題で，立体の切断が主要テーマで，三角形の合同・相似や三平方の定理の理解を問うと共に，会話形式での思考力を計る問題が出題された。

――来年度の予想と対策――

学習のポイント★★★

来年度も問題の量，レベル，形式に大きな変化はないだろう。図形領域からの知識・理解度を測る問題を中心に，思考力の要求される内容が出題されることを想定し，過去年度の入試問題を参考にしつつ，幅広い分野にわたって十分な練習を重ねておこう。

実戦的な対策としては，標準以上の問題集や他の自校作成問題出題校の過去問を使って，解法の手順を自ら見つけ出すような学習が必要である。また，記述対策として，解答は必ず，手順を踏まえて考え方を書けるように，練習を積んでおかなければいけない。さまざまな図形問題を解くために自ら，その問題に合った図を新たにかきおこす訓練も必要である。また，作図や証明にも十分に慣れておこう。近年は，オーソドックスな形式が増えつつあるので，私立高校の過去問を使った演習も効果的であろう。

英語　出題傾向の分析と合格への対策

▼年度別出題内容分類表……

出題内容		2020年	2021年	2022年	2023年	2024年
話し方・聞き方	単語の発音					
	アクセント					
	くぎり・強勢・抑揚					
	聞き取り・書き取り	○	○	○	○	○
語い	単語・熟語・慣用句					
	同意語・反意語					
	同音異義語					
読解	英文和訳(記述・選択)					
	内容吟味	○	○	○	○	○
	要旨把握	○	○	○	○	○
	語句解釈	○	○	○	○	○
	語句補充・選択	○	○	○	○	○
	段落・文整序	○	○	○	○	○
	指示語					
	会話文	○	○	○	○	○
文法・作文	和文英訳					
	語句補充・選択					
	語句整序	○	○	○	○	○
	正誤問題					
	言い換え・書き換え					
	英問英答					
	自由・条件英作文	○	○	○	○	○
文法事項	間接疑問文		○	○	○	○
	進行形			○	○	○
	助動詞	○	○	○	○	○
	付加疑問文					
	感嘆文					
	不定詞	○	○	○	○	○
	分詞・動名詞	○	○	○	○	○
	比較	○	○	○	○	○
	受動態	○	○	○	○	○
	現在完了	○	○	○	○	○
	前置詞	○	○	○	○	○
	接続詞	○	○	○	○	○
	関係代名詞	○	○	○	○	○

都立青山高等学校

出題傾向とその内容

本年度は，リスニングテスト，会話文読解，長文読解の計3題の出題であった。昨年度と比べ大きな変化はない。

東京都共通のリスニングテストのほか，読解問題2題という出題は，一見ボリュームが少なめの印象を受けるが，会話文問題，長文読解問題ともに非常に文章が長く難易度も高い。

読解中心の問題構成で，文脈を把握し本文の内容を正確に理解することを求められる問題が多いので，英文の構造をつかむことに時間をとられることがないよう，文法や構文の力をしっかりつけておこう。

また，本年度も自由・条件英作文が出題され，自分の意見を40語以上50語以内の英文で表現することが求められた。配点も高いので，対策をしておこう。

来年度の予想と対策

学習のポイント★★★

来年度も読解中心の傾向は続くだろう。対策としては，さまざまな形の会話文や長文の問題に多く取り組み，読解力をつけておくことが重要だ。長い英文を時間内に正確に読みとる力をつけておこう。選択肢の多い問題が多く出題されていることにも注意しておく必要がある。自由・条件英作文の対策としては，英語で自分の考えを明確に表現できるように，数多く英作文に取り組み，ライティングの力を高める努力をしよう。また，社会的に問題や話題になっていることに目を向けておくことも大切だ。

独立した形での文法問題はないが，英文読解し問題に解答するために文法知識は前提として求められている。毎年難易度の高い問題が出題されるが，問題の形式はここ数年大きな変化はない。過去問は必ずやっておこう。

国語　出題傾向の分析と合格への対策

▼年度別出題内容分類表……

出題内容			2020年	2021年	2022年	2023年	2024年
内容の分類	読解	主題・表題					
		大意・要旨					○
		情景・心情	○	○	○	○	○
		内容吟味	○	○	○	○	○
		文脈把握			○	○	○
		段落・文章構成					
		指示語の問題					
		接続語の問題					
		脱文・脱語補充		○	○	○	○
	漢字・語句	漢字の読み書き	○	○	○	○	○
		筆順・画数・部首					
		語句の意味					
		同義語・対義語					
		熟語		○			
		ことわざ・慣用句					
	表現	短文作成					
		作文（自由・課題）	○	○	○	○	○
		その他					
	文法	文と文節					
		品詞・用法					
		仮名遣い					
		敬語・その他					
	古文の口語訳						
	表現技法						
	文学史						
問題文の種類	散文	論説文・説明文	○	○	○	○	○
		記録文・報告文					
		小説・物語・伝記	○	○	○	○	○
		随筆・紀行・日記					
	韻文	詩					
		和歌（短歌）	○			○	
		俳句・川柳					
	古文						○
	漢文・漢詩			○			

都立青山高等学校

――出題傾向とその内容――

大問数は，漢字の読み書きの独立問題が2題，読解問題が3題の計5題。記号選択式問題が多いが，読解力・表現力・思考力・想像力を重視し，作文も出題されている。

漢字の読み書きは，やや難易度が高い。

小説文は，登場人物の心情，様子やその理由などの読み取りが設問の中心となっている。

論説文は，筆者の主張を理解して，文脈に基づいた内容理解力を問う設問が中心。さらに，本文の内容に関連した会話を読み，自分の考えを200字以内で書かせる設問もある。

もう1題は，複数の古文などを紹介した文章で，内容を問う問題のほか語句の意味に関する問題が出題された。

――来年度の予想と対策――

学習のポイント★★★

来年度へ向けては，次のような準備をしておくとよいだろう。

読解問題については，標準的な難度の問題集でさまざまな文章に慣れておきたい。記号選択式の設問でも，内容理解を問うものの場合は，選択肢を見ずに答えを考えてまとめてみると力がつく。文学的文章では登場人物の心情や情景を理解することに重点をおき，説明的文章では本文の構成を踏まえて筆者の主張を読み取ること。本文の内容や筆者の主張などに対して自分の意見を書く練習も不可欠である。

韻文や古文・漢文は現代文の解説と合わせて出題されることが多いが，基本は押さえておこう。

漢字の読み書きや語句の意味・漢語・文法など知識問題は教科書などで基本をきちんと押さえておこう。

理科　出題傾向の分析と合格への対策

出題傾向とその内容

〈最新年度の出題状況〉

大問1は，全領域からの小問で，大問2の生徒研究ではクジャク石に含まれる銅の割合の計算，光の屈折の作図などの出題があった。大問3の地学は，透明半球での太陽の日周経路の観察，北極側から見た地球の自転，緯度の高低と夜の長さの考察であった。大問4の生物は，光合成の対照実験では顕微鏡操作と光合成の条件，光の明るさと光合成量・呼吸量の関係の考察であった。大問5の化学は，電解質と非電解質，溶解度曲線の温度と水溶液の濃度の変化のグラフの考察と溶質を全て取り出すための計算問題があった。大問6の物理は，斜面上での台車の運動と斜面上の台車の力の分解，作用・反作用の法則，位置／運動エネルギー，仕事とエネルギーの考察があった。探究の過程重視で，実験データや資料の読解力，分析力，判断力，科学的思考力等が試され，地学と化学で文章記述があった。

〈出題傾向〉

毎年，各学年の教科書の第一分野・第二分野からバランスよく出題される。大問1は各分野の基礎的問題で，大問2は資料や実験データの読みとり，計算，作図など科学の方法の基本的問題である。大問3から大問6は，各領域ごとに，一つのテーマについて，実験や観察から調べていきデータ(資料)をもとに考察し，総合的に活用して解く問題であり，論理的な問題解決能力が要求される。出題内容は，実験操作，モデル化，化学反応式，計算，グラフ化，データや資料の読みとりなどである。

物理的領域　大問は，6年は斜面上の台車の運動と力の分解，作用・反作用，位置／運動エネルギー，仕事，5年は電圧と電流と抵抗，電力の実験とグラフ，電力量，4年は斜面を下る小球の運動，力学的エネルギー，3年はフレミングの左手の法則，電磁誘導，右ねじの法則，回路の抵抗であった。

化学的領域　大問は，6年は電解／非電解質，溶解度曲線の温度と水溶液の濃度・溶質の取り出し，5年はイオンの粒子モデルと塩化銅／水の電気分解，4年は電池の電極での化学変化，水の電気分解，中和実験でのイオン数，3年は熱分解のモデル・実験方法・pH，質量変化の規則性であった。

生物的領域　大問は，6年は光合成の対照実験・顕微鏡操作，光の明るさと光合成量・呼吸量の関係，5年は消化の対照実験・柔毛での吸収・血液の循環・細胞の呼吸，4年は花のつくりと生殖，メンデルの実験の応用，3年は光合成の対照実験，光の明るさと光合成量・呼吸量の関係であった。

地学的領域　大問は，6年は透明半球の太陽の日周経路，北極側からの地球の自転，緯度の高低と夜の長さ，5年は露点の測定実験と湿度，雲の発生実験と寒冷前線，4年は火成岩と堆積岩，地質年代の示準化石や脊椎動物，柱状図，3年は空気中の水蒸気量，寒冷前線，季節と気圧配置であった。

来年度の予想と対策

実験・観察を扱った問題を中心に，基礎的理解力と並んで，後半の大問4題では，複数の実験や観察について考察しながら教科書の発展応用問題を解くといった総合的な問題解決能力を試す出題が予想される。グラフや作図，化学反応式など自ら発想して解答を得るなど，探究の過程重視と思われる。

教科書を丁寧に復習し，基礎的な用語は正しく理解し押さえておこう。日頃の授業では，仮説，目的，方法，結果，考察等の探究の過程を意識して，実験や観察に積極的に参加しよう。実験装置は図を描き，実験・観察結果は図や表，グラフ化など分かり易く表現し，記録しよう。考察は結果に基づいて自分で文章を書く習慣を身につけよう。資料から情報を読み取る学習においても，身近に発生している現象と重ねあわせて考察し，生じた疑問をさらに調べるといった自ら学ぶ姿勢を身につけたい。

⇨学習のポイント

- 教科書の「実験・観察すべて」が基礎・基本。用語，図表，応用発展，資料がすべてテスト範囲。
- 過去問題を多く解き，応用問題にも挑戦しよう。日常生活や社会にかかわる探究活動も大切!!

年度別出題内容の分析表　理科

※★印は大問の中心となった単元／　　は出題範囲縮小の影響がみられた内容

出題内容			27年	28年	29年	30年	2019年	2020年	2021年	2022年	2023年	2024年
第一分野	第1学年	身のまわりの物質とその性質	○	○	○			★			○	
		気体の発生とその性質	○	○	○	○	○	○		○	○	
		水溶液		○		○	○	○		○	○	★
		状態変化	○	○	○		○	○		○		
		力のはたらき（2力のつり合いを含む）		○			○		○	○		
		光と音	○	○	○	○	○	○	○	○	○	○
	第2学年	物質の成り立ち	○	○	★	○	○	○	○	○	○	○
		化学変化，酸化と還元，発熱・吸熱反応	○	○	○	○	○	○		○		○
		化学変化と物質の質量	★				★		★			○
		電流（電力，熱量，静電気，放電，放射線を含む）	○	★	○	○	○	★	○	○	★	○
		電流と磁界			○	★	○		★			
	第3学年	水溶液とイオン，原子の成り立ちとイオン	○		○	○		○	○	○	★	○
		酸・アルカリとイオン，中和と塩	○	★	○		○		○	○		
		化学変化と電池，金属イオン				★				★		
		力のつり合いと合成・分解（水圧，浮力を含む）		○	○					○	○	○
		力と物体の運動（慣性の法則を含む）	○		★	○	○		○	★	○	★
		力学的エネルギー，仕事とエネルギー	★		○	○	★	○		○		○
		エネルギーとその変換，エネルギー資源		○		○		○				
第二分野	第1学年	生物の観察と分類のしかた										
		植物の特徴と分類	○							○		
		動物の特徴と分類	○		○			○	○			○
		身近な地形や地層，岩石の観察	○		○	○		○		○		○
		火山活動と火成岩		○	○	○		○		○	○	
		地震と地球内部のはたらき		○			★		○			
		地層の重なりと過去の様子	★		○	★	○			★		○
	第2学年	生物と細胞（顕微鏡観察のしかたを含む）										○
		植物の体のつくりとはたらき	★	○		★	○		★	○	○	★
		動物の体のつくりとはたらき	○	○	★	○	○	★	○	○	★	○
		気象要素の観測，大気圧と圧力	○		○				○		★	○
		天気の変化	○	○	★	○	○	○	★	○	○	
		日本の気象							○			
	第3学年	生物の成長と生殖		○		○		○		○	○	
		遺伝の規則性と遺伝子		★	○		★		○	★		
		生物の種類の多様性と進化			○					○		
		天体の動きと地球の自転・公転		○			○		○		○	★
		太陽系と恒星，月や金星の運動と見え方	○	★	○	○		★		○		
		自然界のつり合い		○		○	○				○	○
自然の環境調査と環境保全，自然災害							○	○				
科学技術の発展，様々な物質とその利用					○	○		○	○			
探究の過程を重視した出題			○	○	○	○	○	○	○	○	○	○

―東京都公立高校―

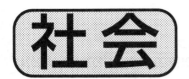

社会 出題傾向の分析と合格への対策

出題傾向とその内容

〈最新年度の出題状況〉

本年度の出題数は，例年同様，大問6題，小問20題である。解答形式は，マークシートの記号選択式が17題で，記述問題は各分野1題ずつ計3題であった。大問は，日本地理1題，世界地理1題，歴史2題，公民1題，地理分野・歴史分野・公民分野の各出題で構成された大問が1題である。基礎・基本の定着と，資料を読みとり，考察する力を試す総合的な問題が出題の中心となっている。

地理的分野では，略地図を中心に，表・グラフといった統計資料を用いて，諸地域の特色・産業・貿易・気候・人々のくらしなどが問われている。歴史的分野では，説明文・略年表などをもとに，日本の歴史が総合的に問われている。公民的分野では，基本的人権・財政・国際問題等の中から基礎的な知識が問われている。

〈出題傾向〉

全体として，3分野について基礎的な知識をみるとともに，資料を活用して社会的事象を考察し，適切に表現する能力をみる出題である。

地理的分野では，地形図・略地図・表・グラフ・雨温図などを読みとらせることで，知識の活用が行えるかを確認している。出題の形式がやや複雑なので，応用力を重要視していると言えるだろう。

歴史的分野では，テーマ別の通史という形で出題することにより，歴史の流れを理解しているかを確認している。即ち，歴史全体を大きくつかむ力を重要視していると言えるだろう。

公民的分野では，現代の日本の状況をきちんと分析する力を重要視していると言えるだろう。

なお，問題の大部分がマークシートでの解答となっていることに留意して，練習を重ねておこう。

来年度の予想と対策

来年度も，形式・内容ともに，大きな変化はないものと思われる。したがって，対策としては，まず，教科書を十分に読んで基礎力をつけることが必要である。基礎をしっかり固めて，入試過去問題集のとりくみをくり返せば，高得点も不可能ではない。

具体的には，地理では，地図帳や資料集を活用し，地図や統計，各種資料などを読み取る力を養う必要がある。歴史では，各時代のキーワードとなる語句を整理し，政治・外交・社会・文化などの特色や流れを総合的につかむようにしよう。その際，世界史の流れと関連づけて把握すると，理解が深まるであろう。公民では，当然知っておくべき知識を簡潔に整理すると同時に，新聞やテレビのニュースなどで世の中の動きにも目を向ける必要があると言えるだろう。

なお，例年出題されている記述問題の対策として，複数の資料からそれぞれ読みとれることを記した上で，文章にまとめる練習を十分にしておきたい。

⇨学習のポイント

- 地理では，地形図や各種の地図に慣れ，世界各国・日本各地の特徴をつかもう！
- 歴史では，略年表に慣れて，時代の流れをつかもう！　また世界史も視野に置こう！
- 公民では，政治・経済の基礎を幅広く理解し，地方自治・国際社会等の問題にも目を配ろう！

年度別出題内容の分析表　社会

※　　　は出題範囲縮小の影響がみられた内容

出題内容			27年	28年	29年	30年	2019年	2020年	2021年	2022年	2023年	2024年
地理的分野	日本	地形図の見方	○	○	○	○	○	○	○	○	○	○
		日本の国土・地形・気候	○			○			○	○		○
		人口・都市	○	○	○		○	○	○		○	
		農林水産業	○	○		○	○		○		○	○
		工業	○	○			○	○	○	○	○	○
		交通・通信						○	○	○	○	○
		資源・エネルギー			○							
		貿易			○						○	
	世界	人々のくらし・宗教									○	○
		地形・気候	○	○	○	○	○	○	○	○	○	○
		人口・都市		○				○	○	○	○	
		産業	○	○	○	○	○	○	○	○	○	○
		交通・貿易	○		○	○	○	○	○	○		○
		資源・エネルギー										
	地理総合				○		○	○				
歴史的分野	日本史—時代別	旧石器時代から弥生時代	○	○								
		古墳時代から平安時代	○	○	○	○	○	○	○	○	○	○
		鎌倉・室町時代	○	○		○	○	○	○	○	○	○
		安土桃山・江戸時代	○	○	○	○	○	○	○	○	○	○
		明治時代から現代	○	○	○	○	○	○	○	○	○	○
	日本史—テーマ別	政治・法律	○	○	○	○	○	○	○	○	○	○
		経済・社会・技術	○	○	○	○	○	○	○	○	○	○
		文化・宗教・教育	○	○	○	○	○	○	○	○	○	○
		外交	○	○			○					○
	世界史	政治・社会・経済史					○	○	○	○	○	○
		文化史				○						
		世界史総合										
	歴史総合											
公民的分野	憲法・基本的人権			○	○	○	○			○	○	○
	国の政治の仕組み・裁判			○	○		○	○	○	○		○
	民主主義											○
	地方自治		○			○			○			
	国民生活・社会保障			○			○					
	経済一般		○	○	○	○	○	○	○	○	○	
	財政・消費生活		○	○	○	○	○	○	○	○	○	○
	公害・環境問題			○		○					○	
	国際社会との関わり		○		○	○	○	○			○	○
時事問題												
その他												

—東京都公立高校—

2024年度　合否の鍵はこの問題だ!!

都立青山高等学校

数　学　4〔問2〕

4〔問2〕では，空間における線分の長さを求める問題であったが，これが選択制となっており自分でどう考えるかを選択し，解答する問題であった。本解説では，Xによる求め方を記載しているが，残りY，Zについても簡単に解答を示してみようと思う。

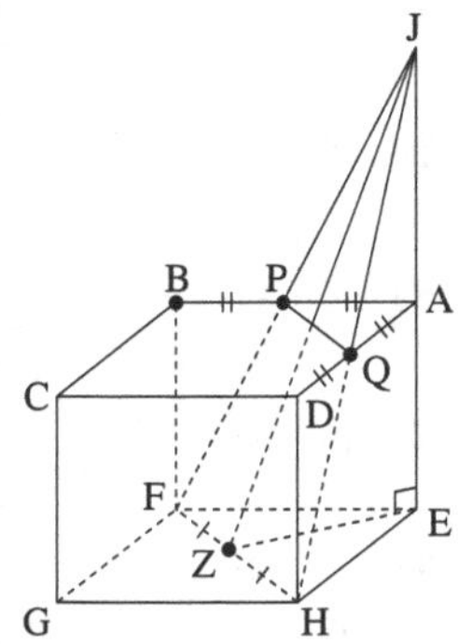

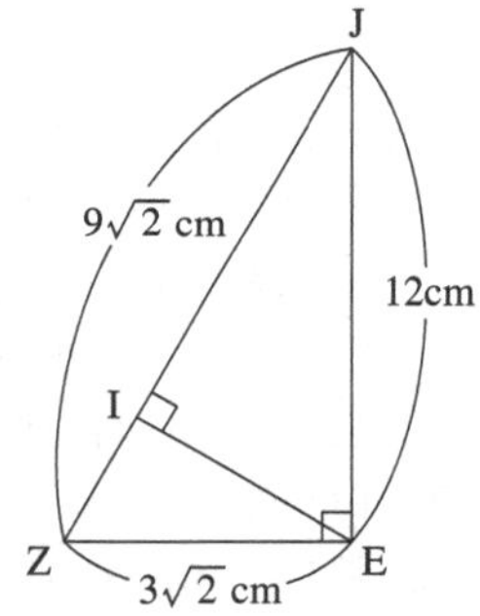

【解答例】

線分FHの中点をZとし，右図のように，切断面JZEを考える。図形の対称性から頂点Eから平面FPQに垂線EIをおろすと，点Iは線分JZ上にある。

△JZEにて三平方の定理より，$JZ=\sqrt{(3\sqrt{2}\,)^2+12^2}=\sqrt{162}=9\sqrt{2}$(cm)となる。

【ここから，Yについて】

△JZEの面積に着目すると，$JZ\times EI\times\frac{1}{2}=EZ\times JE\times\frac{1}{2}$なので，

$9\sqrt{2}\times EI\times\frac{1}{2}=3\sqrt{2}\times 12\times\frac{1}{2}$　　$9\sqrt{2}\times EI=36\sqrt{2}$　　$EI=4$cm

【ここから，Zについて】

△JZE∽△JEI（∠Jが共通，∠JEZ＝∠JIE＝90°より）なので，対応する辺の比は等しく，

$JZ:JE=ZE:EI$　すなわち，$9\sqrt{2}:12=3\sqrt{2}:EI$

$9\sqrt{2}EI=36\sqrt{2}$　　$EI=4$cm

英語 3

本年度は日本の農業についての文章が取り上げられた。日本の農業が抱える問題，そしてその問題を解決するための「スマート農業」「スマートアグリ」について述べられている。例年通り，英文の量が多く内容も詳細である。グラフの読み取りも求められた。小問のほぼすべてが内容理解を問うものであることも昨年度までと大きな変化はない。文脈に合うように本文に適切な文を挿入するもの，選択肢の中から本文の内容に合う英文を選ぶもの，語句を並べかえて英文を完成させるものなど，問題の形式は多様である。また，下線部の内容を正しく解釈できるかを問う小問が複数出題されていることにも注意しておきたい。本文の内容を段落ごとにしっかり理解しながら読み進めよう。

本校の入試に出題される英文は，社会的に問題や話題になっている事柄をテーマにしていることが多い。中学校で学習するすべての教科の知識はもちろん，それらを土台にしてさまざまなトピックに興味をもつ姿勢が重要だ。さらに，英文の読解力を問うだけでなく，そのテーマについて自分の意見を40語から50語程度の英文で表現することが求められる自由・条件英作文が毎年出題されている。英作文の練習を重ねるとともに，いろいろな物ごとについて知識を得るだけでなく，それらについての自分はどのように考えるのかを思考しておくことが力になるであろう。

国語 4〔問6〕

まずは問題文にある，芸術がわれわれにもたらすものを踏まえて，生徒A～Eの考えをきちんとまとめよう。特にここでは生徒A「話が分かってしまっているから、何度も読むとおもしろみがなくなってくるんじゃないかな」，生徒B「好きな音楽だったら何度も繰り返し聞くよ」という対比、またはじっくり聞くことで改めて違った意味に気づくとする生徒C・生徒Dの意見を踏まえて記述するとよい。1つに焦点を絞って論を進めてもよいし、2つの意見を交えて記述してもよいが、字数制限が二百字と少なめなので、できれば1つに焦点を絞って書くことを勧める。模範解答では、モネの書いたすいれんの絵について、小学校に見た時と今また見た時でどのように違って見えたのかということを書いている。

また、生徒Aと生徒Bの対比を用いて、何度も同じ芸術作品に触れることで、新鮮味を感じなくなってしまうのか、また改めて違った意味を見いだすことができるのか、自身の経験をもとに、生徒Aと生徒Bどちらかの立場に立って記述するのもよいだろう。

MEMO

大切なことはメモしておこうネ！

スピーキングテスト

★★★★★★★★★★★★★★★★★★★★★★★★★★★★★★★★★★★★★

練　習　問　題

スピーキングテスト（ESAT－J）は，
PartA，PartB，PartC，PartDの
4つのパートに分かれています。

【PartA】
英文を声に出して読むパートです。
2問の出題が予想されます。

【PartB】
図，表，イラストなどの与えられた情報をもとに
質問に答える問題と，あなたから問いかける問題です。
5問の出題が予想されます。

【PartC】
4コマイラストについて，ストーリーを英語で話す問題です。
1問の出題が予想されます。

【PartD】
質問に対して，自分の考えと理由を英語で述べる問題です。
1問の出題が予想されます。

本書では，各パート1問ずつの練習問題を収録しています。
アプリではさらに多くの練習ができます。
詳しくは巻頭「収録内容」ページの下部QRコードから
アクセスしてご確認ください。

東京都中学校英語スピーキングテスト(ＥＳＡＴ－Ｊ)について

東京都立高等学校入学者選抜では，東京都中学校英語スピーキングテスト(ＥＳＡＴ－Ｊ)の結果を令和5年度入学者選抜(令和4年度実施)から活用しました。

1　実施方法について

中学校英語スピーキングテストのために用意されたタブレットとヘッドセット(マイク付きヘッドフォン)を使います。

タブレット(タブレットのサイズ　幅197.97×奥行119.82×高さ8.95mm　重さ約320g)
- バックアップのための音声が録音されます。
- 録音の状況を、「見て」確認できます。
- 画面上で文字の大きさを選択できます。
- 指示文にはルビが付いています。
- 問題のイラストを白黒で見やすいように表示します。

ヘッドセット(装着時にマイクは左側にきます。)
- 耳をしっかり覆い、集中できるように設計されています。

2　問題の構成と評価の観点について

Part	出題形式	出題数	評価の観点		
			コミュニケーション達成度	言語使用	音声
A	英文を読み上げる	2			○
B	質問を聞いて応答する／意図を伝える	5	○		
C	ストーリーを英語で話す	1	○	○	○
D	自分の意見を述べる	1	○	○	○

3　令和６年度の実施ついて(予定)

実施日　令和６年１１月２４日(日)　予備日：令和６年１２月１５日(日)

＜スピーキングテスト　練習問題＞

【Part A】

　聞いている人に，意味や内容が伝わるように，英文を声に出して読んでください。はじめに準備時間が30秒あります。録音開始の音が鳴ってから解答を始めてください。解答時間は30秒です。

　英語部員のあなたは，他の部員に向けて，祖母の家に遊びに行った思い出について短いスピーチをすることになりました。次の英文を声に出して読んでください。
(準備時間30秒／解答時間30秒)

I have a grandmother in Aomori. Last fall, my family and I stayed at her house for two days. She has a large apple field there. My grandmother made an apple cake for us. It looked interesting for me to make it, so I helped her then. The cake was delicious.

【Part B】

　画面上の情報を見て，英語で話してください。準備時間は10秒です。録音開始の音が鳴ってから解答を始めてください。解答時間は10秒です。

　あなたは地域のお祭りに友だちと一緒に参加しようとしていて，そのチラシを見ながら，友だちと話しています。友だちからの質問に対して，画面上のチラシをもとに，英語で答えてください。
(準備時間10秒／解答時間10秒)

Question: What time should you get to the hall if you want to join the City Festival?

City Festival

Date : May 3　　Place : City Hall　　Time : From 1:00 p.m.

◆You need to come to the hall 15 minutes before the starting time.

(4)　スピーキングテスト　練習問題　　　　　　**東京都**

【Part C】

これから画面に表示される１コマめから４コマめのすべてのイラストについて，ストーリーを英語で話してください。はじめに準備時間が30秒あります。録音開始の音が鳴ってから解答を始めてください。解答時間は40秒です。

あなたは，昨日あなたに起こった出来事を留学生の友だちに話すことになりました。イラストに登場する人物になったつもりで，相手に伝わるように英語で話してください。
(準備時間30秒／解答時間40秒)

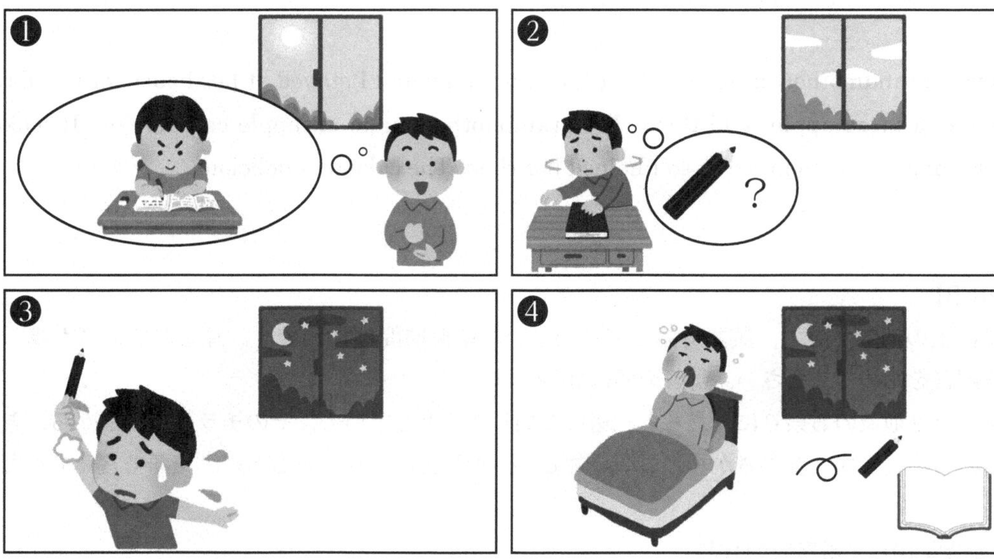

【Part D】

質問に対して，自分の考えとそう考える理由を英語で述べる問題です。はじめに準備時間が１分あります。解答時間は40秒です。録音開始の音が鳴ってから解答を始めてください。

あなたは友人と高校入学後の学校生活について話をしています。次の質問について自分の考えを述べ，その理由を説明してください。
(準備時間１分／解答時間40秒)

Question: Do you want to join a club in high school? Answer the question and explain why you think so.

スピーキングテスト　練習問題

解答例と解説

＜解答例＞

【Part A】 解説参照

【Part B】 We should get to the hall at 12:45 pm.

【Part C】 One day, I decided to study. I needed my pencil, so I looked for it on the desk, but I couldn't find it. It was night when I found it. I was tired and sleepy and went to bed.

【Part D】 I want to belong to a club. Playing baseball is very fun for me. Also, I want to make a lot of friends. This is my idea.

＜解説＞

【Part A】

≪問題文訳≫

私には青森に祖母がいます。この間の秋，家族と私で2日間彼女の家に泊まりました。彼女はそこに大きなリンゴ農園を持っています。祖母は私たちにリンゴケーキを作ってくれました。それを作るのが私には面白そうに見えたので彼女を手伝いました。ケーキは美味しかったです。

≪解説≫

発音は概ね正しく，強勢，リズムや抑揚が，聞き手の理解の支障とならないことを目指そう。言葉や言い回しを考えたり，言い直したりするために，間(ま)を取っても良いが，発話中の間は，不自然に長くならないようにする。

全体を通して発音の誤りが生じていたり，抑揚がほとんどなかったり，言いよどみが多かったり，聞き手が話についていくのが難しいほど沈黙が長かったりすると減点となるので注意する。

【Part B】

≪図の訳≫

都市祭り

日時：5月3日　　場所：シティホール　　時間：午後 1:00 から

◆開始時刻の 15 分前までにホールへ来る必要があります。

≪質問文訳≫

もし，都市祭りに参加したいのであれば，あなたは何時にそのホールへ着くべきですか？

≪解答例訳≫

私たちは午後12時45分にはホールに着くべきです。

≪解説≫

設問の問いかけに対して適切な内容を答えるようにしよう。

時間は午後1：00からとあり，下部に「開始時刻の15分前までにホールへ来る必要があります。」と記載されている。よって，午後12時45分にはホールに着くべきと答える。

【Part C】

≪解答例訳≫

ある日，私は勉強をすることにしました。鉛筆が必要だったので，机の上を探したのですが，見つかりませんでした。見つけたとき，夜でした。私は疲れて眠くなり，ベッドに入りました。

≪解説≫

各コマのイラストから読み取れる事実を伝えるようにしよう。語彙や文構造，文法の使い方の誤りは減点となるので注意する。

【Part D】

≪質問文訳≫

あなたは高校で部活動に加入したいと思いますか？質問に答えて，なぜそう考えるのか説明してください。

≪解答例訳≫

私は部活動に加入したいです。私にとって野球をすることはとても楽しいです。また，私は多くの友達を作りたいです。これが私の考えです。

≪解説≫

自分の考えを伝え，それをサポートする理由を伝えよう。幅広い語彙・表現や文法を柔軟に使用して答えると良い。質問に対する答えになっていなかったり，理由が不明瞭であったりすると減点となるので注意する。

都立青山高等学校

2024年度

★★★★★★★★★★★★★★★★★★★★★★★★

入　試　問　題

2024年度

●くわしい解説……33ページ

＜数学＞

時間　50分　　満点　100点

【注意】答えに根号が含まれるときは，**根号を付けたまま，分母に根号を含まない形で表しなさい。**
また，**根号の中を最も小さい自然数にしなさい。**

1 次の各問に答えよ。

〔問１〕　$11^2-33^2-44^2+55^2$ を計算せよ。

〔問２〕　xについての方程式$4x+\dfrac{x-a}{3}=a-1$の解が-1であるとき，aの値を求めよ。

〔問３〕　１から６までの目が出る１つのさいころを２回投げて，１回目に出た目の数をa，２回目に出た目の数をbとするとき，$a+2b$が偶数となる確率を求めよ。
　ただし，１から６までのどの目が出ることも同様に確からしいものとする。

〔問４〕　次の表は，20人の生徒に５点満点のテストを行ったとき，３点を基準にして，得点から基準を引いた値ごとの人数をまとめたものである。
　このテストの平均点が3.4点のとき，表中のmの値を求めよ。

得点から基準を引いた値(点)	-3	-2	-1	0	1	2
人数(人)	0	1	m	5	n	4

〔問５〕　図のように，４点A，B，C，Dは，１つの円周上にあり，A，C，D，Bの順に並んでいる。点Aと点B，点Cと点Dをそれぞれ結ぶ。
　線分ABと線分CDが平行でないとき，線分ABの中点で線分ABと接し，線分CDにも接する円を，定規とコンパスを用いて作図せよ。
　ただし，作図に用いた線は消さないでおくこと。

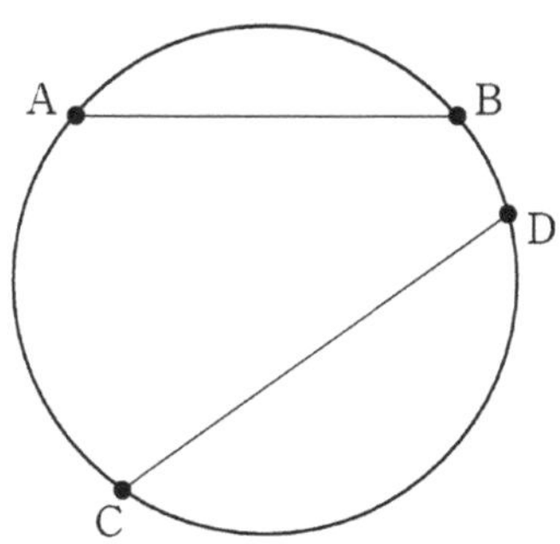

2 右の図で，点Oは原点，曲線fは関数$y=\frac{1}{2}x^2$のグラフを表している。

点A，点Bは，ともに曲線f上にあり，y座標は等しく，互いに一致しない。

点Aのx座標を$a(a>0)$とする。

点Oと点A，点Oと点B，点Aと点Bをそれぞれ結ぶ。

点Oから点(1，0)までの距離，および点Oから点(0，1)までの距離をそれぞれ1cmとして，次の各問に答えよ。

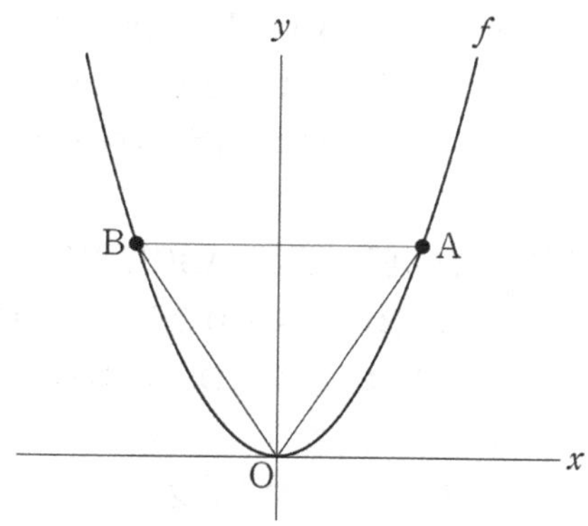

〔問1〕 $a=3$のとき，△OABの面積は何cm^{2}か。

〔問2〕『∠AOB＝90°の場合を考える。

点Aを通り△OABの面積を2等分する直線と，曲線fとの交点のうち，点Aと異なる点をCとする。点Cの座標を求めよ。』

という問題を，下の[ ]の中のように解いた。

[①]～[④]に当てはまる数，[⑤]に直線の式を書け。

また，[⑥]には答えを求める過程が分かるように，途中の式や計算などを書き，解答を完成させよ。

【解答】 点Aは曲線f上の点である。

また，△OABで∠AOB＝90°のとき，

点Aを通りx軸に垂直な直線を引き，x軸との交点をHとすると，

△AOHは，∠AOH＝45°，∠OAH＝45°，∠AHO＝90°の

直角三角形であることから，点Aの座標は([①]，[②])であることが分かる。

次に，点Aを通り△OABの面積を2等分する直線を考えると，

この直線は，線分OBの中点を通る。

線分OBの中点をDとすると，その座標は([③]，[④])だから，

2点A，Dを通る直線の式は，[⑤]

したがって，点Cのx座標をtとすると，

⑥

〔問３〕 △OABが正三角形のとき，曲線f上にありx座標が-2である点をEとし，点Oと点E，点Aと点Eをそれぞれ結んだ場合を考える。

△OAEの面積は何cm^2か。

3 右の**図１**で，△ABCは鋭角三角形である。

辺ABの中点をDとし，頂点Cと点Dを結ぶ。

点Eは，線分CD上にある点で，頂点Cと点Dのいずれにも一致しない。

頂点Aと点Eを結ぶ。

次の各問に答えよ。

図１

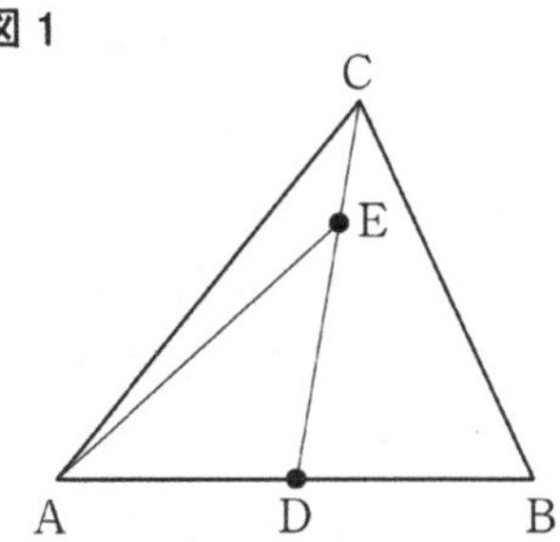

〔問１〕 右の**図２**は，**図１**において，頂点Bと点Eを結び，AD＝DEの場合を表している。

∠AEBの大きさは何度か。

図２

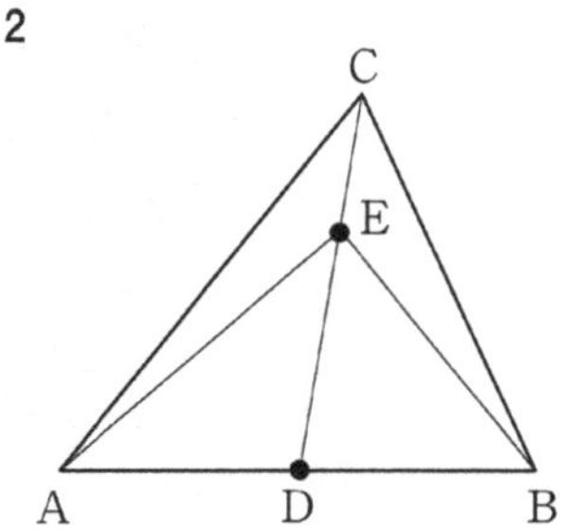

〔問２〕 右の**図３**のおうぎ形BACは，**図１**において，△ABCが正三角形のとき，辺ABを，頂点Bを中心として，時計回りに60°回転移動させてできたおうぎ形である。

AB＝4cm，点Eが辺CDの中点のとき，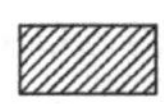で示された図形の面積は何cm^2か。

ただし，円周率はπとする。

図３

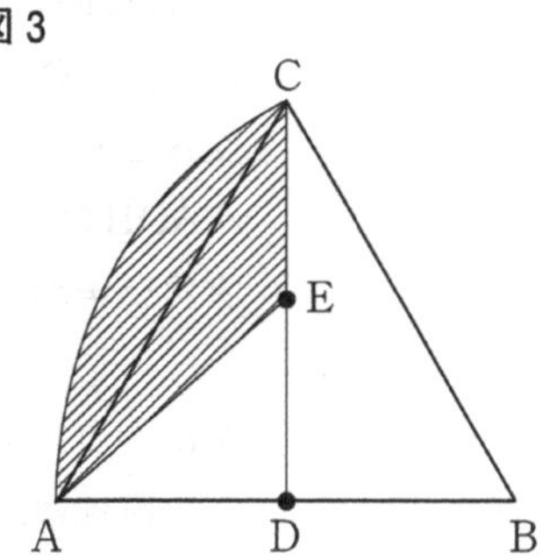

〔問３〕 右の**図４**は，**図１**において，AC＞BC，AE＝BCの場合を表している。

∠BCDと等しい角を次の①，②，③のうちから１つ選び，解答欄に○を付け，選んだ角が∠BCDと等しいことを証明せよ。

① ∠ACE　　② ∠AED　　③ ∠CBD

図４

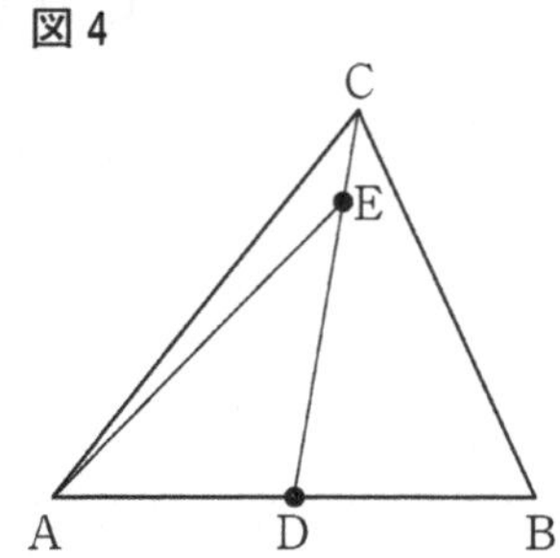

4 右の**図1**に示した立体ABCD－EFGHは，1辺の長さが6cmの立方体である。

辺AB，辺ADの中点をそれぞれP，Qとする。

次の各問に答えよ。

〔問1〕 辺FGの中点をRとし，点Pと点Rを結んだ場合を考える。

線分PRの長さは何cmか。

〔問2〕『この立方体を3点F，P，Qを通る平面で分けたとき，頂点Eから

3点F，P，Qを通る平面に垂直な直線を引き，3点F，P，Qを通る平面との交点をIとする。線分EIの長さは何cmか。』

という問題について，アオさんとヤマさんが次のような会話をしている。

会話文を読んで，あとの（1），（2）に答えよ。

図1

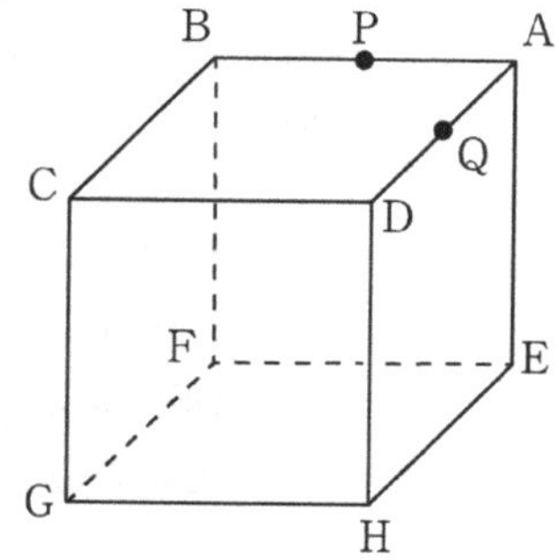

アオさん：直接，線分EIの長さを求めるのは難しそうだね。
　　　　　ただ，3点F，P，Qを通る平面上に点Hもあるよね。

ヤマさん：線分FP，線分HQ，線分EAをそれぞれ延長すると1点で交わるから，
　　　　　この交点をJとして，三角すいJ－FHEで考えると良さそうだね。

アオさん：長さが分からない線分があるけれど，△JAQと△HDQの合同から
　　　　　求めることができそうだね。

ヤマさん：証明を書いてみたよ。

【ヤマさんが書いた証明】

△JAQと△HDQにおいて，

［ア］は等しいから，∠JQA＝［イ］…①

∠JAQ＝∠HDQ＝90°…②

点Qは辺ADの［ウ］であるから，AQ＝［エ］…③

①，②，③より，［オ］から，

△JAQ≡△HDQ

アオさん：この証明の結果を利用すれば，線分EIの長さを求める方法はいろいろ
　　　　　考えられるよね。

ヤマさん：三角すいの体積に注目すると，線分EIの長さを求めることができそうだよ。

アオさん：三角形の面積や三角形の相似に注目しても求めることができそうだね。

（1）【ヤマさんが書いた証明】の中にある［ア］～［オ］に当てはまる最も適切なものを次の語群の中のa ～ nの中からそれぞれ1つずつ選び，記号で答えよ。

語群

a　対頂角　　b　同位角　　c　錯角　　d　中点　　e　交点
f　∠JEH　　g　∠JHE　　h　∠HDQ　　i　∠HQD　　j　AP　　k　DQ
l　3組の辺がそれぞれ等しい
m　2組の辺とその間の角がそれぞれ等しい
n　1組の辺とその両端の角がそれぞれ等しい

（2）会話文でアオさんとヤマさんは，問題を解く方法として，

X：三角すいの体積，Y：三角形の面積，Z：三角形の相似

のいずれかに注目すると，線分EIの長さを求めることができそうだと話している。

あなたなら，X，Y，Zのどれに注目をして問題を解くか。

X，Y，Zのうちから1つ選び，解答欄に○を付け，線分EIの長さは何cmか求めよ。

ただし，答えだけでなく，答えを求める過程が分かるように，途中の式や計算なども書け。

また，**合同な図形や相似な図形の性質を用いる場合は証明せずに用いてもよい。**

〔問3〕　右の**図2**は，**図1**において，3点G，P，Qを通る平面と，辺DHとの交点をS，辺BFとの交点をTとし，頂点Gと点S，頂点Gと点T，点Pと点Q，点Pと点T，点Qと点Sをそれぞれ結んだ場合を表している。

五角形GSQPTの面積は何cm^2か。

図2

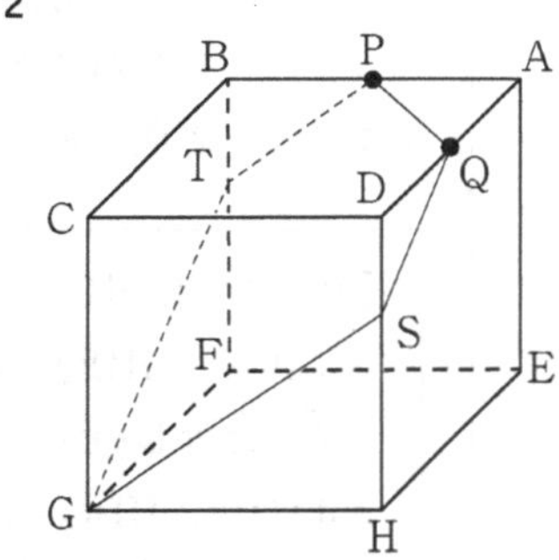

＜英語＞　時間　50分　満点　100点

1　リスニングテスト（**放送**による**指示**に従って答えなさい。）

〔**問題A**〕　次の**ア**～**エ**の中から適するものをそれぞれ**一つずつ**選びなさい。

＜対話文 1＞

ア　One dog.

イ　Two dogs.

ウ　Three dogs.

エ　Four dogs.

＜対話文 2＞

ア　Tomatoes.

イ　Onions.

ウ　Cheese.

エ　Juice.

＜対話文 3＞

ア　At two.

イ　At one thirty.

ウ　At twelve.

エ　At one.

〔**問題B**〕　＜Question 1＞では，下の**ア**～**エ**の中から適するものを**一つ**選びなさい。
＜Question 2＞では，質問に対する答えを英語で書きなさい。

＜Question 1＞

ア　Two months old.

イ　One week old.

ウ　Eleven months old.

エ　One year old.

＜Question 2＞

（15秒程度，答えを書く時間があります。）

2　次の対話の文章を読んで，あとの各問に答えなさい。
（＊印の付いている単語・語句には，本文のあとに〔**注**〕がある。）

*Satoru is in his second year of high school and lives in Tokyo. He and his brother Hitoshi are on an overseas study program during summer vacation and visiting Finland. Emma, a university student in *Helsinki, stayed in Tokyo with Satoru's family when she was a junior high school student. Today, Satoru and Hitoshi are visiting her in Helsinki.*

Satoru　：Hello, Emma. It's been a while!

Hitoshi　：Hi, Emma. It's good to see you again.

Emma　：Satoru! Hitoshi! It's nice to see you again. You both have grown a lot.

Satoru : Have we?

Emma : I hope you remember all the fun we had while I was staying with you in Tokyo.

Hitoshi : Of course we do. We went all around Tokyo by train.

Emma : Both of you loved train trips very much. [(1)-a]

Hitoshi : Less than before, but, yes, we sometimes enjoy them.

Emma : The *public transportation network in Tokyo is perfect. But more than that, we enjoyed seeing cherry blossoms from a *tram window. They were so pretty that I can't forget them.

Satoru : Cherry blossoms are a symbol of spring in Japan.

Hitoshi : I remember that fantastic view, too.

Satoru : You know, one of the things we want to try here is to go around the town by tram.

Emma : Really? I've been thinking of taking you on a tram trip since I heard you were going to visit *Suomi.

Satoru : Suomi. Finland is called Suomi in *Finnish.

Emma : That's right. Well, if you want to ride a tram, we can go now. But first, you have to get tickets. You can get them from a ticket machine.

Satoru : Sure. Let's go.

Hitoshi : Yes, let's.

The three students get on a tram at a nearby stop.

Satoru : Wow, how exciting!

Emma : You can also enjoy the town view from the window.

Hitoshi : The town is beautiful. The view of the old city is amazing.

Emma : Yes. The Suomi people are always trying hard to *keep up the traditional beauty of the city.

Hitoshi : And it also looks nice with trams, I think.

Emma : It really does. Trams also play an important role in the public transportation system of the city.

Satoru : [(1)-b]

Emma : Maybe the service started about 130 years ago. There were no stops at that time, and you could get onto the tram anywhere along the line.

Hitoshi : When we got on this tram, there was no ticket gate at the stop. There was no *fare box on the tram, either. That's interesting.

Satoru : And nobody shows a ticket to the driver.

Emma : I know that really looks strange to you. If you have a smartphone with you, you can get a ticket on a *software application.

Hitoshi : Do you have to show your ticket on your smartphone?

Emma : No. If you get a ticket before you get on the tram, that will be enough. You don't have to do anything else. The software application has other services, too.

Satoru : [(1)-c]

Emma : You can see how to get to the place you want to visit, check out operation information, and use *bike sharing.

Hitoshi : I know. The service is called "*MaaS," right?

Emma : You know a lot, Hitoshi.

Satoru : We are very curious about trams.

Hitoshi : I hear Finland is famous for its unique system of using the Internet to make public transportation a more effective service.

Emma : Yes. People get together various kinds of information on public transportation, from buses, trains, and taxis to *ridesharing or bike sharing, and the information helps people move around easily and quickly.

Satoru : People here also welcome changes to make their lives more convenient. By the way, Emma, where are we going today?

Emma : Well, I want to take you to a museum. You'll see many things about trams there.

Hitoshi : Wonderful! I want to learn more about trams.

Emma : You can learn about the history of trams in Helsinki, too.

Hitoshi : Sounds exciting.

Emma : Here we are. [(1)-d]

Satoru : Oh, OK.

After that, the three students go to the museum. Inside the museum, several tram cars are on display.

Satoru : Look. A horse is pulling a tram on *rails.

Emma : It's the oldest kind of tram. The horses were well trained, and they could lead the tram without *getting lost.

Hitoshi : The display shows there were originally two horse tram lines.

Emma : Yes. There used to be a building for keeping horses around here.

Satoru : I'm wondering which are older, trams or trains. Can you find anything about that on the display, Hitoshi?

Hitoshi : Just a moment. (2)<u>I'm afraid I can't.</u>

Emma : I guess train service started in the U.K. around 1820.

Hitoshi : What pulled the trains at that time?

Emma : *Steam power. It was introduced in 1804. It improved train service very much.

Hitoshi : Oh, that's *steam locomotives, right? I learned about *the Industrial Revolution in a social studies class, and the teacher talked about steam power.

Emma : Yes.

Satoru : How about trams in Helsinki?

Emma : [(3)-a]

Satoru : [(3)-b]

Emma : (3)-c

Satoru : (3)-d

Emma : (3)-e

Satoru : Someday, I want to learn more about the start of train service, too.

Emma : The history of public transportation is one of my studies at university.

Satoru : That sounds interesting.

Emma : Yes, it really is. I want to work as an engineer to improve MaaS in Finland after graduation.

Hitoshi : Great.

Satoru : Look. We can see a video on the history of trams in Helsinki over there.

Emma : Yes. The video is starting. Let's go and watch it.

After they watch the video, they start to talk about it.

Satoru : The video was interesting. It is for children for the most part, but adults can also learn a lot from it.

Hitoshi : I was surprised that trams once disappeared. People started to think that they are valuable again. I am happy to hear that.

Satoru : I was surprised to learn that some people *blamed trams for *traffic jams.

Hitoshi : Me too! In fact, the streets were crowded because more and more people in Helsinki started to drive their own cars.

Satoru : I was happy when I saw trams on their own *lanes after people started to admire the trams again, and traffic started moving without making the streets crowded.

Hitoshi : People of Finland should feel very proud of their trams.

Satoru : You are right. They look excellent on these town streets.

Emma : Tokyo trams look great with cherry blossoms, too.

Hitoshi : Yes. And I think (4) .

Emma : Yes, I am happy that the city grew and there were more lines.

Hitoshi : Fantastic.

Emma : Now, in Helsinki, people are using MaaS, and some people think that someday people living in the city will not need cars.

Satoru : What a change!

Hitoshi : I want to learn more about MaaS here.

Satoru : Thank you for taking us here, Emma.

Hitoshi : We had a very good time. Thank you very much, Emma.

Emma : I'm very happy that you enjoyed our time together today.

〔注〕 Helsinki ヘルシンキ(フィンランドの首都)
tram トラム(路面電車)
Finnish フィンランド語
fare box 料金箱
public transportation network 公共交通網
Suomi フィンランド(フィンランド語)
keep up 維持する
software application ソフトウェアのアプリ

bike sharing　バイクシェア

MaaS　マース(Mobility as a Serviceの略で，情報通信技術の発達を背景に生まれた次世代の移動サービスのこと)

ridesharing　ライドシェア(情報通信技術を介して時間と車が空いている一般のドライバーが，移動サービスを求める乗客に対して，移動サービスを提供するもの)

get lost　道に迷う

steam locomotive　蒸気機関車

blame ~ for...　…を~のせいにする

lane　車線

rail　レール

steam power　蒸気機関

the Industrial Revolution　産業革命

traffic jam　交通渋滞

〔問1〕 [(1)-a] ~ [(1)-d] の中に，それぞれ次の**ア**~**カ**のどれを入れるのがよいか。ただし，それぞれの選択肢は一度しか使えないものとする。

ア How long are they?　**イ** We'll get off here.　**ウ** Let's turn off here.

エ Do you still like them?　**オ** How old are they?　**カ** Like what?

〔問2〕 (2)I'm afraid I can't. とあるが，この内容を最もよく表しているものは，次の中ではどれか。

ア I don't think that trains appeared earlier than trams.

イ I can't say that trams and trains started in the same year.

ウ Nobody can guess where the display of trains and trams is.

エ Nothing on the display tells me which are older, trams or trains.

〔問3〕 本文の流れに合うように， [(3)-a] ~ [(3)-e] の中にそれぞれ英文を入れるとき，その組み合わせとして最も適切なものは，下の**ア**~**カ**の中ではどれか。

① Did horses still pull the trams then?

② It was around 1900.

③ No, the trams ran on electricity.

④ When the city grew, the trams became more popular.

⑤ Do you remember when that started?

ア	① → ③ → ④ → ⑤ → ②
イ	① → ③ → ⑤ → ② → ④
ウ	③ → ① → ④ → ⑤ → ②
エ	③ → ④ → ⑤ → ② → ①
オ	④ → ① → ③ → ⑤ → ②
カ	④ → ③ → ⑤ → ② → ①

〔問4〕 本文の流れに合うように， [(4)] の中に英文を入れるとき，**適切ではないもの**は，次の中ではどれか。

ア trams in Helsinki play an important role in the city

イ trams in Helsinki are a good way to go around the city

ウ trams in Helsinki cause a lot of trouble to people in the city

エ trams in Helsinki are wonderful symbols of the city

〔問5〕 次の文章はSatoruとHitoshiの2人が日本に帰国後，フィンランドでの滞在を踏まえて調べ学習をしたのち，作成したレポートの一部である。レポートの意味が通るようにするには，［　(5)-a　］，［　(5)-b　］にそれぞれどのような**1語**を入れるのがよいか。**本文中に使われている語**をそのまま用いて書け。ただし，［　(5)-a　］，［　(5)-b　］にはそれぞれ**共通の1語**が入る。

Both trains and trams run on rails, but they are quite different. Trains usually connect cities and make long trips, and trams are designed for short trips inside the city. Trains were originally pulled by horses. Then there were some important ［　(5)-a　］ after people invented steam power. Steam locomotives with greater carrying power ［　(5)-b　］ transportation and business between cities. Most trams, on the other hand, brought ［　(5)-a　］ to local transportation, and they ［　(5)-b　］ city life in the twentieth century. Modern trams offer fast and convenient transportation. Some tram companies encourage the use of public transportation by providing parking lots near the stops. In this way, they often play an important role in MaaS in the city. Trains and trams have different histories, but their importance will not decrease soon.

［問6］　本文中でSatoruとHitoshiの2人が実際にトラムに乗るときに使ったチケットの購入方法に最も近いものは，次の中ではどれか。

ア

イ

ウ

エ

［問7］　本文の内容に合う英文の組み合わせとして最も適切なものは，次のページの**ア**～**シ**の中ではどれか。

① Emma knew Satoru and Hitoshi's love for train trips before their visit to Helsinki.
② Emma told Satoru and Hitoshi that Finland and Suomi were different.
③ When trams started in Helsinki, they didn't have set places for stopping.
④ A software application gave information about the history of trams in Helsinki to Satoru.
⑤ Satoru and Hitoshi planned to visit the tram museum in Helsinki before getting on the tram.
⑥ Satoru didn't know much about the history of trams, because he wasn't interested in it.
⑦ Trams in Helsinki were popular in the past, but they are not today.
⑧ MaaS in Helsinki has changed how people live in the city.

ア	① ④	イ	① ⑧	ウ	② ⑤	エ	③ ⑦
オ	④ ⑦	カ	① ② ⑥	キ	① ③ ⑧	ク	① ⑤ ⑦
ケ	② ③ ⑦	コ	② ④ ⑥	サ	③ ⑤ ⑧	シ	③ ⑥ ⑧

3 次の文章を読んで，あとの各問に答えなさい。
(＊印の付いている単語・語句には，本文のあとに〔注〕がある。)

*Agriculture is an important part of human life. It supports human health by providing food for people. People grow different kinds of *crops for food. In Japan, farmers grow rice, vegetables, fruits, and many others. There is not enough land for *farming in Japan, but people use it very well, and farmers in different *regions grow different crops. The Tohoku region, for example, is famous for producing rice, and the Kanto region is famous for its vegetables. Some people may think of potatoes when they think of Hokkaido, and others may think of tomatoes when they hear "Kumamoto Prefecture." [(1)]

The food Japanese people eat has changed over time. In the past, people most often ate rice, vegetables, and fish. They could get most of that food in the country. Today, however, *Western food is really popular, and people eat more meat, milk products, and bread than they did before. Japanese people get a lot of food from other countries. This means that they now depend both on their own country and on other countries for various kinds of food.

But how can we continue to provide food for Japanese people? This will be an important problem for the country in the near future. In Japan, people can now get food from all over the world, but (2)<u>if this situation doesn't last, what will happen?</u> You may know that the earth is getting warmer, and a lot of areas are becoming dry. Also, ice in cold areas all over the world is *melting. As a result, sea levels have been rising, and some low lands are going under water. These things are making farming difficult, and that may change the things that Japanese people eat. Also, the world population is growing, and the amount of food needed in the future will increase. As a result, there may not be enough food in Japan. We should prepare for this situation. Some people say that we should think more about what foods we eat. Others say that it is necessary to grow a larger amount of crops in the country. Different people have different opinions about farming in the future.

Many people are worried about the future of farming in Japan. One problem is the decreasing number of people who work in farming. (3)How【 ① be possible ② enough food ③ farmers ④ it ⑤ the number of ⑥ to provide ⑦ when ⑧ will 】is limited ?

One possible way to solve the problem is farming in larger *fields. Some farmers put small fields together into a larger field, and this helps them work more easily. On a small piece of land, for example, a farmer can only use a small *tractor. However, on a larger field, a farmer can finish the work fast with a big tractor. According to one report, the number of farmers who work on larger fields has been increasing recently. This is now popular in Hokkaido and the Tohoku region. Also, some farmers do farming in more effective ways than before. For example, though rice fields are usually used only for rice farming, some farmers have started to also use them for different crops. In the past, after the season for rice farming, fields were not used. Now, [(4)].

Another possible way to solve the problem is to use *advanced technology in farming. Some people call that "smart farming" or "smart agriculture." Sometimes, it is possible to see a tractor running without a driver or a drone flying over a field. These are things that help to do farming with a smaller number of people. With such smart farming, [(5)].

Look at (6)**Graph X.** It shows the *lengths of time that the rice farmers spent on various jobs in rice farming *per 10a. The farmers spent 2. 74 hours on *planting rice. Those farmers spent about the same length of time on *reaping and threshing. Also, they spent less than half of that time on *weeding, and the longest time on water *management. According to one report, after people began using a new technology to *control water management on rice fields, they were able to reduce their management time greatly. They also got more rice than before. The increase in rice was only small, but it really helped them save working hours. The report says that the system with the new technology worked well and helped the farmers a lot.

Advanced technology can also improve farmers' management of *greenhouses. To keep greenhouses in good condition, farmers always have to bring clean air and water into them. This may be very difficult, especially when the number of farmers at work is limited, but farmers are now using new greenhouses with advanced technology. With them, windows can be *automatically opened and closed, and water can be automatically provided. Farmers can easily change the environment in the greenhouse by using a small computer and telling it what should be done. With such greenhouses, farmers are able to produce more crops with a smaller amount of work.

Advanced technology for smart farming can also help older farmers *pass down traditional skills to younger farmers. Young farmers usually learn a lot of farming skills over long periods of time. However, when different kinds of *data about farming are put into computers, they can use the data to learn more quickly how they can do their work better. Also, older farmers sometimes depend on their experience to decide how to do their jobs, and explaining that to others may not be easy. Data show what conditions are the best and what some decisions may result in. This may be helpful for young farmers to *manage their jobs in more effective ways.

It may be impossible to solve all the food problems immediately. Some people may say that the number of things we can do for the problems in our daily lives is limited. However, we will always need food to live. We should try to think more about food problems. We can start by asking a question. The question is (7)<u>"What can we do in our daily lives to make the problems easier to solve?"</u>.

〔注〕
agriculture　農業　　crop　農作物　　farming　農業
region　地方　　Western　西洋の　　melt　溶ける
field　畑　　tractor　トラクター　　advanced　高度な
length　長さ　　per 10a　10アールにつき(アールは面積の単位)
planting rice　田植え　　reaping and threshing　稲刈り脱穀
weeding　除草　　management　管理　　control　制御する
greenhouse　温室　　automatically　自動で　　pass down　伝える
data　データ　　manage　管理する

Graph X

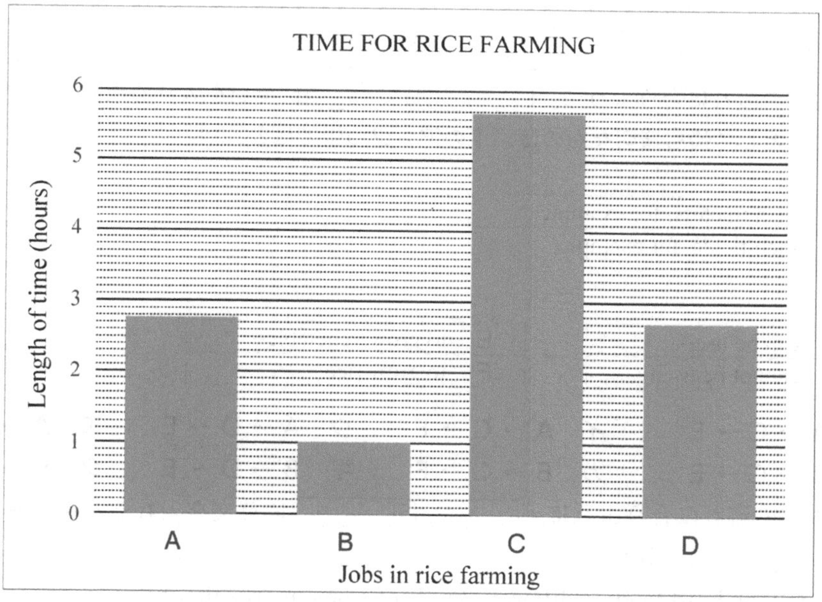

農林水産省『農業経営統計調査』より作成

〔問1〕 本文の流れに合うように，[(1)]に英文を入れるとき，最も適切なものは，次の中ではどれか。

ア　Japanese people often enjoy various kinds of food from different places.
イ　Japanese people get enough food without depending on crops from other countries.
ウ　Farmers in Japan are able to make the same products at any place.
エ　Farmers in Japan have already stopped growing crops from other countries.

〔問2〕 (2)<u>if this situation doesn't last, what will happen?</u>　とあるが，この内容を最もよく表しているものは，次の中ではどれか。

ア　If people in Japan stop eating rice, vegetables, and fish, what will happen?

イ　If there aren't enough people and land for farming in Japan, what will happen?

ウ　If it becomes difficult for people in Japan to get food from other countries, what will happen?

エ　If Japanese people don't provide enough products to other countries, what will happen?

〔問３〕 (3)How【 ① be possible　② enough food　③ farmers　④ it　⑤ the number of　⑥ to provide　⑦ when　⑧ will 】is limited? とあるが，本文の流れに合うように，【　　　】内の単語・語句を正しく並べかえたとき，【　　　】内で**１番目と４番目と７番目**にくるものの組み合わせとして最も適切なものは，次の**ア～カ**の中ではどれか。

	１番目	４番目	７番目
ア	④	⑥	⑤
イ	④	⑦	③
ウ	⑥	⑤	④
エ	⑥	⑧	①
オ	⑧	①	⑦
カ	⑧	⑥	⑤

〔問４〕 本文の流れに合うように，［　　(4)　　］に英語を入れるとき，次の**Ａ～Ｆ**の組み合わせとして最も適切なものは，下の**ア～ク**の中ではどれか。

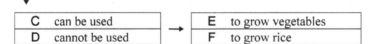

A　such tractors, for example,
B　such fields, for example,

↓

C　can be used
D　cannot be used

→

E　to grow vegetables
F　to grow rice

ア　Ａ→Ｃ→Ｅ　　イ　Ａ→Ｃ→Ｆ　　ウ　Ａ→Ｄ→Ｅ　　エ　Ａ→Ｄ→Ｆ

オ　Ｂ→Ｃ→Ｅ　　カ　Ｂ→Ｃ→Ｆ　　キ　Ｂ→Ｄ→Ｅ　　ク　Ｂ→Ｄ→Ｆ

〔問５〕 本文の流れに合うように，［　　(5)　　］に英文を入れるとき，最も適切なものは，次の中ではどれか。

ア　it will be hard to grow different kinds of crops in greenhouses

イ　it may be necessary to use more workers in the fields

ウ　it will be important to use traditional ways

エ　it may be possible to make farming easier and to produce more

〔問６〕 (6)**Graph X**とあるが，**Ａ～Ｄ**のそれぞれの項目として正しい組み合わせは，次の中ではどれか。

ア　Ａ　reaping and threshing　　Ｂ　water management
　　Ｃ　planting rice　　Ｄ　weeding

イ　Ａ　water management　　Ｂ　planting rice
　　Ｃ　weeding　　Ｄ　reaping and threshing

ウ　A　weeding　B　reaping and threshing
　　C　water management　D　planting rice

エ　A　planting rice　B　weeding
　　C　water management　D　reaping and threshing

〔問７〕　次の(1)～(3)の英文を，本文の内容に合うよう完成するには，□の中に，それぞれ下のどれを入れるのがよいか。

(1)　Many people in Japan □.

ア　know that the number of people who work in farming now is not a problem
イ　think that a smaller number of people in Japan will work in farming in the future
ウ　know that getting more food from foreign countries will be useful for farming in Japan
エ　think that using advanced technology is bad for traditional farming

(2)　To help farmers manage greenhouses better, □.

ア　young workers will need to do more work
イ　drones fly over and watch new types of greenhouses
ウ　computers are used to control the environments in greenhouses
エ　all greenhouse work is controlled by advanced technology, not by humans

(3)　With advanced technology for smart farming, younger farmers □.

ア　do not have to work in greenhouses
イ　can depend on their experience in farming
ウ　stop using traditional ways of farming
エ　learn quickly by using data about farming

〔問８〕　本文の内容に合う英文の組み合わせとして最も適切なものは，下の**ア**～**シ**の中ではどれか。

①　All the food we eat in our daily lives comes from other countries.
②　Some people say we should think more about our food.
③　Now in Japan, farming of rice and other crops is done in any season of the year.
④　People say that farming with advanced technology is different from smart farming.
⑤　Using new greenhouses is a part of smart farming and may reduce the amount of crops that farmers can get.
⑥　Smart farming can help to connect the past and the future of agriculture in Japan.
⑦　Finding better ways for farmers to do their jobs may help them manage the work better.
⑧　Older farmers today don't have to depend on their experience, because they have data in computers.

ア	①　⑦	イ	②　⑦	ウ	②　⑧	エ	③　④
オ	⑤　⑥	カ	①　③　④	キ	②　③　⑦	ク	②　⑥　⑦
ケ	④　⑥　⑧	コ	①　③　⑦　⑧	サ	②　④　⑤　⑥	シ	④　⑤　⑥　⑧

〔問９〕 (7)“What can we do in our daily lives to make the problems easier to solve?” に対して，あなたならどのように対処するか。その答えを，**40語以上50語以内の英語**で書きなさい。ただし，本文に書かれていることは書かないこと。「,」「.」「!」「?」などは語数に含めません。これらの符号は，解答用紙の下線部と下線部の間に書きなさい。

〔問4〕 (4)「万の事も、始め終りこそをかしけれ」と主張する兼好は、確かに鋭敏な偶然意識を持ち合わせている。とあるが、兼好の「鋭敏な偶然意識」を説明している最も適切な一文を本文の［　　］で囲った**古文の箇所以外から**探し、はじめの**五字**を抜き出して書け。なお、、や「などもそれぞれ字数に数えよ。

〔問5〕 次の［　　］は国語の授業でこの文章を読んだ後、「兼好が美しいと感じるもの」についてまとめたものである。必然的な美と偶然の美について、それぞれ対になる最も適切な語句を、空欄①から④に当てはまるように、**五字**、または**六字**で、本文の［　　］で囲った**古文の箇所**から抜き出して書け。

「徒然草」まとめ

兼好が美しいと感じるもの

●必然的な美

（　①　）と（　②　）

●偶然の美

（　③　）と（　④　）

兼好はどちらの美も認めている。

揺曳（ようえい）— ゆらゆらと揺れ動くさま。
縁起 — 全ての物は他の物との縁によって起こるということ。
目睹（もくと）— 実際に見ること。
腑分け（ふわけ）— ここでは、詳細に分析すること。
さのみ目にて見るものかは — そうむやみに目でばかり見ればいいというものではない。
詞書（ことばがき）— 和歌の前置き。
宣揚 — 広く世に示すこと。

〔問1〕 (1)ここに目撃されるのはしたたかな現世主義だ。とあるが、「したたかな現世主義」とはどのようなものか。その説明として、最も適切なものを次のうちより選べ。

ア　物事はとどまらずいつまでも変化し続けるため、一瞬一瞬の「この世」を名残惜しく思う態度。

イ　彼岸に行ってしまったら手に入らない、「この世」ならではの光景を大切にしたいという態度。

ウ　終わりがあっても悲観することがなく、だからこそかえって「この世」を味わおうという態度。

エ　浄土へのあこがれを強く断ち切って、有限でも「この世」に執着して生き続けようとする態度。

〔問2〕 (2)やぶさかではない。とあるが、ここではこの表現を用いて兼好のどのような様子を表しているか。その説明として、最も適切なものを次のうちより選べ。

ア　「この世」の出来事が宿命的に定められていることを抵抗なく受け入れる様子。

イ　人の世界は人為が及ばない自然の力に左右されていることを渋々承知する様子。

ウ　「この世」の現象には必ず原因となる出来事があることをひたすら信じる様子。

エ　人の世界にはもれなく終わりがあるということを心情的に認めたくない様子。

〔問3〕 (3)「花見に出かけましたところ、もう、すっかり散ってしまいましたので」とも、「さしさわりがあって出かけないで」などとも書いてあるのは、「花を見て」と書いてあるのに、劣っているといえようか。とあるが、このように述べる兼好を、筆者はどのように捉えているか。その説明として、最も適切なものを次のうちより選べ。

ア　満開の桜を見に行けないまま桜が散ってしまったことに時のはかなさを感じ、世の中が無常であることを憂い、不変な美しさを理想とする美的感覚を持っている人物。

イ　満開の桜を喜ぶのは万人の感覚とし、人が注目しない散ってしまった桜こそ美的価値があるという逆説的な価値観を主張する、高尚な美的感覚を持っている人物。

ウ　満開の桜しか好まない人々は本当の情趣がわからない人だと軽蔑し、桜が散ることなどの物事の終わりこそすばらしいという、独自の美的感覚を持っている人物。

エ　満開の桜をその場で見て感動することはもちろん、満開の様子を見ることができなかったということからも情感を読み取る、おおらかな美的感覚を持っている人物。

桜の梢、花の散りしおれている庭などが、特別に見どころの多いものだ。和歌の＊詞書にも、(3)「花見に出かけましたところ、もう、すっかり散ってしまいましたので」とも、「さしさわりがあって出かけないで」などとも書いてあるのは、「花を見て」と書いてあるのに、劣っているといえようか。花の散るのを、また、月の西に傾くのを惜しみ慕う世の習わしは、もっともなことであるが、なかでもとくに、ものの情趣を解さない人に限って、「この枝もあの枝も、散ってしまった。もう見るだけの値うちもない」などと言うようだ。》

満開の華麗な桜の美しさや満月のさやかな美しさについては誰しも心を惹かれる。それはいわば「プラスの美」である。伝統的な美、様式化された美だ。それは必然的な美と言ってもよろしい。ところが、ここで開陳されているのは、いわば「マイナスの美」の＊宣揚である。むろん、兼好は伝統的な美意識を認めないわけではないけれども（「をのみ見るものかは」の「のみ」に注目すること）、そうしたことは重々承知しながらも、人びとが看過しがちな「新しい美」に注意を喚起する。確かに、ここで賞美・賞揚されている美意識はかなりユニークである。人情として人は「花は散らず、月は曇らないこと」を念じるはずだからである。

先ほど「マイナスの美」のことを言った。それは「偶然の美」と言い換えてもよろしい。偶然性一般についてはすでに詳説したが、ここでは美に限定して考えてみよう。そうすると次の四つの主要な要件が挙げられるだろう。

（1）短さ（瞬時性）
（2）もろさ（脆弱性）
（3）小ささ（微小性）
（4）少なさ（稀少性）

ここで問題になる要件は客観的＝物理的というよりは、多分に主観的＝心理的なものだ。たとえば同じ三〇分でも急用のある人と暇な人とでは受け取り方が異なるだろう。

必然性が人に安定性を感じさせるとすれば、偶然性は意外性を感じさせる。そして偶然性は物事の「始まり」と「終わり」に目睹される。無常の場合は「終わり（の始まり）」に関心が集中し、不意に訪れる死が問題になる。偶然は物事の「起動相」と「終了相」に観察される意外性にほかならない。(4)「万の事も、始め終りこそをかしけれ」と主張する兼好は、確かに鋭敏な偶然意識を持ち合わせている。

（野内良三「無常と偶然」による）

[注]
厭世観―人生には生きていくだけの価値、喜びがないという消極的な考え。
恬然―平然としていること。
救抜―苦悩などから救い出すこと。
ロゴスの論理―ここでは、理性や法則、定義などに基づいて言葉で考え、真理を論証すること。
貪婪―非常に欲が深いこと。
即非の論理―相いれない矛盾（非）をそのまま同一だと肯定（即）するという論理。
レンマ―直観的な認識。

（1）「この世」は素晴らしい。
（2）「この世」は無常である。
（3）「この世」は無常でありながら、素晴らしい。

「いみじけれ」は兼好がよく使う「あわれ」と置き換えて差し支えない。むしろそう言い換えたほうが的確かもしれない。「世はさだめがないからこそ、あわれである」と。兼好が言うところの「もののあはれ」は、無常を感じさせる事象に＊揺曳する情趣だ。物の衰微・消滅、あるいは人の所作や生命の衰退・終焉を感じさせる現象にただよう風情である。そういう情趣・風情に敏感に感応するには、無常に対してすでにして鋭敏になっていなければならない。

兼好の前に繰り広げられるのはレンマの情理が支配する世界である。偶然と必然が織りなす＊縁起の世界である。その世界では必然の力が支配的である事実を、兼好は認めることに(2)やぶさかではない。けれども、人がつい見落としてしまう偶然のふるまいにも目を向ける。

兼好が偶然性に対して鋭敏な感受性の持ち主であったことは、「始め終りこそをかしけれ」（一三七段）と判定していることからも窺える。「始めと終わり」にこそ偶然は集中的に＊目睹されるからだ（詳しくは後述）。たまたま現れ出て、たまたま消え去っていく「はかなさ」のなかに兼好はいみじさを、ゆかしさを、おかしさを感じ取る。兼好一流の「もののあわれ」である。人びとが漠と感じていた「もののあわれ」を兼好はしっかりと見届けて、＊腑分けする。その成果は「下巻」の巻頭を飾る長大な一三七段に集約されている。

一三七段は『徒然草』のなかで最長の章段であるが、大きく三部に分かつことができる。

（1）余情の美学を説明するくだり
（2）賀茂神社葵祭を描写するくだり
（3）無常論を展開するくだり

そしてさらに（1）は、次の各文をトピック・センテンスにする三つの部分に分けることができる。

●花はさかりに、月はくまなきをのみ見るものかは
●万の事も、始め終りこそをかしけれ
●すべて、月・花をば、＊さのみ目にて見るものかは

まず（1）から。現代語訳（拙訳）を示しながら、読み解いていくことにする。

《桜の花は、満開に咲いているのだけを、月は満月のくまなく照りわたるのだけを見ればいいというものではない。雨に降りこめられながら月を恋い慕い、簾をたれた部屋にひきこもって、春がどこまで更けていったのかを知らないのも、やはり、しみじみとした感じがし、情趣の深いものだ。いまにも咲きそうな頃合いの

もともと作品じたいというものはなく、□はじめて作品となる。

〔問6〕(6)しかも私が去年読んだ『サランボー』は、いま読んでいる『サランボー』では決してない。とあるが、このことについて生徒たちが話をしている。**文章1**と**文章2**の主張や生徒Aから生徒Eの会話を踏まえて、「芸術の理解」ということをあなたはどう考えるか。具体的な自分の経験をもとにして、あなたの考えを**二百字以内**で書け。なお、書き出しや改行の際の空欄、、や。や「などもそれぞれ字数に数えよ。

生徒A　同じ小説でも去年読んだものと今年読んだものとでは、そんなに違うのかな。話が分かってしまっているから、何度も読むとおもしろみがなくなってくるんじゃないかな。

生徒B　でも、好きな音楽だったら何回も繰り返し聞くよ。あと、一度見た映画でも、もう一度見たいと思うものもあるし。

生徒C　確かに同じ音楽を何度も聞くことはあるよね。でも、毎回違う音楽に聞こえてる？　気軽に聞き流しているんじゃなくて、じっくりと聞かないと違いなんて感じないんじゃない。

生徒D　いや、同じ音楽でもそのときの気分で、なんだか元気づけられることがあるし、この間改めて歌詞に注目したら、こんな意味だったんだと分かって感動したよ。

生徒E　そうか、聞く人の状況が違えば同じ音楽でも感じ方が違うんだね。それじゃ、去年読んだ小説をもう一回読み直してみようかな。

5

次の文章を読んで、あとの各問に答えよ。（*印の付いている言葉には、本文のあとに〔注〕がある。）

> あだし野の露きゆる時なく、鳥部山(とりべやま)の烟(けぶり)立ちさらでのみ住みはつるならひならば、いかにもののあはれもなからん。世はさだめなきこそいみじけれ。
> （七段）

〔あだし野に置く露の消える時がなく、鳥部山の煙がいつまでも立ち去らないでいるように、そんなふうに人がいつまでもこの世に生きながらえる定めならば、どんなにか情趣がないことだろう。この世は無常だからこそ趣があるのだ。〕

ここには一点の暗さもない。兼好(けんこう)は*厭世観(えんせいかん)とはまったく無縁である。「この世」はあるがままに*恬然(てんぜん)と受け容(い)れられる。(1)ここに目撃されるのはしたたかな現世主義だ。冷徹ではあるけれども、しなやかなまなざし。絶対者を設定して「この世」の有限性・無意味性を*救抜し、正当化する「*ロゴスの論理」は見られない。「この世」の向こうに、彼岸に、西方浄土を求めようとする他力本願もない。あくまでも「この世」に踏みとどまり、無常の世に美（いみじさ・すばらしさ）を見いだそうとする*貪婪(どんらん)な芸術家魂。「さだめなし」（無常）と「いみじさ」（美）は一般的には矛盾する観念である。その矛盾する観念が*即非の論理（*レンマの情理）によって包み込まれる。

イ　情動と言えるものは、作品を作ったり解釈したりする態度を引き起こす、芸術家の美的感性の働きをしているということ。

ウ　完成した作品を知覚することは、芸術家の仕事に魅力を感じることで、作品作りを継続する資質を養っているということ。

エ　制作の際の直観や着想は、芸術家に個性的な能力を磨かせて、作品の完成を目指して創意工夫をさせているということ。

〔問2〕(2)しかし、芸術作品に向かうわれわれははっきり捜し物があることを意識しています。とはどういうことか。その説明として、最も適切なものを次のうちより選べ。

ア　芸術作品を知覚しているときの私たちは、作品の隅々から作者が作品に込めた感情を解釈しようとするが、作品の全体的な意味は分かりにくいということ。

イ　私たちは芸術作品に接しても、すぐには超越的な意味が知覚できないので、最初はどこか細部にあるはずの基本的な感情を見つけようとしているということ。

ウ　芸術作品の細かな部分には全体の中心の意味が反映されていて、私たちはまず個々の部分を知覚することで、全体の感情も感じ取ることができるということ。

エ　私たちが芸術作品を知覚する際には、全体を理解する前の最初の素朴な知覚の段階があり、すでに作品の中心的な感情をあらかた察知しているということ。

〔問3〕(3)知覚において、ものを何々としてみる場合、その何々は行為との関係でのみ決まります。とはどういうことか。その説明として、最も適切なものを次のうちより選べ。

ア　私たちは、ものを仕事や生活の中でどのように利用するものかという観点でとらえて理解しているということ。

イ　私たちがものを見ているときは、仕事や生活に役立つかどうかという評価を無意識にしているということ。

ウ　私たちは、ものを仕事や生活において実際に使うことによってものとしての名称を確立させているということ。

エ　私たちが仕事や生活で目的を果たすためには、ものは依存すべき不可欠な存在になっているということ。

〔問4〕(4)閉じこもる、といっても、作品の知覚は、実は、別の空間へと開かれた窓でもあります。とあるが、「作品の知覚は、実は、別の空間へと開かれた窓でもあります。」ということと結びつけて考えられる箇所を**文章2**から探して次のようにまとめてみた。[A]・[B]に入る適切な語句を[A]は**二字**、[B]は**六字**で抜き出して書け。

> **文章1**　作品の知覚は、別の空間へと開かれた窓である。
>
> ⬅
>
> **文章2**　作品の[A]は、[B]である。

〔問5〕(5)ふかく考えれば、そもそも作品じたいというものがどこにもない「無」にすぎない。とあるが、筆者は「作品」についてどういう考えを持っているか。筆者の考えを次のようにまとめるとき、[　]に入る適切な語句を**十五字以内**で書け。その際に、「**創作**」「**鑑賞**」という語句をそれぞれ用いること。なお、、や。や「などもそれぞれ字数に数えよ。

ところの、一定不変の定形ある固形物のようなものではない。

それは文学だけでなく、他のすべての藝術の作品についてもまた変らない。たとえばベートーヴェンの第九交響楽それじたいというものはどこにもない。たれがそれを演奏しても、またそれを演奏するたびに、一々異なる第九が作家と指揮者との合作によって、そのたびに新しく美しく活きいきと生まれでる。＊ケーベル博士はいつか好きな楽譜を数部のみたずさえて孤島の浜の生活をたのしみたいと夢想したが、しかしそれはその曲じたいをたのしむためではなくて（それは不可能である）、まえにかつて聴いて忘れえぬ演奏の感動をさらにこまやかにふかめるためであると記している。これはさすがに達人の至言で、いま引いたジードのことばにおとらぬ深い含蓄がある。また＊ルーヴルの壁にかかったモナ・リザの油絵そのものは、ただの油と布との物質にすぎない。油虫ならなめ荒そうし、ねずみなら食いやぶるばかりで、そこになんらの作品じたいをみとめない。それが作品となるのはそれを見る人によってであるゆえ、ここにもやはり見る人が見る度数だけの、無数のモナ・リザのみがじっさいにあることとなる。そして万人にとってつねに同一の、また永遠にわたって不変のモナ・リザじたいというものは、どこをさがしてもぜったいに見当たらない。すなわち一般的にいって、作品は創作活動をおこし、また鑑賞活動をさそうものではあるけれども、ただそれだけのもので、決してそれじたい自存するということはない。ひいてそれが藝術じたいを形成するということもまたありえない。

それでは藝術そのものはいったい何であるかといえば、それは要するに鑑賞と創作との活動である。しかし鑑賞も創作も作品がなければ成立しない――鑑賞は作品にみちびかれての想像力の展開であり、創作は作品を目標とする一連の非実際的行為である――という意味において、あらゆる藝術活動は作品を媒介として行われる、または藝術は作品によって成立する、ということができる。

（小林太市郎「藝術の理解のために」による）

〔注〕さて今もいったように――出典では、筆者はこの前の部分で芸術活動について述べている。
サント・ブーヴ――フランスの文芸評論家、小説家。
『サランボー』――フランスの小説家フローベールの小説。
ティボーデ――フランスのピアニスト。
デュメニル――フランスの文芸批評家、音楽批評家。
ジード――フランスの小説家。
サルトル――フランスの哲学者、小説家。
ケーベル博士――ロシア出身の哲学者、音楽家。
ルーヴル――フランスのルーヴル美術館。

〔問1〕(1)それはいまだ実現された感情の形はとっていないにもかかわらず、共通の場において生成する感情として、作品制作を導く趣味の機能を果たします。とあるが、「作品制作を導く趣味の機能を果たします。」とはどういうことか。その説明として、最も適切なものを次のうちより選べ。

ア　芸術家の感情とは、作品を作ることを楽しむ気持ちであり、作品の出来ばえに影響を及ぼす役割をになっているということ。

機能です。すると、芸術作品に対して差し向けられる知覚は、もはや自分自身に外的な他の目的に対して関係づけられるのではなく、知覚自体にのみ関係します。われわれは知覚の外に向けて知覚するのではなく、知覚の内部に閉じこもります。(4)閉じこもる、といっても、作品の知覚は、実は、別の空間へと開かれた窓でもあります。われわれの知覚するものは、ものの存在が他のものとの関係においていかなる意味を持っているのか、ということではなく、ものの存在がいかにわれわれに立ち現れてくるのか、ということです。作品を知覚するわれわれは、知覚のされ方、知覚行為の過程に興味をもつのであり、知覚対象の用途はどうでもいいのです。絵に描いた餅は食べられなくてもみごとであり得ます。ところで、知覚の過程こそが重要なのであれば、全体のまとまった意味というものも、ものの知覚の外に向けて送り出され、指示されるものではなく、知覚行為の諸々の段階にも、また個々の部分の知覚にも内在しているはずでしょう。芸術作品を知覚するとき、われわれは何か超越的な意味に向けて解釈を行うのではありません。作品の全体の意味と部分的な知覚とは循環するのではなく、すでに最初の素朴な知覚にも全体の基調音が共鳴しているのです。われわれは大雑把な知覚と大雑把な感情の間をいつまでも往復するのではなく、中心的な感情を察知して、そしてそこから螺旋的に外周へと展開して、作品の各細部の繊細な知覚へと至るのです。作品の各部にはひとつひとつ全体の意味が反響しています。

（上村博「身体と芸術」による）

文章2

*さて今もいったように、あらゆる藝術的活動はすべて作品を媒介として行なわれる。すなわち藝術活動を大別すれば創作と鑑賞との二種になるが、創作はもとより作品の創作であり、鑑賞はすべて作品の鑑賞である。ゆえに作品がなければ藝術もまた存在しない。ということは決して作品じたいが藝術そのもの、いわば全藝術であるということではない。(5)ふかく考えれば、そもそも作品じたいというものがどこにもない「無」にすぎない。紙に文字を印刷した本はただ白と黒との物質であって、けっして作品じたいとはいえぬ。それは読まれてはじめて作品となるが、読まれなければつまりそれだけの物質にすぎぬ。しかるに作品の読みよう、その感受のしかたは各人によってみな異なる。*サント・ブーヴが読んだ『*サランボー』は、*ティボーデの読んだそれではけっしてない。両者がいかに異なるかは、両家の批評をみればすぐわかる。どうように*デュメニルにはデュメニルの『サランボー』があり、ないし私にはわたしの『サランボー』がある。(6)しかも私が去年読んだ『サランボー』は、いま読んでいる『サランボー』では決してない。ゆえに唯一不変でぜったい同一の『サランボー』じたいというものはどこにもない。ただそれを読んだ人の数だけ、またそれらの人がそれを読んだ度数だけの、一々別の無数の『サランボー』がじっさいにあることとなる。*ジードや*サルトルの示唆ふかいことばに、作品は作家と読者との合作であるというのも、またその意味にほかならない。すなわちそれがすでに読者との合作ならば、かならず読者の数だけの一々別のその作品があるわけで、そして読者をこえた作品じたいというものはどこにも存在しないこととなる。ゆえにそれはいわば無で、無数の一系列の別々の作品がみなそこから生まれでる根源とはなるけれども、けっしてそれじたい自存する

彼がはっきりとその感情を自覚していたということではありません。しかし、作品の制作、そして作品の解釈の際に導き手となるような何かが予感されているから、その何かを知覚において探り出すことができるのではないでしょうか?

この「何か」は何でしょう? 感情でしょうか? あるいはそうかもしれません。しかし、完成した作品の感情ではありません。それを期待し、それに向けて動かす感情です。情動ということばの方がよいかもしれません。あるいはまた、それは知覚といってもよいものでしょう。ただしこれも仕上がった作品の知覚とは別物です。それを予期させるものであり、制作の際に道を逸れるのを防いでくれる知覚です。これを直観とか着想と呼んでもよいかもしれません。ただ、天才が素材として次々に産出する着想とは違い、それは個的な作品の全体を決める中心的な着想です。(1)それはいまだ実現された感情の形はとっていないにもかかわらず、共通の場において生成する感情として、作品制作を導く趣味の機能を果たします。この着想なり情動なりを、作品という共有される知覚の場において実現することが、芸術家の技術であり、才能です。着想や情動は受容するわれわれにも経験可能です。それを感じることは趣味の力です。ただ、唯一の個的な着想を制作の間とらえ続け、それから目を離さないでいるためには、技術と天才ならではの感性が必要なのです。

しかし、そのような作品の中心的な情動を予感するのは、何も作家ばかりではなく、受容するわれわれにとっても必要な作業です。それなくしては解釈の方向が定まりません。天才ならぬわれわれにとって、このような何かを予感させる知覚はどうして可能なのでしょうか? 芸術家は、たしかに、その才能を駆使して、自分の直観を作品という形に仕上げました。そしてそれは権利上われわれにも理解可能なものです。作者の感情は共有されるものであり、しかも芸術作品は知覚されるものですから。そして事実上も、われわれは作品を理解しているつもりです。それでは、その理解の過程はどのようなものでしょうか? どうやって、われわれは知覚から感情を予期できるのでしょうか? 単なる当てずっぽうによっても、ひょっとしたら作品の感情に至ることができるかもしれません。丁度、適当に部屋を片づけているうちに忘れていた捜し物を発見するように。(2)しかし、芸術作品に向かうわれわれははっきり捜し物があることを意識しています。しかし、それはまだ何なのか気づいていません。われわれはしゃべりたいことばを忘れた人物のようです。単語をたしかに知っていながら、思い出せないのです。作品の感情も、作品の知覚にあるはずのものです。しかしその知覚は感情が得られないと見えてこないものです。どうやって、われわれはその感情を予感できるのでしょう?

それには、芸術作品を受容するときの知覚の性質が関係しています。われわれの知覚は、普通、知覚された対象をそれとは別のものに結びつけます。その別のものとは、何かの行為の目的でしょう。(3)知覚において、ものを何々としてみる場合、その何々は行為との関係でのみ決まります。それ以上のものは不要だからです。しかし、芸術作品は元来不要なものです。それを何かの役に立てようとしても、効率が悪いことが多いでしょう。しかし、仕事や生活の手段として不要だとしても、無用のものではありません。それは何らかの機能をはたしています。その機能とは、ものをそれ自体に即して知覚させるというより選べ。

ア　詩織が本気で課題と向き合っていることに驚きつつも、彼女の疑問に最後まで付き合ってやろうという心情。

イ　詩織にとって満足な回答を提示できず、これ以上彼女には司書として弱みを見せないようにしようという心情。

ウ　詩織の挑戦的な質問に対して、さり気なく振る舞いながらも司書のプライドにかけて応戦してやろうという心情。

エ　詩織から粘り強く投げかけられる問いかけにしっかりと向き合い、改めてきちんと応えていこうという心情。

〔問4〕 (4)しかし詩織は、すぐにはお礼が言えなかった。とあるが、詩織がこのような様子だったのはなぜか。その理由として、最も適切なものを次のうちより選べ。

ア　山村さんに相談事を解決してもらったことは本来ならうれしいはずなのに、彼の仕事ぶりと比較して自らの未熟さを改めて痛感したことがしゃくで、素直になれなかったから。

イ　山村さんが難なく課題を解決するのに比べ、他者の助言を受けなければ課題を解決できない自分がふがいなく、司書になろうとする自信を失って心が落ち着かなかったから。

ウ　山村さんの回答が期待通りで本来なら感謝すべきところだが、満足げにしている山村さんを見て、彼に到底及ばないことに口惜しさを感じている自分に嫌気がさしたから。

エ　山村さんは司書として当たり前の対応をしてくれたのに、的を射た仕事ぶりを見せつけられたことで妬ましくなり、不快な気持ちが湧き上がって抑えることができなかったから。

〔問5〕 本文中の表現について説明したものとして、最も適切なものを次のうちより選べ。

ア　図書館史や図書館学などに関する書名が具体的に表現されていることで、大学のレポートの執筆は難題であり、詩織一人では解決しにくいことを印象付けるものとなっている。

イ　山村さんの視線についての表現は、詩織の目を通して感じたものであり、詩織の山村さんに対する感情だけでなく山村さんの特徴や様子も読み取ることができるものとなっている。

ウ　詩織と山村さんのやり取りが臨場感ある表現で描かれていて、目的の本を探し出す二人の熱意のみならず、「司書」という職業に対する両者の自負もきわ立つものとなっている。

エ　山村さんの性格について分析している表現は、「である」「なのだ」といった断定調になっており、山村さんが司書として非常に真面目な人物であることが分かるものとなっている。

4　次の**文章1**と**文章2**を読んで、あとの各問に答えよ。(＊印の付いている言葉には、本文のあとに〔注〕がある。)

文章1

芸術は普通感じるもの、感動するものと考えられるかもしれません。しかし、そうだとしても、作品の制作・受容の場で、きわめて精細な知覚がはたらいているから、作品に感動することもできるのです。いや、さらに言うと、芸術家は彼を動かす何らかの特殊な感情を持っているから、作品という個性的な知覚をもたらすものの形で、それを表現したのではないでしょうか？　勿論(もちろん)、このとき作品成立前になことを考えながら五冊の本を集め、ついでに「010・図書館学」の書架を一通り眺めていった。

自分でも、何か参考書になりそうな本を見つけておきたかったのだ。

書架を回っているうちに、めぼしい本は一抱えになった。山村さんに薦められた本はみんな見つけたし、自分でも同じくらい選んだからだ。

さすがにその全てを借りて帰るのは重たそうだし、あまり大量に読むのも大変そうだ。閲覧席まで持っていき、ざっと目を通して借りていく本を選ぶことにした。

（竹内真「図書室のピーナッツ」による）

〔注〕レファレンス — 文献の紹介や提供などの援助。
アカデミズム — 学問で、理論を重視し、純粋に真理を追究しようとする立場。
010 — 図書の分類番号。

〔問1〕(1)「そんなわけで、『古代・中世・近世・近代以降にかけての図書館発展の特徴を骨太に要約して私見を述べよ』っていうレポートを書かなきゃならないんです。」とあるが、「レポート」を課された詩織の様子を説明したものとして、最も適切なものを次のうちより選べ。

ア　自らの司書の仕事に生かせるような実践的な内容を期待していたのに、テキストは手も足も出ない難しい表現ばかりで、大学で学ぼうとしたことを後悔し始めている。

イ　レポートを仕上げようにも図書館史のあらましがつかめず、大学のテキストも硬い文章で頭に入ってこないことがしばしばあるので、投げ出したくなっている。

ウ　各時代ごとの図書館発展の特徴をしっかりと踏まえて、分かりやすくまとめなければならないのに、大学のテキストは難解で手がかりがつかめず途方に暮れている。

エ　課題のためにノートを作成してまとめながら読み進めている図書館概論は、カタカナの人名や地名ばかりで理解できず、山村さんに助けを求めようとしている。

〔問2〕(2)もっと優しく応じてもらえるかと思っていた詩織としては、出端（でばな）を挫（くじ）かれた気分である。とあるが、このときの詩織の心情を説明したものとして、最も適切なものを次のうちより選べ。

ア　資料が豊富な市立図書館なら適切な参考資料を山村さんから教えてもらえると思ったのに、山村さんに大学で学ぶための心構えを説かれて、自分の認識の甘さに落ち込む心情。

イ　山村さんからレポートに役立つ資料のことを聞き出そうと思い立って市立図書館に来たのに、山村さんは期待に反し諭すような態度だったため、やる気がそがれて当惑する心情。

ウ　市立図書館に足を運んで山村さんに相談すれば課題の悩みは簡単に解決すると思っていたのに、山村さんには素っ気なく自分の考えを否定されたようで、内心腹立たしい心情。

エ　レポートの課題に自信がないので市立図書館の山村さんを頼って来たのに、結局は山村さんの対応では満足できなくて、わざわざ相談しに来たことが徒労に終わったと嘆く心情。

〔問3〕(3)山村さんは眼鏡を指で押し上げた。とあるが、ここでの山村さんの心情を説明したものとして、最も適切なものを次のうちやがて、その視線がやわらいだ。どうやら考えがまとまったらしい。
「それじゃ、まずは図説から入ってみるってのはどうでしょう?」
「図説?」
「図説本、って言い方は一般的じゃないかもしれませんけど、絵や図や写真を載っけながらあれこれ解説してくれる本のことです。大雑把に理解するなら、ビジュアル情報が一番ですもんね。」
検索機に何か打ち込まれた。プリンターが動き出し、書誌情報がプリントアウトされる。
その紙を手渡された。『図説　本の歴史』と『図説　図書館の歴史』という書名が目についた。
「さっき図書館史っておっしゃってましたけど、正式な科目名は『図書・図書館史』じゃありませんでしたか?」
「あ、そうです。」詩織はテキストの表紙を思い出した。「――さすが、お見通しですね。」
「まあ僕も大学でとってた科目ですから。――っていうか、一緒にされてますけど図書史と図書館史は、別々の学問です。ほら、ちょうどこの二冊のタイトルと一緒です。図説を見るにしても、本の歴史と図書館の歴史、両方に目を通せば見えてくるものがあると思いますよ。『本の歴史』は日本の本で、『図書館の歴史』は翻訳物ですが、どちらも写真や図が多くて分かりやすい資料です。」
「……なるほど。」
「あとは、児童コーナーの書架で探してみるのもおすすめですね。絵本とか児童書というと抵抗があるかもしれませんが、ビジュアル要素を強く出しながら要点を押さえてるって意味じゃ、大人でも参考になることは多いはずです。」
再び書誌情報がプリントされた。今度は『本と図書館の歴史』と『図書館のひみつ』と『図書館のヒミツ』、三つの書名が並んでいた。
「どれも絵とか写真とかが多い資料です。とにかく一通りページをめくってみれば、いろんな時代の図書や図書館について、こういう感じだっていうのを把握しやすいと思いますよ。」
詩織の要望にしっかり応えてくれた形だった。アドバイスしてくれる山村さんの声も満足げだ。
(4)しかし詩織は、すぐにはお礼が言えなかった。にっこりと笑顔を作るまで、ちょっと間が空いた。
「……分かりました。ありがとうございます。」
頭を下げて書架に向かいつつ、なんだか悔しいような思いを抱いている自分に気づいた。気づいてから、なんでそんな気持ちになるのか不思議になった。
あれこれ身勝手なことを言っておいて、それが叶(かな)えられて悔しいというのだから、我ながら始末に負えない。――書架を回って書誌情報の五冊を探しながら、じわじわと自己嫌悪(けんお)を感じていた。
どこかで、プロの司書に向かって無理難題を言ってみたい気持ちがあったのかもしれない。難しい相談をしたつもりだったのに、あっさり解決されてしまった。あらためてプロの力と、自らの至らなさを思い知らされた。それでいじけた気分になっているのなら世話はない。
もっと勉強したら、今回みたいなレファレンス相談などしなくても、自力で目指す資料に辿(たど)りつけるようになるのだろうか。――そんところもあったし、簡単なノートを作ってまとめながら読んでいる。しかし、図書・図書館史となると、のっけから古代西洋の図書館の話が続き、馴染(なじ)みのない地名や人名のオンパレードだった。ノートをとろうとしても意味不明のカタカナの羅列になったし、レポートを書こうにもとっかかりが摑(つか)めないのだ。

　これじゃあいけないと思って市立図書館に来た。職場の休み時間に司書教諭の若森(わかもり)先生に質問する手もあったのだが、彼よりは山村さんのレファレンスサービスの方が頼りになりそうな気がしたのだ。

　しかし当の山村さんは、詩織の相談に困ったような表情を浮かべた。

「だけど、大学の＊アカデミズムってそういうもんじゃないですかね。知識を体系的に網羅して、一般的で間違いのない理論としてまとめるのが目的なわけですから。学問的に系統だてた文章はどうしたって理屈っぽくて硬くなるもんですよ。」

　大学で学ぶのに難しいことを毛嫌いしたら始まらない、とでも言いたそうな口ぶりだった。(2)もっと優しく応じてもらえるかと思っていた詩織としては、出端(でばな)を挫(くじ)かれた気分である。

　そういえば理屈っぽい人だったのを思い出した。小学校に上がる前から、サンタクロースの正体をつきとめようと考えて作戦を立てるような人なのだ。プロの司書なのだし、学校の成績だってよかったようなタイプである。文章が硬かろうが難しかろうが気にもならないのかもしれない。

　そういう人に相談したのが間違いだったのだろうか。しかしこの際だから、もうちょっと食い下がってみることにした。

「でも……たとえば図書館の歴史に興味を持った高校生がいたとしたら、大学の学問っぽいのとは違う本をすすめたりしませんか？」

　司書だったら易しい本をすすめる機会だってあるはずだ。直原高校の図書室でそういう相談を受けたとしたら、自分はどう応じるべきだろう。山村さんで実験してみるような気分だった。

「そうですねえ……。」

　(3)山村さんは眼鏡を指で押し上げた。丸いレンズ越しに、まじまじと詩織を見つめてくる。

　慣れないとちょっと照れてしまうような視線だけれど、これは彼の癖らしい。近眼の上、相手をじっと見ながら頭を回転させる人なのだ。

「……図書館史関連の資料でしたら＊０１０の図書館学の棚に何冊か並んでますから、高校生であってもまずはそれをおすすめしますね。書架を眺めるだけでも参考になりそうだし。」

「じゃ、もっと大雑把(おおざっぱ)に摑める本がいいって言われたら？　古代はこうだった、中世はこうだった、みたいに、それぞれ一言でまとめてるような本はありませんかって相談されたらどうします？」

　我ながら勝手なことを言っているとは思う。だけど図書館利用者はそういうものだという気がするし、「骨太に要約」というのが課題なのだ。レポートを書くにあたってもまとめの情報がほしいのにテキスト以上に難しい本を薦められたって困る。図書館史の全体的なことを、ぱっと把握できるような本を期待していた。

「うーん……。」

　山村さんは再び思案顔になった。まっすぐな視線が詩織に向いたが、詩織はなんとかそれを受け止めた。

〈国語〉

時間　五〇分　満点　一〇〇点

【注意】　答えは**特別の指示**のあるもののほかは、各問の**ア・イ・ウ・エ**のうちから、最も適切なものをそれぞれ**一つずつ**選んで、その記号を書きなさい。また、答えに字数制限がある場合には、**、や。や「などもそれぞれ一字と数えなさい。**

1　次の各文の――を付けた漢字の読みがなを書け。

(1)　資源の枯渇は循環型社会の課題だ。
(2)　麓の里にも春がやってきた。
(3)　店舗を構えて商売を始める。
(4)　丘陵の地に家を建てる。
(5)　喫緊の課題を仕上げる。

2　次の各文の――を付けたかたかなの部分に当たる漢字を楷書で書け。

(1)　資料館で戦国ブショウの豪華なよろいを見る。
(2)　春の里山はコウバイが盛りで目に鮮やかだ。
(3)　現代詩集をアんで出版する。
(4)　クニクの策を講じて急場をしのいだ。
(5)　皆でカセイして大荷物を運んだ。

3　次の文章を読んで、あとの各問に答えよ。（*印の付いている言葉には、本文のあとに〔注〕がある。）

〈**直原（なおはら）高校の図書室で働いている詩織（しおり）は、司書の資格を取るために通信制の大学で勉強を始めた。**〉

(1)「そんなわけで、『古代・中世・近世・近代以降にかけての図書館発展の特徴を骨太に要約して私見を述べよ』っていうレポートを書かなきゃならないんです。」

日曜日の午後、詩織は市立図書館の*レファレンスコーナーにいた。

「でも図書館史のテキストの文章って、どうも硬くて分かりにくいんですよね。私、司書研修で教わるような、もっと実践的な話を期待してたんですけど。」

レファレンス担当は司書の山村（やまむら）さんだった。すっかり顔なじみなので、詩織の話も相談から愚痴の方に逸（そ）れていく。

「簡単なことをわざわざ難しく言ってるみたいで――図書館史はテーマが定まってるからレポートも書きやすいかと思ってたけど、どう書いていいか、さっぱり見当つかないんです。だからこちらの図書館で、もっと分かりやすい参考資料を探したいなと思いまして。」

大学のテキストは、細々とした情報まで全部まとめて一連の文章になっているようだった。しかも難しい言葉で硬い文章に仕立ててあるものだから、読んでいてもどうもぴんとこない。読み進めているつもりが、目で文章を追っているだけで頭には全く入っていないこともしばしばだった。

図書館概論はまだよかった。各種の図書館の意義や機能といった話から始まっていたので、自分が働いたり利用したりした経験と重なる

2024年度

解答と解説

《2024年度の配点は解答欄に掲載してあります。》

＜数学解答＞

1 〔問1〕 121　〔問2〕 $-\frac{5}{2}$　〔問3〕 $\frac{1}{2}$　〔問4〕 4　〔問5〕 解説参照

2 〔問1〕 $\frac{27}{2}\text{cm}^2$

〔問2〕 ① 2　② 2　③ −1　④ 1　⑤ $y=\frac{1}{3}x+\frac{4}{3}$

⑥ $C\left(-\frac{4}{3}, \frac{8}{9}\right)$(途中式は解説参照)

〔問3〕 $(2\sqrt{3}+6)\text{cm}^2$

3 〔問1〕 90度　〔問2〕 $\left(\frac{8}{3}\pi-3\sqrt{3}\right)\text{cm}^2$　〔問3〕 ② (証明は解説参照)

4 〔問1〕 $3\sqrt{6}$ cm

〔問2〕 (1) ア：a　イ：i　ウ：d　エ：k　オ：n

(2) 選んだ記号：X(途中式は解説参照) (答え) 4cm

〔問3〕 $\frac{21\sqrt{17}}{2}\text{cm}^2$

○配点○

1 各5点×5

2 〔問1〕 7点

〔問2〕 ⑥ 4点　〔問3〕 8点　他 各2点×3(〔問2〕①②, ③④各完答)

3 〔問1〕 7点　〔問2〕 8点　〔問3〕 10点

4 〔問1〕 7点

〔問2〕 (1) 各1点×3(アイ, ウエ各完答)　(2) 7点

〔問3〕 8点　計100点

＜数学解説＞

重要 1 (小問群—因数分解の利用, 一次方程式, さいころと確率, 平均点の考え方, 作図)

〔問1〕 因数分解の公式$a^2-b^2=(a+b)(a-b)$を利用する。

(与式)$=(11+33)(11-33)+(55+44)(55-44)=44\times(-22)+99\times11=11^2(-8+9)=121$

〔問2〕 $4x+\frac{x-a}{3}=a-1$ に$x=-1$を代入すると,

$-4+\frac{-1-a}{3}=a-1$　$-12-1-a=3a-3$　$4a=-10$　$a=-\frac{5}{2}$

〔問3〕 $a+2b$が偶数となるためには, $2b$は常に偶数であるので, aが偶数になればよい。

したがって, 求める確率は$\frac{3}{6}=\frac{1}{2}$

〔問4〕 3点を基準として, 得点から基準を引いた値ごとの人数をまとめた表の点数で平均点を考えると, 0.4点となるので,

$$\frac{(-3)\times 0+(-2)\times 1+(-1)\times m+0\times 5+1\times n+2\times 4}{20}=0.4$$

が成り立つ。これより，$-2-m+n+8=8$　　$-m+n=2$…①

また，生徒は全部で20人なので，

$0+1+m+5+n+4=20$　　$m+n=10$…②

①，②を連立して解いて，$m=4$，$n=6$

〔問5〕　次の手順で作図していけばよい。

①　直線ABと直線CDの交点をPとする。

②　線分ABと線分CDの両方に接する円の中心は，∠APCの二等分線上にあることから，∠APCの二等分線を引く。

点Pを中心とした円をかき，直線AB，CDとの交点をQ，Rとする。

2点Q，Rをそれぞれ中心とした同じ半径の円を2つかき，その交点をSとする。

半直線PSが∠APCの二等分線である。

③　次に，線分ABの垂直二等分線をひく。

2点A，Bをそれぞれ中心とした同じ半径の円を2つかき，その2つの円の2つの交点をT，Uとすると，直線TUが線分ABの垂直二等分線である。

垂直二等分線と線分ABの交点をVとする。

④　∠APCの二等分線と線分ABの垂直二等分線の交点が求める円の中心となる。その中心をWとすると，点Wを中心として半径VWの円を描けばよい。

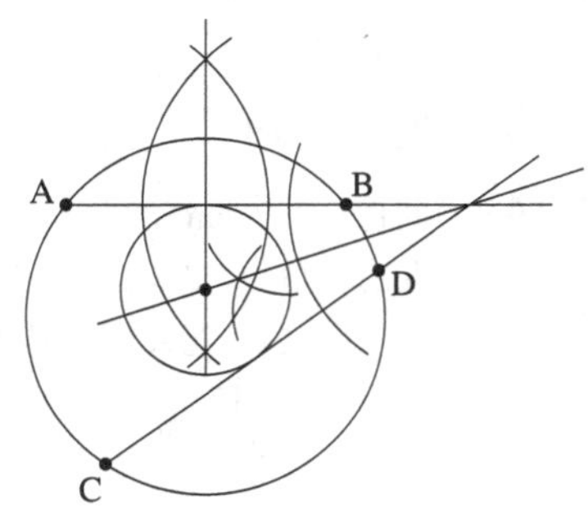

2　**(関数と図形―座標平面上における三角形の面積，座標の求値，三角形を二等分する直線，直線の式，等積変形の利用と面積の求値)**

基本　〔問1〕　$a=3$のとき，$A\left(3,\ \frac{9}{2}\right)$であり，2点A，Bの$y$座標は等しいので，点Aと点Bは$y$軸について対称である。よって，$B\left(-3,\ \frac{9}{2}\right)$とわかる。したがって，右図のようになり，

△OABの面積は，

$6\times\frac{9}{2}\times\frac{1}{2}=\frac{27}{2}(\text{cm}^2)$

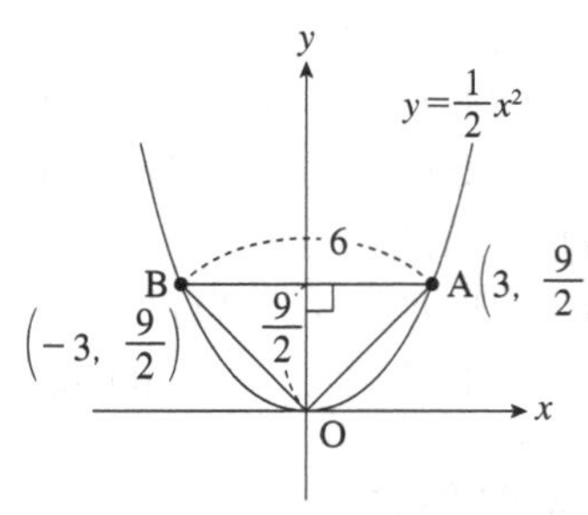

〔問2〕

①②　点Aのx座標はaなのでその座標は$A\left(a,\ \frac{1}{2}a^2\right)$である。

△OAHはOH：AH：OA＝1：1：$\sqrt{2}$の3辺の比を持つ直角三角形なので，OH＝AHとなることから，$a=\frac{1}{2}a^2$が成り立つ。よって，これを解いて，

$a^2-2a=0$　　$a(a-2)=0$　　$a>0$より，$a=2$

よって，A(2，2)

③④　2点A，Bはy軸について対称なので，B(−2，2)　点Dは線分OBの中点なので，D(−1，1)

⑤　A(2，2)，D(−1，1)より，直線ADの傾きは(yの増加量)÷(xの増加量)$=\frac{1-2}{-1-2}=\frac{1}{3}$なので，その式は$y=\frac{1}{3}x+b$とおける。これに点A(2，2)を代入すると，

$2=\frac{1}{3}\times 2+b \qquad b=\frac{4}{3}$

より，直線ABの式は$y=\frac{1}{3}x+\frac{4}{3}$

⑥ (途中の式や計算など)(例)点Cは曲線f上の点だから，$C\left(t,\ \frac{1}{2}t^2\right)$とおける。

また，点Cは直線AD上の点でもあるから，$C\left(t,\ \frac{1}{3}t+\frac{4}{3}\right)$

よって，$\frac{1}{2}t^2=\frac{1}{3}t+\frac{4}{3}$ から，$3t^2-2t-8=0$

解の公式より，$t=\frac{-(-2)\pm\sqrt{(-2)^2-4\times3\times(-8)}}{2\times3}=\frac{2\pm\sqrt{100}}{6}=\frac{2\pm10}{6}=-\frac{4}{3},\ 2$

点Cは点Aと異なる点だから，$t=2$ではない。よって，$t=-\frac{4}{3}$

したがって，点Cの座標は$\left(-\frac{4}{3},\ \frac{8}{9}\right)$

重要 〔問3〕 点Eのx座標は-2なので，E$(-2,\ 2)$

△OABは正三角形で，2点A，Bのy座標は等しいことから，下図のようになり，∠AOH＝60°

したがって，OH：AH＝1：$\sqrt{3}$とわかる。ここで，$A\left(a,\ \frac{1}{2}a^2\right)$なので，

$a:\frac{1}{2}a^2=1:\sqrt{3}$　　これを解いて，$\frac{1}{2}a^2=\sqrt{3}a$　　$a^2-2\sqrt{3}a=0$　　$a(a-2\sqrt{3})=0$

$a>0$より，$a=2\sqrt{3}$　　よって，A$(2\sqrt{3},\ 6)$

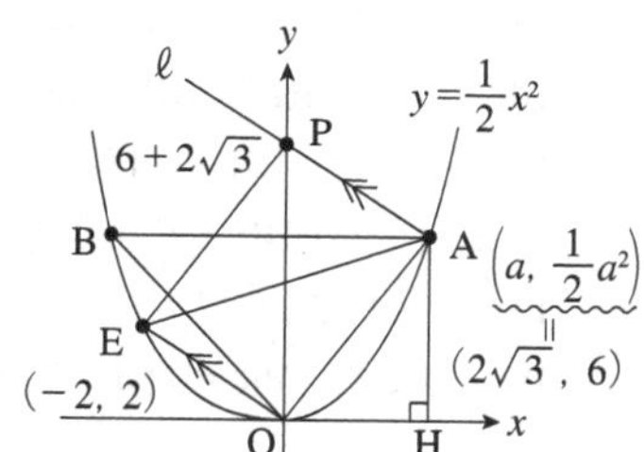

さらに，点Aを通り，直線OEに平行な直線ℓをひくことを考える。直線OEは傾きが-1なので，直線ℓの傾きは-1より，$y=-x+c$とおけて，これにA$(2\sqrt{3},\ 6)$を代入すると，

$6=-2\sqrt{3}+c$　　$c=6+2\sqrt{3}$　　よって，直線ℓの式は$y=-x+6+2\sqrt{3}$

直線ℓとy軸の交点をPとすると，P$(0,\ 6+2\sqrt{3})$となり，△OAEの面積と△OPEの面積は等しいので，△OPEの面積を求めればよい。

△OPE＝OP×(点Eのx座標の絶対値)$\times\frac{1}{2}=(6+2\sqrt{3})\times2\times\frac{1}{2}=6+2\sqrt{3}$ (cm²)

3 (平面図形―円の性質と角度の求値，三平方の定理の利用とおうぎ形・三角形の面積，角が等しいことの証明)

基本 〔問1〕

AD＝DE＝DBより，3点A，B，Eは点Dを中心とする同一円周上にある。線分ABはその円の直径となるので，∠AEBは半円の弧に対する円周角と分かり，∠AEB＝90°

〔問2〕

(斜線部分の面積)＝(おうぎ形BAC)－△ABC＋△AEC

で求めることができる。∠ABC＝60°，AD＝BD＝2cmより，

△BCDはBD：BC：CD＝1：2：$\sqrt{3}$の3辺の比を持つ直角三角形なので，CD＝$2\sqrt{3}$cm

点Eは線分CDの中点なので，CE＝DE＝$\sqrt{3}$cm

以上より，求める面積は，

$4^2\times\pi\times\frac{60}{360}-4\times2\sqrt{3}\times\frac{1}{2}+\sqrt{3}\times2\times\frac{1}{2}=\frac{8}{3}\pi-3\sqrt{3}$ (cm²)

参考図

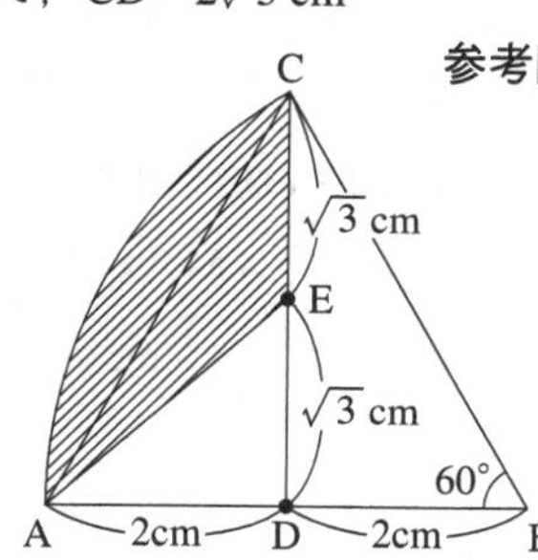

やや難　〔問3〕

【選んだ記号】②

【証明】(例)

線分CDを延長し，点Aを通り線分BCに平行な直線を引き，交点をFとする。

△BCDと△AFDにおいて，

仮定より，BD＝AD　…①

対頂角は等しいから，∠BDC＝∠ADF　…②

CB//AFより，平行線の錯角は等しいから，∠CBD＝∠FAD　…③

①，②，③より，1組の辺とその両端の角がそれぞれ等しいから，△BCD≡△AFD

よって，BC＝AFであり，仮定より，BC＝AEであるから，AF＝AEとなり，△AFEは二等辺三角形となる。

したがって，∠AFD＝∠AED　…④

また，△BCD≡△AFDであるから，∠BCD＝∠AFD　…⑤

④，⑤より，∠BCD＝∠AED

4　(空間図形―空間における三平方の定理，三角形の合同の証明，線分の長さの求値，空間切断と面積の求値)

基本　〔問1〕　△BFRにて三平方の定理より，

$BR^2=BF^2+RF^2$　$BR^2=6^2+3^2=45$

BR＞0より，$BR=\sqrt{45}=3\sqrt{5}$ (cm)

　また，△RBPにて三平方の定理より，$PR^2=BP^2+BR^2$

$PR^2=3^2+(3\sqrt{5})^2=54$

PR＞0より，$PR=\sqrt{54}=3\sqrt{6}$ (cm)

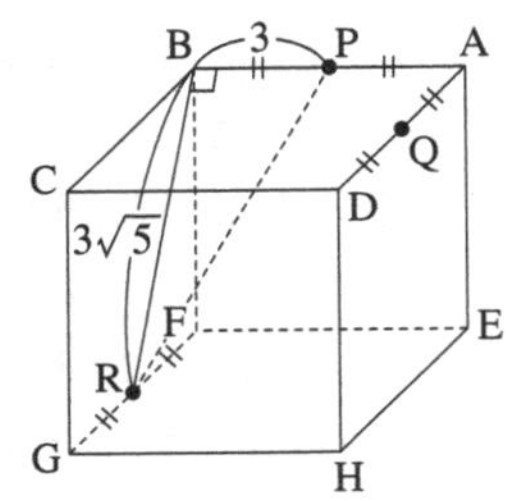

〔問2〕

基本　(1)

アイ：対頂角を利用して，∠JQA＝∠HQD

ウエ：点Qは辺ADの中点なので，AQ＝DQ

オ：AQ＝DQ，∠JQA＝∠HQD，∠JAQ＝∠HDQ＝90°　より，1組の辺とその両端の角がそれぞれ等しいことを利用

重要　(2)　【選んだ記号】X

【途中の式や計算など】(例)

線分EGと線分FHの交点をMとする。

△JAQ≡△HDQより，JA＝HD＝6(cm)，JQ＝HQ

よって，立体J－FHEの体積は，$\frac{1}{3}\times\frac{1}{2}\times6^2\times12=72$ (cm²)

また，JE＝12(cm)，$EM=\frac{1}{2}EG=3\sqrt{2}$ (cm)

三平方の定理より，$JM=\sqrt{12^2+(3\sqrt{2})^2}=9\sqrt{2}$ (cm)

よって，△JFHの面積は，$\frac{1}{2}\times6\sqrt{2}\times9\sqrt{2}=54$ (cm²)

立体J－FHEの体積は，△JFHを底面とすると，EIが高さであるから，

$$\frac{1}{3}\times54\times EI=72$$

から，EI＝4(cm)

重要　〔問3〕

△APQにて三平方の定理より，$PQ=3\sqrt{2}$ cm

△PBT∽△GFTから，相似比がPB：GF＝3：6＝1：2なので，BT＝2cm，FT＝4cm

△PBTにて三平方の定理より，$PT=\sqrt{3^2+2^2}=\sqrt{13}$(cm)

同様にして，△DQSにて$QS=\sqrt{13}$cm

△GFTにて三平方の定理より，$GT=\sqrt{6^2+4^2}=2\sqrt{13}$(cm)

同様にして，△GHSにて$GS=2\sqrt{13}$cm

以上より，右図のようになる。

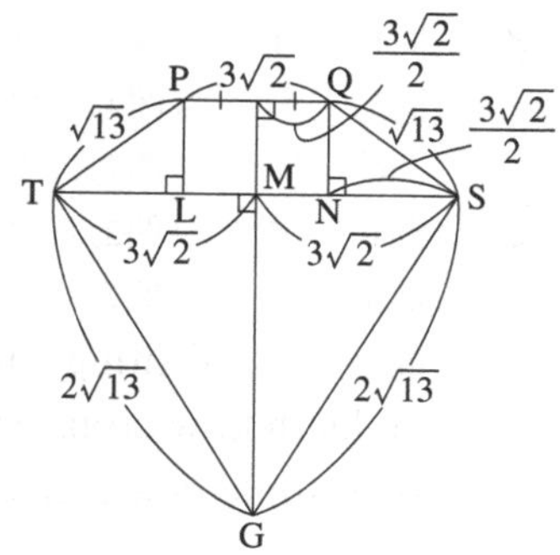

線分TSの中点をMとし，2点P，Qからそれぞれ線分TSに垂線PL，QNを下ろすとする。

直線GMにて五角形GSQPTは左右対称なので，

$PQ=3\sqrt{2}$ cmより，$NM=LM=\frac{3\sqrt{2}}{2}$cm

$ST=6\sqrt{2}$ cmより，$SM=TM=3\sqrt{2}$ cmなので，$SN=TL=\frac{3\sqrt{2}}{2}$cm

△SQNにて三平方の定理より，$QN=\sqrt{(\sqrt{13})^2-\left(\frac{3\sqrt{2}}{2}\right)^2}=\sqrt{\frac{17}{2}}=\frac{\sqrt{34}}{2}$(cm)なので，台形PTSQの面積は，

$$(3\sqrt{2}+6\sqrt{2})\times\frac{\sqrt{34}}{2}\times\frac{1}{2}=\frac{9\sqrt{17}}{2}(\text{cm}^2)\quad\cdots①$$

また，△QSMにて三平方の定理より，$GM=\sqrt{(2\sqrt{13})^2-(3\sqrt{2})^2}=\sqrt{34}$(cm)なので，△GSTの面積は，

$$6\sqrt{2}\times\sqrt{34}\times\frac{1}{2}=6\sqrt{17}(\text{cm}^2)\quad\cdots②$$

以上，①，②より，五角形GSQPTの面積は

(台形PTSQ)＋△GST$=\frac{9\sqrt{17}}{2}+6\sqrt{17}=\frac{21\sqrt{17}}{2}$(cm^2)

★ワンポイントアドバイス★

本年も図形に関する問題の割合が高かった。全体的に基本事項を徹底理解し，それを応用する力が求められており，問題の難易度は標準～やや応用が多い。無駄に文章が長い問題は少なく，数学的思考力を求める良問が並ぶ。入試本番までに身に付けた数学力を素直に試されるので，普段から1つ1つの問題演習を通して，きちんとした理解を積み重ねておくようにしよう。

＜英語解答＞

1 〔問題A〕 ＜対話文1＞ イ　＜対話文2＞ ウ　＜対話文3＞ エ
〔問題B〕 ＜Question 1＞ ア　＜Question 2＞ (例)To give it a name.

2 〔問1〕 (1)－a エ　(1)－b オ　(1)－c カ　(1)－d イ　〔問2〕 エ
〔問3〕 オ　〔問4〕 ウ　〔問5〕 5－(a) changes　5－(b) improved
〔問6〕 ア　〔問7〕 キ

3 〔問1〕 ア　〔問2〕 ウ　〔問3〕 カ　〔問4〕 オ　〔問5〕 エ
〔問6〕 エ　〔問7〕 (1) イ　(2) ウ　(3) エ　〔問8〕 ク
〔問9〕 (例)Visiting local farms on school trips can be helpful. By doing so, we can learn how crops are grown, and we can help with the work. Also, we can think about some new ideas about farming, and we can help local farmers use them.

○配点○
1 〔問題A〕・〔問題B〕 各4点×5
2 〔問1〕・〔問5〕 各2点×6　〔問2〕・〔問3〕・〔問4〕・〔問6〕・〔問7〕 各4点×5
3 〔問1〕・〔問2〕・〔問3〕・〔問4〕・〔問5〕・〔問6〕・〔問7〕・〔問8〕 各4点×10
〔問9〕 8点　　100点満点

＜英語解説＞

1 (リスニングテスト)

放送台本の和訳は，2024年度都立共通問題38ページに掲載。

2 (会話文問題：文の挿入，文整序，語句補充，内容吟味，要旨把握)

(全訳)

サトルは高校2年生で東京に住んでいます。彼と彼の弟(兄)のヒトシは，夏休みの間海外学習プログラムに参加し，フィンランドを訪れています。ヘルシンキの大学生エマは，彼女が中学生の時に東京のサトルの家に滞在しました。今日は，サトルとヒトシはヘルシンキで彼女を訪ねているところです。

サトル：こんにちは，エマ。久しぶりだね！
ヒトシ：ハイ，エマ。また会えて嬉しいよ。
エマ　：サトル！　ヒトシ！また会えて嬉しいわ。二人ともとても大きくなったわね。
サトル：そうかな？
エマ　：私が東京で2人の家にいた時に，楽しく過ごしたことを全部覚えてくれているといいんだけど。
ヒトシ：もちろん覚えているよ。電車で東京をあちこちまわったよね。
エマ　：二人とも電車の旅が大好きだったわね。(1)－a今でも好き？
ヒトシ：前ほどではないけど，好きだよ，僕たちは時々電車に乗って楽しんでいるよ。
エマ　：東京の公共交通網は完璧よね。でもそれ以上に，路面電車の窓から見る桜を見るのが楽しかったわ。とてもきれいだったから忘れられないわ。
サトル：桜は日本の春の象徴だよ。
ヒトシ：僕もあの素晴らしい景色を覚えているよ。

サトル：そうそう，ここでやってみたいことの一つがトラムで町をまわることなんだ。

エマ　：本当に？　あなたたちがスオミに来ると聞いてから，トラムの旅に連れて行こうと思っていたのよ。

サトル：スオミ。フィンランドはフィンランド語でスオミと呼ばれているね。

エマ　：その通りよ。それじゃあ，トラムに乗りたいのなら，今から行けるわ。でも最初に，チケットを買わなくちゃ。チケットは券売機で買えるのよ。

サトル：分かった。行こう。

ヒトシ：うん，行こう。

3人の学生は近くの停留所でトラムに乗ります。

サトル：わあ！なんてワクワクするんだ！

エマ　：窓から街の景色も楽しめるわよ。

ヒトシ：町がきれいだね。古い町並みは素晴らしいな。

エマ　：そうね。スオミの人たちは町の伝統的な景観を維持しようと常に努力をしているのよ。

ヒトシ：それにトラムも合っていると思うよ。

エマ　：まさにその通り。トラムは町の公共交通システムにおいて大切な役割も果たしているのよ。

サトル：(1)－b<u>トラムはどのくらい昔からあるの？</u>

エマ　：おそらく運行が始まったのは130年くらい前ね。その当時は停留所はなく，路線上のどこでもトラムに乗ることができたのよ。

ヒトシ：このトラムに乗った時，停留所に改札口がなかったね。トラムの車内に料金箱もないよ。おもしろいね。

サトル：運転士にチケットを見せる人もいないね。

エマ　：あなたたちにとってはとても珍しい光景なのは分かるわ。スマートフォンを持っていれば，ソフトウェアのアプリでチケットを買うことができるのよ。

ヒトシ：スマートフォン上のチケットを見せる必要はあるの？

エマ　：いいえ。トラムに乗る前にチケットを買えば，それでいいのよ。他には何もする必要はないの。ソフトウェアのアプリには他のサービスもあるのよ。

サトル：(1)－c<u>どんな？</u>

エマ　：行きたい場所への行き方を知ることができたり，運行状況を確認したり，バイクシェアを使ったりできるわ。

ヒトシ：知っているよ。そのサービスは「マース」っていうんでしょう？

エマ　：よく知っているわね，ヒトシ。

サトル：僕たちはトラムにとても興味があるからね。

ヒトシ：フィンランドは公共交通機関をより効率的なサービスにするための，インターネットを使った特色あるシステムが有名なんだってね。

エマ　：そうなの。公共交通機関のさまざまな情報をまとめて得ることができるのよ，バス，電車，タクシーからライドシェアやバイクシェアまでね，そしてその情報が，人が簡単にそして速く動き回るために役立っているのよ。

サトル：この町の人たちは生活をより便利にするための変化は喜んで受け入れるんだね。ところで，エマ，僕たちは今日どこへ行くの？

エマ　：ええ，博物館へ連れていきたいと思っているのよ。そこではトラムに関するものがたくさん見学できるの。

ヒトシ：すごい！トラムについてもっと知りたいな。
エマ　：ヘルシンキのトラムの歴史も学ぶことができるわよ。
ヒトシ：ワクワクするよ。
エマ　：ここよ。(1)－dここで降りましょう。
サトル：ああ，分かった。

その後，3人の学生たちは博物館へ行きました。博物館の中には，何台かトラムの車両が展示されていました。

サトル：見て。馬がレール上のトラムを引いているよ。
エマ　：それは一番古い種類のトラムよ。馬はよく訓練されていて，道に迷うことなくトラムを引くことができたの。
ヒトシ：この展示はもともと2列の馬のトラムの列があったことを示しているね。
エマ　：そうね。かつてはこのあたりに馬を飼うための建物があったのよ。
サトル：トラムと電車はどちらが古いのかな。展示で何か分かる，ヒトシ？
ヒトシ：ちょっと待って。(2)残念ながら分からないなあ。
エマ　：電車の運行は1820年ごろにイギリスで始まったと思うわ。
ヒトシ：その時は何が電車を引いていたの？
エマ　：蒸気機関よ。蒸気機関は1804年に導入されたの。それで電車の運行がとても進歩したのよ。
ヒトシ：ああ，蒸気機関車だね？　社会の授業で産業革命について学んで，先生が蒸気機関について教えてくれたんだ。
エマ　：そうよ。
サトル：ヘルシンキのトラムはどうなのかな？
エマ　：(3)－a町が発展すると，トラムがより使われるようになったの。
サトル：(3)－bその時もまだ馬がトラムを引いていたの？
エマ　：(3)－cいいえ，トラムは電気で動いていたのよ。
サトル：(3)－dそれがいつ始まったか分かる(思い出せる)？
エマ　：(3)－e1900年ごろよ。
サトル：いつか，電車運行の始まりについても学びたいな。
エマ　：公共交通の歴史は大学での私の専攻の一つなのよ。
サトル：おもしろそうだね。
エマ　：ええ，とてもおもしろいわ。私は卒業後，フィンランドのマースを進歩させるためにエンジニアとして働きたいと思っているの。
ヒトシ：すごいよ。
サトル：見て。むこうでヘルシンキのトラムの歴史についての動画が見られるよ。
エマ　：そうね。動画が始まるわ。見に行きましょう。

動画を見た後，彼らはその動画について話し始めます。

サトル：動画は興味深かったね。ほとんどの部分が子ども向けだったけど，大人もこの動画からたくさん学ぶことができるね。
ヒトシ：トラムが一度消えてしまったことに驚いたよ。人々はトラムは価値のあるものだと再び考えるようになったんだね。それを聞いて嬉しくなったよ。
サトル：僕は，交通渋滞をトラムのせいにする人たちがいたことを知って驚いたよ。
ヒトシ：僕も！実際は，道路が混んでいたのはヘルシンキの人たちが自家用車を運転し始めたからだったね。

サトル：人々が再びトラムを慕うようになって，トラムが専用の車線に乗っているのを見た時は嬉しかったな，そして道路を混雑させることなく交通が動き始めたんだ。

ヒトシ：フィンランドの人たちはトラムを大いに誇りに思った方がいいね。

サトル：その通り。トラムはこの町によく似合うよ。

エマ　：東京の路面電車も桜にとてもよく合うわね。

ヒトシ：うん。そして僕は(4)(ヘルシンキのトラムはこの町で重要な役割を果たしている／ヘルシンキのトラムは町を回るのによい手段だ／ヘルシンキのトラムは町の素晴らしい象徴だ)と思うよ。

エマ　：そうね，町が発展して車線が増えて嬉しいわ。

ヒトシ：素晴らしいよ。

エマ　：今ヘルシンキでは，人々がマースを使っているの，そしていつかこの町で暮らす人たちは車が必要なくなるだろうと思っている人たちもいるのよ。

サトル：なんという変化なんだ！

ヒトシ：僕はここでマースについてもっと知りたいな。

サトル：ここに僕たちを連れてきてくれてありがとう，エマ。

ヒトシ：とても楽しいよ。本当にありがとう，エマ。

エマ　：今日一緒に楽しんでくれてとても嬉しいわ。

〔問1〕　全訳参照。　(1)－a　空所(1)－a直前のエマの発言，及び直後のヒトシの発言に注目。　(1)－b　空所(1)－b直後のエマの発言に注目。トラムがいつから運行されたかを説明しているのでオが適当。　(1)－c　空所(1)－cの直前，及び直後のエマの発言に注目。直前でアプリには他のサービス機能があると発言し，直後で具体的な例を挙げているのでカが適当。　(1)－d　空所(1)－d直前でエマが「(博物館の近くの停留所は)ここよ」と言っているのでイが適当。

〔問2〕　全訳参照。下線部(2)を含むヒトシの発言の直前のサトルの発言に注目。サトルの「トラムと電車はどちらが古いのかな，展示で何か分かる？」という発言に対して，ヒトシが「残念ながら分からない」と答えている。従って，エ「展示にはトラムと電車のどちらが古いかについて示されていない」が適当。　I'm afraid ～＝残念ながら～

〔問3〕　全訳参照。空所の直前と直後の発言に注目して会話の流れを推測しよう。直前でサトルが「ヘルシンキのトラムはどうなのかな？」と言っているので，(3)－aでエマがそれに対する答えを発言し，さらにサトルがいくつか質問を続け，エマがそれらに答えている。

〔問4〕　全訳参照。空所(4)の直前と直後の発言内容に注目。ヘルシンキのトラムは街並みによく合っている，路線が増えて嬉しい，などトラムを誇りに思っている発言内容なので，ウの「ヘルシンキのトラムは町の人たちに多大な迷惑をかけている」が本文の内容に対して適切ではない。

やや難　〔問5〕　全訳参照。(問題文訳)電車もトラムも線路上を走るが，全く異なるものだ。電車はたいていの場合，都市間を繋ぎ長い旅をするものだ，そしてトラムは町の中の短い移動のために設計されている。トラムはもともと馬によって引かれていた。その後，蒸気機関が発明されてからいくつかの重要な(5)－a変化があった。より大きな輸送力を備える蒸気機関車は交通と都市間のビジネスを(5)－b進歩させた。一方多くのトラムは，地域の交通に(5)－a変化をもたらし，20世紀の都市のくらしを(5)－b向上させたのだ。現代のトラムは速くて便利な交通手段を提供している。いくつかのトラムの会社は停留所の近くに駐車場を設置して(提供して)公共交通機関の使用を促している。このように，トラムはこの町のマースにおける重要な役割を果たしていることが多い。電車とトラムには異なる歴史があるが，それらの重要性がすぐに低下することはないだろう。　(5)－

a　トラム内でのサトルの6番目の発言内に changes という語がある。　(5)－b　博物館でのエマの4番目の発言内に improved という語がある。

基本　〔問6〕　全訳参照。最初の場面内エマの6番目の発言，及びトラム内での会話ヒトシの3番目の発言に注目。「チケットは券売機で購入できる」「トラムの停留所には改札口がない，トラムの車内に料金箱がない」と言っているのでアが適当。

重要　〔問7〕　全訳参照。　①　エマは，サトルとヒトシが電車の旅が大好きであることを彼らがヘルシンキに来る前から知っていた。(○)　最初の場面のエマの3番目の発言参照。　②　エマはサトルとヒトシに，フィンランドとスオミは違うと言った。　③　ヘルシンキでトラムが運行され始めた時，停留所は設置されていなかった。(○)　トラム内での会話，エマの4番目の発言参照。　④　ソフトウェアのアプリでサトルはヘルシンキのトラムの歴史についての情報を得た。　⑤　サトルとヒトシはトラムに乗る前にヘルシンキのトラム博物館に行く計画を立てていた。　⑥　サトルはトラムの歴史について詳しくはない，なぜなら彼はそれに興味がないからだ。　⑦　ヘルシンキのトラムは過去には人気があったが，現在はそうではない。　⑧　ヘルシンキのマースは町の人々の暮らし方を変化させた。(○)　トラム内での会話，エマの7番目の発言からサトルの6番目の発言までの内容を参照。

3　(長文読解問題・論説文：文挿入，語句解釈，語句整序，内容吟味，要旨把握，自由・条件英作文)

(全訳)

農業は人間の暮らしの重要な部分だ。人々のために食料を提供することで人間の健康を支えている。人々はさまざまな種類の食用の農作物を栽培している。日本では，農家は米，野菜，果物，その他たくさんのものを育てている。日本には十分な農業用地がないが，人々はそれをうまく利用し，異なる地方の農家がさまざまな農作物を栽培している。例えば，東北地方は米の生産で有名であり，関東地方は野菜の生産で知られている。北海道といえばジャガイモを思い出す人もいれば，熊本県と聞けばトマトを思い出す人もいるだろう。(1)日本の人々はいろいろな場所でさまざまな種類の食べ物を楽しむことが多い。

日本の人々が食べている食べ物は時を経て変化してきた。昔は，米，野菜，そして魚を最もよく食べていた。それらの食料のほとんどを国内で収穫することができた。しかし，現在では西洋の食べ物がすっかり一般的であり，人々は以前より多くの肉，乳製品，そしてパンを食べている。日本の人々は多くの食料を他の国々から買っている。つまり，現在ではさまざまな種類の食べ物に関して自国と他の国々の両方に頼っているということだ。

しかし，我々はどのようにして日本の人々のための食べ物を提供し続けることができるだろう？近い将来，このことはこの国にとって重要な問題になる。日本では，今は世界中から食料を買うことができるが，(2)この状況が続かなかったら，どうなるだろう？　分かっているだろうが，地球は温暖化してきており，多くの地域の乾燥が進んでいる。また，世界中の寒冷地の氷が溶けているということもある。結果，海面が上昇し，いくつかの低地は水面下になりつつある。これらのことは農業を困難にし，そのことは日本の人々が食べている食べ物を変化させるかもしれないのだ。その上，世界の人口は増加し，将来必要になる食料の量は増加するだろう。結果的に，日本は食料不足になるかもしれない。我々はその事態に備えなければならないのだ。自分たちがどんな食べ物を食べるかということついてもっと考えるべきだという人たちもいる。また，国内で農作物の収穫量を上げる必要があるという人たちもいる。さまざまな人たちが未来の農業についていろいろな意見をもっている。

多くの人は日本の農業の未来について不安を抱いている。一つの問題は農業に従事する人の数の減少だ。(3)限られた農業従事者の数で，どうすれば十分な食料を提供することが可能になるだろう？

この問題を解決する一つの可能な方法はより広大な畑での農業だ。小さい畑を集めて広い畑にしている農家もあり，このやり方は彼らの作業を容易にすることの助けとなっている。例えば，小さい土地では農家は小さいトラクターしか使うことができない。しかし，広い畑なら大きなトラクターで早く作業を終えることができるのだ。ある報告書によると，広い畑に取り組む農家の数が近年増加している。これは現在では北海道と東北地方で広がっている。また，以前よりも効率的な方法で農業をする農家もある。例えば，水田はたいてい米作りのみに使われるが，違う農作物を作るために使う農家が出てきているのだ。昔は，稲作の季節が終わると，水田は使われなかった。現在は，(4)そのような水田は，例えば野菜を栽培するために使われることが可能なのだ。

問題を解決するもう一つの可能な方法は，農業に高度な技術を利用することだ。それは「スマート農業」とか「スマートアグリ」と呼ばれることがある。運転手なしでトラクターが走ったり，畑の上をドローンが飛んでいるところを目にすることがある。それらはより少ない農業従事者の数で農業をするための助力になるものだ。そのようなスマート農業によって，(5)農業をより簡単にし，生産量を上げることが可能になるかもしれない。

(6)グラフ**X**を見てみよう。このグラフは米農家が米作りをする時に10アールにつき行うさまざまな作業に費やした時間の長さを示している。農業従事者は田植えに2.74時間を費やした。そして稲刈り脱穀にもほぼ同じ時間がかかった。(それらの農業従事者は稲刈り脱穀にほぼ同じ時間を費やした。)そして，除草にはその半分以下の時間がかかり，水の管理に最も長い時間を費やしたのだ。ある報告によると，水田の水を制御する新しい技術を使うようになってから，その管理の時間が大幅に減少したという。その上，以前よりも多くの米を収穫できたのである。米の増加量はほんのわずかであったが，新しい技術は労働時間の節約に大いに貢献した。その報告は，新しい技術を備えたシステムはうまく機能し，農業従事者の大きな助けになったと述べている。

高度な技術は農業従事者の温室の管理も進歩させた。温室を適切な状態に保つために，農業従事者は常にきれいな空気と水を温室内に提供しなければならない。特に作業に当たる農業従事者の数が限られている場合，これはおそらくとても大変なことだ，しかし現在農業従事者は高度な技術を備えた新しい温室を使用するようになってきている。そのような温室では，窓は自動で開閉され，水は自動的に供給される。農業従事者は小さなコンピューターを使って必要な作業を指示することで温室内の環境を容易に変えることができる。そのような温室を使用することで，農業従事者はより少ない作業量でより多くの農作物を生産することが可能だ。

スマート農業のための高度な技術は，高齢の農業従事者たちが若い農業従事者たちに伝統的な技術を伝えるための助力にもなっている。若い農業従事者は通常長い年月をかけて農業の技術を身につける。しかし，農業に関するさまざまなデータがコンピューター内にあれば，そのデータを使って作業をどのようによりうまくできるかを素早く知ることができるのだ。また，高齢の農業従事者は仕事のやり方を彼らの経験に頼ることがあり，それを他の人に説明するのは容易(たやす)くない。データはどのような状態が最善なのか，ある決断がどのような結果になるのかを示す。これは若い農業従事者がより効率的な方法で仕事を管理するための助けになるだろう。

すぐにすべての食料問題を解決することは不可能だろう。その問題に対して我々が日常生活においてできることの数は限られているという人たちもいる。しかし，我々には生きるために常に食料が必要だ。我々は食料問題についてもっとよく考える努力をするべきだ。ある問を投げかけることから始めることができる。その問とは(7)「問題をより簡単に解決するために，我々の日常生活の中で何ができるのか？」ということだ。

〔問1〕 全訳参照。第1段落の内容を参照。日本人はそれぞれの地域でさまざまな農作物を育てていることが書かれているのでアが適当。

〔問2〕 全訳参照。第3段落3文目下線部直前の内容に注目。ウの「日本の人々が他の国から食料を買うことが難しくなった場合，どのようなことが起こるか？」が適当。

〔問3〕 (How)⑧will it be possible ⑥to produce enough food when ⑤the number of farmers (is limited.) 全訳参照。

基本 〔問4〕 全訳参照。空所(4)直前の内容に注目。今では水田は米作り以外にも使われているとあるので「昔は，稲作の季節が終わると，水田は使われなかった」に続く文として，(Now)such fields, for example, can be used to grow vegetables (.)が適当。

〔問5〕 全訳参照。空所(5)直前で，スマート農業は「より少ない農業従事者の数で農業をするための助力になるもの」とあるのでエが適当。

〔問6〕 全訳参照。第7段落2文目から4文目にグラフが示す結果についての記述がある。 less than ～＝～より少ない

〔問7〕 全訳参照。 (1) 日本の多くの人々は，将来日本では農業に従事する人の数が減るだろうと思っている。 第4段落1文目参照。 (2) 農業従事者がよりうまく温室の管理をする助けになるよう，コンピューターが温室内の環境を制御するために使用されている。 第8段落最後から2文目から最後までを参照。 (3) スマート農業のための高度な技術があるので，若い農業従事者は農業に関するデータを使用することによって素早く(農業のやり方を)学んでいる。 第9段落3文目参照。

重要 〔問8〕 全訳参照。 ① 我々が日常生活で食べているすべての食料は他の国から来ている。 ② 我々の食料についてもっと考えるべきだという人たちもいる。(○) 第3段落最後から3文目参照。 ③ 現在日本では，米や他の農作物の農業は一年中季節を問わず行われている。 ④ 人々は，高度な技術を使った農業はスマート農業とは違うと言っている。 ⑤ 新しい温室を使用することはスマート農業の一部であり，農業従事者が得られる農作物の量を減少させるかもしれない。 ⑥ スマート農業は日本の過去と未来の農業をつなげる力になり得る。(○) 第9段落1文目参照。 ⑦ 農業従事者が彼らの仕事をするためのより良い方法を見つけることは，彼らが作業をよりうまく管理する力になるだろう。(○) 第9段落の内容を参照。 ⑧ 現在では，高齢の農業従事者は自らの経験に頼る必要はない，なぜなら彼らはコンピューター内にデータを持っているからだ。

やや難 〔問9〕 (解答例訳) 学校旅行(修学旅行)で地元の農家を訪問することが力になる。そうすることで，私たちはどのように農作物が育てられるのかを学ぶことができ，作業を手伝うこともできる。また，私たちは農業に関する新しい意見について考えることもできる。そしてそれらを使って地元の農家を手伝うことができるのだ。

★ワンポイントアドバイス★

本文の内容に合うように，適する文を挿入する小問が数多く出題されている。一文を選択するものや，複数の文を正しい順番で選ぶものなど形式も多様だ。この種の問題が例年出題されている。読解力を上げる努力を続け，過去問に取り組んでおこう。

＜国語解答＞

1　(1) こかつ　(2) ふもと　(3) てんぽ　(4) きゅうりょう　(5) きっきん
2　(1) 武将　(2) 紅梅　(3) 編(んで)　(4) 苦肉　(5) 加勢
3　〔問1〕 ウ　〔問2〕 イ　〔問3〕 エ　〔問4〕 ア　〔問5〕 イ
4　〔問1〕 イ　〔問2〕 エ　〔問3〕 ア
〔問4〕 A 鑑賞　B 想像力の展開
〔問5〕 (例) 創作されたものが鑑賞されて
〔問6〕 (例) 芸術の理解は，鑑賞者の経験の積み重ねによって深まっていくと思います。同じ作品でも見方が変わります。
　私は，先日，美術館でモネの絵を見ました。「すいれん」の絵は学校の美術の教科書の写真で見た時，きれいな絵だと思いました。しかし，美術館に入って絵の勉強をするようになってから，実物を見ると，画家が光の移ろいを絵の具の重なりで表現していることが改めて分かり，より一層，「すいれん」の絵が好きになりました。
5　〔問1〕 ウ　〔問2〕 ア　〔問3〕 エ　〔問4〕 たまたま現
〔問5〕 ① 花はさかりに　② 月はくまなき　③ あだし野の露　④ 鳥部山の烟

○配点○
1　各2点×5　2　各2点×5　3　各4点×5
4　問4　各3点×2　問6　12点　他　各4点×4
5　問5　各5点×2(①と②，③と④の対)　他各4点×4　計100点

＜国語解説＞

1 (漢字の読み)

(1) 「枯渇」とは，物が尽きてなくなること。　(2) 「麓」とは，山の下の方の部分。　(3) 「店舗」とは，商品を並べて売るための建物。　(4) 「丘陵」とは，ゆるやかな起伏の低い山が続く地形。　(5) 「喫緊」とは，差し迫って重要なこと。

2 (漢字の書き取り)

(1) 「戦国武将」とは，応仁の乱前後～大坂の陣終結の戦国時代と呼ばれた時代に，軍を指揮し統率した長のことを指す。　(2) 「紅梅」とは，梅の一品種。濃い桃色の花が咲く。　(3) 「編む」とはここでは，色々の文章を集めて書物を作ること。　(4) 「苦肉の策」とは，敵をあざむくために，自分の肉体を痛めつけて行うはかりごと。転じて，苦しまぎれに考え出した方策。　(5) 「加勢」とは，力を貸して助けること。

3 (小説文－大意・要旨，内容吟味，文脈把握，心情)

基本　〔問1〕 「大学の」から始まる箇所に，「大学のテキストは，細々とした情報まで全部まとめて一連の文章になっているようだった。しかも難しい言葉で硬い文章に仕立ててあるものだから，読んでいてもどうもぴんとこない。読み進めているつもりが，目で文章を追っているだけで頭には全く入ってことないこともしばしばだった」とあり，大学で使用しているテキストでは，レポートを書くことはできないと判断したのである。

基本　〔問2〕 傍線部(2)の前に，「だけど，大学のアカデミズムってそういうもんじゃないですかね。知

識を体系的に網羅して，一般的で間違いのない理論としてまとめるのが目的なわけですから。学問的に系統だてた文章はどうしたって理屈っぽくて硬くなるもんですよ」とあり，山村さんに大学のテキストの文章が硬いのは当然であると言われてしまい，期待外れであった。

基本　〔問3〕　傍線部(3)の後に，「丸いレンズ越しに，まじまじと詩織を見つめてくる。慣れないとちょっと照れてしまうような視線だけど，これは彼の癖らしい。近眼の上，相手をじっと見ながら頭を回転させる人なのだ」とあり，詩織からの質問に対して，眼鏡を整え，相手の顔を見ながら質問の答えを考えている様子を読み取る。

基本　〔問4〕　傍線部(4)の後に，「難しい相談をしたつもりだったのに，あっさり解決されてしまった。あらためてプロの力と，自らの至らなさを思い知らされた。それでいじけた気分になっているのなら世話はない」とあり，山村さんへ相談したことが簡単に解決されてしまい，本来なら嬉しいはずなのに自分のできなさに対して嫌悪感を抱いている。

やや難　〔問5〕　文章の主人公は詩織であり，詩織から見た山村さんの仕草や行動，発言となっている。また，その間で山村さんに対して詩織がどう思っているのかという感情の描写もなされている。

4　(論説文－内容吟味，脱文・脱語補充，作文(課題))

基本　〔問1〕「芸術は」から始まる段落に，「芸術家は彼を動かす何らかの特殊な感情を持っているから，作品という個性的な知覚をもたらすものの形で，それを表現したのではないでしょうか？」と筆者自身が問いを投げかけており，また「この『何か』」から始まる段落に，その特殊な感情(感性)は，芸術へ「向けて動かす感情」であり，「情動」「知覚」と言い換えることができるとしている。

基本　〔問2〕「しかし」から始まる段落に，われわれはどうやって作品を知覚するのか，その方法を知っており，その作品にある感情の存在も把握しているとする。しかし，単語は知っているがそれが思い出せないようなもので，知覚に難儀していると筆者は主張している。

基本　〔問3〕　傍線部(3)の後に，「しかし，芸術作品は元来不要なものです。それを何かの役に立てようとしても，効率が悪いことが多いでしょう。しかし，仕事や生活の手段として不要だとしても，無用のものではありません」とあり，仕事や生活の「行為」との関係でのみ知覚してしまっている現状を述べている。

重要　〔問4〕　A「知覚」とは，感じ取った外界の刺激に意味づけをするまでの過程のこと。外界とはここでいう作品にあたるので，それを「鑑賞」することが「知覚」となる。　B「それでは」から始まる段落に，作品を鑑賞することによって，「想像力の展開」がなされると述べられている。

やや難　〔問5〕「それでは」から始まる段落に，全ての芸術は，鑑賞と創作の活動であり，「鑑賞も創作も作品がなければ成立しない」とある。つまり逆にいえば，作品には必ず創作と鑑賞が付随するということである。

やや難　〔問6〕　文章1と文書2の内容，生徒A～Eの会話の中で共通する点を踏まえて，自身が思うところを述べよう。「芸術の理解」について自分の経験をもとに，今までどのように理解してきたか，芸術に触れて感じたことを，制限字数内にまとめる。

5　(論説文，古文－内容吟味，文脈把握，脱文・脱語補充)

基本　〔問1〕「ここには」から始まる段落に，「あくまでも『この世』に踏みとどまり，無常の世に美(いみじさ・すばらしさ)を見いだそうとする貪婪な芸術家魂」とあり，この世が無常であることを憂うことなく，この世をすばらしいと感じ，居続けたいとしている。

基本　〔問2〕「やぶさかでない」とは，何かをすることをためらわない，喜んで何かをするという意味である。「兼好の前に」から始まる段落に，「繰り広げられるのはレンマの情理が支配する世界」「偶然と必然が織りなす縁起の世界」「必然の力が支配的である事実」とあり，そのような世界，事実であると受け入れることに躊躇いがないのである。

基本 〔問3〕「満開の」から始まる段落以降に，桜や月の美しさを「プラスの美」とし，また人々が見過ごしがちな「短さ」「もろさ」「小ささ」「少なさ」を「マイナスの美」としている。たとえ，満開の桜や満月を見られなかったとしても，「マイナスの美」から無常観による「短さ」「もろさ」を感じ取るとしている。

重要 〔問4〕「偶然」とは，何の因果関係もなく，予期しないことが起こること。「兼好が」から始まる段落に，「たまたま現れ出て，たまたま消え去っていく『はかなさ』のなかに兼好はいみじさを，ゆかしさを，おかしさを感じ取る」とあり，偶然出あった「はかなさ」に心惹かれている。

重要 〔問5〕①「必然的な美」とは，「満開の」から始まる段落に「プラスの美」「伝統的な美，様式化された美」と定義している。それらは，「満開の華麗な桜の美しさや満月のさやかな美しさ」のことであると具体例を示している。②　枠内の文言でいえば，「花はさかりに，月はくまんなき」になるが，①と②に入れる順番は不同である。③「偶然の美」とは，「マイナスの美」であり，「短さ」「もろさ」「小ささ」「少なさ」が付随する美である。それらは，冒頭にある『徒然草』第七段で示されている。　④　枠内の文言でいえば，「あだし野の露」「鳥部山の烟」は無常であるから趣があるように，この世も無常だから趣があるのだとしている。③と④に入れる順番は順不同である。

★ワンポイントアドバイス★

文章量が多いので，正確に読み，時間内に問題を解く力が必要になる。また問題演習を繰り返すことに加え，時間のあるときは新聞を読んだり読書をすることで，読解の力を養おう。

MEMO

大切なことはメモしておこうネ！

都立青山高等学校

2023年度

★★★★★★★★★★★★★★★★★★★★★★★★

入 試 問 題

●くわしい解説……35ページ

＜数学＞

時間50分　満点100点

【注意】答えに根号が含まれるときは，**根号を付けたまま，分母に根号を含まない形で表しなさい。**
また，**根号の中を最も小さい自然数にしなさい。**

1 次の各問に答えよ。

〔問1〕 $(4+\sqrt{7})^2-8(4+\sqrt{7})+12$ を計算せよ。

〔問2〕 連立方程式 $\begin{cases} \dfrac{x+y}{3}=\dfrac{x}{4} \\ \dfrac{x-y}{5}=y+6 \end{cases}$ を解け。

〔問3〕 1から6までの目が出る大小1つずつのさいころを同時に1回投げる。
大きいさいころの出た目の数をx，小さいさいころの出た目の数をyとするとき，$(x,\ y)$を座標とする点Pが，関数$y=\dfrac{12}{x}$のグラフ上にある確率を求めよ。

ただし，大小2つのさいころはともに，1から6までのどの目が出ることも同様に確からしいものとする。

〔問4〕 右の**図1**は，ある中学校の生徒40人が，サッカーのシュートを10回ずつ行ったとき，シュートが入った回数ごとの人数をグラフに表したものである。

シュートが入った回数が，6回以上8回以下の生徒数は，全体の人数の何％か。

図1

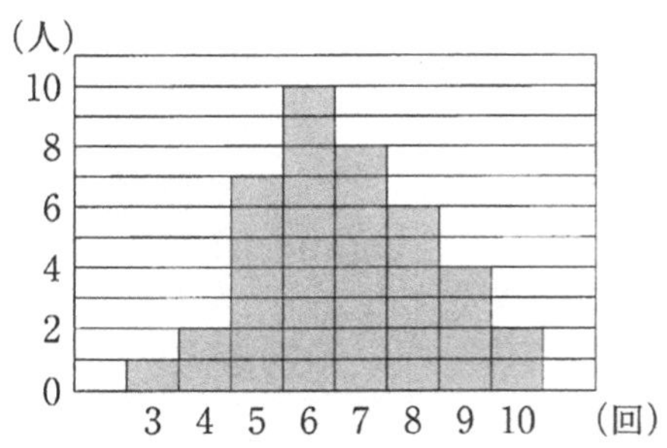

〔問5〕 右の**図2**で，△ABCは，∠ABC＝60°の三角形であり，点Pは辺AC上，点Qは辺AB上，点Rは辺BC上にそれぞれある点である。

解答欄に示した図をもとにして，△PQRが，PQ // BCの正三角形となる点P，点Q，点Rを，定規とコンパスを用いて作図によって求め，それらの位置を示す文字P，Q，Rもそれぞれ書け。

ただし，作図に用いた線は消さないでおくこと。

図2

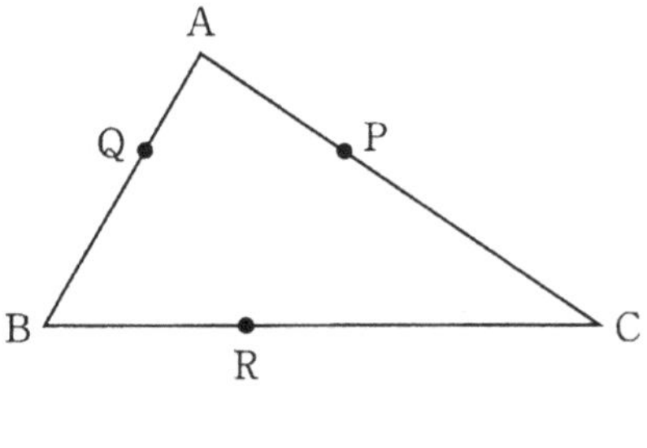

2　右の図で，点Oは原点，曲線f関数$y=ax^2$ $(a>0)$のグラフを表している。

点Aは曲線f上にあり，x座標は-1である。

点Aを通り傾きaの直線を引き，曲線fとの交点のうち点Aと異なる点をBとする。

点Bを通り傾き$-a$の直線を引き，曲線fとの交点のうち点Bと異なる点をCとする。

直線ABとy軸との交点をD，直線BCとy軸との交点をEとする。

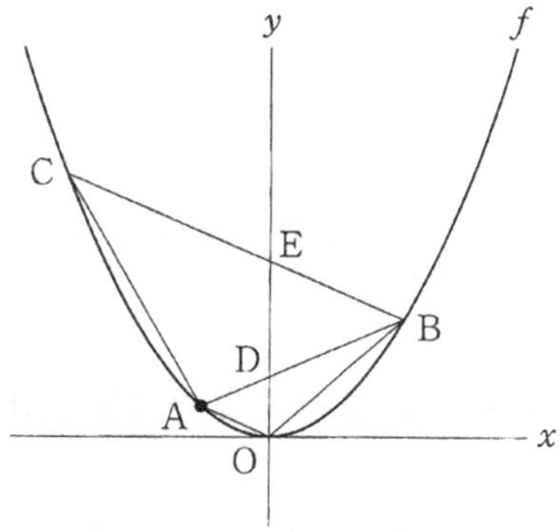

点Oと点A，点Oと点B，点Aと点Cをそれぞれ結ぶ。

点Oから点(1，0)までの距離，および点Oから点(0，1)までの距離をそれぞれ1cmとして，次の各問に答えよ。

〔問1〕　点Aの座標が$A\left(-1,\ \dfrac{3}{2}\right)$のとき，点Dの座標を求めよ。

〔問2〕　△DBEの面積が8cm^{2}のとき，aの値を求めよ

〔問3〕　『$a=\dfrac{1}{2}$のとき，点Aを通り四角形AOBCの面積を2等分する直線の式を求めよ。』という問題を，下の［　　］の中のように解いた。

［①］と［②］に当てはまる数，［③］に当てはまる最も簡単な整数の比を書け。

また，［④］には答えを求める過程が分かるように，途中の式や計算などを書き，解答を完成させよ。

【解答】

$a=\dfrac{1}{2}$のとき，各点の座標をそれぞれ求めると，$A\left(-1,\ \dfrac{1}{2}\right)$，B(2，2)，$C\left(-3,\ \dfrac{9}{2}\right)$，D(0，1)，E(0，3)である。

また，直線OAの傾きが［①］であるから，AO∥BCとなることが分かる。

AO∥BCであることから，

△AOBと△ABCの面積の比は，線分AOと線分BCの長さの比に等しい。

よって，△AOBの面積をSとすると，△ABCの面積は［②］Sと表すことができる。

したがって，点Aを通り四角形AOBCの面積を2等分する直線と線分BCとの交点をFとすると，四角形AOBFと△AFCの面積が等しくなることから，BF：FC＝［③］であることが分かる。

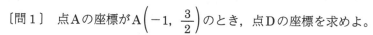

以上より，

④

3　右の**図1**で，点Oは線分ABを直径とする円の中心である。

点Cは円Oの周上にある点で，点A，点Bのいずれにも一致しない。

点Bと点C，点Cと点A，点Oと点Cをそれぞれ結ぶ。

点Aを含まない$\overset{\frown}{BC}$上にある点をDとし，点Aと点D，点Cと点Dをそれぞれ結ぶ。

次の各問に答えよ。

〔問1〕　AC＝4cm，$\overset{\frown}{AC}=\overset{\frown}{CD}=\overset{\frown}{DB}$のとき，線分BCの長さは何cmか。

〔問2〕　右の**図2**は，**図1**において，線分AD上にある点をPとし，点Pと点Cを結び，∠APC＝∠AOCの場合を表している。

次の(1)，(2)に答えよ。

(1)　△PCDは二等辺三角形であることを証明せよ。

(2)　AB＝6cm，AC＝4cmであり，点Pが線分BC上にあるとき，線分ADの長さは何cmか。

図1

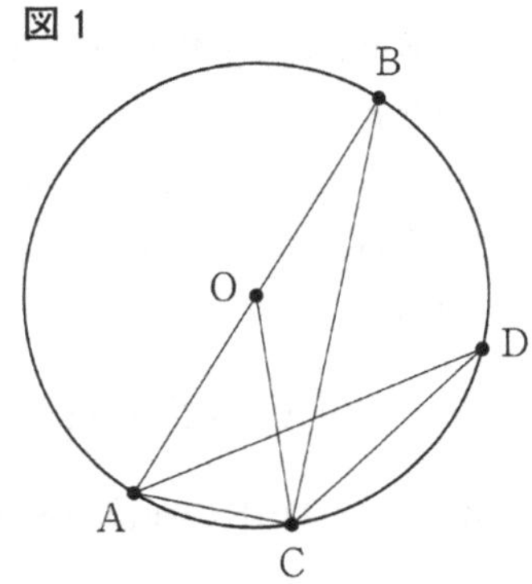

図2

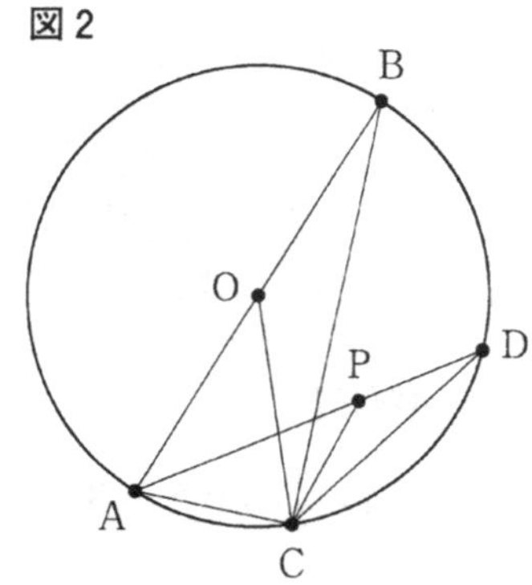

4　次の先生と生徒の会話文を読んで，あとの各問に答えよ。ただし，円周率はπとする。

先生：「右の**図1**で，△ABCは，AB＝2cm，BC＝1cm，CA＝$\sqrt{3}$cmの直角三角形です。
　　　この△ABCを，直線ACを軸として1回転させてできる立体はどんな形でしょうか。」

生徒：「はい，円すいになります。」

先生：「そのとおりです。では，その円すいの表面積を求めてください。」

生徒：「解けました。［①］cm^2になりました。」

先生：「正解です。よくできました。
　　　では，次の問題を見てください。」

図1

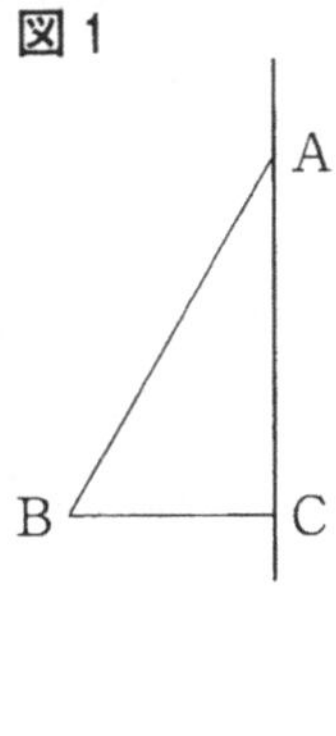

【先生が示した問題1】

右の**図2**は，**図1**において，頂点Cから辺ABに垂線を引き，辺ABとの交点をDとし，点Dを通り辺BCに平行な直線を引き，辺ACとの交点をEとした場合を表している。

図2において，四角形DBCEを，以下の(**ア**)，(**イ**)，(**ウ**)のいずれか1つの直線を軸として1回転させてできる立体を考える。

軸とする直線を(**ア**)，(**イ**)，(**ウ**)のうちから1つ選び，そのときにできる立体の体積を求めよ。

(**ア**)　直線DE

(**イ**)　直線EC

(**ウ**)　直線BC

図2

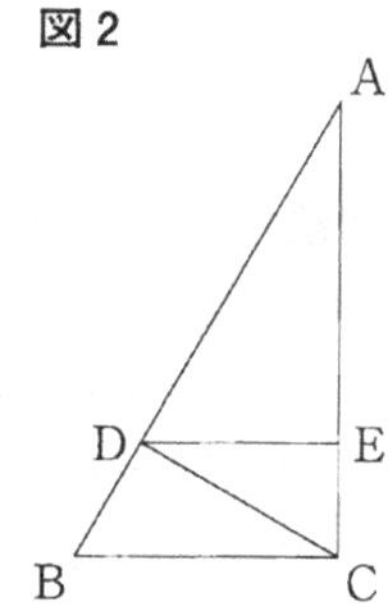

生徒：「どれを選んでもよいのですね。」

先生：「そうです。その選んだもので求めてみてください。」

先生：「さて，半円を考えたとき，直径を含む直線を軸として1回転させてできる立体は，球になりますね。
では，もう1つ問題を解いてみましょう。」

【先生が示した問題2】

右の**図3**は，**図1**の三角形を，直線ACを軸として1回転させてできる立体の中に，中心が直線AC上にある同じ大きさの球が2個含まれ，
上側の球は，円すいの側面と下側の球に接しており，下側の球は，上側の球と円すいの底面に接している場合を表している。

このとき，球の半径を求めよ。

図3

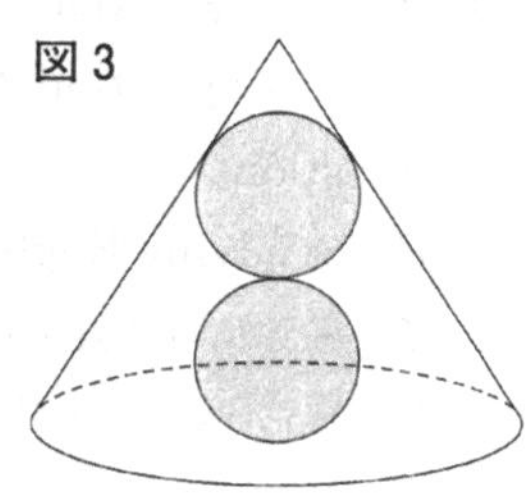

〔問1〕 ① に当てはまる数を求めよ

〔問2〕 【先生が示した問題1】において，軸とする直線を(**ア**)，(**イ**)，(**ウ**)のうちから1つ選び，解答欄に○を付けよ。また，そのときにできる立体の体積は何 cm^3 か。

ただし，答えだけでなく，答えを求める過程が分かるように，途中の式や計算なども書け。

また，**合同な図形や相似な図形の性質を用いる場合は証明せずに用いてもよい。**

〔問3〕 【先生が示した問題2】において，球の半径は何cmか。

＜英語＞　時間　50分　　満点　100点

1　リスニングテスト(**放送**による**指示**に従って答えなさい。)

〔**問題A**〕　次の**ア**～**エ**の中から適するものをそれぞれ**一つずつ**選びなさい。

＜対話文1＞

ア　To have a birthday party.
イ　To write a birthday card for her.
ウ　To make some tea.
エ　To bring a cake.

＜対話文2＞

ア　He was giving water to flowers.
イ　He was doing his homework.
ウ　He was eating lunch.
エ　He was reading some history books.

＜対話文3＞

ア　He got there by train.
イ　He took a bus to get there.
ウ　He got there by bike.
エ　He walked there.

〔**問題B**〕　＜Question 1＞では，下の**ア**～**エ**の中から適するものを**一つ**選びなさい。
＜Question 2＞では，質問に対する答えを英語で書きなさい。

＜Question 1＞

ア　Studying English.
イ　Students' smiles.
ウ　Sports festivals.
エ　Students' songs.

＜Question 2＞

(15秒程度，答えを書く時間があります。)

2　次の対話の文章を読んで，あとの各問に答えなさい。
(＊印の付いている単語・語句には，本文のあとに〔**注**〕がある。)

Tom is interested in Japanese culture and stays with Kens family in Tokyo as an exchange student from the U.K. Tom and Ken go to the same high school. They have two good friends, Aya and Saki. Aya and Ken are members of the art club. Saki is interested in Japanese history. One day they are talking after school.

Tom：I hear a special *exhibition of traditional Japanese paintings will be held in the art museum this Sunday.

Ken : I've also heard about it. I'd like to see the paintings.

Aya : Me, too. Why don't we go there together?

Saki : Sounds great! I want to know about the history of Japanese paintings.

Aya : We can take the bus to the art museum from Aoyama Station. Let's meet at the station at 10 o'clock on the day.

Tom : O.K. It will be my first visit to an art museum in Japan. I like Japanese paintings. [(1)-a]

They are in the art museum on Sunday.

Tom : Wow, there are so many paintings.

Aya : Look at (2)-a **Picture A**. It shows a part of a *picture scroll. Picture scrolls are usually a few meters long, and some are even 20 meters long. Many of them were painted in the 12th century.

Tom : Amazing!

Saki : A picture scroll tells a story with pictures and words. You can look at it from right to left and enjoy scene after scene by opening it a little at a time.

Tom : Wonderful! I've never seen one before.

Aya : A painting *method called fukinuki-yatai was used in this picture.

Tom : What's that?

Ken : [(1)-b] Aya, can you explain it?

Aya : Yes, of course. It's a way of showing the inside of a building *from above. There is no roof and ceiling in this picture. Look! In this picture, you can see some people inside a room from above.

Tom : That's interesting.

Aya : In real life, you can't see things from that point of view.

Saki : That's true.

Ken : Let me show you another interesting way of looking at things.

Aya : What's that?

Ken : Look at (2)-b **Picture B**. This picture was painted in the 16th century. You can see a man sitting at the back of the room. He looks bigger than two men sitting in front of him, because he is the hero of the picture.

Saki : In Japan, in those days, important people sat at the back of the room. In some paintings, *even if they are sitting at the back, you can see their faces and expressions *clearly.

Ken : Very true.

Saki : Japanese painters at that time *focused on the most important people and things. (3) It was more important to show important people and things clearly than to show [   ].

Tom : I see. That seems a little strange to me. I know another way of drawing a picture.

Ken : Do you?

Tom : It's a way of showing *depth and *distance in a picture by making people and things that are farther away smaller. With this method, people and things look close or far away. I've heard it was used in the 15th century in Europe.

Ken : I know about that. People say that (4) that method was often used in ukiyo-e in the 18th century and in the early 19th century.

Tom : I like ukiyo-e. I want to know more about them.

Saki : Ukiyo-e were very popular in Japan. The history of ukiyo-e began around the 17th century. An ukiyo-e was a kind of *woodblock print. At first, only black ink was used. As the number of colors of ink increased, they became very colorful.

Ken : You can see many things in ukiyo-e prints. Nature, actors, common people, and their lives were expressed in ukiyo-e prints.

Tom : [(5)-a]

Ken : [(5)-b]

Saki : [(5)-c]

Aya : [(5)-d]

Tom : [(5)-e]

Aya : Paint a design on a piece of paper with black ink. *Carve the design on a woodblock. Put ink on the woodblock and *press a piece of paper on it to print the design.

Tom : Did painters make ukiyo-e all by themselves?

Aya : No, there were *specialists for each of these steps. It was a lot of work, but after a woodblock was made, it was easy to print many copies. The prints produced in this way soon became popular among people in Edo.

Saki : People who visited Edo bought ukiyo-e prints because they were so beautiful and easy to carry as a gift. They returned to their hometowns with them, and ukiyo-e became popular outside Edo.

Tom : Look at (2)-c **Picture C**. Small things look far away. You can feel the distance in the picture.

Aya : Exactly.

Ken : Look at (2)-d **Picture D**. A woman is looking back over her shoulder. There is no *background. This was painted in the early days of the Edo period.

Aya : Compare these two pictures.

Tom : Very different.

Aya : That's true. In the 17th century, people and things in ukiyo-e looked *flat like that picture of a woman. In the late Edo period, Japanese painters often used that method from Europe. In that way, depth and distance were expressed in ukiyo-e. Ukiyo-e changed a lot.

Saki : [(1)-c]

Ken　: Me, too.

Saki : I've heard an interesting story.

Aya　: What's that?

Saki : In the late Edo period, Japan sent plates and vases to Europe by ship. Ukiyo-e prints were sometimes used to protect them. An artist in Europe happened to discover them and was surprised at the beautiful designs. A Japanese art *boom began in Europe after he told his friends about ukiyo-e. I've heard the boom *went on into the 20th century.

Tom : That's interesting. I believe ukiyo-e looked fresh to the eyes of artists in Europe.

Saki : A lot of people in Europe saw ukiyo-e prints at the *World's Fair in Paris in the 19 th century. The prints won their hearts and minds. Ukiyo-e soon became popular in Europe. Pictures sometimes influence other pictures.

Tom : [　　(1)-d　　]

Saki : You know *Vincent van Gogh. He was one of the first artists who were influenced by ukiyo-e in 19th century Europe. He painted scenes from Japanese woodblock prints in his collection as backgrounds of some of his paintings.

Tom : I understand.

Ken　: I hear Gogh shared his collection with other artists and held an ukiyo-e exhibition in Paris.

Tom : (6) Now,【 ① he　② to　③ ukiyo-e　④ liked　⑤ want　⑥ why　⑦ I　⑧ know 】so much.

Aya　: Bright colors, lines, and no *shadows. His use of powerful colors influenced a lot of other artists later. In the late 19th century, artists collected ukiyo-e.

Tom : What happened to ukiyo-e after that? Did ukiyo-e end in the Edo period?

Saki : No. (7) The history of ukiyo-e went on. Ukiyo-e were also made in the Meiji period. Although the number of ukiyo-e prints decreased, they were popular in the period.

Tom : Are ukiyo-e prints made now?

Saki : I hear even today some Japanese painters are making ukiyo-e prints. They use the same steps that were used in the Edo period. The history of ukiyo-e started in the 17th century and has continued.

Tom : Great! I want to know more about ukiyo-e.

Aya　: Me, too. Let's go to the library next week to study ukiyo-e!

Ken　: Yes, let's.

〔注〕
exhibition　展覧会
from above　上から
focus on ～　～に焦点を当てる
woodblock print　木版画
specialist　専門家
boom　人気
Vincent van Gogh　フィンセント・ファン・ゴッホ(画家)
picture scroll　絵巻物
even if ～　たとえ～としても
depth　奥行き
carve　彫る
background　背景
go on　続く
method　手法
clearly　はっきり
distance　距離
press　押す
flat　平面的な
World's Fair　万国博覧会
shadow　影

〔問 1〕 (1)-a ～ (1)-d の中に，それぞれ次の**ア**～**カ**のどれを入れるのがよいか。ただし，それぞれの選択肢は一度しか使えないものとする。

ア I can see the difference.
イ I know it only by name.
ウ How could you find them?
エ Why should we do that?
オ I can't wait to see them.
カ What do you mean?

〔問 2〕 (2)-a Picture A, (2)-b Picture B, (2)-c Picture C, (2)-d Picture D とあるが，それぞれに当てはまる絵は次の中ではどれか。ただし，それぞれの選択肢は一度しか使えないものとする。

ア

イ

ウ

エ

出典：ア　シカゴ美術館 The Collection より作成
イ～エ　国立文化財機構所蔵品統合検索システムより作成

〔問 3〕 (3) It was more important to show important people and things clearly than to show ＿＿＿＿. の中に入れるのに最も適切なものは，次の中ではどれか。

ア surprisingly famous scenes
イ scenes looking scary
ウ surprising scenes
エ scenes looking real

〔問4〕 (4) that methodとあるが，それを使って描かれた絵の説明を次のように書き表すとすれば，［　　　］にどのような**1語**を入れるのがよいか。**本文中に使われている語**をそのまま用いて書け。

People and things nearer to the front look ［　　　］ than people and things farther away.

〔問5〕 本文の流れに合うように，［ (5)-a ］～［ (5)-e ］の中にそれぞれ英文を入れるとき，その組み合わせとして最も適切なものは，下の**ア**～**カ**の中ではどれか。

① Tell me more. I'd like to know about them.
② Me, neither. I hear they are not so easy to make.
③ Do you know how to make ukiyo-e prints?
④ I've tried making them, and there were three steps.
⑤ No. I don't know how to do that.

ア	① → ② → ⑤ → ③ → ④
イ	① → ⑤ → ④ → ② → ③
ウ	③ → ⑤ → ② → ④ → ①
エ	③ → ④ → ⑤ → ② → ①
オ	④ → ① → ③ → ⑤ → ②
カ	④ → ③ → ⑤ → ② → ①

〔問6〕 (6) Now,【 ① he ② to ③ ukiyo-e ④ liked ⑤ want ⑥ why ⑦ I ⑧ know 】so much. とあるが，本文の流れに合うように，【 】内の単語を正しく並べかえたとき，**2番目**と**4番目**と**6番目**にくるものの組み合わせとして最も適切なものは，次の**ア**～**カ**の中ではどれか。

	2番目	4番目	6番目
ア	①	③	⑧
イ	④	②	③
ウ	④	⑧	⑦
エ	⑤	②	⑥
オ	⑤	⑧	①
カ	⑦	⑥	④

〔問7〕 (7) The history of ukiyo-e went on. とあるが，その内容を次のように書き表すとすれば，最も適切なものは，次の中ではどれか。

ア Making ukiyo-e prints continued after the Edo period.
イ The number of ukiyo-e prints increased in the Meiji period.
ウ Many artists in the late 19th century collected ukiyo-e prints.
エ Many Japanese in the Meiji period bought ukiyo-e prints.

〔問8〕 本文の内容に合う英文の組み合わせとして最も適切なものは，下の**ア**～**シ**の中ではどれか。

① Tom says that he sometimes enjoys looking at pictures and words painted on a picture scroll.

② Aya explains that depth and distance in a picture scroll were expressed by using the method of fukinuki-yatai.

③ Ken explains that the method of fukinuki-yatai was used when Japanese painters began to make ukiyo-e.

④ Saki says Japanese painters put importance on two men sitting in front in the picture painted in the 16th century.

⑤ Tom explains a drawing method that was used in Europe and Ken knows it was often used in ukiyo-e about three hundred years later in Japan.

⑥ Aya says the method of painting ukiyo-e didn't change from the 17th century to the 19th century.

⑦ Saki says a lot of people saw ukiyo-e prints at the World's Fair in Paris in the 19th century and liked them.

⑧ Ken says Gogh bought a lot of ukiyo-e prints at the World's Fair in Paris in the 19th century and sold them to other artists.

ア	① ④	**イ**	① ⑤	**ウ**	② ⑦	**エ**	③ ⑥
オ	① ⑧	**カ**	⑤ ⑦	**キ**	① ③ ⑤	**ク**	① ⑦ ⑧
ケ	② ④ ⑥	**コ**	② ⑤ ⑧	**サ**	③ ⑤ ⑦	**シ**	④ ⑥ ⑧

3

次の文章を読んで，あとの各問に答えなさい。
（＊印の付いている単語・語句には，本文のあとに〔**注**〕がある。）

Since ancient times, *lightning has made people afraid. Some people were actually hurt by lightning, and others were just afraid because they didn5t know much about it. But people today know lightning better than people in the past thanks to the efforts of scientists. In the 18th century, Benjamin Franklin, one of the * founding fathers of the United States, studied lightning and found out what it was. He used a kite and did an experiment in 1752. He found that lightning is electricity.

In fact, lightning is caused by *static electricity. When a large amount of static electricity is in a cloud, it often causes lightning. But (1) <u>how does that happen?</u>

When the sun is bright on a sunny day, *humid air near the ground becomes warm and rises. As it rises, the air becomes cool and *vapor in the air changes into water *particles. Those particles become a cloud. When that cloud goes higher up, its water particles get colder and change into ice particles. When these ice particles move around, they *collide with each other, and cause static electricity. When you *rub your hair with a sheet of plastic, the *friction causes static electricity. In the same way, ice particles collide with each other and the friction causes static electricity in the cloud. As they collide many times, larger particles begin to have minus *charges, and smaller particles begin to have plus charges. Larger particles with minus charges go down inside the cloud. Smaller particles with plus charges go up because they are lighter. [(2)]

Plus charges that are in the ground rise and come near the *surface, as they are attracted to the minus charges at the bottom of a cloud. When the plus charges on the ground and the minus charges in the cloud reach a *certain amount, electricity goes down from the cloud to the earth. That is lightning. As plus charges are in the cloud, lightning also *occurs inside the cloud up in the air. When you see something bright in a cloud, that is probably lightning in the cloud. Usually, lightning goes down from a cloud in the air to the earth. But sometimes lightning moves up from the earth to a low cloud. That often happens in winter when clouds are low in the air. Do you know what conditions are needed for lightning? A strong *upward current, humid air near the earth, and cold air high up in the sky. The air has to be lower than -10℃ .

Look at **Map A.** It shows the average number of days of lightning some cities in Japan experienced per year over the years of 1991 to 2020. You can see that Kanazawa had the most days of lightning. And when you look at **Graph A**, you can see the average number of days of lightning that one of the cities in **Map A** experienced each month from 1991 to 2020. (3) <u>City X</u> in **Graph A** is on the east side of Japan. It is not on the *coast. And it experienced many days of lightning in summer because sea wind from the east became an upward current near mountains and caused lightning. **Graph B** shows the average number of days of lightning Kanazawa experienced each month in those same years. [(4)] That is *typical of lightning which occurs on the west coasts of the Hokuriku area and the Tohoku area in Japan. In winter, cold air from the north and air over warm sea water meet over the sea which is to the northwest of Japan. That air is carried by the wind to the coast and causes lightning very often in winter on that coast.

In Tokyo, with a population of about 14 million, the heat from electrical *appliances, such as air conditioners in offices and houses, has become one of the causes of lightning. Even when the air in the sky cools down at night, the heat from electrical appliances still remains in the air near the ground. As a result, a difference in temperatures causes an upward current, and lightning occurs. Big cities with populations of more than one million, such as New York and Paris, have experienced the same type of lightning. Some say lightning occurs more often than before in those cities because the heat from electrical appliances is increasing.

Lightning is studied in various places, and Tokyo is one of them. Lightning is studied at the highest tower in Tokyo. Actually, that tower is one of the famous sightseeing spots in Tokyo. As lightning *tends to hit tall things, the highest tower is a good place to collect more data about lightning. The tower is 634 meters tall, and to study lightning at it, very big *coils are put in a place which is 497 meters from the ground. When lightning hits a *lightning rod at the top of the tower and * electric current goes through the coils, data from it is sent to a study room under another place for enjoying the view that is 350 meters from the ground in the tower. While visitors are enjoying the view from that place, lightning is studied under there. Most people do not realize that lightning is studied there when they visit the tower for sightseeing.

By studying lightning at the tower, some researchers are trying to develop skills for reducing lightning damage. When lightning hits a building, computers in the building can be damaged. For that reason, the study of lightning at the tower is especially important.

Some other researchers in the world are trying to use electricity from lightning. Because lightning has a lot of energy, they hope that they can use its energy and solve problems caused by energy *shortages. Actually, they cannot use lightning itself because its energy is too powerful. Instead, they are trying to use static electricity in the cloud. They hope that in the future every house will have a device on its roof that pulls electricity out of the air. They believe that in that way people will be able to get electricity without polluting the air. But it is difficult to control even static electricity, and it will take a long time. If it becomes possible, lightning may be a new energy source, like solar energy, and (5) we may be able to solve the problems caused by energy shortages. Many people are still afraid of lightning, but some scientists are trying to use it to make life better.

〔注〕

lightning　雷	founding father　建国の父祖	static electricity　静電気
humid　湿った	vapor　蒸気	particle　粒子
collide　衝突する	rub　こする	friction　摩擦
charge　電荷	surface　表面	certain　一定の
occur　起こる	upward current　上昇気流	coast　沿岸
typical of ～　～に特有の	appliance　器具	tend to ～　～する傾向がある
coil　コイル	lightning rod　避雷針	electric current　電流
shortage　不足		

Map A

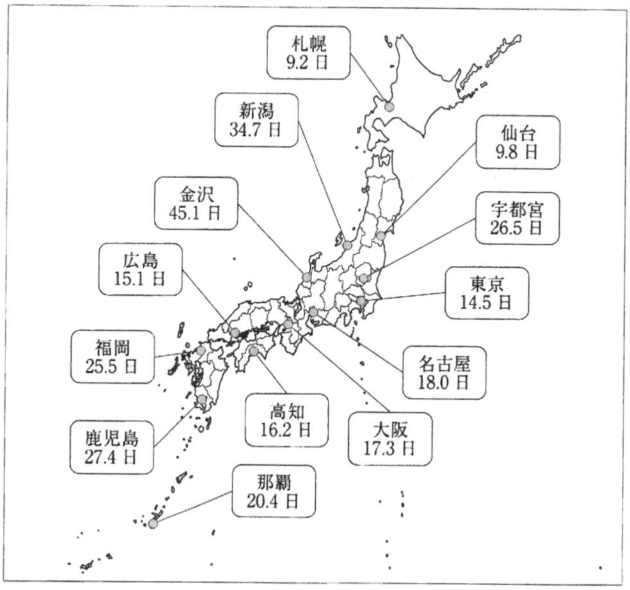

全国各地の気象台や測候所の目視観測に基づく雷日数の年間平均値（1991 年～2020 年までの 30 年間の平均）

気象庁ホームページより作成

Graph A

(3) City X

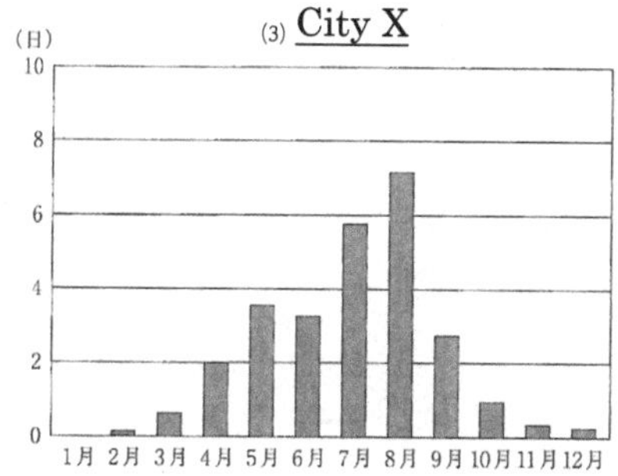

Graph B

金沢

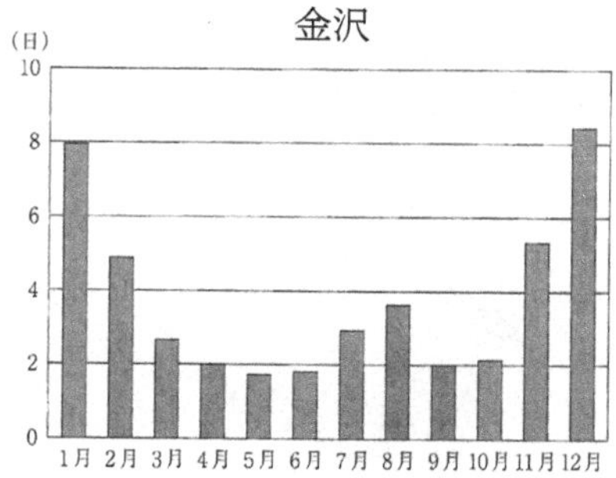

目視観測に基づく月別の雷日数の平均値（1991 年～2020 年までの 30 年間の平均）

気象庁ホームページより作成

〔問１〕 (1) how does that happen? とあるが，その質問に対する答えを模式図で表すとき，最も適切なものは，下のア～エの中ではどれか。

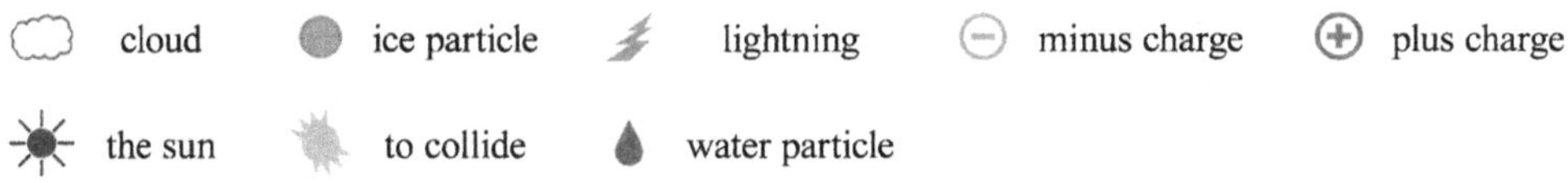

ア

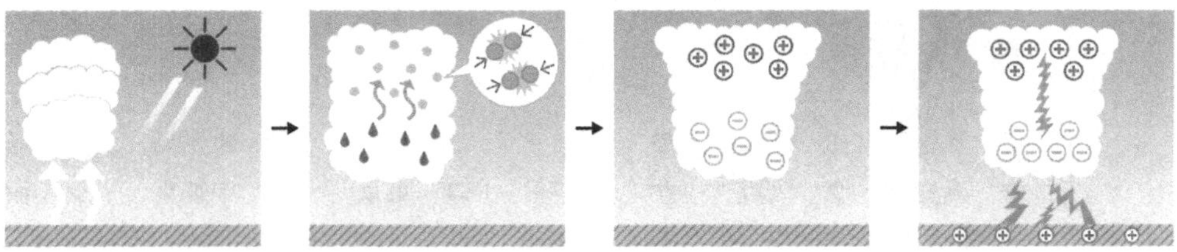

イ

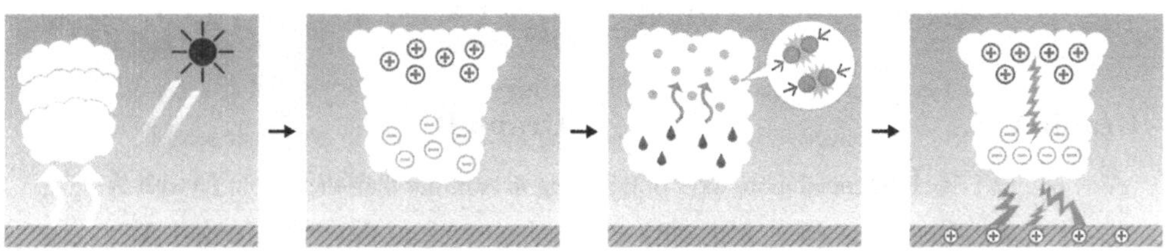

ウ

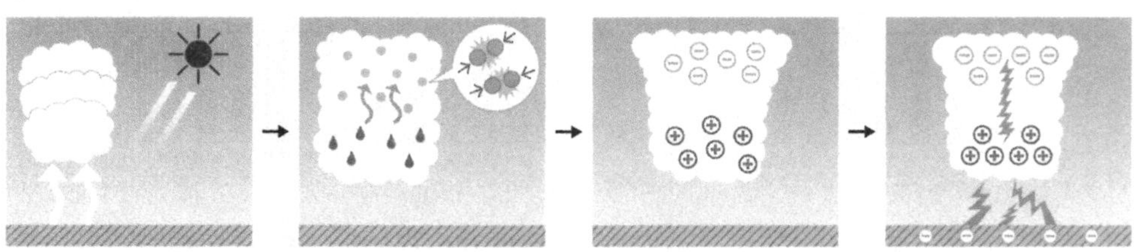

エ

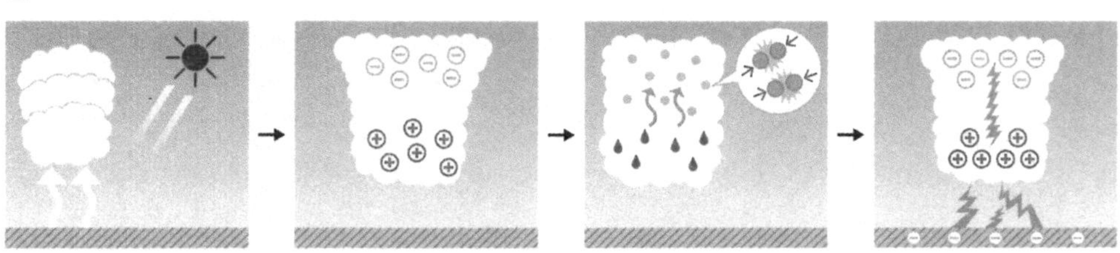

日本経済新聞　電子版より作成

〔問2〕 本文の流れに合うように，[　(2)　]に英文を入れるとき，最も適切なものは，次の中ではどれか。

ア It is easy to believe that Benjamin Franklin did an experiment on lightning.
イ It is easy to imagine lightning occurs because of the friction caused by hair.
ウ It is interesting to know that such things happen in a cloud.
エ It is interesting to see that such a thing happens on the ground.

〔問3〕 (3) City Xとあるが，その都市名として最も適切なものは，次のア～シの中ではどれか。

ア 札幌(さっぽろ)　イ 新潟　ウ 広島　エ 福岡　オ 鹿児島　カ 那覇
キ 高知　ク 大阪　ケ 名古屋　コ 東京　サ 宇都宮　シ 仙台

〔問4〕 本文の流れに合うように，[　(4)　]に英文を入れるとき，最も適切なものは，次の中ではどれか。

ア It experienced the most days of lightning in summer among all cities in Japan.
イ It experienced more days of lightning in winter than in any other season.
ウ It experienced more days of lightning in summer than the city in **Graph A**.
エ It experienced as many days of lightning in July as the city in **Graph A**.

〔問5〕 次の(1)～(3)の英文を，本文の内容に合うよう完成するには，[　　]の中に，それぞれ下のどれを入れるのがよいか。

(1) [　　], and some people say big cities with populations of over one million have experienced more lightning than before.

ア The difference in temperatures in and out of buildings causes an upward current
イ People in big cities have developed electrical appliances that can produce electricity
ウ A lot of people in offices and houses cause friction and cause static electricity
エ The heat from electrical appliances in offices and houses is increasing

(2) The study of lightning at the highest tower in Tokyo may help [　　].

ア to protect computers from the damage caused by lightning
イ to use the electricity in lightning for controlling computers
ウ to control computers in buildings and to make very big coils
エ to make better computers that can stop lightning

(3) Some researchers who are interested in the electricity in lightning [　　].

ア understand that controlling electricity in lightning may not be good for the environment
イ have decided to stop their research, because ifs difficult to control static electricity in clouds
ウ are trying to use the static electricity in clouds because energy in lightning is too powerful
エ have decided to stop their research because the damage caused by lightning is so huge

〔問６〕 本文の内容に合う英文の組み合わせとして最も適切なものは，下の**ア～シ**の中ではどれか。

① Benjamin Franklin studied lightning in 1752 because he wanted to be a founding father.

② Benjamin Franklin used a lightning rod to show that lightning was electricity in 1752.

③ Lightning not only goes down from a cloud to the ground but also goes up from the ground to a cloud.

④ Kanazawa experienced the highest average number of days of lightning per year among the cities shown on **Map A** from 1991 to 2020.

⑤ Most visitors to the highest tower in Tokyo are interested in both sightseeing and lightning.

⑥ When lightning hits the big coils at the top of the highest tower in Tokyo, data from it is studied at the top.

⑦ Thanks to the development of technology, it has become quite easy to use the electricity in lightning.

⑧ It is not good to use electricity from lightning because many people believe that it will pollute the air.

ア	① ②	**イ**	① ⑦	**ウ**	② ⑦	**エ**	② ⑧
オ	③ ④	**カ**	⑤ ⑥	**キ**	② ③ ⑦	**ク**	③ ④ ⑤
ケ	④ ⑥ ⑧	**コ**	① ② ⑦ ⑧	**サ**	② ④ ⑥ ⑧	**シ**	③ ④ ⑤ ⑥

〔問７〕 (5) we may be able to solve the problems caused by energy shortages とあるが，the problems caused by energy shortages に対して，あなたならどのように対処しますか。その答えを，**40語以上50語以内の英語**で書きなさい。ただし，本文に書かれていることについては書かないこと。「，」「．」「！」「？」などは語数に含めません。これらの符号は，解答用紙の下線部と下線部の間に書きなさい。

える視覚的な見方と受けとめれば、月並調どころか、「稲妻」の句とともに、極めて斬新な手法に成るといわねばなるまい。とあるが、「極めて斬新な手法」とは、ここではどのようなことか。その説明として、最も適切なものを次のうちより選べ。

ア　対象物一つ一つの詳細な部分に注目せず、高い場所から全体を大きな塊として捉えることで、力強い景観の描写に成功しているということ。

イ　目の前の対象物をありのままに表現するのではなく、架空の視点から全体を想像して捉えることで、雄大な景観を描写しているということ。

ウ　実際には小さな対象物であっても、それが無数に集まっている姿を考えて描写することで、全体を規模の大きな景観として見せているということ。

エ　直観した対象物そのものの姿ではなく、上から全体を眺めた姿を想像して描写することで、広がりのある景観の表現を可能にしているということ。

〔問5〕(5)富士山だけ残して、あとはすべて若葉若葉……。とあるが、「若葉若葉……」という表現が具体的に表しているものを、本文中より**六字**で抜き出せ。

見下せる所まで来ていた。(5)富士山だけ残して、あとはすべて若葉若葉……。緑の絨毯の上に舞い降りて身を横たえたならどれほど気持ちいいだろうと思いながら、初夏の風に軽く吹き流されていくのだ。

（鈴木健一「古典詩歌入門」による）

〔注〕 レポーター ― 調べて報告する人。
八朶 ― 富士山頂の火口部分を花びらが開いた花にたとえたもの。
蕪邨 ― 蕪村。
号 ― 画家などが本名とは別に用いる名。
清水孝之 ― 国文学者。
白い波が垣根を結んだような ― 白波で縁どられたように見えること。
拘泥 ― こだわること。

〔問1〕 (1)富士山っていうのは、この場合若葉のすばらしい繁茂力を祝福する、副次的な存在だよね。とあるが、「副次的な存在」とは、ここではどのようなことか。その説明として、最も適切なものを次のうちより選べ。

ア 富士山は本来単独で俳句の主題となるべき素材だが、この蕪村の句では周囲の若葉を含めた遠景全体を整える添え物になってしまっているということ。

イ 一般的に富士山は作品の中心的な素材となることが多いが、この蕪村の句においては生き生きとした若葉を引き立てる役回りにすぎないということ。

ウ 富士山の大きさや力強さは言うまでもないが、この蕪村の句の一面が若葉で埋め尽くされているという広大な様子には見劣りしてしまうということ。

エ 日本一の高さを誇る名峰富士山ではあるが、この蕪村の句においては芽吹いた若葉の濃い緑がまぶしい、初夏の景色の魅力にはかなわないということ。

〔問2〕 (2)ぼくがこの句を絵に描く場合、まず立派な富士山をドーンと据えたいと思うんです。とあるが、筆者は「この句」において、こうした気持ちになるのにふさわしい点を指摘している。そのことを述べている最も適切な一文を探し、最初と最後の**五字**を抜き出せ。なお、、や。や「などもそれぞれ字数に数えよ。

〔問3〕 (3)水掛け論になってしまう　とあるが、ここではどのようなことか。その説明として、最も適切なものを次のうちより選べ。

ア 描かれているから重要だと主張しても、描かれていないものは軽視してよいとは断言できず、描写にこだわっていては本質の見えない議論になるということ。

イ 描かれているものは重要だという主張と、描かれていないものこそ重要だという主張の両方がともに本質をついており、一方には決められない議論になるということ。

ウ 描かれているのだから重要なのだという主張と、描かれていないからむしろ重要だとする主張がともに譲らず、いつまでも決着のつかない議論になるということ。

エ 描かれているか描かれていないかという表面的なことにこだわるあまり、お互いに相手の言葉尻をとらえて批判し合う、中身のない議論になるということ。

〔問4〕 (4)これは斜め上空から見下した光景で、若葉をマッスとして把

などの名句があり、蕪村にも、

　絶頂の城たのもしき若葉かな

〈みずみずしい若葉につつまれた山の頂上に城がそびえ立っている。その雄姿はまことに頼もしいかぎりだ。〉

という有名な句がある。「絶頂の城」のような若葉も生命力溢れる感じで力強い。

そして、切字「かな」によって修飾されているというのも重要である。

さらに、次のような*清水孝之氏の、この句についての景観把握が参考になるだろう。

(4)これは斜め上空から見下した光景で、若葉をマッスとして把える視覚的な見方と受けとめれば、月並調どころか、「稲妻」の句とともに、極めて斬新な手法に成るといわねばなるまい。実情は、山麓の一部の光景から、この想像力による大景観を形象化したのだ（鑑賞日本古典文学『蕪村・一茶』）。

「マッス」とは塊のこと。「月並調」とは平凡で新しみのない表現との意。「稲妻」の句とは、「稲妻や波もて結へる秋津島（稲妻が明滅するたびに、*白い波が垣根を結んだような秋津島大和の国が見える）」という、やはり日本を上空から見下したような大観の作である。

清水氏が主張しているのは、若葉があたり一帯を蔽っているなか、富士山だけがぽつんと見えているというような光景なのだ。この景観把握に私も同感したいが、そうしてみると、若葉のすばらしさへの賞美はやはり重く見られるべきではないか（そのようにぽつんと頂上だけ姿を現すことで、かえって富士山の高さが認識されるという感じ方もあるかもしれない。そうなるともうこれは個人の感じ方に還元される問題だと言わざるをえないだろう）。

ところで、ここまで富士と若葉の二項対立にばかりつい*拘泥してしまったが、じつは一句の眼目は「うづみ残して」という表現にあるのではないか。正岡子規は『蕪村句集講義』で、

「うづみ残して」といふのは多少理窟くさい形容で、一面若葉になつたことを言ひ現すために、富士ばかりが埋められないといふのは、余程月並臭いところがある。（中略）兎に角厭味のある句である。

と、ずいぶん辛口の批評をしている。しかし子規も「うづみ残して」ということばが気になったのだとは言える。若葉が富士を「うづみ残す」という機知を、「理窟くさい形容」で「厭味」があるとするか、そうではなく、気のきいた理知的な捉え方とするかは、人によって判断の分かれるところだが、私は後者を取りたい。子規も月並調俳諧を攻撃するための手段として舌鋒がはげしくなったという部分もあるのではないか。そして、もし後者とするならば、やはり「うづみ残して」の主語である若葉の重要性がここで立ち現れてくるのではないか。

個人的なイメージとしてはこんな感じである。鳥になって真青な空を悠々と飛んでいる。駿河沖から浜辺へと飛び、いつのまにか富士を

ンスは、この句からけっこう強く感じ取れるんですよね。」

そして、S口君に続いて実は自分もそう思うという意見が何人か出た。

ここでは右の点について、論点を整理しながら改めて考えてみたい。

句意について簡単にまとめ直しておく。「うづみ残して」とは、そこだけ埋めることができなくて、ということであり、句意は、富士山ただ一つのみを埋めることができなくて、あとはもう若葉一色の景色であることだ、となろう。季語は若葉、季節は初夏である。

では、富士、若葉、それぞれの存在の重みについて検討してみよう。

まず、富士についてである。たしかに、日本一の名峰富士山が出てきてしまうと、何物もかなわないという所はある。富士が出たら勝負は決まり、みたいな感覚は根強いのだ。そういう点では、なんといっても富士が重視されるべきであろう。

また「不二ひとつ」という印象的な始まりにも着目すべきだろう。「不二ひとつ」と言い切ってしまっているところに、ある強さが感じられて、心地よい。五七五の短詩形式にとって初句はかなり重要な位置にある。さらに蕪村には、富士山の絵を描いて、画面右上に次のように書き付けたものが残されている。

東海万公句

青天　*八朶玉芙蓉

東成*蕪邨句

不二ひとつうづみのこして若葉哉　夜半翁

「夜半翁」は蕪村のこと。「青天八朶玉芙蓉」は、『江陵集』という、「万公」こと万庵和尚（一六六六―一七三九）の詩集の一句である。「朶」は、花を数える量詞。「玉芙蓉」は美しい富士の意（万庵の号は*芙蓉軒）。万庵は江戸高輪東禅寺の僧侶で、服部南郭（一六八三―一七五九）という蕪村より少し前の時代を生きた著名な詩人の友人であり、彼自身も詩をよくした。蕪村がこの「不二ひとつ」の句を万庵の詩と対にしたことからも、自信作であったことが窺われる。

そして、富士が描かれていることから、蕪村がそれを重視していることが認められよう（描かれていないことから、むしろ若葉を重視するとの見方もありうるが、(3)水掛け論になってしまうので、これ以上深入りしない）。

さて次に、若葉を重視すべき根拠を列挙しよう。

やはり、季語であるという点は重く見られるべきだろう。若葉は和歌でも詠まれているが、しかし本格的に取り上げられるのは、俳諧においてである。芭蕉にも、

若葉して御目の雫拭はばや

〈目のさめるような若葉にかこまれておわす鑑真和尚の尊像よ、この清らかな若葉をもって御目のしずくを拭ってさしあげたいものだ。〉

あらたうと青葉若葉の日の光

〈ああ、なんと尊く感じられることよ。この青葉・若葉に降りそそぐ、さんさんたる日の光は。〉

生徒B　だけど、本文でも言っているけど、感情を理解するとか経験をもとに話すとかは無理でしょう。これらはやっぱり人間独自の能力だと思うよ。

生徒C　でも、それはAIが蓄積するデータによるんじゃない。たとえば京都に行った人の印象を数多く蓄積すれば、京都の観光地についての印象も語れるようになるし、表情や口調のデータを蓄積すれば、人の感情理解だって可能になると思うよ。

生徒D　うん、人の笑い声に反応して自らも笑うというロボットも開発されたし、本文にあるように人と雑談できるAIの研究も進んでいるから、やがて感情を理解して人と話ができるAIが出てくるかもね。

生徒E　気楽に話ができるAI搭載のロボットは魅力だけど、本当に感情を理解できるようになるのかな。感情理解は人間同士だって難しいよ。それに、つらいときにロボットに慰めてもらっても、元気が出るかなあ。

5　次の文章を読んで、あとの各問に答えよ。〈　〉内は現代語訳である。（＊印の付いている言葉には、本文のあとに〔注〕がある。）

「ぼくのは先生のとちょっと違うんですよ」と、いつも活発に発言してくれるS口君が言い出した。私の担当する日本古典文学演習でのことだ。そういうふうに反論してくれるのは嬉しいものである。なんといっても場が盛り上がる。みんなも興味を持ってくれる。私もファイトが湧く。もちろん自分の思い違いや誤りを訂正する機会にもなりうる。少なくとも、自分の考えを反対側から検討する絶好の機会とは言えるだろう。

その日取り上げたのは、蕪村（一七一六―八三）の

不二ひとつうづみ残して若葉かな（蕪村句集）

だった。＊レポーターのK川さんはこの句について、

・不二（富士山）と若葉のどちらに重点が置かれているか。

という問題設定をした上で、

・若葉の旺盛さを主眼としつつ、富士山のすばらしさも詠まれている。

というふうに結論づけた。私も、そうだそうだと賛成し、

「(1)富士山っていうのは、この場合若葉のすばらしい繁茂力を祝福する、副次的な存在だよね。日本一高い富士山だけが残されているだけで、あとは緑に埋れているなんて、すごい生命力だ。今はちょうど若葉の季節だけど、目に痛いほどの濃い緑には時々圧倒されそうになるな～。」

などと、わりと調子に乗って喋ったと思う。そこに冒頭のS口君の発言があったのである。S口君の主張はこうだ。

「(2)ぼくがこの句を絵に描く場合、まず立派な富士山をドーンと据えたいと思うんです。そして、山の麓に緑を従えているというふうにしたい。日本一立派な富士山を讃えているっていうニュア

それゆえに、AIが配慮しない相手の気持ちを思いやる繊細さがあるということ。

エ　人間は感情を大切にして物事を考えるので、AIのような形式的な解答ではなく、真に幸せになる生き方を提案できるようになるということ。

〔問3〕(3)よって、音声や身振り手振り、表情を用いた感情理解の研究が盛んに行われています。とあるが、筆者がここで「感情理解の研究」を紹介する意図は何か。最も適切なものを次のうちより選べ。

ア　テキストの解析だけでは感情を読み取ることは難しく、話し言葉や動作で人は感情を表現していることを説明して、機械が感情を理解するには人と自然な会話ができる技術が必要であることを示すため。

イ　日常的に喜怒哀楽が明確な人は少なく、表情とは裏腹の感情を抱く人もいるが、そうした複雑な感情をその場の雰囲気から感じ取れる人間の能力は、機械にはまねできないということを示すため。

ウ　静かな怒りなどの感情は、怒っている本人の会話だけでは分かりにくく、対応している相手の様子から判断できるので、客観的に人の会話を解析する機械が必要になっているという現状を示すため。

エ　人の日常の自然な会話の中や表情には現れず、その場の流れの中から察する感情があるので、人の感情をデータ化し、機械が分類や理解をするにはまだ課題が多いということを示すため。

〔問4〕(4)共感なくして、信頼は生まれません。とあるが、筆者がこのように考えるのはなぜか、その理由を**文章2**の本文中のこの文以降の語句を用いて**四十五字以内**で書け。なお、、や。や「なども それぞれ字数に数えよ。

〔問5〕(5)これは、単に同意や共感を示しているだけではなく、自身の経験に裏打ちされた共感です。とあるが、「自身の経験に裏打ちされた共感」について次のようにまとめるとき、［A］、［B］に当てはまる最も適切な言葉を、それぞれ**文章1**の本文中から、［A］は**二字**、［B］は**十七字**で探し、そのまま抜き出して書け。

文章2の筆者は、自身の経験に裏打ちされた共感が相手から信頼を得るには重要だと述べている。この主旨は**文章1**の筆者が、経験値を上げて、［A］を理解して［B］ことが必要だと言っていることに当てはまる。

〔問6〕**文章1**と**文章2**を読んだ生徒たちが、人間とAIが共存する様子について話をしている。**文章1**と**文章2**の主張や生徒A～Eの会話を踏まえて、将来、AIが発達した社会で人間が果たすべき役割について、あなたの考えを**二百字以内**で書け。なお、書き出しや改行の際の空欄、、や。や「なども それぞれ字数に数えよ。

生徒A　将棋やチェスの世界ではAIが人間に勝てるようになって、AIの能力が優れていることが実証されているよね。

感です。このようにエピソードを持たせることによって、共感をより深いものにすることが可能です。

ただ、気を付けなくてはいけないのはロボットや対話システムに本当に共感ができるのかという点。ここは対話研究者の中でもよく話題に上ります。たとえば、雑談ＡＩが「コーヒーが好きです」と言ったとして、システムはコーヒーが飲めないわけです。なので、どうしても嘘っぽくなってしまいます。「京都に行ったのですが清水寺がきれいでした」と言っても、「ほんとかよ?」となります。こういう問題を、発話が誰のものかという意味で、発話の帰属の問題と言ったりします。発話の帰属の問題があるために現状の雑談ＡＩでは真の意味で共感ができていると言えないでしょう。

（東中竜一郎「ＡＩの雑談力」による）

〔注〕バイアス――偏り。
パスカル――フランスの哲学者、数学者、天文学者。
雑談ＡＩ――人間と自然な雑談ができることを目的に研究、開発されているＡＩ。

〔問1〕(1)このように、人間にとっての経験はＡＩが取得してくる情報とはまったく質が異なり、人間はこの経験をデータベースにして、思考を行ないます。とあるが、「ＡＩが取得してくる情報」と「人間にとっての経験」の違いについて説明したものとして、最も適切なものを次のうちより選べ。

ア　ＡＩから瞬時に得られる情報は、データベースの中でも常に最新のものであるが、人間の経験は、一つの行動に付随する複数の意味を含み、記憶の忘却につれて経験した当初の意味も変わっていくものである。

イ　ＡＩの扱う情報は、過去をさかのぼりながら異なる複数のものを集めてくることで成り立っているが、人間の経験は、同じ人が同じことをしても、そのときの気分で常に異なる意味を作り出していくものである。

ウ　ＡＩが取ってくる情報は、サーバーの遠い近いに関係なく、その内容には偏りがないが、人間の経験は、経験した回数や経験する人の年齢によって、記憶として意味づけられることに偏りがあるものである。

エ　ＡＩが引き出す情報は、いつでもデータベースの中で条件に当てはまるものだけであるが、人間の経験は、様々なものが複合的に重なった個別的なものであり、時間の経過とともに意味が変化していくものである。

〔問2〕(2)一言で言うと、人間は弱さを武器にできる生きものだということです。とあるが、「人間は弱さを武器にできる生きもの」とはどういうことか。その説明として、最も適切なものを次のうちより選べ。

ア　人間は物事を道理にのっとって考えるだけではなく、繊細な感情を発揮することで、ＡＩに対抗できる思考ができるようになるということ。

イ　人間は精神的な繊細さに欠ける存在であることを自覚することで、ＡＩには不可能な、ユニークな思考ができるようになるということ。

ウ　人間は取るに足らないことで気分が変動することがあるが、

り、コンピュータで解析するため。そして、コンピュータで解析される用途の一つはクレームの抽出です。つまり、お客さまが怒っている通話を見つけることです。あきらかに怒っているお客さまの場合は声の大きさや音声の特徴から見つけやすいのですが、怒りを爆発させずに怒るお客さまも多くいます。こうした静かな怒りをコールドアンガーというのですが、実は、そうした怒りは音声からだけでは検出することができません。一般に、相手が静かに怒り出すと、オペレータが相槌（あいづち）しか打たなくなってしまいます。また、対話の間がぎこちなくなってしまいます。コールドアンガーはそのような対話の特徴から見つけることができます。

感情理解の目的の一つは共感にあるといっても過言ではありません。(4)共感なくして、信頼は生まれません。ここでは雑談ＡＩ*における共感について触れておきたいと思います。

人間にとって共感は非常に重要で、人間同士の雑談のデータを収録して発話意図のラベルを付与したところ、共感・同意という発話意図のラベルは全体の12％もありました。つまり、8回に1回ほど同意や共感を示していることになります。これは大変多いのではないでしょうか。

共感的にふるまうロボットは、より信頼を得られることが知られています。ゲームなどで相手となる対話システムでは、共感をすることでより相手に信じてもらいやすくなることが示されています。私たちの研究グループでも雑談ＡＩにおける共感の影響について調査をしています。たとえば、好きな動物・嫌いな動物についての雑談を行うシステムを作ったことがあります。このシステムでは、共感を行う頻度をコントロールできるようにしてありました。そして、全然共感しないシステムや少し共感するシステム、かなり共感するシステムなどを作り、共感した回数とユーザの行動や対話の満足度の関係を調べました。

ある設定のシステムは、ユーザが「猫が好きです」と言ったのに、「私は猫が嫌いです」と言ったりします。別の設定のシステムでは、同じようなユーザの発話に対して「分かります。私も猫が好きです」と言ったりします。すると、共感するシステムのほうがユーザの満足度が高い結果に。また、面白いことに、システムの共感の回数が多いほどユーザの共感の回数が多い傾向が見られました。つまり、システムが共感をすればするほど、ユーザも共感する傾向にあったのです。共感するということは、少なくとも相手を気に掛ける、相手がどう思っているのかを考えるということです。共感することにより、ユーザからのそうした行動を引き出しうることは、ユーザとの信頼関係を築く上で、極めて重要な結果です。

私たちが作った別の共感を行う雑談ＡＩは、自身のエピソードを持っており、それに基づいて相手に共感を示します。旅行についての雑談を行うのですが、ユーザが「清水寺を見て京都が楽しかった」という内容の発言をすると、自身のエピソードに似た内容がないかを探します。そして、たとえば「銀閣寺を見て京都を楽しんだ」というエピソードがあったとすると、「私も京都に行きました。銀閣寺を見たのですが楽しかったです」といった応答ができます。(5)これは、単に同意や共感を示しているだけではなく、自身の経験に裏打ちされた共すし、何より生身です。自然にも勝てません。ところが、考えるという点においてはとてつもなく強い。これが、パスカルの言いたかったことです。

この理屈は、ＡＩ時代には大きな意味を持ってきます。なぜなら、ＡＩと比較して人間は弱く、感情を持った人間は機械とは違ってセンシティブです。逆に、そこをうまく生かせばいいのです。(2)一言で言うと、人間は弱さを武器にできる生きものだということです。弱さで武装するとは矛盾しているようですが、そうとも言えません。前述のパスカルはまた「幾何学の精神と繊細の精神が必要だ」と言っていますが、これは合理的思考と感情のふたつがあってはじめて強靭(きょうじん)な思考と言えるということです。少なくとも、私はそのように理解しています。

だから、弱さと強さが両方あってはじめて、思考力は武器になる。特に人間のことや人間社会のことを考える時に、弱さのわからない人には本当に正しい答えは導き出せません。これはＡＩにも当てはまることです。ＡＩが真の弱さを理解しない限り、ＡＩが人間の求めるものを提供するのは不可能でしょう。効率のいい投資のしかたや、ベストな健康法を教えてはくれても、はたして本当に幸せになるための生き方を教えられるかどうかということです。

(小川仁志「ＡＩに勝てるのは哲学だけだ」(一部改変)による)

文章2

正直、テキストから感情を理解するのは非常に困難です。もちろん、「すごい!!」といったびっくりマークがたくさんついていれば「驚きかな?」と思ったり、「いいね」などのポジティブな表現があれば「幸福かな?」と思えるのですが、テキストによる発話の多くはその感情の推測が難しいものです。「そうですね」の一言を取っても、楽しそうに言ったり悲しそうに言ったりすることが容易なように、感情が文章の字面(じづら)だけから分かることは少なく、どちらかと言えばその言い方に現れます。(3)よって、音声や身振り手振り、表情を用いた感情理解の研究が盛んに行われています。

感情の自動分類をする場合、問題はデータを準備するのが難しいことです。一般に分類を行う際は、データを準備してそれにラベルを付与して、データからそのラベルを当てる工程を経ますが、特定の感情が会話になかなか現れないといったことが多くあります。そもそも常日頃からそんなに感情ばかりを表出している人はいません。泣いたり笑ったりを繰り返していては疲れてしまうでしょう。よって、あまり発露しない感情を集めてデータセットにするのが大変なのです。そこで、俳優を雇って、特定の感情を表現してもらってデータを作ることが多くありますが、それだと自然な発話になりません。また、感情は明らかなものばかりではなく、文脈から推し量る必要があるものも多くあります。そういったデータは集めにくく、推定も難しくなります。理想的には、「顔では笑っているけれど心で泣いてるな」といったことを当てる技術を作りたいのですが、その実現にはもう少し時間がかかりそうです。

ところで、感情理解はコールセンタでも活用されています。コールセンタに電話をすると、「この音声は録音されています」といったアナウンスが流れると思いますが、これはこの音声を後で人間が聞いたこれに対して、人間の場合、たとえば山にクワガタを捕りに行った際、さまざまなものに目を向けます。山の景色、野に咲く花、自然の匂い、道端で出会う農家の人、途中で食べたおにぎり、その山道を歩く疲れ……。あらゆるものが、クワガタを捕りに行った際の経験になっているのです。

これらは、ＡＩがたとえ地球の裏側にあるサーバーに情報を取りに行っても得られるものではありません。彼らはどこに行こうと、形式的に目的に関連する情報しか引っ張ってきませんから。ここに人間の経験の特徴・強みがあると言っていいでしょう。

さらに、人間の経験には*バイアスがかかります。感情を持った人間という存在は、経験した事実をそのまま受け取ることはできないのです。ましてや時間が経(た)てば、それは意味を変えてしまうものなのです。

山にクワガタを捕りに行った経験は、人によって意味が異なります。同じ場所に同じ時に行っても、そこにはじめて行った少年と、何度も通っているクワガタ捕り名人の大人では、まったく違う経験をしているということになるのです。なぜなら、経験とは主観的なものだからです。

それは、彼らに感想を聞けばすぐにわかります。何がよかったか、何が悪かったか、何を得たか、というように。この主観がバイアスをかけるわけです。これはいいか悪いかではありません。ＡＩとの違いです。そして時間が経てば、同じ人でも経験の意味を変えてしまいます。人間は、記憶をそのまま維持できる生きものではないからです。

そもそも記憶は、それを思い出すごとに頭のなかで再生産されているもの。したがって、ひとつの経験は刻一刻、意味を変えていると言ってもいいでしょう。ＡＩにはそのようなことはありえません。同じ事実についての情報を、1年前のものと10年前のものと2種類集めることは可能でしょうが、それらを混ぜてひとつにしてしまうことはできないのです。

(1)このように、人間にとっての経験はＡＩが取得してくる情報とはまったく質が異なり、人間はこの経験をデータベースにして、思考を行ないます。時に、それをあたかも事実であるかのごとくとらえて、創造を行なう。だから、人間の思考はユニークなのです。そして、そんなデータベースとなる経験が多ければ多いほど、強烈であれば強烈なほど、思考のユニークさも増していきます。哲学するために経験値を上げる必要があるのはそうした理由からです。

結局、ＡＩがどれだけ進化しようと、人間は思考力で勝負するしかありません。ＡＩが賢いからといって、人間は体力で勝負というわけにはいかないでしょう。体力だってロボットには負けますから。感情は負けないかもしれませんが、感情で何ができるかです。感情と思考は簡単に切り離せるものではないので、感情を生かした形での思考力を武器にすべきでしょう。

*パスカルが言うように、人間は考える葦(あし)です。その栄誉は、ＡＩの登場によって簡単に捨てるべきではありません。これまでも、そしてこれからもずっと考える葦でいけばいいのです。

葦は、風が吹けばポキリと折れるようなとても弱い植物です。人間もまたそんな弱い存在なのです。ちょっとしたことですぐにへこみまなお、、や。や「などもそれぞれ字数に数えよ。

魚住は三つの誓いを意識して、[　　]ようになった。

〔問5〕(5)ふたつ仲よく並んだうきが、かすかな波にゆらりゆらりと揺れている。とあるが、この表現について説明したものとして、最も適切なものを次のうちより選べ。

ア　平日の昼間から釣りに来ている徳井と魚住のうきが、かすかな波にも揺れている様子は、二人の椅子作りの仕事は注文が入らなかったり忙しくなったりと安定していないものであることを強調している。

イ　他の釣り人たちが釣れている一方、まだ何も釣れていないのに並んで穏やかに揺れているふたつのうきは、未熟ながらも自分たちのペースで工房を運営していこうという徳井と魚住の希望を象徴している。

ウ　水面のかすかな波は、工房の運営には徳井と魚住のいさかいが絶えないことを表しているが、同調して揺れているうきは、それでも二人が良きパートナーとして困難を克服していく様子を表現している。

エ　仲よく並んでいても波につられて揺れているうきは、徳井の反対に耳を貸さずに魚住が老人たちのもとに行ってしまったように、いずれは一人前の椅子職人として二人が独立していく運命を暗示している。

4　次の**文章1**と**文章2**を読んで、あとの各問に答えよ。（*印の付いている言葉には、本文のあとに〔注〕がある。）

文章1

深い思考を行（おこ）なうためには、やはりベースになる経験が不可欠です。幼児よりも大人のほうが深く思考ができるのは、そのためです。イギリス経験論の完成者とされる哲学者ジョン・ロック（1632〜1704年）は、経験の重要性について「タブラ・ラサ」という概念を用いて説明しました。

タブラ・ラサとは、心のなかの白紙とも言うべき存在であり、人間は物事を経験するたびにそこに観念を書き込んでいくと唱えたのです。これが、彼の言う「経験主義」です。もともと生まれ持った観念が存在するという「合理論」という立場もありますが、経験主義が的を射ていることは、みなさんの経験からも明らかなのではないでしょうか。誰しも経験によって強く賢くなっていくわけですから。

そこで哲学をするためにも、経験値を上げる必要があります。AIは瞬時にあらゆるデータベースにアクセスし、あらゆる情報を集めてきますから、経験は不要です。ところが、人間は経験がないと情報を得ることができません。本で情報を得るにしても、それは読書経験という経験です。

これではAIにはかなわないように思えますが、そうではありません。AIの場合、必要な情報しか得ようとしません。関連する情報も参照するでしょうが、それはキーワードが関係しているなど、非常に形式的な関連性です。

律(りつ)――徳井の名。
菜摘(なつみ)――徳井の同級生で、徳井や魚住が通う食堂の娘。魚住からは「なっちゃん」と呼ばれている。胡桃と共に徳井や魚住の仕事を気にかけている。

〔問1〕(1)魚住らしいといえば、魚住らしいが。とあるが、徳井が捉えている魚住の人柄とはどのようなものか。最も適切なものを次のうちより選べ。

ア　とてもかないそうにないことであっても楽観的に捉え、何とかなることを期待して前に進んでいく無邪気な人。
イ　現実世界の厳しさに目を向けようとせず、いつも理想ばかりを口にしながらも具体的な努力をしない軽薄な人。
ウ　困難なことでもできると信じて進む姿で周囲を魅了する求心力はあるが、実際はあてもなく行動している無責任な人。
エ　他者から自分の甘さを指摘されても意に介さず、現実離れしたことにも果敢に挑戦しようとしている大胆な人。

〔問2〕(2)深呼吸をひとつしてから、徳井は口を開いた。とあるが、このときの徳井の様子を説明したものとして、最も適切なものを次のうちより選べ。

ア　虹に座るという幻想的な話から、椅子作りという現実的な話に切り替えるため、間をとって浮かれた気持ちを静めている。
イ　これからも工房を続けるのは、魚住と一緒に椅子作りをするのが楽しいからだと改めて告げるのは恥ずかしく、緊張している。
ウ　どこにも行かず、これからも魚住と椅子作りの工房を続けていくことを魚住に告げる前に、自分自身でその決心を確認している。
エ　自分たちの工房で椅子作りを続けるという決断を、魚住に否定されるのではないかと心配し、言い出すのをためらっている。

〔問3〕(3)徳井の横をすり抜けて、小学生みたいに傘を振り回しながら、道の先へと歩き出す。とあるが、このときの魚住の様子を説明したものとして、最も適切なものを次のうちより選べ。

ア　徳井が他ならぬ自分と一緒に椅子を作りたいと言ったことは全くの予想外だったが、徳井が本気であることを悟るとうれしくてたまらず、喜びで気持ちが高揚している。
イ　徳井は自分と一緒に椅子を作りたいと言ってくれたが、自分の存在が徳井にそのような発言をさせてしまったことを悟り、自分自身が情けなく投げやりになっている。
ウ　徳井が自分と一緒に工房を続けると決心してくれたことを喜ぶには複雑な思いを抱いたが、徳井が改めて自分を選んでくれたことにうれしさを隠しきれないでいる。
エ　徳井が自分と一緒に工房を続けると決めたのは、自分のことを気遣ったからだと思い、他人行儀な遠慮をする徳井に対して生じたいらだちを抑えようとしている。

〔問4〕(4)甘えない。頼らない。投げ出さない。とあるが、この誓いを立てた後の魚住の様子を次のようにまとめたとき、［　　］に入る適切な表現を、本文の内容を踏まえて**三十字以内**で書け。

もまた似たようなもので、そうか、＊律（りつ）のしたいようにしろ、と淡白な反応だった。

唯一驚いてくれたのは、＊菜摘（なつみ）だ。ほんとにいいの、わたしはうれしいけど、でもほんとにいいの、と何度も繰り返していた。

「ん？　でも、徳井さんは生餌だけど全然釣れてなくない？」

今度は徳井が黙る番だった。

「まいったな。今晩は魚尽くしになるからよろしくって、なっちゃんにも言っちゃったのに。」

「なんでお前はそうやって、ほいほい安請けあいするんだよ？」

「目標は高く持ったほうがいいでしょ？」

「目標じゃなくて妄想だろ。」

「妄想はひどくない？　せめて夢って言って。」

あれから三ヵ月、それぞれの三か条を守りきれているとはいえない。

魚住は難しい細工を手がけるたびに弱音を吐いているし、徳井は注文の入らない日がしばらく続くと憂鬱になってくる。お互いに文句を言ったり言われたり、小さなけんかもしょっちゅうある。

ただし魚住は徳井に「これやって」ではなく「これ教えて」と頼むようになった。徳井は魚住のデザイン画を見せてもらうときに、以前より時間をかけて細部までじっくり確認するようになった。納期はふたりでみっちりと相談して決めるようにもなった。

むろん、うまくいかないときもある。けっこうある。

徳井が懇切丁寧に教えているのに魚住がコツをのみこめず、ちゃんと話を聞けよ、だって教えかたがわかりにくいんだもん、と押し問答になることがある。徳井の提案した装飾を、ださい、と魚住が無情にも一蹴することもある。余裕を持って作業を進めているはずなのに、なぜか納期の直前には必ず異様に忙しくなる。

「ねえ、あのおじいちゃんたちは釣れてるっぽくない？」

堤防の先に陣どっている釣り人たちをうらやましげに見やり、魚住がひそひそと言う。

「みたいだな。」

「ちょっと聞いてみよっか、どうやったら釣れますかって。うまくしたら、魚も分けてくれるかもしれないし。」

「やめとけよ。」

若い者が平日の昼間からなにをぶらぶら遊んでるんだ、と眉をひそめられそうだ。徳井たちがゆうべ徹夜で椅子を数脚しあげ、さっき納品してきたばかりなのだと、彼らは知る由（よし）もない。

「じゃ、行ってくる。おれの竿（さお）も見ててね。」

徳井の反対をまるきり無視して、魚住が腰を上げた。堤防の上をすたすたと歩いていく。

徳井は大きなあくびをひとつもらした。うんと伸びをして、竿の先へと目を戻す。(5)ふたつ仲よく並んだうきが、かすかな波にゆらりゆらりと揺れている。

（瀧羽麻子「虹にすわる」による）

〔注〕胡桃（くるみ）— 魚住が以前勤めていた工房の娘。
あの雪の日 — 雨がやんだ後に虹が出た日と同日。雨の前には激しい雪が降っていた。
進藤（しんどう）— 魚住が憧れている著名な建築家。
じいちゃん — 徳井の祖父。

「どうして?」
魚住が言った。さっきまでとは一変して、声も表情もこわばっている。
「おれのことは気にしないでって言ってるのに……。」
「気にしてない。」
徳井はさえぎった。
「魚住のせいじゃない。おれが、そうしたいんだ。これからも魚住とふたりで、椅子を作りたい。」
徳井が椅子を作るのは、楽しいからだ。魚住と一緒に椅子を作るのが、楽しいからだ。
*胡桃(くるみ)にも指摘されたとおり、徳井も魚住も、まだ一人前の職人とはいえない。未熟なふたりだけで工房を運営していくのは、確かに大変だろう。でも、やってみたい。少しずつでも前に進んでいけばいい。魚住の苦手とする細かい加工を、辛抱強く教えよう。なるべく計画どおりに作業を進めていけるよう、工程管理も徹底しよう。反対に、顧客の開拓やら接客やら、徳井のほうが魚住から学ばなければならないこともあるだろう。
そうして地道に経験を重ねていけば、いつかは虹に座れるかもしれない。ふたり並んで晴れやかな気持ちで世界を見渡せる日が、来るかもしれない。
「いい椅子を作ろう。魚住とおれ、ふたりで。」
魚住は身じろぎもせずに、徳井の顔をまじまじと凝視している。徳井も目をそらさなかった。そらすつもりはなかった。
先に動いたのは、魚住だった。
「好きにすれば。」
(3)徳井の横をすり抜けて、小学生みたいに傘を振り回しながら、道の先へと歩き出す。
魚は一匹も釣れない。
「おかしいなあ。こないだ胡桃と来たときは大漁だったのに。」
魚住は横でぶつくさ言っている。お前のせいだとばかりに恨めしげなまなざしを向けられて、徳井は反撃を試みた。
「餌のせいじゃないか?」
魚住は生餌(いきえ)の入った容器をさも気味悪そうに一瞥(いちべつ)し、徳井の顔に視線を戻した。
「前は、胡桃がやってくれたんだよな。」
「甘えない、頼らない、投げ出さない。」
徳井はすかさず切り返した。魚住がそっぽを向く。
(4)甘えない。頼らない。投げ出さない。*あの雪の日、これからも力を合わせてやっていこうと約束したときに、魚住はこの三つを虹にかけて誓ったのだった。ちなみに、徳井にも徳井の三か条——あせらない、考えすぎない、他人のせいにしない——がある。
*進藤(しんどう)には徳井から断りの電話を入れた。考え直すように説得されるかと身がまえていたのに、残念です、また気が向いたらいつでも連絡下さいね、とさらりと言われただけで、やや拍子抜けしてしまった。
拍子抜けしたといえば、進藤の下で働くべきだと主張していた胡桃も、ことさらに反対はしなかった。まあ結局こうなるような気がしてました、とあきらめたようにため息をついたきりだった。*じいちゃん

＜国語＞

時間　五〇分　満点　一〇〇点

【注意】　答えは**特別の指示**のあるもののほかは、各問の**ア・イ・ウ・エ**のうちから、最も適切なものをそれぞれ**一つずつ**選んで、その記号を書きなさい。また、答えに字数制限がある場合には、**、**や**。**や**「**なども**それぞれ一字と数えなさい。**

1　次の各文の――を付けた漢字の読みがなを書け。

(1)　懸垂を日課として体を鍛える。
(2)　既卒の者を対象とした会合に参加する。
(3)　網目が粗いセーターを着ている。
(4)　接客には如才ない対応が求められる。
(5)　家系には官吏として国に仕えた人がいる。

2　次の各文の――を付けたかたかなの部分に当たる漢字を楷書で書け。

(1)　芝居のジョマクが始まる。
(2)　トウジに行って療養する。
(3)　食後に整腸剤のガンヤクを服用する。
(4)　議長の大役をウケタマワる。
(5)　キュウタイに依存していては発展しない。

3　次の文章を読んで、あとの各問に答えよ。（*印の付いている言葉には、本文のあとに〔注〕がある。）

魚住がくるりと傘を回した。

「そうだ、雨がやんだ後、虹が出たんだよ。かなりでかいやつ。こう、川をまたぐ感じで。」

腕をなめ上に伸ばし、傘の先で宙に弧を描いてみせる。

「めちゃくちゃきれいだった。」

「へえ。珍しいな、冬の虹って。」

「そっか、確かに。普通、夏の夕立の後とかだよね。」

ラッキー、と魚住はうれしそうに笑った。

「おれ、子どものとき、虹の上に座ってみたかったんだよ。って、徳井さんに言ったことあったっけ？」

「ないな。」

初耳だった。(1)魚住らしいといえば、魚住らしいが。

「座り心地よさそうじゃない？　眺めもすごそうだし。でも親父には、また夢みたいなことばっかり言って、ってばかにされて。あれも傷ついたね。ま、それでもめげなかったから、こうして今ここにいるわけだけど。」

「気持ちいいだろうな。虹に座れたら。」

七色のアーチのてっぺんに腰かけ、愉快そうに両脚をぶらぶらさせている魚住の姿が目に浮かぶ。その隣に座ったら、どんな景色が見えるのだろう。

(2)深呼吸をひとつしてから、徳井は口を開いた。

「おれ、断るよ。」

魚住がだしぬけに立ちどまった。半歩先に出た徳井も足をとめ、後ろを振り向いた。薄暗い道の真ん中で、ふたり向かいあう。

MEMO

大切なことはメモしておこうネ！

2023 年 度

解　答　と　解　説

《2023年度の配点は解答欄に掲載してあります。》

<数学解答>

1 〔問1〕 3　〔問2〕 $x=12,\ y=-3$　〔問3〕 $\frac{1}{9}$　〔問4〕 60%

〔問5〕 解説参照

2 〔問1〕 D(0, 3)　〔問2〕 2

〔問3〕 ① $-\frac{1}{2}$　② 5　③ 2：3　④ $y=\frac{5}{2}x+3$(途中式は解説参照)

3 〔問1〕 $4\sqrt{3}$ cm

〔問2〕 (1) 解説参照　(2) $2\sqrt{5}$ cm

4 〔問1〕 3π

〔問2〕 (1) 【選んだ記号】 (ア)　(答え) $\frac{11}{64}\pi\ \mathrm{cm}^3$(途中式は解説参照)

(2) $\frac{\sqrt{3}}{5}$ cm

○配点○

1 〔問1〕～〔問5〕 各5点×5

2 〔問1〕 7点　〔問2〕 8点　〔問3〕 ① 2点　② 2点　③ 2点　④ 4点

3 〔問1〕 7点　〔問2〕 (1) 10点　(2) 8点

4 〔問1〕 7点　〔問2〕 10点　〔問3〕 8点　　計100点

<数学解説>

重要 1 (小問群―式の計算，連立方程式，反比例，ヒストグラム，作図)

〔問1〕 $4+\sqrt{7}=A$とおくと，

(与式)$=A^2-8A+12=(A-2)(A-6)=(4+\sqrt{7}-2)(4+\sqrt{7}-6)=(\sqrt{7}+2)(\sqrt{7}-2)=7-4=3$

〔問2〕 $\frac{x+y}{3}=\frac{x}{4}$より，両辺を12倍して，$4(x+y)=3x$　$x+4y=0$…①

$\frac{x-y}{5}=y+6$より，両辺を5倍して$x-y=5y+30$　$x-6y=30$…②

①－②より，$10y=-30$　$y=-3$

①に代入して，$x=12$

〔問3〕 大小2つのさいころを振ったときの出る目は全部で36通りある。この中で，点$(x,\ y)$が関数$y=\frac{12}{x}$のグラフ上にあるのは，

$(x,\ y)=(2,\ 6),\ (3,\ 4),\ (4,\ 3),\ (6,\ 2)$

の4通り。よって，求める確率は，$\frac{4}{36}=\frac{1}{9}$

〔問4〕 シュートが入った回数が6回以上8回以下の生徒数は全部で$10+8+6=24$(人)

これは全体の人数の$\frac{24}{40}\times100=60$(%)である。

〔問5〕 ∠ABC＝60°であることから，四角形BRPQがひし形となるように3点P，Q，Rを考えればよい。したがって，次の手順で作図すればよい。

① ∠ABCの二等分線を引き，その直線とACとの交点をCとする。

② 線分BPの垂直二等分線を引き，その直線とABとの交点をQ，BCとの交点をRとする。

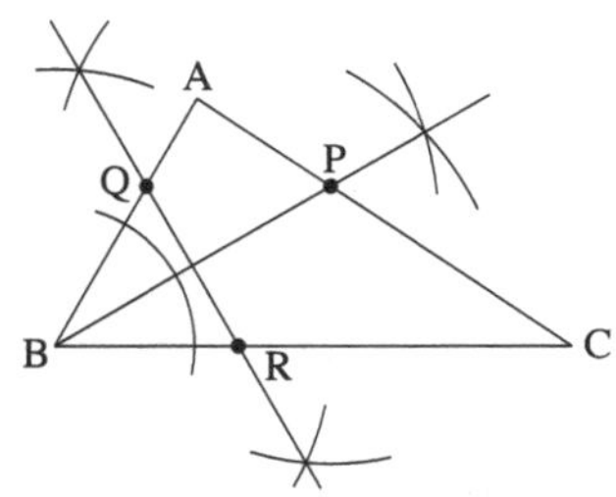

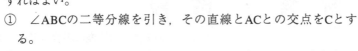

2 (関数と図形―放物線と座標，直線の式と切片，三角形の面積と放物線上の座標，平行線と三角形の面積比)

基本 〔問1〕 点A$\left(-1,\ \frac{3}{2}\right)$は放物線$y=ax^2$のグラフ上にあるので，

$\frac{3}{2}=a\times(-1)^2$　すなわち，$a=\frac{3}{2}$

よって，直線ABは傾きが$\frac{3}{2}$となるので，その式は$y=\frac{3}{2}x+3$とわかり，点D(0，3)

重要 〔問2〕 点A(−1，a)より，直線ABの式は$y=ax+2a$

よって，D(0，$2a$)

また，放物線と直線ABの交点の座標は連立方程式$\begin{cases} y=ax^2 \\ y=ax+2a \end{cases}$から，

$ax^2=ax+2a$　$a>0$より，$x^2-x-2=0$　$(x+1)(x-2)=0$　$x=-1,\ 2$

より，点B(2，$4a$)

さらに，直線BCは傾きが$-a$であることから，△DBEはBD＝BEの二等辺三角形とわかり，点Eの座標は，E(0，$6a$)

したがって，△DBEの面積はDE×(点Bのx座標)×$\frac{1}{2}$で求めることができ，これが8cm²なので，

$(6a-2a)\times2\times\frac{1}{2}=8$　　　$a=2$

重要 〔問3〕 ① 点A$\left(-1,\ \frac{1}{2}\right)$なので，直線OAの傾きは($y$の増加量)÷($x$の増加量)より，

$\left(\frac{1}{2}-0\right)\div(-1-0)=-\frac{1}{2}$

② AO//BCより，

(△AOBの面積)：(△ABCの面積)＝OA：BC

＝(2点O，Aのx座標の差)：(2点B，Cのx座標の差)

＝(0−(−1))：(2−(−3))＝1：5

となるので，△ABCの面積は△OABの面積の5倍。したがって，5Sとわかる。

③ 四角形AOBFも△AFCも面積は$(S+5S)\div2=3S$となるので，線分の長さの比は，

(OA＋BF)＝CF

となる。ここで，②より，BC＝OA×5とわかっていることから，BC＝5OAと考えると，OA＋BF＝3OAかつCF＝3OAと表せることから，BF：CF＝2：3となる。

④ 【途中の式や計算など】

（例）　点Fは，点Eと一致する。

よって，求める直線は，2点A，Eを通る直線である。

求める直線を$y=ax+b$とおくと，

$A\left(-1,\ \frac{1}{2}\right)$を通るから，$\frac{1}{2}=-a+b$…①

E(0, 3)を通るから，$3=b$…②

①，②より　$a=\frac{5}{2}$，$b=3$

したがって，求める直線の式は　$y=\frac{5}{2}x+3$　　　（答え）　$y=\frac{5}{2}x+3$

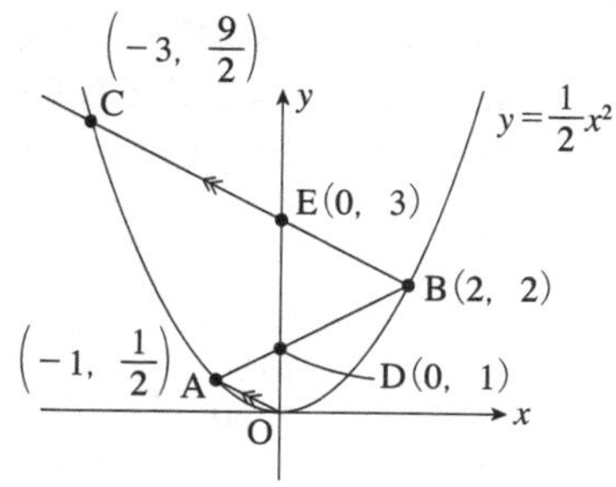

3 **（平面図形―円周角の定理と円周角，三平方の定理，三角形の性質，円周角と中心角，二等辺三角形であることの証明，円と交わる平行な2直線と等脚台形）**

〔問1〕　線分ABは円Oの直径なので，$\angle ACB=90°$　また，$\overset{\frown}{AC}=\overset{\frown}{CD}=\overset{\frown}{DB}$より，

$\angle ABC=90°\times\frac{1}{3}=30°$

したがって，直角三角形ABCはAC：AB：BC＝1：2：$\sqrt{3}$の3辺の比を持つとわかり，

$BC=AC\times\sqrt{3}=4\sqrt{3}$ (cm)

〔問2〕　(1)　【証明】

（例）　仮定より，$\angle APC=\angle AOC$…①

円周角の定理より，

$\angle ADC=\angle PDC=\frac{1}{2}\angle AOC$…②

△PCDにおいて内角と外角の関係により

$\angle PDC+\angle PCD=\angle APC$…③

①と②より，③は

$\angle PDC+\angle PCD=\angle AOC$

$\angle ADC+\angle PCD=\angle AOC$

$\frac{1}{2}\angle AOC+\angle PCD=\angle AOC$

すなわち　$\angle PCD=\frac{1}{2}\angle AOC$…④

②，④より，

$\angle PCD=\angle PDC=\frac{1}{2}\angle AOC$であるから，

△PCDにおいて，2つの角が等しいから　△PCDは二等辺三角形である。

(2)　円周角の定理より，$\angle ABC=\angle ADC$…⑤

(1)より，△PCDは二等辺三角形なので，$\angle PCD=\angle PDC=\angle ADC$…⑥

⑤，⑥より，$\angle ABC=\angle PCD$なので，錯角が等しいことから，AB//CD

したがって，四角形ACDBはAC＝DB＝4cmの等脚台形となる。

よって，△ABDはAB＝6cm，DB＝4cm，$\angle ADB=90°$の直角三角形なので，三平方の定理より，

$AD^2=AB^2-BD^2=6^2-4^2=20$

$AD=\sqrt{20}=2\sqrt{5}$ (cm)

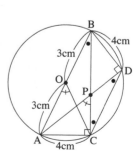

4 (空間図形―回転体と円すい，円すいの表面積，回転体と体積の求値，円すいに内接する球と相似な図形の利用による線分の長さの求値)

基本　〔問1〕 円すいの展開図を考えると右図のようになる。

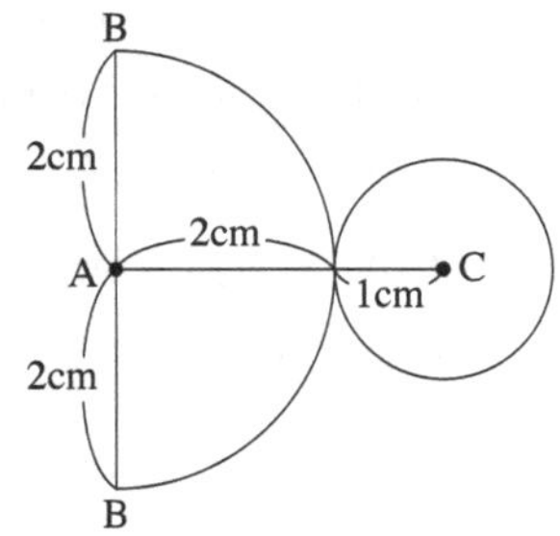

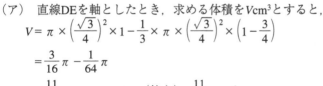

側面のおうぎ形は，中心角が$360° \times \frac{1 \times 2 \times \pi}{2 \times 2 \times \pi} = 180°$であるので，おうぎ形の表面積は，

$$2^2 \times \pi \times \frac{180}{360} + 1^2 \times \pi = 3\pi\,(\mathrm{cm}^2)$$

〔問2〕【選んだ記号：(ア)】

【途中の式や計算など】

(例)　△ABC∽△CBDから

AB：CB＝AC：CDより，$2:1=\sqrt{3}:\mathrm{CD}$

よって，$\mathrm{CD}=\frac{\sqrt{3}}{2}$

△CBD∽△DCE，また，△ABC∽△CBDから　△ABC∽△DCE

AB：DC＝BC：CEより，$2:\frac{\sqrt{3}}{2}=1:\mathrm{CE}$　よって，$\mathrm{CE}=\frac{\sqrt{3}}{4}$

BC：CE＝AC：DEより，$1:\frac{\sqrt{3}}{4}=\sqrt{3}:\mathrm{DE}$　よって，$\mathrm{DE}=\frac{3}{4}$

(ア)　直線DEを軸としたとき，求める体積をVcm^{3}とすると，

$$V=\pi \times \left(\frac{\sqrt{3}}{4}\right)^2 \times 1 - \frac{1}{3} \times \pi \times \left(\frac{\sqrt{3}}{4}\right)^2 \times \left(1-\frac{3}{4}\right)$$

$$=\frac{3}{16}\pi - \frac{1}{64}\pi$$

$$=\frac{11}{64}\pi$$　　(答え)　$\frac{11}{64}\pi$ cm^3

重要　〔問3〕 右図のように2つの球の中心を点P，Qとし，点Qから線分ABに下ろした垂線QH，2つの球の半径をRcmとする。

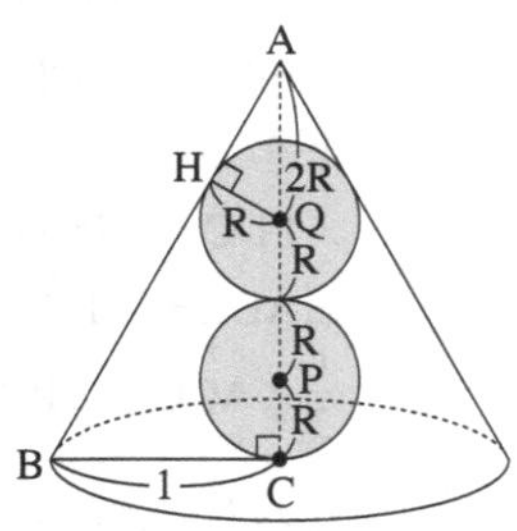

　△ABC∽△AQHより，AB：BC＝AQ：QH＝2：1なので，QH＝R(cm)より，AQ＝2R(cm)

したがって，AC＝AQ＋QP＋PC＝2R＋2R＋R＝5Rなので，AC＝$\sqrt{3}$ cmより，

$$5R=\sqrt{3} \qquad R=\frac{\sqrt{3}}{5}\,(\mathrm{cm})$$

★ワンポイントアドバイス★

例年と同様に，図形的要素が占める割合が高い。思考力の必要な問題が多いが，基礎力の徹底をはかれば容易に感じであろう問題が大半であろう。昨年に引き続き，大学入試改革の影響もあるのか，数学的思考を試す会話文形式の問題も出題されている。今後はより本質的な理解が問われるように変化していく可能性も高い。各単元の基本をきちんと理解し，それを応用できる力を養っておこう。

＜英語解答＞

[1]　1〔問題A〕＜対話文1＞ ア　＜対話文2＞ エ　＜対話文3＞ ウ
〔問題B〕＜Question 1＞ イ　＜Question 2＞ (例) To visit other countries.

[2]　〔問1〕(1)－a オ　(1)－b イ　(1)－c ア　(1)－d カ　〔問2〕(2)－a イ
(2)－b エ　(2)－c ア　(2)－d ウ　〔問3〕エ　〔問4〕bigger　〔問5〕ウ
〔問6〕オ　〔問7〕ア　〔問8〕カ

[3]　〔問1〕ア　〔問2〕ウ　〔問3〕サ　〔問4〕イ　〔問5〕(1) エ　(2) ア
(3) ウ　〔問6〕オ　〔問7〕(例) I'd like to use wind power. I'd like to find a very windy place and to develop a machine that can make electricity from wind power. With a good machine, I could use that electricity at any time and could solve problems caused by energy shortages. (46 words)

○配点○

[1]　〔問題A〕・〔問題B〕　各4点×5
[2]　〔問1〕・〔問2〕　各2点×8　〔問3〕・〔問4〕・〔問5〕・〔問6〕・〔問7〕・〔問8〕　各4点×6
[3]　〔問1〕・〔問2〕・〔問3〕・〔問4〕・〔問5〕・〔問6〕　各4点×8　〔問7〕　8点　　100点満点

＜英語解説＞

[1]（リスニングテスト）

放送台本の和訳は，2023年度都立共通問題36ページに掲載。

[2]（会話文問題：文の挿入，図・絵を用いた問題，語句補充，文整序，語句整序，内容吟味，要旨把握）

（全訳）

トムは日本の文化に興味をもち，イギリスからの交換留学生として東京のケンの家庭に滞在しています。トムとケンは同じ高校に通っています。彼らにはアヤとサキという良い友だちがいます。アヤとケンは美術部の部員です。サキは日本の歴史に興味をもっています。ある日，彼らは放課後に話をしています。

トム：伝統的な日本の絵画の特別展が日曜日に美術館で行われるんだって。
ケン：僕もそれについて聞いたよ。絵を見に行きたいな。
アヤ：私も。みんなで行かない？
サキ：いいわね！私は日本の絵画の歴史について知りたいわ。
アヤ：青山駅から美術館まではバスで行かれるわよ。当日の10時に駅で待ち合わせしましょう。
トム：分かった。日本で初めての美術館訪問だよ。僕は日本の絵画が好きなんだ。(1)－a <u>待ち遠しいな。</u>

日曜日，彼らは美術館にいます。

トム：わあ，たくさん絵画があるね。
アヤ：(2)－a <u>絵画A</u>を見て。絵巻物の一部を表しているわ。絵巻物は普通数メートルの長さで，中には長さ20mのものもあるのよ。それらの多くは12世紀に描かれたの。
トム：素晴らしいね！
サキ：絵巻物は絵と言葉で物語を伝えているのよ。連続してそれを少しずつ開いていくと，右から左へ場面を次々楽しむことができるの。
トム：すごい！今までに見たことがないよ。
アヤ：吹抜屋台と呼ばれる画法がこの絵には使われたのよ。
トム：それは何？
ケン：(1)－b名前だけは知っているなあ。　アヤ，説明してくれる？
アヤ：もちろんよ。それは上から建物の内部を表す方法なの。この絵の中には屋根と天井がないのよ。見て！　この絵では，部屋の中にいる人を上から見ることができるの。
トム：おもしろいなあ。
アヤ：現実の生活では，そんな視点から物を見ることはできないわ。
サキ：確かにそうね。
ケン：もう1つおもしろい物の見方を紹介するよ。
アヤ：何かしら？
ケン：(2)－b絵画Bを見て。この絵は16世紀に描かれたんだよ。部屋の後ろに座っている男性がいるでしょう。彼は彼の前に座っている2人の男性よりも大きく見えるよ，それは彼がこの絵の主人公だからなんだ。
サキ：日本では，その当時，重要な人物は部屋の後方に座っていたの。いくつかの絵画の中では，その人たちが後ろに座っていたとしても，顔や表情がはっきり分かるのよ。
ケン：まさにその通り。
サキ：その当時の日本の画家たちは最も重要な人と物に焦点を当てていたの。(3)実際に見える場面を表現することよりも，重要な人と物をはっきり表すことの方が大切だったのよ。
トム：なるほど。それは少し不思議な感じがするな。僕は別の画法を知っているよ。
ケン：そうなの？
トム：それは遠くに離れている人と物を他より小さくすることで，絵の中で奥行きと距離を表現する方法だよ。この手法を使うと，人と物が近づいて見えたり遠くに見えたりするんだ。ヨーロッパで15世紀に使用されていたそうだよ。
ケン：僕はそれについて知っているよ。(4)その手法は18世紀と19世紀初期に浮世絵によく使われたと言われているよ。
トム：僕は浮世絵が好きなんだ。それについてもっと知りたいな。
サキ：浮世絵は日本ではとても人気があったのよ。浮世絵の歴史は17世紀ごろに始まったの。
浮世絵は木版画の一種なのよ。はじめに，黒のインク(墨)だけが使われたの。インクの色の数が増えるにつれて，とても色彩豊かになったのよ。
ケン：浮世絵版画の中にはたくさんの物が描かれているよ。自然，役者，庶民，そして彼らの暮らしが浮世絵には表現されたんだ。
トム：(5)－a浮世絵版画の作り方を知っている？
ケン：(5)－bううん。どうやって作るのか知らないな。
サキ：(5)－c私も知らないわ。そう簡単には作れないそうよ。
アヤ：(5)－d私は作ろうとしたことがあるわ，3つの段階があるのよ。
トム：(5)－eもっと教えて。それについて知りたいよ。
アヤ：黒のインクで紙に図案を描く。木版にその図案を彫る。木版にインクをのせてその上に紙を押し付けて図案を刷るのよ。
トム：画家は浮世絵をすべて自分一人で作っていたの？
アヤ：いいえ，それぞれの段階の専門家たちがいたの。たくさんの作業があったけれど，木版が作られたら，たくさんの複写を刷ることは簡単だったのよ。この方法で生み出された版画は江戸時代の人々の間ですぐに人気が出たわ。
サキ：江戸を訪れた人々は浮世絵を買ったのよ，とてもきれいだし贈り物として持って行きやすかったからね。彼らがそれを持って故郷に戻って行き，浮世絵は江戸の外でも知られるようになったのよ。
トム：(2)－c 絵画Cを見て。小さいものが遠くに見えるよ。絵の中に距離感を感じることができる。
アヤ：その通りね。
ケン：(2)－d 絵画Dを見て。女性が肩越しに後ろを見ているよ。背景はないね。これは江戸時代の初期に描かれたものだよ。
アヤ：これらの2つの絵を比べてみましょう。
トム：大きく違うね。
アヤ：確かにそうなの。17世紀には，浮世絵の中の人と物はこの女性の絵のように平面的に見えていたのよ。江戸時代後期になると，日本の画家たちはヨーロッパから来た手法を頻繁に使ったの。このようにして，奥行きと距離が浮世絵の中に表現されたのよ。浮世絵はとても変化をしたのね。
サキ：(1)－c 違いが分かるわ。
ケン：僕も分かるよ。
サキ：おもしろい話を聞いたことがあるの。
アヤ：どんな話？
サキ：江戸後期に，日本が船でヨーロッパにお皿やつぼ(花瓶)を送ったの。浮世絵がそれらを保護するために使われたことがあったのよ。あるヨーロッパの芸術家が偶然それを見つけてその美しい図案に驚いたの。彼が彼の友だちに浮世絵のことを話してヨーロッパで日本の芸術の人気が出始めたのよ。その人気は20世紀に入っても続いたそうよ。
トム：おもしろいね。浮世絵はヨーロッパの芸術家たちの目にはきっと新鮮だったのだと思うよ。
サキ：多くのヨーロッパの人たちは19世紀にパリで行われた万国博覧会で浮世絵を目にしたのよ。版画は彼らの心をつかんだの。浮世絵はすぐにヨーロッパで人気が出たわ。版画が他の絵画に影響を与えたこともあったのよ。
トム：(1)－d どういう意味？
サキ：フィンセント・ファン・ゴッホは知っているわよね。彼は19世紀のヨーロッパで浮世絵に影響を受けた最初の芸術家の1人なのよ。彼は彼のいくつかの作品の背景に，彼が集めた日本の木版画から風景を描いたのよ。
トム：そういうことか。
ケン：ゴッホは彼が収集したものを他の芸術家と共有して，パリで浮世絵の展覧会を開いたそうだよ。
トム；(6) それなら，僕はなぜ彼がそんなに浮世絵が気に入ったのかを知りたいよ。
アヤ：鮮やかな色，線，そして影がないこと。彼の力強い色の使い方は多くの他の芸術家たちに影響を与えたの。19世紀後期には，芸術家たちは浮世絵を収集していたのよ。
トム：その後浮世絵はどうなったの？　江戸時代に浮世絵は終わりになったのかな？
サキ：いいえ。(7) 浮世絵の歴史は続いたわ。浮世絵は明治時代にも作られたの。浮世絵の版画の数は減ったけれど，その時代には人気があったのよ。
トム：浮世絵の版画は今も作られているの？
サキ：今でも日本の画家たちが浮世絵の版画を作っているそうよ。彼らは江戸時代に使われたのと同じ段階を踏んでいるのよ。浮世絵の歴史は17世紀に始まって今も続いているのね。
トム：すごいね！浮世絵についてもっと知りたいな。
アヤ：私もよ。来週図書館に行って浮世絵を勉強しましょう！
ケン：うん，そうしよう。

〔問1〕 全訳参照。1－a can't wait to ～＝～するのが待ちきれない　1－b 空所1－b直後のケンの発言がヒントになる。アヤに説明を求めているので，ケンは吹抜屋台について詳しくはないことが分かる。　1－c 空所1－cの直前の対話でアヤが時代による浮世絵の変化について説明していることに注目。サキは「(変化する前と後での作品の)違いが分かる」と言っている。　1－d 空所1－d前後の対話に注目。直前でサキが行ったことについて，空所直後の発言で具体的に説明しているので，トムは「どういう意味？」と質問したと考えるのが自然。

基本 〔問2〕 全訳参照。(2)－a アヤの4番目5番目の発言に注目。　(2)－b ケンの4番目の発言に注目。　(2)－c トムの下線部(2)－cを含む箇所の発言に注目。　(2)－d ケンの下線部(2)－dを含む箇所の発言に注目。

〔問3〕 全訳参照。It was more important to show important people and things clearly than to show scenes looking real.　〈It is＋形容詞～ to …〉＝…することは～だ　〈A is more ～ than B〉＝AはBより～だ

〔問4〕 全訳参照。People and things nearer to the front look bigger than people and things farther away.「より手前に近いところにいる人や物は，遠く離れている人や物より大きく見える。」 ケンの4番目の発言の中にbiggerという語がある。

やや難 〔問5〕 全訳参照。空所前後の文脈を読み取り，最初に始めと終わりの文を推測しよう。

〔問6〕 (Now,) I want to know why he liked ukiyo-e (so much.) 全訳参照。間接疑問を使って表現すればよい。

〔問7〕 全訳参照。サキの14番目15番目の発言に注目。浮世絵は明治時代にも作られ，現在でも日本の画家たちが作っていると言っている。ア 浮世絵版画の制作は江戸時代以後も続いた，が適当。

重要 〔問8〕 全訳参照。 ① トムは，彼は時々絵巻物に描かれている絵や言葉を見て楽しむと言っている。　② アヤは，絵巻物の中の奥行きと距離は吹抜屋台という手法を使って表現されたと説明している。　③ ケンは，吹抜屋台の手法は日本の画家が浮世絵を作り始めた時に使われたと説明している。　④ サキは，日本の画家は16世紀に描かれた絵画の中で前方に座っている2人の男性に重きを置いていたと言っている。　⑤ トムは，ヨーロッパで使用された画法を説明し，ケンはそれがその300年後日本で浮世絵によく使用されたことを知っている。(○) トムの9番目，及びその直後のケンの発言に注目。　⑥ アヤは，浮世絵の手法は17世紀から19世紀にかけて変化しなかったと言っている。　⑦ サキは，多くの人々が19世紀にパリで行われた万国博覧会で浮世絵版画を見て気に入ったと言っている。(○) サキの12番目の発言に注目。　⑧ ケンは，ゴッホは19世紀にパリで行われた万国博覧会でたくさんの浮世絵版画を購入し，それを画家たちに売ったと言っている。

3 **(長文読解問題・論説文：語句解釈，文整序，語句整序，内容吟味，要旨把握，自由・条件英作文)**

(全訳)

古代から，雷は人々を恐れさせてきた。雷で実際にけがをした人もいるし，雷についてよく知らないがゆえにただ恐れている人もいた。しかし現代の人々は科学者たちの努力によって過去の人々

よりも雷をよく知っている。18世紀には，ベンジャミンフランクリンというアメリカ合衆国建国の父祖の1人が，雷を研究しそれが何であるのかを探り出した。彼は凧を使用し1752年に実験を行った。彼は雷は電気であるということを発見した。

実際，雷は静電気によって引き起こされる。多量の静電気が雲の中に発生すると，しばしば雷を引き起こす。しかし(1)どのようにそれが起こっているのだろうか？

晴れた日に太陽が輝くと，地表近くの湿った空気が暖まり上昇する。空気は上昇するにつれて，冷えて空気中の蒸気が水の粒子に変化する。これらの粒子が雲になる。その雲がより高く上昇すると，水の粒子はさらに冷えて氷の粒子へと変化する。それら氷の粒子が動き回ると，お互いに衝突し，静電気を引き起こす。髪の毛をプラスティックのシートでこすると，その摩擦が静電気を引き起こす。同じように，氷の粒子はお互いに衝突して，その摩擦が雲の中で静電気を引き起こすのだ。粒子が何度も衝突すると，大きな粒子がマイナス電荷を帯び始め，小さい粒子はプラス電荷を帯び始める。マイナス電荷を帯びた大きな粒子は雲の中で下降する。プラス電荷を帯びた小さな粒子は雲の中で上昇する，なぜなら軽いからだ。(2)雲の中でこのようなことが起こっているということを知るのは興味深いことだ。

地中にあるプラス電荷は，雲の底部にあるマイナス電荷と引き寄せ合うので，上昇し地表近くにやってくる。地表のプラス電荷と雲の中のマイナス電荷が一定の量に達すると，電気は雲から地上に降りてくる。これが雷だ。プラス電荷は雲の中にもあるので，雷は空中にある雲の中でも発生する。雲の中に光るものが見えたら，それはおそらく雲の中の雷だ。たいてい，雷は雲の中から地上に向かって空気中を降りてくる。しかし時には雷は地上から低い雲に向かって上がることもある。これは雲の位置が低い冬の間にしばしば起こることだ。雷にはどのような条件が必要か分かるだろうか？　強い上昇気流，地上近くの湿った空気，そして上空の冷たい空気だ。その空気はマイナス10度より低くなくてはならない。

地図Aを見てみよう。これは日本のいくつかの都市が1991年から2020年にかけて1年で経験した雷の数の平均を表している。金沢が，雷が発生した日が最も多いことが分かる。そしてグラフAを見ると，地図Aの中のある都市に，1991年から2020年の各月で，雷が発生した日数の平均が分かるのだ。グラフAの(3)都市Xは東日本にある。その都市は沿岸ではない。そしてそこでは夏に雷が発生する日が多い，なぜなら東からの海風が山の近くで上昇気流となり雷を発生させるからだ。グラフBは同じ期間の各月に金沢に起きた雷の数の平均を示している。(4)ここでは冬に他のどの季節よりも多くの雷が発生している。これが日本の北陸地方の西岸と東北地方で起きる雷の典型である。冬には，北からの寒気とあたたかい海上の空気が，日本の北西にある海域で出合う。その空気は風によって沿岸に運ばれ，冬の沿岸の地域に非常に頻繁に雷を引き起こす。

東京は，人口が約140万人であり，電気器具の熱，例えば会社や家庭のエアコンのようなものだが，が雷のひとつの原因になっている。夜に上空の空気の温度が下がっても，電気器具からの熱は地面近くの空気中に残る。結果的に，温度の違いが上昇気流を引き起こし，雷が発生するのだ。ニューヨークやパリのような人口100万人以上の大都市は，同じ類の雷が発生している。そのような都市では電気器具からの熱の増加が原因で，雷が以前よりも多く発生していると言っている人もいる。

雷はさまざまな場所で研究されており，東京もそのうちのひとつだ。雷は東京の最も高いタワーで研究されている。実際，そのタワーは東京の有名な観光スポットのひとつである。雷は高いものに当たる傾向にあるので，最も高いタワーは雷についての多くのデータを集めるのに適した場所だ。そのタワーは高さ634mで，そこで雷を研究するためにとても大きなコイルがそのタワーの地上497mの位置に設置されている。そのタワーの天辺の避雷針に雷が当たり電流がコイルを通ると，そこからのデータがタワーの地上350mにある景色を楽しむ場所の下にある研究室に送られる。観光客がその場所からの景色を楽しんでいる一方で，その下では雷の研究がなされているのだ。多くの人々は，観光でそのタワーを訪れた時，そこで雷が研究されていることには気づかない。

そのタワーで雷を研究することによって，研究者たちは雷による被害を減らす技術の発達に力を注いでいる。雷が建物を襲うと，その建物にあるコンピューターが損傷を受ける可能性がある。そのような理由で，タワーでの雷の研究は特に重要なのだ。

世界には他にも，雷から発生する電気を利用しようとしている研究者たちがいる。雷には多くのエネルギーがあるので，そのエネルギーを利用してエネルギー不足によって引き起こされる問題を解決できれば良いと考えているのだ。実際には，雷そのものを利用することはできない，なぜならそのエネルギーは強力すぎるからだ。そうではなく，彼らは雲の中の静電気を利用しようとしているのだ。研究者たちは将来各家庭の屋根に空気から電気を取り出す装置を設置できればよいと考えている。彼らは，この方法で人々が空気を汚すことなく電気を得ることができると確信しているのだ。しかし，静電気であっても制御することは難しく，長い時間がかかるだろう。それが可能になれば，雷は太陽エネルギーのように新しいエネルギー源になり，(5)エネルギー不足による問題を解決できるかもしれない。

多くの人々は今だ雷を恐れているが，科学者たちはそれを利用して暮らしをより良くしようと努力をしているのだ。

〔問1〕　全訳参照。第3段落から第4段落の内容に注目。「晴れた日に太陽が輝くと，地表近くの湿った空気が暖まり上昇する」→「氷の粒子が動き回ると，お互いに衝突し静電気を引き起こす」→「マイナス電荷を帯びた大きな粒子は雲の中で下降し，プラス電荷を帯びた小さな粒子は雲の中で上昇する」→「地表のプラス電荷と雲の中のマイナス電荷が一定の量に達すると，電気は雲から地球に降りてきて雷を発生させる。プラス電荷は雲の中にもあるので，雷は雲の中でも空中に発生する」

基本　〔問2〕　全訳参照。

〔問3〕　全訳及び地図A参照。下線部(3)を含む文とその直後の文に注目。その都市は東日本で，沿岸ではない，と記述がある。地図Aの中でこの条件に当てはまるのは宇都宮。

〔問4〕　全訳及びグラフB参照。

重要　〔問5〕　全訳参照。(1)　会社や家庭の電気器具からの熱が増加しており，人口100万人を超える大都市では以前より雷が多く発生しているという人たちがいる。　第6段落1文目及び最後の1文参照。　(2)　東京の最も高いタワーでの雷の研究は，雷によって引き起こされる損傷からコンピューターを守るために役立つだろう。　第8段落参照。　(3)　雷に含まれる電気に興味を示している研究者たちは，雲の中の静電気を利用しようとしている，なぜなら雷の中のエネルギーは強力すぎるからだ。　第9段落3文目4文目参照。

やや難　〔問6〕　全訳参照。①　ベンジャミンフランクリンは1752年に雷を研究した，なぜなら彼は建国の父祖になりたかったからだ。　②　ベンジャミンフランクリンは1752年に雷は電気であるということを示すために避雷針を使用した。　③　雷は雲から地面に降りてくるだけでなく，地面から雲へ上昇する。(○)　第4段落最後から4文目3文目参照。　④　金沢は1991年から2020年までに，地図Aに示された都市の中で雷が発生した日数の平均が最も高い。(○)　第5段落1文目から3文目及び地図A参照。　⑤　東京の最も高いビルを訪れる多くの観光客は，観光と雷の両方に興味をもっている。　⑥　雷が東京の最も高いタワーの天辺の大きなコイルに当たると，そこからのデータが天辺で研究される。　⑦　技術の発展のおかげで，雷に含まれる電気を利用することは容易になった。　⑧　雷から得られる電気を利用することは良いことではない，なぜなら多くの人たちがそれは空気を汚すと信じているからだ。

〔問7〕（解答例訳）　私は風力を利用したいと思います。風が強く吹く場所を見つけて，風力から電気を作る装置を開発したいです。良い装置があれば，いつでもその電気を利用することができ，エネルギー不足によって引き起こされる問題を解決することができるでしょう。

★ワンポイントアドバイス★

大問2，大問3ともに「本文の内容を言い換えて表すこと」を求める小問が出題されていることに注目しておこう。この種の問題が例年出題されている。読解力を上げる努力を続け，過去問に取り組んでおこう。

＜国語解答＞

1　(1)　けんすい　(2)　きそつ　(3)　あら(い)　(4)　じょさい
(5)　かんり

2　(1)　序幕　(2)　湯治　(3)　丸薬　(4)　承(る)　(5)　旧態

3　〔問1〕　ア　〔問2〕　ウ　〔問3〕　ウ
〔問4〕（例）　難しい細工でも徳井に任せず，教わって自分でやろうとする
〔問5〕　イ

4　〔問1〕　エ　〔問2〕　ア　〔問3〕　エ
〔問4〕（例）　共感するということは，相手を気に掛ける，相手がどう思っているのかを考えるということだから。
〔問5〕　A　弱さ　B　人間のことや人間社会のことを考える
〔問6〕（例）　本文にはAIの感情理解の難しさと共感の大切さが述べられている。私は感情は心だと思う。心は人間が生きる経験の中で作られる。だから，経験の感情だけをAIに記憶させても心にはならず，真の共感もできない。
　人は心を共鳴させて相手と喜びや悲しみを分かち合うことができる。だから，将来のAIが発達した社会でも相手の気持ちに寄り添う信頼のもとに成り立つカウンセリングは，AIには負えない人間の役割だと考える。

5　〔問1〕　イ　〔問2〕（最初）「不二ひと　（最後）　心地よい。　〔問3〕　ウ
〔問4〕　エ　〔問5〕　若葉の旺盛さ

○配点○

1　各2点×5

2　各2点×5

3　〔問4〕　6点　他各4点×4

4　〔問4〕　6点　〔問6〕　12点　他各4点×5

5　各4点×5(問2完答)　計100点

＜国語解説＞

1 (漢字の読み)

(1) 「懸垂」とは，運動の一つで，高い棒に手をかけてぶら下がり，腕や広背筋や大円筋の力を使って顎が棒の高さに来るまで身体を引き上げるものを指す。

(2) 「既卒」とは，すでに学校を卒業していること。また，内定がない状態で学校を卒業して，社会人経験がない人を指すこともある。

(3) 「粗い」とは，隙間が大きいこと。

(4) 「如才」とは，気を使わないために生じた手落ちがあること。

(5) 「官吏」とは，国家公務員または明治憲法下で，天皇の大権に基づいて任命され，国家に対し忠順かつ無定量の公務に服した者。

2 (漢字の書き取り)

(1) 「序幕」とは，芝居の最初の幕。

(2) 「湯治」とは，温泉に入って病気などを治療すること。

(3) 「丸薬」とは，飲みやすくするため，練り合わせて球状にした薬剤。

(4) 「承る」とは，「受ける」の謙譲語で，謹んで受けること。

(5) 「旧態」とは，昔からの状態やありさまをいう。

3 (小説文―内容吟味，文脈把握，心情，脱文補充)

基本　〔問1〕 過去に虹の上に座りたいという無謀なことを考えた際，父親に夢みたいなことを言ってとばかにされたが，めげることなく，今でも虹に座れたらどんなに気持ちいいだろうなと想像している様子から読み取る。

やや難　〔問2〕 傍線部(2)の後，魚住とともに椅子を作っていきたいという決意を語っていることから，その内容を魚住に伝えるために一呼吸を置いて，伝えようとする決心を確認している。

基本　〔問3〕 魚住自身は「おれのことは気にしないでって言ってるのに…。」とあることから，徳井が自分を選んでくれたことに複雑な思いであったが，「好きにすれば。」と言いながら小学生みたいに傘を振り回している様子は，自分を選んでくれたことへの喜びを表している。

やや難　〔問4〕 魚住は徳井と椅子作りをしていくと決めた日に誓った決意を，きちんと守り，「徳井に『これやって』ではなく『これ教えて』と頼むようになった。

重要　〔問5〕 傍線部(5)の「ふたつ仲よく並んだうき」とは，徳井と魚住に準えている。現実という波に漂いながらも，その波を乗り切るために自分たちのペースで泳いでいこうとする二人の明るい未来を指している。

4 (論説文―内容吟味，文脈把握，脱文・脱語補充，作文(課題))

基本　〔問1〕「そもそも記憶は，」から始まる段落に，AIは同じ事実に関する情報を，年を隔てても集めることは可能であるが，それらを混ぜ合わせることはできないとする。対して人間は，経験に基づいて，それに関する思考をどんどん深めることができるとする。

基本　〔問2〕「この理屈は，」から始まる段落に，「AIとして比較して人間は弱く，感情を持った人間は機械とは違ってセンシティブです。逆に，そこをうまく生かせばいい」として，感情をうまく利用することによって，AIに対抗できるとしている。

重要　〔問3〕「正直，」から始まる段落に，「そうですね」を例にして，感情が文章の字面だけで分かることは少なく，言い方に現れるので，言葉だけでなく行動や表情も合わせて研究する必要がある。

重要　〔問4〕「ある設定のシステムは，」から始まる段落に，「共感するということは，少なくとも相手を気に掛ける，相手がどう思っているのかを考えるということです。共感することにより，ユーザからのそうした行動を引き出しうることは，ユーザとの信頼関係を築く上で，極めて重要な結果です」とあるように，共感が信頼を生む重要な要素であることを述べている。

やや難　〔問5〕「だから，」から始まる段落に，「弱さと強さが両方あってはじめて，思考力は武器になる。特に人間のことや人間社会のことを考える時に，弱さのわからない人には本当に正しい答えは導き出せません」とあり，自分の弱さを理解してこそ，他者のことや人間社会のことが理解できるとあるので，Aは「弱さ」，Bは「人間のことや人間社会のことを考える」があてはまる。

やや難　〔問6〕　文章1と文書2の内容，生徒A～Eの会話の中で共通する点を踏まえて，自身が思うところを述べよう。AIにはできない部分，人間だからこそ対人間と向き合う上で，可能な部分を取り上げて，制限字数内にまとめる。

5　(和歌―内容吟味，文脈把握，心情，表現技法)

基本　〔問1〕「副次的」とは，ある事柄・状態が，他のものに付随した存在であったり，従属した関係にあったりするさま。ここでは富士山は引き立て役で，若葉の生命力をほめ讃えた句であるとしている。

やや難　〔問2〕　傍線部(2)の後に，「また『不二ひとつ』という印象的な始まりにも着目すべきだろう。『不二ひとつ』と言い切ってしまっているところに，ある強さが感じられて，心地よい」と，富士山がこの句の主題と見られる，初句に対する思いを述べている。

基本　〔問3〕「水掛け論」とは，両者が互いに自説にこだわって，いつまでも争うこと。富士山の絵が描かれていることから，それを重視したとするか，むしろ富士山だけを描き，若葉を描かなかったからこそ，若葉を重視したとするか，いつまでも決着のつかない状態となることになる。

重要　〔問4〕　傍線部(4)の後に，「実情は，山麓の一部の光景から，この想像力による大景観を形象化した」とあることから，実際は山麓から見たにすぎないにも拘わらず，山の上から全体を見渡したかのような形式を用いている。

重要　〔問5〕　傍線部(5)の前後に，若葉の生命力，「若葉の旺盛さ」を表現して，濃い緑に圧倒されるという筆者の感想を述べている。

★ワンポイントアドバイス★

文章量が多いので，正確に読み，時間内に問題を解く力が必要になる。また問題演習を繰り返すことに加え，時間のあるときは新聞を読んだり読書をすることで，読解の力を養おう。

MEMO

大切なことはメモしておこうネ！

都立青山高等学校

2022年度

★★★★★★★★★★★★★★★★★★★★★★★★

入　試　問　題

●くわしい解説……41ページ

＜数学＞

時間 50 分　満点 100 点

【注意】答えに根号が含まれるときは，根号を付けたまま，分母に根号を含まない形で表しなさい。
また，根号の中を最も小さい自然数にしなさい。

1　次の各問に答えよ。

〔問1〕　$\sqrt{2}(\sqrt{3}-\sqrt{2})^2-\dfrac{4(2-\sqrt{6})}{\sqrt{2}}$ を計算せよ。

〔問2〕　二次方程式　$\dfrac{1}{4}(x-4)^2=10-x$ を解け。

〔問3〕　1から6までの目が出る大小1つずつのさいころを同時に1回投げる。
大きいさいころの出た目の数をa，小さいさいころの出た目の数をbとするとき，$3a+b$が21の約数となる確率を求めよ。
ただし，大小2つのさいころはともに，1から6までのどの目が出ることも同様に確からしいものとする。

〔問4〕　ある中学校の生徒20人について，4月に図書館で借りた本の冊数を調べたところ，次のような結果になった。
4，5，2，a，7，6，5，4，b，2，c，8，5，3，4，d，4，3，7，5
右のグラフは，借りた本の冊数ごとの人数を表したものである。
このとき，整数a，b，c，d の平均値はいくつか。
小数第1位まで求めよ。

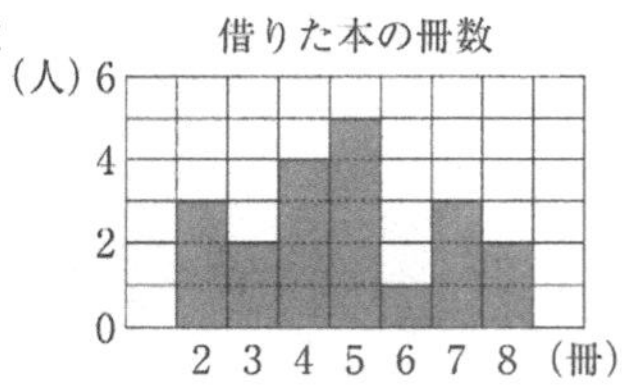

〔問5〕　右の図のように，円O，円P，円Qは円の中心が同一直線上にあり，円Pは円Oと円Qに接している。
解答欄に示した図をもとにして，円Pを定規とコンパスを用いて作図し，円Ｐと円Qの中心の位置を示す文字P，Qもそれぞれ書け。
ただし，作図に用いた線は消さないでおくこと。

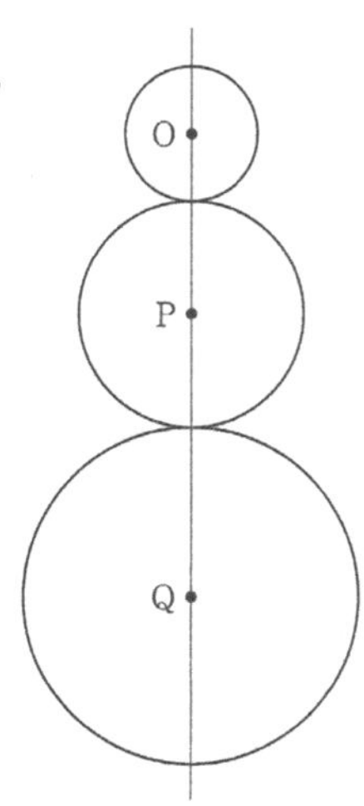

2　右の図で，点Oは原点，曲線fは関数$y=\frac{1}{2}x^2$のグラフを表している。

3点A，B，Pは全て曲線f上にあり，点Aのx座標は-2，点Bのx座標は4であり，点Pのx座標をpとする。

x軸上にあり，x座標が点Aのx座標と等しい点をCとする。

点Aと点C，点Cと点P，点Pと点Aをそれぞれ結ぶ。

点Oから点$(1,\ 0)$までの距離，および点Oから点$(0,\ 1)$までの距離をそれぞれ1cmとして，次の各問に答えよ。

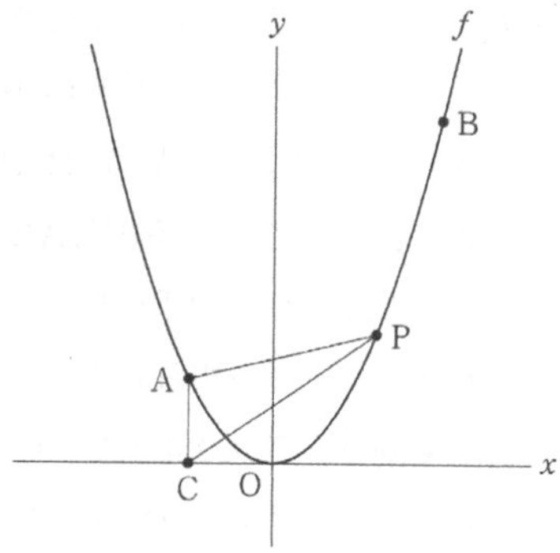

〔問1〕　△ACPがPA＝PCの二等辺三角形となるとき，pの値を全て求めよ。

〔問2〕　∠ACP＝45°のとき，pの値を全て求めよ。

〔問3〕　図において，点Aと点B，点Pと点Bをそれぞれ結んだ場合を考える。

$-2<p<4$ のとき，△ACPの面積と△ABPの面積が等しくなるような，pの値を求めよ。

ただし，答えだけでなく，答えを求める過程が分かるように，途中の式や計算なども書け。

3 右の図1で，円Oは半径が$4\sqrt{2}$cmの円，円O'は半径が8cmの円で，円Oの中心は，円O'の外側にあり，2つの円は，異なる2点A，Bで交わり，点Aと点Bを結んでできる線分ABの長さは8cmである。

点Pは，円Oの周上で，円O'の外側にある点で，点A，点Bのいずれにも一致しない。

点Qは，円Oの周上で，点Aを含まない$\overset{\frown}{BP}$上にある点で，点B，点Pのいずれにも一致しない。

点Aと点Q，点Bと点Pをそれぞれ結ぶ。

次の各問に答えよ。

図1

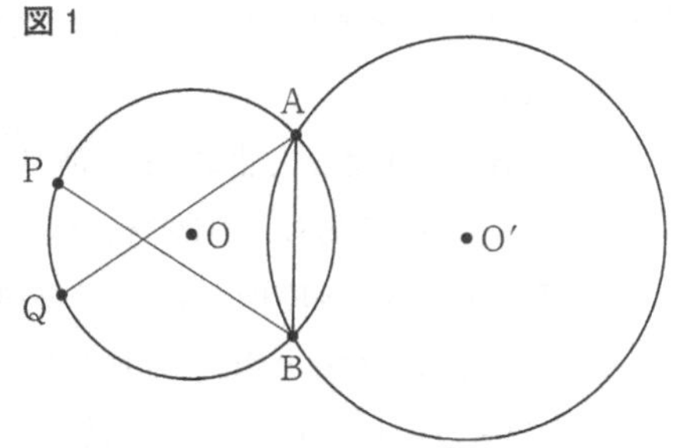

〔問1〕　図1において，∠ABP=∠BAQ=60°の場合を考える。
次の(1)，(2)に答えよ。

(1)　点Aと点P，点Pと点Qをそれぞれ結んだ場合を考える。
∠APQの大きさは何度か。

(2)　点Oと点O'を結んだ場合を考える。
線分OO'の長さは何cmか。

〔問2〕　右の図2は，図1において，

$45^\circ \leqq \angle ABP \leqq 60^\circ$，$45^\circ \leqq \angle BAQ \leqq 60^\circ$のとき，2点A，Pを通る直線を引き，円O'との交点のうち，点Aと異なる点をC，2点B，Pを通る直線を引き，円O'との交点のうち，点Bと異なる点をD，2点A，Qを通る直線を引き，円O'との交点のうち，点Aと異なる点をE，2点B，Qを通る直線を引き，円O'との交点のうち，点Bと異なる点をFとし，点Cと点F，点Dと点E，点Dと点Fをそれぞれ結び，線分PCと線分EDとの交点をRとした場合を表している。

図2

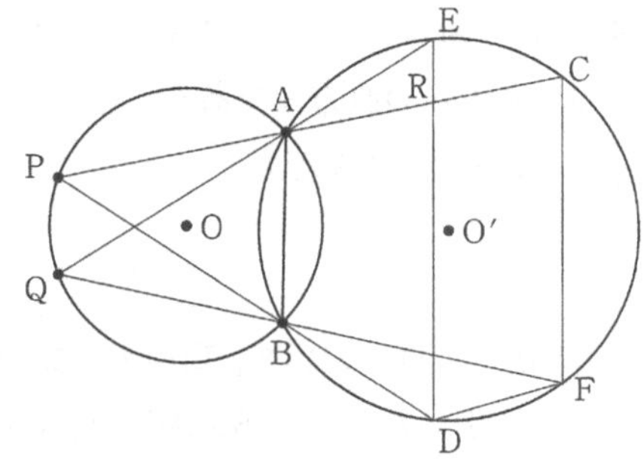

PC // DFのとき，四角形RDFC は平行四辺形であることを次のように証明した。

[　　　　] の部分では，RD // CFを示している。

[　　　　] に当てはまる証明の続きを書き，この証明を完成させなさい。

証明

条件よりPC // DF …(ア)

[　　　　]

よって，RD // CF …(イ)

(ア)，(イ)より2組の対辺がそれぞれ平行であるから，四角形RDFCは平行四辺形である。　終

4　右の図1に示した立体ABCD－EFGHは，AB=6cm，AD=8cm，AE=24cmの直方体である。
次の各問に答えよ。

図1

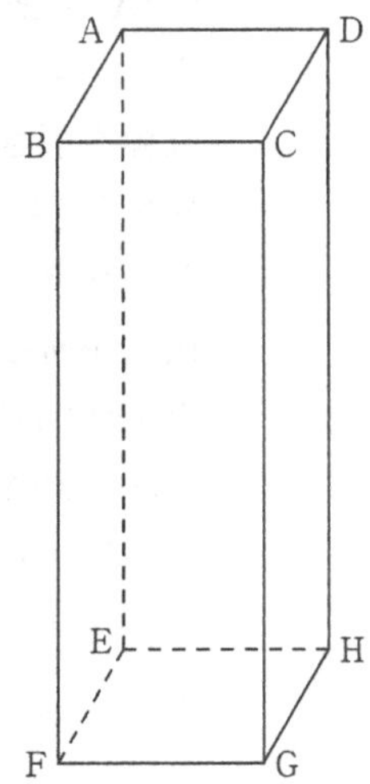

〔問1〕　図1において，頂点Aと頂点Gを結び，頂点Cから線分AGに引いた垂線と線分AGとの交点をIとした場合を考える。
線分CIの長さは何cmか。

〔問2〕 右の図2は，図1において，辺AE，辺BF，辺CG上にある点をそれぞれP，Q，Rとし，点Pと点Q，点Qと点Rをそれぞれ結んだ場合を表している。

AP=$x$cm，BQ=$3x$cm，CR=$2x$cm ($0 \leqq x \leqq 8$)とする。

次の(1)，(2) に答えよ。

図2

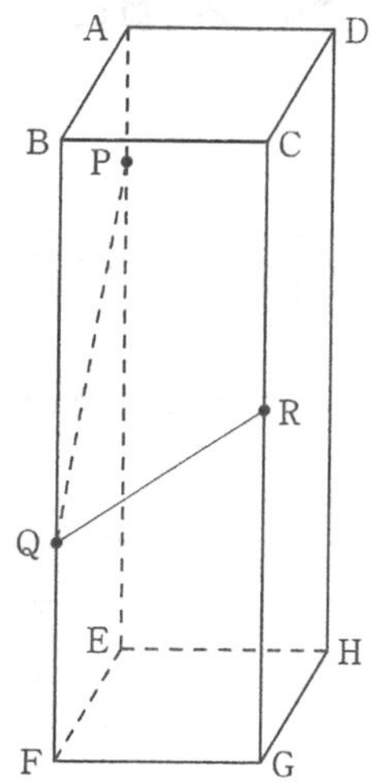

(1) アオさん，ヤマさんの2人は，点Pと点Rを結んでできる△PQRの形について話をしている。

アオさん：「△PQRはどんな三角形になるかな。」
ヤマさん：「三角形には，二等辺三角形，正三角形，直角三角形，直角二等辺三角形などがあるね。」
アオさん：「△PQRの各辺の長さを考えてみようよ。」
ヤマさん：「辺の長さを考えると，できる三角形とできない三角形が分かるね。」
アオさん：「そうだね。［　　］はできるね。」
ヤマさん：「本当だね。そのときのxの値を求めてみようよ。」

［　　］の中には，以下のア～エの三角形のうち，1つ以上が入る。［　　］で選んだ三角形のうち，1つを選び，解答欄に○を付け，その選んだ三角形になるときのxの値を求めよ。

ただし，答えだけでなく，答えを求める過程が分かるように，途中の式や計算なども書け。

ア　二等辺三角形　　イ　正三角形　　ウ　直角三角形　　エ　直角二等辺三角形

(2) $x=4$とする。この直方体を3点P，Q，Rを通る平面で2つの立体に分けたとき，頂点Gを含む立体の体積は何cm^3か。

＜英語＞

時間　50分　　満点　100点

※リスニングテストの音声は弊社HPにアクセスの上，
音声データをダウンロードしてご利用ください。

1　リスニングテスト（放送による指示に従って答えなさい。）

［問題A］　次のア～エの中から適するものをそれぞれ一つずつ選びなさい。

＜対話文1＞

ア　This afternoon.
イ　This morning.
ウ　Tomorrow morning.
エ　This evening.

＜対話文2＞

ア　To the teacher's room.
イ　To the music room.
ウ　To the library.
エ　To the art room.

＜対話文3＞

ア　One hundred years old.
イ　Ninety-nine years old.
ウ　Seventy-two years old.
エ　Sixty years old.

［問題B］ ＜Question1＞では，下のア～エの中から適するものを一つ選びなさい。
＜Question2＞では，質問に対する答えを英語で書きなさい。

＜Question1＞

ア　Walking.
イ　Swimming.
ウ　Basketball.
エ　Skiing.

＜Question2＞

（15秒程度，答えを書く時間があります。）

2 次の対話の文章を読んで，あとの各問に答えなさい。
（＊印の付いている単語・語句には，本文のあとに〔注〕がある。）

*This is Mr.Kimura's social studies class in high school. He has *divided the class into groups of three or four students each for discussions and told them that they could choose any topic about education or learning. Sae, Rei, Ken, and Jim are in the same group. Let's find out what they are talking about.*

Sae : So what shall we talk about? Do you have an idea?

Rei : I'd like to talk about something that we know well.

Ken : Last school year, we often could not take classes in real classrooms and had to take online classes. Why don't we talk about them?

Sae : [1-a] That was a new experience for us. Taking classes at home was fun. I don't know about other people, but I like online classes, maybe more than *ordinary classes in classrooms.

Rei : Really? I like ordinary classes more. I think classes should be online only when it isn't possible to have them at school.

Ken : I also feel that way. Now, Sae, why do you like online classes more?

Sae : Well, there are several reasons. First of all, I don't have to worry about train *delays or being late to school. Also, if I keep the camera off, I don't have to ask myself, "How do I look?" (2)People [　　　　　　].

Rei : In other words, you can feel more *relaxed when you take online classes.

Sae : Exactly.

Ken : You may be right when you say that you can feel more relaxed in online classes, but it's sometimes difficult to *concentrate on them.

Jim : [1-b]

Ken : Well, in ordinary classes, you are with your teacher and classmates in the room, and you can feel that you are there to learn something. So you *discipline yourself

Rei : Right.

Ken : But when you are taking an online class in your own home, in your room, there can be a lot of *distractions and nobody's watching you. It's not easy to discipline yourself in such a situation. Maybe it will be hard to concentrate on the class.

Sae : I'm afraid that's just your own problem, Ken, and not everyone's. You can decide to concentrate on something or not. In my case, I can concentrate better when I'm relaxed.

Rei : I understand, Sae, but I agree with Ken that in online classes we often lose concentration. (3)Another thing 【① I ② is ③ about ④ like ⑤ classes ⑥ that ⑦ don't ⑧ online】 that you feel a little strange. You are always talking to people on the screen, and that creates an *unnatural feeling.

Ken : Right. And you can't exchange opinions as easily as in real discussions.

Sae : Well, you have to accept those things. The important thing, I think, is to concentrate on the things that are discussed.

Rei : [1-c] Mr.Kimura often says that he has trouble understanding the students' *reactions when he is teaching online and likes teaching in a real classroom more. So teachers also have trouble with online classes.

Ken : I see.

Jim : Let me tell you something about myself. I'm actually a shy person and do not feel very comfortable when I talk to someone *face to face. It's easier for me to express my opinions and feelings online. I don't feel so much pressure.

Sae : I didn't know you were shy, but I understand.

Jim : If a class is given online as a video, you can watch it any time you like and as many times as you like. If it's live, you can *record it and watch it again and again, until you really understand it.

Rei : Very true.

Jim : Also, we can share online classes with students overseas. I'm still talking online with my classmates in New Zealand. Maybe we can have an online discussion with them.

Sae : That's a great idea! Oh, I found another good thing when I was told to do group work in an English online class.

Jim : [1-d]

Sae : Well, in an ordinary class, you can do group work with only a few people sitting near you, but in the online class, the teacher could put me in groups with anyone taking the class.

Jim : [4-a]

Ken : [4-b]

Sae : [4-c]

Ken : [4-d]

Jim : [4-e]

Rei : That's right.

Ken : If you *get too used to online classes, you may become poor at communicating and *getting along with people in real situations.

Sae : (5)Oh, you're thinking too much! That doesn't happen.

Rei : Another problem with online classes is a *technical one. You can't always have a good *Wi-Fi connection. When we had online classes last year, they often stopped suddenly. I was very nervous.

Ken : Yes. I'm afraid giving online classes is also difficult for some of the teachers. They were sometimes working very hard on their computers to try to start a class.

Sae : You may be right, but I believe they will be better at this new style of teaching soon. I want to know how other students feel about online classes. Do you have any information, Jim?

Jim : I was *looking on the Internet while we were talking and found the website of a high school in Tokyo. It shows the results of a *questionnaire about their online classes. (6)Here's a graph showing [　　　　　　] their online English classes.

Rei : What can you tell about it?

Jim : Well, 22.3% of the students say the online classes were very useful when they studied at home, and 37.5% say they were useful *to some extent.

Rei : How many people think they were not useful?

Jim : 6.2% think they were not useful at all, and 13% think they were not very useful. There are also people who can't decide.

Sae : So almost 60% of the students think the online classes were useful. On the other hand, about 20% do not think so.

Jim : Right.

Ken : That's an interesting piece of data, Jim. You are here on an exchange program from New Zealand. Do you know how your friends in your country spent their school life last year?

Jim : Yes. Some of them told me that they had many of their classes online.

Ken : I see.

Rei : Some people like online classes more than ordinary classes, and other people like ordinary classes more. At first, I didn't like them very much, but now I feel that online classes really have some *advantages.

Sae : I agree. I think it's more important and useful to think about how to improve them.

Ken : Yes, but let's not forget that there are actually a lot of advantages in taking classes in real classrooms, too.

Jim : Maybe we should try to find a good *combination of the two types of classes. Now we don't have more time. Let's get ready to report to the class.

〔注〕
divide 分ける
ordinary 普通の
delay 遅れ
relaxed くつろいだ
concentrate 集中する
discipline 律する
distraction 気を散らすもの
unnatural 不自然な
reaction 反応
face to face 対面で
record 録画する
get too used to ～ ～に慣れすぎる
get along with ～ ～とうまくやっていく
technical 技術的な
Wi-Fi connection Wi-Fi(無線)接続
look on ～ ～をながめる
questionnaire アンケート
to some extent ある程度
advantage 利点
combination 組み合わせ

〔問1〕 [1-a] ～ [1-d] の中に，それぞれ次のア～カのどれを入れるのがよいか。ただし，それぞれの選択肢は一度しか使えないものとする。

ア How can you find it?
イ Sounds good.
ウ What did you find?
エ You're right, but that isn't easy.
オ Who can use it?
カ What do you mean?

〔問2〕 (2)People [ ]. の中に入れるのに，適切でないものは，次の中ではどれか。

ア can't see if I look sleepy
イ can't tell what I'm wearing
ウ can't tell if I look tired
エ can't hear what I'm saying

〔問3〕 (3)Another thing【① I　② is　③ about　④ like　⑤ classes　⑥ that　⑦ don't　⑧ online】that you feel a little strange. とあるが，本文の流れに合うように，【　】内の単語を正しく並べかえたとき，１番目と３番目と５番目にくるものの組み合わせとして最も適切なものは，次のア～カの中ではどれか。

	１番目	３番目	５番目
ア	①	③	⑤
イ	①	④	⑥
ウ	③	②	①
エ	③	⑤	④
オ	⑥	⑦	③
カ	⑥	⑦	⑤

〔問4〕 本文の流れに合うように［4-a］～［4-e］の中にそれぞれ英文を入れるとき，その組み合わせとして最も適切なものは，下のア～カの中ではどれか。

① I now understand the good things about online classes that we discussed, but I still find learning in real classrooms more comfortable.
② That sounds like Mr.Kimura's problem with his online classes.
③ Why?
④ I think that's a good point about online classes.
⑤ You can see your friends' reactions to your words and guess how they really feel, and that's important for human communication.

ア	④ → ① → ② → ③ → ⑤
イ	④ → ① → ③ → ⑤ → ②
ウ	④ → ③ → ① → ② → ⑤
エ	⑤ → ② → ④ → ③ → ①
オ	⑤ → ④ → ① → ③ → ②
カ	⑤ → ④ → ② → ③ → ①

〔問5〕 (5)Oh, you're thinking too much! That doesn't happen. とあるが，その内容を次のように書き表すとすれば，［5-a］～［5-c］にどのような１語を入れるのがよいか。**本文中に使われている語を用いて書け。**

It may become easier to communicate more and more ［5-a］ with your friends without actually meeting them, but that will never make you ［5-b］ at communicating with people face to face and you will be able to spend a friendly ［5-c］ with them in real life.

〔問6〕 (6)Here's a graph showing [ ] their online English classes. の中に入れるのに最も適切なものは，次の中ではどれか。

ア what their students did with
イ why their students took
ウ how their students felt about
エ when their students started to take

〔問7〕 対話の中に出てくるアンケート結果についてグラフで表したとき，グラフの中のA，B，Cの項目の組み合わせとして最も適切なものは，次の中ではどれか。

ア	A Useful to some extent	B Can't decide	C Not useful at all
イ	A Useful to some extent	B Can't decide	C Not very useful
ウ	A Can't decide	B Not very useful	C Useful to some extent
エ	A Not useful at all	B Not very useful	C Useful to some extent

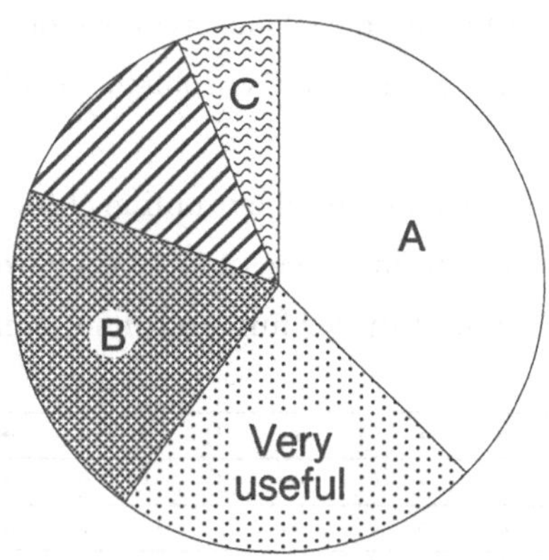

（アンケート結果の割合の合計は100％になる。）

〔問8〕 本文の内容に合う英文の組み合わせとして最も適切なものは，次のページのア～シの中ではどれか。

① Sae doesn't like online classes because she feels nervous when she has to talk with her friends and teachers.

② Ken thinks ordinary classes in classrooms are better than online classes because he can feel relaxed with his classmates.

③ Sae agrees with Ken that it's difficult to concentrate in online classes, but says she is trying to do so and is successful.

④ Both Ken and Rei feel that there are distractions when they are taking online classes and think that it is difficult to concentrate on them.

⑤ Rei says that she feels strange online and also thinks that there is a technical problem with online classes.

⑥ Jim found the website of a high school when he was checking the Internet at home and told his classmates about it.

⑦ In the end, Ken thought there were more advantages in online classes than in ordinary classes in classrooms.

⑧ Jim says that it is probably important to find advantages of online and ordinary classes and use both in a good way.

ア	①③	イ	①④	ウ	②⑤	エ	④⑥
オ	⑤⑦	カ	②③⑦	キ	②④⑧	ク	③⑥⑦
ケ	④⑤⑧	コ	⑥⑦⑧	サ	①④⑤⑧	シ	②④⑤⑧

〔問9〕 あなたが今までに学校で受けた授業の中で，最も印象に残っている授業はどのような授業ですか。理由を含めて40語以上50語以内の英語で書きなさい。「,」「.」「!」「?」などは語数に含めません。これらの符号は，解答用紙の下線部と下線部の間に書きなさい。

3 次の文章を読んで，あとの各問に答えなさい。
（＊印の付いている単語・語句には，本文のあとに〔注〕がある。）

If you drive about 200 kilometers to the west from London, you will suddenly see very large stone *monuments. They are called *Stonehenge. (See **Picture A**.) Stonehenge is one of the world's most famous monuments. Every year more than one million people visit it. There are a lot of *mysteries about Stonehenge. The people who built it didn't leave any written records about it. Scientists have studied it for more than a century. A lot of mysteries are stil left, but modern science has taught us quite a lot.

A lot of people thought the very large stone monuments were built around 2,000 or 3,000 years ago, but they were not. Around 1970, scientists used *radio-carbon dating and found they were actually built around 4,600 years ago. Look at **Picture B**. This picture shows what Stonehenge probably looked like around 4,600 years ago. You can see two kinds of very large stone monuments at its center. One is called the *sarsen stone circle. Thirty large sarsen stones were stood up in a circle, and then another thirty sarsen stones were put on the top of them to make a ring. It was about five meters tall and about 30 meters in *diameter. The other kind was made of *trilithons. Each trilithon was made of two standing stones and one stone on the top of them. There were five very tall trilithons built inside the circle. They were also made with very large sarsen stones. The five trilithons stood in the shape of a "U." The tallest one standing at its center was about seven meters tall. Three of them still stand today.

Picture A

Picture B

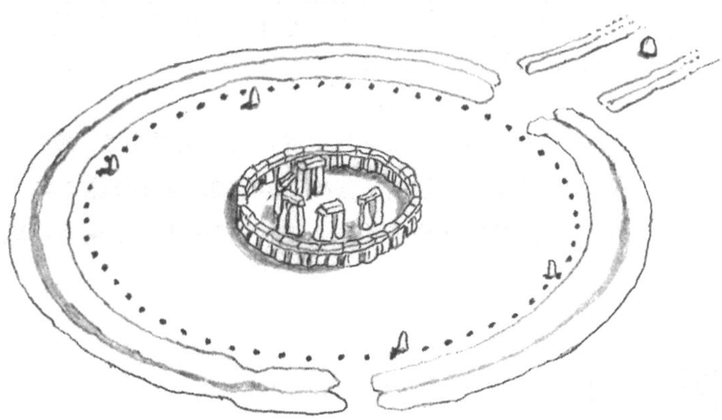

Picture C

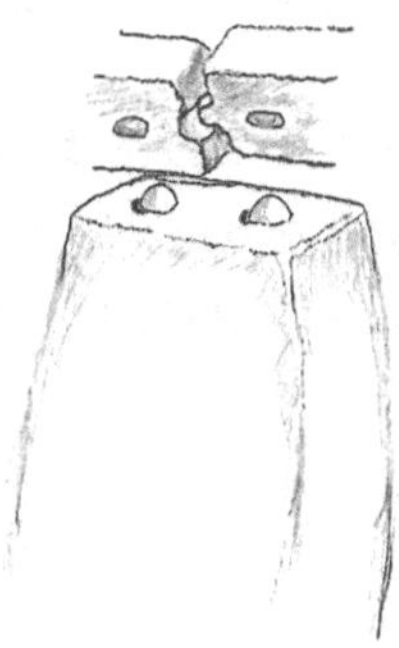

Let's take a look at the largest circle in **Picture B**. This circle, about 100 meters in diameter, was *carved into the ground about 5,100 years ago. A smaller circle was then made inside it with *bluestones or *timber in holes. Now only 56 holes remain. This circle is called the *Aubrey Holes. Around 4,800 years ago, four stones called the Station Stones were added close to the circle, and a big sarsen stone, about five meters tall, called the *Heel Stone, was put up, about 25 meters outside the largest circle on the ground. A road was made from the area of the Heel Stone to the River Avon, about three kilometers. After the two kinds of very large stone monuments at the center of Stonehenge were built, other circles and shapes were added with bluestones. As we have seen, many changes were made to Stonehenge. In 1995, modern science discovered that around 3,500 years ago, the building of Stonehenge was reaching its final stage. Stonehenge was built (1)over a very long period of time.

Long ago, scientists found that the large sarsen stones came from an area about 30 kilometers to the north, but it took a long time to learn where the smaller bluestones came from. In the *Ice Age, an ice sheet covered the area around Stonehenge. Some scientists thought, "Maybe the bluestones were carried there by the movement of the ice." But they were not sure because no other bluestones were found around there. Later, the bluestones of the kind used for Stonehenge were found at a place over 200 kilometers to the *northwest of Stonehenge. They believe this is the place that was the *source of Stonehenge bluestones. [2-a] Some scientists think the stones were put on boats and carried on the sea and on rivers.

Bluestones are very hard, and, according to some scientists, people believed those stones had the power to keep them healthy and bring them good luck. Sarsen stones are larger and softer than bluestones. The sarsen stones were carved as shown in **Picture C**. They were made to fit together and to stand for a long time without falling down. The stones for standing up were cut to *bulge out in the center. Because of this, Stonehenge looked strong and *impressive when it was seen from far away. Probably the people who built it knew this. Sarsen stones have a bright white color inside. When they are first cut, they look beautiful. Scientists think that the very large monuments of Stonehenge looked beautifully white when they were first built with those sarsen stones.

[2-b] Around 5,100 years ago, people called the *Ancient Britons lived in the area that is now the UK. Many scientists think they built Stonehenge. According to research, around 4,600 years ago, about 4,000 of the Ancient Britons from different villages lived together in a village three kilometers away from Stonehenge. Maybe these were the people who started the building of the very large monuments of Stonehenge.

In the UK, there are more than 1,000 stone circles, and the oldest ones are on an island about 1,000 kilometers to the north of Stonehenge. Stone circles probably spread across the UK from there. Scientists think the circles probably had a special meaning for people. They probably knew that the sun, the moon, and the stars move in circles and tried to show this on the ground.

Around 5,100 years ago, stone circles were simple ones made with smaller stones. But around 4,600 years ago, for some reason, the stones used for them started to get larger. [2-c] Around that time, the Earth was getting colder, and people had a hard time growing food. Some scientists say that they probably built the very large stone monuments to try to bring the power of the sun back.

[2-d] According to some scientists, it was probably used as a kind of calendar that could *predict the positions of the sun and the moon. The four stones called the Station Stones were used to predict the movement of the moon. And the circle called the Aubrey Holes and the large trilithon monuments were used to predict the movement of the sun. On the *summer solstice, if you stand in front of the tallest trilithon and look at the Heel Stone on the road, the sun will rise directly over the Heel Stone. On the summer solstice, the sun rises, and on the *winter solstice, it sets on the same line —— but on the other side of the circle. For the Ancient Britons, the winter solstice probably had a special meaning. They knew that after that day, the days would become longer and longer. On that day, they probably held a special event

at Stonehenge. Maybe they got together, walked on the road to Stonehenge, and saw the sunset through the space between the two standing stones of the tallest trilithon. Maybe they hoped that the power of the sun would become stronger.

Over the last 100 years or so, people have learned much about Stonehenge. In the future, as science and technology develops, scientists may learn more. Thanks to them, someday, many mysteries about Stonehenge may be understood.

〔注〕 monument　建造物　　Stonehenge　ストーンヘンジ　　mystery　謎
radio-carbon dating　放射性炭素年代測定法
sarsen stone　サーセンストーン　　diameter　直径
trilithon　トリリトン（三石塔）　　carve　彫る
bluestone　ブルーストーン　　timber　木材
Aubrey Holes　オーブリーホール　　Heel Stone　ヒールストーン
Ice Age　氷河期　　northwest　北西　　source　産地
bulge out　ふくらむ　　impressive　印象的な
Ancient Britons　古代ブリトン人　　predict　予測する
summer solstice　夏至　　winter solstice　冬至

Picture A, B, Cは,「まんが新・世界ふしぎ物語4　世界にのこるストーンヘンジのなぞ」吉川 豊著（理論社）を参考に作成

〔問1〕 Stonehenge was built (1)over a very long period of time. とあるが，下線部 (1) の内容として最も適切なものは 次の中ではどれか。

ア　約1,100年間
イ　約1,600年間
ウ　約2,600年間
エ　約3,500年間

〔問2〕 本文中に述べられている次の①～⑤の出来事を，起きた順に並べかえたとき，その組み合わせとして最も適切なものは，次のページのア～カの中ではどれか。

① The Station Stones and the Heel Stone were put up.
② Other circles and shapes were added with bluestones.
③ The sarsen stone circle and five trilithons were built.
④ The circle called the Aubrey Holes was made with bluestones or timber in holes.
⑤ A very large circle, about 100 meters in diameter, was carved into the ground.

ア	③ → ① → ⑤ → ④ → ②
イ	③ → ⑤ → ④ → ① → ②
ウ	③ → ⑤ → ④ → ② → ①
エ	⑤ → ① → ④ → ② → ③
オ	⑤ → ④ → ① → ② → ③
カ	⑤ → ④ → ① → ③ → ②

〔問3〕 本文の流れに合うように，［2-a］～［2-d］に英文を入れるとき，最も適切なものは，次のア～オの中ではどれか。ただし，それぞれの選択肢は一度しか使えないものとする。

ア　How was Stonehenge used?

イ　But how were they carried so far?

ウ　How did they build such very large stone monuments?

エ　Who built Stonehenge?

オ　What happened during those years?

〔問4〕 次のイギリスの略地図の中に示した①～③は，本文中に述べられているＡサーセンストーンの産地，Ｂブルーストーンの産地，Ｃ最古のストーンサークルのいずれかを表したものである。最も適切な組み合わせは，次のア～カの中ではどれか。

	A	B	C
ア	①	②	③
イ	①	③	②
ウ	②	①	③
エ	②	③	①
オ	③	①	②
カ	③	②	①

〔問5〕 下のストーンヘンジの模式図は，本文中に述べられている古代ブリトン人が冬至の日に日没を見ている様子を表したものである。その様子を，最もよく表した図は，次の中ではどれか。ただし，■は人を表し，矢印は太陽が沈む方向を示している。

■：人 ――――→：太陽が沈む方向

ア

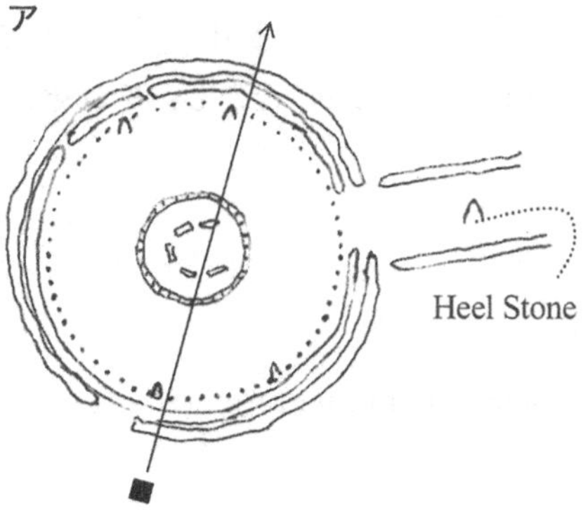

イ

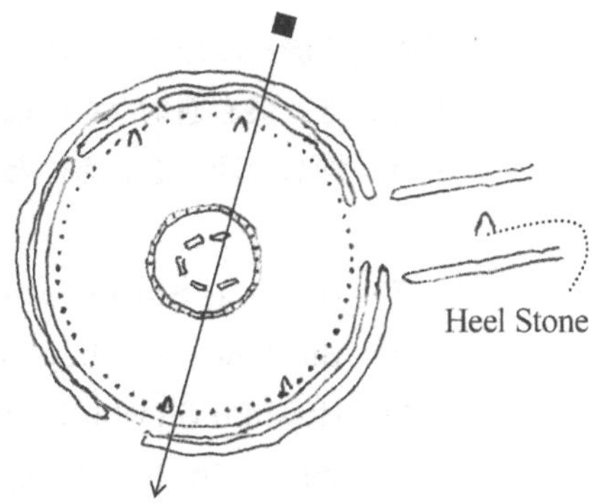

ウ

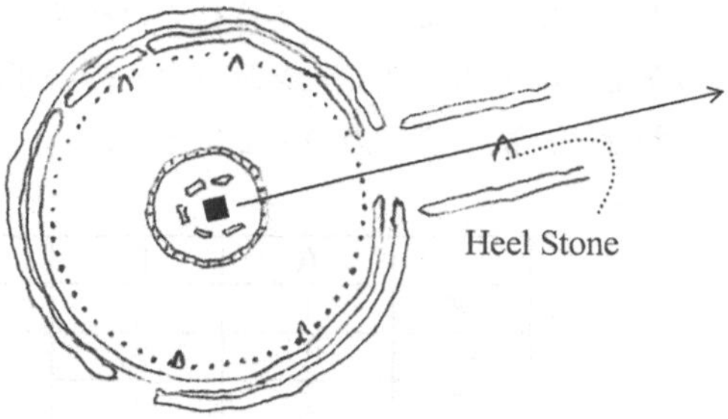

エ

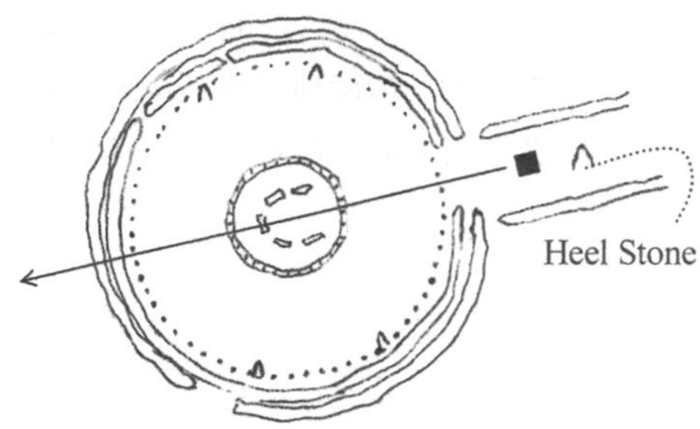

〔問6〕 次の(1)～(4)の英文を，本文の内容と合うように完成するには，［　　　　］の中に，それぞれ下のどれを入れるのがよいか。

(1) We understand more about Stonehenge now than before because ［　　　　］.

ア scientists have studied a lot of written records the Ancient Britons left at Stonehenge

イ scientists have seen and studied the monuments of Stonehenge for about fifty years

ウ science has developed, and scientists have studied it with modern technology

エ　science has taught us how many stone circles the Ancient Britons made

(2)　Scientists used radio-carbon dating and found out [ ].

ア　when the very large stone monuments of Stonehenge were actually built
イ　what kind of stones the Ancient Britons used to build Stonehenge
ウ　that the bluestones were carried to Stonehenge by the movement of ice
エ　that there are more than 1,000 stone circles with very large stones in the UK

(3)　Some scientists think that the Ancient Britons probably used [ ].

ア　the Station Stones and the sarsen stone circle to predict how the sun moves in circles in the sky
イ　the Heel Stone and the trilithons to predict when they would have enough rain to grow food
ウ　the Aubrey Holes and the bluestones to predict how to get food and survive the cold weather
エ　the Aubrey Holes and the trilithons to predict the movement of the sun

(4)　According to scientists, the Ancient Britons probably knew [ ].

ア　that a lot of bluestones carried by the movement of ice were found near Stonehenge
イ　how to carve bluestones to keep them standing for a long time
ウ　how to build Stonehenge monuments that look strong and impressive
エ　that the days would become longer after the summer solstice

〔問7〕　本文の内容に合う英文の組み合わせとして最も適切なものは，次のページのア～シの中ではどれか。

①　Two kinds of very large monuments at Stonehenge at its center were built with sarsen stones.
②　At the center of Stonehenge, five trilithons are still standing.
③　Scientists found easily where the large bluestones came from.

④ The bluestones were larger and softer than the sarsen stones.

⑤ The Ancient Britons knew how to carry large stones and to build very large stone monuments.

⑥ According to research, maybe the Ancient Britons from different villages and living in a village a few kilometers away from Stonehenge started to build the very large monuments.

⑦ The stone circles were probably made to show the movement of the sun, the moon, and the stars.

⑧ Scientists have solved all of the mysteries about Stonehenge, and now there are no more mysteries.

ア	①②	イ	①⑤	ウ	②⑥	エ	③⑦
オ	⑤⑦	カ	①③⑤	キ	①④⑥	ク	③④⑦
ケ	④⑤⑧	コ	⑤⑥⑧	サ	①⑤⑥⑦	シ	③⑤⑦⑧

ア　清少納言は紅葉を風流で華麗なものとしてとらえている。それは宮中での輝ける誉れの時間を象徴するものである。しかし、月並みなありふれたものに例えられてしまうことはあまり好まないようだ。

イ　清少納言はもともと晩秋が嫌いなので、紅葉にも興味はない。しかし、秋には人生を振り返らせる趣もある。昔の記憶を呼び覚ます秋の風物は、どんな思い出があろうと大切なものとしてとらえている。

ウ　清少納言は紅葉の木である楓の存在は知っている。また、秋には木の葉の色が変わって落ちるということを嫌っているわけではない。しかし、薄の例から落ちぶれた人生を思わせるものは嫌いなようだ。

エ　清少納言は、楓の芽ぶく葉の様子を好んでいる。季節ごとに植物が色を変えるのも美しいと感じている。しかし、白という色は自然の中において、存在感や魅力があまりないものとしてとらえている。

〔問3〕(3)鑑賞に堪えようとあるが、ここでの意味として、最も適切なものを次のうちより選べ。

ア　見て楽しむには我慢が必要かもしれない。

イ　美しさを味わうだけの価値があるだろう。

ウ　周囲に流されず自分の感覚を維持できる。

エ　自然に対する親しみを感じられるはずだ。

〔問4〕(4)枕草子は、このように、平安文学の流れの中でという、貴族文学の伝統の中でではあるが、通例の平安朝人の感性とは異質なのである。とあるが、本文から読み取れる清少納言の感性とはどのようなものか。その説明として、最も適切なものを次のうちより選べ。

ア　清少納言は自分が栄光を失う悲哀を経験しているので、繁栄しているものの華やかさが失われていく姿は見たくないというもの。

イ　清少納言はさびしがりやで、動きがありにぎやかな状態の中でこそ、人々の生きざまが伝わるものであると感じているというもの。

ウ　清少納言は「散る」という言葉に敏感に反応し、そこから連想される出来事は隠さずはっきりと表現してしまいたいというもの。

エ　清少納言は受け継がれてきたものを大切にしようという気持ちがあるが、表現や考え方が型にはまるのは好まないというもの。

〔問5〕(5)彼女のみごとな観察力と直観力とあるが、補二七段の古文において清少納言の観察力と直観力が読み取れる箇所として、最も適切なものを次のうちより選べ。

ア　池ある所の五月長雨の頃こそいとあはれなれ

イ　水もみどりなるに、庭もひとつ色に見えわたりて

ウ　曇りたる空をつくづくとながめくらしたるは

エ　いつも、すべて、池ある所はあはれにをかし

着いた風情であり、山里・野原、そして水辺に青々と生育し、かおり高く匂う草々であった。そして雨中に鳴くほととぎす、さらには人のたきしめた香、そして宮廷や民間の節句の行事が曇り空の下で営まれる。

有名な段「五月ばかりなどに山里にありく、いとをかし〈五月のころなどに山里に出歩くのはたいへんおもしろい。〉」では、草と水が一面に青く見渡されるが、その、上には草が生い茂っているところでも、まっすぐ乗り入れると、下の水が、従者などが歩むとほとばしりあがるのがおもしろい、とは、動きを伴った視覚。水辺のしっとりとしたさまが好きな彼女は、補二七段で、池ある庭を称揚する。

池ある所の五月長雨の頃こそいとあはれなれ。菖蒲・菰など生ひこり（密集）て、水もみどりなるに、庭もひとつ色に見えわたりて、曇りたる空をつくづくとながめくらしたるは、いみじうこそあはれなれ。いつも、すべて、池ある所はあはれにをかし。

〈池がある所の五月の長雨のころは、たいへんしみじみとした感じがするものだ。池には菖蒲や菰などが一面に生い茂って、水も水草で緑色になっているので、池も庭も同じ色にずっと広く見えている、そんな所で曇っている空をつくづくと物思いにふけりながら一日中眺め暮しているのは、たいへんしみじみと心に迫るものがある。いつも、総じて、池のある場所は情趣に満ちていておもしろい。〉

彼女の好みからすれば当然である。ここの素材の取り合わせを見てほしい。この短文の中で、こんな工合にいいと採り上げて場面を作り上げるのは、(5)彼女のみごとな観察力と直観力だと思う。

（高橋和夫「日本文学と気象」による）

〔注〕紅葉――楓の木の葉が赤く色づいたもの。
蘇芳色――黒みを帯びた赤色。
定子サロン――宮中における、一条天皇の后定子と、彼女に仕えていた清少納言他、女性たちの集まりを意味する。「枕草子」が成立したとされる頃には、定子は亡くなっていた。
君をし見ればもの思ひもなし――桜の花のような君さえ見ていれば、すべての悩みはなくなる。
中関白家――定子の家系。
行幸――天皇が外出すること。
節日――季節の変わり目などに祝祭を行う日。

〔問1〕(1)十月ばかりに、木立おほかる所の庭は、いとめでたし。とあるが、清少納言がこのように言うのはなぜか。その理由を二十字以内で書け。

〔問2〕(2)これらの実例から察するとあるが、筆者は実例からどのように考察をしてきたのか。その考えをまとめたものとして、最も適切なものを次のうちより選べ。

げていないのは、意識的に触れていないと判断するほかないであろう。それは彼女個人の、うらぶれた人生を象徴するものとして紅葉を見立てたからなのか、あるいは、栄光の*定子サロンへの懐古のせいか、あるいは、この秋嫌いは定子サロンの指標だったのか、それを忠実に伝えようとする作者の忠誠心かもしれない。秋はわびしい、これを清少納言が好まなかったことはよくわかる。だが同じ秋の風物でも、紅葉はいかにも華麗と言ってよい。それを全く書かない、紅葉は散るということを嫌ったせいなのか、清少納言個人の好みとみるにせよ、定子サロンの意向だとみるにせよ、枕草子の特異な性格と考えていいであろう。

　これに対して春二、三月の桜はどうだろう。春二、三月の計八例のうち、桜が彩られているのは二つで、そのうちの一つ（積善寺供養の段）は造花であり、もう一つ（清涼殿の丑寅のすみの段）は有名な、青磁の瓶にさした桜――*君をし見ればもの思ひもなしと歌った――である。この後者こそ、まことに中関白家全盛の栄華を誇る花であった。それはまことに枕草子にふさわしい。

　しかし、桜はこの一例だけである、むしろ梅の方に彼女は好意を持っていた。というのは、満開の桜ならば彼女の(3)鑑賞に堪えよう、けれども桜は散る、これが彼女の気に入らなかったのではないか。自身が心に悲哀感を持ち、それを表現したくない場合、悲哀感を象徴する「もの」は採り上げないのが人情である。清少納言はそういう性格だった。

　思うに、この桜と紅葉への清少納言の姿勢は、平安朝人の伝統的好尚――古今和歌集以来の、桜散る、紅葉散る、とは異質な感性である。古今和歌集が、春歌下巻、秋歌下巻に、この二つを連綿と並べて人生のうつろいやすさ、悲しみを託した、平安朝人の心の陰を、清少納言ははっきり拒否したのである。(4)枕草子は、このように、平安文学の流れの中でという、貴族文学の伝統の中ではあるが、通例の平安朝人の感性とは異質なのである。

　清少納言が一番好きな月は五月だった。旧暦の五月、即ち、ほぼ新暦の六月は中旬から一ヵ月余、梅雨に入る。雨量の増加と共に、一〇%近く湿度も増す。するとすべてが伝わり易くなり、人の感情も流れやすくなるのであろう。枕草子で、五月を採り上げた段は十ある。そのほか、部分的に五月の風物を話題にしたものを含めれば十二になる。

　五月こそ世に知らずなまめかしきものなりけれ。（二二一段）
〈五月の*行幸は、ほかに比べるものもなく優雅なものであった。〉
　節は五月にしく月はなし。（三九段）
〈*節日は、五月の節日に及ぶ月はない。〉

　このように月を断言的に言い切るのは五月だけである。それでは、清少納言は五月の何が気に入ったのだろうか。「なまめかし」とは何だろうか。

　この五月のよさは、彼女にとって、長雨のしっとりと落ちと、その美しさを述べているのは、晩春の芽吹きである。まさしく楓であって、紅葉ではない。知っていて紅葉は話題にしていないのである。

　また一九九段、

九月のつごもり、十月のころ、空うち曇りて風のいとさわがしく吹きて、黄なる葉どものほろほろとこぼれ落つる、いとあはれなり。桜の葉、椋の葉こそ、いととくは落つれ。(1)十月ばかりに、木立おほかる所の庭は、いとめでたし。

〈九月の末、十月のころに、空が曇って、風がひどくさわがしく吹いて、たくさんの黄色の木の葉が、ほろほろとこぼれ落ちるのは、たいへんしみじみとした感じである。桜の葉や椋の葉はとても早くから落ちることだ。

十月ごろに木立の多い所の庭は、たいへんすばらしい。〉

紅葉ではなく、黄なる葉が落ちるのが風情がある。そして十月、二七三段、「十月十よ日の月のいとあかきに」〈十月十日すぎの月がとても明るい時に〉の、女房の衣装の美しさをほめた段が、十月が明示されている唯一の段である。また六七段の「草の花は」の段での、薄についての弁明はこれを傍らから裏書している。

　これに薄を入れぬ、いみじうあやしと人いふめり。秋の野のおしなべたるをかしさは薄こそあれ。穂さきの蘇枋にいと濃きが、朝霧にぬれてうちなびきたるは、さばかりの物やはある。秋のはてぞ、いと見どころなき。色々にみだれ咲きたりし花の、かたちもなく散りたるに、冬の末まで、かしらのいとしろくおほどれたるも知らず、むかし思ひ出で顔に、風になびきてかひろぎ立てる、人にこそいみじう似たれ。よそふる心ありて、それをしもこそ、あはれと思ふべけれ。

〈この「草の花は」の中に薄を入れないのは、とても奇妙だと、人は言うようだ。秋の野を通じてのおもしろさというものは、まさに薄にこそあるのだ。穂先が*蘇芳色で、たいへん濃いのが、朝霧に濡れてうちなびいているのは、これほどすばらしいものがほかにあろうか。しかし秋の終わりは、全く見るべき所がない。いろいろな色に乱れ咲いていた花があとかたもなく散り果てた後に、冬の末まで、頭がまっ白く乱れ広がっているのも知らないで、昔を思い出しているような顔つきで風にたなびいてゆらゆら立っているのは、人間にとてもよく似ている。こういうふうになぞらえる気持ちがあるので、その点が特にしみじみと気の毒に思われるのである。〉

　清少納言は薄を加えたくなかった。なぜなら、秋のさ中の、茶紅色の穂先が出たばかりの（これが九月）風姿はよいが、秋の果てに白い頭をしてふらふら立ってうらぶれた人生を思い出させる（これが十月）姿態がたまらなく嫌だったのである。要するに十月の、人生の果てを彼女は嫌ったのである。

(2)これらの実例から察すると、清少納言が紅葉を全く採り上も遠い先のことだから考えなかったけどね。

生徒C　そんなに先のことなら、そのころの人たちが何か解決しているんじゃないかな。大昔の人が今の情報化社会を予期できなかったように、未来は現代人の想像以上に進歩していると思うよ。

生徒D　でも、昔の人の生活では地球環境なんて考えることはなかったと思うよ。現代人の影響で未来に向けての環境悪化が分かってきた以上、何もしないわけにはいかないんじゃない。

生徒E　そうするともっと省エネの生活をしなければならないよ。まだこの世にいない人たちのために、今いる人たちが、例えば快適さを我慢する、ということが未来への責任を果たすことなのかなあ。

5

次の文章を読んで、あとの各問に答えよ。〈　〉内は現代語訳（新編古典文学全集による。）である。（*印の付いている言葉には、本文のあとに〔注〕がある。）

今、枕草子に見られる章段のうち季節のわかるものを月別に分類してその数を出すと、次のようになる。

正月	4
二月	7
三月	1
四月	1
五月	10
六月	2
七月	3
八月	2
九月	4
十月	1
十一月	0
十二月	2
ほかに　春	1
夏	2
秋	1
冬	3

一見してすぐわかることがあろう。五月がとび抜けて清少納言は好きだったこと、そして秋が、なかんずく晩秋が嫌いだったこと。秋がどうも数字上淋しい一番大きな理由は、清少納言が*紅葉を一切話題にしていないからである。彼女は紅葉について関心を持たなかったのだろうか。当時の風流が、春の桜、秋の紅葉ということぐらいは、清少納言だって知っていたにきまっている。そして、通常の女性だったならば、紅葉を賞でたであろう。そう考えると清少納言が紅葉に一切言及していないのは、身構えた、意図的なものだと思われてくる。

四〇段で、「花の木ならぬは、かへで。かつら。五葉〈花の木でない木は、かえで。かつら。五葉の松。〉」と書いていながら、この楓は、

かへでの木のささやかなるに、もえいでたる葉末のあかみて、おなじかたにひろごりたる、葉のさま、花も、いと物はかなげに、虫などの乾れたるに似てをかし。

〈かえでの木は、小さく萌え出ている、葉の先の方が赤らんでいて、同じ方向にひろがっている葉の様子がおもしろいし、また花もとても頼りなさそうに見えて、まるで虫などがひからびているようでおもしろい。〉

いうことは建前である。

エ　伝統に忠実な保守主義に対し、発展を続けることは現代人だけでなく未来の人の幸福にもつながると考えるが、実際は未来の人が幸福になるための環境や資源が維持できそうもなく、よりよい未来の実現はまやかしになった。

〔問4〕(4)世代間倫理は、将来世代が地球資源や良き地球環境を享受するために、現在世代のはたすべき義務や将来世代がそのような権利をもっていることの基礎づけをおこなおうとするものである。とあるが、世代間倫理ではどのようなことを根拠にして将来世代の権利を認めようとしているのか。**文章1**の内容もふまえて、最も適切なものを次のうちより選べ。

ア　わたしたちは現代の環境のもとで近代的な生活をしてきているが、まだ見ぬ未来の人たちであっても、わたしたちが味わった生活と同程度の生活が保証されるべきだと考えること。

イ　現代に生きているわたしたちは、過去に祖先の人たちから幸福な生活を祈願されてきた歴史があるのだから、わたしたちも未来の子孫たちの幸福を願う必要があると考えること。

ウ　わたしたちは進歩主義の理念にしたがって現代の繁栄を実現してきたのだから、未来の人たちも、わたしたちの時代より豊かな生活を実現するのは可能なはずだと考えること。

エ　地球の資源や環境をわたしたちは近代から現代まで使い果たしてきたが、これらは有限で、未来の人たちが自らの生活のためにその残量に関心をもつのは当然だと考えること。

〔問5〕(5)こういう未来のインタレストが如何に冒涜されようとも、なにしろ彼らがこの世にまだ実在しないのであれば、誰も彼らになり代わって文句の言いようがない。とあるが、このことから現在世代は将来世代の不満を代弁できないことが分かる。そのようなことが**文章1**でも読み取れる箇所を**五十字以内**で探し、最初と最後の**五字**を答えよ。

〔問6〕**文章1**と**文章2**を読んだ生徒たちが、未来の様子について話をしている。**文章1**と**文章2**の主張や生徒A～Eの考えを考慮しながら、現代に生きるわたしたちが未来世代に果たすべき責任について、あなたの考えを**二百字以内**で書け。なお、書き出しや改行の際の空欄、、や。や「なども それぞれ字数に数えよ。

生徒A　未来はロボットやAIが普及して、今よりももっと進歩した映画で見るような世界が実現すると思っているけど、実際はそうではなく、未来の人の生活はそれほど快適ではないのかな。

生徒B　進歩が化石エネルギーに頼っている以上は、いつかは資源がなくなり、進歩どころか後退するかもしれない。電気も作れなくなるから。で合、近代的な倫理的決定システムでは現代の証拠だけでなく、過去や未来それぞれ相互に証拠が必要になるということ。

ウ　環境倫理学では現在世代と未来世代の間の相互性を満たす必要があるのに、近代社会では現在世代内の相互性だけが、倫理的決定システムの基本となっているということ。

エ　未来の人間の生存権を保証しようとする場合、近代社会の倫理的決定システムによって、現代の人々は相互に環境問題を解決しようとする意識が重要になるということ。

〔問2〕(2)意志決定のシステムが通時的だった。それが近代化によって共時化されてしまった。とあるが、どういうことか。その説明として、最も適切なものを次のうちより選べ。

ア　封建時代は、自分の子孫の末永い繁栄を願うことを重視して行動を決定していたが、近代主義の時代は、未来の人はもっと幸福になるという夢をかなえるための決定システムへと変わってきたということ。

イ　古代の人々は何をするにも伝統を重んじ、過去の世代に遠慮しながら生活していたが、近代の人々の意識は、子孫のためには現在の技術開発を競い合うという決定システムへと変わってきたということ。

ウ　かつては伝統と過去を忠実に受け継ぐことが人々にとっては重要で、変化を求めることをしなかったが、近代主義では未来を重視し、進歩の理念を忠実に実現する決定システムへと変わってきたということ。

エ　近代以前は伝統を引き継いで、次の世代へ伝えるという観点で物事を決定していたが、近代社会では過去や未来を切り離し、現代の人々の利益を中心に考える決定システムへと変わってきたということ。

〔問3〕(3)進歩という理念とあるが、このことについて筆者の考えをまとめたものとして、最も適切なものを次のうちより選べ。

ア　近代主義のもとで、未来は現代よりよくなると信じて、現代において知識や技術、生産を拡大させてきたが、それらの成果が遠い未来の社会に直結する確信はなく、未来のために現代があるという考えは思い上がりである。

イ　過去から未来へ向けて流れる時間軸に沿って、つねに未来は過去よりもよくなるとの考えは近代化の原動力となってきたが、一方で保守主義との政治的な対立が起きたことで、歴史の意味と構造そのものが変わることになった。

ウ　現代を生きている人々が自らの生活をよりよくするための考えであり、不可逆的な環境破壊さえもたらすことになったが、未来世代に対して責任を負うことまでは考えていないので、子孫の幸福を願うと

Feinberg）が論文「動物と生まれざる世代のさまざまな権利」を書いたのは、一九七四年のことである。そのなかで、かれは、権利概念を動物にまで拡張することにたいしては反対しながらも、人類の「生まれざる世代」（＝将来世代）にまで拡張することにかんしては肯定的に論じた。ファインバークの主張は、人類の将来世代が現在のわれわれと同じような関心や価値観をもち、「良き生活」の概念を共有しているかどうかわからないが、「住宅空間にも、豊かな土壌にも、新鮮な大気にも、その他いろいろなものにも、一種のインタレスト*を持っている」ことだけは確かであるということにあった。ファインバークは、将来世代の権利の根拠づけを、現在世代との共通のインタレストをもつことのうちに見ようとするのである。

「未来の世代の人間が、確かに我われに対して持っているさまざまな権利は、条件付きの権利なのである。彼らが現実の存在者としてこの世に現れたときに（もちろん彼らが出現すると仮定した上での話だが）確かに彼らのものとされる筈のさまざまなインタレストが、いわば声を大にして、現在の時点で起こり得る侵害から守ってくれ、と叫んでいるのである。……とにかく未来の世代に帰属すべきさまざまなインタレストがあり、そこには自ずとそのインタレストの保護を求める彼らなりの一種の権利も生ずる。だからといって、(5)こういう未来のインタレストが如何に冒涜されようとも、なにしろ彼らがこの世にまだ実在しないのであれば、誰も彼らになり代わって文句の言いようがない。……彼らのさまざまな権利を認めることは、危機に瀕している種（我われ人類を含めて）に報いる我われの最小限の仕事なのである。」

（岩佐茂「環境保護の思想」による）

〔注〕　第二の特徴――筆者は本文より前の部分で、第一の特徴として、人間だけでなく生物の種、生態系、景観などにも生存の権利があるので、勝手にそれを否定してはならないという、自然の生存権の問題を挙げている。

ハンス・ヨナス、ホッブズ、ヒューム、カント――いずれも西欧の哲学者。

欺瞞――人目をあざむき、だますこと。

殺戮――多くの人を殺すこと。

恵沢――恩恵を受けること。

J・ファインバーク――アメリカの物理学者。

インタレスト――興味、関心。

〔問1〕　(1)倫理的決定システムの時間構造の問題とあるが、ここで筆者が注目しているのはどのようなことか。その説明として、最も適切なものを次のうちより選べ。

ア　近代社会の倫理的決定システムは相互性が特徴だが、相互性だけでは現代から未来にかけて生じる、環境や資源の諸問題を解決することが不可能になっているということ。

イ　世代間倫理という観点で争いごとの解決を図る場

構造そのものが、環境と資源という問題によって変わってきてしまった。

　化石エネルギーを利用する限り、必ず地球生態系の破壊が進行する。埋蔵資源の使い果たし、現存する種の絶滅、不可逆的な砂漠化の進行、森林の破壊等々、これらは現在世代による未来世代の生存条件の部分的な破壊であり、時間軸にそって行（おこ）なわれる大量*殺戮（さつりく）である。

　有限な埋蔵資源に依存するような生存条件、たとえばエネルギー戦略は、未来世代の生存可能性を破壊する。倫理的に許容可能な形態は、太陽エネルギーを用いた資源の循環的な使用ということになる。もしも世界の人口が定常化するという未来像が正しいとするなら、定常化時代の文化は資源の循環的使用という構造的な特色をもたざるをえないだろう。

　資源と環境に関して、いかなる世代も未来世代の生存可能性を一方的に制約する権限をもたない。未来世代に廃棄物の処理を強制してはならない。未来世代に現在世代と同じだけの化石燃料の在庫を残さなければならない。すると循環的に利用できる条件内で、エネルギーと資源を利用しなければならないという結論になる。

　近代倫理の純粋化されたものである生命倫理学では、基本概念である生命の質は徹底的に現在という時間に定位している。痛いか、痛くないかという現在の感覚が、価値判断の原点なのである。環境倫理学は、未来への責任（ヨナス、責任の倫理）を倫理的な原理に導入する。未来の他者の迷惑を考慮して、その生存条件を保証しなければならない。

（加藤尚武「環境倫理学のすすめ」による）

文章2

　地球のキャパシティの有限性は、現在世代だけで地球を破壊したり、地球の資源を食いつくしてもいいのかという道義的責任を問うことにもなる。

　一九九二年にリオデジャネイロで開催された地球サミットでは、世代間倫理にかかわって、「開発の権利は、現在及び将来の世代の開発及び環境上の必要性を公平に充（み）たすことができるように行使されなければならない」（環境と開発に関する国連会議「リオ宣言」）、「私たちは……、この惑星および現在と未来の人々を救うためには、多様性、連帯、公正および自由に対する限界、賢明、配慮および尊重の基礎を確立する倫理に根ざした新しい文明の創造が必要である」（NGO会議「リオ宣言」）と、述べられている。また、環境基本法第三条「環境の*恵沢の享受と継承」でも、「現在及び将来の世代の人間が健全で恵み豊かな環境の恵沢を享受する」というかたちで、世代間倫理にかかわる記述がなされている。

　(4)世代間倫理は、将来世代が地球資源や良き地球環境を享受するために、現在世代のはたすべき義務や将来世代がそのような権利をもっていることの基礎づけをおこなおうとするものである。これは、地球環境の危機的状況が出現してくるなかで、人類の存続の必要を倫理的側面からいかに根拠づけるかという試みにほかならない。

　世代間倫理にかんして、*J・ファインバーク（Joel

建倫理は単に古い世代の支配だというのは、近代主義者の偏見であって、封建倫理は未来世代のための倫理でもあったのだ。「家」という観念には、未来世代の繁栄を願う気持ちも含まれていた。

　近代主義が進歩の風をふかしている間は、未来世代と利害が一致している建前（たてまえ）だった。「未来世代はぼくたちよりももっとずっと幸せになれる」という信念が進歩主義であるからだ。進歩主義は、自分で未来世代の生存条件を悪くしておいて、未来世代が自分より繁栄すると信じているのだから、ひどい嘘（うそ）つきである。先祖の遺産を浪費してしまって、あとの世代にはなにも残さないくせに、おれは子孫のために自動車を発明してやったなどと得意がっているのが現代文化である。

　たとえば放射性の廃棄物を未来世代に残す。決定システムが現在性をもっているから、そのシステムのなかでは環境汚染の被害者となるかもしれない未来世代からの同意を取り付けることができない。地球の生態系が数千万年をかけて蓄積した太陽熱エネルギーをわずか数百年の世代が使い果たしたとしても、未来世代にはそれを阻止すべく相互性を発揮することができない。すなわち相互性の倫理には、現在世代の未来世代に対するエゴイズムをチェックするシステムが内蔵されていない。

　近代的な決定システムは、過去に対しても犯罪をおかすことがある。良い伝統を破壊する。文化の遺産継承を勝手に中断したり、過去の人物に汚名を着せたりする。古代のいちばん古い倫理から最後の封建主義までは、すべて伝統主義という性格をもっていた。すなわち(2)意志決定のシステムが通時的だった。それが近代化によって共時化されてしまった。

　約束、契約、投票、訴訟、立法というような人間相互の間の拘束力を生み出すような有効な決定は共時構造のなかにある。通時構造は、そこをはみ出したイデオロギーの領域に追いやられる。すなわち伝統と過去に忠実であろうとする保守主義と未来を重視し進歩の理念に忠実であろうとする進歩主義との対立が、近代的なシステムの補完的システムとして生まれる。

　ところが、環境を不可逆的に汚染し、有限な資源を使い果たすという現代文化のもつ体質は、近代人の考えた「進歩」という歴史像が絵に描いた餅にすぎないことを告げている。現在が未来を食いつぶしている。それなのに現代人の多くが、人類は相変わらず進歩の坂道を登り続けていると信じている。現在世代が未来世代に進歩という贈り物をしていると信じ込んでいる。現代は進歩が虚偽と＊欺瞞（ぎまん）になっている時代なのである。

　(3)進歩という理念は、決定構造論の問題としては、通時的決定が共時的決定に転換した近代に、その共時性を補う通時性として導入されてきたものである。それは①知識、技術、生産の不可逆的な増大、②未来はつねに「よりよい」ものであるという楽天観、③進歩主義対保守主義という政治的選択肢を提供した。政治や文化の領域では、いつも保守主義と進歩主義が綱引きをする。しかし問題は過去か未来か、どちらに忠誠を誓うかではない。時間を通じて変化する歴史の意味といながらも、初めはその実現に懐疑的であった。しかし、おじいちゃんと話を進めていくにつれて、町の明るい様子が想像できて心がはずんできている。

エ　おじいちゃんとちひろが楽しそうに調べ物をしているので、おばあちゃんは仲間に入れず寂しい思いをしている。しかし、おじいちゃんの生き生きとした姿がうれしくて、陰ながら応援したいと思っている。

4

次の**文章1**と**文章2**を読んで、あとの各問に答えよ。（*印の付いている言葉には、本文のあとに〔注〕がある。）

文章1

一〇〇〇億トンの石油があるとして、私が一〇〇億トン使えば、私の次に来る人には九〇〇億トンしか使う可能性がない。私は他人の可能性を狭めるという形で他人に危害を及ぼすことなく石油を使うことができない。だから自由主義の原則に他者危害排除の原則が含まれる以上は、私が他者の権利を侵害しないで石油を使うことができない。ところが実際には、人類の歴史のなかでは、一%にもならない近代—現代人が化石燃料を使いきってしまう。未来世代から、化石燃料を使う可能性を奪ってしまう。これは現在世代の未来世代に対する一種の犯罪である。

環境倫理学の、*第二の特徴は世代間関係の重視、あるいは未来の人間の生存権の保証という思想である。権利の拡張という問題を別の角度から見ると(1)倫理的決定システムの時間構造の問題となる。環境や資源の問題の加害者は現在世代である。その被害者は未来世代である。

「世代間倫理」（*ハンス・ヨナス）が存在しないならば、環境問題は解決しない。ところが、近代社会の作り上げた倫理的決定システムは「相互性」を特徴としている。「私が他人に認めてもよいと思う権利を自分が持つことに満足しなくてはならない」（*ホッブズ）、「他の人も同じことをするという想定のもとに正義の規則に従うことを表明する」（*ヒューム）、「汝(なんじ)の意志の格律が普遍的な立法の原理となるように行為せよ」（*カント）——これらの言葉は人格と人格、市民と市民との間の「相互性」（互恵性）が倫理の原型であることを告げている。

ところがこの人格間の相互性は、現実にはつねに「現在の同意」に、現在の世代内での相互性に帰着する。たとえば土地の所有権の争いが起こるとする。双方が、先代とか先々代の古い証文を持ち出すだろう。当然どの証文が有効かという争いになる。その争いは、現在の証拠によってしか決められない。だから、結局は過去の問題が争いの的になっても、現在の証拠、現在の証人が決め手になる。近代的な決定システムは、現在性というあり方に向けて完成しつつある。

（中略）

人類は近代化によって、「過去世代にはもう遠慮はしませんよ」という文化をつくり上げた。それが実は、「未来世代にも責任を負いません」という反面を含んでいる。つまり封めは聞く気もなかったが、その人は花を大切にするような人ではないことが次第に分かってきて、余計に腹立たしくなったから。

エ　訪ねてきた人は町内のためだと言うが、その話は信じられず、自分が今まで苦心してきた技術を、花作りに無知な人が盗もうと思っているのではないかと疑って軽蔑したから。

〔問3〕(3)「でも何とかしたいんだよな、殺風景なこの町内を。」とあるが、おじいちゃんは町の理想を抱いていたが、木戸さんから真っ向から否定されてしまった。おじいちゃんの理想と、それとは対照的な木戸さんの考えを次のようにまとめるとき、［A］、［B］に当てはまる最も適切な言葉を、それぞれ本文中から、［A］は十三字、［B］は二十六字で探し、そのまま抜き出して書け。

おじいちゃんは、［A］町興しをしたいと思っているが、木戸さんは、［B］と考えている。

〔問4〕(4)「ゆうがおだ、ゆうがお。」とあるが、この発言はおじいちゃんのどのような気持ちからなされたものか。その説明として、最も適切なものを次のうちより選べ。

ア　手軽に栽培ができて、同時に町の人々を愉快にするような花を求めていたところ、ちひろの一言で理想的な花の存在を忘れていたことに気付き、慌てて落ち着かない気持ち。

イ　行き詰まってもどこかに名案があるはずだと孫と共に考えていたところ、木戸さんの家にない花が町興しにちょうどあつらえ向きだと気付き、木戸さんを見返した気持ち。

ウ　知識と手間と費用をかけずに花で町を満たすという厳しい条件で困り果てていたところ、身近に条件に合う花が見つかったことで難問が解決し、安心して緊張が緩む気持ち。

エ　町中に花を咲かせることができても人々に印象付けられなければ意味がないと思っていたところ、人が自然と目にすることができそうな花を発見し、期待が強まる気持ち。

〔問5〕本文中の表現や登場人物の心情を説明したものとして、最も適切なものを次のうちより選べ。

ア　ちひろがおじいちゃんと木戸さんの家に向かうとき、公園で女の子が寂しそうに手を振っていた。その女の子の暗い表情は、このあとちひろとおじいちゃんが木戸さんの家で経験する試練を暗示している。

イ　木戸さんと話をしているおじいちゃんの会話には、「……」という表現が繰り返し用いられている。これは木戸さんのきつい言葉によって、おじいちゃんが次第に自信をなくしていく様子を表している。

ウ　ちひろはおじいちゃんの地域興しの計画に付き合

め合っている。遊びから帰って来た子、塾から帰って来た子、部活を終えて帰って来た子たち、それに仕事帰りのおじさんおばさんたちを、ゆうがおの花が迎える。ゆうがおは言葉を話せないけれど、咲いているだけで「おかえり」って言ってるみたいに見える。

「いいね、ゆうがお。あさがおよりゆうがおかもね。」

「だろ。」

「カラスが鳴くから帰るんじゃなくって、ゆうがおが咲くから帰るわけね。」

「そうそう。」

ゆうがおなら何とかなりそう。ちひろもちょっと、わくわくした気分になってきた。

夕食後、おじいちゃんはソファに身を沈めてテレビを見ているうちに、小さないびきをかき始めた。おばあちゃんは「暗くなるまで遊び回っていた子供の頃に逆戻りしたみたいね。」と苦笑しながら毛布をそっとかけた。

（山本甲士「わらの人」による）

〔注〕女の子――公民館の前にある公園で、おじいちゃんを待っていたちひろが遊び相手をした子。

〔問1〕(1)おじいちゃんは「だろ。」と、得意げに言った。とあるが、このときのおじいちゃんの様子を説明したものとして、最も適切なものを次のうちより選べ。

ア　散歩で偶然見つけた花に囲まれた家の美しさを、ちひろには黙っていることができなくなり、連れてきて一緒に見ることができてはしゃいでいる。

イ　地域興しのための手がかりになると思っている、自分が心引かれた花に囲まれた家のすばらしさが、ちひろにも理解されたと思って気をよくしている。

ウ　花に囲まれた家の美しさにちひろも驚いたと思い、この家を真似すれば地域興しはきっと成功するので、必ず手伝いをするようにと念を押している。

エ　ちひろに見てもらおうと花に囲まれた家に連れてきたところ、彼女が思いのほか感激したため、自分にはいいものを見る目があるだろうと威張っている。

〔問2〕(2)木戸さんは口をぽかんと開けて聞いた後、苦笑しながら舌打ちをした。とあるが、木戸さんがこのような態度を取ったのはなぜか。その理由として、最も適切なものを次のうちより選べ。

ア　見ず知らずの人が突然訪問してきて、花を使った壮大な構想を聞かされたが、その内容からこの人は花のことを何も知らずに計画していると思い、あきれて気を悪くしたから。

イ　家の花に一目置いてくれて、自分と同じ趣味の人が花について聞きたいと訪ねてきたのかと期待したが、花のことを知らない人が無理難題を言いにきたことを知って失望したから。

ウ　花のことを聞きに突然やってきた人の話などは初

またその種が落ちて、次の年はさらに増えてって感じで、去年なんか金網にあさがおがいっぱいからまってたし。」

「つまり、デリケートじゃない、タフな植物だから、ほとんど何もしなくてもいいわけか。」

「多分。それに、あさがおだったら今が種まきどきだよ。花は七月から十月か十一月ぐらいまで咲いてるし。」

「あさがおか……。」

おじいちゃんはインターネットであさがおのことをいろいろと調べた。結果、ちひろが言ったとおり、育てるのに手間や費用がかからないということが判った。

「おじいちゃん、いいじゃないの、あさがお。木戸さんちみたいにプランターを壁にかけたりしなくても、あさがおだったら勝手につるが伸びてくから、上から網を吊(つる)しとくだけでいいし。」

「なるほど。悪くないな。最初はひまわりにしようと思ったけれど、ありがちだしな。」おじいちゃんは自分のあごをなでた。「あさがおとなると、下に置くプランターと土と、網の費用だな、問題は。土はその辺の土でもちゃんと育つみたいだから、ご近所に協力してもらえば何とかなるかもしれないけど、プランターと網は買わなきゃな。」

「百円ショップにあるよ。」

「うそ。」

「あるって。うちのお母さんが家庭菜園とかで買うから。」

「家庭菜園って、ちひろんちはマンションじゃないか。」

「ベランダだよ、ベランダ。百円ショップで買ったプランターを置いてプチトマトとか育ててるの。網はね、ハトやカラスよけのために張るの。」

「へえ。」おじいちゃんは感心した様子だった。「そしたら、案外安く上がりそうだな。」

「だね。」

でも、おじいちゃんはしばらく考えるような顔で黙り込んでから、

「あさがおは、朝しか咲かないんだろ。」と言った。

「そりゃそうだよ、だからあさがお。昼に咲くのはひるがおっていう別の種類の花だし、夕方はゆうがお。」

おじいちゃんは突然、両手をぱんと叩(たた)いた。

(4)「ゆうがおだ、ゆうがお。」

「どうして。」

「朝はみんな、仕事だとか学校だとかに出かけるから、花が咲いていても見る余裕がないだろ。でもゆうがおならそんなことないじゃないか。」

「あー、そうかもね。」

「ちょっと想像してみろよ、ちひろ。仕事とか学校からみんなが帰って来る、な。そして自分の町内に入るとだ、そこらじゅうにゆうがおが咲いてるんだ。」

ちひろはそのさまを頭の中に描いてみた。

夕食前に、ゆうがおに水をやっているおばさん。青々としたゆうがおのつるや葉が、塀や家の壁を覆っている。葉にかかった水滴が暮れなずむ夕陽(ゆうひ)の光を受けてきらきらしている。近所の人同士が、互いの家のゆうがおの色や立派さをほ

はしごに登って毎日水をやらなきゃならないんです。花好きの人が自分の家もこういうふうにしてみたいというのなら判りますが、町内の方々にも同じことをやれと強要できるもんじゃないと思いますよ。」

「はあ……。」

「そりゃあ、町内全体がこんなふうになれば、すごいことですよ。街中の評判になるでしょうし、たくさんの人が見に来て、にぎわうかもしれません。でも、現実問題として無理ですよ、それは。花のことをよくご存じない方ならではの面白い発想ではあるけれど、とても実現可能なことだとは思えませんね。」

「……そうですか。」

木戸さんは、ちょっと言い過ぎたと思ったようで、ちひろを見て苦笑してから、「きつい言い方をしてすみません。まあ、花のことで聞きたいことがあれば、いつでもお教えしますので。」とつけ加えた。

帰り道、おじいちゃんはずっと黙り込んでいた。ちひろもかけるべき言葉が見つからず、おじいちゃんの背中を見ながら歩いた。

家が近づいてきたところでおじいちゃんがぽつりと言った。

(3)「でも何とかしたいんだよな、殺風景なこの町内を。」

おじいちゃんは、まだへこたれてなかったらしい。ちひろは少しだけほっとした。

と思っていると、おじいちゃんはさらに続けた。

「うん、木戸さんちの真似(まね)をする必要はないんだ。やりようによっては何とかなるはずだ。な、ちひろ。」

ちひろは条件反射的に「うん。」と答えたが、そんな方法があるものだろうかと、心の中で首をかしげた。

帰宅したおじいちゃんは、すぐにパソコンを立ち上げてインターネットを使って調べものを始めた。ちひろが覗(のぞ)き込むとおじいちゃんは、

「手間や費用をかけないで町内を花いっぱいにする方法を調べるんだ。」と説明した。

「あるといいね。」

「あるさ。木戸さんは、知識と手間と費用が必要だって言ったけど、それはあの人んちみたいに、いろんな種類の花を飾るからだろう。知識なんかなくっても、手間や費用をあんまりかけなくても育つ花を選べばいいんじゃないかと考えたわけだよ、俺は。」

ちひろはそれを聞いて、何気なく「あさがおとか？」と聞いた。

キーボードを操作していたおじいちゃんの手が止まった。

「あさがおか。あさがおは手間がかからないのか。」

「多分。小学一年生の理科で、一人一鉢育てるぐらいだから、丈夫な植物なんだと思うよ。水だけやっとけばちゃんと育ったっていう感じだったし。」

「ほう。」

「私んちの近所の公園なんか、勝手にあさがおが伸びて、

体はよくある感じのものだったけれど、外観はとんでもなく違っていた。花に満ちていたのだ。

　コンクリート塀にも家の外壁にも、たくさんの小さな陶製のプランターが針金を使ってぶら下げられてあった。それこそ所狭しという感じで、色とりどりの花たちが競い合うように、塀や壁を埋め尽くしている。チューリップ、すみれ、つつじ、バラ、スイートピー、マーガレットなど、ちひろが知っている花もあったが、知らない種類の方がはるかに多かった。

　いったい、プランターはいくつあるんだろうか。ちひろは指差して数え始めたが、途中で判らなくなった。

「昨日、ここを通ったときに思ったんだ。うちの町内全体をこんな感じに花でいっぱいにできたら、きっとすごいだろうなって。」

「町内の家を全部、こういうふうにするっていうこと？」

「うん。花で飾るってことだけが問題じゃないんだ。町内のみんなで力を合わせて、もっとこう、友達になるっていうか、さ。」

　そんなの無理に決まってるじゃん、やりたがらない人だっているだろうし――と言いかけた言葉をちひろは飲み込んだ。今のおじいちゃんだったら、もしかしたら何とかするかもしれない。

「とりあえずは、この家の人から話を聞いてみようと思う。手入れ方法とか、どれぐらいの費用がかかったかってことなんかを知る必要があるからね。」

　おじいちゃんはそう言うと、門扉を開けて敷地内に入り、玄関のチャイムを鳴らした。表札には［木戸］とあった。

　インターホンで「はい。」と、男の人の返事があった。

「あの、私、小野と申しまして、この近くに住んでおる者ですが、お宅様のお花のことについて、ちょっとご教示いただけないものかと思いまして……。」

「お待ちください。」と答えてから出て来た木戸さんは、おじいちゃんと同年代ぐらいの、四角い顔の人だった。体格がよくて、おじいちゃんより一回り大きく、顔もいかつい感じだった。

「突然お訪ねして申し訳ありません。」

　おじいちゃんは頭を下げてから、自分の名前や住所を言い、ちひろのことも孫娘だと紹介してから、自分の町内をできればこういうふうに花でいっぱいにできたらと考えているので、手入れや費用、プランターを吊り下げるやり方などを教えていただけませんでしょうか、と頼んだ。

　(2)木戸さんは口をぽかんと開けて聞いた後、苦笑しながら舌打ちをした。

「小野さん、とおっしゃいましたよね。」

「はい。」

「花を育てた経験はおありなんですか。」

「いいえ、全くの素人でして……。」

「やっぱりね。」木戸さんは意味ありげにうなずいた。「これだけの花を育てるには、それだけの知識と手間と、かなりの費用が必要なんです。種まきの時期もそれぞれ違いますし、花ごとに適した土を選んで、壁にかかってるやつなんかは、

＜国語＞

時間五〇分　満点一〇〇点

【注意】答えは特別の指示のあるもののほかは、各問のア・イ・ウ・エのうちから、最も適切なものをそれぞれ一つずつ選んで、その記号を書きなさい。また、答えに字数制限がある場合には、、や。や「 などもそれぞれ一字と数えなさい。

1

次の各文の――を付けた漢字の読みがなを書け。

(1) 専門家が推奨している製品を買う。
(2) 評判のよい銘柄の品を買う。
(3) 資料を謄写する。
(4) あの人の発言は何か魂胆があってのことだろう。
(5) 諸般の事情により会の開催を延期する。

2

次の各文の――を付けたかたかなの部分に当たる漢字を楷書で書け。

(1) 式典で来賓がシュクジを述べる。
(2) 市民から情報をテイキョウしてもらう。
(3) 相手企業とのショウダンをまとめる。
(4) 日が暮れて、イエジを急ぐ。
(5) 今回の活躍で前回の失敗はチョウケしだ。

3

次の文章を読んで、あとの各問に答えよ。（*印の付いている言葉には、本文のあとに〔注〕がある。）

〈「おじいちゃん」は仕事を引退したが、趣味もなく家にこもることが多くなった。ある日、「おばあちゃん」の代理として町内の役員会に出席した「おじいちゃん」は、他の町内でやっていないことで、町内の人々の交流を図る新規事業ができないものかと提案した。〉

役員会を終えて公民館から出て来たおじいちゃんは、「さあ、これから地域興しだ。」と笑いながら手もみした。「ちひろも手伝ってくれよな。」

「何をするの。」

「実は、昨日散歩してたときに、あるものを見て、ちょっと考えたことがあってね。」

おじいちゃんがもう一度そこへ行くというので、ちひろも同行することにした。

止まったブランコに乗ったままの*女の子に「ばいばい。」と手を振ると、ちょっと寂しそうに手を振り返した。彼女のお母さんは、まだ携帯で誰かとおしゃべりをしていた。

それは十分ほど歩いたところにある住宅地にある家だった。ちひろがそれを見て「わ、すごい。」と漏らすと、(1)おじいちゃんは「だろ。」と、得意げに言った。

コンクリート塀に囲まれた二階建ての一軒家だった。家自

MEMO

大切なことはメモしておこうネ！

2022年度

解答と解説

《2022年度の配点は解答欄に掲載してあります。》

＜数学解答＞

1　〔問1〕 $\sqrt{2}$　〔問2〕 $2+2\sqrt{7}$, $2-2\sqrt{7}$　〔問3〕 $\frac{1}{9}$　〔問4〕 5.5

〔問5〕 解説参照

2　〔問1〕 $p=\sqrt{2}$, $-\sqrt{2}$　〔問2〕 $p=1+\sqrt{5}$, $1-\sqrt{5}$

〔問3〕 $p=\frac{10}{3}$(途中式は解説参照)

3　〔問1〕 (1) 105度　(2) $(4+4\sqrt{3})$cm　〔問2〕 解説参照

4　〔問1〕 $\frac{120}{13}$cm　〔問2〕 (1) 【選んだ三角形】 ウ　(答え) 0, 8(途中式は解説参照)

(2) 864cm^3

○配点○

1　〔問1〕～〔問5〕　各5点×5

2　〔問1〕 7点　〔問2〕 8点　〔問3〕 10点

3　〔問1〕 (1) 7点　(2) 8点　〔問2〕 10点

4　〔問1〕 7点　〔問2〕 (1) 10点　(2) 8点　計100点

＜数学解説＞

重要　1　(小問群―式の計算，二次方程式，確率と整数における約数の個数，平均値，円の性質と作図)

〔問1〕 (与式) $=\sqrt{2}(3-2\sqrt{6}+2)-4(\sqrt{2}-\sqrt{3})=5\sqrt{2}-4\sqrt{3}-4\sqrt{2}+4\sqrt{3}=\sqrt{2}$

〔問2〕 両辺を4倍して，$(x-4)^2=40-4x$　$x^2-8x+16=40-4x$　$x^2-4x-24=0$

二次方程式の解の公式を用いると，

$$x=\frac{-(-4)\pm\sqrt{(-4)^2-4\times1\times(-24)}}{2\times1}=\frac{4\pm4\sqrt{7}}{2}=2\pm2\sqrt{7}$$

〔問3〕 $3a+b$の値として考えられるのは1，3，7，21のいずれかである。a，bは6以下の自然数なので，$4\leqq 3a+b\leqq 24$より，$3a+b=7$，21のいずれかとわかる。これを満たすa，bの組み合わせは，$(a, b)=(1, 4)$，$(2, 1)$，$(5, 6)$，$(6, 3)$の4通り。したがって，求める確率は，$\frac{4}{36}=\frac{1}{9}$

〔問4〕 グラフより，生徒20人の借りた本の冊数は合計で，

$2\times3+3\times2+4\times4+5\times5+6\times1+7\times3+8\times2=96$(冊)

となるので，20人のそれぞれの借りた冊数の合計と等しいことから，

$4+5+2+a+7+6+5+4+b+2+c+8+5+3+4+d+4+3+7+5=96$

が成り立つ。これをまとめると，$a+b+c+d=22$となるので，整数a，b，c，dの平均値は，

$\frac{22}{4}=5.5$

〔問5〕 次の手順で作図すればよい。

① 円Qの中心である点Qを作図する。この方法は，円Qの任意の2つの弦の垂直二等分線の交点

となる。

② 2点O，Qを結ぶ。このとき，円Oとの交点をA，円Qとの交点をBとおく。

③ 線分ABの垂直二等分線をひき，線分ABの中点を求め，その点をPとする。

④ 点Pを中心として，半径PA＝PBの円を描く。

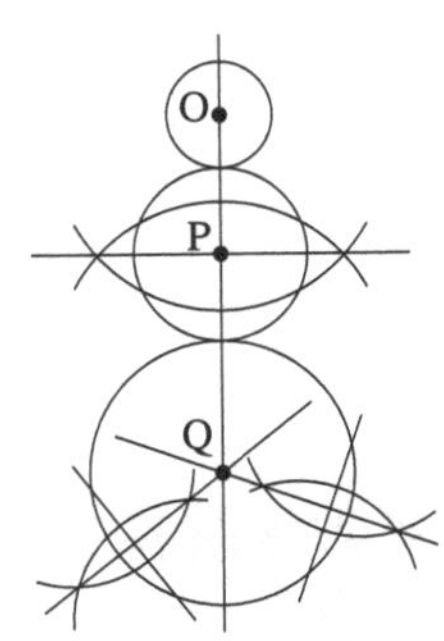

2　(関数と図形―放物線の図形的性質の利用，放物線と直線の交点，三角形の面積の利用と座標の求値)

基本　〔問1〕 右図のように，線分ACの垂直二等分線と放物線の交点が点Pとなる。したがって，点Pのy座標である$\frac{1}{2}p^2$の値が1となればよいので，

$\frac{1}{2}p^2=1$　これを解いて，$p^2=2$　$p=\pm\sqrt{2}$

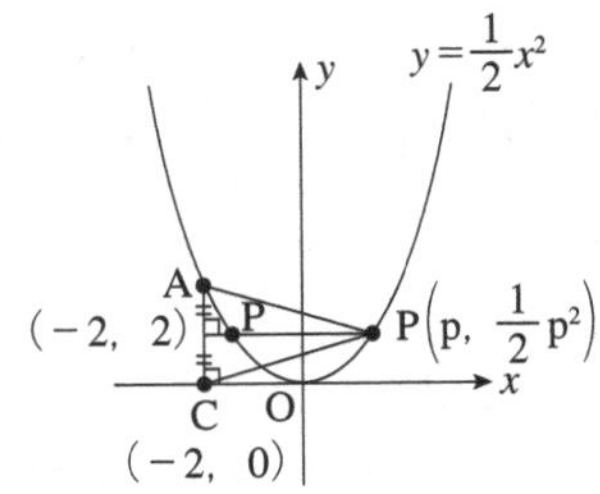

〔問2〕 ∠ACP＝45°のとき，直線CPとx軸の正の方向とのなす角(∠PCO)は45°であるので，直線CPの傾きは1となる。したがって，2点C(−2, 0)，$P\left(p, \frac{1}{2}p^2\right)$より($y$の増加量)÷($x$の増加量)＝1となればよいので，

$\left(\frac{1}{2}p^2-0\right)\div\{p-(-2)\}=1$　$\frac{1}{2}p^2=p+2$　$p^2-2p-4=0$　$p=1\pm\sqrt{5}$

重要　〔問3〕 (例)　△ACPの面積は，$\frac{1}{2}\times 2\times\{p-(-2)\}=p+2$…①

2点A(−2, 2)，B(4, 8)を通る直線の方程式を$y=ax+b$とすると，

A(−2, 2)を通るから，$2=-2a+b$…②　　B(4, 8)を通るから，$8=4a+b$…③

②，③より，$a=1$，$b=4$

よって，2点A，Bを通る直線の方程式は，$y=x+4$

点Pからx軸に垂直な直線を引き，この直線との交点をQとすると，点Qの座標は$(p, p+4)$

よって，△APBの面積は，$\frac{1}{2}\times\left(p+4-\frac{1}{2}p^2\right)\times\{4-(-2)\}=3\left(p+4-\frac{1}{2}p^2\right)$…④

①，④より，$p+2=3\left(p+4-\frac{1}{2}p^2\right)$から$3p^2-4p-20=0$

これを解くと，$p=\frac{-(-4)\pm\sqrt{(-4)^2-4\times 3\times(-20)}}{2\times 3}=\frac{4\pm\sqrt{256}}{6}=\frac{4\pm 16}{6}$　よって，$p=-2,\ \frac{10}{3}$

ここで，$-2<p<4$だから，$p=\frac{10}{3}$

3　(平面図形―円の性質の利用，円周角の定理の利用と角度の求値，三平方の定理と線分の長さの求値，平行四辺形であることの証明)

〔問1〕

(1) $\overset{\frown}{BQ}$に対する円周角は等しいので，∠BPQ＝∠BAQ＝60°…①

また，円Oの半径は$4\sqrt{2}$ cmであるので，△ABOはAO＝BO＝$4\sqrt{2}$ cm，AB＝8cmとなり，これはAO：BO：AB＝1：1：$\sqrt{2}$の3辺の比から直角二等辺三角形とわかる。したがって，∠AOB＝90°

よって，同じ弧の円周角は中心角の半分の大きさであることから，$\angle APB=\angle AOB\times\frac{1}{2}=45°$…②

①，②より，$\angle APQ=\angle BPQ+\angle APB=60°+45°=105°$

重要　(2)　線分OO′と線分ABの交点をHとする。

△AOH≡△BOHで，2つの三角形はともに直角二等辺三角形となり，AH＝BH＝OH＝4cm

また，O′A＝O′B＝8cm，AH＝BH＝4cm，∠AHO′＝∠BHO′＝90°より，△AHO′≡△BHO′で，2つの三角形はともに1：2：$\sqrt{3}$の3辺の比を持つ直角三角形となるので，O′H＝$4\sqrt{3}$cm

以上より，OO′＝OH＋O′H＝$4+4\sqrt{3}$(cm)

やや難　〔問3〕（証明）（例）

円Oにおいて，$\overset{\frown}{PQ}$に対する円周角は等しいので，∠PAQ＝∠PBQ

対頂角は等しいので，∠PAQ＝∠EAC，∠PBQ＝∠FBDより，∠EAC＝∠FBD…①

四角形RDFCにおいて，対角線CDを引く。

円O′において，$\overset{\frown}{EC}$に対する円周角は等しいので，∠EAC＝∠EDC…②

円O′において，$\overset{\frown}{DF}$に対する円周角は等しいので，∠FBD＝∠FCD…③

①，②，③より，∠EDC＝∠FCD

したがって，∠RDC＝∠FCDとなり，錯角が等しい。

（よって，RD//CF…(イ)）

4　(空間図形―立体の切断と線分の長さの求値，空間内における三角形の成立，立体図形の切断と体積の求値)

基本　〔問1〕　4点A，E，G，Cを通る平面で切断すると右図のような長方形となる。線分AGの長さは，$AG=\sqrt{6^2+8^2+24^2}=2\sqrt{9+16+144}=26$(cm)　なので，△AGCの面積から次の等式が成り立つ。

$\frac{1}{2}\times10\times24=\frac{1}{2}\times26\times CI$　　これより，$CI=\frac{120}{13}$cm

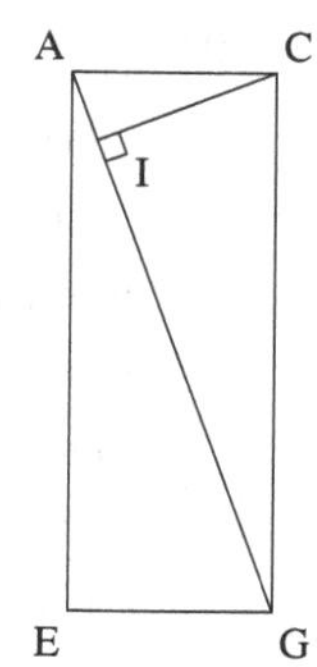

〔問2〕

(1)（例）　点P，点Rから辺BFにそれぞれ垂線を引き，その交点をL，Mとし，点Pから辺CGに垂線を引き，その交点をNとする。

△PQLで，三平方の定理より，$PQ^2=6^2+(2x)^2=4x^2+36$…①

△QRMで，同様にして，$QR^2=8^2+x^2=x^2+64$…②

△PRNで，同様にして，$PR^2=10^2+x^2=x^2+100$…③

②，③より，$QR^2<PR^2$　つまり，QR＜PRであるから，△PQRが直角三角形になるとき，斜辺は，PQまたはPRであると考えられる。

(i)　PQが斜辺のとき，△PQRで三平方の定理より，

$4x^2+36=x^2+64+x^2+100=2x^2+164$　　$x^2=64$　$0\leqq x\leqq8$より，$x=8$

(ii)　PRが斜辺のとき，同様にして，

$x^2+100=4x^2+36+x^2+64=5x^2+100$　　$x^2=0$　$0\leqq x\leqq8$より，$x=0$

(i)，(ii)より，$x=0$，8

(2)　右図のように，切断面の対辺は平行であるので，QP，QRにそれぞれ平行な直線を引いて切断することになる。すると，AP＝4cm，CR＝8cmより，3点P，Q，Rを通る平面で切断をすれば四角形PQRDは平行四辺形となり，これが切断面である。

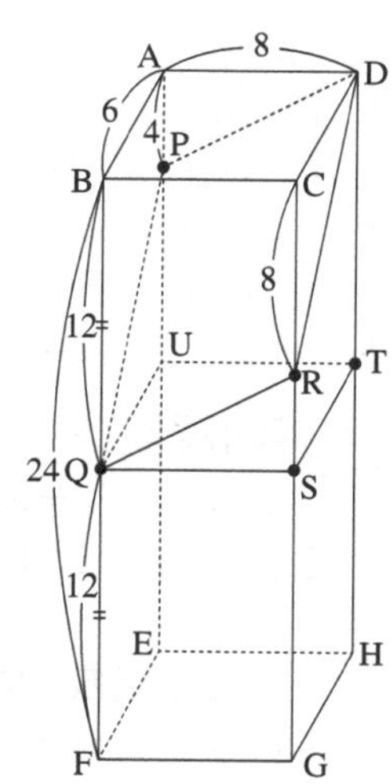

ここで，点Qを通り底面に平行な面で直方体を切断した場合を考える

と，図のように四角形QSTUで切断することができ，立体ABCD－EFGHは二等分される。

また，平行四辺形PQRDで，立体ABCD－QSTUは二等分されるので，求める立体の体積は立体ABCD－EFGHの$\frac{3}{4}$倍であるとわかる。

よって，求める体積は，

$6\times8\times24\times\frac{3}{4}=864(\mathrm{cm}^3)$

★ワンポイントアドバイス★

例年と同様に，図形的要素が占める割合が高く，思考力の必要な問題が多い。昨年に引き続き，大学入試改革の影響もあり，数学的思考を試す会話文形式の問題も出題されている。今後はより本質的な理解が問われるように変化していく可能性も高い。各単元の基本をきちんと理解し，それを応用できる力を養っておこう。

＜英語解答＞

1　〔問題A〕　＜対話文1＞　ア　　＜対話文2＞　ウ　　＜対話文3＞　イ

〔問題B〕　＜Question 1＞　エ　　＜Question 2＞　（例）　They are interesting.

2　〔問1〕　1－a　イ　　1－b　カ　　1－c　エ　　1－d　ウ　　〔問2〕　エ

〔問3〕　オ　　〔問4〕　イ　　〔問5〕　5－a　online　　5－b　poor　　5－c　time

〔問6〕　ウ　　〔問7〕　ア　　〔問8〕　ケ　　〔問9〕　（例）　The class I liked and remember the best was my science class in elementary school. Our teacher took us to an open field and told us to see as much nature as we could. I really enjoyed looking at the plants, butterflies, and other living things.

3　〔問1〕　イ　　〔問2〕　カ　　〔問3〕　2－a　イ　　2－b　エ　　2－c　オ　　2－d　ア

〔問4〕　カ　　〔問5〕　エ　　〔問6〕　(1)　ウ　　(2)　ア　　(3)　エ　　(4)　ウ

〔問7〕　サ

○配点○

1　各4点×5

2　〔問1〕・〔問2〕・〔問5〕・〔問6〕・〔問7〕　各2点×10　　〔問3〕・〔問4〕・〔問8〕　各4点×3

〔問9〕　10点

3　〔問1〕・〔問3〕・〔問4〕・〔問5〕　各2点×7　　〔問2〕・〔問6〕・〔問7〕　各4点×6　　計100点

＜英語解説＞

1　（リスニングテスト）

放送台本の和訳は，2022年度都立共通問題36ページに掲載。

2　（会話文問題：文整序，語句補充，語句整序，内容吟味，要旨把握，自由・条件英作文）

（全訳）　今は高校のキムラ先生の社会の授業です。彼は話し合いのためにクラスを3人か4人ずつのグループに分け，生徒たちに教育か学習について何らかの論題を選ぶように言いました。サエ，レイ，ケン，そしてジムは同じグループです。彼らが何について話しているか見てみましょう。

サエ：それじゃあ，私たちは何について話しましょうか？　何か案はある？

レイ：私は私たちがよく知っていることについて話したいと思うわ。

ケン：前年度は，対面授業を受けられずオンライン授業を受けなければいけないことがよくあったね。そのことについて話すのはどうかな？

サエ：1-a それはいいわね。あれは私たちにとって新しい経験だったわね。家で授業を受けるのは楽しかったわ。他の人たちはどうか分からないけど，私はオンライン授業は好きよ，もしかすると教室での普通の授業よりもね。

レイ：本当？　私は普通の授業の方が好きだな。学校で授業をすることができない時だけオンライン授業にする方がいいと思うわ。

ケン：僕もそんなふうに思うな。じゃあ，サエ，どうしてオンライン授業の方が好きなの？

サエ：そうねえ，いくつか理由はあるわ。まず，電車の遅れや学校に遅刻する心配をしなくていいこと。それに，カメラオフにすれば，「自分がどう見えるのか」自問自答する必要もないでしょう。(2)みんなには　ア　私が眠そうな顔をしているか分からないもの。　イ　私が何を着ているか分からないもの。　ウ　私が疲れて見えているかどうか分からないもの。

レイ：つまり，オンライン授業を受ける時はよりくつろいだ気分になれるということね。

サエ：まさにそうよ。

ケン：オンライン授業ではよりくつろいだ気分になれるというところはその通りかもしれないけど，授業に集中するのが難しい時もあるよ。

ジム：1-b どういう意味？

ケン：うーんと，普通の授業では，教室に先生とクラスメイトと一緒にいて，何かを学ぶためにそこにいるんだと思うことができるだろう。だから自分自身を律するんだよ。

レイ：そうね。

ケン：でも自分の家の自分の部屋でオンライン授業を受けていると，たくさん気を散らすものがあって，しかも誰も見ていない。そんな状況で自分を律するのは簡単なことじゃないよ。おそらく授業に集中するのは大変だろうね。

サエ：それはあなた自身の問題だと思うわ，ケン，みんなじゃないわよ。集中するかしないかはあなたが決めることよ。私の場合，リラックスしている方が集中できるの。

レイ：分かるわ，サエ，でも私はオンライン授業ではよく集中を切らしてしまうという点はケンと同じ意見よ。(3)もうひとつ私がオンライン授業で苦手なことは，少し違和感を感じることなの。常に画面上の人と話していると，不自然な気分になってくるのよ。

ケン：そうだね。そうすると対面の話し合いのように気軽には意見を交換することはできないね。

サエ：うーん，それは受け入れなければいけないことよ。大切なことは，私が思うに，話し合われていることに集中することよ。

レイ：1-c ごもっともだけど，なかなか難しいわよ。キムラ先生は，オンライン授業で教えている時は生徒たちの反応を理解するのに苦労していて，対面授業の方が好きだとよくとおっしゃっているわ。だから先生方もオンライン授業には悩んでいらっしゃるのよ。

ケン：なるほど。

ジム：僕自身のことを話してもいいかな。僕は実は人見知りで誰かと対面で話すのはあまり快適ではないんだ。僕にとってはオンラインで意見や気持ちを表現する方が楽なんだよ。それほどプレッシャーを感じないんだ。

サエ：恥ずかしがりやだなんて知らなかった，でも分かるわ。

ジム：オンライン授業がビデオで行われれば，いつでも好きな時に好きなだけ何度でも見ることができる。ライブの場合は，それを録画して何度も繰り返し見ることができるよ，授業をきちんと理解するまでね。

レイ：まさにその通り。

ジム：それに，海外の生徒たちともオンライン授業を共有することもできるんだ。僕は今もニュージーランドのクラスメイトとオンラインで話をしているよ。もしかしたら僕たちは彼らとオンラインで話し合いができるかもしれないよ。

サエ：それはすばらしいアイディアね！あ，英語のオンライン授業でグループワークをするよう言われた場合の，いいことがもうひとつ分かったわ。

ジム：1-d何が分かったの？

サエ：ええとね，普通の授業の時は，近くに座っているほんの数人の人たちとしかグループワークができないけれど，オンライン授業なら先生は私をその授業を受けている誰とでも同じグループにできるわ。

ジム：4-aそれはオンライン授業のいいところだと思う。

ケン：4-b僕たちが話し合ったオンライン授業についての良い点は分かったよ，でも僕はそれでも対面授業で学ぶ方が心地いいなと思うよ。

サエ：4-cどうして？

ケン：4-d自分の言葉に対する友だちの反応が分かって，彼らがどう感じているか推測できるだろう，それが人のコミュニケーションにとって大切だと思うよ。

ジム：4-eそれはキムラ先生のオンライン授業での悩みと同じだね。

レイ：その通り。

ケン：オンライン授業に慣れすぎると，実際の場面でコミュニケーションや人とうまくやっていくことが苦手になってしまうかもしれないよ。

サエ：(5)まあ，それは考えすぎよ！そんなことにはならないわ。

レイ：オンライン授業のもうひとつの問題は，技術的なことよ。いつもWi-Fiの状況がいいとは限らないもの。去年オンライン授業を受けた時，よく突然止まってしまったわ。私はとても不安だったわ。

ケン：そうだね。オンライン授業をするのは先生の中にも難しい人がいるんじゃないかと思うよ。先生方は授業を始めようとしてとても苦労してコンピューターに向かっていることがあったよ。

サエ：そうかもしれないわ，でも私は，先生方はきっとすぐにこの新しい授業のスタイルが上手になられると思うわ。私は他の生徒たちがオンライン授業についてどう感じているのか知りたいわ。何か情報はあるかしら，ジム？

ジム：僕はこの話し合いの間インターネットをながめて，東京の高校のウェブサイトを見つけたよ。そこにはオンライン授業についてのアンケートの結果が公表されていたよ。(6)これが彼らがオンラインの英語の授業についてどう感じているかを示すグラフだよ。

レイ：どんなことが言えるの？

ジム：ええと，22.3％の生徒たちが，家で勉強する時オンライン授業はとても役に立ったと言っていて，37.5％がある程度役に立ったと言っているよ。

レイ：役に立たなかったと思っている人はどのくらいいるの？

ジム：6.2％が全く役に立たなかったと思っていて，13％があまり役に立たなかったと思っている。

どちらともいえないという人たちもいるよ。

サエ：それならだいたい60％生徒たちがオンライン授業は役に立ったと思っているのね。一方で，約20％がそう思っていない。

ジム：そうだね。

ケン：それは興味深い情報だね，ジム。君はニュージーランドからの交換留学でここにきているでしょう。君の国の友だちは去年学校生活をどんな風に送ったのか知っている？

ジム：うん。たくさんの授業をオンラインで受けたと言っている子たちがいたよ。

ケン：そうなんだね。

レイ：普通の授業よりもオンライン授業の方が好きな人もいれば，普通の授業の方が好きな人もいるわ。最初は，私もあまり好きではなかったけど，今は実際オンライン授業の利点もあると感じているわ。

サエ：私もそう思うわ。私はそれらを向上させる方法について考えることがより重要で効果的だと思う。

ケン：そうだね，でも実際教室で対面授業を受けるたくさんの利点もあることも忘れないでいよう。

ジム：おそらく2種類の授業の良い組み合わせを見つけようとするのがいいんだろうね。もうあまり時間がないよ。授業で報告する準備をしよう。

〔問1〕　全訳参照。　1－a　空所1－aの後のサエの発言に注目。ケンの意見に賛成していることが分かる。　1－b　空所1－b直後のケンの発言に注目。その前の自分の発言を具体的に説明している。　1－c　空所1－cに続くレイの発言に注目。キムラ先生の例を挙げて，オンライン授業の難しさについて話している。　1－d　空所1－d直前のサエの発言に対する質問が入るのが自然。空所直後でサエがジムの質問に答えている。

基本 〔問2〕　全訳参照。空所直前のサエの発言に注目。「カメラオフにすれば見た目のことは気にする必要はない」ということを言っている。エ以外はカメラをオフにしたら分からないこと，エは音声にかかわることなので，カメラのオンオフにかかわることではない。エが不適切。

〔問3〕　全訳参照。(Another thing) ⑥that I ⑦don't like ③about online classes is (that you feel a little strange.)

やや難 〔問4〕　全訳参照。空所部分前後の文脈に注目。4－a直前でサエが「オンライン授業のいいところがもうひとつ分かった」と言ってそれを具体的に説明している。4－aにはジムがその意見に同意する発言が入るのが自然。その後ケンが「それでも対面授業の方が快適だ」と続け，意見の交換をしている場面。

〔問5〕　全訳参照。　(問題文訳)　実際に会うことなく，友だちと$_{5-a}$オンラインでコミュニケーションをとることはますます容易になるかもしれないが，そのことで対面での人とのコミュニケーションが$_{5-b}$つたなくなるということは決してないし，現実の生活で人と友好的な$_{5-c}$時間を過ごすことができるようになるだろう。online ＝オンラインで　online は最初のケンの発言以降複数回使われている。　poor ＝下線部(5)サエの発言の直前のケンの発言内。　time ＝ジムの最後の発言内。

〔問6〕　全訳参照。ジムの9番目からの会話でグラフの内容について話している。ウの「生徒たちが(オンラインの英語の授業について)どのように感じているか」が適当。

〔問7〕　全訳参照。ジムの9番目の発言からサエの13番目の発言までに注目。

重要 〔問8〕　全訳参照。　①　サエはオンライン授業が好きではない，なぜなら彼女は友だちや先生と話す時緊張してしまうからだ。　②　ケンは，教室での普通の授業はオンライン授業より良いと思っている，なぜなら彼はクラスメイトといるとリラックスできるからだ。 ③ サエは，オンライン授業で集中するのは難しいというケンの意見に同意しているが，彼女は集中する努力をしてそれがうまくいっていると言っている。 ④ ケンとレイは，2人ともオンライン授業を受けている時に気を散らすものがあり，授業に集中するのは難しいと感じている。(○) ケンとレイの5番目の発言に注目。 ⑤ レイはオンラインでは違和感があると言っており，オンライン授業には技術的な問題があるとも思っている。(○) レイの5番目，及び9番目の発言に注目。
⑥ ジムは，家でインターネットを検索している時に高校のウェブサイトを見つけ，それについてクラスメイトに話した。 ⑦ 最終的に，ケンは教室での普通の授業よりもオンライン授業の方が利点があると思った。 ⑧ ジムは，オンライン授業と普通の授業の利点を見つけ，良い意味で両方使用することが大切だろうと言っている。(○) ジムの最後の発言に注目。

〔問9〕 (解答例訳) 私がいちばん好きで憶えている授業は，小学校の理科の授業でした。先生は私たちを広い野原に連れていき，できるだけ多くの自然を見るように言いました。植物，蝶，そして他の生き物を見ることはとても楽しかったです。(46語)

3 (長文読解問題・論説文：語句解釈，文整序，語句整序，内容吟味，要旨把握)

(全訳) ロンドンから車で西に200kmほど行くと，突然とても大きな石の建造物が目に飛び込んでくる。それはストーンヘンジと呼ばれている。(図1参照)ストーンヘンジは世界の最も有名な建造物のひとつだ。毎年100万人以上の人々がそこを訪れる。ストーンヘンジにはたくさんの謎がある。そのストーンヘンジを建てた人々はそれについて文書による記録を何も残していないのだ。科学者たちは1世紀以上もの間，それを研究してきた。たくさんの謎が今でも残っているが，現代科学は私たちに非常に多くのことを教えてくれた。

多くの人々が，その非常に大きな石の建造物は2000年から3000年前くらいに建てられたと思っているが，それは違う。1970年頃，科学者たちは放射性炭素年代測定法を使い，それらは実際は4600年前頃に建てられたということが分かった。図Bを見てみよう。この図は，ストーンヘンジの4600年前頃の様子を表している。その中心には2種類の大きな石の建造物がある。ひとつはサーセンストーンサークルと呼ばれている。30個のサーセンストーンが円形に建てられ，もう30個の石がそれらの上に載せられて輪の形になっていた。それは高さ約5mで直径約30mだった。もう一種類は，トリリトンで作られた。各トリリトンは2つの立っている石とそのてっぺんに1つの石が置かれる形で作られた。円の中には5つのとても背の高いトリリトンがあった。それらもまたとても大きなサーセンストーンで作られた。5つのトリリトンはUの形に立っていた。その真ん中の最も高いものは約7mであった。そのうちの3つが現在も立っている。

図Bのいちばん大きな円を見てみよう。この円は，直径約100mで，約5100年前に地面に彫られたものだ。それから，その円の内側に，複数の穴にブルーストーンや木材を入れる形で一回り小さな円が作られた。現在56個の穴のみが残っている。この円はオーブリーホールと呼ばれている。4800年前頃，ステーションストーンと呼ばれる4つの石がその円に近接した位置に足され，ヒールストーンと呼ばれる約5mの高さのサーセンストーンが地面の最も大きな円の外側約25mのところに置かれた。ヒールストーンの場所からエイヴォン川へ続く約3kmの道が作られた。ストーンヘンジの中心にある2種類の非常に大きな石の建造物が建てられた後，他の円や形がブルーストーンを使って付け足された。見てきたように，たくさんの変化がストーンヘンジには加えられた。1995年，現代科学は，約3500年前頃にストーンヘンジの建設はその最終段階に到達したということを解明した。ストーンヘンジは(1)非常に長い期間にわたって建てられたのだ。

昔，科学者たちは大きなサーセンストーンは約30km北の地域で採れるものだということは分かっていたが，それより小さいブルーストーンがどこが起源であるかが分かるまでには長い時間がかかった。氷河期には，氷冠がストーンヘンジ周辺の地域を覆っていた。科学者たちの中にはこう考える者たちもいた，「おそらくブルーストーンは氷の移動に伴ってここに運ばれたのだろう。」 しかし彼らは確信はもてなかった，なぜならそれ以外のブルーストーンがその周辺で発見されなかったからだ。のちに，ストーンヘンジに使われた種類のブルーストーンがストーンヘンジの北西200km以上離れた場所で発見された。彼らはこの場所がストーンヘンジのブルーストーンの産地であると確信した。2-aしかしそれらはそんなに遠くまでどのように運ばれたのだろう？ 科学者たちの中には，石は船に載せられて海と川を渡って運ばれたのだろう考える者たちもいる。

ブルーストーンは非常に硬く，一部の科学者たちによると，人々はそれらの石は人の健康を保ち幸運をもたらす力があると信じていたという。サーセンストーンはブルーストーンよりも大きくて柔らかい。サーセンストーンは図Cのように削られた。それらはお互いにぴったり合うように，そして崩れずに長い間立っていられるように作られた。直立のための石は中心が膨らむように削られた。このことによって，ストーンヘンジはとても離れたところから見ても頑丈で印象的に見えるのだ。おそらくそれを建てた人々はこのことを知っていた。サーセンストーンは内側が明るい白色だ。切られたばかりの時は，とても美しい。科学者たちは，それらのサーセンストーンでストーンヘンジが建てられた時，見事に白く見えただろうと考えている。

2-bストーンヘンジは誰が建てたのだろうか？ 5100年前頃，古代ブリトン人と呼ばれる人々が現在の英国の地域に暮らしていた。多くの科学者たちは彼らがストーンヘンジを建てたと考えている。研究によると，4600年前頃，約4000人のさまざまな村から来た古代ブリトン人がストーンヘンジから3km離れた村に共に住むようになった。おそらく彼らがストーンヘンジの巨大な建造物の建設を始めた人々であろう。

英国には，1000以上のストーンサークルがある，そしてその最古のものはストーンヘンジの北約1000kmのところにある島にあるのだ。ストーンサークルはおそらくそこから英国中に広がった。科学者たちは，円は人々にとって特別な意味があったのだろうとしている。彼らはおそらく太陽，月，そして星は円を描いて動くことを知っていて，これを地上で表そうとしたのだろう。

約5100年前頃，ストーンサークルはより小さい石で作られる単純なものだった。しかし約4600年前頃，何らかの理由で，ストーンサークルに使われる石はより大きくなっていった。2-cその期間に何があったのだろうか？ その頃，地球はどんどん寒くなり，人々は食物を育てるのにとても苦労した。科学者たちの中には，人々は太陽の力を取り戻そうとして非常に大きな石の建造物を作ったのだろうと言う者もいる。

2-dストーンヘンジはどのように使われたのだろう？ 一部の科学者たちによると，おそらくストーンヘンジは太陽と月の位置を予測するカレンダーのようなものとして使われたのだろうという。ステーションストーンと呼ばれる4つの石は月の位置を予測するために使われた。そしてオーブリーホールと呼ばれる円と大きなトリリトンの建造物は太陽の位置を予測するために使われた。夏至の時に，いちばん高いトリリトンの前に立って道のヒールストーンを見ると，太陽がヒールストーンの向こう側からまっすぐ昇ってくる。夏至には太陽が昇るが，冬至の時には同じ経路で太陽が沈む，ただし円の反対側に。古代ブリトン人にとって，冬至はおそらく特別な意味をもっていた。彼らは，その日以降は日が長くなっていくことを知っていた。その日には，彼らはストーンヘンジで特別な行事をやっていただろう。おそらく人々が集い，ストーンヘンジに向かう道を歩き，いちばん高いトリリトンの2つの立っている石の間から日没を見たのだろう。彼らは太陽の力がより強くなるように願ったのかもしれない。

この100年余りの間に，人々はストーンヘンジについて多くのことを知るようになった。未来には，科学や技術の発達につれて，科学者たちはより多くを知ることになるだろう。そのおかげで，いつの日か，ストーンヘンジについての多くの謎が解るかもしれない。

〔問1〕 全訳，及び図2参照。地面に直径約100mの大きな円が彫られたのが約5100年前（第3段落2文目），ストーンヘンジの建設が最終段階に到達したのが約3500年前（第3段落最後から2文目）なので，ストーンヘンジの建設に要した期間は約1600年間。

〔問2〕 全訳参照，主に第3段落の内容に注目。⑤直径約100mのとても大きな円が地面に彫られた。(2文目)→④オーブリーホールと呼ばれる円は複数の穴にブルーストーンや木材を入れる形で作られた。(3，4文目)→①ステーションストーンとヒールストーンが建てられた。(5文目)→③サーセンストーンの円と5つのトリリトンが建てられた。(第2段落2文目から最後まで)→②その他の円と形がブルーストーンで付け足された(7文目)

基本 〔問3〕 全訳参照。

〔問4〕 全訳参照。A 第4段落1文目に注目。 B 第4段落最後から4文目に注目。 C 第7段落1文目に注目。

重要 〔問5〕全訳参照。第9段落5文目，6文目に注目。

〔問6〕全訳参照。 (1) 私たちが以前よりも現在ストーンヘンジについて良く理解しているのは，科学が発達し，科学者たちが現代科学を使ってそれを研究してきたからだ。 第1段落最後から3文目から最後までに注目。 (2) 科学者たちは放射性炭素年代測定法を使い，ストーンヘンジの非常に巨大な建造物が実際いつ建てられたのかを解明した。 第2段落2文目に注目。

(3) 科学者たちの中には，おそらく古代ブリトン人はオーブリーホールとトリリトンを使って太陽の動きを予測しただろうと考えている。 第9段落4文目に注目。 (4) 科学者たちによると，古代ブリトン人はおそらく頑丈で印象的に見えるようなストーンヘンジの作り方を知っていた。 第5段落最後から3文目に注目。

やや難 〔問7〕 全訳参照。 ① ストーンヘンジの中心にある非常に大きな建造物はサーセンストーンで建てられた。 (○)第2段落5文目から最後から4文目までに注目。 ② ストーンヘンジの中心には，5つのトリリトンが今も立っている。 ③ 科学者たちは大きなブルーストーンがどこで採れたのか容易に解明した。 ④ ブルーストーンはサーセンストーンよりも大きくて柔らかい。

⑤ 古代ブリトン人は大きな石をどのように運び，どのように巨大な石の建造物を建てればよいのかを知っていた。(○)第4段落から第6段落の内容参照。第5段落最後から3文目に注目。

⑥ 研究によると，おそらくさまざまな村出身の古代ブリトン人が，ストーンヘンジから数キロメートル離れた村に住み，非常に大きな建造物の建設を始めたと思われる。(○)第6段落に注目。

⑦ 石の円はおそらく太陽，月，そして星の動きを示すために作られた。(○)第7段落最後の一文に注目。 ⑧ 科学者たちはストーンヘンジについてのすべての謎を解明したので，もう謎は存在しない。

★ワンポイントアドバイス★

大問2，大問3ともに本文の内容に合った資料の完成を求める問題が出題された。大問2〔問7〕では円グラフの完成を，大問3〔問4〕〔問5〕ではそれぞれ地図と模式図が扱われている。読解力をつけ，資料や図などを使った問題演習に取り組んでおこう。

＜国語解答＞

1 (1) すいしょう　(2) めいがら　(3) とうしゃ　(4) こんたん
(5) しょはん

2 (1) 祝辞　(2) 提供　(3) 商談　(4) 家路　(5) 帳消(し)

3 〔問1〕 イ　〔問2〕 ア
〔問3〕 A 町内のみんなで力を合わせて　B 町内の方々にも同じことをやれと強要できるもんじゃない
〔問4〕 エ　〔問5〕 ウ

4 〔問1〕 ウ　〔問2〕 エ　〔問3〕 エ　〔問4〕 ア
〔問5〕 最初 相互性の倫　最後 ていない。
〔問6〕 (例) 近代以前の人々は伝統の引き継ぎを大事にしたが，近代以降は過去や未来を切り離し，現代人の利益を中心に考えるようになった。しかしそれで環境問題が起こり，未来に負担をかけようとしている。例えば，便利な暮らしのために排出した二酸化炭素で地球温暖化が加速すれば，未来の人の生存は厳しくなるだろう。だが，こまめな節電でも温暖化対策になるそうだ。今だけでなく，未来の人の生活も意識した行動をすべきだと私は考える。

5 〔問1〕 (例) 黄色の葉が落ちる様子に風情を感じるから。
〔問2〕 ウ　〔問3〕 イ　〔問4〕 ア　〔問5〕 イ

○配点○

1 各2点×5
2 各2点×5
3 各4点×6
4 〔問5〕 6点　〔問6〕 12点　他 各4点×4
5 〔問1〕 6点　他 各4点×4　計100点

＜国語解説＞

1 (漢字の読み)

(1) 「推奨」とは，ある品などが勝れていることを述べて，人にすすめること。
(2) 「銘柄」とは，市場で取引の対象となる商品の名称。
(3) 「謄写」とは，書き写すこと。
(4) 「魂胆」とは，心に持っている企み，入り組んだ事情のこと。
(5) 「諸般の事情」とは，一つだけではない複数の物事を背景に持つさま。

2 (漢字の書き取り)

(1) 「祝辞」とは，祝いの言葉のこと。
(2) 「提供」とは，相手に役立つように差し出すこと。
(3) 「商談」とは，商売上，取引の相談のこと。
(4) 「家路を急ぐ」とは，できるだけ早く自宅に帰ろうとすること。
(5) 「帳消し」とは，勘定が済んだので帳面の記事を消すこと，また差し引いて功罪や損得の負い目がなくなること。

3 (小説―情景・心情，内容吟味，文脈把握，脱文・脱語補充)

基本 〔問1〕 傍線部(1)の前にちひろが「わ，すごい。」と感嘆の声をあげているが，それはおじいちゃんに連れられてきた二階建ての一軒家のコンクリート塀や外壁に，色とりどりの花が埋め尽くしているのを見たからである。

〔問2〕 「口をぽかんと開けて」とは，驚きのあまり何も言えないさま。おじいちゃんから町内を花でいっぱいにしたいという計画を聞いて，驚いているのである。また，「舌打ち」は忌々しさ苛立ちを表す仕草。花について何も知らない素人(おじいちゃん)が，簡単に花を育てたいということに気分を害しているのである。

基本 〔問3〕 A　おじいちゃんは他の町内でやっていないことで，町内の人々の交流を図る新規事業について町内全体を花で埋め尽くしてはどうかと考えた。そしてそれはあくまでも手段であり，目的は「町内のみんなで力を合わせて」行い，町内の結束を高めることにあった。　B　おじいちゃんは，男の人(木戸さん)に町内全体を花で埋め尽くす計画を話したが，男の人の反応は冷静なものであった。たくさんの花を育てるには，それだけの知識や手間，費用が必要であるため，自分の家だけならともかくも「町内の方々にも同じことをやれと強要できるもんじゃない」と拒絶されてしまう。

〔問4〕 最初，ちひろがあさがおを提案したものの朝しか咲かないことに二の足を踏んだが，ゆうがおの提案には乗ってきた。それは，朝は自分のことでいっぱいで花が咲いてても見る余裕はないが，夕方であれば自分の町内に帰って来るタイミングなので，ゆうがおが咲いているのに気づき，人々が意識してくれるのではないかと期待している。

重要 〔問5〕 おじいちゃんから町内の新規事業の内容を聞いた時，ちひろは「そんなの無理に決まってるじゃん，やりたがらない人だっているだろうし」と後向きな発言もあったが，ゆうがおを町全体に植える方向に進むと，「ちょっと，わくわくした気分になってきた。」とおじいちゃんの計画を前向きにとらえている様子である。

4 (説明文―内容吟味，作文(課題))

基本 〔問1〕 「世代間倫理(年齢の異なる世代や生存していない過去・未来の世代の間で，義務や権利，倫理を主張する考え方)」では未来の人間の生存権の保証ということから，現在世代と将来世代どちらにも利益が生じるようにしなければならない。「ところが」から始まる段落に，「現実にはつねに「現在の同意」に，現在の世代内での相互性に帰着する」と将来世代を省みていないことが窺える。

基本 〔問2〕 「共時」とは時間の流れや歴史的な変化を考慮せず，一定時期における現象・構造について記述するさま。過去のよい伝統や文化の遺産継承を中断し，また将来世代への生存条件を悪くする。意思決定のシステムは現在性を持っているので，現在世代を中心に全ての物事を考えてしまうということである。

重要 〔問3〕 「ところが」から始まる段落に，近代人の考えた「進歩」は絵に描いた餅にすぎないと主張している。その理由は，有限な資源を未来の分まで現在は食いつぶしているのに，人類は相変わらず進歩し続けており，現在世代は将来世代に進歩という贈り物をしていると信じ込んでいるからだと述べている。

重要 〔問4〕 将来世代が現在と同等の地球資源を手に入れ，また同等の地球環境で住めるよう，現在世代の我々がその義務をはたさなければならないということである。

やや難 〔問5〕 「世代間倫理」の観点より，現在世代と将来世代の互恵性が求められるにもかかわらず，その機能がはたらいていない。「たとえば」から始まる段落に，放射性の廃棄物や太陽熱エネルギーを例とし，環境汚染の原因を残すことや有限な資源を使いはたしてしまったとしても，将来世代を無視した形で実施されてしまうという内容に着目する。

〔問6〕　有限な資源を，世代間倫理を無視して現在世代が使いきろうとしている。それは将来世代に対して責任をはたしているとは到底言えない。よって，将来世代が地球資源や環境を受益できるよう，自分ができること（省エネや節電）は何なのかを字数制限にまとめて述べる。

5　（説明文―内容吟味，文脈把握）

基本　〔問1〕　傍線部(1)に該当する訳は「十月ごろに木立の多い所の庭は，たいへんすばらしい。」である。すばらしいと思った内容は，傍線部(1)前にある。それは十月は空が曇り，風が強く吹いて，たくさんの黄色の木の葉が落ちる様子についてである。

〔問2〕　『枕草子』の中で，「草の花」の中に薄を入れない理由について筆者は「清少納言は」から始まる段落で，以下のように推測している。それは「秋のさ中の，茶紅色の穂先が出たばかりの（これが九月）風姿はよいが，秋の果てに白い頭をしてふらふら立ってうらぶれた人生を思い出させる（これが十月）姿態がたまらなく嫌だった」という内容である。

基本　〔問3〕　「鑑賞に堪える」は，鑑賞させる力があって十分に満足させることができる，それだけの価値があるという意味。満開の桜であれば鑑賞するだけの価値があるということである。

重要　〔問4〕　傍線部(4)前に「桜は散る，これが彼女の気に入らなかったのではないか」「自身が悲哀感を持ち，それを表現したくない場合，悲哀感を象徴する「もの」は採り上げない」「人生のうつろいやすさ，悲しみを託した，平安朝人の心の陰を，清少納言ははっきり拒否した」とあることから，いくら繁栄しているものでもいずれは失って（散って）いく儚さを清少納言は嫌ったことが窺える。

重要　〔問5〕　補二七段の中，水が水草によって緑色になっていることを観察し，池と庭が一体となって広々と見えていることを感じ取ったのである。

★ワンポイントアドバイス★

文章量が多いので，正確に読み，時間内に問題を解く力が必要になる。また問題演習を繰り返すことに加え，時間のあるときは新聞を読んだり読書をすることで，読解の力を養おう。

MEMO

大切なことはメモしておこうネ！

都立青山高等学校

2021年度

★★★★★★★★★★★★★★★★★★★★★★★★

入　試　問　題

●くわしい解説……39ページ

＜数学＞

時間50分　満点100点

【注意】答えに根号が含まれるときは，根号を付けたまま，分母に根号を含まない形で表しなさい。
また，根号の中を最も小さい自然数にしなさい。

1 次の各問に答えよ。

〔問1〕 $\dfrac{5\{(\sqrt{8}+\sqrt{3})^2-(\sqrt{8}-\sqrt{3})^2\}}{3\sqrt{3}}\div 7\sqrt{8}$ を計算せよ。

〔問2〕 二次方程式　$(x+3)(2x-1)+3(1-2x)=0$ を解け。

〔問3〕 2，4，6の数字が1つずつ書かれた3枚のカード[2]，[4]，[6]が入っている箱Aと，1，3，5の数字が1つずつ書かれた3枚のカード[1]，[3]，[5]が入っている箱Bがある。

箱A，箱Bから同時にそれぞれ1枚のカードを取り出す。

箱Aから取り出したカードの数字を十の位の数，箱Bから取り出したカードの数字を一の位の数とする2桁の正の整数を N とするとき，N の正の約数の個数が3個になる確率を求めよ。

ただし，箱A，箱Bそれぞれにおいて，どのカードが取り出されることも同様に確からしいものとする。

〔問4〕 下の表は，A，B，C，D，E，Fの6人の生徒が，それぞれ10個の球をかごに投げ入れる球入れをしたときの，かごに入った球の個数と，その平均値及び中央値をまとめたものである。

生徒Aが投げてかごに入った球の個数を a 個，生徒Eが投げてかごに入った球の個数を b 個とするとき，a，b の値の組（a，b）は何通りあるか。

ただし，a，b は正の整数とし，$a<b$ とする。

	A	B	C	D	E	F	平均値（個）	中央値（個）
個数（個）	a	5	9	10	b	3	7.0	7.5

〔問5〕 右の図で，3点A，B，Cは円Oの周上にあり，△ABCは正三角形である。

解答欄に示した図をもとにして，頂点の1つを点Aとし，3つの頂点が全て円Oの周上にある正三角形を定規とコンパスを用いて作図せよ。

ただし，作図に用いた線は消さないでおくこと。

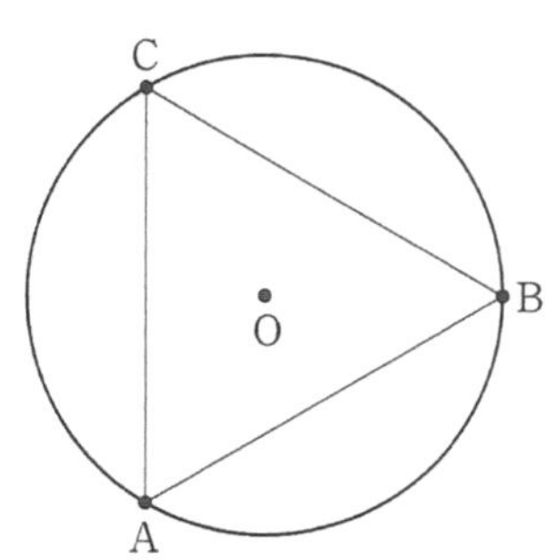

2　右の図１で，点Oは原点，曲線 f は関数 $y=x^2$ のグラフを表している。

2点A，Bはともに曲線 f 上にあり，点Aの x 座標は a($a>0$)，点Bの x 座標は負の数であり，点Aと点Bの y 座標は等しい。

点Oから点(1，0)までの距離（きょり），および点(0，1)までの距離をそれぞれ1cmとして，次の各問に答えよ。

図１

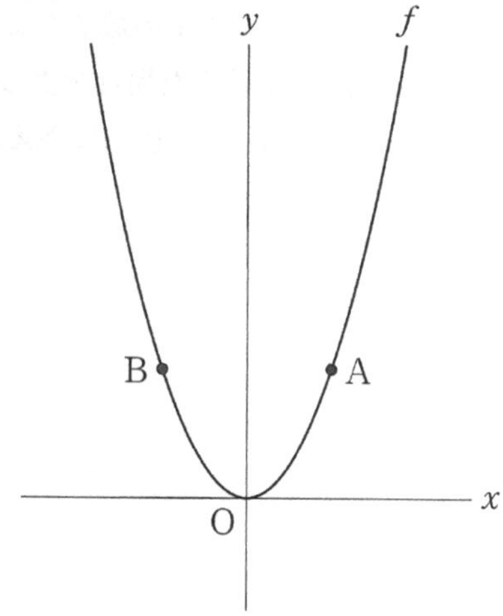

〔問1〕　右の図2は，図1において，点Bを通り傾きが1の直線を ℓ とし，直線 ℓ と曲線 f との交点のうち，点Bと異なる点をPとした場合を表している。

点Pの x 座標が3のとき，点Aの x 座標 a の値（あたい）を求めよ。

図２

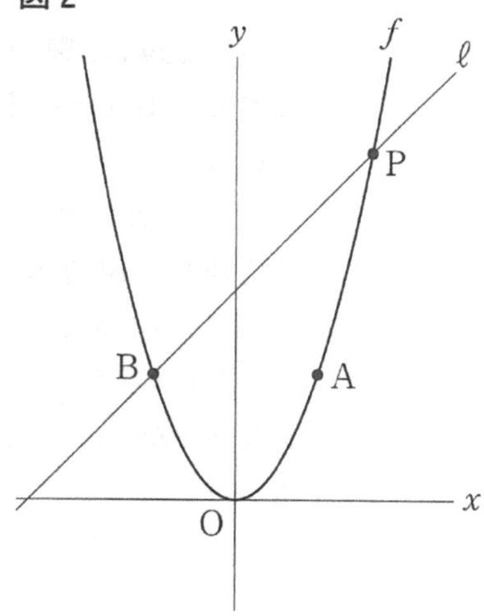

〔問2〕 右の図3は，図1において，y軸上にあり，y座標が0以上の数である点をCとし，点Aと点Bを結んだ場合を表している。

次の（1），（2）に答えよ。

図3

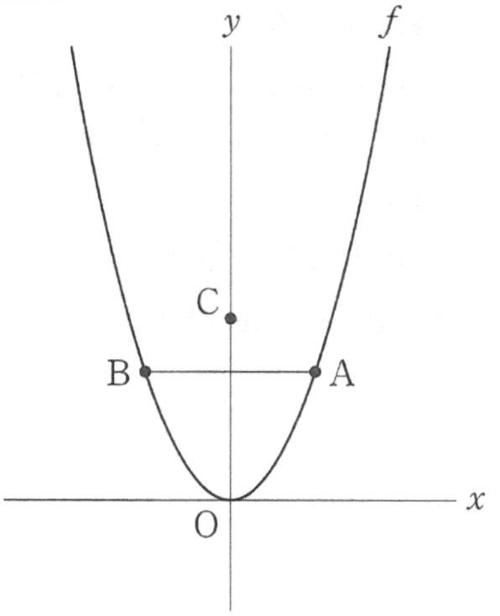

（1） 点Aと点C，点Bと点Cをそれぞれ結んだ場合を考える。$\angle ACB = 90°$，△ABCの面積が1 cm² となるときの点Cの座標を全て求めよ。

（2） 右の図4は，図3において，x軸上にある点をDとし，点Aと点D，点Bと点C，点Cと点Dをそれぞれ結び，線分ABと線分CDとの交点をQとした場合を表している。

$a = 3$，点Cのy座標が12で，△ADQの面積と△BCQの面積が等しいとき，点Dの座標を求めよ。

ただし，答えだけでなく，答えを求める過程が分かるように，途中の式や計算なども書け。

図4

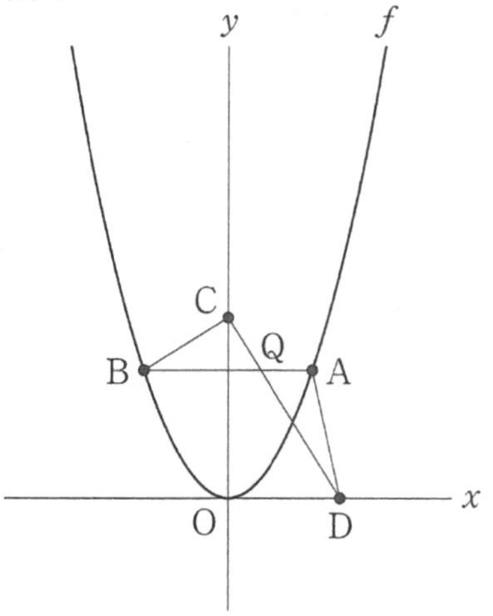

3　右の図1において，△ABCは鋭角三角形であり，点Oは△ABCの3つの頂点A，B，Cを通る円の中心である。

∠Aの二等分線と円Oとの交点のうち，頂点Aと異なる点をPとする。

次の各問に答えよ。

図1

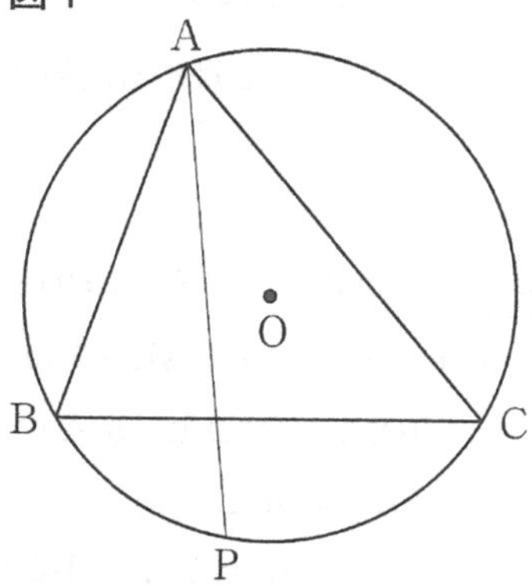

〔問1〕　右の図2は，図1において，線分APと線分BCとの交点をDとし，頂点Bと点Pを結んだ場合を表している。

AB = 6cm，AC = 8cm，BD = 3cm，BP = 4cmであるとき，線分DPの長さは何cmか。

図2

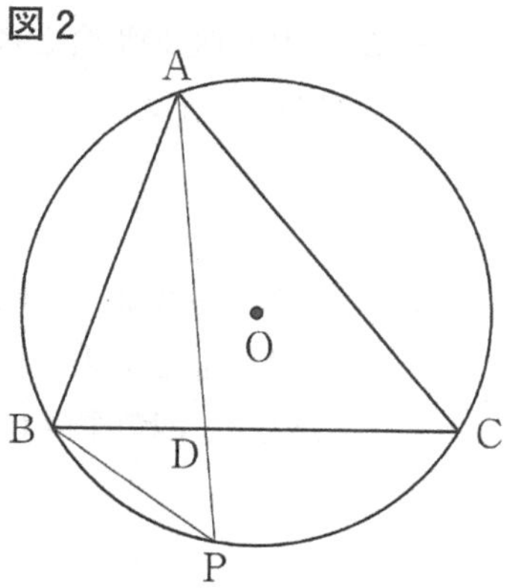

〔問2〕　右の図3は，図1において，∠Bの二等分線と円Oとの交点のうち，頂点Bと異なる点をQとした場合を表している。

ただし，∠Aの二等分線と∠Bの二等分線は，円の中心Oでは交わらないものとする。

次の（1），（2）に答えよ。

図3

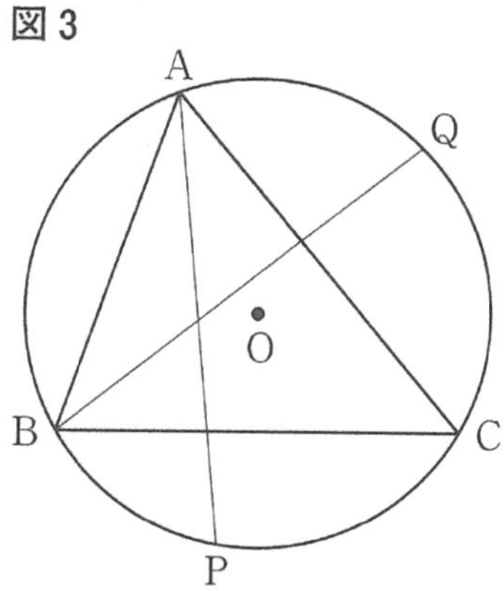

（1）　図3において，頂点Aを含(ふく)む$\overset{\frown}{BQ}$に対する円周角の大きさと，頂点Bを含む$\overset{\frown}{AP}$に対する円周角の大きさが等しくなるとき，△ABCはどのような三角形になるか答えよ。

ただし，答えだけでなく，答えを求める過程が分かるように，途中の式や計算なども書け。

(2)　図3 において，頂点 A を含む $\overset{\frown}{BQ}$ に対する円周角の大きさと，頂点 C を含む $\overset{\frown}{AP}$ に対する円周角の大きさが等しくなるとき，∠ ACB の大きさは何度か。

4　右の図で，　立体ABCD－EFGHは，　AB＝4cm，AD＝8cm，AE＝6cmの直方体である。

辺DH，辺AD上にある点をそれぞれP，Qとし，DP＝3cmとする。

頂点Bと頂点G，頂点Bと点Q，頂点Cと点P，頂点Cと点Q，頂点Gと点P，点Pと点Qをそれぞれ結び，GB // PQの場合を考える。

次の各問に答えよ。

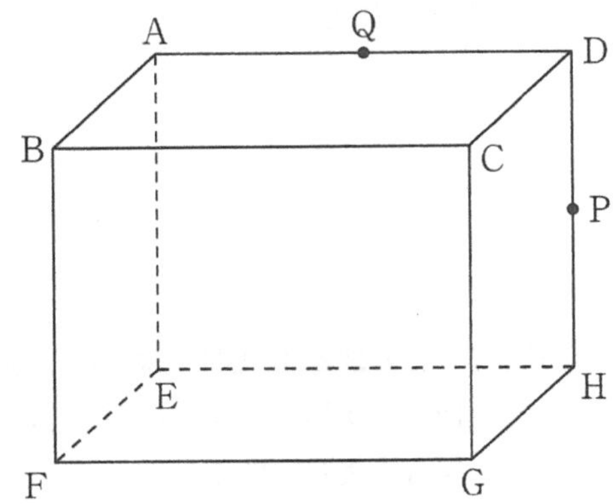

〔問1〕　次の**ア**～**オ**は，いずれも四角すい C － BGPQ の展開図である。点 P と点 Q の位置がともに正しく表されているものを**ア**～**オ**の中から**全て選べ**。

ただし，四角すい C － BGPQ の側面の 4 つの三角形には，合同な三角形はない。

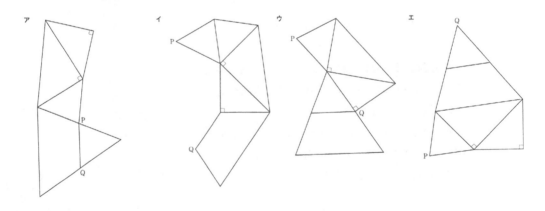

ア

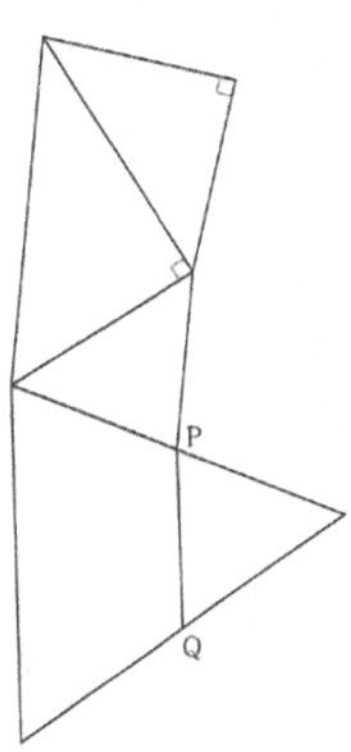

イ

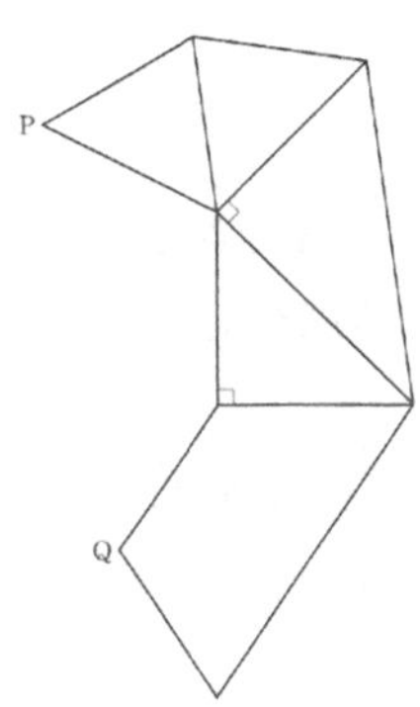

ウ

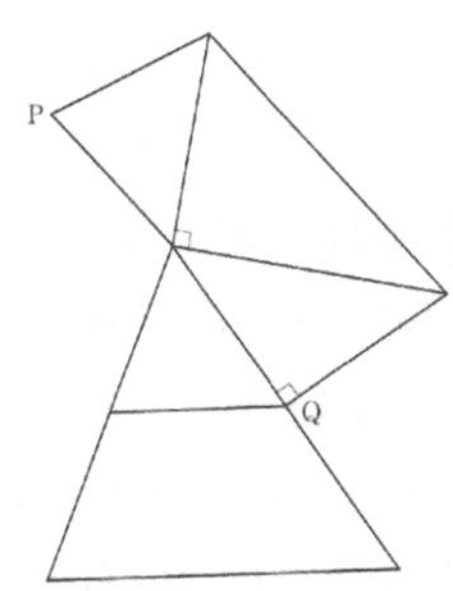

エ

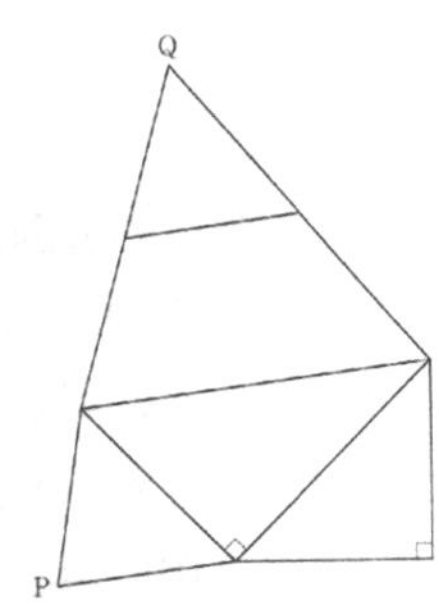

オ

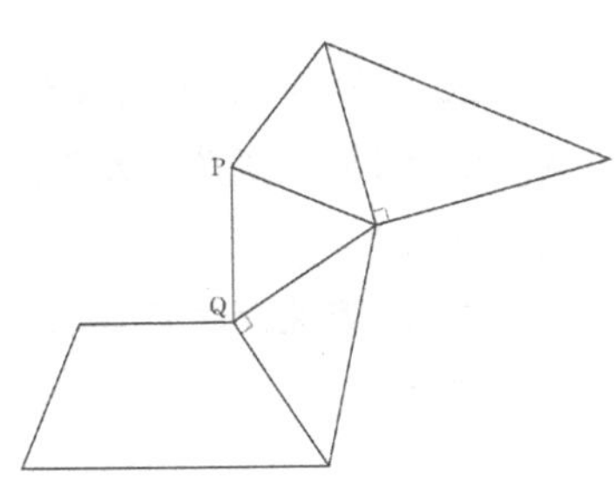

〔問2〕 アオさん，ヤマさん，ジンさん，ミヤさんの4人は，四角すいC－BGPQの体積の求め方について話している。四角すいC－BGPQの体積をVcm³とするとき，4人の会話を参考にしてVの値を求めよ。

ただし，答えだけでなく，答えを求める過程が分かるように，途中の式や計算なども書け。

アオさん「四角すいC－BGPQの体積ってどのように求めるのかな。」

ヤマさん「すい体の体積は$\frac{1}{3}$×（底面積）×（高さ）で求めると学習したよね。」

ジンさん「それでは，どこを底面として考えればいいかな。」

ミヤさん「四角すいC－BGPQの体積と言っているのだから，四角形BGPQを底面として考えるのはどうだろう。」

アオさん「△BGCを底面として考えて，余分なところを引くことでも求められるのではないかな。」

ヤマさん「他の面を底面としても，その考え方で求められそうだね。四角すいC－BGPQを分割（ぶんかつ）して考えてみるのはどうかな。」

ジンさん「そうか。△CQGを底面として，四角すいC－BGPQを2つの三角すいに分割して考えることができそうだね。」

ミヤさん「△BCPを底面として，四角すいC－BGPQを分割して考えることもできるのではないかな。」

アオさん「いろいろな求め方があるんだね。他にもどんなものがあるのか，もっと考えてみようよ。」

〔問3〕 赤，緑，青，白の4色を全て使って，四角すいC－BGPQの5つの面を全て塗（ぬ）る場合を考える。色の塗り方は何通りあるか。

<英語>

時間 50分 満点 100点

※リスニングテストの音声は弊社 HP にアクセスの上,
音声データをダウンロードしてご利用ください。

1 リスニングテスト（放送による指示に従って答えなさい。）

〔問題 A〕 次のア～エの中から適するものをそれぞれ一つずつ選びなさい。

<対話文 1>

ア On the highest floor of a building.
イ At a temple.
ウ At their school.
エ On the seventh floor of a building.

<対話文 2>

ア To see Mr.Smith.
イ To return a dictionary.
ウ To borrow a book.
エ To help Taro.

<対話文 3>

ア At eleven fifteen.
イ At eleven twenty.
ウ At eleven thirty.
エ At eleven fifty-five.

〔問題 B〕 < Question1 >では，下のア～エの中から適するものを一つ選びなさい。
< Question2 >では，質問に対する答えを英語で書きなさい。

< Question1 >

ア For six years. イ For three years.
ウ For two years. エ For one year.

< Question2 >

（15 秒程度，答えを書く時間があります。）

2 次の対話の文章を読んで，あとの各問に答えなさい。
(＊印のついている単語・語句には，本文のあとに〔注〕がある。)

Hiro, an exchange student from Japan, is now staying in New Zealand. He has lived in Alex's home since this June. He goes to school with Alex every day. Alex's mother, Hanna, usually drives them between home and school. Now they're talking in the car on their way home.

Hiro : What a fine day today! Just the weather for driving.

Alex : I'd like to get a driving license *as soon as my sixteenth birthday comes.

Hiro : Now in Japan, some people are worried about older people driving cars. Japan is *aging quickly. It's a serious problem for all of us.

Hanna : I know. I read in the newspaper that it's a serious problem for Japanese car companies, too. But I hear some companies have produced *self-driving cars controlled by *advanced computer technology.

Alex : Self-driving cars? I want to drive myself. And a lot of taxi drivers may lose their jobs. That reminds me. The other day, in class, Ms.Brown said to us, "Computer technology will *develop, and a lot of jobs will be lost."

Hiro : Yes. She also said, "So, you should think carefully about your job in the future." Some people are afraid of losing their jobs because of advanced technology.

Hanna : [1-a]

Hiro : Yes.

They come into the living room and find a young man lying on the sofa.

Hanna : Oh, Brad! Welcome home. When did you get back?

Brad : Hi, Mom. I arrived before noon. Hi, Alex. How have you been?

Alex : Very good! Hiro, this is my brother, Brad. He works for an information technology company in the UK. Brad, this is Hiro. He's studying at my school as an exchange student from Japan.

Brad : Hi, Hiro. Nice to meet you. I have sometimes heard about you from Alex by email.

Hiro : Nice to meet you, too, Brad.

Brad : Are you enjoying your homestay?

Hiro : Yes, I'm really enjoying it. I must thank Hanna and Alex. They are very kind and help me a lot.

Hanna : Hiro, Brad is a computer programmer. He writes programs for *autonomous robots. Hiro and Alex say that computer technology will develop and many jobs will be lost.

Brad : I believe that ways of working will change *to some extent because of new technologies, but the total *amount of our work won't change so much because new types of jobs will be created. On the other hand, Japan has a *labor shortage for dangerous or *physically hard work, right?

Hiro : [1-b] That's a serious problem in Japan.

Alex : Autonomous robots can do dangerous or physically hard work easily and safely. They may solve the problem. That's a good thing.

Hiro : (2)<u>I think so, too.</u>

Hanna : If autonomous robots work for us in the future, we may have more free time. That's a good thing, too.

Brad : Now many jobs are created in information technology companies. I don't think you need to be afraid of losing many jobs because of advanced technology.

Brad is starting up his computer to show them a chart of "*What Do People Want Robots To Do?*" *on the screen.*

Brad : Look at (3)<u>this chart.</u> You can see what kinds of things people want robots to do in the future.

Hiro : This shows more than 80 percent of people want robots to be used for doing dangerous work. 77.8 percent want robots to be used to improve technology.

Alex : About the same percent of people also want robots to be used to support *nursing care. I'm surprised that the fewest people want robots to be used to support *medical care.

Hiro : I'm surprised, too. Like us, many people already have their own robots.

Hanna : [4-a]

Hiro : [4-b]

Brad : [4-c]

Alex : [4-d]

Brad : [4-e]

Alex : Yes, of course.

Brad : Someday you won't have to do that.

Alex : [1-c]

Brad : (5)<u>When you get off the bus at the bus stop near your house, the computer network will get that information and will be able to 【① home ② arrive ③ soon ④ tell ⑤ will ⑥ you ⑦ at ⑧ how】</u>. The network will decide *by itself when to turn on your air conditioner. You won't need to control it.

Hiro : Do you mean that many more things will be connected to the Internet and work by themselves ?

Brad : That's right. We computer programmers are looking forward to such a day. You're quick to understand.

Hiro : [1-d] Actually, I'm very interested in computer technology.

Alex : Hiro really likes creating original games with his computer.

Brad : Wow! Great! You like computer programming? Hiro, maybe we can work together in the future to make robot technology better.

Hiro : Last year I created a game with my computer, but it was a very simple one. Now I'm interested in self-driving cars controlled by computer technology. My grandfather took me to many places by car when I was a small child. We always had a good time, but he'll be seventy soon. I'd like to produce self-driving cars for older people in the future.

Brad : I'm sure your dream will come true. I think one of the most important things about technology is *safety. Some people say that because robots are machines, they can't be *trusted. But, if autonomous robots are really safe, many people will want them.

Hiro : I understand you. I hope autonomous robots will be improved and make our lives better.

Brad : I do, too. I hope that, in the near future, autonomous robots will be used in many more ways.

Hanna brings them some tea and cookies.

Hanna : Now, would you like some tea and cookies? Alex and I made these cookies. It was easy. One of our robots told us the recipe.

Alex : It told us to use sugar, but we thought that honey would be better. So we decided to use honey. (6)<u>We should have the final say.</u> Am I wrong, Mom?

Hanna : [1-e] I agree with you.

Alex : And now the other robot is cleaning the floor in the kitchen. Let's have some tea while it is cleaning.

as soon as ～　～するとすぐに	aging　高齢化している	self-driving　自動運転の
advanced　先進の	develop　発展する	autonomous　自律的な
to some extent　ある程度まで	amount　量	labor shortage　労働力不足
physically　肉体的に	nursing care　介護	medical care　医療
by itself　それ自身で	safety　安全性	trust　信頼する

〔問1〕 1-a ～ 1-e の中に，それぞれ次のア～キのどれを入れるのがよいか。ただし，それぞれの選択肢は一度しか使えないものとする。

ア　What do you mean？　イ　No, you are not.　ウ　Me, neither.

エ　Am I？　オ　What's the matter？　カ　Yes, it does.

キ　Are they？

〔問2〕 (2)I think so, too. とあるが，その内容を次のように書き表すとすれば， 2-a ～ 2-c にどのような１語を入れるのがよいか。**本文中に使われている語を用いて書け。**

I 2-a with Alex. I think that it's good for 2-b to solve the problem of a labor shortage by doing dangerous or physically hard work. It's an 2-c job for them, and they can do it safely.

〔問3〕 Look at (3)this chart. とあるが，this chartは次のグラフを指している。本文の内容に合うように，A～Dに当てはまる項目をそれぞれ①～④から選び，その組み合わせとして最も適切なものは，次のページのア～カの中ではどれか。

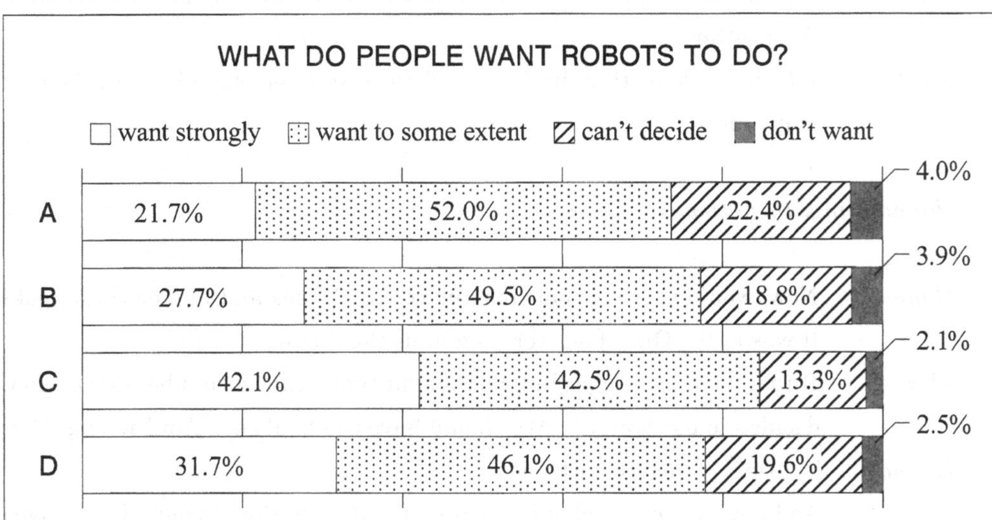

「ロボットが家にやってきたら…」遠藤薫著（岩波ジュニア新書）より作成　　（小数第２位を四捨五入しているため合計は必ずしも100％にならない。）

① Robots for doing dangerous work　　② Robots for improving technology
③ Robots for supporting nursing care　　④ Robots for supporting medical care

	A	B	C	D
ア	①	③	②	④
イ	①	④	③	②
ウ	②	③	①	④
エ	②	④	③	①
オ	④	①	③	②
カ	④	③	①	②

〔問4〕 本文の流れに合うように，[4-a] ～ [4-e] の中にそれぞれ英文を入れるとき，その組み合わせとして最も適切なものは，下のア～カの中ではどれか。

① You are right. Most robots need to be improved. Computer programmers are trying to create the perfect IoT.

② But the cleaning robot can't clean stairs and the other robot can't answer some questions.

③ What's the IoT? I've never heard that word.

④ Right. We already have two robots working here at home. One is a robot for cleaning the floors, and the other answers our questions.

⑤ It means the Internet of Things. You turn on the air conditioner in the living room, right?

ア	① → ③ → ⑤ → ② → ④
イ	① → ③ → ⑤ → ④ → ②
ウ	① → ⑤ → ② → ④ → ③
エ	④ → ① → ③ → ⑤ → ②
オ	④ → ② → ① → ③ → ⑤
カ	④ → ② → ① → ⑤ → ③

〔問5〕 (5)When you get off the bus at the bus stop near your house, the computer network will get that information and will be able to【① home ② arrive ③ soon ④ tell ⑤ will ⑥ you ⑦ at ⑧ how】. とあるが，本文の流れに合うように，【　　】内の単語を正しく並べかえたとき，1番目と3番目と5番目にくるものの組み合わせとして最も適切なものは，次のページのア～カの中ではどれか。

	1番目	3番目	5番目
ア	②	①	⑥
イ	②	④	⑦
ウ	②	⑤	⑧
エ	④	①	③
オ	④	③	⑤
カ	④	⑥	⑦

〔問6〕 (6)We should have the final say. の内容を最もよく表しているものは，次の中ではどれか

ア　In the end, humans should say more than robots say.

イ　In the end, humans should agree with robots' decisions.

ウ　In the end, humans should not follow robots.

エ　In the end, humans, not robots, should decide what to do.

〔問7〕 本文の内容に合う英文の組み合わせとして最も適切なものは，下のア～シの中ではどれか。

① Though Hanna and Brad live in different countries now, they work for the same information technology company in the UK.

② Hiro and Alex are interested in cars, and they want to get driving licenses when they become sixteen.

③ Ms.Brown is worried about losing her job because computer technology develops, and she told her students to be careful about their future jobs.

④ Hanna and Alex are very kind and helpful to Hiro, and he is having a very good time in New Zealand.

⑤ Brad thinks new technologies will change ways of working and new jobs will be created.

⑥ Computer programmers hope many more things will be connected to the Internet and it won't be necessary for us to control them.

⑦ Hiro likes computer programming because he is very interested in computer technology, but he has never created an original game with his computer.

⑧ Hiro's grandfather wants Hiro to produce self-driving cars in the future because he will be seventy years old.

ア	①③	イ	①④	ウ	②④	エ	④⑦
オ	⑤⑧	カ	②③④	キ	②④⑤	ク	③④⑥
ケ	③⑤⑧	コ	④⑤⑥	サ	③⑥⑦⑧	シ	④⑤⑥⑦

〔問8〕 あなたは科学者で，人の役に立つロボットを発明しました。下の英文に続けて，そのロボットは何ができるのか，また，なぜそのロボットを作ったのかについて，**40語以上50語以内の英語で書きなさい。**ただし，Alexの家にあるロボットについては書かないこと。下の英文と「,」「.」「!」「?」などは語数に含めません。これらの符号は，解答用紙の下線部と下線部の間に書きなさい。

I have made a very useful robot.

3 次の文章を読んで，あとの各問に答えなさい。
(＊印の付いている単語・語句には，本文のあとに〔注〕がある。)

Rome is a city with about 2,700 years of history. If you go there, you will be able to see a lot of *ruins, such as those of roads, *aqueducts, baths, and buildings. It is just like an open museum. They may remind you of the famous words, "Rome was not built in a day." They have stood there for over two thousand years. About 2,000 years ago, Rome was the world's largest city. In the second century *A.D., more than a million people lived there. And there were no other cities in the West with more than a million people until the 19th century. Rome was first built in 753 *B.C. For the next 500 years, it was just a city like many other cities in the West. But, later, it grew fast, and it became larger and larger. Rome had leaders. They worked hard to keep the peace in the city. And they tried to keep people in good health. The years from 27 B.C. to A.D.180 are called the "Pax Romana." That means the Roman Peace. Let's see how people lived there and what made such a life possible.

The center of Rome was very crowded. Tall apartment houses were built there. You can still see ruins of them. They look like modern buildings. In some of the rooms, you can see the ruins of running water systems. There were seven hills in Rome.

1

They first grew *grains, but later they also began to grow *olives. They ate olives, and used olive oil for cooking, cleaning, and washing their bodies, and also for use in lamps. They brought food, like grains, from other places to support the many people living there. The Tiber River ran through the heart of Rome, just as it does now. There were a lot of boats coming up and down it. They brought such things as grains, salt, and vegetables into the city. The Tiber River was part of a big *transport system. You may also know the famous words, "All roads lead to Rome." A lot of roads were built, and they also were part of the transport system. The oldest and the most famous one was called the *Appian Way. It was the first main road built by *Appius Claudius, in 312 B.C. It was 540 kilometers long and connected the city of Rome to the south of Italy. It is still there, and you can walk on it.

All cities need water. (2)There is 【① the health ② a great ③ nothing ④ important ⑤ of ⑥ for ⑦ as】 city as clean water. Clean water to drink. Clean water for washing. In Rome, people first got water from the Tiber River, or from the rain. But when more people started to live there, they needed more and more water. To solve this problem, they built aqueducts. The first one was built in 312 B.C.by Appius Claudius. It was called the Appian Aqueduct. Cool, fresh water was found in a mountain area 16.6 kilometers away from Rome, and it was brought to the city by the aqueduct. After that, more people came to Rome, and more aqueducts were built. In A.D.52, two very large, long aqueducts were built. One aqueduct, the Claudia Aqueduct, brought water down from about 69 kilometers away, and the other one, the New Anio Aqueduct, was about 87 kilometers long. By the third century A.D., there were eleven aqueducts bringing water from mountains far away to the city of Rome. (See Picture A.) They supported so many people in Rome.

Without modern technology, how was it possible to build these large, long aqueducts? Aqueducts moved water by using *gravity. Water will run down a slope from any area to another area. This is a simple rule and everyone knows it. (3)However, knowing the rule was one thing, and actually making plans and building something was quite another. The slopes of the aqueducts had to be *calculated over long distances. They had to be calculated *precisely. *On average, the running water went down about five meters for every one kilometer. The Romans had wonderful skills. They built aqueducts in *tunnels through mountains, over bridges, and in tunnels under flat land. The bridges were built with *arches in them. They were built with stones, bricks, and also very strong "Roman *concrete," a special type of concrete created by the Romans. The Romans knew very well how to use strong arches and concrete to support heavy things. With their skills, the Romans were able to build very strong aqueducts. In total, the eleven aqueducts were about 500 kilometers long. All of the aqueducts went through tunnels, and most of them also had bridges. But the bridges were only a short part of the long aqueducts. Most parts of the aqueducts were built under the ground to keep the water clean. And the bridges were built when they had to move water above low areas. A bridge part of an aqueduct is shown in Picture B.

With a lot of fresh water brought through the aqueducts, many people in Rome had a rich life and lived in good health. In the city, the water was always running, and it was kept clean. At home, they used this cool, fresh water for drinking, washing, and cooking food. Some of the water was used for public baths or *fountains in the city. In Rome, there were eleven large public baths and about 950 small ones. Romans loved to go there to talk, relax, and take a bath. In the south of Rome, near the Appian Way, you can see the ruins of one of the largest Roman public baths. It is called the *Baths of Caracalla. On the large grounds, there were different kinds of baths, and also playgrounds, libraries, gyms, and gardens. There were also many beautiful *sculptures. Anyone could go there and enjoy the baths, and people called the baths

Picture A

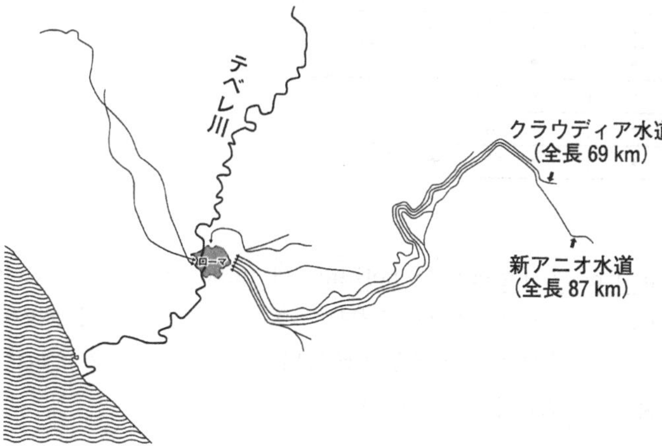

ローマ水道の経路

Picture B

クラウディア水道遺跡

"people's *palaces." Now, in Rome, people enjoy fountains full of cool, fresh water. Many fountains have beautiful sculptures. And, all around the city, there are many different kinds of ruins. When you look at them, you may want to learn (4)how it was possible to build such a great city.

〔注〕 ruin　遺跡　　aqueduct　水道　　A.D.　紀元(西暦)
B.C.　紀元前　　grain　穀物　　olive　オリーブ
transport system　輸送システム　　Appian Way　アッピア街道
Appius Claudius　アッピウス・クラウディウス　　gravity　重力
calculate　計算する　　precisely　精密に　　on average　平均して
tunnel　トンネル　　arch　アーチ　　concrete　コンクリート
fountain　噴水　　Baths of Caracalla　カラカラ浴場
sculpture　彫刻　　palace　宮殿

Picture A, B と〔問7〕の模式図は,「水道が語る古代ローマ繁栄史」中川良隆著(鹿島出版会)より作成

〔問1〕 [1] の中には次の①～④の文が入る。本文の流れに合うように正しく並べかえたとき，その組み合わせとして最も適切なものは，次のページのア～カの中ではどれか。

① A lot of people started to live down there and grow food.

② The lower parts of Rome were covered with water, and people couldn't live there.

③ At first, people lived only on their highest areas.

④ But later they were made better for people to live there.

ア	② → ① → ③ → ④
イ	② → ③ → ① → ④
ウ	② → ④ → ① → ③
エ	③ → ① → ② → ④
オ	③ → ② → ④ → ①
カ	③ → ④ → ② → ①

〔問2〕 (2)There is【① the health ② a great ③ nothing ④ important ⑤ of ⑥ for ⑦ as】city as clean water. とあるが，本文の流れに合うように，【 】内の単語・語句を正しく並べかえたとき，２番目と４番目と６番目にくるものの組み合わせとして最も適切なものは，次のア～カの中ではどれか。

	２番目	４番目	６番目
ア	④	①	②
イ	④	①	⑦
ウ	④	③	①
エ	⑦	④	①
オ	⑦	⑤	⑥
カ	⑦	⑥	⑤

〔問3〕 (3)However, knowing the rule was one thing, and actually making plans and building something was quite another. とあるが，その内容を次のように書き表すとすれば，最も適切なものは，次の中ではどれか。

ア People thought it was very hard to make large, long aqueducts, but it was actually not so hard because water moved by gravity.

イ People thought it would not be difficult to build aqueducts because they knew how water ran and how they could make the slopes.

ウ People knew how water ran, but it was not easy to calculate slopes and build aqueducts over long distances.

エ People built large, long aqueducts easily, though it was hard for them to calculate slopes over long distances.

〔問4〕 When you look at them, you may want to learn (4)how it was possible to build such a great city. とあるが，下線部(4)の内容として，**適切でないもの**が一つある。次の中ではどれか。

ア Romans built tall apartment houses in the center of the city.

イ Romans could grow enough food in the city for over a million people.

ウ　Romans used the Tiber River and roads as part of a transport system.

エ　Romans knew how to make roads and build aqueducts.

オ　Romans could get a lot of clean water from mountains far away by building aqueducts.

〔問5〕 次の表は，本文中に述べられた出来事を，1～6の起きた順に並べたものである。表中のA，B，C，Dに，それぞれ①～④の英文を入れて表を完成するとき，最も適切な組み合わせは，下のア～カの中ではどれか。

1	Rome was first built.
2	A
3	B
4	C
5	D
6	Large cities like the city of Rome were built in the West.

① Rome was a very large city with over a million people living there.

② Two very large aqueducts, the Claudia Aqueduct and the New Anio Aqueduct, were built.

③ The Appian Way and the Appian Aqueduct were built.

④ There were eleven aqueducts in the city of Rome.

	A	B	C	D
ア	②	①	③	④
イ	②	③	①	④
ウ	②	③	④	①
エ	③	②	①	④
オ	③	②	④	①
カ	③	④	①	②

〔問6〕 本文中に述べられているローマ水道を，最もよく表した模式図は，ア～ウの中ではどれか。

ア

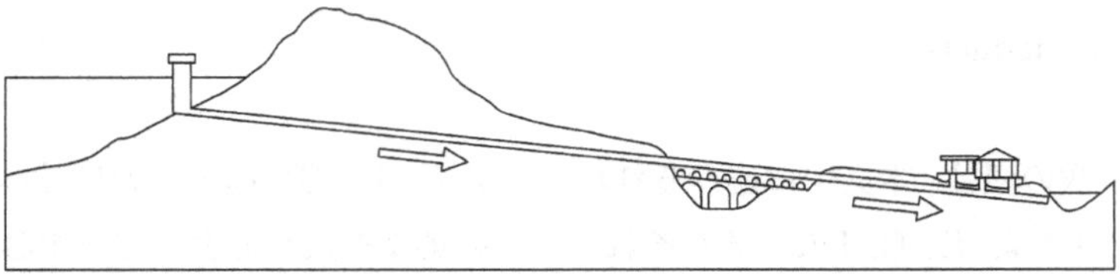

イ

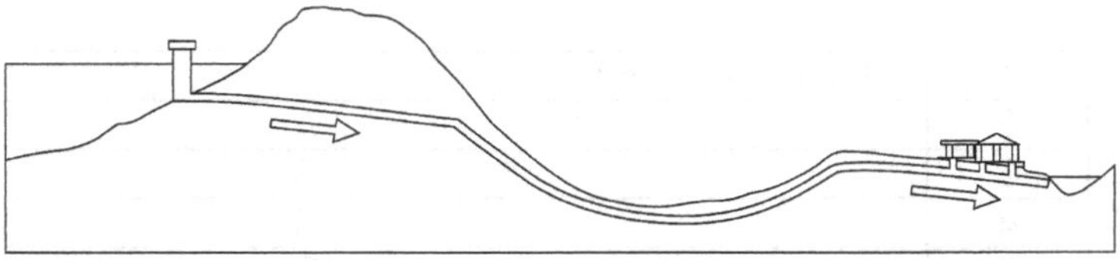

ウ

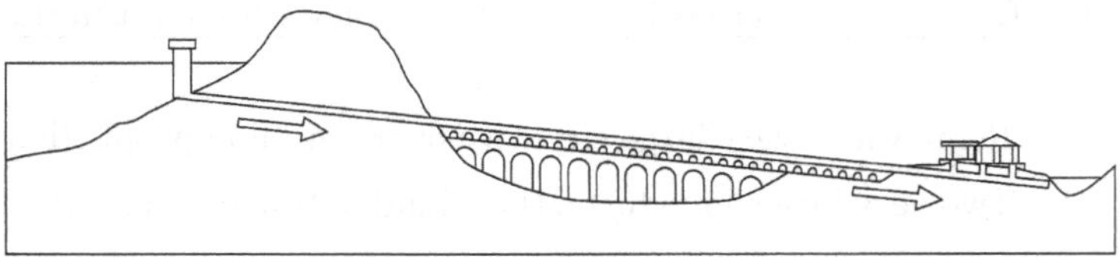

〔問7〕 下の模式図は，古代ローマの町の様子を表したものである。本文中に述べられているアッピア街道は，ア～ウの中ではどれか。また，同様に，カラカラ浴場は，エ～カの中ではどれか。

（A） アッピア街道ア～ウ　　　（B） カラカラ浴場エ～カ

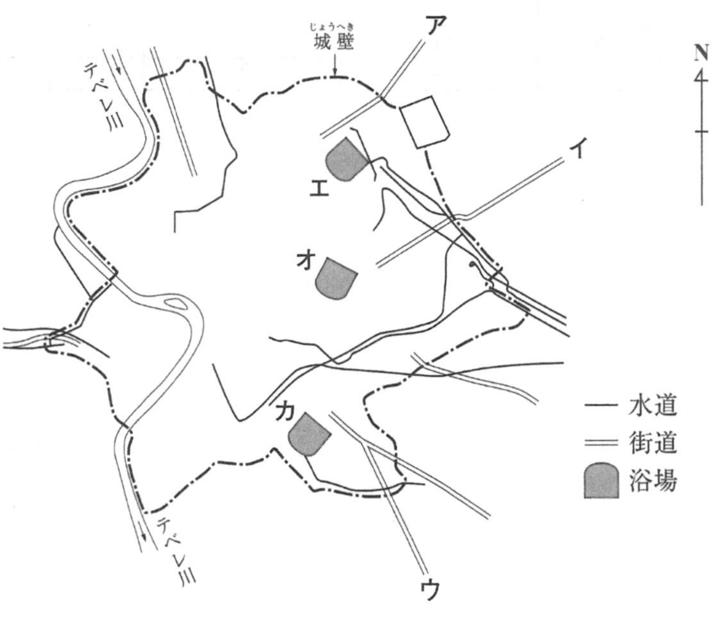

〔問8〕 次の(A), (B)について，本文の内容に合う英文の組み合わせとして，最も適切なものは，それぞれ下のア～シの中ではどれか。

(A)

① Olives were a very useful food. People ate them and used their oil in different ways.

② Before the first aqueduct was built, people in Rome only had rain water to drink.

③ Appius Claudius built two very long aqueducts to bring water to the city of Rome.

④ All the roads and aqueducts in Rome were built during the days called the "Pax Romana."

⑤ Over several centuries, eleven aqueducts were built to bring water to Rome.

ア	①②	イ	①③	ウ	①④	エ	①⑤
オ	②③	カ	②④	キ	②⑤	ク	③④
ケ	③⑤	コ	①④⑤	サ	②③④	シ	①②③⑤

(B)

① People in Rome knew about strong arches and Roman concrete and used them to support heavy things.

② People in Rome had a lot of clean water to use in their daily lives, and many people enjoyed public baths and lived in good health.

③ To get clean water, fresh water found in mountain areas was brought by aqueducts with long tunnels, and in the city the water was kept running.

④ In the city of Rome, there were a lot of large and small baths, and all together there were more than 2,000 baths.

⑤ Public baths like the Baths of Caracalla were called "people's palaces" because anyone could enjoy them.

ア	①②	イ	①③	ウ	①④	エ	①⑤
オ	②③	カ	②④	キ	③⑤	ク	①③④
ケ	①④⑤	コ	②③⑤	サ	①②③⑤	シ	②③④⑤

〔問1〕 (1)その意味での「花鳥風月」とあるが、どのようなことか。最も適切なものを次のうちより選べ。

ア　茶道の具体的な理念としての「花鳥風月」。
イ　ワビ、サビ的なものとしての「花鳥風月」。
ウ　「遊興」のイメージが表れた「花鳥風月」。
エ　江戸時代に変質をとげた「花鳥風月」。

〔問2〕 (2)これを「遊興」に転換したのが「風」だろう。とあるが、この意味の「風」が用いられている言葉として、最も適切なものを次のうちより選べ。

ア　風刺　　イ　風雲
ウ　風化　　エ　風格

〔問3〕 (3)別れを恨んでは鳥にも心を驚かすとあるが、筆者の考えをふまえるとこの部分からはどのような気持ちが読み取れるか。最も適切なものを次のうちより選べ。

ア　尊い知らせであっても、とても聞く気分にはならない。
イ　悲しくしていても、やはり美しいものには心が晴れる。
ウ　離れているので、恋する人の便りを心待ちにしている。
エ　とてもつらい経験をしたので、神の導きに頼りたい。

〔問4〕 (4)移ろうがゆえに美しいという心情とあるが、こうした思いでとらえたものを、本文の『徒然草』の引用部分から二十字以内で抜き出せ。

〔問5〕 (5)季節と生き物の周期性から導かれる美意識とあるが、どういうことか。その説明として最も適切なものを次のうちより選べ。

ア　四季折々の風物が移り変わっていくと、日本人は特定の景観に美を感じるということ。
イ　花や鳥を愛するという日本人だけが持つ行為を通じて、美を感じるということ。
ウ　太陽や月の動きに応じた季節や生き物の変化から、日本人は美を感じるということ。
エ　日本人は太陽が地上に出ている時間の長さや、月の満ち欠けに対して美を感じるということ。

を感じる。さらに、シギやチドリがシベリアあたりから干潟に飛来すると「秋」の訪れを感じる。やがてガンの群れが空を飛び、ツルが北から帰ってくると「冬」の到来を感じることになる。

このように、昔の人々は「月」「花」とともに、「鳥」を見て「暦」にしたのである。

鳥類は生理学的には、「気温」ではなく「日長」を、生物としての暦（年周期）、つまり体内時計にしている。気温は年によって、日によって変化するので不確実で、生物の生存にとっては命とりになりかねない、ある日が暖かいからといって、翌日には急に温度が下がることもあるからである。だが「日長」、つまり太陽が地上に出ている時間の長さは地球の公転に基づいているため、毎年一定だ。

鳥たちはもっとも餌の豊富な時期にヒナを育てる。このために毎年、その時期に合わせて鳥の体内で性腺が大きくなる必要があるし、繁殖が終わると、その後の渡りの前に「換羽」、つまり全身の羽毛が生え変わらなければならない。

鳥の体内でこの生理機能をコントロールしているのは、各種のホルモンである。その中枢になっている脳下垂体の指示に従って、各ホルモンの量の分泌が調整されている。そのバランスによって、鳥の生理上の変化、形態や行動の変化が起こる。

この時、その指標にしているのが太陽が地上に出ている時間の長さ、すなわち「日長」であり、それが視床下部を通じて鳥の脳下垂体に伝達される。神経伝導は電気的な信号によるので瞬時に伝達され、即時に反応が現れるが、ホルモンは液体なので時間経過が必要で、その分泌量や蓄積によって「時計」とすることができる。

人間の暦は天体の運行を計算して作られてきた。が、先に述べたように、人々の日常的な感覚には、日の長さより夜間に見る月の満ち欠けと位置の方が明確で、しかもそれが潮の満ち引きとも一致していることが当時の生活から容易にわかったので、多くの国の暦法ではもともと月齢を元にしていた。

日本でも近世には月の満ち欠けをもとに計算し、それと太陽の一年間の動きとのズレを「うるう月」で調整する太陰太陽暦を使ってきた。この暦によって示された啓蟄、穀雨、芒種などの二十四節気は、季節ごとの生き物や農作物の成長と密接な関連があり、日本人はその季節ごとの「花」「鳥」を愛で、「風」すなわち風雅を感じてきた。「花鳥風月」はこのようにして、(5)季節と生き物の周期性から導かれる美意識として培われたと言えるだろう。

（奥野卓司「鳥と人間の文化誌」による）

〔注〕
潮汐――月および太陽の引力によって起こる海面の周期的昇降。
野分――台風。また、広く秋から初冬にかけて吹く強い風。
折口信夫――日本の民俗学者、国文学者、国語学者、歌人。
アニミズム――呪術・宗教の原初的形態の一つ。

こからシルクロードを通り、中国を経て日本にも伝わったと考えられている。

　日本では、当初はそれをそのまま受け入れるが、やがて「日本化」が生じる。その典型が平安時代だった。たとえば、西アジアでは鳥を神の使者としてオアシス的な理想郷が描かれているが、中国ではそこに自然の要素がとりいれられ、美しい鳥や花が描かれるようになった。さらに日本には四季があるため、平安時代には四季の移ろいを背景にした「日本化」が生じた。

　具体的には、清少納言の『枕草子』の第四八段「鳥は」のように、鳥は季節に応じてあらわれたり消えたりする、季節の移ろいの象徴としてとりあげられている。すなわち「咲き散る花、来たり去る鳥」という表現のように、ある鳥が来ると新しい季節を感じ、その鳥が去ると季節が終わる寂しさを感じているのである。ここには、(4)移ろうがゆえに美しいという心情がみえ、同時に、季節は循環することによって人間を超えた永遠の象徴でもあるという美学が含まれている。

　さらに『徒然草』にも次のような文章がある。

「花は盛りに、月は隈なきをのみ、見るものかは。雨に対ひて月を恋ひ、垂れこめて春の行衛知らぬも、なほ、あはれに情深し。咲きぬべきほどの梢、散り萎れたる庭などこそ、見所多けれ。」

（兼好法師『徒然草』第百三十七段）

花は、盛りに咲いているのだけを、月は一点のくもりもないのだけを見るものであろうか。雨に向かって月を恋い慕い、簾を垂れた部屋に引きこもって、春がどこまで暮れていったのかを知らないのも、やはり、しみじみとした感じがし、情趣の深いものだ。今にも咲いてしまいそうな頃あいの桜の梢、花の散りしおれている庭などこそ、見どころの多いものである。

（『新編古典文学全集』による）

　このように季節を待つ、惜しむという日本文化の特色が、「花鳥風月」という言葉にあらわれていた。つまり、日本の「風と月」、すなわち四季折々の風景を外在化し、「鳥や虫、草花」の全体を「花鳥風月」と見なしたのである。

　それは今日でも京菓子、京料理、茶席などでよく使われる季節の「見立て」（季節をかたどった菓子、料理の盛り付けに、次の季節が訪れる少し前に春先なら桜葉、秋先には紅葉をあしらうなど）に近い発想であった。

　日本ではこのように「花鳥」とされるものが、インドやタイなどの東南アジアでは、「花獣」が描かれる。この違いはなぜなのか。

　日本の暦は、もともと稲作を気候の変化に応じて行うために用いられてきたが、近世以降、上方や江戸で都市生活が始まってからも、稲作の季節感は洗練された形で残り、それは生き物、とくに「花鳥」と深く関わっている。

　たとえば「鳥暦」というように、都市の人々もウグイスが鳴くと「春」を感じ、ツバメが軒先に巣をつくると「初夏」

指摘だった。いいかえれば、月とその周期の関係を知っていることが、季節を知るということだったのだ。

そして、(2)これを「遊興」に転換したのが「風」だろう。「風雅」「風俗（優雅と世俗の双方）」や「風狂」というときの「風」だ。「風」を治めようとするのも日本の文化の特徴で、風神、雷神のもたらす大風や＊野分を治めることは、世の平和や秋の収穫にとって大事なことであった。

さらに、日本人は自分の周囲の木や虫を、自分と同じ「生き物」として心が通じ合うように感じていたという＊折口信夫以来の言説は、現代の私たちにまで通じるものがある。古くからのこうした日本人の＊アニミズムでは、その具体例として「草木虫魚」がしばしばとりあげられ、ここでいう「草木」とは「花鳥」でもあったと言えよう。

もともと「花鳥風月」のイメージは、中国に由来している。たとえば唐代の詩人、杜甫（七一二―七七〇年）の有名な「春望」という漢詩では、次のように歌われている。

国破山河在　国破れて山河在り
城春草木深　城春にして草木深し
感時花濺涙　時に感じては花にも涙を濺ぎ
恨別鳥驚心　(3)別れを恨んでは鳥にも心を驚かす
烽火連三月　烽火三月に連なり
家書抵万金　家書万金に抵たる
白頭掻更短　白頭掻けば更に短く
渾欲不勝簪　渾べて簪に勝えざらんと欲す

国都長安の町は、賊軍のためにすっかり破壊され、あとには山と川が昔のままにある。荒れ果てた町にも春がやってきて、草や木が深々と生い茂った。この戦乱のなげかわしい時節を思うと、花を見ても涙が落ち、家族との別れを悲しんでは、鳥の声にも心が痛む思いがする。戦いののろしは三ヶ月もの長い間続いており、家族からの手紙はなかなか来ないので、万金にも値するほど貴重だ。たび重なる心痛のため、白髪をかけばかくほど短くなり、全く冠をとめるピンもさせなくなりそうである。

（「漢詩鑑賞辞典」による）

ここでの「鳥」は、聖なる予告をする存在、神の言葉を伝達する使者である。また、「花鳥の使い」とは、異性への恋情を媒介する意味ももつ。

こうした中国の鳥についての表象は、日本には奈良時代に異国趣味として入ってきた。それを最もよくあらわしているのは、正倉院の工芸意匠にさまざまな鳥の文様が見られることである。そこには、表面を埋め尽くすかのように、多数の鳥の文様が繰り返し描かれているものもあり、それによって悪霊の侵入を阻止する意味を表現している。

地球規模でみると、古代において最も鳥の表象の多いのは古代エジプトであるが、同じ文様は、紀元前三世紀くらいのペルシャや西アジアなどの文物にも見られる。それらは、そ

〔問6〕　本文を読んだ生徒たちが次のように、意思を伝えることについて話をしている。本文の内容や生徒A～Dの発言をふまえて、相手に自分の意思が伝わるにはどのようなことが大切だと考えるか。あなたが考えることを二百字以内で書け。なお、書き出しや改行の際の空らん、、や。や「　などもそれぞれ字数に数えよ。

生徒A　言葉でちゃんと意思は伝わると思うよ。だって、僕が言っていること、みんな理解できているでしょ。

生徒B　それは、今はね。でも、この間お母さんが「お茶飲みたい。」って言っていたからペットボトルを持って行ったら、温かいお茶を入れてほしかったんだって。

生徒C　それに、直接言いにくいことを遠回しに言って、相手に分かってもらいたいってこともあるね。分かってもらえるときもあるけど伝わらないこともある。

生徒D　でも、一方で「以心伝心」とか、「目と目で通じる」とか言うこともあるよ。どうやって意思が通じているんだろう。

5

次の文章を読んで、あとの各問に答えよ。［　　］内は現代語訳である。（*印の付いている言葉には、本文のあとに〔注〕がある。）

今日のわれわれは、「花鳥風月」という言葉に「華やかさ」や「遊興」のイメージを感じる。しかしこの言葉の由来と考えられている世阿弥（一三六三頃―一四四三年）の『風姿花伝』を読んでいくと、世阿弥に始まり、そこから具象化していく「花鳥風月」は、ワビ、サビ的な暗く静かなものだった。

さらにその具体化としての茶道は、世阿弥も、そこから足利、千家へとつづく教えの中に、華やかでないものに「遊び」の心を観たのだ。(1)その意味での「花鳥風月」が「華やかに」なるには、江戸時代の元禄期（一六八八―一七〇四年）や文化文政期（一八〇四―一八三〇年）での変質を通過するか、もともと「ワビ、サビ」も、いま思われているように古びて枯れたようなものではなかったと考えるほかない。

いずれにせよ「花鳥風月」は、日本人のとらえる「景観」のイメージであり、そこから「鳥」だけをとり出して美を感じるということは、平安時代以降、少なくとも江戸時代中期までなかった。もしそこに美を感じるとしても、「花」と「月」を中心に「鳥」に対してであっただろう。

また「月」は、今日の太陽暦のもとでは副次的なものに見なされがちだ。しかし、明治に入って新暦に改暦されるまでは、人々が季節を知るもっとも大きな天文のサインだった。日本の神話でも、天照大神の次に月読命がおかれている。日本だけでなく世界の暦の基本は月齢から計算されており、それが*潮汐を決めるため、漁業や航海にとって非常に重要な

イ　発信者は言葉に意思を込めるが、受信者はその言葉から勝手に意思を生成するので、発信者と受信者のそれぞれの意思が同じになることはないということ。

ウ　発信者が意思を元に発した言葉が受信者に伝わったとき、受信者の脳内では必ずしも発信者の意思を反映した意思が生成されるわけではないということ。

エ　発信者が発した言葉が受信者に伝わったとき、受信者が発信者の意思の通りに言葉の意味を理解しているのは機械的な「反応」にすぎないということ。

〔問3〕(3)「言葉によって意思が伝達される」という言説が広く受け入れられるということについて筆者はどのように考えているか。その説明として最も適切なものを次のうちより選べ。

ア　私たちは、現実には意思の伝達がどのように起きているか分からないので、疑問など感じることはなく、相手に伝わったと感じれば意思の伝達ができていると考えるのは当然のことである。

イ　私たちは、相手に自分の意思が伝わったのかが分からない不安を感じながら言葉のやりとりをしていて、その中で意思が伝わったと自分が感じれば意思の伝達がなされたことにするのである。

ウ　私たちは、実は意思の伝達の過程でどのようなことが起きているかを知っているので、相手の行いに対し「ありがとう」と言うのは、本当に意思が伝わったと感じたから発しているのである。

エ　私たちは、相手が発信者の意思を反映した意思を生み出しているのかは分からないが、そのようなことは気にせず、実際に言葉がやりとりされている以上は意思が伝わったと考えるのである。

〔問4〕【図3】は筆者の言う「創発型コミュニケーション」が成り立つ様子を示したものである。この図中で波線を付けた「違和感」とは、どのようなものか。これについて説明している箇所を本文中から十六字で抜き出せ。

〔問5〕(4)創発型コミュニケーションでは、言葉に意味がそもそも備わっているとは見なされません。とあるが、このことについて説明した次の文の□に入る適切な語句を三十字以内で書け。なお、解答には「発信者」「受信者」という言葉をふくめること。

状況依存型コミュニケーションでは、状況に即して発信者と受信者は、それぞれ意味から言葉、言葉から意味を選択するので、言葉と意味はいくつかのパターンで結びついていると考えられる。創発型コミュニケーションは、□ので、言葉にはもともと意味が備わっているとは考えられない。

同じ状況に即し、意味「電話に出よう」を選択する過程です。このような、状況に即した意味の存在を前提とするコミュニケーションを「状況依存型コミュニケーション」と呼ぶことにします【図4】。

状況依存型コミュニケーションと異なり、(4)創発型コミュニケーションでは、言葉に意味がそもそも備わっているとは見なされません。その過程は、意思の伝達過程と同様です。

まず言葉の発信者において「意味」が自発的に生じ、続いて言葉が創発されます。次に言葉を受け取った受信者において新たな「意味」が創発され、これを契機に（言葉の生成も含めた）行動が生成され、その行動に対し発信者が勝手に「意味の伝達感」を感じるのです。

（森山徹「モノに心はあるのか」による）

〔注〕逡巡——ためらうこと。
媒質——力や波動などを他に伝える媒介物。
昇華——物事がさらに高次の状態へ一段と高められること。

〔問1〕(1)意思「電話に出てほしい」が伝わる過程は、物理現象である音や光が伝わる過程とは異なるでしょう。とあるが、両者の過程はどのような点で異なるのか。その説明として最も適切なものを次のうちより選べ。

ア　音に代表される物理現象が伝わるのは、振動する空気という媒質が糸電話の糸のように発信元と受信元を直接つなぐからだが、意思の伝達では、発信元と受信元との間を直接媒質がつないでいないという点。

イ　音に代表される物理現象の伝達では、発信元と受信元の間を直接振動する物質によってつなげるが、意思の伝達では、振動する物質の代わりに言葉が発信元と受信元をつなぐ媒質の役割を果たしているという点。

ウ　音に代表される物理現象は、発信元で生じた振動が一方的に受信元に届けられるのに対し、意思の伝達については、発信元と受信元のヒトが言葉による相互作用をすることによって理解につながるという点。

エ　音に代表される物理現象の伝達過程は、発信元が空気を振動させて受信元の器官を振動させるまでの出来事だが、意思の伝達は、発信元の言葉が受信元の脳内における理解の活動まで手助けをするという点。

〔問2〕(2)この両者において、一つ気がかりな点があります。とあるが、筆者が「気がかり」だとするのはどのようなことか。その説明として最も適切なものを次のうちより選べ。

ア　発信者は意思の一次生成者であるため、受信者の側がどのような意思を生成するかにかかわらず、勝手に意思を作り出すという自発性があるということ。

言葉による意思の伝達とは、「言葉の受信者がその発信者から発せられた言葉に対し勝手に意思を生み出し、言葉の発信者が勝手に意思の伝達感を作り出す過程」でした。この過程を考察することによって、私たちは、物理的接点を持たない発・受信元の間の伝達機構を知ることができました。

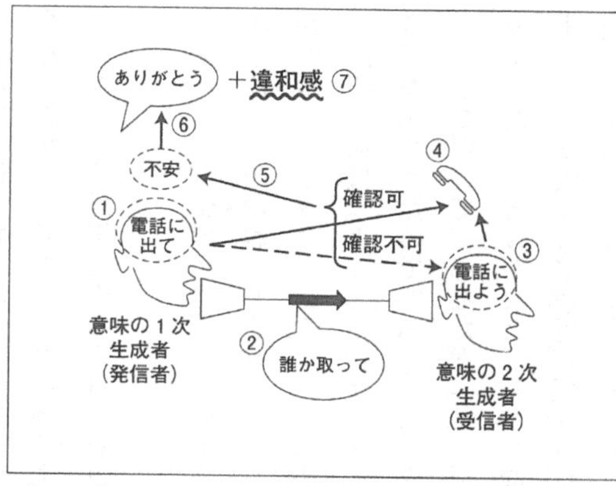

【図３】

発・受信元が、空気や水といった媒質によって繋がっている音や光といった物理現象の伝達と異なり、言葉による意思の伝達では、発信者の脳（発信元）は意思から言葉を、受信者の脳（受信元）は受け取った言葉から意思をそれぞれ「創発」し、最後に発信者の脳が「意思の伝達感」をでっちあげるのです。

読者のみなさんは、言葉による意思の伝達は、言葉のやり取りの典型例、すなわち「言葉によるコミュニケーション一般のモデル」であることに気づいているでしょう。言葉によるコミュニケーションでは、その発・受信者間で「意思」が伝達されますが、より広くは「意味」が伝達されるといえます。私は、「発信者が意味から言葉を、受信者が受け取った言葉から意味をそれぞれ創発し、最後に発信者が意味の伝達感をでっちあげる過程」が言葉によるコミュニケーションであると考えます。このような考えに基づくコミュニケーションを「創発型コミュニケーション」と呼ぶことにします（【図３】）。

一方、それぞれの言葉には（その言葉が）使用される「状況」に応じた幾つかの意味がそもそも備わっているという考えもあるでしょう。例えば、言葉「誰か取って」の意味は、誰かが樹木の枝を指差す状況では「引っ掛かったボールを取る」、台所からシューという音が聞こえる状況では「やかんのフタを取る」です。

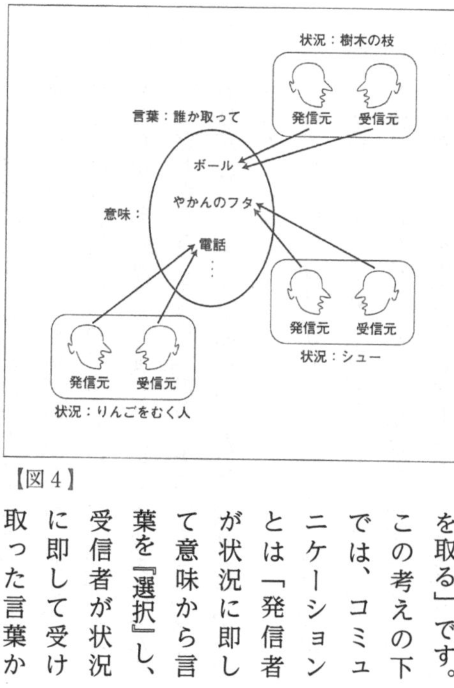

【図４】

この考えの下では、コミュニケーションとは「発信者が状況に即して意味から言葉を『選択』し、受信者が状況に即して受け取った言葉から意味を『選択』する過程」となります。

前述の例は、「りんごをむいている時に電話が鳴るという状況」に即して「電話に出てほしい」という意味を持つ言葉「誰か取って」を私が選び、その言葉を受け取ったあなたは、意思の伝達系では、意思の一次生成者、二次生成者は、それぞれ言葉の発信者、受信者としては、（空気のような）媒質を介して繋がっていますが、それらの脳内過程は独立です。そして、一次生成者が意思を基に生成した言葉に対し、二次生成者がどのような意思を生成するかはわからない、ということが、言葉を介する意思の伝達系の基本的な特徴です。

　意思の伝達系において、二次生成者は、一次生成者から受け取った言葉を基に勝手に意思を作り出します。したがって、一次生成者において生じた意思を反映する意思が、二次生成者において作られた場合、それは「偶然」なのです。私の発する「誰か取って」という言葉によって、あなたが「電話を取る」という意思を作るのは、意外に当たり前ではないのです。

　また、一次生成者は、二次生成者がどのような意思を生み出したのかを尋ねはしません。私（一次生成者）の発言「誰か取って」を受け、あなた（二次生成者）が電話を取ってくれた際、私は「よかった、『電話に出て欲しい』という私の意思が伝わったのですね」などとあなたに確認しないでしょう。したがって、あなたが「私の意思を反映した意思」を生み出したのかどうかなど、わからないのです。にもかかわらず、(3)「言葉によって意思が伝達される」という言説が広く受け入れられるのはなぜでしょうか？

　この疑問に対し、読者のみなさんはこう答えるかもしれません。「私たちは、意思の伝達系で現実に起こっていることなど知らないままに言葉をやり取りする。だから、そのような疑問などそもそも持たない。現実の言葉のやり取りでは、私が、あなたに意思が伝わったと感じさえすれば、意思が伝わったことになる。だから、『言葉によって意思が伝達された』と素朴に思えるのだ」と。

　私は、この回答に半ば賛成ですが、半ば再考を加えたいと思います。賛成の部分は、「私が、あなたに意思が伝わったと感じさえすれば、意思が伝わったことになる」の部分です。私は、あなたが「私の意思を反映した意思」を生み出したのかどうかなどわからないままに「ありがとう」と言うのです。この「ありがとう」は、意思が伝わったと「感じた」から発せられる言葉でしょう。

　一方、再考したい部分は「私たちは、意思の伝達系で現実に起こっていることなど知らないままに言葉をやり取りする」の部分です。私たちは、意思の伝達系で現実に起こっていることを知っているのではないでしょうか。より正確には、それを「感じつつ」言葉をやり取りしているのではないでしょうか。すなわち、私たちは、前述のような「ありがとう」を、「相手に意思が伝わったかどうかわからない不安」を感じながらも、発するのです。

　この不安を解消する手立てなどありません。だからこそ、この不安は、意思が伝わったという無根拠な感覚、「意思の伝達感」へと*昇華させられるのではないでしょうか。「ありがとう」という言葉は、感謝の気持ちからだけでなく、この「後付けの意思の伝達感」も加わって発せられる言葉だと思うのです。

ある私の口で生じた振動が空気という*媒質（ばいしつ）を振動させ、その媒質の振動が受信元であるあなたの鼓膜（こまく）を振動させるまでの出来事です。

　このように、音に代表される物理現象の伝達系は、発信元と受信元が媒質を介して繋（つな）がる「糸電話」です（【図1】）。そして、伝達とは、発信元で生じた物理現象が、媒質を介して受信元へ達する過程です。

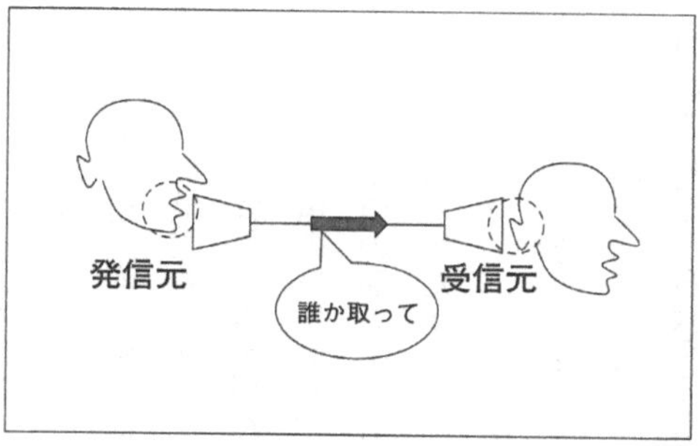

【図1】

　一方、意思の伝達系は、糸電話ではありません。意思の伝達過程は、意思の発信者の脳（発信元）が生成した意思に関する活動が、発信元と受信元（受信者の脳）を直接繋ぐ糸のような媒質を介し、受信元へ達する出来事ではないのです。一体、意思はどのように伝達されるのでしょうか。そして、意思の伝達系に含（ふく）まれる言葉の伝達系は、意思の伝達にどのように関わるのでしょうか。

　意思の発信者が発する言葉は、その脳内で生じる意思によって生成されるはずです。例えば、意思「電話に出て欲しい」が、言葉「誰か取って」を生成します。そして、その意思の受信元の脳は、「糸電話式」に受け取った言葉「誰か取って」から、意思「電話に出よう」を生成します。

　このように、意思の伝達過程において、発信元は「（自発的に生じた）意思が言葉を生成する脳内活動」、受信元は「（受け取った）言葉から（新たな自発的）意思を生成する脳内活動」です（【図2】）。

　ところで、(2)この両者において、一つ気がかりな点があります。それは、「受信元において生成される意思」です。受信元において、意思は発信元から受け取った言葉から「自発的に」生成されます。ある言葉から生成される意思が決まっているならば、それは意思ではなく、機械的な「反応」でしょう。この、受信元における意思の自発性は、「発信者の発した言葉に込められた意思とは無関係に」、少なくとも、それを確認（かくにん）することなどなしに、生成されることを意味します。

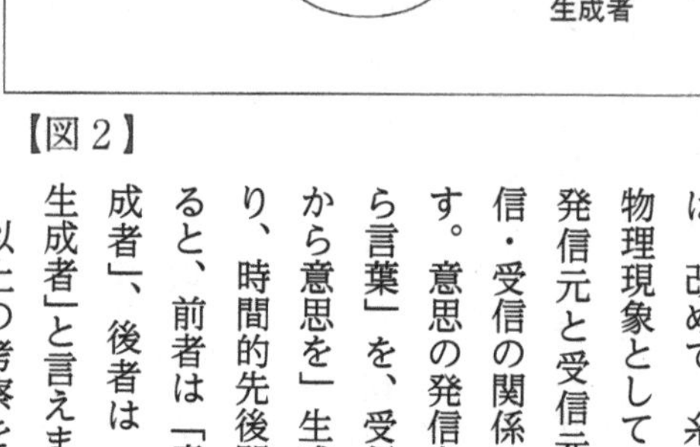

【図2】

　したがって、意思の伝達過程におけるその発信元と受信元は、改めて、糸電話のような物理現象としての伝達過程の発信元と受信元のような発信・受信の関係にはないのです。意思の発信者は「意思から言葉」を、受信者は「言葉から意思を」生成する者であり、時間的先後関係を考慮（こうりょ）すると、前者は「意思の一次生成者」、後者は「意思の二次生成者」と言えます（【図2】）。

　以上の考察をまとめると、

〔問5〕(5)「海のお魚が木になっている。」とあるが、そのように感じたのはなぜか。その理由を述べたものとして、最も適切なものを次のうちより選べ。

ア　おじさんが送ってきた果物の種は、普通の種の概念を超えた形状を持ち、凹凸の縞目が魚と木肌の色に似ていたから。

イ　楕円形の種を横にして見たときの上側の縁には白い毛立ちがあり、これが魚と厚い緑の葉をつけたマンゴーの木を想起させたから。

ウ　魚の形に似たマンゴーの種が、葉の緑色に似た若草色の皿の上に置かれたのを、葉を背にして魚がいると見たから。

エ　マンゴーの種は、マンボウやシッポを落とされた皮剥ぎにも見えるため、それを縦に置くと小さな木のように見えたから。

〔問6〕(6)前々から教えてもらいたかったこととはどのようなことか。最も適切なものを次のうちより選べ。

ア　自分の存在について

イ　人間と生物の違いについて

ウ　人生の意義について

エ　昆虫（こんちゅう）の実態について

4

次の文章を読んで、あとの各問に答えよ。（＊印の付いている言葉には、本文のあとに〔注〕がある。）

言葉は、聴覚（ちょうかく）的、視覚的、そして点字のように触覚的に表現されます。私たちは、言葉を使うことによって、例えば自分の意思を相手に伝えることができます。私がりんごの皮をむいているときに電話が鳴り「誰か取って」と言い、あなたが電話に出てくれると、私は「ありがとう、助かった」と言うでしょう。このとき、言葉「誰か取って」を使うことによって、意思「電話に出てほしい」はあなたへ伝わったと言えます。

ところで、実体のない「意思」はどのような仕組みで相手へ伝わるのでしょうか？　そして、言葉はなぜ意思を伝えることができるのでしょうか？　言葉とは何かを考えるとき、どこから（文法から？　単語の成り立ちから？）、どのように（言語学的に？　人類学的に？）アプローチすべきかを考えだすと、思考は＊逡巡（しゅんじゅん）し、一向に前へ進めなくなります。

であるならば、興味を持った部分を出発点として、まずは考えを進めるのが得策でしょう。私は、「言葉はなぜ意思を伝えることができるのか」という問いを出発点とし、言葉とは何かを考えていくことにします。なぜ言葉とは何かについて考えるのか。それは、私たちは、言葉によって、世界、すなわちモノゴトを表現し、そして、言葉によって、ヒトと相互作用し、そして理解を図るからです。

さて、前述の例において、(1)意思「電話に出てほしい」が伝わる過程は、物理現象である音や光が伝わる過程とは異なるでしょう。例えば、私の口から出る言葉「誰か取って」は、音という物理現象であり、これが伝わる過程とは、発信元でものの、分からないことも多く、娘ががっかりしているのを感じ、なんとかして励ましてあげたかったから。

イ　夏休みもあと数日になり、図書館通いもできなくなって、おじさんのことを調べる時間がなくなっていくことに気落ちしている娘を元気付けたかったから。

ウ　おじさんが来られないことを知った娘が落ち込む前に、「その代わりにいい物を送ります。」という葉書のおじさんの言葉を伝えることで、喜ばそうとしたから。

エ　図書館に通い沖縄のいろいろなことを調べておじさんを待っていた娘が失望することを、おじさんの悪口を先に言うことで、少しでもやわらげようとしたから。

〔問3〕(3)父親はひとりごとを言いながらほんの二口三口だけで、残りのマンゴーの皿を少女の方へ押しやった。とあるが、その時の父親の気持ちを説明したものとして、最も適切なものを次のうちより選べ。

ア　真っ先にスプーンを取ってはみたものの、種なしの果肉であったため、少しでも種のある西瓜やメロンを食べたくなり、娘に食べて欲しいという気持ち。

イ　おじさんが送ってくれたマンゴーを、全く口にしないのは申し訳ないとは思ったが、やはり自分の口にあわないため、娘に食べて欲しいという気持ち。

ウ　初めて口にする果物にしては西瓜やメロンより美味に感じたが、隣で娘がいかにもおいしそうに食べている姿を見て、娘に食べて欲しいという気持ち。

エ　強い香りが南国を想起させるマンゴーは沖縄のイメージとよく合ってはいるが、マンゴー独特の甘い香りが気になり、娘に食べて欲しいという気持ち。

〔問4〕(4)おや、から、あら、に変(かわ)って、とあるが、それはどういうことか。最も適切なものを次のうちより選べ。

ア　マンゴーの味があまりにおいしかったために、つい種までいとおしくなって洗ってしまったが、種がきれいになっていくうちに、そのおいしさの秘密が分かったような気がしたということ。

イ　初めて食べたマンゴーの種は梅干しの種とは違ってめずらしいので、洗って皿に取っておこうとしたが、種にまで強く引かれている自分は欲張りで恥ずかしいと感じてしまったということ。

ウ　何でも新しいものはよくてマンゴーの味も印象も新鮮だと感じたが、種を洗いながら観察したときに、無地の皿の上に置いたらこの種の特徴もよく分かるのではないかと考えたということ。

エ　最初はマンゴーの種が普通の果物の種とは違うことに気づいたが、その種を洗って見ているうちに、だんだんと種の細かい部分が気になって、改めて不思議な形状の種だと思ったということ。

弾力性が加わった。高さは一〇メートルもあって、厚い葉をつけるというマンゴーのあの美味しい果肉が、しんにこういうものを抱えているのかと思うと、娘に見せておきたくなった。娘を呼んだ。

若草色の皿の中を見るなり、あの卵色の少女は言った。

(5)「海のお魚が木になっている。」

「………。」

母親はすぐには反応できなかった。言われてみれば、全体マンボウ形の魚で、上下の縁の毛立ちは背鰭と腹鰭に見えなくもない。いや、シッポを落とされた*皮剥ぎか。

海の魚が木に？

母親は少女の迷いのない言葉に不意をつかれたが、まさか、と思い、そのうちに、もしかすると、などと思い始めていた。

少女は、今夜はおじさんにマンゴーのお礼の手紙を書こうと思っている。お礼だけでなく、(6)前々から教えてもらいたかったことも書こうと思う。今日も又庭で鳴いていた蝉が、蝶でも蜻蛉でも人間でもなくて、蝉で生きているふしぎについて。そしてこのわたしが、マンゴーではなく、花でも鳥でも魚でもなかったふしぎについても。あのおじさんなら、きっとやさしく教えてくれると思う。

（竹西寛子「木になった魚」による）

〔注〕卵色の少女――小学生で、この場面の前に卵色の服を着て登場している。
生糸――蚕のまゆから取った繊維を合わせて作った糸。
皮剥ぎ――カワハギ科の海魚。

〔問1〕(1)友達の誘いも断ったし、うちに誘うこともしなかった。とあるが、それはなぜか。その理由を述べたものとして、最も適切なものを次のうちより選べ。

ア　個性的なおじさんではあるが、なぜ二回も塩を送ってくるのか、なぜいつも真面目なことだけを言っているのか、それをもっと調べてみたかったから。

イ　独身で気まま、ユーモアのある会話もできるおじさんはあこがれでもあり、そのおじさんが夏休みに帰って来るので、その言葉づかいについて調べたかったから。

ウ　大好きなおじさんが夏休みに帰ってくる予定なので、おじさんが仕事をしている沖縄について調べることで、おじさんをより深く理解したかったから。

エ　沖縄の自然や日常生活に関することを調べることで、自分の学習に対する意欲を大好きなおじさんに認めてもらい、おじさんの関心を引きたかったから。

〔問2〕(2)娘の落胆に先回りした。とあるが、母親はなぜそうしたのか。その理由を述べたものとして、最も適切なものを次のうちより選べ。

ア　沖縄の自然や日常生活についてよく調べてはいた

　母親はそう言って縦長の球形の果実が、ざくろの皮の色に近く濃い紅に熟れているのを手に取り、顔を寄せた。強い香りが南国だった。少女は、いつか友達の誕生祝に招かれた時、フルーツサラダの中にまじっている淡い橙色の果肉をマンゴーだと教えられたことはあったが、近くでこうして丸ごと目のあたりにするのは初めてだった。少女の父親はいったいに果物の類を好まず、妻や娘にはすすめるものの、自分ときたら和菓子一辺倒であった。いきおい、母親もマンゴーを丸ごと買うようなことはなかった。

　父親の勤めからの帰りを待ち、夜食の後、母親は報告のつもりで冷やしたマンゴーを皮つきのまま縦に三つに切り、大皿に一つずつ盛ってそれぞれの前に置いた。大き目のスプーンを添えた。種が固くて自分の力ではとても割れないので、平たい種がついたままの果肉の部分は自分が取り、父親と少女には種なしの果肉をつけた。皮の外からはうかがいようもなかった甘い芳香が漂った。

　父親は、手をつけないのは悪いと思ったのか、まっ先にスプーンを取って、柔らかな橙色の果肉に当てた。

　三人三様の沈黙の動きが続いた。

　少女は、薔薇の花のエキスとアイスクリームが口の中で溶け合っているような気がした。後味のきれいな甘みが、南の海の深い色と空の輝きを呼んで、あの島に行けば、海と空を見ながら毎日おじさんとこの果物が食べられるのかと思うと、浮き立つようだった。

「西瓜でもない。メロンでもない……。」

　(3)父親はひとりごとを言いながらほんの二口三口だけで、残りのマンゴーの皿を少女の方へ押しやった。

　母親は、

「何でも新しいうちがいいの。兄さん、本当にいい物を送ってくれたわ。」

と、唇の回りの果汁を片方の手の指先で拭き拭き、せわしくスプーンを口に運んだ。

　洗い場に少女と一緒に皿を下げた。

　長年炊事をしてきたが、梅干の種をわざわざ水で洗ったことはない。桃の種を洗ったこともない。それなのにどういうわけか。母親は皿に残っているマンゴーの種をそのまま捨てる気にならず、蛇口の下で洗い始めていた。洗いながら、美味しさのあまり種にまで執着しているのかという恥ずかしさもなくはなかったが、洗い続けているうちに、(4)おや、から、あら、に変って、水を止めると掌の内側にのせたままじっと見入った。

　種の全長は八、九センチメートル、幅は五、六センチメートル、いちばん厚いところのふくらみは二センチメートルか、せいぜい二・五センチメートルくらいで、扁平な楕円形の＊生糸色の種には、表面に数本、抉られたような凹凸の縞目が走っている。その上、楕円形を横にして見た時の上側の縁には、白髪を逆立てたような毛立ちがあり、下側の縁にも少量の毛立ちがある。これがマンゴーなの？　とわが目を疑いながら、母親はその種を、模様のない若草色の皿の中に置いた。

　次の日、種は乾いていた。ただ毛立ちの部分には、乾燥で

と言って、
「分る?」
と聞いたり、変に着飾っている女のひとを見て、
「ああいうのを、耳朶に口紅をつけているような人って言うんだよ。」
などと真面目な顔をして言う。そういうところが気に入っている。未だに結婚していない。仕事柄、会社からはよく出張するし、自分も地球の上を出来るだけたくさん動いてみたいので、家族はいないほうがいいというのがおじさんの考えらしいと少女は思っている。

　そういえば、おじさんからの塩は、今度が初めてではなかった。二、三年前だったが、その頃のおじさんの勤務地は北海道で、オホーツクの海水一〇〇パーセントという、やはり今度と同じくらいの小袋に入った焼塩が送られてきた。
「この塩を毎日食べて、女のひとはもっと美しくなって下さい。」
と書き添えてあった。この時の塩も、母親には結晶のこまやかさは見慣れたものと違っていたが、焼塩だったせいか、今度の雪塩のようにはおどろかなかった。

　今年の夏休みは、そのおじさんが沖縄から休みをとって帰ってくるというので、少女は、(1)友達の誘いも断ったし、うちに誘うこともしなかった。学校の図書館だけでなく、住んでいる町の図書館にも出掛けて行って、沖縄の自然や日常生活に関するものを、一冊でも多く見たり読んだりして、おじさんがどんなところで毎日を過ごしているのか知りたいと思った。図鑑や図録の類は、ただ見ているだけで分ることもいろいろあるけれど、文章になると、すぐには分らない説明が次々に押し寄せてきて、言葉の意味を調べるのに横道に逸れる場合が少なくなかった。それに、意味が分ればまだいいほうで、堂々巡りしながら自分はいったい何を調べていたのか分らなくなるようなことさえあった。沖縄を知りたい気持とおじさんを知りたい気持がひとつになっていて、真夏日の連続にもくじけず、少女は大きな麦藁帽子をかぶって図書館に通った。

　おじさんから、急に都合で島を離れられなくなったという葉書が母親に届いた時、少女の夏休みもあと数日になっていた。
「あのひとは、いつもこうなんだから。」
と母親は少女に聞こえよがしにつぶやいて、(2)娘の落胆に先回りした。
「その代わりにいい物を送ります、って書いてあるけれど、まさか今度も塩じゃないでしょうね。」
母親は娘の顔を見ないままで続けた。
「あんなに一所懸命調べて待っていたのに。」
それを言いたいのはわたしなのに、と少女は思い、いいわ、この次がもっとたのしみになる、そうも思って口は開かなかった。

　葉書から二日後、沖縄からの航空便でマンゴーが届いた。三個並んでいる。
「家族三人、一人一個ずつ、のつもりかしら。」

〈国語〉

時間五〇分　満点一〇〇点

【注意】答えは特別の指示のあるもののほかは、各問のア・イ・ウ・エのうちから、最も適切なものをそれぞれ**一つずつ**選んで、その記号を書きなさい。また、答えに字数制限がある場合には、、や。や「 なども**それぞれ一字と数えなさい。**

1

次の各文の――を付けた漢字の読みがなを書け。

(1) 人工知能の普及は仕事の効率化に拍車を掛ける。

(2) 喉元過ぎれば熱さを忘れる。

(3) 無理な計画は砂上の楼閣に等しい。

(4) 次の大会で勝利するのは必定だ。

(5) まるで幻灯を見ているかのような風景だ。

2

次の各文の――を付けたかたかなの部分に当たる漢字を楷書（かいしょ）で書け。

(1) 候補者がヒョウデンとなる地域で演説する。

(2) 年の初めに家内安全とガンをかける。

(3) キャプテンの一言がチームをササえた。

(4) 役員に事後処理をイニンする。

(5) 文集の原稿を印刷所でセイハンする。

3

次の文章を読んで、あとの各問に答えよ。（＊印の付いている言葉には、本文のあとに〔注〕がある。）

朝の庭で蝉（せみ）が鳴いている。鳴き始めは去年よりも早かった。

「これ、ベビーパウダーみたいね。」

「お母さんは片栗粉（かたくりこ）かと思った。」

＊卵色の少女と母親が、透明な、チャック付きの小さいポリ袋に詰（つ）められている塩を、左右から見詰め合っている。沖縄（おきなわ）に出張している母親のすぐ上の兄が、近くの島の産物だと言って送ってきた。

袋の中の塩は、こまかい結晶（けっしょう）ではなく真白（まっしろ）な粉状（こなじょう）で、毎日スプーンといわず、指先にも塩を当てている母親は、これでもお塩なのかと目に力を入れた。母親は言った。

「雪塩って名前がついている。沖縄の周辺には島がたくさんあって、珊瑚礁（さんごしょう）で出来た島もあるのね。兄さんに聞いた説明では、珊瑚（さんご）にしみとおった地下の海水を原料にしているので、私達（たち）のからだに大切なミネラルがいっぱいふくまれているんですって。」

少女は、両手の指先で、ふくらんでいる袋のあちこちをつまんだ。母親には、いかにも湿気を呼び易（やす）い、優美な自然塩だと思われた。

この母親には、二人の兄がいたが、少女は雪塩を送ってくれたこの下の伯父（おじ）さんが好きだった。突然、

「豚（ぶた）の卵と馬の角。」

MEMO

大切なことはメモしておこうネ！

2021 年 度

解 答 と 解 説

《2021年度の配点は解答欄に掲載してあります。》

＜数学解答＞

1　〔問1〕 $\frac{20}{21}$　〔問2〕 0, $\frac{1}{2}$　〔問3〕 $\frac{1}{9}$　〔問4〕 2通り　〔問5〕 解説参照

2　〔問1〕 $a=2$　〔問2〕 (1) (0, 0), (0, 2)　(2) D(6, 0)(途中式は解説参照)

3　〔問1〕 2cm　〔問2〕 (1) CA＝CBの二等辺三角形(途中式は解説参照)　(2) 60度

4　〔問1〕 ア, ウ, オ　〔問2〕 $V=48$(途中式は解説参照)　〔問3〕 240通り

○配点○

1　各5点×5

2　〔問1〕 7点　〔問2〕 (1) 8点　(2) 10点

3　〔問1〕 8点　〔問2〕 (1) 10点　(2) 7点

4　〔問1〕 8点　〔問2〕 10点　〔問3〕 7点　　計100点

＜数学解説＞

重要 1 (小問群―式の計算, 二次方程式, 確率と整数における約数の個数, 平均値と中央値, 円の性質と作図)

〔問1〕 分子の計算で, $A^2-B^2=(A+B)(A-B)$を用いると,

$$\frac{5(\sqrt{8}+\sqrt{3}+\sqrt{8}-\sqrt{3})(\sqrt{8}+\sqrt{3}-\sqrt{8}+\sqrt{3})}{3\sqrt{3}}\div 14\sqrt{2}=\frac{5\times 2\sqrt{8}\times 2\sqrt{3}}{3\sqrt{3}}\div 14\sqrt{2}$$

$$=\frac{40\sqrt{2}}{3}\times\frac{1}{14\sqrt{2}}=\frac{20}{21}$$

〔問2〕 $(x+3)(2x-1)+3(1-2x)=0$を展開して整理すると, $2x^2-x=x(2x-1)=0$　$x=0,\ \frac{1}{2}$

重要 〔問3〕 Nは, 21, 23, 25, 41, 43, 45, 61, 63, 65の9個できる。この中でNの正の約数が3個になるのは「素数の平方数」を探せばよいので, 25だけが該当する。したがって求める確率は$\frac{1}{9}$(実際に, 25は約数が1, 5, 25の3個である。)

〔問4〕 平均値が7.0なので, $(a+5+9+10+b+3)\div 6=7$　整理すると, $a+b=15$…①

また, 中央値が7.5なので, 個数の多い方から3番目と4番目は「8と7」もしくは「6と9」のいずれかとわかる。(「5と10」はCの個数が9個であるためあり得ない)。したがって, ①と$a<b$であることを考えると, $(a,\ b)=(7,\ 8),\ (6,\ 9)$の2通り考えられる。

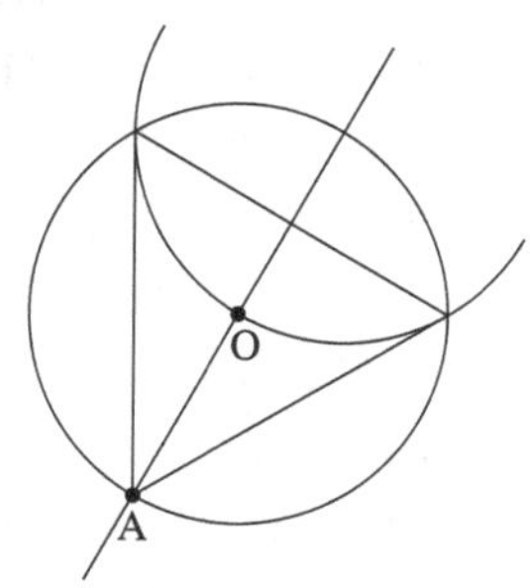

やや難 〔問5〕 次の手順で作図すればよい。

① 直線AOをかき, 円Oとの交点でA以外の点をPとする。

② 点Pを中心として半径POの円を描き, 円Oとの2つの交点をB, Cとする。

すると, △POBと△POCはともに正三角形となり, ∠BOC＝120°　よって, 円周角は中心角の

半分の大きさなので，∠BAC＝60°　さらに，△ABCは直線AOに関して対称な図形なので，△ABCは正三角形とわかる。

2 (関数と図形―放物線の図形的性質の利用，放物線と直線の交点，三角形の面積の利用と座標の求値)

基本 〔問1〕 点Pは$y=x^2$のグラフ上にあり，そのx座標は3なので，P(3，9)

直線ℓは，点Pを通り傾きが1の直線なので，その式は$y=x+6$

したがって，直線ℓと曲線fの交点のx座標は，$x+6=x^2$を解けばよい。これを解くと，

$x^2-x-6=0$　$(x+2)(x-3)=0$　$x=-2,\ 3$

点Bのx座標は負なので，B(−2，4)とわかる。よって，2点A，Bはy軸に関して対称な位置にあるので，A(2，4)　よって，$a=2$

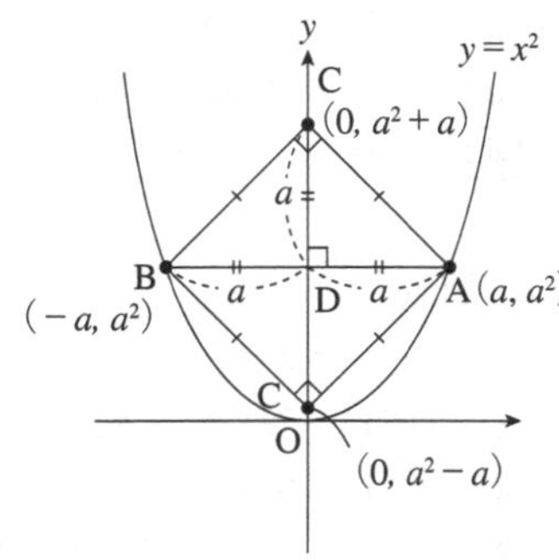

重要 〔問2〕 (1)　点A$(a,\ a^2)$，B$(-a,\ a^2)$より，AB$=a-(-a)=2a$

また，△ABCは直角二等辺三角形であり，線分ABとy軸との交点をDとすると，対称性から，△ACD≡△BCDでともに直角二等辺三角形であるので，AD＝BD＝CD$=a$

したがって，△ABCの面積が1cm²となるとき，AB×CD×$\frac{1}{2}=1$

よって，$2a\times a\times\frac{1}{2}=1$　これを解いて，$a>0$より$a=1$

図のように，点Cは線分ABの上側と下側の2つあり，

その座標は$(0,\ a^2+a)$と$(0,\ a^2-a)$と表せるので，$a=1$より，

点Cの座標は(0，2)と(0，0)

(2)　(途中の式や計算など)(例)　△ADCと△ABCにおいて，辺ACを底辺と考えると，△AQCは共通で△ADQと△BCQの面積が等しいから，△ADCと△ABCの面積が等しくなればよい。

したがって，高さが等しくなればよいから，直線ACと直線BDが平行になればよい。直線ACの傾きは，$\frac{9-12}{3-0}=-\frac{3}{3}=-1$　であるから，直線BDの切片をbとすると，直線BDの方程式は，$y=-x+b$

また，点B(−3，9)であり，点Bは直線BD上の点なので，$9=-(-3)+b$　すなわち，$b=6$

ゆえに，直線BDの方程式は，$y=-x+6$

点Dのx座標をdとおくと，点Dはx軸上にあり，直線BD上の点なので，$0=-d+6$　すなわち，$d=6$

よって，D(6，0)

3 (平面図形―円の性質の利用，角の二等分線の性質の利用，三角形の相似とその性質，円周角の定理と応用，角度の求値)

基本 〔問1〕 仮定より，∠BAP＝∠CAPなので，角の二等分線の性質より，BD：CD＝AB：AC　3：CD＝6：8　よって，CD＝4cm

また，円周角の定理より，$\overset{\frown}{\text{PC}}$について∠PBC＝∠PAC，$\overset{\frown}{\text{AB}}$について∠APB＝∠ACB

よって，二角が等しいので△DBP∽△DAC

相似な図形の対応する辺の比は等しいことから，BP：AC＝DP：DC　4：8＝DP：4　ゆえにDP＝2cm

〔問2〕 (1)　(途中の式や計算など)(例)　頂点Aを含む$\overset{\frown}{\text{BQ}}$と頂点Bを含む$\overset{\frown}{\text{AP}}$の長さが等しいので，∠BCQ＝∠ACP

また，∠BCQ＝∠BCA＋∠ACQ　∠ACP＝∠BCA＋∠BCP　であるから，∠ACQ＝∠BCP……①
$\overset{\frown}{AQ}$に対する円周角は等しいので，∠ACQ＝∠ABQ……②
$\overset{\frown}{BP}$に対する円周角は等しいので，∠BCP＝∠BAP……③
したがって，①，②，③より，∠ABQ＝∠BAP……④
ここで，線分APと線分BQはそれぞれ∠BACと∠ABCの二等分線であるから，∠BAC＝2×∠BAP……⑤　∠ABC＝2×∠ABQ……⑥
よって，④，⑤，⑥より，∠BAC＝∠ABC
ゆえに，2つの角が等しいので，△ABCは，CA＝CBの二等辺三角形である。

(2)　∠BAP＝∠CAP＝a，∠CBQ＝∠ABQ＝bとする。
$\overset{\frown}{CP}$において円周角の定理より，∠PBC＝∠PAC＝a
$\overset{\frown}{AQ}$において円周角の定理より，∠ACQ＝∠ABQ＝b　となる。
頂点Aを含む$\overset{\frown}{BQ}$に対する円周角の大きさと頂点Cを含む$\overset{\frown}{AP}$に対する円周角の大きさが等しいので，∠BCQ＝∠ABP＝$a+2b$　よって，∠ACB＝$(a+2b)-b=a+b$と表せる。
△ABCにおいて，内角の和は180°なので，$2a+2b+(a+b)=180°$
これを簡単にすると，$a+b=60°$となり，∠ACB＝60°である。

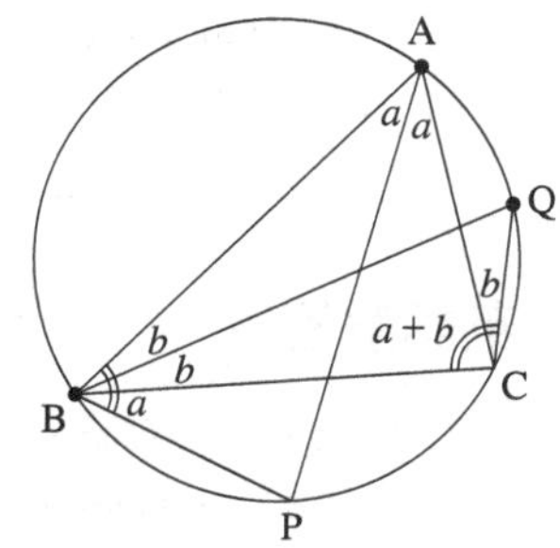

4　(空間図形―立体の切断，立体の展開図，立体の体積の求値，立体の表面の塗り分けと場合の数)

〔問1〕　GB//PQより△BFG∽△PDQであることに注意すれば，PQ＝5cm，DQ＝4cmとわかり，点Qは辺ADの中点となる。したがって，AQ＝DQ＝4cmであるので，三平方の定理を用いて辺の長さを求めると，BQ＝CQ＝$4\sqrt{2}$ cm　したがって，△BCQは直角二等辺三角形とわかり，∠CQB＝90°である。よって，頂点の位置に注意しながら展開し，90°の角を持つ位置に注意しながら正しいものを選ぶと，アとウとオになる。

重要　〔問2〕　(途中の式や計算など)(例)　△BCG≡△ADHであるから，∠CBG＝∠DAH
GB//PQ，GB//HAであるから，HA//PQ　よって，∠DQP＝∠DAHとなり，∠DQP＝∠CBG
また，∠QDP＝∠BCG＝90°であるから，△QPD∽△BGC
よって，QD：BC＝DP：CGとなり，DP＝3cm，CG＝6cm，BC＝8cmであるから，
QD：8＝3：6となり，QD＝4cm
辺CDを頂点Dの方に延長した直線と，線分BQを点Qの方に延長した直線との交点をSとすると，△SBC∽△SDQとなるので，SD＝cとすると，SC：SD＝BC：QD　$(c+4):c=8:4$　$c=4$
三角すいS－BGCの体積をV_1cm³とすると，$V_1=\frac{1}{3}\times\left(\frac{1}{2}\times8\times6\right)\times(4+4)=64$
三角すいP－CQSの体積をV_2cm³とすると，$V_2=\frac{1}{3}\times\left(\frac{1}{2}\times8\times4\right)\times3=16$
よって，求めるVの値は，$V=V_1-V_2=48$

〔問3〕　5つの面に合同な図形はないので，異なる5カ所に4色を使って色を塗る場合の数を考えればよい。5つの面をア，イ，ウ，エ，オと名前を付けて区別すると，次の順で考えてみればよい。
①　4色のうち1色は2カ所に塗ることになるので，4色のうち2カ所に塗る1色を選ぶ。選び方は，4通り。
②　ア，イ，ウ，エ，オの5カ所の中から同じ色を塗る2カ所を選ぶ。選び方は，
(ア，イ)，(ア，ウ)，(ア，エ)，(ア，オ)，(イ，ウ)，(イ，エ)，(イ，オ)，(ウ，エ)，(ウ，オ)，(エ，オ)の10通り

③　同じ色を塗る2カ所以外の残り3カ所にそれぞれ別の色を塗っていくその方法は，
$3\times2\times1=6$(通り)

以上，①，②，③より求める場合の数は，$4\times10\times6=240$(通り)

★ワンポイントアドバイス★

昨年と同様，思考力の必要な問題が多く，図形的な要素が占める割合も高い。大学入試共通改革の影響もあり，数学的思考を試す会話文形式の問題も出題されている。今後はより本質的な理解が問われると思われるので，各単元の基本をきちんと理解することを重視し勉強していこう。覚えるのではなく理解することを徹底すること。

＜英語解答＞

1　〔問題A〕　＜対話文1＞　ア　　＜対話文2＞　エ　　＜対話文3＞　ウ

〔問題B〕　<Question 1>　イ　　<Question 2>　(例)　To tell her about their school.

2　〔問1〕　1－a　キ　　1－b　カ　　1－c　ア　　1－d　エ　　1－e　イ

〔問2〕　2－a　agree　　2－b　robots　　2－c　easy　　〔問3〕　カ　　〔問4〕　オ

〔問5〕　オ　　〔問6〕　エ　　〔問7〕　コ　　〔問8〕　(例)　(I have made a very useful robot.)　It's a very strong robot and moves very fast.　It saves people in dangerous situations.　It can go into a fire or a cold river and save a person there.　I wanted to make this robot because I don't want people to get hurt or die.

3　〔問1〕　オ　　〔問2〕　カ　　〔問3〕　ウ　　〔問4〕　イ　　〔問5〕　エ　　〔問6〕　ア

〔問7〕　(A)　ウ　　(B)　カ　　〔問8〕　(A)　エ　　(B)　サ

○配点○

1　各4点×5

2　〔問1〕・〔問2〕　各2点×8　　〔問8〕　10点　　他　各4点×5

3　〔問6〕・〔問7〕　各2点×3　　他　各4点×7　　計100点

＜英語解説＞

1　(リスニングテスト)

放送台本の和訳は，2021年度都立共通問題35ページに掲載。

2　(会話文問題：文整序，語句補充，指示語，内容吟味，要旨把握，語句整序，自由・条件英作文)

(全訳)　ヒロは，日本からの交換留学生で，今ニュージーランドに滞在しています。彼はこの6月からアレックスの家に住んでいます。彼は毎日アレックスと一緒に登校します。アレックスの母，ハンナはたいてい彼らを家と学校の間を車で送り迎えしています。今，彼らは帰宅途中の車の中で話をしています。

ヒロ　　　：今日は良い天気だね！　ドライブにぴったりの天気だ。

アレックス：僕は16歳の誕生日が来たらすぐに運転免許を取りたいんだ。

ヒロ　　　：今日本では，高齢者の車の運転を心配する声があるよ。日本は高齢化しているんだ。僕たち日本人にとって深刻な問題だよ。

ハンナ　　：知っているわ。新聞で，日本の自動車会社にとっても深刻な問題だということを読んだわ。でも先進のコンピューター技術で制御される自動運転の車を製造した会社もあるそうね。

アレックス：自動運転車？　僕は自分で運転したいな。それにたくさんのタクシーの運転手が職を失うかもしれないじゃないか。それで思い出した。この前，クラスのブラウン先生が僕たちにこう言ってたよ，「コンピューター技術は発展するでしょう。そして多くの仕事が消えていきます。」

ヒロ　　　：そうだね。彼女はこうも言っていたよ，「だから，皆さんは将来仕事に関して慎重に考えた方がいいのです。科学技術の発展によって仕事を失うことを懸念している人たちもいるのですよ。」

ハンナ　　：1-aそうなの？

ヒロ　　　：そうなんです。

彼らはリビングルームに入ると，ソファーに横になっている若い男性に気付きました。

ハンナ　　：まあ，ブラッド！　おかえりなさい。いつ戻ってきたの？

ブラッド　：ハイ，ママ。昼前には着いたよ。やあ，アレックス。元気だったかい？

アレックス：すごく元気だよ！　ヒロ，僕の兄のブラッドだよ。彼はイギリスの情報科学技術の会社に勤めているんだ。ブラッド，こちらはヒロだよ。彼は日本からの交換留学生として僕の学校で勉強しているんだ。

ブラッド　：こんにちは，ヒロ。はじめまして。アレックスからメールで時々君のことを聞いていたよ。

ヒロ　　　：はじめまして，ブラッド。

ブラッド　：ホームステイは楽しい？

ヒロ　　　：はい，とても楽しいです。ハンナとアレックスのおかげと感謝しなくてはと思っています。彼らはとても親切で僕をたくさん助けてくれます。

ハンナ　　：ヒロ，ブラッドはコンピュータープログラマーなのよ。彼は自律的なロボットに関するプログラムを書いているの。ヒロとアレックスは，コンピューター技術が発展してたくさんの仕事が失われるだろうと言うのよ。

ブラッド　：僕は，新しい科学技術のおかげである程度までは働き方は変わるだろうけど，我々の仕事の総量はそれほど変わらないと確信しているよ，新しいタイプの仕事が生み出されるだろうからね。その一方で，日本は危険を伴う仕事や肉体的に過酷な仕事に関して労働力不足の状態だよね。

ヒロ　　　：1-bそうです。日本ではそれは深刻な問題です。

アレックス：自律的なロボットは危険な仕事や肉体的に過酷な仕事を容易に，そして安全にできるよ。ロボットがその問題を解決できるかもしれないよ。それはいいことだよね。

ヒロ　　　：(2)僕もそう思う。

ハンナ　　：もし自律的なロボットが将来私たちのために働いてくれたら，私たちはもっと自由な時間がとれるかもしれないわね。それもいいことだわ。

ブラッド　：現在多くの仕事が情報科学技術の会社では生み出されているよ。科学技術の発展のせいで多くの仕事が失われるのではないかという心配は必要ないと思うよ。

ブラッドは彼のコンピューターを立ち上げ，“人々はロボットに何をしてほしいのか？”というグラフを画面に出してみせました。

ブラッド　：(3)このグラフを見て。人々が将来ロボットにどんな仕事をして欲しいと思っているかが分かるよ。

ヒロ　　　：これによると，80%より多くの人たちがロボットは危険な仕事をするために使用されてほしいと思っているね。77.8%の人たちは，ロボットは科学技術の進歩のために利用されてほしいと思っている。

アレックス：おおよそ同じ割合の人たちが，ロボットは介護を支えるために使われてほしいと思っているね。驚いたのは，ロボットが医療を支えるために使われることを望んでいる人たちが最も少数だったことだよ。

ヒロ　　　：僕も驚いたよ。僕たちと同じように，多くの人たちがすでに自身のロボットを持っているんだね。

ハンナ　　：4-aその通りよ。うちにも働いてくれているロボットが2台あるわ。1つは床を掃除するロボット，もう1つのロボットは私たちの質問に答えてくれるわ。

ヒロ　　　：4-bでも掃除ロボットは階段を掃除できないし，もう片方は答えられない問題もあるよ。

ブラッド　：4-c君の言う通りだね。たいていのロボットは改善が必要だ。コンピュータープログラマーたちは完ぺきなIoTを創り出そうとしているんだよ。

アレックス：4-dIoTって何？　その言葉は聞いたことがないな。

ブラッド　：4-eモノのインターネットのことだよ。リビングのエアコンをつけるだろう？

アレックス：うん，もちろん。

ブラッド　：いつかそれをしなくてもよくなるよ。

アレックス：1-cどういうこと？

ブラッド　：(5)君が家の近くのバス停でバスを降りると，コンピューターネットワークはその情報をとらえて，あとどのくらいで君が家に着くか分かるようになる。ネットワークはそれ自身でいつ君の家のエアコンをつければいいか決めるようになるんだよ。君がそれを管理する必要はなくなるんだ。

ヒロ　　　：つまり，もっと多くの物がインターネットにつながってそれ自身で動くということですか？

ブラッド　：その通り。僕たちコンピュータープログラマーはそんな日を楽しみにしているんだ。君は理解が速いね。

ヒロ　　　：1-dそうですか？　実はコンピューター技術にとても興味があるんです。

アレックス：ヒロはコンピューターでオリジナルのゲームを作るのがとても好きなんだよ。

ブラッド　：わお！　すごいな！　君はコンピューターのプログラミングが好きなのかい？　ヒロ，僕たちは将来ロボットの技術をより良くするために一緒に働くことができるかもしれないよ。

ヒロ　　　：去年，コンピューターでゲームを作ったんですが，それはとても単純なものでした。今はコンピューター技術で制御される自動運転の車に興味があります。僕の祖父は，僕が小さい時には僕を車でたくさんの場所に連れて行ってくれました。僕たちはいつも楽しく過ごしました，でも彼はもうすぐ70歳になります。僕は将来高齢者のために自動運転の車を製造したいのです。

ブラッド　：きっと君の夢は叶うと思うよ。僕は，科学技術でいちばん大切なことのひとつは安全性だと思うんだ。ロボットは機械だから信頼できないという人たちもいるよね。でも，もし自律的なロボットが本当に安全なら，多くの人たちが欲しいと思うよ。

ヒロ　　　：よく分かります。僕は自律的なロボットが改良されて，僕たちの生活をより良くしてくれるいいなと思います。

ブラッド　：僕もそう思うよ。僕が望むことは，近い将来，自律的なロボットがもっとたくさんの方法で使われることだ。

ハンナが彼らにお茶とクッキーを持ってきました。

ハンナ　　：さあ，お茶とクッキーはいかが？　アレックスと私がこのクッキーを作ったのよ。簡単だったわ。うちのロボットのひとつがレシピを教えてくれたの。

アレックス：ロボットによると砂糖を使うんだけど，僕たちははちみつの方がいいかなと思ったんだ。だから僕たちははちみつを使うことに決めたんだよ。(6)最終決定は自分たちでした方がいい。間違ってるかな，ママ？

ハンナ　　：1-eいいえ，間違っていないわ。あなたの意見に賛成よ。

アレックス：それで今はもうひとつのロボットがキッチンで床を掃除してくれているんだ。ロボットが掃除をしている間にお茶にしよう。

基本　〔問1〕　全訳参照。　1－a　直前のヒロの発言に注目。Some people are ～を受けてAre they?と聞き返している。　1－b　空所1－b直前のブラッドの質問に対する返事をしている。　1－c　空所直前と直後のブラッドの発言に注目。直後では What do you mean?と聞いたヒロに対してブラッドが具体的に説明している。　1－d　空所直前のブラッドの発言You're quick to understand.に対する反応。　1－e　空所直前のアレックスの発言Am I wrong, Mom?に対する答え。

〔問2〕　全訳参照。　(問題文訳)　僕はアレックスの意見に2-a賛成です。2-bロボットが危険を伴う仕事や肉体的に過酷な仕事をすることで労働力不足の問題を解決するのは良いことだと思います。それはロボットにとっては2-c容易なことで，それを安全に行うことができるのです。

〔問3〕　全訳参照。第3段落ヒロとアレックスのそれぞれ1番目の発言に注目。グラフのA～Dで「とてもそう思う」と「ある程度そう思う」と答えた人たちの割合をそれぞれ合計し，本文を読んでみよう。

やや難　〔問4〕　全訳参照。空所部分の前後に注目。特に直後のアレックスとブラッドの会話の内容を読んで，4－eに入るのは⑤が自然だと気付くことができると解答は一択。

〔問5〕　全訳参照。(When you get off the bus at the bus stop near your house, the computer network will get that information and will be able to) tell how soon you will arrive at home (.)　tell の目的語になる名詞節をつくればよい。(間接疑問)　how soonで「どれくらい早く」の意味。その直後の主語＋動詞の語順に注意。

〔問6〕　全訳参照。下線部(6)は「最終決定は自分たちでした方がいい。」の意味なので，エ「最終的には，ロボットではなく人間が何をすればよいかを決断する方がよい。」が適当。

〔問7〕　全訳参照。　①　ハンナとブラッドは今は違う国に住んでいるが，彼らはイギリスの同じ情報科学技術の会社に勤めている。　②　ヒロとアレックスは車に興味があるので，16歳になったら運転免許をとりたいと思っている。　③　ブラウン先生はコンピューター技術の発展によって自分が仕事を失うのではないかと心配しているので，生徒たちに将来の仕事について慎重になるように言った。　④　ハンナとアレックスはヒロに対してとても親切で助けになっているので，彼はニュージーランドでとても楽しく過ごしている。(○)　第2段落ヒロの2番目の発言に注目。　⑤　ブラッドは，新しい科学技術は働き方を変え，新しい仕事を生み出すだろうと思っている。(○)　第2段落ブラッドの4番目の発言に注目。　⑥　コンピュータープログラマーが望んでいるのは，もっと多くの物がインターネットにつながり，私たちが物を制御する必要がなくなることだ。(○) 第3段落ブラッドの5番目6番目の発言に注目。 ⑦ ヒロはコンピュータープログラミングが好きなのは，コンピューター技術に興味があるからだが，自分のコンピューターでオリジナルのゲームを創ったことはない。 ⑧ ヒロの祖父は将来ヒロに自動運転の車を製造してほしいと思っている。なぜなら彼は70歳になるからだ。

重要 〔問8〕（解答例訳）（私はとても役に立つロボットをつくりました。）それはとても頑丈なロボットでとても速く動くことができます。危険な状況下で人々を救います。火事や冷たい川の中に入りそこにいる人々を助け出すのです。私がこのロボットをつくりたいと思ったのは，人々にけがをしたり亡くなったりしてほしくないからです。

3 **（長文読解問題・論説文：文整序，語句整序，内容吟味，語句解釈，要旨把握）**

（全訳） ローマは約2700年の歴史をもつ都市だ。そこへ行けば，たくさんの遺跡を目にすることができるだろう，それは道路，水道，公衆浴場，そして建造物のようなものだ。それはまるでオープンミュージアム(野外博物館)のようだ。それらの遺跡はあなたに「ローマは一日にして成らず」という有名な言葉を想起させるかもしれない。それらはそこに2000年以上にもわたり建っているのだ。約2000年前，ローマは世界の最も大きな都市であった。紀元2世紀には，100万人より多くの人々がそこに住んでいたのだ。そして19世紀まで100万人より多くの人々が住む都市は西洋には他になかった。ローマは最初紀元前753年に築かれた。その後500年の間に，西洋の多くの他の都市のような都市になったのだ。しかし，その後，急速に成長し，どんどん大きくなっていった。ローマには指導者たちがいたのだ。彼らは熱心に働き都市の平和を維持した。そして彼らは人々の健康を維持しようと努力をした。紀元前27年から紀元180年までの間は「Pax Romana(パ(ッ)クス ロマーナ)」と呼ばれている。それはローマの平和という意味だ。人々がどのようにそこで暮らし，何がそのような暮らしを可能にしたのかを見てみよう。

ローマの中心はとても混み合っていた。複数の背の高いアパート(集合住宅)がそこには建っていた。それらの遺跡は今でも目にすることができる。それらは現代の建物のようだ。その部屋のいくつかの室内には，水道の装置の遺跡を見ることができる。ローマには7つの丘があった。1③はじめに，人々は高いところにある地域にのみ暮らしていた。②ローマの低いところにある地域は水で覆われており，人々は住むことができなかったのだ。④しかしその後，彼らはそこを人々が住むのにより良い場所にした。①多くの人々がそこに住み始め食糧を育てた。彼らははじめに穀物を育てたが，のちにオリーブも育て始めた。彼らはオリーブを食べたり，料理や掃除，そして体を洗うためにオリーブオイルを使ったりした，さらにランプにも使用した。彼らは穀物のような食糧をそこに住む多くの人々を支えるために他の地域から持ち込んだ。テベレ川は，現在もそうであるようにローマの中心部を通って流れていた。その川をたくさんの船が往来していた。彼らは穀物や塩，野菜といったものを都市に運び込んでいたのだ。テベレ川は大きな輸送システムの役割を担っていた。あなたは「すべての道はローマに通ず」という有名な言葉も知っているだろう。多くの道路が建設され，それもまた輸送システムの役割を担っていた。最も古く有名なものはアッピア街道と呼ばれていた。それは紀元前312年にアッピウス・クラウディウスによって建設された最初の主要道路である。それは540kmの長さでローマの都市とイタリアの南部を繋いでいた。その道は現在もそこにあり，歩くことができる。

すべての都市には水が必要だ。(2)大都市の健康のために清潔な水ほど大切なものはない。飲むための清潔な水。洗濯のための清潔な水。ローマでは，人々ははじめはテベレ川，あるいは雨から水を得ていた。しかしそこに多くの人々が住み始めると，ますます多くの水が必要になった。この問題を解決するために，彼らは水道を建設した。最初の水道は紀元前312年にアッピウス・クラウディウスによって建設された。それはアッピア水道と呼ばれた。冷たくて，新鮮な水がローマから16.6km離れた山間部で発見され，水道によって都市にもたらされた。その後，多くの人々がローマにやって来て，より多くの水道が建設された。紀元52年，2つのとても大きくて長い水道が建設された。1つの水道はクラウディア水道で，約69km離れた場所から水を流し込んだ，もう一つは新アニオ水道で，約87kmの長さであった。紀元3世紀までには，ローマの都市から遠く離れた山々から水をもたらす11の水道が存在した。(図A参照)それらはたくさんのローマの人々を支えた。

現代の科学技術なしに，いかにしてこのように大きくて長い水道を建設することが可能だったのか？　水道は重力を利用して水を移動させたのだ。水はある地域から他の地域へ傾斜を流れ落ちる。これは単純な法則で誰もが知っている。(3)しかし，法則を知っていることと，実際に計画を立てて何かを建設することは全く別のことだ。水道の傾斜は長い距離にわたり計算される必要がある。それらは精密に計算されなければならない。平均して，流水は1kmにつき5メートル下がった。ローマ人たちはすばらしい技術をもっていた。彼らは水道を，山を抜けたり，また橋の上を通ったりするトンネル，そして平地の地下のトンネルに建設した。橋はその構造内にアーチを入れて建設された。橋は石，レンガ，そしてとても強固な「ローマン・コンクリート」で建設された，これはローマ人によってつくられた特別な種類のコンクリートだ。ローマ人は重いものを支える強固なアーチやコンクリートの使い方をよく知っていた。彼らの技術をもって，ローマ人はとても頑丈な水道を建設することができたのだ。合計で，11の水道は約500kmの長さだった。すべての水道はトンネルを抜け，それらのほとんどは橋も伴っていた。しかし橋は長い水道のほんの短い部分のみだった。水道の大部分は水を清潔に保つために地下に建設された。そして橋は低地の上で(低地を越えて)水を移動させる必要がある時に建設された。ある水道の橋の一部は図Bに示されている。

水道を通ってもたらされたたくさんの水を使って，ローマの多くの人々は豊かな生活をおくり，健康に暮らした。町では，水は常に流れ，しかも清潔に保たれた。家庭では，彼らはこの冷たくて新鮮な水を飲用に，洗濯に，そして料理に使った。水道によって運ばれた水の幾分かは公衆浴場や町の噴水に使用された。ローマでは，11の大きな，そして約950の小さな公衆浴場があった。ローマ人はそこに行って話し，リラックスして，風呂に入ることが大好きだった。アッピア街道の近く，ローマの南部には，最も大きなローマの公衆浴場のひとつの遺跡がある。それはカラカラ浴場と呼ばれている。広い土地に，様々な種類の風呂があり，運動場，図書館，体育館，庭園もあったのだ。また多くの美しい彫刻もあった。誰でもそこに行き風呂を楽しむことができたので，人々はその数々の風呂を「人々の宮殿」と呼んでいた。現在，ローマでは，人々は冷たくて新鮮な水に満ちた噴水を楽しんでいる。多くの噴水は美しい彫刻を備えている。そして，町中にはたくさんのさまざまな種類の遺跡がある。それを見ると，(4)いかにしてこのような偉大な都市を建設することが可能だったのか学びたいと思うかもしれない。

〔問1〕　全訳参照。空所 1 前後の内容に注目。選択肢③がAt firstで，④はBut laterで始まっていることもヒントになる。

重要 〔問2〕　全訳参照。(There is) nothing as important for the health of a great (city as clean water.) 〈nothing as ～ as …〉で「…(と同じほど)～なものはない」

〔問3〕　全訳参照。ア　人々は，大きくて長い水道を作ることはとても難しいと思っていたが，実際はそれほど困難ではなかった，なぜなら水は重力によって移動するからだ。　イ　人々は，水道を建設することは難しくはないだろうと思っていた，なぜなら彼らは水がどのように流れるか，どのようにすれば傾斜を作ることができるかを知っていたからだ。　ウ　人々はどのように水が流れるかは知っていたが，傾斜を計算して長い距離にわたり水道を建設することは簡単なことではないと知っていた。(○)　エ　人々は，大きくて長い水道を容易に建設した，彼らにとって長い距離にわたって傾斜を計算することは困難だったにもかかわらずだ。　A is one thing, B is another ＝AとBとは別のことだ。

〔問4〕　全訳参照。ア　ローマ人は都市の中心部に高いアパートを建設した。　第2段落2文目参照　イ　ローマ人は100万人を超える人々のための十分な食料を都市で育てることができた。(×)　第2段落空所 1 以下の部分参照　ウ　ローマ人はテベレ川と道路を輸送システムとして使用していた。　第2段落7文目から9文目参照。　エ　ローマ人はどのように道路を作り，水道を建設するか知っていた。　第4段落参照。　オ　ローマ人は水道を建設することによって遠く離れた山々からたくさんの清潔な水を得ることができた。　第3段落参照

やや難　〔問5〕　(問題文・解答訳・正解順)　1　ローマが初めて築かれた。　2　③アッピア街道とアッピア水道が建設された。　紀元前312年(第2段落最後から4文目3文目，第3段落8文目9文目)　3　②2つのとても大きな水道，クラウディア水道と新アニオ水道が建設された。　紀元52年(第3段落最後から4文目3文目)　4　①ローマは100万人を超える人々がそこに暮らすとても大きな都市だった。　紀元2世紀　(第1段落6文目7文目)　5　④ローマの町に11の水道があった。　紀元3世紀(第3段落最後から2文目)

〔問6〕　全訳参照。第4段落10文目11文目，及び最後から3文目から最後までに注目。

基本　〔問7〕　全訳参照。　(A)　第2段落最後から2文目に注目。　(B)　第5段落7文目に注目。

〔問8〕　(A)　①オリーブはとても役に立つ食べ物だった。人々はそれを食べたりさまざまな方法でオリーブのオイルを使ったりしていた。(○)　第2段落空所 1 直後の部分参照。　②最初の水道が建設されるまで，ローマの人々の飲用水は雨だけだった。　③アッピウス・クラウディウスは2つの長い水道を建設し，ローマの都市に水をもたらした。　④ローマのすべての道路と水道は「パックス・ロマーナ」と呼ばれた時代に建設された。　⑤数世紀にわたり，11の水道が建設されローマに水をもたらした。(○)　第3段落最後から2文目参照。　(B)　①ローマの人々は強固なアーチとローマン・コンクリートについて知っていたので，重いものを支えるためにそれらを使用した。(○)　第4段落12文目13文目参照。　②ローマの人々には日常生活で使う清潔な水があり，多くの人々が公衆浴場を楽しみ健康に暮らしていた。(○)　第5段落1文目から4文目参照。　③清潔な水を得るために，山間部で発見された新鮮な水が長いトンネルのある水道によって運ばれ，都市部でも流れ続けた。(○)　第4段落，及び第5段落1文目2文目参照。　④ローマの都市部では，たくさんの大小の浴場があり，全部で2000より多くの数であった。　⑤カラカラ浴場のような公衆浴場は「人々の宮殿」と呼ばれていた，なぜなら誰でもそれらの浴場を楽しむことができたからだ。(○)　第5段落最後から5文目参照。

★ワンポイントアドバイス★

2〔問6〕，3〔問3〕では，本文中の一文の正しい解釈が求められている。the final sayや～ is one thing, … is another.の表現が初見であっても前後の内容で推測できるよう読解力を向上させておこう。

＜国語解答＞

1 (1) はくしゃ　(2) のどもと　(3) ろうかく　(4) ひつじょう
(5) げんとう

2 (1) 票田　(2) 願　(3) 支(えた)　(4) 委任　(5) 製版

3 〔問1〕 ウ　〔問2〕 エ　〔問3〕 イ　〔問4〕 エ　〔問5〕 ウ　〔問6〕 ア

4 〔問1〕 ア　〔問2〕 ウ　〔問3〕 イ　〔問4〕 意思が伝わったという無根拠な感覚
〔問5〕 (例) 発信者は意味から言葉を創発し，受信者は言葉から意味を創発する
〔問6〕 (例) 受信者は発信者の言葉から，発信者の意図する通りの意思を想像するとは限らないと本文にあるが，改めて本当にそうなのだと感じた。確かに私も話をしていて，「そうじゃない」と思うこともあったが，言い直すことで真意は伝わった。そこで，発信者は初めから相手が誤解しない表現を心がけることが大切だと考える。だから，生徒Bのお母さんも，最初から「お茶を入れて」と言えば，温かいお茶が飲みたいという意思が伝わったと思う。

5 〔問1〕 イ　〔問2〕 エ　〔問3〕 ア
〔問4〕 咲きぬべきほどの梢，散り萎れたる庭など　〔問5〕 ウ

○配点○

1 各2点×5
2 各2点×5
3 各4点×6
4 〔問4〕 5点　〔問5〕 6点　〔問6〕 12点　他　各4点×3
5 〔問4〕 5点　他　各4点×4　計100点

＜国語解説＞

1 (漢字の読み)

(1) 「拍車を掛ける」とは，物事の進行に一段と力を加えること。
(2) 「喉元過ぎれば熱さを忘れる」とは苦しかったことも，過ぎ去れば全く忘れてしまうことのたとえ。もしくは，苦しい時には人を頼み，苦しさが去ればその恩を忘れることにいう。
(3) 「砂上の楼閣」とは砂上に立てた楼閣は基礎がやわらかくて，顛覆するおそれがあることから，永続きしない物事，または実現不可能な計画のたとえ。
(4) 「必定」とは，かならずそうなると決まっていること。
(5) 「幻灯」とは，ガラス板に描いた絵や陽画フィルムあるいは絵画・写真・実物などに強い光をあて，その透過光または反射光を凸レンズによって拡大映写すること。

2 (漢字の書き取り)

(1) 「票田」とは選挙で，ある候補者または政党の票が多量に見込まれる地域を，田地にたとえていう。
(2) 「願をかける」とは，神仏に事の成就を祈願すること。
(3) 「支えた」とは持ちこたえる，維持するなどの意味。
(4) 「委任」とは，ゆだねまかせること，事務の処理を他人に委託すること。
(5) 「製版」とは印刷版を作ること。

3 (小説―情景・心情，内容吟味)

基本 〔問1〕「今年の夏休みは」から始まる段落に，学校や町の図書館に行って，沖縄の自然や日常生活に関する本を読んで，おじさんが過ごしている所について知ろうとしている様子が窺える。

〔問2〕「聞こえよがし」とは皮肉・悪口などを直接相手に言わず，しかも当人に聞こえるようにわざとめかして言うこと。つまり，娘が言う前に母が先に皮肉を言うことで娘の落胆を軽減している。加えて，「あんなに一生懸命調べて待っていたのに。」と母が娘の言葉を代弁していることからも読み取る。

基本 〔問3〕「母親はそう言って」から始まる段落に，父親は果物を好まず，和菓子一辺倒だったとある。また「父親は，」から始まる段落に，父が手をつけないのは悪いと思って，マンゴーにスプーンをあてた様子から判断する。

〔問4〕「長年炊事」から始まる段落に，母が美味しさのあまり種にまで執着して洗い続けているとあり，「種の全長は」から始まる段落に，種の詳細が述べられている。その後に，「『これがマンゴーなの？』とわが目を疑いながら」とある事から，初めて見たマンゴーに対する思いを読み取る。

重要 〔問5〕「母親は」から始まる段落に，皮剥ぎに見えなくもないと娘の言葉の一部を理解している。「木になっている」という意味は，「若草色の皿」にマンゴーを載せることで葉がついた木に見えたということ。

重要 〔問6〕「少女は，」から始まる段落に，蝉が蝉として生きているふしぎやわたしがわたしとして生きているふしぎについて，おじさんに尋ねようとしている。

4 (説明文―内容吟味，脱文・脱語補充，作文(課題))

基本 〔問1〕「さて，前述の例」から始まる段落に，言葉自体は音という物理現象であり，空気を振動させ，その振動が鼓膜を振るわせることが糸電話の例とともに述べられている。また「一方，意思の」から始まる段落に，意思の伝達は糸のような媒質を介し，受診元へ達する出来事ではないとしている。

基本 〔問2〕「以上の考察を」から始まる段落に，一次生成者が発した言葉に対して，二次生成者がその言葉を受け取ってどのような意思を生成するかは分からないという内容を読み取る。

重要 〔問3〕「この疑問に対し，」から始まる段落に，私が意思が伝わったと感じさえすれば，意思が伝わったことになるという読者の意見を想定している。また筆者は，意思が伝わったと感じつつ，相手に意思が伝わったかどうかわからない不安を感じているという再考を加えている。

重要 〔問4〕「この不安を」から始まる段落に，不安が発展した際，どのようなものになるのかが述べられている。

やや難 〔問5〕「創発」とは，部分の性質の単純な総和にとどまらない特性が，全体として現れること。ここで言えば，発信者は，誰かに取ってほしいという意味から言葉を発している。受信者は，発信者の「誰か取って」という言葉を聞いて，その意味を理解して，自らが行っているのである。

5 (説明文―情景・心情，内容吟味，熟語)

基本 〔問1〕「今日のわれわれは，」から始まる段落に，「花鳥風月」はワビ，サビ的な暗くて静かなものだったとある。

〔問2〕「風雅」とは俗でなく，みやびやかで趣があること。「風狂」とは風雅に徹することなどの意味がある。それらと同傾向の言葉を選択肢から選ぶ。

基本 〔問3〕「ここでの『鳥』は」から始まる段落に，鳥は聖なる予告をする存在，神の言葉を伝達する使者であるとする。よって，神の言葉を届ける者であっても，その声を今は聞く気にはなれないということである。

重要 〔問4〕「移ろう」とは，これから状態が変化していく，もしくは盛りが過ぎること。これから状態が変化していくものは「今にも咲いてしまいそうな頃あいの桜の梢」であり，盛りが過ぎているのは「花の散りしおれている庭」である。

重要 〔問5〕「このように」から始まる段落に，昔の人々は「月」「花」「鳥」を見て「暦」にしていたとある。「暦」とは一年中の月日・季節などで時の流れを表したものである。

重要 〔問6〕 言葉の発信者と受信者は(空気のような)媒質を介して繋がっているが，それらの脳内過程は独立である。だから，受信者は発信者の言葉から，発信者の意図する通りの意思を想像するとは限らないのである。解答例では，そこから自分の考えや生徒Bの発言を取り上げて書いている。

★ワンポイントアドバイス★

標準的な問題が多いが，文章を正確に読み，時間内に問題を解く力が必要になる。問題演習を繰り返すことに加え，時間のあるときは新聞を読んだり読書をすることで，読解の力を養おう。

MEMO

大切なことはメモしておこうネ！

都立青山高等学校

2020年度

★★★★★★★★★★★★★★★★★★★★★★★★★

入 試 問 題

2020年度

●くわしい解説……33ページ

＜数学＞

時間　50分　　満点　100点

【注意】　答えに根号が含まれるときは，根号を付けたまま，分母に根号を含まない形で表しなさい。
また，根号の中を最も小さい自然数にしなさい。

1　次の各問に答えよ。

〔問１〕　$\dfrac{4^2\times(-3)^2}{11^2-(-13)^2}$ を計算せよ。

〔問２〕　連立方程式 $\begin{cases}\dfrac{x-1}{3}+\dfrac{3y+1}{6}=0\\ 0.4(x+4)+0.5(y-3)=0\end{cases}$ を解け。

〔問３〕　１から６までの目が出る２つのさいころA，Bを同時に１回投げる。
さいころAの出る目の数をa，さいころBの出る目の数をbとするとき，$4<\sqrt{ab}<5$ となる確率を求めよ。
ただし，さいころA，Bのそれぞれについて，どの目が出ることも同様に確からしいものとする。

〔問４〕　右の表は，生徒10人がそれぞれ手作りした紙飛行機を飛ばした距離を度数分布表にまとめたものである。
後に，新たに参加した２人の生徒の結果を加え，度数分布表を作り直した。合計12人の度数分布表を利用した平均値は8.0mであった。
後から参加した２人の生徒が飛ばした紙飛行機の距離が同じ階級に含まれるとき，その２人の距離が含まれる階級の階級値を求めよ。
ただし，作り直した度数分布表の階級と，はじめにまとめた度数分布表の階級は，同じ設定であるとする。

階級（m）	度数（人）
3.0以上～ 5.0未満	3
5.0　～ 7.0	2
7.0　～ 9.0	1
9.0　～11.0	2
11.0　～13.0	2
計	10

〔問５〕　右の図は，線分ABを直径とする半円である。点Pは$\overset{\frown}{AB}$上にあり，∠PAB＝30° を満たす点である。
解答欄に示した図をもとにして，$\overset{\frown}{AB}$上にあり，∠PAB＝30° となる点Pを定規とコンパスを用いて作図によって求め，点Pの位置を示す文字Pも書け。
ただし，作図に用いた線は消さないでおくこと。

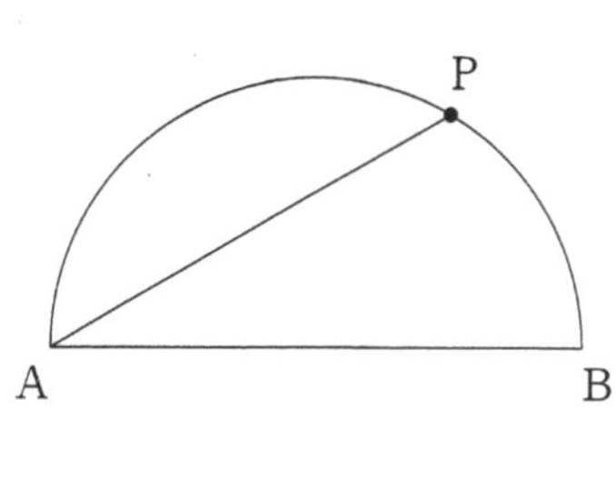

2　右の**図1**で，点Oは原点，曲線fは関数 $y=\frac{1}{2}x^2$ のグラフ，曲線gは関数 $y=ax^2$ $(a>0)$ のグラフを表している。

2点A，Pはともに曲線f上にあり，点Qは曲線g上にある。点Aのx座標は-2であり，点Pのx座標をp，点Qのx座標をqとする。

原点から点（1，0）までの距離，および原点から点（0，1）までの距離をそれぞれ1cmとして次の各問に答えよ。

図1

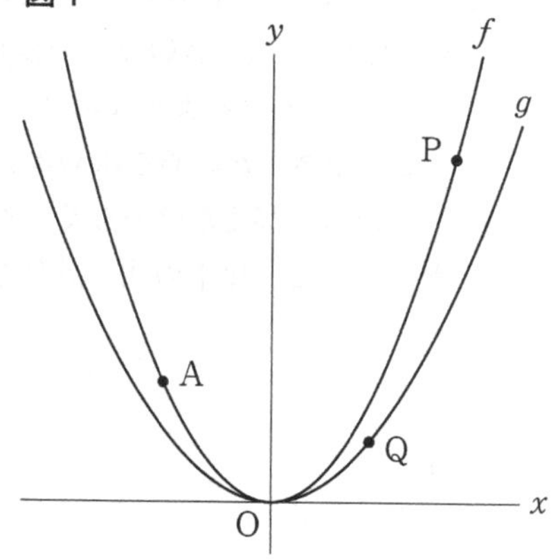

〔問1〕　右の**図2**は，**図1**において $a=\frac{2}{7}$, $p=0$ の場合を表している。

点Pと点A，点Pと点Qをそれぞれ結ぶ。

このとき，∠APQ＝90° となるような点Qの座標を求めよ。

図2

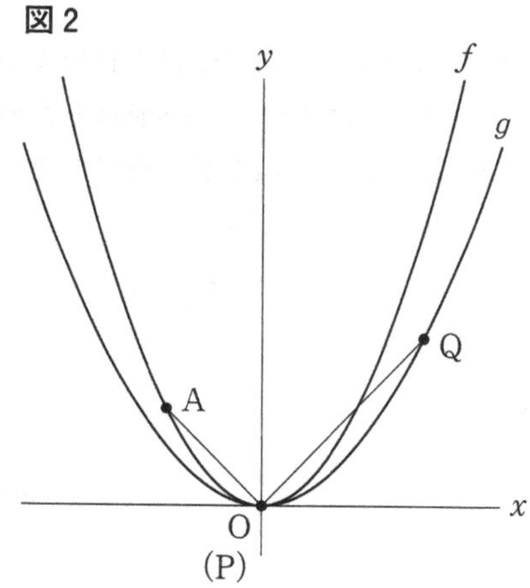

〔問2〕　$p>0$，$q>0$ のとき，2点A，Pを通る直線を引き，直線APと曲線gの交点を点Qとする。

次の(1)，(2)に答えよ。

(1)　右の**図3**は**図1**において，$p=1$，点Qのy座標が$\frac{4}{5}$となるような場合を表している。

このとき，aの値を求めよ。

図3

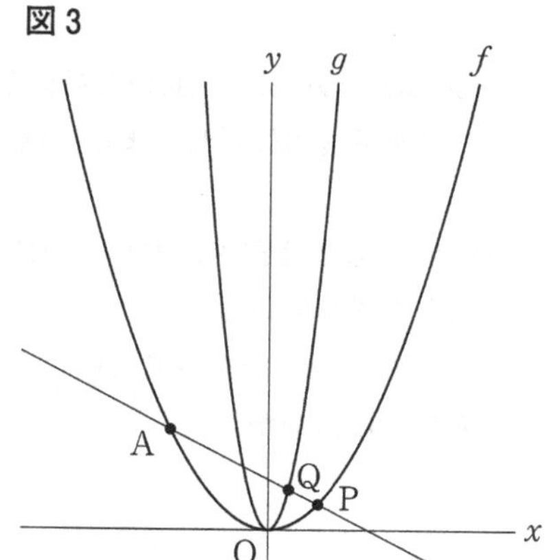

(2) 右の**図４**は前のページの**図１**において，点Qの y 座標が６，(△AOQの面積)：(△AOPの面積)＝２：３ となるような場合を表している。
　このとき，q の値を求めよ。
　ただし，答えだけでなく，答えを求める過程が分かるように，途中の式や計算なども書け。

図４

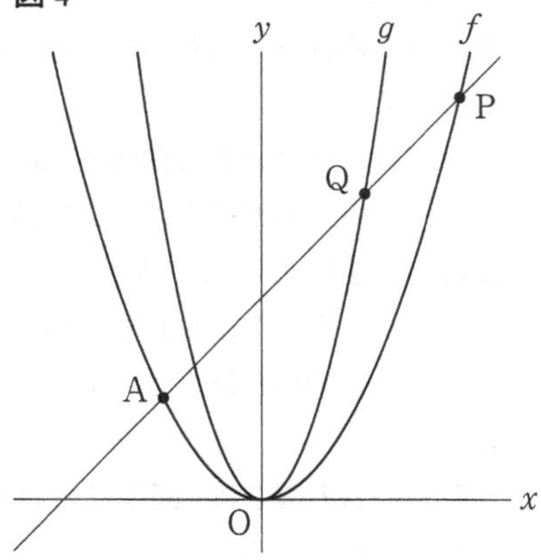

3 次の**図１**で四角形ABCDの４つの頂点は，すべて同じ円の周上にあり，AB＝AC である。
　線分ADをDの方向へ延ばした直線と線分BCをCの方向へ延ばした直線の交点をE，線分ACと線分BDの交点をF，点Cを通り線分BDに平行な直線と線分AEとの交点をGとする。
　次の各問に答えよ。

図１

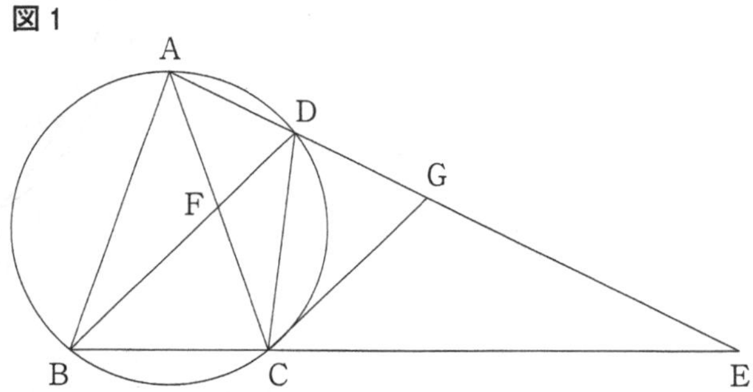

〔問１〕 (1) **図１**において，∠BAC＝ a°，∠CAE＝ b° とするとき，∠BEAの大きさは何度か。a，b を用いて表せ。

(2) **図１**の中に△ACDと相似な三角形がいくつかある。その中から１つを選び，選んだ三角形を解答欄に示せ。また，選んだ三角形が△ACDと相似であることを証明せよ。

〔問２〕 **図２**は**図１**において BC＝CD の場合を表している。
　AB＝９cm，BC＝６cmのとき，線分GEの長さは何cmか。

図２

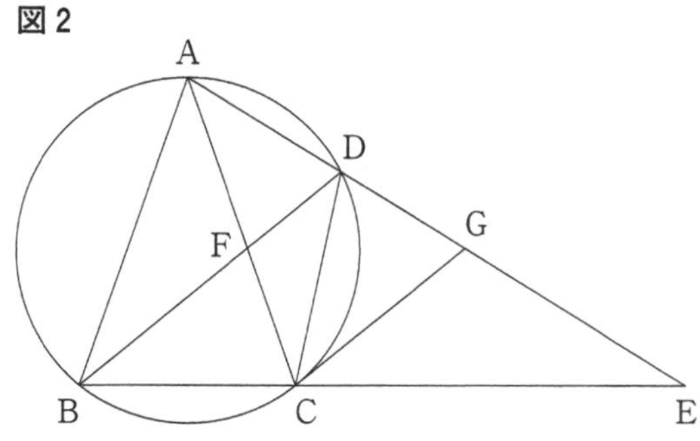

4　右の**図1**は1辺の長さが12cmの正四面体ABCDの展開図である。この展開図を組み立てた正四面体ABCDにおいて，点Pは頂点Aを出発して毎秒1cmの速さで辺AD上を頂点Dに向かって移動し，頂点Dに到着して止まる。点Qは点Pが頂点Aを出発してから2秒後に頂点Aを出発して毎秒$\frac{3}{2}$cmの速さで辺AC上を頂点Cに向かって移動し，頂点Cに到着して止まる。

次の各問に答えよ。

図1

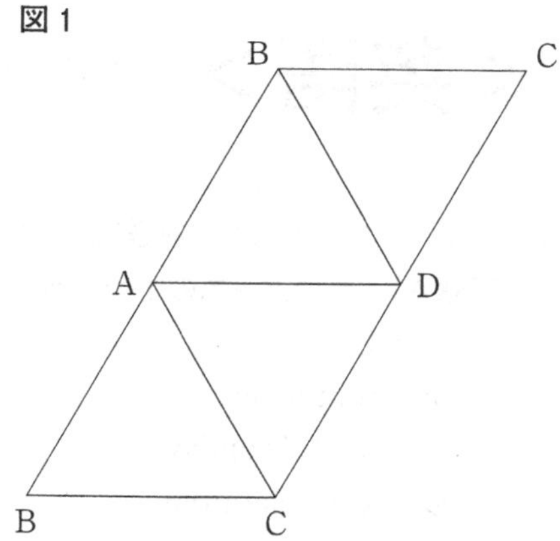

〔問1〕　点Pが頂点Aを出発して2秒後の線分PBの長さは何cmか。

〔問2〕　右の**図2**で示した立体は，**図1**を組み立ててできた正四面体であり，頂点Bと点P，点Pと点Q，点Qと頂点Bをそれぞれ結んだ場合を表している。

PQ // DC となるとき，△BQPの面積は何cm²か。

図2

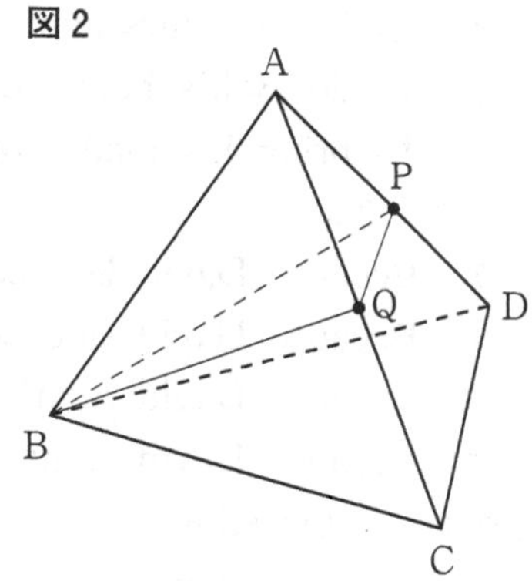

〔問3〕　**図1**を組み立ててできた正四面体ABCDの体積をV_1cm³，点Pが頂点Aを出発して8秒後の四面体ABQPの体積をV_2cm³とする。

$V_1 : V_2$ を最も簡単な整数の比で表せ。

ただし，答えだけでなく，答えを求める過程が分かるように，途中の式や計算なども書け。

＜英語＞

時間　50分　　満点　100点

1 リスニングテスト（放送による指示に従って答えなさい。）

〔問題A〕 次のア～エの中から適するものをそれぞれ**一つずつ**選びなさい。

＜対話文1＞

ア Tomorrow.

イ Next Monday.

ウ Next Saturday.

エ Next Sunday.

＜対話文2＞

ア To call Ken later.

イ To leave a message.

ウ To do Bob's homework.

エ To bring his math notebook.

＜対話文3＞

ア Because David learned about *ukiyoe* pictures in an art class last weekend.

イ Because David said some museums in his country had *ukiyoe*.

ウ Because David didn't see *ukiyoe* in his country.

エ Because David went to the city art museum in Japan last weekend.

〔問題B〕 ＜ Question 1 ＞では，下のア～エの中から適するものを**一つ**選びなさい。
＜ Question 2 ＞では，質問に対する答えを英語で書きなさい。

＜ Question 1 ＞

ア In the gym.

イ In the library.

ウ In the lunch room.

エ In front of their school.

＜ Question 2 ＞

（15秒程度，答えを書く時間があります。）

2 次の対話の文章を読んで，あとの各問に答えなさい。（*印の付いている単語・語句には，本文のあとに〔注〕がある。）

Mari and Ken are high school students, and Jan is a student from Germany who is studying at their school. One day after school, they are talking in their homeroom.

Mari: Did you enjoy watching your favorite TV program last night?

Ken: No, I didn't.

Jan: [1－a]

Ken: Actually, the program was not shown. Instead, a program about an *election was shown.

Mari: That's right. An election is coming up soon.

Ken: Yes. So I couldn't watch my program.

Mari: I'm sorry to hear that, Ken, but I hear it's going to be an important election.

Ken: Really? I'm too young to understand elections.

Mari: Do you think so? The *law was changed a few years ago, and now you can *vote at eighteen. Some of us will have a chance to vote while we are still in high school. Don't you want to vote?

Ken: No, not really. I don't think we should be able to vote so young.

Jan: You don't? In my country we can also vote after we turn eighteen. I don't understand why you aren't interested in voting.

Just then, Mr. Oka, their homeroom teacher, comes into the classroom.

Mr. Oka: Oh, so you are still here. What are you doing?

Mari: We are talking about voting, Mr. Oka. Ken thinks we are still too young to vote when we are eighteen.

Mr. Oka: [1－b]

Ken: We are still in high school and don't know much about the real world around us.

Mari: Do you have to know a lot about the world before you should be able to vote?

Ken: Of course. Don't you think so?

Mr. Oka: Wait a minute. In Japan the lowest age for voting was twenty until a few years ago. Why don't we think about why the law was changed?

Mari: Yes. *According to the newspaper I read, the change *had to do with our *aging *society.

Ken: What do you mean?

Mari: If many old people vote and young people don't, the voices of young people will not be heard. (2)<u>Then I'm afraid 【① make ② to ③ done ④ be ⑤ nothing ⑥ the situation ⑦ will 】 better for young people.</u>

Jan: You are right. As I said, we can vote when we turn eighteen in Germany. In many other *developed countries, such as Australia, the U.K., and France, the age is also eighteen.

Mari: Looks like we've just *caught up.

Jan: In Germany, you can also *run for an election when you are eighteen. I think that is also true in the U.K. and France.

Ken: Really? [1－c] But as I said before, I still think we are too young. Without experience in the real world, our thinking may be wrong.

Mr. Oka: I understand what you mean, but is it a bad thing for young people to be interested in *politics?

Ken: I think we should become interested in politics only when we have enough knowledge and experience. Though my parents are interested in politics themselves, they say that studying should be at the center of my school life.

Jan: I don't think you or your parents are wrong. But I think it is important even for young people like us to be interested in politics and other *social issues to try to make our society better.

Mari: My parents are not like yours, Ken. They say it's important to be interested in politics, even though I'm still a high school student. We talk about politics at dinner, and I like reading news about elections and politics.

Jan: The other day I was reading a newspaper and learned how much young people were interested in politics in different countries of the world.

Mr. Oka: [1－d]

Jan: Well, the *percentage of young people who were very interested in politics was about 23% for Germany and 22% for the U.S. I'm sad the numbers were not high, but it was even lower for Japan, about 10%.

Mari: Really?

Jan: Yes, and while more than 50% of young Germans believed they could change their society, only a little over 30% of young Japanese thought so.

Ken: I think I know why. We don't know the real world, so we think adults should take part in politics and try to make a better society.

Jan: [1－e] We do not have as much experience as adults, and our thinking may be wrong. But even as young people, we know about some of the problems in our society, and we need to tell people about them and try to improve the situation. And I think voting is very important for that purpose.

Mari: (3) I feel the same way. If there is a problem, we should do something about it.

Jan: Very true. If you are not interested at all and do nothing, you cannot improve anything. You will lose a chance to make a better society.

Ken: I think I'm beginning to understand your point.

Mari: Good! Actually, there are a lot of things we should think about.

Ken: [4 − a]

Mari: [4 − b]

Ken: [4 − c]

Jan: [4 − d]

Ken: [4 − e]

Mari: But there are still some things we can improve. You know we have a baseball stadium and a rugby field near our school, as well as the National Stadium. Now the streets around our school are not *wide enough, and on weekends, they are very crowded with people going to baseball and rugby games. We can make the situation better by making the streets wider or by making *sidewalks.

Ken: When you think about more and more people from abroad coming here, we should also do something to give them more information. We can *put up more signs in different languages, for example.

Jan: I think the Tokyo *Metropolitan Government will take care of these things. Right?

Mari: Right. But they may not know about the problems if we don't tell them. We should *express our opinions to the Metropolitan Government. And I believe one of the ways to do that is to vote in an election for a person who supports such opinions.

Ken: Now, can you think of anything you want the Japanese government to do?

Jan: You use too many of the free plastic bags that stores give you. That's surprising to me.

Ken: You're right, Jan, but plastic bags are really convenient.

Jan: Ken, [5]. You should use your own bag and reduce plastic waste. You need to know that plastic waste is creating serious problems in the environment all over the world. For example, a study has shown that between 5 million and 13 million tons of plastic waste goes into the ocean every year.

Mari: Yes, I've heard about that. The ocean is *polluted by plastic waste, and some kinds of sea animals become sick or die because they eat it *by mistake.

Ken: Well, something has to be done to reduce this plastic waste. Maybe there should be a new law that stops stores from giving people free plastic bags.

Mari: Very important point. Again, you can and should express your opinions to the government.

Ken: I think I'm beginning to become interested in voting and taking part in politics.

Jan: That's good!

〔注〕 election 選挙　law 法律　vote 投票する　according to ～ ～によると
have to do with ～ ～と関係がある　aging 高齢化する　society 社会
developed country 先進国　catch up 追いつく　run for ～ ～に立候補する
politics 政治　social issue 社会問題　percentage パーセント　wide 広い
sidewalk 歩道　put up 掲げる　metropolitan 首都の　express 表現する
pollute 汚染する　by mistake 間違って

〔問1〕 [1－a] ～ [1－e] の中に，それぞれ次の**ア**～**キ**のどれを入れるのがよいか。ただし，それぞれの選択肢は一度しか使えないものとする。

ア I don't agree.　**イ** What makes you think so?
ウ What did you learn?　**エ** Why should we?
オ Why not?　**カ** I'm surprised.
キ You were right.

〔問2〕 (2)Then I'm afraid【① make ② to ③ done ④ be ⑤ nothing ⑥ the situation ⑦ will】better for young people. とあるが，本文の流れに合うように【 】内の単語・語句を正しく並べかえたとき，**1**番目と**3**番目と**5**番目に来るものの組み合わせとして最も適切なものは，次の**ア**～**カ**の中ではどれか。

	1番目	3番目	5番目
ア	⑤	①	⑦
イ	⑤	③	②
ウ	⑤	④	②
エ	⑥	①	②
オ	⑥	③	④
カ	⑥	⑦	①

〔問3〕 (3)I feel the same way. とあるが，その内容を次のように書き表すとすれば，[3－a] ～ [3－c] にどのような**1**語を入れるのがよいか。**本文中に使われている語**をそのまま用いて書け。

I think it is important to [3－a]. People should know what is [3－b] with our society. We need to tell them about it and try to make the situation [3－c] than it is.

〔問4〕 本文の流れに合うように，[4－a] ～ [4－e] の中にそれぞれ英文を入れるとき，その組み合わせとして最も適切なものは，下の**ア**～**カ**の中ではどれか。

① That's right. We shouldn't miss it.
② I agree.
③ For example?
④ Actually, much has already been done, and the area around the stadium has become a very beautiful place.

⑤ Well, our school is near the National Stadium, and as the Tokyo Olympics and Paralympics are coming so soon, it's a good chance to make this area nicer.

ア	② → ④ → ① → ③ → ⑤
イ	② → ④ → ⑤ → ③ → ①
ウ	② → ⑤ → ① → ④ → ③
エ	③ → ④ → ⑤ → ② → ①
オ	③ → ⑤ → ① → ④ → ②
カ	③ → ⑤ → ④ → ② → ①

〔問5〕 本文の流れに合うように，[5] に英文を入れるとき，**適切でないものは**，次の中ではどれか。

ア the situation is very serious
イ they are creating a big problem
ウ they have put the environment in a dangerous situation
エ I also think convenience is most important
オ you should think more about that

〔問6〕 本文の内容に合う英文の組み合わせとして最も適切なものは，下のア～シの中ではどれか。

① Ken was waiting in the evening for a TV program about an election to begin.
② At first, Ken thought that he should not be able to vote at eighteen because he did not know what the real world was like and did not have enough experience.
③ Mari says that the age for voting was changed because the government wanted young people to become interested in politics.
④ Ken's parents and Mari's think in different ways about politics for high school students.
⑤ According to the newspaper Jan read, almost one out of four young people in Germany was strongly interested in politics and about one out of five young people was so in Japan.
⑥ According to the newspaper Jan read, more than half of the young people in the U.S. believed that they could change their society.
⑦ Mari believes that voting is a way for people to express their opinions to the government and choose someone who supports them.
⑧ Ken likes plastic bags because they are free, and he does not want the government to make a law to stop their use.

ア	①②	イ	①③	ウ	②③	エ	③⑥
オ	⑤⑦	カ	①②⑥	キ	①③④	ク	②④⑦
ケ	⑤⑥⑧	コ	⑤⑦⑧	サ	①④⑥⑧	シ	②④⑤⑦

〔問７〕 あなたが通っている中学校をさらに良くするために，どんなことを変えたり，改善してみたいと思いますか。このことについて**あなたの考え**を，**その理由を含めて40語以上50語以内の英語**で書きなさい。「,」「.」「!」「?」などは語数に含めません。これらの符号は，解答用紙の下線部と下線部の間に入れなさい。

3 次の文章を読んで，あとの各問に答えなさい。（＊印の付いている単語・語句には，本文のあとに〔注〕がある。）

In the past, people looked at the stars and found the patterns of their movement. They watched day turn to night and back to day. They watched seasons come and go. They called these patterns "time." We find a lot of patterns in the world of nature and use them in our daily lives. But what do the patterns tell us? When scientists try to understand the patterns of our world, they often turn to a powerful tool, mathematics. They look at things in nature carefully and use mathematics to show how they work. They have tried to find *hidden rules behind things in nature and show them in mathematics. They have been impressed in finding that mathematics and the world are deeply connected with each other.

The world is full of *wonders. When we look at the world, we can find numbers all around us. Even music is a part of mathematics. About 2,600 years ago, *Pythagoras made a great discovery. He discovered patterns that connected the sounds of beautiful music to the *lengths of *vibrating *strings. When two sounds were played together, they produced a very beautiful harmony. He found three especially beautiful harmonies and called them an *octave, a fifth, and a fourth. Let's find out more. If a string makes the sound of "do," an octave can be produced with "do" and another "do" one octave higher. A fifth is produced with "do" and "so." A fourth is produced with "do" and "fa." Let's think about the length of each vibrating string. In an octave, the lengths of the vibrating strings create a *ratio of 2 to 1 (2:1). In a fifth, the ratio is 3 to 2 (3:2). In a fourth, the ratio is 4 to 3 (4:3). (See **Picture A**.) With these nice, simple ratios, you can produce beautiful harmonies. When the lengths of the strings are not in a simple ratio, the sound is not beautiful. [　１－ａ　] This has made people's understanding of music better.

Let's think about another example. Think about flower *petals. Some flowers have 3 petals, and others have 5, 8, 13, 21, 34, 55, or 89 petals. These numbers are often seen in nature, especially in plants. Look at the center of a sunflower. You can see two *spirals, as in **Picture B**. The lines of one spiral go one way, and the lines of the other spiral go the other way. When one spiral in a small sunflower has 21 lines, the other spiral has 34 lines. A little bigger sunflower has spirals of 34 and 55 lines. An even larger sunflower has

Picture A

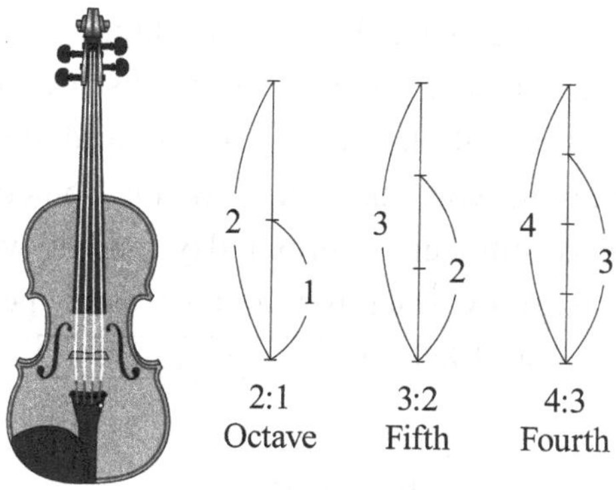

Picture B

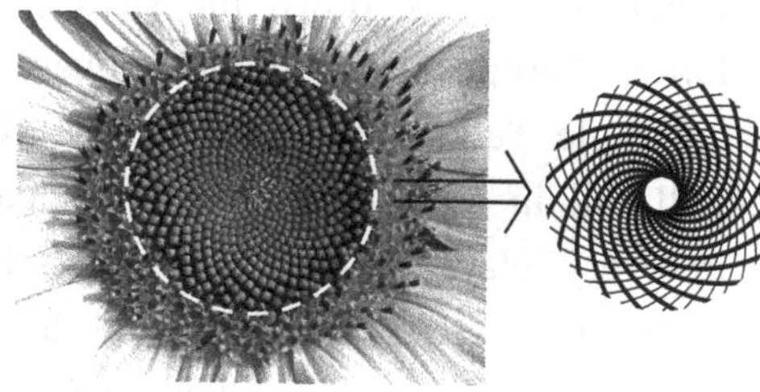

spirals of 55 and 89 lines. These numbers are called *Fibonacci numbers. They go like this, 1, 1, 2, 3, 5, 8, 13, 21, 34, 55, 89, 144, 233,.... The numbers of lines in the spirals of a sunflower are always Fibonacci numbers that are next to each other. That pattern of Fibonacci numbers is always clear. You can get the next number by adding the two numbers before it. For example, 1+1=2, 1+2=3, 2+3=5, 3+5=8, 5+8=13, 8+13=21, and so on. [1－b] But why do plants follow such a clear pattern? Do plants know numbers or math? Do plants have little computers to create patterns? (2) Even today we still wonder why.

These numbers were introduced to Europe by an Italian scientist, Fibonacci, in the 13th century after he learned about them in North Africa. He also learned about a number system there and brought it back home. That system was [0, 1, 2, 3, 4, 5,...]. It is the number system we usually use today. At that time, people in Europe had their own number system, [Ⅰ, Ⅱ, Ⅲ, Ⅳ, Ⅴ, Ⅵ,...], but they found the number system introduced by him was much more useful than theirs. Soon people started to use it more than the other system. For scientists, the new number system was very helpful, and they *developed mathematics with it. They were able to use the system to show hidden rules in nature more easily in mathematics, and (3) this helped to develop science and create our world of today.

Galileo Galilei was a great scientist in Italy in the late 16th century. He looked at the patterns of falling balls carefully and showed them in mathematics. Before that, for centuries people believed heavy things always fell to the ground faster than lighter things. [4]

He wanted to know more. He wanted to know how they fell, but this was very difficult because they fell very fast. He came up with a great idea to make the movement slow. He built a slope like the one in **Picture C**. One side of the slope was high and the other side was low. He put a ball on the high side and watched it move down the slope. Here he found a pattern. The *distance of a fall is *proportional to the *square of the time of that fall. He showed this in a simple *equation. If you use the equation, you can tell how far something will fall in a *certain time. His equation is still very useful today, and it works in every place in the *universe. It was used by scientists to take three people in the U.S. spaceship Apollo 11 to the moon in 1969. [1－c] This shows the power of mathematics.

Picture C

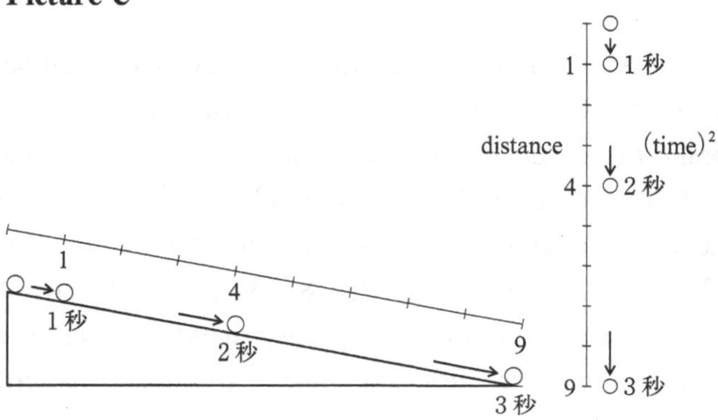

Picture D

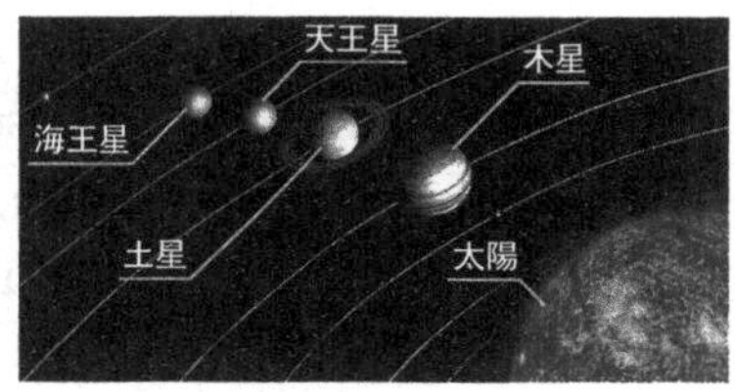

Isaac Newton was another great scientist. He was born in England in the same year that Galileo died, 1642. In 1687, Newton wrote one of the greatest books in the history of science. Today it is known as "the Principia." In it, Newton showed the patterns of nature he found and used mathematics to explain them. In the fall of 1680, a *comet was seen from many places all over the world. Newton wanted to find how the comet traveled through the sky, so he gathered information to learn when, where, and how long people across the world could see it. He found some patterns, and finally learned how the comet moved through the sky. He also found that the *force moving the comet around the sun was the same force pulling a falling ball to the ground. [1－d] The force even held the planets in their places around the sun. The force was called "*gravity." He showed it in a simple equation to explain how two things pull on each other. This equation is very important because, for the first time, it showed how gravity worked in every place in the universe. About 200 years ago when Uranus (*Tennousei*) started to go off track, scientists used the equation and found that another planet was pulling it. In this way, they discovered Neptune (*Kaiousei*). (See **Picture D**.) This is another example of the power of mathematics.

Galileo once wrote, (5)<u>"The universe is written in the language of</u>

mathematics." When we look at the world, we cannot see numbers out there, but they are all around us. They are waiting to be seen through the eyes of mathematics. The power of mathematics is amazing. Without mathematics, our world of today would be very different. Scientists have created a lot of equations. Those equations are actually used in our daily lives. This has helped to make many amazing things, such as airplanes, spaceships, computers, Wi-Fi, and GPS. (6) Mathematics is an important tool for both [6－a] the world of nature and [6－b] a lot of new and wonderful things in today's world.

〔注〕 hidden 隠された　wonder 不思議　Pythagoras ピタゴラス（古代ギリシャの数学者）
length 長さ　vibrate 振動する　string 弦　octave オクターブ　ratio 比
petal 花びら　spiral らせん形　Fibonacci numbers フィボナッチ数
develop 発展させる　distance 距離　proportional to ～ ～に比例して　square 二乗
equation 方程式　certain ある特定の　universe 宇宙全体　comet 彗星（すいせい）　force 力
gravity 重力

〔問１〕 本文の流れに合うように，[1－a] ～ [1－d] に英文を入れるとき，最も適切なものは，次の中ではどれか。ただし，それぞれの選択肢は一度しか使えないものとする。

ア This was more than three hundred years after Galileo made his equation.
イ It was the same force behind Galileo's equation for falling balls.
ウ That's a wonder of nature we find in plants.
エ The hidden rules behind wonderful harmonies are shown by these numbers.

〔問２〕 (2) Even today we still wonder why. とあるが，その内容を次のように書き表すとすれば，[(2)] に入る最も適切なものは，下の中ではどれか。

Even today we still wonder why [(2)]

ア plants have little computers to count numbers and create patterns in nature.
イ some sunflowers make two spirals with each of their flower petals, but others don't.
ウ plants often follow Fibonacci numbers, as we can see in the numbers of flower petals and lines of the spirals in the center of a sunflower.
エ there are special patterns of numbers in beautiful harmonies, but not in the flower petals or the spirals of a sunflower.

〔問３〕 (3) this helped to develop science and create our world of today. とあるが，その内容を次のように書き表すとすれば，最も適切なものは，次の中ではどれか。

ア People tried hard to learn about both the new number system and their old system. Thanks to this, a lot of people understood mathematics well and made a lot of equations. So now people can enjoy music, science, and mathematics.
イ Because of the number system Fibonacci introduced to Europe, most people became interested in mathematics and tried hard to find numbers in

nature. So now we can enjoy music, study plants and mathematics, and fly in the sky.

ウ As the new number system and Fibonacci numbers were very interesting to learn, people started to study them hard and made a lot of equations. Because of this, we can now enjoy traveling by plane and using Wi-Fi, GPS, and so on.

エ Because of the number system introduced to Europe, scientists could write down patterns in nature more easily in mathematics and made a lot of equations. People have used them in science and created useful things, such as spaceships and W-Fi.

〔問4〕 [4] の中には次の①～⑤の文が入る。本文の流れに合うように正しく並べかえたとき，その組み合わせとして最も適切なものは，下のア～カの中ではどれか。

① They fell faster and faster as they got closer to the ground.

② However, he showed this was wrong.

③ He found they hit the ground at the same time.

④ While he was watching the falling balls, he found another thing.

⑤ He dropped two different balls, a heavy ball and a lighter one, from a high tower.

ア	② → ③ → ④ → ⑤ → ①
イ	② → ④ → ① → ③ → ⑤
ウ	② → ⑤ → ③ → ④ → ①
エ	⑤ → ① → ③ → ② → ④
オ	⑤ → ③ → ② → ① → ④
カ	⑤ → ④ → ① → ② → ③

〔問5〕 (5)"The universe is written in the language of mathematics." とあるが，その内容を次のように書き表すとすれば，[5－a] ～ [5－c] の中にどのような英語を入れるのがよいか。それぞれア～カの中から**一つずつ**選べ。

We can learn about the universe by finding the [5－a] of [5－b] around us and by showing them in [5－c].

ア distance　　イ patterns　　ウ system

エ force　　オ mathematics　　カ numbers

〔問6〕 下線部(6)の空所，[6－a]，[6－b] に，英語を入れるとき，最も適切なものは，それぞれ下のア～エの中ではどれか。

(6)Mathematics is an important tool for both [6－a] the world of nature and [6－b] a lot of new and wonderful things in today's world.

[6－a] ア giving　　イ feeling　　ウ making　　エ understanding

[6－b] ア creating　　イ changing　　ウ opening　　エ helping

〔問７〕 次の（A），（B）について，本文の内容に合う英文の組み合わせとして，最も適切なものは，それぞれ次のア～シの中ではどれか。

（A）

① When two sounds are played together with the lengths of vibrating strings in a ratio of two to one, a beautiful harmony called a fifth is produced.

② When there are 55 lines going one way in one spiral, there will be 34 or 89 lines in the other spiral.

③ The number system people in Europe used was much more useful than the number system Fibonacci introduced to them.

④ A slope like the one in Picture C was built to make the movement of a falling ball slow and find how it falls.

⑤ When Neptune (*Kaiousei*) started to move in a different way, scientists used the equation Newton made and found a new planet.

ア	①　②	イ	①　③	ウ	①　④	エ	①　⑤
オ	②　③	カ	②　④	キ	②　⑤	ク	③　④
ケ	③　⑤	コ	①　②　③	サ	②　④　⑤	シ	③　④　⑤

（B）

① About 2,600 years ago, Pythagoras found that when two sounds were played together in a simple ratio, a very beautiful harmony was produced.

② An Italian scientist, Fibonacci, found that there were clear patterns in plants and made Fibonacci numbers. Also, he made the number system we usually use today.

③ Galileo believed that people could go to the moon in the future because he showed his equation would work even in the universe.

④ Newton was able to find how the comet moved through the sky after gathering a lot of information on the comet from all around the world and finding the patterns in it.

⑤ Newton made a simple equation to show how two things pull on each other, and also found that gravity worked in the same way in space as here on Earth.

ア	①　②	イ	①　③	ウ	①　④	エ	①　⑤
オ	②　③	カ	②　④	キ	②　⑤	ク	③　④
ケ	③　⑤	コ	①　③　④	サ	①　④　⑤	シ	②　③　⑤

イ　「石走る」は「垂水」にかかることばであると同時に、この五音のリズムが「さわらびの」の五音の響きと連動して、心地よい歓びの気持ちを生み出している。

ウ　「石走る垂水の上のさわらびの」という「の」「の」「の」の律動は、よどみなくこんこんと流れてやまない、いかにも流動性に富んだ水の様子を描き出している。

エ　「なりにけるかも」の「かも」は詠嘆を表すことばであるが、「春になったんだなあ」といかにもゆったりと引き伸ばして、春の到来のうれしさを宣言している。

〔問6〕　(5)花らしい　とあるが、この「らしい」と同じ用法で使われている文はどれか。最も適切なものを次のうちから選べ。

ア　明日もまたいい天気になるらしい。

イ　最近、運動らしい運動をしていない。

ウ　もっともらしい言い方をする。

エ　子どもらしい振る舞いをする。

たと言えるか。最も適切なものを次のうちから選べ。

ア　このパーティーの主人の家にあるたくさんの蔵書を参考にして、片思いする自分とつぼみの固い梅の花とを重ね合わせて、正月の梅の花の様子を述べたところ。

イ　春が間もなく到来する予感を、梅の花が今にも開こうとする様子に例えていることに加え、わが国の最初の図書館である「芸亭」で詠まれた歌であるところ。

ウ　まだつぼみのままの状態である梅の花に、ひそかな恋心が隠れていることを見抜き、まだ片思いでいる自分を、開花を待つ梅のつぼみに見立てて述べたところ。

エ　梅のつぼみを見て、ひそかな恋の存在や春の到来を待ちわびる思いを述べている中に、もの静かで落ち着いた、みやびやかな漢詩の雰囲気が感じられるところ。

〔問3〕 (3)ここがまた芸がこまかい。とあるが、「芸のこまかさ」によって強調されているのは、Bの歌の作者のどのような心情か。最も適切なものを次のうちから選べ。

ア　梅の花に降り積もる雪を何度も手に取ろうとするが、雪はすぐに消えてしまい、全てが徒労に帰してしまうことへの、切ない心情。

イ　何としても、この梅の花とそれに降り積もる雪の風情を、好きな人にそのまま見てもらいたいという、けなげな愛情のこもった心情。

ウ　白梅の「白」と降る雪の「白」とが一体となり、辺り一面の真っ白で清らかな雪景色を好きな人にもぜひ見てもらいたいと思う心情。

エ　ほのかに紅みのさした手のひら、その繊細な指先で梅と雪をつまむ、その美しい瞬間を好きな人と共有したいという切実な心情。

〔問4〕　C・Dの歌について説明したものとして、**適当でないもの**を次のうちから選べ。

ア　Cの歌は、庭に散る梅の花を「雪の流れ来る」と言い表したところが面白い。「ひさかたの」という「天」にかかることばを用いて、はるか遠くから流れてきた雪と大胆に表現したところに、旅人らしさが感じられる歌である。

イ　Cの歌に読み取れる情景は、冬晴れの空を背景にしてふんわりと舞い落ちてくる梅の花であり、その動きを流れに例えたことが見事である。また、「天より雪の流れ来るかも」と結ぶことにより、開放感が伺える歌である。

ウ　Dの歌で、旅人の仙人のような遊び心は、漢詩の教養の深さからきている。異国から伝わってきた文化を、都を遠く離れた大宰府で味わうのは無念であったに違いないが、まさに官位の高さからくる風格が感じられる歌である。

エ　Dの歌は、梅の花がことばを語るという設定が面白い。しかも、梅の精はかわいらしく自分を売り込んでくる。旅人の漢詩に対する知識の深さが投影されており、そこには旅人のもつ、大きな世界観までもが伺える歌である。

〔問5〕 (4)滝の音も春の到来を告げるリズムに充ちている。とあるが、志貴皇子の歌の「春の到来を告げるリズム」について説明したものとして最も適切なものを次のうちから選べ。

ア　「垂水の上のさわらび」とは、「滝のほとりのわらび」のことであり、このようにことばで場所を限定することにより、山奥の春の様子を鮮明に描いている。

う。梅の花の精がプライドに充ちて、私こそ、酒のさかずきに浮かべるのに似合いの花よ、というところが、なんともほほえましい。

梅の花の精らしいものを登場させるのは、旅人の神仙趣味である。当時のエリートであった旅人は漢詩に造詣が深く、歌の中にもその投影が濃い。杯に梅の花を浮かべて飲む。なんと優雅なことか。シルクロードを渡って唐までやって来たヨーロッパの香りが、さらに遣唐使によって、奈良の都に運ばれた。そして、今、都を遠く離れた大宰府の地で、風流人の旅人はこんなモダンな歌を詠んだのだ。

石走る垂水の上のさわらびの萌え出づる春になりにけるかも
（一四一八　巻八）

前書きには、〝志貴皇子の懽の御歌〟とある。〝懽〟は〝歓〟とおなじである。志貴皇子は天智天皇の第七皇子。〝石走る〟は石の上を走り流れるという意味。〝垂水〟は滝である。〝上〟は、この場合ほとりである。

石の上を走り流れる滝のほとりに、さわらびが萌え出る春の季節になったなあ。

〝歓びの歌〟という、その前書きに、なんとふさわしい歌であろう。石の上を流れる水も、そのしぶきの末までが春めく光に躍るようだ。(4)滝の音も春の到来を告げるリズムに充ちている。その滝のほとり、水しぶきに濡れながら、今、萌え出しているさみどりのわらび。その清新なかわいい姿。ああ、もう春だ。そう思うとき、作者の心はさわやかにみずみずしいさわらびと重なる。

〝石走る垂水の上のさわらびの〟と、一気に詠みくだし、〝萌え出づる春になりにけるかも〟と、たっぷりと喜びをふくんでゆたかに受けた。喜びに軽く走らず、おおらかに、しかも喜びを抑えて歌った、プリンスとしての品格あふれる歌である。

うち靡く春来るらし山の際の遠き木末の咲きゆく見れば
（一四二二　巻八）

尾張連の歌。〝うち靡く〟は〝春〟にかかる＊枕詞。枯れていた木に葉が生い茂り、春風にやわらかに靡くからか。雰囲気のある美しい枕詞である。

春が来たらしい。山の間の遠くのこずえの花が、だんだんと咲いていくのを見ると。

〝咲きゆく見れば〟がすばらしい。このことばには時間の経過と、それにともなう喜びがこもっている。おととい、ちらっと(5)花らしい、白っぽいほのかな色がきざしているのを見つけた。きのうは、一つ、二つ、花が見えた。きょうはまたふえた。

花がすこしずつふえていくのを見ながら、彼の心は、春が来たという確認の喜びにふるえるのである。（清川妙「清川妙の萬葉集」による）

〔注〕春雑歌――万葉集で春の分類に属する歌。
大宰帥――九州及び壱岐・対馬の二島を管轄した役所「大宰府」の長官。
悠揚せまらぬ――ゆったりとして、落ち着いている様子。
大人――徳の高い、立派な人。
枕詞――特定の語句を導き出すために、その前置きとなる修飾語。

〔問1〕(1)ふふめるは　とあるが、「ふふめる」の意味にあたる表現を、本文中から**十字**で抜き出して書け。

〔問2〕(2)なんとハイセンスな歌であろうと、目をみはった。とあるが、筆者は**A**の歌のどういうところに「ハイセンス」なものを感じ作者不明の歌である。

梅の花を降り覆う雪を、梅の花ごとてのひらの中につつみこんで、あなたに見せようと何度も手に取るのだが、そのたびに、はかなく雪は消えてしまう。

若い日にこの歌を読んだとき、梅は紅梅か薄紅梅だと思った。そのほうが雪の白さが映えるからである。でも、実は、万葉の梅はみな白梅だそうである。

梅の白い花を、ふうわりと覆う雪のかすかな光。その風情を、そのまま恋人に見せたくて、作者はそっと梅の花を指先でつまみとる。そして、てのひらの中につつみこむと、つかのま、春の淡雪は夢のように溶けてしまう。

作者は女性であろう。繊細なその指先、ほのかに紅みのさしたてのひら、体温のあたたかさに溶けてゆく雪。そして、梅の花ひとつが濡れて残る。

〝取れば消につつ〟。(3)ここがまた芸がこまかい。〝つつ〟は継続をあらわす助詞である。彼女は何度も雪に覆われた梅の花を摘みとる。でも、摘みとるはしから、雪は消えていく。ぜひ、この花とこの雪をあの人に見せたい。そんないじらしい思いのこもる歌である。全体にやさしいささやきのような口ぶりがある。

この場合も、彼女にとって、梅の花は単なる外界の風物ではない。自分の魂を託して人に贈るための、大切ないとおしい花である。

聖武天皇の天平二年（七三〇）正月十三日に、＊大宰帥大伴旅人の邸宅では、梅見の宴が行われている。大宰府に勤める役人たちが官の上下を問わず、詠んだ歌、三十二首がずらりと並んでいる。歌人として有名な山上憶良や沙弥満誓も詠んでいる。たくさんの歌の中で、どれがいちばん好きかときかれれば、私はやはり、この宴を開催した主人、大伴旅人の歌を採る。

C　我が園に梅の花散るひさかたの天より雪の流れ来るかも　（八二二　巻五）

〝ひさかたの〟は、〝天〟〝雨〟〝月〟〝星〟〝雲〟などの天上のもののほか、〝光〟〝鏡〟〝都〟などにもかかる。

わたしの庭に、梅の花がはらはらと散っている。いや、これは梅ではなくて、空から雪が流れてくるのだろうか。〝天より雪の流れ来るかも〟の、この〝流れ〟がたまらなくいい。ここで、この歌は個性の魅力を発揮した。うまい。

弧を描いてゆるやかに地に落ちてくる花。そのかなたにひろがる冬の澄んだ空。そのすべてを描きつくして、この〝流れ来るかも〟は受けとめた。

旅人の歌は、なにか＊悠揚せまらぬ、＊大人の風格がある。そして、そこはかとないユーモアも感じられる。その彼の梅の歌をもう一首。

D　梅の花夢に語らくみやびたる花と我れ思ふ酒に浮かべこそ　（八五二　巻五）

〝こそ〟は、希望をあらわす終助詞。

梅の花が夢にあらわれてこう言った。「私は優雅な花だと思います。どうか、お酒に浮かべてください」

この歌は、ほんとうにしゃれた歌だと思う。〝みやびたる〟から〝酒に浮かべこそ〟までが、梅の花のことばなのである。夢にあらわれてきたのは梅の花の精で、おそらく可憐で上品な美人であったのだろ

<u>そ、「愛」と love と amour なる意味範囲は、図3のように重なりあいながらずれている、ということができましょう。</u>とあるが、このことについて、本文を読んだ生徒たちが話をしている。生徒A～Dの発言をふまえて、本文で述べられている「言葉の働き」についてあなたが考えることを**二百字以内**で書け。なお、書き出しや改行の際の空欄、、や。や「 などもそれぞれ字数に数えよ。

生徒A　英語の「love」と日本語の「愛」の意味は同じだと思い込んでいたけれど、そうではないんだね。

生徒B　うん。同じ部分もあるけれど、言語によって意味がずれているんだ。

生徒C　言葉が、元々ある感情やモノを指し示すために、後から付けられたものではないからだね。

生徒D　異なる言語を使う人の間では、世界の捉え方自体に微妙なずれがありそうだ。難しいなあ。

5　次の文章を読んで、あとの各問に答えよ。（＊印の付いている言葉には、本文のあとに〔注〕がある。）

万葉時代の山野は、木の花、草の花に満ちていた。水の流れは透きとおり、春にはそのほとりにさわらびが萌え、山吹が影をうつし、秋には、水面をくれないに染めて、もみじが漂い流れた。

万葉びとたちは、そんな自然をどんなに愛したことか。彼らにとって、自然とは外からそれをただ賞美するものであったり、生活の飾りにするものではなかった。もっと自分たちと一体になったものであった。

森の中にころがっている樫の実を見れば、ひとりぼっちでさびしかろうと思い、梅のつぼみを見れば、恋を抱いているのかと思った。月光を浴び露にまみれて鳴くこおろぎ、枝もたわわな萩を胸で分けていく鹿。動物もまた彼らの友であった。

万葉の春は、雪降る日の梅の花からひらいていく。

A　梅の花咲けるがなかに　(1)<u>ふふめるは</u>恋か隠れる雪を待つとか　（四二八三　巻十九）

茨田王の歌。孝謙天皇の天平勝宝五年（七五三）の正月、石上宅嗣の家で宴会があったときの歌である。

梅の花が咲いている中に、まだつぼみのままでいる花がある。そのつぼみの中には、恋の心を隠しているのであろうか。それとも、雪の降るのを待っているのであろうか。

その雪は春の雪である。〝恋か隠れる〟のその恋は、春を恋いわびる心でもあろう。

はじめて、この歌を読んだとき、(2)<u>なんとハイセンスな歌であろうと、目をみはった。</u>

このパーティーのあるじ、石上宅嗣は漢詩の作者としても有名。たくさんの図書を蔵して、その書庫、芸亭は、わが国の図書館のはじめといわれる。

茨田王は中務省の次官をしていた人だが、きっと宅嗣の文学友達であったにちがいない。この歌にも、なにか閑雅な漢詩の風合いがある。

梅の花に雪が降りかかり、花を白くおおってしまうとき、こんな美しい歌を歌った人がいた。「＊春雑歌」の中の〝雪を詠む〟歌。

B　梅の花降り覆ふ雪を包み持ち君に見せむと取れば消につつ　（一八三三　巻十）

〔問2〕(2)言語習得とカテゴリー化・抽象化能力の発達とは同時進行的な現象です。とはどういうことか。その説明として最も適切なものを次のうちより選べ。

ア　概念を適切に表現できる言葉を発見した時に、私たちは混沌としている現実の中にいても、自分と他者の考えを区別して表現できるようになるということ。

イ　母国語以外の言葉を勉強していかないと、私たちは連続体として存在している現実の物事を、正確に区別したり伝えたりすることができないということ。

ウ　新しい言葉を身に付けた時に、私たちは個々の物をひとまとめにして考えたり、他の物とは区別して理解したりすることができるようになるということ。

エ　幼少時において言葉が発達していかないと、私たちは言語活動を通して、具体的なものとあいまいなものとを区別して考えることができないということ。

〔問3〕(3)「言葉は記号ではない」とあるが、どういうことか。このことを次のように説明したときに、□に入る最も適切な表現を本文中から**十五字**で抜き出して書け。

運算記号や交通標識、地図の記号とは異なり、言葉は□ものだということ。

〔問4〕(4)図1のソシュール以後の部分を、具体的に日本語の意味体系を用いて図示すると、図2になります。とあるが、図2はどのようなことを示しているのか。最も適切なものを次のうちより選べ。

ア　現実に存在している色の、例えば赤色と橙色、橙色と黄色の境界は混沌としているが、私たちはそれぞれの色を意味する言葉を用いることで、別々の色として認識するということ。

イ　現実の世界では各色が独立して存在しているので、例えば赤色に見える色は「アカ」、橙色に見える色は「ダイダイ」と、私たちはそれぞれの色を名付けて認識するということ。

ウ　現実にある色には最初から名前があったわけではないが、例えば赤色、橙色と表現することで、私たちは各色が連続体である色のスペクトルになっていると認識するということ。

エ　現実の生活の中に、例えば「アカ」、「ダイダイ」、「キ」と発声される言葉があり、私たちはあらかじめ区分けしておいた色に適切な言葉を当てはめて色の認識をするということ。

〔問5〕(5)「鬼」とか「河童（かっぱ）」とか「龍（りゅう）」などという言葉には立派な意味があります。とあるが、このことについて筆者はどのように考えているか。その説明として最も適切なものを次のうちより選べ。

ア　「鬼」「河童」「龍」という言葉から、私たちはそれぞれに共通する意味を見出すことで、指向対象の中にはもともと存在しないはずの実体を作り出してしまうということ。

イ　「鬼」「河童」「龍」という言葉によって、私たちはそれぞれが表すものを理解できるが、それは実体を指さしたものではなく、各言葉が生む指向対象にすぎないということ。

ウ　「鬼」「河童」「龍」という言葉は、私たちに指向対象を理解させるものでありながら、西欧の「一角獣」「悪魔」「神」などと同様の概念を抱かせるものであるということ。

エ　「鬼」「河童」「龍」という言葉があることで、私たちは物語などに連続して登場する不思議な生き物たちを、指向対象として存在感があるものに捉えているということ。

〔問6〕(6)ソシュールの言葉を借りれば、「言語に先立つ観念はなく、言語が現れる以前は、何一つ明瞭に識別されない」のです。だからこります。

具体的な例に即して考えてみましょう。(5)「鬼」とか「河童(かっぱ)」とか「龍(りゅう)」などという言葉には立派な意味があります。ところが、これはあくまでも《言葉のもつ意味》であって、言語外のいかなる実体を指さして名づけたものでもありません。西欧の「一角獣」、「悪魔」、「神」などという概念にしても同様のことが申せます。指向対象というものは、言葉以前から存在する分節された実体ではなく、言葉の誕生とともに生(う)まれる「関係づけられたモノ」なのです。

これは何も空想的産物に限ってはおりません。たとえば「愛」とか「憎しみ」という日常不可欠な概念にしても、はじめからそのような一般的観念や心情が存在していて、「愛」の場合でしたらフランス人は **amour**, 英米人は **love**, ドイツ人は **Liebe** と名づけをしているのではなく、異なったいくつかの精神的態度の多様性を集めて一つの概念とするのは、この言葉があってはじめて可能となります。(6)ソシュールの言葉を借りれば、「言語に先立つ観念はなく、言語が現れる以前は、何一つ明瞭に識別されない」のです。だからこそ、「愛」と **love** と **amour** なる意味範囲は、図3のように重なりあいながらずれている、ということができましょう。

図3

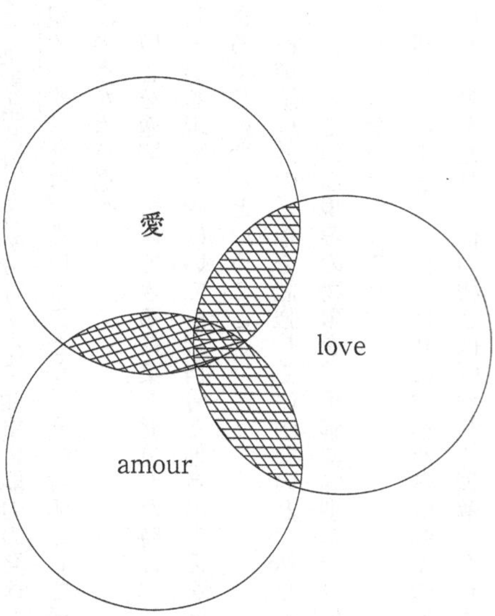

（丸山圭三郎「言葉とは何か」による）

〔注〕ソシュール――スイスの言語学者。
モールス信号――長短二種の符号を組み合わせてアルファベット、五十音などを表す電信用の符号。
メルロ＝ポンティ――フランスの哲学者。
etc.――エトセトラの略号。その他。…など。

〔問1〕(1)言語によって意味体系が異なるのですから、言語が変(か)われば区切り方も変ってくるのは、当然でしょう。とあるが、このことを本文、及び（例1）（例2）（例3）の表をふまえて説明したものとして最も適切なものを次のうちより選べ。

ア　家族の中に息子が複数いるという現実を、日本語では兄弟の年齢を重視して捉えているのに対し、フランス語では年齢よりも性別に重点が置かれるという違いがあるということ。

イ　材木、樹木、森という現実を、日本語は樹木と森を区別しても材木と樹木は区切らず、フランス語は材木と樹木を区別しても材木と森は区切らないという違いがあるということ。

ウ　日本語で空気、曲、様子と言葉を区別するのは、それぞれの性質が異なるからであるが、フランス語は異質な物でもひとまとめに表現する柔軟な言語という違いがあるということ。

エ　日本語は基本的に言葉が豊富で、世界を細分化して理解しようとする言語だが、フランス語は言葉に依存しないで、人々の想像力で意味を理解するという違いがあるということ。

接に知覚できる事象で、知覚できない別の事象について、私たちに何事かを教えてくれる事象」とか、「自分とは別の現象に代(かわ)って、それを告知したり指さしたりするもの」と定義できるかも知れません。

ところが、こうした一般常識に反して、(3)「言葉は記号ではない」という認識がソシュール言語哲学の根本にあるということを忘れてはなりません。ソシュールの影響を強く受ける以前の*メルロ＝ポンティも次のように言っています。

「もし、signe という現象を、あたかも煙が火の存在を告知するように自分とは別の現象を告知する現象だと解すれば、まず第一に、言葉は思考の signe ではない。（……）両者は互いに包み合っているのであり、意味は言葉のなかにとりこまれ、言葉は意味の外面的存在となっているのだ。同じように私たちとしては、一般にそう信じられているごとく、言葉は思考の定着のための単なる手段だとか、あるいは思考の外被や着物だとかとは、とても認められない。」

「言語は事物の名称リストではない」という認識は、言葉が、言語外現実を指し示すものではなく、自らのうちに意味をになっているという理論を導き出します。言いかえれば、言語記号は、記号と呼ばれていても他の一切の記号とは異なって、あらかじめ自らの外にある意味を指し示すものではさらさらなく、いわば表現と意味とを同時に備えた二重の存在であるということです。わかりやすく図解すると図1のようになるでしょう。

(4)図1のソシュール以後の部分を、具体的に日本語の意味体系を用いて図示すると、図2になります。

ソシュール以前は、言葉は《表現》でしかなく、図1の矢印が示すようにすでに言語以前からカテゴリー化されている事物や、言語以前から存在する純粋概念を指し示すもの（記号）と考えられていたのが、ソシュール以後の考え方では、言葉は《表現》であると同時に《意味》であり、これらはもともと存在しなかった関係でありながら、混沌としたカオスのような連続体に人間が働きかける活動を通して生み出され、同時に連続体の方もその関係が反映されて不連続化し、概念化するという、相互的差異化活動こそ言葉の働きである、ということにな

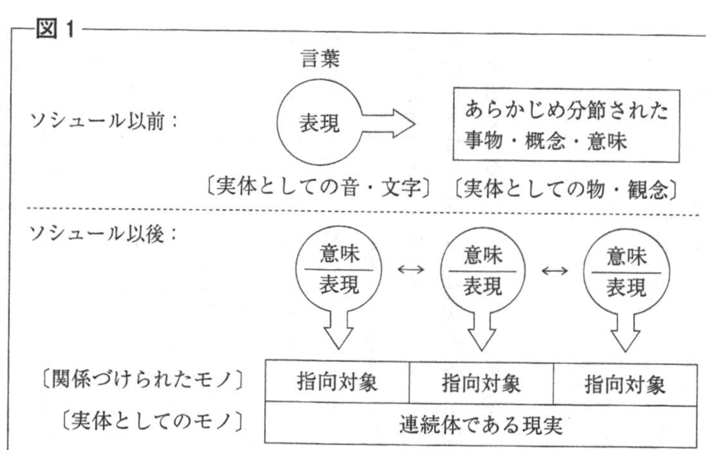

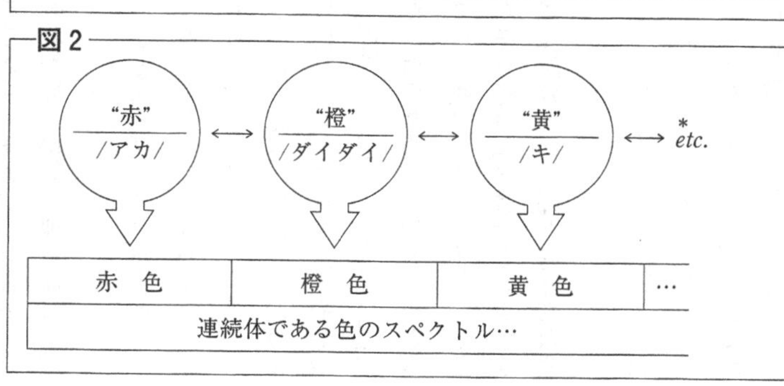

またある言語では、「年上」か「年下」かを同時に示さない「息子」という語が存在しません。不思議に思われるかも知れませんが、日本語でも、「年上」か「年下」かを同時に示さない男の兄弟を表す語が存在しないことを思いあわせてください。「兄」と「弟」のいずれも、フランス語の **frère** や英語の **brother** 以上の意味をになっているのです。

日本語の「木」は、机などを作っている材料でもあれば、庭の青々とした樹木でもありますが、フランス語では前者が **bois**、後者が **arbre** であることはご存じでしょう。それでは「材木」の意味の「木」と **bois** がぴったり一致しているかというと、これもそうはまいりません。**bois** には「森」という意味も含まれているからです。図式化すると、二つの言語の意味のズレが表のように表せましょう。

（例１）

フランス語	frère	
日本語	兄	弟

（例２）

フランス語	arbre	bois
日本語	木	森

（例３）

フランス語	air		
日本語	空気	曲	様子

右は、ごく簡略化した対応図であって、実際の意味の重なりとずれぐあいは、もっと微妙かつ複雑であることは言うまでもありません。

また、右にあげた例はごく一部のものに過ぎず、いわば氷山の一角のようなものです。しかし、これだけでも、「言葉に依存しない概念も事物もない」という*ソシュールの考え方を証明するのに十分といえましょう。ソシュールはまた、「事物を作りだすのは視点である」とも言っています。人間にあっては、(2)言語習得とカテゴリー化・抽象化能力の発達とは同時進行的な現象です。この二つは表裏一体をなしていて切り離せません。

私たちは《記号》というとどんなものを想像するでしょうか。たとえば数学で使われるさまざまな記号があります。＋はプラス記号、－はマイナス記号ですし、÷と×はそれぞれ割算と掛算（かけざん）の運算記号と呼ばれています。

そのほかにも＝記号（等記号）や≠記号（不等記号）、∞とか∫といったややこしい記号も少なくありません。どれをとっても何らかの数学的概念を示す符号であることにはかわりないようです。

学問の世界に限らず、私たちの日常生活には記号が氾濫しております。交通標識の図柄や赤・黄・青の信号にしても、すべて禁止や命令などを示してくれる記号ですし、・―は「イ」、・―・―は「ロ」、―・・・は「ハ」を表す*モールス信号、指を丸めて「OK」やときに「お金」を示すサイン、特定の社会では親指で「男」、小指で「女」を意味させるしぐさ、地図の(文)や卍印がそれぞれ「学校」と「寺」を示す印である限り、これらもまたすべて《記号》の一種と考えられます。

フランス語では記号のことを **signe** と言いますが、**signe** には「目印、徴候、予兆、合図、符号」などという意味があり、日常的には黒雲が嵐の **signe**、煙が火の **signe**、三十八度の熱が病気の **signe** というふうにさえ用いられます。そうしてみると《記号》とは、「直孫娘を喜ばせるために苦労して手に入れ、三人で一緒に眺めながら同じ夢を見て幸せな時間を過ごした、家族のきずなが刻み込まれたもの。

イ　生きるのに精一杯の時代で、空想だけでも世界旅行を楽しもうとベリカード集めが流行していたが、これほど希少なものを入手できたのは自分たちだけだったという自負心で、今も心が満たされるもの。

ウ　外国の珍しいラジオ番組を聞くのを唯一の楽しみにして必死に働いていた日々が懐かしく、あの頃のように祖父が健康を取り戻し、再び二人で仲の良い暮らしに戻れるという期待を持たせてくれるもの。

エ　余暇を楽しむ余裕なく農作業に追われ続けた二人の一生の中で、異国の街との思いがけない接触に胸をときめかせ、祖父と同じ空想に興じ熱中した、夫婦のかけがえのないひとときを思い出させるもの。

〔問6〕　本文の波線部の表現に関する説明として**適当でないもの**を次のうちより選べ。

ア　「aここにいる間に赤い花の呼ぶ声をもう一度聞きたいとも思った。」は、幼少期の記憶の詰まった祖父母の家で、正体不明の赤い花の謎を明らかにしたいという「私」の願望を象徴する表現である。

イ　「b聞こえているのか祖父の頭が小さく揺れる。」は、ゆっくり休むように言った「私」の言葉に対し、首を振って否定するようにも見える仕草であり、祖父の仕事への責任感の強さを象徴する表現である。

ウ　「cそう聞く声がからからに乾いている。」は、祖父との秘密が周囲に知られていたことへの羞恥心と、正確な事実を確かめたい好奇心とが入り混じった、「私」の複雑な心理を象徴する表現である。

エ　「dやがて甘い花の香りで胸の中が満たされていくのを感じていた。」は、働きづめだった祖父母の人生にも青春のような一時があったことに救われ、「私」が幸福感に包まれた様子を象徴する表現である。

4　次の文章を読んで、あとの各問に答えよ。（＊印の付いている言葉には、本文のあとに〔注〕がある。）

言葉は、それが話されている社会にのみ共通な、経験の固有な概念化なのです。もちろん、どのような言語を用いるにせよ、それぞれの言語によって分節される概念以前の現実が、言語の相違と関係なく、もともと同一の存在であることは疑えません。ただ、私たちがこの言語外現実を把握し、私たちを取り巻いている世界を区切り、グループ別に分け、カテゴリー化するのは、言語を通してである、ということなのです。

言葉以前の現実は混沌（こんとん）とした連続体であって、私たちは自国語の意味体系のおかげで、この連続体の適当な個所個所に境界線を画することができます。ところが、(1)言語によって意味体系が異なるのですから、言語が変（かわ）れば区切り方も変ってくるのは、当然でしょう。

たとえば、「木」とか「植物」とか「動物」という一般的な、しかも抽象的な性格をもつ単語が一切存在しない言語はたくさんあります。そうした言語には、木や植物の個々の名称、たとえば「松」「桜」「杉」といった語はあるのですが、「木」という概念がないために、それらをひとまとめにしてカテゴリー化することができません。

た頃の幼い私には広大に思われたが、久々に訪れて大人の目で改めて見ると、思いのほか小さな建物だったこと。

ウ 堅固な造りの清潔な家だったはずが、病室から戻ると家の中あちこちに小さな汚れがたまっていることに気が付き、老夫婦だけの生活の苦労が身にしみて伝わってきたこと。

エ どっしりとたくましい印象の家だったが、住む祖父母が高齢になり隅々にまで手が行き届かなくなった様子で、大きさは昔と変わりがないのに家構えが見劣りして見えたこと。

〔問2〕(2)一日分の日にちと、隣に曜日が寄り添うように書かれたカレンダーは、一日一日だけを眺めて暮らしていた祖父母によく似合った。とあるが、「祖父母」のどのような暮らしに「よく似合った」と感じられたのか。その説明として最も適切なものを次のうちより選べ。

ア 月ごとのカレンダーを嫌い、今日の日付だけが太い字で示された日めくりを好む頑固な祖父と、夫のこだわりを誰よりも理解し、尊重してきた祖母の暮らし。

イ その日その日に必要な農作業を何よりも大切にし、カレンダーに関係なく実直に働き続けた祖父と、傍らでそっと夫を支え続けてきた祖母の暮らし。

ウ 三百六十五日どの日も同じ時間に起き、食べ、眠る生活の繰り返しで暦など不要だと言う祖父と、時間の経過をひそかに意識してきた祖母の暮らし。

エ 長年の畑仕事の中で季節の巡るリズムが体に刻まれており、暦よりも自分たちの感覚を信じ、あわただしい世間とは一線を画そうとしてきた祖父母の暮らし。

〔問3〕(3)古いファイルの中から、街の名前と、高い山と、抜けるような青空、甘い香りを放つ赤い花が飛び出してくる。とあるが、「私」のどのような状況を暗示する比喩か。最も適切なものを次のうちより選べ。

ア 長年埋もれていた記憶が勢いよく呼び覚まされ、昔何度も祖父から聞き、その空想で寂しさを癒やしてきたキトの街の光景と、咲き乱れる赤い花が、確かな存在感を持って鮮やかによみがえった状況。

イ 祖父の家の物置の奥に埋もれた懐かしいファイルの一冊に、キトという地名があり、若い頃の祖父が真っ青な空の下で美しい赤い花と一緒に写る写真が貼られていたことを、唐突に思い出した状況。

ウ 心配する家族をよそに、身体は病院のベッドに横たわったままの祖父の意識がキトの街を元気よく飛び回り、澄んだ空気と赤い花の匂いをたっぷりと吸って生命力を回復し始めたことに気付いた状況。

エ 祖父の家で過ごした時期のたくさんの思い出が一つ一つ鮮明に浮かんで来て、地球儀でキトを探しながらどんな街かを想像したり、真っ赤なレンゲ畑で走り回ったりした時間が脳裏に再現された状況。

〔問4〕(4)私の中のキトがぐらりと傾ぐ。とあるが、この比喩によって表現されているのは「私」のどのような状態か。**五十字以内**で書け。

〔問5〕(5)そういって祖母は目尻に皺を寄せ、手元の赤い花のカードをじっとのぞき込む。とあるが、「祖母」にとって「赤い花のカード」とはどのようなものか。その説明として最も適切なものを次のうちより選べ。

ア 楽しみの少ない田舎暮らしの中、都会から預かることになったま私に手渡してくれた。
錆の浮いた銀の平べったい缶を大事そうに取り出し、祖母はそのま私に手渡してくれた。

固い蓋をこじ開けると、中に絵葉書大のカードが詰まっていた。端が薄茶色に染まっているものもあり、ひと目で古いものだと見て取れる。これがそのベリカードか。いちばん上の一枚を手に取り、裏を返した私はあっと声を上げそうになった。

キト。キトだ。胸の中にあったあの街にそっくりの風景がそこに写っていた。富士に似た、でもさらに鋭角な尾根が、青々とした空を背景に凛とそびえ、手前には澄んだ大きな湖がその姿を映している。

「キトってほんとうにあったんだ。」

夢の中の出来事がほんとうだったと知らされたような、祖父とふたりだけでつくった架空の街が白日の下に曝されるような、緊張と*弛緩がないまぜになってやってきた。

「ベリカードって、なに？」

cそう聞く声がからからに乾いている。思わず唾を飲み込んだ。

「ラジオ聴くやろ、ほの内容を書いてラジオ局に送るんや。ちゃんと聴いてたことがわかればラジオ局がベリカードを送ってくれる。」

受信の証明書のようなものと思えばいいだろうか。青い鳥の写真が印刷されたカード、見たこともない果物の写ったカード、満面の笑みをたたえた少女のカード、そして、赤い花のカード。

祖母が隣に腰を下ろす。

「懐かしい。これも、ああ、これもや、ぜんぶじいさんと集めた。」

アンデスの声、と日本語で記されている。キトのラジオ局の名前らしい。

「何の番組に周波数を合わせようとしてたんやったか、たまたま飛び込んできた声があってての。」

(5)そういって祖母は目尻に皺を寄せ、手元の赤い花のカードをじっとのぞき込む。

遠く離れた日本の片田舎で、祖父のラジオがエクアドルからの電波を受信する。現地の日本人向けの放送を偶然つかまえたのだろう。祖父と祖母はたぶん地図を開いてキトの場所を確かめた。そうして地球の反対側まで、拙い受信報告書を送った。ベリカードが返ってきて、ふたりは心を躍らせる。幾度も放送を聴き、幾度も報告書を書く。そうして一枚ずつベリカードが届けられる。ふたりして目を輝かせてカードに見入ったことだろう。

そのときの様子がありありと目に浮かぶ。私を膝に乗せて話してくれたのは、たぶん祖母とふたりでじゅうぶんに楽しんだその後だったに違いない。どこにも出かけたことのなかった祖父母に豊かな旅の記憶があったことに私は驚き、dやがて甘い花の香りで胸の中が満たされていくのを感じていた。

（宮下奈都「アンデスの声」による）

〔注〕欄間――天井と鴨居との間に、採光・通風のために格子または透かし彫りの板を取り付けてある部分。
不憫――あわれむべきこと。かわいそうなこと。
夕餉――晩飯。夕飯。
弛緩――ゆるむこと。だらしなくなること。

〔問1〕(1)祖母とふたりで戻った家も小さく感じられて私は戸惑った。とあるが、どんなことに対して「私」は「戸惑った」のか。その説明として最も適切なものを次のうちより選べ。

ア　たった二人の暮らしなので、元々それほど大きくはない家ながら広々と感じられていたが、祖父の入院で気弱になっている祖母の様子に影響されて、一段と寂しく見えたこと。

イ　祖父の家は都会の家と比べて敷地が広く、かつて預けられてい祖父は満足そうにうなずいた。

祖父母の家に預けられていた頃のことだ。祖父は＊夕餉の後、私を膝の上に抱えて、キトという街の話をしてくれた。

その街は古代から栄えた都市で、赤道直下にあるのに、標高が高いため暑くもなく寒くもない。一年中気温が安定していて、晴れた空には富士と見紛う美しい山がそびえている。めずらしい鳥が飛び交い、鮮やかな花が咲き乱れ、木々には赤い大きな実がなっている。祖父はまるで見てきたかのように街の様子を話し、幼かった私は夢中で聞いた。その街の澄んだ空気を胸いっぱいに吸った気がする。

祖父母の家を離れてからも、キトは私をなぐさめてくれた。母の帰りの遅い晩、ひとりで蒲団に入って空想の街で遊んだ。その街にはちょうど私と同じ年頃のきれいな女の子も住んでいて、すぐに仲よくなって走りまわった。さびしいときはいつでもキトへ飛べばよかった。

その、キトだ。いつから忘れていたんだろう。長い間、思い出すこともなかった。赤い花の影が脳裏に浮かんでからでさえも、レンゲ草までしか遡ることができなかった。祖父は今、静かに眠っている間にキトで遊ぶことができているんだろうか。それは、いいことなのか、さびしいことなのか、私にはわからない。

今夜はそばについていたいという私の申し出は母に却下された。

「だいじょうぶ、すぐにどうこういうことはないって。」

私の背を押す母の目には光がない。

「それより、ばあちゃんをお願い、瑞穂がしっかりついていてあげて。」

そのとき、祖父が何かをいった。

「なあに？　じいちゃん、どうしたの？」

「ベリカード。」

祖父がかすれた声を出す。

「ばあちゃんに聞け。ぜんぶおまえにやる。」

そういって祖父はまた目を閉じた。なんのことだかわからなかった。ばあちゃんに聞けといっていたけど、聞かれた祖母だって困るだろう。

ところが家に帰ると、祖母は思いがけずあの街の名前を口にした。

「キトやと、懐かしいのう。」

「ばあちゃん、キト、覚えてるの？」

祖母は意外なことをいった。

「覚えてるもなも、キトやろ、忘れたりせんわ。」

「キトって、むかし、じいちゃんが話してくれたお話に出てくる街だよね？」

「ほや、きれいな街やったの。エクアドルの首都やとの。」

「エクアドル？　って、南米の？」

「赤道直下ちゅうてたな。ほや、ベリカードやったの、えんと、銀の缶に入ってたはずやけど。」

祖母は黒光りする箪笥の抽斗を上から順に開けはじめた。(4)私の中のキトがぐらりと傾ぐ。

「キトって、じいちゃんの頭の中の街じゃなかったの。」

自分の声が聞き取れない。たしかに、キトはあった。祖父の頭の中だけでなく、私の頭や胸やきっと血液の中にもキトは入り込んでいただろう。祖母も、もしかしたら私たちふたりの会話を聞いていたかもしれない。だけどそんな話とは明らかに違う。キトはエクアドルの首都だと祖母はいったのだ。

「あったあった、これや。」

久しぶりにこの家の中をじっくりと見てまわって、台所に日めくりカレンダーがかけてあることに気がついた。一日に一枚、花の絵が描かれ、あとは日にちを表す数字と、その横に小さく曜日が入っているだけだ。カレンダーはいらん、といっていた祖父の力強かった口ぶりを思い出す。

そうだよね、と私は光の射さない台所でコップに水を汲みながら、声に出してみる。祖父がカレンダーを気にしなかった分、祖母がひそかに気をつけなければならなかったこともあったろう。(2)一日分の日にちと、隣に曜日が寄り添うように書かれたカレンダーは、一日一日だけを眺めて暮らしていた祖父母によく似合った。

午後の面会時間を待って病院を訪ねると、祖父も母も静かな顔をしていた。念のために祖父はしばらく入院することになるそうだ。

「なんでもねんや、大げさなんや。」

祖父は寝たまま笑ってみせ、それから真顔になって私にいった。

「瑞穂、仕事はどうした。」

「あ、今日はちょっと。」

「休んだんか。」

祖父の太い眉が寄せられる。気に入らないのだろう。

「明日は行くよ。」

私がいうと、傍から祖母も口添えしてくれた。

「じいさんを心配して休んでくれたんやがの。」

「おまえの仕事ちゅうのは、ほんないい加減なものなんか。」

これならだいじょうぶだ、と私は思った。いつもの祖父だ。

それで、その日の晩、母と私は町へ帰った。判断を間違えたとは思わない。祖父自身がそれを望んだ。

次に面会に行ったとき、祖父は急速に衰えて、一日の大半を眠って過ごすようになっていた。祖母から容態の説明を受けながら、私はきっと泣くまいと心に決めた。そう決めておかなければ泣いてしまうかもしれない。働きづめで身体を壊し、入院してから初めて駆けつけて泣くようなつまらない娘と孫しか持たない祖父が*不憫だった。

それなのに、祖父の寝顔は思いがけず穏やかで、折れそうな気持ちを支えてくれる。

「今まで休まなさすぎたんだよ、少しゆっくり休んだらいい。」

動揺が少し落ち着いたところで、私は祖父にささやいた。b聞こえているのか祖父の頭が小さく揺れる。

「それでまた元気になったら、いっぱい働けばいいじゃない。」

あわててつけ足す。祖父ならそれを望むと思ったからだ。

すると、祖父は目を覚ましたらしい。うっすらと瞼を開き、私を認めてかすかに微笑んだ。唇が薄く開く。何かをいおうとして震える。

「なに？　じいちゃん、水？」

祖父の口もとに耳を近づけると、祖父は小さい声で、でもはっきりといった。

「……キト。」

「え、ごめん、なんていったの。」

「キ、ト。」

よく聞き取れない。困って傍らの祖母に助けを求めようとしたその瞬間、あ、と思った。キト。するすると記憶のファイルが開いた。むかし、祖父の口から何度も聞いたキト、街の名前だ。

「そうだ、じいちゃん、よくキトのこと話してくれたよね。」

(3)古いファイルの中から、街の名前と、高い山と、抜けるような青空、甘い香りを放つ赤い花が飛び出してくる。

「キトで遊んだの、楽しかったね。」

〈国語〉

時間　五〇分　　満点　一〇〇点

【注意】 答えに字数制限がある場合には、、や。や「などもそれぞれ一字と数えなさい。

1 次の各文の——を付けた漢字の読みがなを書け。

(1) 役員として敏腕を発揮する。
(2) よく学び、且つよく遊ぶ。
(3) 岩礁にすむ生き物を調べる。
(4) 人類の未踏の地を開拓する。
(5) 困難に立ち向かうために、克己心を養う。

2 次の各文の——を付けたかたかなの部分に当たる漢字を楷書で書け。

(1) 交差点のリッキョウを渡る。
(2) 親鳥がスバコに戻ってきた。
(3) 学校のエンカクを調べ、年表にまとめる。
(4) 三日間でノベ五千人もが入場した。
(5) 山奥のチョスイチで釣りをする。

3 次の文章を読んで、あとの各問に答えよ。（*印の付いている言葉には、本文のあとに〔注〕がある。）

一年中休みなく田畑で働いてきた祖父が、病院に運ばれたという知らせが入った。駆けつける私（瑞穂）の頭の中に、ぱっと赤い花の映像が広がって消えた。幼い頃に預けられていた祖父母の家の畑で見たレンゲ草とはまた別の花だった。

面会時間が過ぎ、自分が付き添うと頑なに主張する母を病室に残し、私は祖母とあの大きな家に帰ることにした。助手席の祖母はやっぱり小さかった。シートベルトが包帯みたいで痛々しい。

(1)祖母とふたりで戻った家も小さく感じられて私は戸惑った。古い農家だから、立派だとはいわぬまでも堂々としていた。それがなんだか急にみすぼらしく見えてしまう。その、みすぼらしいという言葉に自分でぞっとする。貧しいとか、ちっぽけなとか、そういうのとは違う。襖が煤けているような感じ、電灯の笠の上の埃が拭い切れていない感じ。歳をとったふたりには大きな家が手に負えなくなっているのだ。家が悪いのではなく、つまり、住む人が家に追いつかなくなった。

翌朝、しばらく迷ったけれど、会社を休むことにした。祖父の具合は悪くはなさそうだし、この家からでも出勤できないわけではない。それでも、もう少しここにいて祖母の役に立ちたかった。私はあの頃の何もできない幼児ではない。祖母にはきつくなった掃除の手伝いくらいはできる。それに、aここにいる間に赤い花の呼ぶ声をもう一度聞きたいとも思った。

赤い花、赤い花、と歌うように繰り返しながら私は*欄間や高い箪笥の上にはたきをかけ、障子の桟を拭き、床に雑巾をかけた。家はまだまだ半分もきれいにならない。赤い花の正体もつかめない。レンゲ草より大きくて、華やかで、甘い匂いがする。祖母に聞いても知らないという。

2020 年 度

解 答 と 解 説

《2020年度の配点は解答欄に掲載してあります。》

＜数学解答＞

1 〔問1〕 -3　〔問2〕 $x=-4,\ y=3$　〔問3〕 $\frac{1}{6}$　〔問4〕 10.0 m
〔問5〕 解説参照

2 〔問1〕 $Q\left(\frac{7}{2},\ \frac{7}{2}\right)$
〔問2〕(1) $a=5$　(2) $q=2$(途中式は解説参照)

3 〔問1〕(1) $\left(90-\frac{1}{2}a-b\right)$度　(2)【選んだ1つの三角形】 △BED(【証明】は解説参照)
〔問2〕 $\frac{36}{5}$cm

4 〔問1〕 $2\sqrt{31}$cm　〔問2〕 $9\sqrt{11}\text{cm}^2$
〔問3〕 $V_1:V_2=2:1$(途中式は解説参照)

○配点○
1 〔問1〕～〔問5〕 各5点×5　2 〔問1〕 7点　〔問2〕 (1) 8点　(2) 10点
3 〔問1〕 (1) 7点　(2) 10点　〔問2〕 8点
4 〔問1〕 7点　〔問2〕 8点　〔問3〕 10点　計100点

＜数学解説＞

重要 1 (小問群―式の計算，連立方程式，さいころと確率，度数分布表の利用，作図)

〔問1〕 $\frac{4^2\times(-3)^2}{11^2-(-13)^2}=\frac{16\times9}{11^2-13^2}=\frac{16\times9}{(11+13)(11-13)}=\frac{16\times9}{24\times(-2)}=-3$

〔問2〕 $\frac{x-1}{3}+\frac{3y+1}{6}=0$…①，$0.4(x+4)+0.5(y-3)=0$…②とする。
①を整理すると，$2x+3y=1$…③
②を整理すると，$4x+5y=-1$…④
③×2－④より，$y=3$　これを③に代入して，$2x+9=1$　よって，$x=-4$

〔問3〕 $4<\sqrt{ab}<5$より，2乗して，$16<ab<25$　これを満たすa，bを考える。
a，bはさいころの目なので，2つのさいころの目の出方は全部で$6\times6=36$通り。この中で，$16<ab<25$となる$(a,\ b)$の組み合わせは，
$(a,\ b)=(3,\ 6)$，$(4,\ 5)$，$(4,\ 6)$，$(5,\ 4)$，$(6,\ 3)$，$(6,\ 4)$
の6通り。したがって，求める確率は，$\frac{6}{36}=\frac{1}{6}$である。

〔問4〕 はじめの生徒10人の度数分布表を利用した距離の合計は，
$4.0\times3+6.0\times2+8.0\times1+10.0\times2+12.0\times2=76(m)$
新たに参加した2人を含めた合計12人の度数分布表を利用した平均値は8.0mであるので，12人の距離の合計は$8.0\times12=96$(m)となればよい。したがって，後から加わった2人の距離の合計は，

96－76＝20(m)とわかるので，2人が同じ階級に含まれることから，2人が含まれる階級の階級値は10.0(m)

〔問5〕 次の手順で作図すればよい。

① 線分ABの垂直二等分線を引く。そのとき，垂直二等分線と線分ABの交点をMとすると，Mは線分ABを直径とする円の中心となる。

② 点Bを中心として，半径がBMの円を描く。その円ともとの円の$\overset{\frown}{AB}$との交点をPとすれば，半径は等しいのでMB＝PM＝BPとなり，△BPMは正三角形。すなわち，∠PMB＝60°となる。

以上の手順で作図すれば，円周角と中心角の関係から，

∠PAB＝∠PMB×$\frac{1}{2}$＝30°となる。

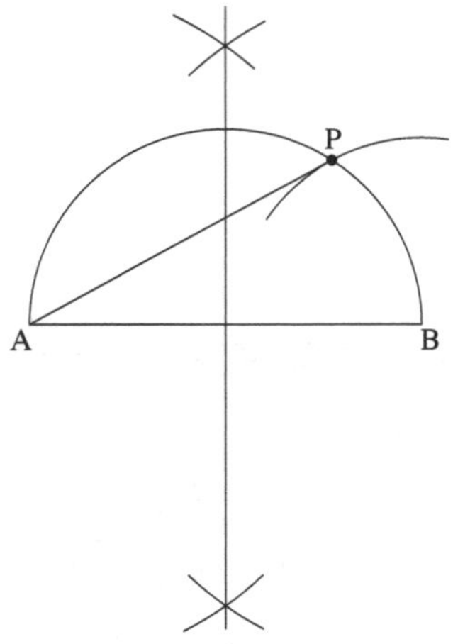

2 (関数と図形－2直線の直交と座標，直線と放物線の交点と比例定数の求値，座標平面における面積比と座標の関係)

〔問1〕 点Aのx座標は－2であり，点Aは曲線fを表す関数$y=\frac{1}{2}x^2$のグラフ上にあるので，その座標はA(－2，2)となる。したがって，直線OAの式は，$y=-x$

これより，∠APQ＝90°となるためには，直線OQの式が$y=x$となればよい。すなわち，直線OQの傾きが1であればよい。ここで，点Qは曲線gを表す関数$y=\frac{2}{7}x^2$のグラフ上にあり，そのx座標はq(q＞0)なので，$Q\left(q,\ \frac{2}{7}q^2\right)$と表せる。よって，直線OQの傾きは($y$の増加量)÷($x$の増加量)より，$\frac{2}{7}q^2\div q=\frac{2}{7}q$なので，$\frac{2}{7}q=1$となるので，$q=\frac{2}{7}$

よって，$Q\left(\frac{7}{2},\ \frac{7}{2}\right)$

〔問2〕

基本 (1) 点Pのx座標は1であり，関数$y=\frac{1}{2}x^2$のグラフ上にあるので，$P\left(1,\ \frac{1}{2}\right)$

また，点A(－2，2)なので，直線APの傾きは(yの増加量)÷(xの増加量)から，

$$\left(2-\frac{1}{2}\right)\div(-2-1)=\frac{3}{2}\div(-3)=-\frac{1}{2}$$

よって，直線APの式は，$y=-\frac{1}{2}x+1$とわかる。この直線上に点Qがあり，そのy座標が$\frac{4}{5}$なので，直線APの式に代入してx座標を求めると，

$$\frac{4}{5}=-\frac{1}{2}x+1 \qquad \frac{1}{2}x=\frac{1}{5} \qquad x=\frac{2}{5}$$ よって，$Q\left(\frac{2}{5},\ \frac{4}{5}\right)$

さらに，点Qは関数$y=ax^2$のグラフ上にもあるので，$Q\left(\frac{2}{5},\ \frac{4}{5}\right)$を代入し，

$$\frac{4}{5}=a\times\left(\frac{2}{5}\right)^2 \qquad \frac{4}{25}a=\frac{4}{5} \qquad a=5$$

重要 (2) 点Pと点Qからx軸に垂線を引き，点Aを通りx軸に平行な直線との交点をそれぞれ点Rと点Sとする。

△AOQと△AOPにおいて，高さが等しく，(△AOQの面積)：(△AOPの面積)＝2：3である。

よって，AQ：AP＝2：3

また，△ASQ∽△ARPから，AS：AR＝2：3，QS：PR＝2：3

AS：AR＝2：3より，

$(q+2)：(p+2)=2：3 \qquad 2p-3q=2$…①

QS：PR＝2：3より，

$(6-2):\left(\frac{1}{2}p^2-2\right)=2:3$　$p^2=16$　$p>0$より，$p=4$

①に代入すると，$q=2$

3 (平面図形ー角度の求値，三角形が相似であることの証明，線分の長さの求値)

〔問1〕

基本 (1)　AB＝ACより，△ABCは二等辺三角形となりその底角は等しく，∠ABC＝∠ACB　よって，

$\angle ABC=\angle ACB=(180-a)^\circ\div 2=\left(90-\frac{a}{2}\right)^\circ$となる。

したがって，△ABEにおいて，$\angle ABE=\left(90-\frac{a}{2}\right)^\circ$，$\angle BAE=(a+b)^\circ$なので，

$\angle BEA=180^\circ-\angle ABE-\angle BAE=180^\circ-\left(90-\frac{a}{2}\right)^\circ-(a+b)^\circ=\left(90-\frac{a}{2}-b\right)^\circ$

重要 (2)　【選んだ1つの三角形】△BED

【証明】(解答例)

△ACDと△BEDにおいて，

$\overset{\frown}{CD}$に対する円周角は等しいから，∠DAC＝∠DBE…①

$\overset{\frown}{AB}$に対する円周角は等しいから，∠ADB＝∠ACB

さらに，AB＝ACより，∠ABC＝∠ACBだから，∠ADB＝∠ABC

△ACDで三角形の外角の性質より，∠CDE＝∠ACD＋∠DAC

また，$\overset{\frown}{AD}$に対する円周角は等しいから，∠ABD＝∠ACD

∠ABC＝∠ABD＋∠DBC＝∠ACD＋∠DAC

よって，∠CDE＝∠ABC

したがって，∠ADB＝∠CDE，∠BDCは共通だから，

∠ADC＝∠ADB＋∠BDC＝∠CDE＋∠BDC＝∠BDE…②

①，②より2組の角がそれぞれ等しいから，△ACD∽△BED

やや難 〔問2〕(右図参照)

仮定より，AB＝AC＝9cm，BC＝CD＝6cm

∠BAC＝aとすると，$\overset{\frown}{BC}$に対する円周角は等しいので，∠BAC＝∠BDC＝a

△BCDはCB＝CDの二等辺三角形なので，底角は等しく，∠CBD＝∠BDC＝a

$\overset{\frown}{CD}$に対する円周角は等しいので，∠CAD＝∠CBD＝a

また，∠ABD＝bとすると，$\overset{\frown}{AD}$に対する円周角は等しいので，∠ABD＝∠ACD＝b

△ABCにて二等辺三角形の底角は等しいので，∠ACB＝∠ABC＝$a+b$

$\overset{\frown}{AB}$に対する円周角は等しいので，∠ADB＝∠ACB＝$a+b$

△ACDにて内角と外角の関係から，∠CDE＝∠DAC＋∠DCA＝$a+b$

BD//CGより，平行線の同位角は等しいので，∠CGE＝∠BDE＝$2a+b$，∠ECG＝∠EBD＝a，

∠ADB＝∠DGC＝$a+b$

平行線の錯角は等しいので，∠GCD＝∠CDB＝a

以上より，2つの角がそれぞれ等しい条件より，相似な三角形が複数存在することがわかる。

△ABC∽△CDGより，対応する辺の比は等しいので，

AB：BC＝CD：DG　よって，9：6＝6：DG　これを解いて，DG＝4cm

△DCA∽△GECより，DC：CA＝GE：EC　6：9＝GE：EC　よって，GE：EC＝2：3なので，

GE＝$2x$(cm)，EC＝$3x$(cm)とおく。

△ACE∽△ADCより，AE：EC＝AC：CD　すなわち，AE：$3x$＝9：6　よって，AE＝$\frac{9}{2}x$(cm)

したがって，AD＝AE－DG－EG＝$\frac{9}{2}x-2^{x}-4=\frac{5}{2}x-4$(cm)

以上より，△ACD∽△AECより，AD：AC＝AC：AE　すなわち，$\left(\frac{5}{2}x-4\right):9=9:\frac{9}{2}x$

これを解いて，$\frac{9}{2}x\left(\frac{5}{2}x-4\right)=81$　$5x^2-8x-36=0$　$(x+2)(5x-18)=0$　$x>0$より，$x=\frac{18}{5}$

したがって，GE＝$2x=\frac{36}{5}$cm

（解の公式より，$x=\frac{-(-8)\pm\sqrt{(-8)^2-4\times5\times(-36)}}{2\times5}=\frac{8\pm4\sqrt{49}}{10}=\frac{8\pm28}{10}$なので，

$x=\frac{18}{5}$，-2　と解いてもよい。）

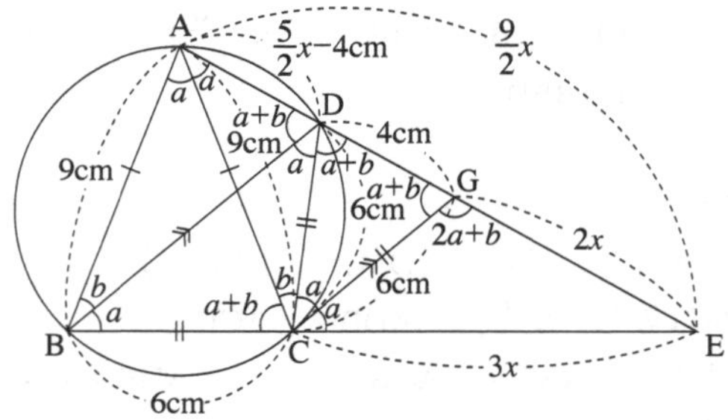

4　（空間図形－三平方の定理の利用と線分の長さの求値，切断面の面積の求値，切断後の立体ともとの立体の体積比）

基本　〔問1〕　点Pが頂点Aを出発してから2秒後の△ABDを考えると右図のようになる。

点Bから辺ADに垂線BHを下ろしたとすると，△ABDは正三角形なので，点Hは線分ADの中点となり，AH＝DH＝6(cm)　さらに，直角三角形である△ABHにおいて，∠BAH＝60°なので，BH＝AH×$\sqrt{3}$＝$6\sqrt{3}$(cm)

以上より，△BHPにて三平方の定理から，$BP^2=BH^2+PH^2$なので，

$BP=\sqrt{(6\sqrt{3})^2+4^2}=\sqrt{(108+16)}=\sqrt{124}=2\sqrt{31}$(cm)

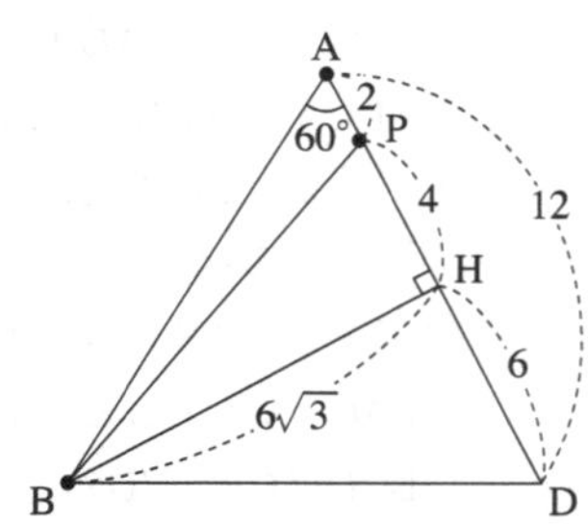

重要　〔問2〕　PQ//DCとなるのを点Pが頂点Aを出発してからt秒後だったとすると，AP＝t(cm)，AQ＝$\frac{3}{2}(t-2)$cmとなり，PQ//DCのとき，△AQPは正三角形となることからAP＝AQより，

$t=\frac{3}{2}(t-2)$　　これを解いて，$t=6$(秒後)

このとき，2点P，Qはそれぞれ線分AD，ACの中点となっているので，中点連結定理より，PQ＝$\frac{1}{2}$×CD＝6(cm)　また，〔問1〕と同様に考えると，BP＝BQ＝$6\sqrt{3}$(cm)であることから，立体の切断面である△BQPは右図のようなBP＝BQの二等辺三角形になる。

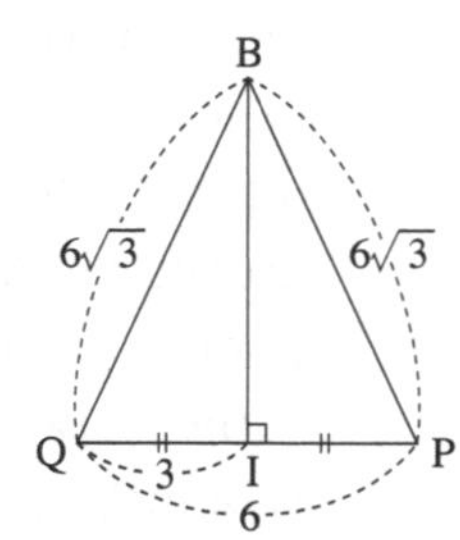

ここで，点Bから辺QPに垂線BIを下ろしたとすると，点Iは線分QPの中点であり，QI＝PI＝3(cm)　よって，△BQIにて三平方の定理より，$BQ^2=BI^2+QI^2$より，

$BI=\sqrt{BQ^2-QI^2}=\sqrt{(6\sqrt{3})^2-3^2}=\sqrt{99}=3\sqrt{11}$(cm)

よって，△BQPの面積は，

$6\times3\sqrt{11}\times\frac{1}{2}=9\sqrt{11}\,(\mathrm{cm}^2)$

重要　〔問3〕（解答例）

点Pが頂点Aを出発してから8秒後なので，AP＝8

また，$AQ=\frac{3}{2}(8-2)=9$

ここで，$\triangle ACP=\frac{8}{12}\triangle ACD$，$\triangle AQP=\frac{9}{12}\triangle ACP$

よって，$\triangle AQP=\frac{9}{12}\triangle ACP=\frac{9}{12}\times\frac{8}{12}\times\triangle ACD=\frac{1}{2}\triangle ACD$

△ACDと△AQPを底面とする四面体V_1，V_2の高さは等しい。

したがって，$V_1：V_2$＝(△ACDの面積)：(△AQPの面積)＝2：1

★ワンポイントアドバイス★

例年通り，標準レベルよりやや上の問題から構成されており，各分野をきちんと理解していないと高得点は狙えない構成となっていた。入試本番で高得点を狙うためには，普段の勉強から数学を暗記科目と捉えず，自分の力できちんと思考し，理解していく作業を怠ってはいけない。

＜英語解答＞

1　〔問題A〕　＜対話文1＞　ウ　　＜対話文2＞　エ　　＜対話文3＞　イ

〔問題B〕　＜Question 1＞　ウ　　＜Question 2＞　（例）　They should tell a teacher.

2　〔問1〕　1－a　オ　　1－b　イ　　1－c　カ　　1－d　ウ　　1－e　ア

〔問2〕　ウ　　〔問3〕　3－a　vote　　3－b　wrong　　3－c　better　　〔問4〕　オ

〔問5〕　エ　　〔問6〕　ク

〔問7〕　（例）　I want to make a nice place to gather outside. We will plant flowers andput out some tables and chairs. We can eat lunch there and talk about a lot of things. I would like to do these things outside. I think people feel happier under a blue sky.（50語）

3　〔問1〕　1－a　エ　　1－b　ウ　　1－c　ア　　1－d　イ　　〔問2〕　ウ

〔問3〕　エ　　〔問4〕　ウ　　〔問5〕　5－a　イ　　5－b　カ　　5－c　オ

〔問6〕　6－a　エ　6－b　ア　　〔問7〕　（A）　カ　　（B）　サ

○配点○

1　〔問題A〕・〔問題B〕　各4点×5

2　〔問1〕・〔問3〕　各2点×8　　〔問7〕　10点　他　各4点×4

3　〔問1〕・〔問5〕・〔問6〕　各2点×9　　他　各4点×5　　計100点

＜英語解説＞

1　(リスニングテスト)

放送台本の和訳は，2020年度都立共通問題37ページに掲載。

2　(会話文問題：文の挿入，語句整序，内容吟味，要旨把握，自由・条件英作文)

(全訳)　マリとケンは高校生です，そしてジャンは彼らの学校で勉強しているドイツから来た生徒です。ある日の放課後，彼らは教室で話をしていました。

マリ　　：昨日の夜，大好きなテレビ番組を見て楽しかった？

ケン　　：見なかったよ。

ジャン　：1-aどうして見なかったんだい？

ケン　　：実は，その番組がなかったんだ。その代わり，選挙についての番組が放送されたんだよ。

マリ　　：そうね。もうすぐ選挙ね。

ケン　　：そうだよ。だから僕は好きな番組が見られなかったんだ。

マリ　　：それはかわいそうに，ケン，でも重要な選挙になるそうよ。

ケン　　：本当に？　僕は選挙を理解するには未熟すぎる(若すぎる)な。

マリ　　：そんな風に思うの？　2，3年前に法律が改正されて，今は18歳で投票できるのよ。私たちの中には高校生のうちに投票する機会をもつ人もいるわ。投票したいと思わない？

ケン　　：いや，それほどでもないよ。そんなに若いうちに投票できるようになるのがいいとは思わないよ。

ジャン　：そうなの？　僕の国でも、18歳になったら投票できるよ。君がどうして選挙に興味がないのか分からないな。

ちょうどその時，クラス担任のオカ先生が教室に入ってきました。

オカ先生：あれ，君たちまだここにいたのですね。何をしているのですか？

マリ　　：投票について話をしていたのです，オカ先生。ケンは，18歳の時に投票するのはまだ若すぎると思っているのです。

オカ先生：1-bどうしてそう思うのですか？

ケン　　：僕たちはまだ高校生で，僕たちを囲む実社会についてよく知らないのです。

マリ　　：投票できるようになる前に社会についてよく知っておく必要があるの？

ケン　　：もちろんだよ。そう思わないの？

オカ先生：ちょっと待って。日本では2,3年前まで投票できる最低年齢は20歳でした。なぜ法律が改正されたのか考えてみませんか？

マリ　　：はい。私が読んだ新聞によると，その改正は私たちの国が高齢化社会だということと関係があるそうです。

ケン　　：どういう意味？

マリ　　：たくさんのお年寄りが投票して若い人たちが投票しないと，若い人たちの声が届かないのよ。(2)だから私は，社会情勢を若い人たちにとってより良いものにするためには何もなされなくなるのではないかと不安なの。

ジャン　：その通りだよ。僕が言ったように，ドイツでは18歳になると投票することができるんだ。多くの他の先進国，オーストラリア，イギリス，そしてフランスでも，その年齢は18だよ。

マリ　：私たちはちょうど追いついたところのようね。

ジャン　：ドイツでは，18歳になると選挙に立候補することもできるんだ。イギリスやフランスでもそうだと思うよ。

ケン　：本当かい？　1-c驚きだよ。でも僕は前に言ったように，僕たちはまだ若すぎると思う。実社会での経験がないと，僕たちは判断を間違うかもしれない。

オカ先生：君の言うことも理解できます，でも若い人たちが政治に興味をもつことは悪いことですか？

ケン　：僕は，十分な知識と経験を得て初めて政治に興味をもつ方がよいと思います。僕の両親は，彼ら自身は政治に関心をもっていますが，勉強が僕の学校生活の中心であるべきだと言います。

ジャン　：君やご両親が間違っているとは思わないよ。でも僕は，僕たちのような若い人たちでも政治や他の社会問題に関心をもち僕たちの社会をより良くしようとすることは大切なことだと思うよ。

マリ　：私の両親はあなたのご両親のような感じではないわ，ケン。彼らは，私がまだ高校生であっても政治に関心をもつことは大切だと言うの。私たちは夕食の席で政治について話をするし，私は選挙や政治についてのニュースを読むのが好きよ。

ジャン　：この前，新聞を読んで，世界中のいろいろな国々で，どのくらい多くの若い人たちが政治に関心をもっているかを知ったよ。

オカ先生：1-dどんなことが分かりましたか？

ジャン　：ええと，政治にとても関心をもっているという若い人たちは，ドイツでは23％，アメリカでは22％でした。数値が高くなくて残念でしたが，日本はもっと低く約10％でした。

マリ　：本当？

ジャン　：うん，ドイツの若者の50％以上が自分たちの社会を変えることができると確信しているのに対して，日本の若者でそう思っているのはたった30％を少し超えたくらいだったよ。

ケン　：なぜかわかる気がする。僕たちは実社会を知らないから，大人たちが政治に参加してより良い社会をつくる努力をするべきだと思っているんだ。

ジャン　：1-e僕は同意しないな。僕たちは大人と同じくらいには経験をしていないし，僕たちの考えは間違っているかもしれない。でも若い人たちでも，社会の問題について知っていることもあるのだから，それについて人に伝えて状況を改善しようとする必要があるよ。だから僕は投票はその目的のためにとても重要だと思う。

マリ　：(3)私も同じように思うわ。問題があれば，私たちはそれについて何かするべきよ。

ジャン　：全くその通り。もし全く興味をもたず何もしなかったら，何も改善できないよ。社会をより良くする機会を失うことになるだろうね。

ケン　：君たちの主張が分かり始めている気がする。

マリ　：良かった！実際，私たちは考えなければいけないことがたくさんあるわ。

ケン　：4-a例えば？

マリ　：4-bそうねえ，私たちの学校は国立競技場の近くよ，東京オリンピック・パラリンピックがまもなくあるから，この地域をより良くする良い機会よ。

ケン　：4-cそうだね。これを逃す手はないね。

ジャン　：4-d現実的には，大部分はもう終わっているんだ，競技場周辺の地域はとてもきれいな場所になったよ。

ケン　：4-e僕もそう思うよ。

マリ　：でも改善できることはまだいくつかあるわ。私たちの学校周辺には，国立競技場だけでなく野球場やラグビー場があるわ。今は私たちの学校周辺の道は十分には広くないわ，だから週末には野球やラグビーの試合に行く人たちでとても混み合うのよ。道をより広くするとか歩道を作るとかすることでその(道路)状況をより良くできるのよ。

ケン　：ここにますます多くの外国からの人たちが来ることを考えると，彼らにもっと情報を伝えるためのことも何かした方がいいね。例えば，いろいろな言語でもっと標識を掲げるとか。

ジャン　：東京都庁(都政)がそういうことを考慮していると思うよ。そうだよね？

マリ　：そうよ。でも都庁は私たちが伝えなければその問題が分からないかもしれないわ。私たちは都庁に意見を表現した方がいいわ。そしてそれをする方法の1つがそういう意見を支援してくれる人に選挙で投票することなのよ。

ケン　：じゃあ，日本の政府にしてほしいことも考えられる？

ジャン　：日本の人たちはお店がくれる無料のプラスティック袋を使いすぎだよ。僕にとっては驚きだよ。

ケン　：君の言う通りだよ，ジャン，でもプラスティック袋はとても便利なんだ。

ジャン　：ケン，5ア　状況はとても深刻なんだ。　イ　プラスティック袋は大きな問題を生みだしているんだよ。　ウ　プラスティック袋は環境を危険な状態に陥らせているんだ。　エ　僕も便利さはとても重要だと思うよ。(×)　オ　それについてもっと考えた方がいいよ。日本の人たちは自分のバッグを使ってプラスティックゴミを減らした方がいい。プラスティックゴミが世界中で深刻な環境問題を生み続けていることを知る必要がある。例えば，ある調査は，500万から1300万トンのプラスティックゴミが毎年海に流れこんでいるということを示しているよ。

マリ　：そうよ，それについて聞いたことがあるわ。海がプラスティックゴミで汚染されて，何種類かの海の動物がそれを間違って食べてしまい病気になったり死んだりしているのよ。

ケン　：そうか，そういうプラスティックゴミを減らすために何かする必要があるんだね。おそらく，お店に無料のプラスティック袋の提供をやめさせる新しい法律があった方がいいんだろうね。

マリ　：とても重要な視点ね。もう一度言うけど，あなたの意見を政府に表現できるし，するべきよ。

ケン　：投票と政治参加に興味をもち始めている気がするよ。

ジャン　：それはいいね！

基本 〔問1〕　全訳参照。　1－a　Why not？＝(否定文に対して)なぜ～しないの？　1－b　空所1－b直後のケンの発言に注目。〈make A ＋動詞の原形〉で「Aに～させる」　1－c　空所1－cの直前のジャンの発言，空所1－c直前の Really？というケンの発言に注目。ジャンの発言を聞いてケンが驚いている。　1－d　空所　1－d前後のジャンの発言に注目。ジャンが読んだ新聞記事について話をしている。　1－e　空所1－eの後のジャンの発言に注目。ケンの意見に賛成していないことが分かる。

〔問2〕　(Then I'm afraid) nothing will be done to make the situation (better for young people.)〈make A ＋形容詞 〉で「A を～にする，させる」。

〔問3〕　全訳参照。(問題文訳)私は3-a投票することは大切だと思います。人々は私たちの社会の何が$_{3\text{-}b}$間違い(不都合)なのかを知るべきです。私たちはそれについて彼らに伝え，状況を現状$_{3\text{-}c}$よりも良くしようとする必要があります。　直前のジャンの発言2文目に注目。

やや難　〔問4〕　全訳参照。空所前後の発言に注目すると空所の最初と最後に入る文が見えてくる。直前のマリの発言から「私たちが考えるべきこと」について話が展開することが，また直後のマリの発言から④の内容は後半部分であることがそれぞれ推測できる。

基本　〔問5〕　全訳参照。ジャンはプラスティック袋の使用を減らした方が良いという意見であることをふまえると，エは適切でない。

重要　〔問6〕　①　ケンは選挙についてのテレビ番組が始まるのを待っているところだった。　②　はじめは，ケンは18歳で投票はできない方がよいと思っていた，なぜなら彼は現実社会がどのようなものか分からないし，十分な経験がないからだ。(○)　ケンの4番目から9番目の発言に注目。　③　マリは，投票の年齢が変わったのは政府が若い人たちに政治に興味をもってほしいと考えたからだと言っている。　④　ケンの両親とマリの両親は高校生にとっての政治についての考え方が違う。(○)　ケン、マリのそれぞれ10番目の発言に注目。　⑤　ジャンが読んだ新聞によると，ドイツでは若い人たちのほぼ四分の一が，そして日本では約五分の一の若い人たちが政治に強い関心をもっている。　⑥　ジャンが読んだ新聞によると，アメリカでは若い人たちの半数以上が自分たちの社会を変えることができると確信している。　⑦　マリは，投票は人が政府に対して意見を表現し，自分たちを支援してくれる人を選ぶ方法だと確信している。(○)　マリの16番目の発言に注目。　⑧　ケンがプラスティック袋を気に入っているのはそれが無料だからであり，彼は政府にその使用をやめさせる法律を作ってほしくない。　全訳参照。

〔問7〕(解答例訳)　私は外で集まる良い場所を作りたいです。(私たちは)花を植えてテーブルと椅子をいくつか置きます。そこでお昼を食べてたくさんのことを話すことができます。私はそれらのことを外でやりたいと思うのです。青い空の下でみんなもっと明るい気持ちになると思います。

3　(長文読解問題・論説文：文整序，内容吟味，語句補充・選択，要旨把握)

(全訳)　過去に，人々は星を見てその動きのパターン(形式)を見つけた。彼らは1日が暮れてまた明けるのを注意深く見た。彼らは季節の移り変わりを見守った。彼らはそのパターンを“時”と呼んだ。私たちは自然界のたくさんのパターンを発見し，それを日常生活に使用している。しかしその形式は私たちに何を伝えているのだろう？　科学者たちが私たちの世界の形式を理解する時，有力な手段である数学に目を向けることがよくある。彼らは自然界の物を注意深く見て，それらがどのように動いているのかを数学を使って示した。彼らは自然界の物の背後にある隠された規則性を見つけ、それらを数学で表そうとしてきた。彼らは数学と世界は互いに深く結びついているということを発見しては感動してきたのだ。

世界は不思議でいっぱいだ。私たちが世界に目を向ければ，周りのすべてに数を見つけることができる。音楽でさえ数学の一部なのだ。約2600年前，ピタゴラスは偉大な発見をした。彼は美しい音楽の音色を振動する弦の長さと関連付ける形式を発見したのだ。2つの音が同時に演奏されると，とても美しい和音を生み出す。彼は3つの特に美しい和音を発見しそれを“オクターブ，5度，4度”と呼んだ。さらに見てみよう。弦が“ド”の音を出すと，“ド”と1オクターブ上のもう1つの“ド”でオクターブが生まれる。5度は“ド”と“ソ”の音で出る。4度は“ド” と“ファ”だ。それぞれの振動する弦の長さについて考えよう。オクターブでは，振動する弦の長さは2：1の比を生み出す。5度ではその比は3：2だ。4度では，比は4：3になる。(図A参照)これらのきれいで簡単な比によって，美しい和音を生み出すことができるのだ。弦の長さが単比でない場合，音は美しくならない。$_{1\text{-}a}$素敵な和音の背後に隠された規則性はそれらの数によって示されている。これで人々は音楽についてより良く理解ができてきたのだ。

他の例について考えてみよう。花の花びらについて考えよう。3枚の花びらのある花もあれば5，8，13，21，34，55または89枚の花びらをもつものもある。これらの数は自然界，特に植物の世界でよく見られる。ヒマワリの中心を見てみよう。図Bのように2つのらせん形が見える。1つのらせん形の線は一方向に，もう1つのらせん形の線はもう一方に伸びている。ある小さなヒマワリの1つのらせん形に21本の線がある時は，もう一方のらせん形には34本の線がある。もう少し大きなヒマワリには34本と55本の線がある。もっと大きなヒマワリなら55本と89本の線がある。これらの数はフィボナッチ数と呼ばれている。その数はこのように進んでいく，1，1，2，3，5，8，13，21，34，55，89，144，233…。ヒマワリのらせん形の線の数は常に，お互いに隣り合うフィボナッチ数だ。フィボナッチ数の形式は常に明白だ。次に来る数はその前の2つの数を足せば分かるのだ。例えば，1＋1＝2，1＋2＝3，2＋3＝5，3＋5＝8，5＋8＝13，8＋13＝21，などだ。1-bこれは私たちが植物に見つけた自然の不思議である。しかしなぜ植物はこのような明白な形式に従っているのだろう？　植物は数や数学を知っているのか？　植物は形式を生み出す小さなコンピューターでも持っているのだろうか？　(2)現在でもそれはなぜなのか不思議のままだ。

これらの数はイタリアの科学者フィボナッチによって，彼が北アフリカで学んだ後，13世紀にヨーロッパに持ち込まれた。彼はまた北アフリカで数の体系についても学びそれを母国に持ち帰った。その体系は[0，1，2，3，4，5，…]だ。それは現在私たちが普段使っている数の体系だ。その当時，ヨーロッパの人々は[Ⅰ，Ⅱ，Ⅲ，Ⅳ，Ⅴ，…]という独自の数の体系をもっていた，しかし人々はフィボナッチによって持ち込まれた数の体系は彼らが使っていたものよりも役立つということが分かった。まもなく人々は他の体系以上にこの数の体系を使うようになった。科学者にとってこの新しい数の体系はとても役に立ち，彼らはそれを使って数学を発展させた。彼らはその体系を使って自然界に隠された規則性を数学でより簡単に説明することができ，(3)このことは科学の発展と現在の私たちの世界をつくり出すことの助力となった。

ガリレオガリレイは16世紀後半のイタリアの偉大な科学者だった。彼は落下する球のパターンを注意深く観察しそれを数学で説明した。それ以前は，何世紀もの間，人々は重い物は必ず軽い物よりも早く地面に落ちると信じていた。4②しかし，彼はこれは間違いだと証明した。⑤彼は，重いものとそれよりも軽いものの2つの異なる球を高い塔から落とした。③彼はそれらが同時に地面に落ちることが分かった。④彼が落ちていく球を観察している時に，もう1つのことを発見した。①2つの球は地面に近づいていくにつれてどんどん速度を上げて落下したのだ。彼はさらに知りたいと思った。彼は，どのように球が落ちるのかを知りたいと思ったが，それはとても難しいことだった，なぜなら球はとても速く落ちたからだ。彼はその動きを遅くする良い考えを思いついた。彼は図Cにあるような斜面を作った。斜面の片側は高く，もう片側は低いものだった。彼は高い方に球を置き，それが斜面を落ちる様子を観察した。彼が発見した形式はこうだ。落下の距離は落下の時間の二乗に比例する。彼はこれを簡単な方程式に表した。その方程式を使えば，ある一定の時間で物がどれだけの距離を落下するかが分かる。彼の方程式は今なおとても役立っており，宇宙全体のあらゆる場所で機能している。それは1969年，3人の人物をアメリカの宇宙船アポロ11号で月に送るために科学者たちによって使用された。1-cこれはガリレオが方程式を作ってから300年以上後のことだ。このことは数学の力を示している。

アイザックニュートンもまた偉大な科学者だった。彼はガリレオが亡くなったのと同じ年である1642年にイギリスで生まれた。1687年に，ニュートンは科学の歴史上もっともすぐれた本のひとつであるものを書いた。今日それは“プリンキピア(自然哲学の数学的諸原理)”として知られている。

その中で,ニュートンは彼が発見した自然界の形式を示し，数学を使ってそれを説明した。1680年の秋，彗星が世界中の多くの場所から見られた。ニュートンは彗星がどのように空を移動していったのかを知りたいと思い，情報を集め，いつ，どこで，そして世界に渡って人々がどのくらい長く彗星を見ることができたのかを調べた。彼はいくつかの形式を発見し，そしてついにどのように彗星が空を移動していったのかを導き出した。彼はまた，太陽の周りで彗星を動かす力は落下する球を地面に引きつける力と同じであることを発見した。1-dそれは落下する球に関するガリレオの方程式に裏付けられたのと同じ力だ。その力は，惑星を太陽の周りでその定位置にとどまらせてもいた。その力は"重力"と呼ばれた。彼はそれを簡単な方程式で表し，2つのものがどのように互いに引き合っているのかを説明した。この方程式はとても重要だ，なぜなら，初めて，どのようにして重力が宇宙のあらゆる場所で働くのかを示したからだ。約200年前，天王星が軌道を外れはじめた時，科学者たちはその方程式を使って他の惑星が天王星を引き寄せているということが分かった。このようにして，彼らは海王星を発見したのだ。(図D参照)これは数学の力を示すもう1つの例である。

ガリレオはかつてこう記した，(5)「宇宙は数学という言語で書かれている」。世界を見てみると，そこには見えてこないが，私たちの周りすべてに数は存在する。数は数学の視点を通して見つけられるのを待っているのだ。数学の力は素晴らしい。数学がなければ，私たちの今日の世界はずいぶん違っていただろう。科学者たちはたくさんの方程式を生み出してきた。それらの方程式は私たちの日常生活で実際に使われている。このことは，飛行機，宇宙船，コンピューター，ワイファイ，そしてGPSといったたくさんの素晴らしいものを作るのに役立ってきた。(6)数学は，自然界の6-a理解と，現在の世界におけるたくさんの新しくて素晴らしいものの6-b創造の両方にとって大切な手段なのである。

〔問1〕　全訳参照。　1－a　この段落は音について書かれていることに注目。　1－b　この段落は植物にかかわる数字について書かれていることに注目。　1－c　この段落の前半でガリレオが16世紀の科学者で方程式を導き出したことが書かれている。　1－d　空所直前の一文に注目。

〔問2〕（問題文訳）（今日でも，私たちはまだなぜ)花の花びらの数やヒマワリの中心部のらせん形の線の数に見られるように，植物は多くの場合フィボナッチ数に従っているのだろうかと思っている。全訳参照。直前の3文に注目。

〔問3〕　全訳参照。ア　人々は新しい数の体系と古いものの両方について学ぼうと熱心に努力した。そのおかげで，たくさんの人々が数学をよく理解し，多くの方程式を作った。だから現在人々は音楽，科学，そして数学を楽しむことができる。　イ　フィボナッチがヨーロッパに持ち込んだ数の体系のおかげで，多くの人々が数学に興味をもつようになり，自然界の数を発見しようと努力した。だから私たちは現在，音楽，植物研究，そして数学を楽しみ，空を飛ぶことができる。　ウ　新しい数の体系とフィボナッチ数を学ぶことはとても興味深かったので，人々はそれらを熱心に勉強し始め多くの方程式を作った。このおかげで，私たちは現在，飛行機での旅行やワイファイ，GPSの使用などを楽しむことができる。　エ　ヨーロッパに持ち込まれた数の体系のおかげで，科学者たちは数学を使ってより簡単に自然界の形式を書き記すことができ，たくさんの方程式を作った。人々は科学においてそれらを使い，宇宙船やワイファイのような役立つものを生みだしてきた。(○)第4段落以降で科学者たちの功績について書かれていること，また第7段落の内容に注目。

やや難　〔問4〕　全訳参照。ガリレオが従来の説に疑問をもち，自ら実験を行った過程が書かれている。

〔問5〕（問題文訳）　私たちは，私たちの周りにある5－b数の5－a体系を見つけ，それらを5－c数学であらわすことによって，宇宙について学ぶことができる。全訳参照。

〔問6〕 全訳参照。　both A and B ＝AもBも両方とも

重要 〔問7〕 全訳参照。　(A)① 2つの音が，振動する弦の長さが2：1の比で同時に演奏されると5度と呼ばれる美しい和音が生まれる。　② 1つのらせん形に55本の一方向の線がある時，他方のらせん形の線は34本か89本だ。(○)　第3段落参照。　③ ヨーロッパの人々が使っていた数の体系は，フィボナッチが持ち込んだ数の体系よりもずっと役立った。　④ 図Cにあるような斜面は，落ちる球の動きを遅くしてそれがどのように落ちるのかを解明するために作られた。(○)　第5段落参照。　⑤ 海王星が異なる軌道を動き始めた時，科学者たちはニュートンが作った方程式を使い新しい惑星を発見した。　(B)① 約2600年前，ピタゴラスが発見したのは，2つの音が単比で同時に演奏されると，とても美しい和音が生み出されるということだ。(○)　第2段落参照。　② イタリアの科学者，フィボナッチは，植物には明白な形式があることを発見しフィボナッチ数を作った。また彼は私たちが現在普段使っている数の体系も作った。　③ ガリレオは，人々は将来月に行くことができると確信していた，なぜなら彼は彼の方程式は宇宙においてでも機能すると示していたからだ。　④ ニュートンが彗星はどのように空を渡って移動したのか発見できたのは，世界中から彗星についての情報を集め，そこに体系を発見してから後のことだ。(○)　第6段落参照。　⑤ ニュートンは簡単な方程式を作りどのように2つのものが互いに引き合うのかを示した，そしてここ地球と同様に宇宙でも重力が働いていることも発見した。(○)第6段落参照。

★ワンポイントアドバイス★

大問3の〔問2〕〔問3〕〔問5〕は本文の内容を別の表現で書き表している英文を完成させるもの，あるいは選択させるものだ。本文の内容をより一歩深く理解することが必要だ。多くの英文を読み，読解力を高める努力をしよう。

＜国語解答＞

1　(1) びんわん　(2) か(つ)　(3) がんしょう　(4) みとう　(5) こっきしん

2　(1) 陸橋　(2) 巣箱　(3) 沿革　(4) 延(べ)　(5) 貯水池

3　〔問1〕 エ　〔問2〕 イ　〔問3〕 ア

〔問4〕 (例) 祖父の頭の中だけの架空の街と思い込んでいたキトが，実在する都市であることに，衝撃を受けた状態。

〔問5〕 エ　〔問6〕 ウ

4　〔問1〕 イ　〔問2〕 ウ　〔問3〕 自らのうちに意味をになっている　〔問4〕 ア

〔問5〕 イ

〔問6〕 (例) 私は今まで言葉の働きについて無自覚だったと感じた。本文には，世界は連続体で，言葉で区切られて初めて物や概念として成立し，その区切り方は言語ごとに異なるとある。例えば私たちは北斗七星という言葉によって星空の中に七つの星を見出すが，他の言語を使う人はどうだろうか。私が目の前に見ている現実世界は，日本語を通して捉えたものなのだ。国際社会の中で私たちは言葉とは何かという基本を学んでおかなければならない。

5　〔問1〕 つぼみのままでいる花　〔問2〕 エ　〔問3〕 イ　〔問4〕 ウ

〔問5〕 ウ　〔問6〕 ア

○配点○

1 各2点×5　2 各2点×5　3 〔問4〕 9点 他 各3点×5

4 〔問6〕 12点 他 各4点×5　5 各4点×6　計100点

＜国語解説＞

1 (知識問題－漢字の読み書き)

(1) 「敏腕」は，物事をすばやく的確に処理する能力のこと。

(2) 「且つ」は，また，そのうえという意味。

(3) 「岩礁」は，海水中の岩。

(4) 「未踏」は，まだ誰も踏み入れていないという意味。

(5) 「克己心」は，欲望をおさえる心。

2 (知識問題－漢字の読み書き)

(1) 「陸橋」は，道路や鉄道にかかる橋。

(2) 「巣箱」は，鳥などが巣とするように設置する箱。

(3) 「沿革」は，ここまでの歴史。

(4) 音読みは「エン」。「延長」などの熟語がある。

(5) 「貯水池」は，水を貯めておくために作られた人工池。

3 (小説－情景・心情，内容吟味)

〔問1〕 祖父母の家は「堂々としていた」はずなのに，今では「歳をとったふたり」の「手に負えなくなっている」ため，「襖が煤けて」いたり「電灯の笠の上の埃が拭い切れて」いなかったりするように感じられ，「みすぼらしい」という印象になってしまったのだ。

〔問2〕 祖父は，一年中休みなく働いていた。「カレンダーを気にしなかった」ほど，休みの日とは無縁に日々働き続けていたのだ。しかし，祖父がそのようである分，「祖母がひそかに気をつけなければならなかったこともあったろう」と「私」は想像しているのだから，イが合う。

〔問3〕 「古いファイル」とは，直前にある「記憶のファイル」のこと。「長い間，思い出すこともなかった」「キト」という街の名前を聞き，「キト」のことを鮮明に思い出す様子を，「ファイルの中から」「飛び出してくる」と表現しているのだ。

やや難 〔問4〕 「私」は,「キト」とは「じいちゃんの頭の中の街」だと思っていた。しかし，祖母から「エクアドルの首都」だと聞かされ，架空のものだと思っていたものが実在すると知り，衝撃を受けているのだ。

重要 〔問5〕 「赤い花のカード」は，エクアドルのラジオ局から送られたベリカードで，受信の証明書のようなものである。それを「懐かしい」と「目尻に皺を寄せ」て見る祖母の様子から，偶然受信したエクアドルのラジオ局からのベリカードに「心を躍らせ」たのだろうと「私」は推測し,「どこにも出かけたことのなかった祖父母に豊かな旅の記憶があった」と感じている。祖母にとってベリカードは，思いがけず異国に触れた思い出につながっているのだ。

〔問6〕 cは,「祖父との秘密が周囲に知られていたことへの羞恥心」を感じているときの「私」の様子ではない。「祖父とふたりだけでつくった架空の街」だと思っていた「キト」が実在すると知り，

「緊張と弛緩がないまぜに」なるように感じるほど衝撃を受けているため，口の中が乾いてしまったのである。

4　**(論説文－内容吟味，作文)**

〔問1〕　後に例が示されているように，日本語の「木」は「材木」や「樹木」の意味だが，フランス語では「材木」と「樹木」は異なる言葉で表されるうえに，「木」を表す言葉には「森」の意味も含まれる。このこととイの内容が一致している。

〔問2〕　言語を習得できていないと「現実は混沌とした連続体」でしかないが，言語を習得すると，「言語を通して」「世界を区切り，グループ別に分け，カテゴリー化する」ことができるのである。

〔問3〕　言語は，「記号とは異なって，あらかじめ自らの外にある意味を指し示すもの」ではなく，「表現と意味とを同時に備えた二重の存在」だと述べられている。これは，言葉は「言語外現実を指し示すものではなく，自らのうちに意味をになっている」ということを言い換えた内容である。

〔問4〕　図２は，言葉によって「混沌としたカオスのような連続体」が「不連続化し，概念化する」ことを表している。

〔問5〕　「鬼」「河童」「龍」などは，「言語外のいかなる実体を指して名づけたもの」ではなく，「言葉の誕生とともに生れる『関係づけられたモノ』」だと説明されている。

重要　〔問6〕　「言葉の働き」によって，連続体が不連続化され，概念化される。その際，言語によって概念化の区切りが異なるため，図３のように表せるのである。そのことについて，自分の考えをまとめる。具体的な例や，自分の体験などを含めると，説得力のある文章になる。

5　**(論説文，和歌－内容吟味，文脈把握，品詞・用法)**

〔問1〕　直後に歌の解釈がある。「梅の花が咲いている中に」ある「まだつぼみのままでいる花」の中には「恋の心を隠している」のか，「雪の降るのを待っている」のか，というのが歌の意味。よって，「ふふめる」ものとは，「つぼみのままでいる花」のことだとわかる。

〔問2〕　歌の意味は，梅のつぼみの中に「恋の心を隠している」のか「雪の降るのを待っているのか」というもの。筆者はこの歌に，「なにか閑雅な漢詩の風合い」を感じている。

〔問3〕　「つつ」によって，「何度も雪に覆われた梅の花を摘みとる」ものの，「摘みとるはしから，雪は消えていく」様子を読み取ることができ，そこから「ぜひ，この花とこの雪をあの人に見せたい」という「いじらしい思い」を感じることができるのである。

〔問4〕　ウの「異国から伝わってきた文化を，都を遠く離れた大宰府で味わうのは無念であった」という部分が適当でない。本文では，「都を遠く離れた大宰府の地」で「なんと優雅なこと」をしているのかと，感嘆している。

〔問5〕　「石走る垂水の上のさわらびの」は，「一気に詠みくだし」ている部分である。水の流れる様子を，「の」を連続させて「一気に」詠むことで，リズミカルに表現しているのだ。

基本　〔問6〕　傍線部の「らしい」とアは，推量の助動詞。イとエは，名詞に付いて，いかにもそうだという意味を表す。ウは，「もっともらしい」という形容詞の一部。

★ワンポイントアドバイス★

小説は，登場人物の心情や表現の特徴などに注目して読もう。論説文は，文章の展開を意識しながら要点をつかんでいくことが大切。作文問題は，生徒の会話の内容を参考にしながら本文で述べられている「言葉の働き」をつかみ，自分の意見につなげよう。

MEMO

大切なことはメモしておこうネ！

東京都公立高等学校

2024年度

★★★★★★★★★★★★★★★★★★★★★★★

共通問題（理科・社会）

●くわしい解説……31ページ

＜理科＞

時間　50分　　満点　100点

1　次の各問に答えよ。

〔問１〕　水素と酸素が結び付いて水ができるときの化学変化を表したモデルとして適切なのは，下のア～エのうちではどれか。

ただし，矢印の左側は化学変化前の水素と酸素のモデルを表し，矢印の右側は化学変化後の水のモデルをそれぞれ表すものとする。また，●は水素原子１個を，○は酸素原子１個を表すものとする。

ア　●●　＋　○　→　●○●

イ　●　●　＋　○　→　●○●

ウ　●　●　●　●　＋　○○　→　●○●　●○●

エ　●●　●●　＋　○○　→　●○●　●○●

〔問２〕　図１のように，発泡ポリスチレンのコップの中の水に電熱線を入れた。電熱線に６Ｖの電圧を加えたところ，1.5Aの電流が流れた。このときの電熱線の抵抗の大きさと，電熱線に６Ｖの電圧を加え５分間電流を流したときの電力量とを組み合わせたものとして適切なのは，次の表のア～エのうちではどれか。

図１

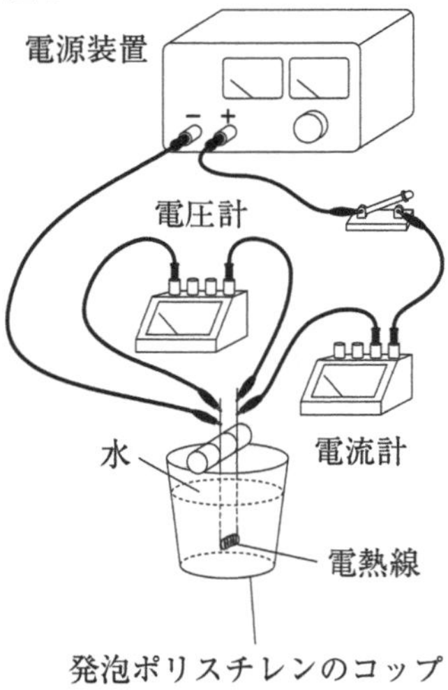

	電熱線の抵抗の大きさ〔Ω〕	電熱線に６Ｖの電圧を加え５分間電流を流したときの電力量〔J〕
ア	4	450
イ	4	2700
ウ	9	450
エ	9	2700

〔問３〕　次のＡ～Ｅの生物の仲間を，脊椎(せきつい)動物と無脊椎動物とに分類したものとして適切なのは，下の表のア～エのうちではどれか。

Ａ　昆虫類　　Ｂ　魚類　　Ｃ　両生類　　Ｄ　甲殻類　　Ｅ　鳥類

	脊椎動物	無脊椎動物
ア	Ａ，Ｃ，Ｄ	Ｂ，Ｅ
イ	Ａ，Ｄ	Ｂ，Ｃ，Ｅ
ウ	Ｂ，Ｃ，Ｅ	Ａ，Ｄ
エ	Ｂ，Ｅ	Ａ，Ｃ，Ｄ

〔問4〕 図2は，ヘリウム原子の構造を模式的に表したものである。原子核の性質と電子の性質について述べたものとして適切なのは，下のア～エのうちではどれか。

図2

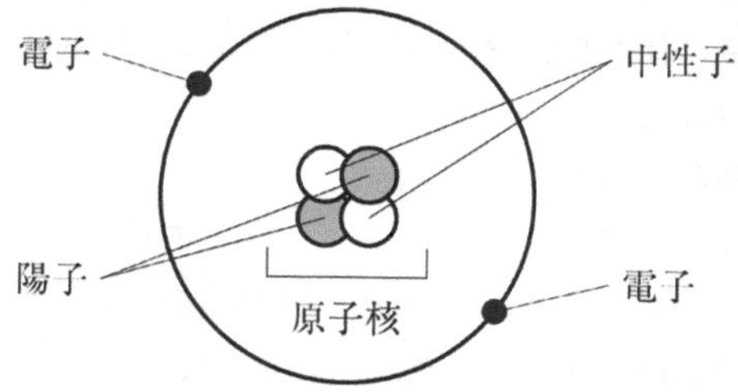

ア　原子核は，プラスの電気をもち，電子は，マイナスの電気をもつ。
イ　原子核は，マイナスの電気をもち，電子は，プラスの電気をもつ。
ウ　原子核と電子は，共にプラスの電気をもつ。
エ　原子核と電子は，共にマイナスの電気をもつ。

〔問5〕 表1は，ある日の午前9時の東京の気象観測の結果を記録したものである。また，表2は，風力と風速の関係を示した表の一部である。表1と表2から，表1の気象観測の結果を天気，風向，風力の記号で表したものとして適切なのは，下のア～エのうちではどれか。

表1

天気	風向	風速〔m/s〕
くもり	北東	3.0

表2

風力	風速〔m/s〕
0	0.3未満
1	0.3以上1.6未満
2	1.6以上3.4未満
3	3.4以上5.5未満
4	5.5以上8.0未満

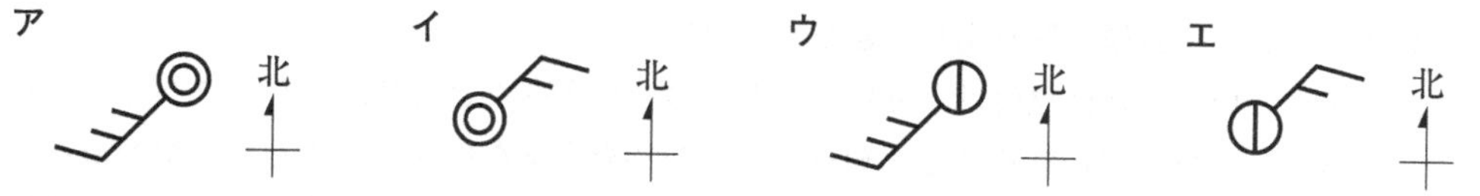

〔問6〕 ヒトのヘモグロビンの性質の説明として適切なのは，次のうちではどれか。

ア　ヒトのヘモグロビンは，血液中の白血球に含まれ，酸素の少ないところでは酸素と結び付き，酸素の多いところでは酸素をはなす性質がある。
イ　ヒトのヘモグロビンは，血液中の白血球に含まれ，酸素の多いところでは酸素と結び付き，酸素の少ないところでは酸素をはなす性質がある。
ウ　ヒトのヘモグロビンは，血液中の赤血球に含まれ，酸素の少ないところでは酸素と結び付き，酸素の多いところでは酸素をはなす性質がある。
エ　ヒトのヘモグロビンは，血液中の赤血球に含まれ，酸素の多いところでは酸素と結び付き，酸素の少ないところでは酸素をはなす性質がある。

2 生徒が，岩石に興味をもち，調べたことについて科学的に探究しようと考え，自由研究に取り組んだ。生徒が書いたレポートの一部を読み，次の各問に答えよ。

<レポート１>　身近な岩石に含まれる化石について

河原を歩いているときに様々な色や形の岩石があることに気付き，河原の岩石を観察したところ，貝の化石を見付けた。

身近な化石について興味をもち，調べたところ，建物に使われている石材に化石が含まれるものもあることを知った。そこで，化石が含まれているいくつかの石材を調べ，表１のようにまとめた。

表１

石材	含まれる化石
建物Ａの壁に使われている石材ａ	フズリナ
建物Ｂの壁に使われている石材ｂ	アンモナイト
建物Ｂの床に使われている石材ｃ	サンゴ

〔問１〕　**<レポート１>**から，化石について述べた次の文章の ① と ② にそれぞれ当てはまるものを組み合わせたものとして適切なのは，下の表の**ア**～**エ**のうちではどれか。

表１において，石材ａに含まれるフズリナの化石と石材ｂに含まれるアンモナイトの化石のうち，地質年代の古いものは ① である。また，石材ｃに含まれるサンゴの化石のように，その化石を含む地層が堆積した当時の環境を示す化石を ② という。

	①	②
ア	石材ａに含まれるフズリナの化石	示相化石
イ	石材ａに含まれるフズリナの化石	示準化石
ウ	石材ｂに含まれるアンモナイトの化石	示相化石
エ	石材ｂに含まれるアンモナイトの化石	示準化石

<レポート２>　金属を取り出せる岩石について

山を歩いているときに見付けた緑色の岩石について調べたところ，クジャク石というもので，この石から銅を得られることを知った。不純物を含まないクジャク石から銅を得る方法に興味をもち，具体的に調べたところ，クジャク石を加熱すると，酸化銅と二酸化炭素と水に分解され，得られた酸化銅に炭素の粉をよく混ぜ，加熱すると銅が得られることが分かった。

クジャク石に含まれる銅の割合を，実験と資料により確認することにした。

まず，不純物を含まない人工的に作られたクジャク石の粉0.20ｇを理科室で図１のように加熱し，完全に反応させ，0.13ｇの黒色の固体を得た。次に，銅の質量とその銅を加熱して得られる酸化銅の質量の関係を調べ，表２（次のページ）のような資料にまとめた。

図１

表2

銅の質量〔g〕	0.08	0.12	0.16	0.20	0.24	0.28
加熱して得られる酸化銅の質量〔g〕	0.10	0.15	0.20	0.25	0.30	0.35

〔問2〕 **＜レポート2＞**から，人工的に作られたクジャク石の粉0.20gに含まれる銅の割合として適切なのは，次のうちではどれか。

ア 20%　　**イ** 52%　　**ウ** 65%　　**エ** 80%

＜レポート3＞　石英について

山を歩いているときに見付けた無色透明な部分を含む岩石について調べたところ，無色透明な部分が石英であり，ガラスの原料として広く使われていることを知った。

ガラスを通る光の性質に興味をもち，調べるために，空気中で図2のように方眼紙の上に置いた直方体のガラスに光源装置から光を当てる実験を行った。光は，物質の境界面Q及び境界面Rで折れ曲がり，方眼紙に引いた直線Lを通り過ぎた。光の道筋と直線Lとの交点を点Pとした。なお，図2は真上から見た図であり，光源装置から出ている矢印（─▶─）は光の道筋と進む向きを示したものである。

図2

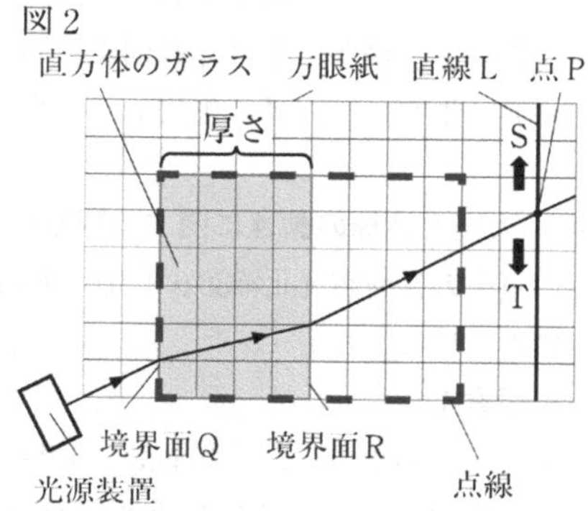

〔問3〕 **＜レポート3＞**から，図2の境界面Qと境界面Rのうち光源装置から出た光が通過するとき入射角より屈折角が大きくなる境界面と，厚さを2倍にした直方体のガラスに入れ替えて同じ実験をしたときの直線L上の点Pの位置の変化について述べたものとを組み合わせたものとして適切なのは，下の表の**ア**～**エ**のうちではどれか。

ただし，入れ替えた直方体のガラスは，**＜レポート3＞**の直方体のガラスの厚さのみを変え，点線（━ ━）の枠に合わせて設置するものとする。

	光源装置から出た光が通過するとき入射角より屈折角が大きくなる境界面	厚さを2倍にした直方体のガラスに入れ替えて同じ実験をしたときの直線L上の点Pの位置の変化について述べたもの
ア	境界面Q	点Pの位置は，Sの方向にずれる。
イ	境界面R	点Pの位置は，Sの方向にずれる。
ウ	境界面Q	点Pの位置は，Tの方向にずれる。
エ	境界面R	点Pの位置は，Tの方向にずれる。

＜レポート4＞　生物由来の岩石について

河原を歩いているときに見付けた岩石について調べたところ，その岩石は，海中の生物の死がいなどが堆積してできたチャートであることを知った。海中の生物について興味をもち，調べたところ，海中の生態系を構成する生物どうしは，食べたり食べられたりする関係でつながっていることが分かった。また，ある生態系を構成する生物どうしの数量的な関係は，図3のように，ピラミッドのような形で表すことができ，食べられる側の生物の数のほうが，食べる側の生物の数よりも多くなることも分かった。

図3

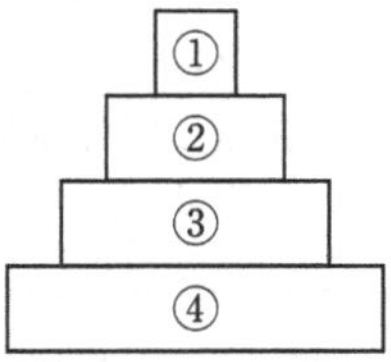

〔問4〕　生物どうしの数量的な関係を図3のように表すことができるモデル化した生態系Ｖについて，＜資料＞のことが分かっているとき，＜レポート4＞と＜資料＞から，生態系Ｖにおいて，図3の③に当てはまるものとして適切なのは，下のア～エのうちではどれか。

＜資料＞
生態系Ｖには，生物w，生物x，生物y，生物zがいる。生態系Ｖにおいて，生物wは生物xを食べ，生物xは生物yを食べ，生物yは生物zを食べる。

ただし，生態系Ｖにおいて，図3の①，②，③，④には，生物w，生物x，生物y，生物zのいずれかが，それぞれ別々に当てはまるものとする。

ア　生物w　　**イ**　生物x　　**ウ**　生物y　　**エ**　生物z

3　太陽と地球の動きに関する観察について，次の各問に答えよ。

東京のX地点（北緯35.6°）で，ある年の6月のある日に＜観察1＞を行ったところ，＜結果1＞のようになった。

＜観察1＞

(1)　図1のように，白い紙に，透明半球の縁と同じ大きさの円と，円の中心Oで垂直に交わる線分ACと線分BDをかいた。かいた円に合わせて透明半球をセロハンテープで白い紙に固定した。

(2)　N極が黒く塗られた方位磁針を用いて点Cが北の方角に一致するよう線分ACを南北方向に合わせ，透明半球を日当たりのよい水平な場所に固定した。

図1

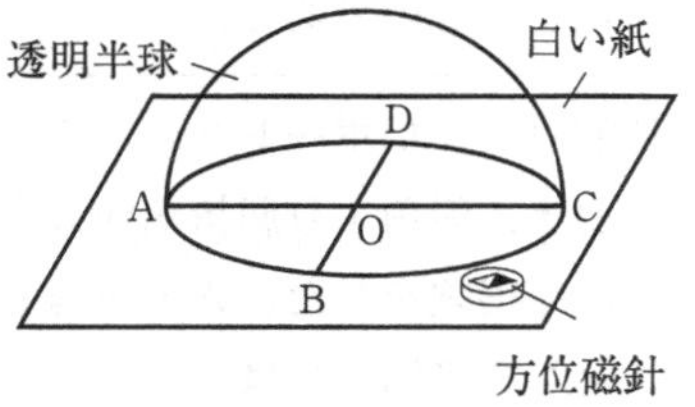

(3)　8時から16時までの間，2時間ごとに，油性ペンの先の影が円の中心Oと一致する透明半球上の位置に•印と観察した時刻を記録した。

(4)　(3)で記録した•印を滑らかな線で結び，その線を透明半球の縁まで延ばして，東側で交わる点をE，西側で交わる点をFとした。

(5)　(3)で2時間ごとに記録した透明半球上の•印の間隔をそれぞれ測定した。

＜結果1＞

(1)　＜観察1＞の(3)と(4)の透明半球上の記録は図2のようになった。

(2)　＜観察1＞の(5)では，2時間ごとに記録した透明半球上の•印の間隔はどれも5.2cmであった。

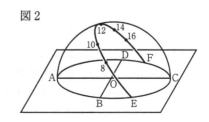

図2

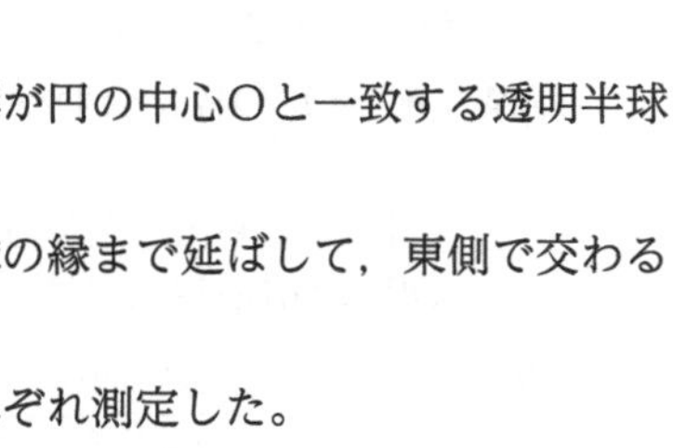

〔問1〕 ＜**結果1**＞の(1)から，＜**観察1**＞の観測日の南中高度をRとしたとき，Rを示した模式図として適切なのは，下の**ア**～**エ**のうちではどれか。

ただし，下の**ア**～**エ**の図中の点Pは太陽が南中した時の透明半球上の太陽の位置を示している。

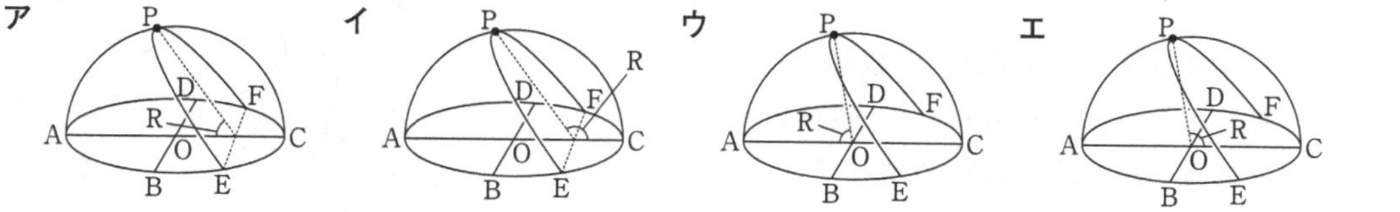

〔問2〕 ＜**結果1**＞の(2)から，地球上での太陽の見かけ上の動く速さについてどのようなことが分かるか。「2時間ごとに記録した透明半球上の•印のそれぞれの間隔は，」に続く形で，理由も含めて簡単に書け。

〔問3〕 図3は，北極点の真上から見た地球を模式的に表したものである。点J，点K，点L，点Mは，それぞれ東京のX地点（北緯35.6°）の6時間ごとの位置を示しており，点Jは南中した太陽が見える位置である。地球の自転の向きについて述べた次の文章の ① ～ ④ に，それぞれ当てはまるものを組み合わせたものとして適切なのは，後の表の**ア**～**エ**のうちではどれか。

図3

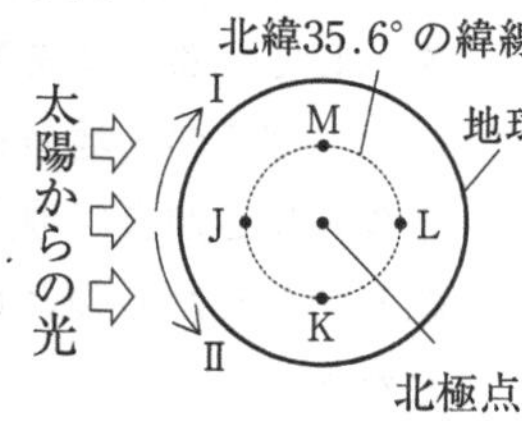

＜**結果1**＞の(1)から，地球上では太陽は見かけ上， ① に移動して見えることが分かる。また，図3において，東の空に太陽が見えるのは点 ② の位置であり，西の空に太陽が見えるのは点 ③ の位置である。そのため地球は， ④ の方向に自転していると考えられる。

	①	②	③	④
ア	西の空から東の空	K	M	I
イ	東の空から西の空	K	M	II
ウ	西の空から東の空	M	K	I
エ	東の空から西の空	M	K	II

次に，東京のX地点（北緯35.6°）で，＜**観察1**＞を行った日と同じ年の9月のある日に＜**観察2**＞を行ったところ，＜**結果2**＞（次のページ）のようになった。

＜**観察2**＞

(1) ＜**観察1**＞の(3)と(4)の結果を記録した図2（前のページ）のセロハンテープで白い紙に固定した透明半球を準備した。

(2) N極が黒く塗られた方位磁針を用いて点Cが北の方角に一致するよう線分ACを南北方向に合わせ，透明半球を日当たりのよい水平な場所に固定した。

(3) 8時から16時までの間，2時間ごとに，油性ペンの先の影が円の中心Oと一致する透明半球上の位置に▲印と観察した時刻を記録した。

(4)　(3)で記録した▲印を滑らかな線で結び，その線を透明半球の縁まで延ばした。

(5)　＜観察１＞と＜観察２＞で透明半球上にかいた曲線の長さをそれぞれ測定した。

＜結果２＞

(1)　＜観察２＞の(3)と(4)の透明半球上の記録は図４のようになった。

(2)　＜観察２＞の(5)では，＜観察１＞の(4)でかいた曲線の長さは約37.7cmで，＜観察２＞の(4)でかいた曲線の長さは約33.8cmであった。

図４

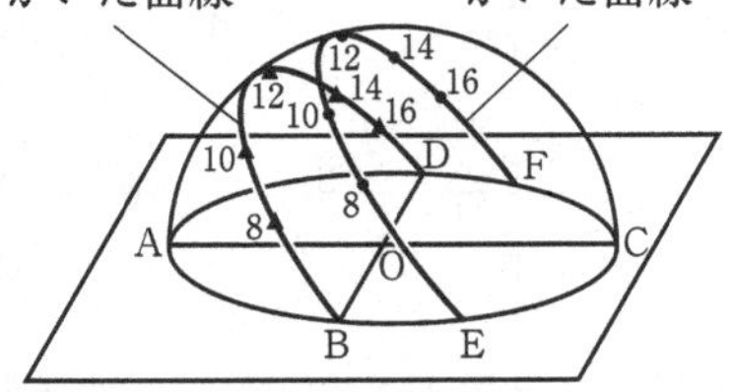

〔問４〕　図５は，＜観察１＞を行った日の地球を模式的に表したものである。図５のＸ地点は＜観察１＞を行った地点を示し，図５のＹ地点は北半球にあり，Ｘ地点より高緯度の地点を示している。＜結果２＞から分かることを次の①，②から一つ，図５のＸ地点とＹ地点における夜の長さを比較したとき夜の長さが長い地点を下の③，④から一つ，それぞれ選び，組み合わせたものとして適切なのは，下の**ア**～**エ**のうちではどれか。

図５

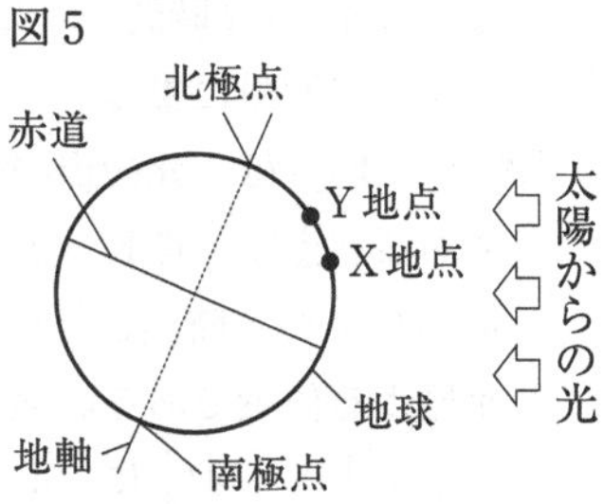

①　日の入りの位置は，＜観察１＞を行った日の方が＜観察２＞を行った日よりも北寄りで，昼の長さは＜観察１＞を行った日の方が＜観察２＞を行った日よりも長い。

②　日の入りの位置は，＜観察１＞を行った日の方が＜観察２＞を行った日よりも南寄りで，昼の長さは＜観察２＞を行った日の方が＜観察１＞を行った日よりも長い。

③　Ｘ地点

④　Ｙ地点

ア　①，③　　**イ**　①，④　　**ウ**　②，③　　**エ**　②，④

4　植物の働きに関する実験について，次の各問に答えよ。
＜実験＞を行ったところ，＜結果＞のようになった。

＜実験＞

(1)　図１のように，２枚のペトリ皿に，同じ量の水と，同じ長さに切ったオオカナダモＡ，オオカナダモＢを用意した。オオカナダモＡ，オオカナダモＢの先端付近の葉をそれぞれ１枚切り取り，プレパラートを作り，顕微鏡で観察し，細胞内の様子を記録した。

図１

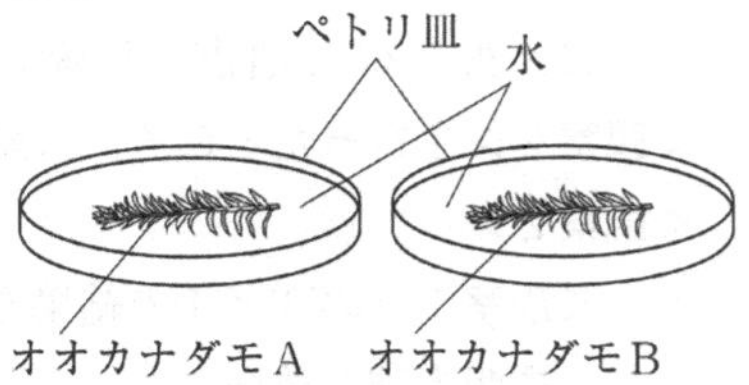

(2)　図２のように，オオカナダモＡ，オオカナダモＢを，20℃の条件の下で，光が当たらない場所に２日間置いた。

図２

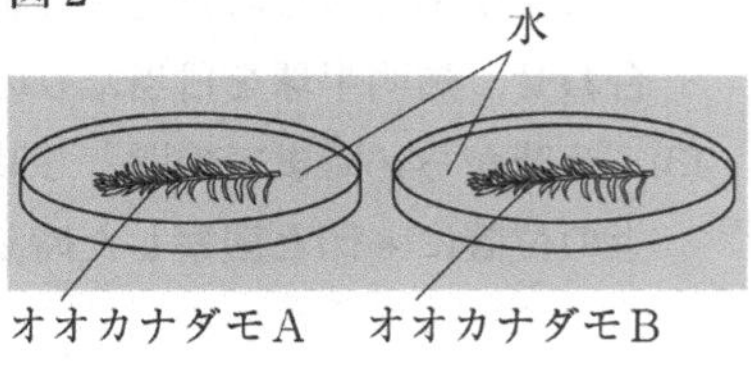

(3)　２日後，オオカナダモＡ，オオカナダモＢの先端付近の葉をそれぞれ１枚切り取り，熱湯に浸した後，温

めたエタノールに入れ，脱色した。脱色した葉を水で洗った後，ヨウ素液を１滴落とし，プレパラートを作り，顕微鏡で観察し，細胞内の様子を記録した。

(4)　(2)で光が当たらない場所に２日間置いたオオカナダモＢの入ったペトリ皿をアルミニウムはくで覆い，ペトリ皿の内部に光が入らないようにした。

(5)　図３のように，20℃ の条件の下で，(2)で光が当たらない場所に２日間置いたオオカナダモＡが入ったペトリ皿と，(4)でアルミニウムはくで覆ったペトリ皿を，光が十分に当たる場所に３日間置いた。

図３

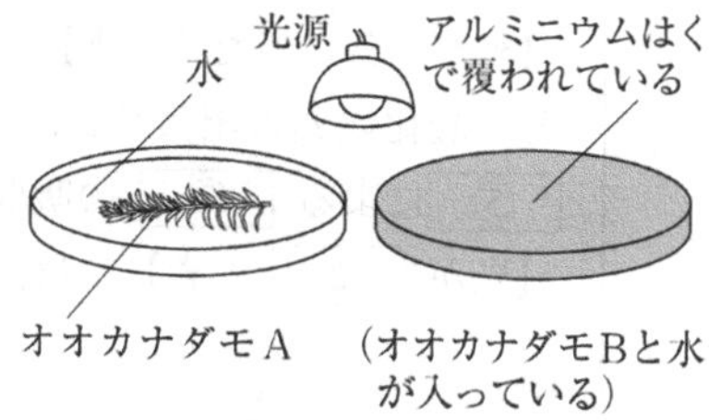

(6)　３日後，オオカナダモＡとオオカナダモＢの先端付近の葉をそれぞれ１枚切り取った。

(7)　(6)で切り取った葉を熱湯に浸した後，温めたエタノールに入れ，脱色した。脱色した葉を水で洗った後，ヨウ素液を１滴落とし，プレパラートを作り，顕微鏡で観察し，細胞内の様子を記録した。

<結果>

(1)　<**実験**>の(1)のオオカナダモＡとオオカナダモＢの先端付近の葉の細胞内には，緑色の粒がそれぞれ多数観察された。

(2)　<**実験**>の(3)のオオカナダモの先端付近の葉の細胞内の様子の記録は，表１のようになった。

表１

オオカナダモＡの先端付近の葉の細胞内の様子	オオカナダモＢの先端付近の葉の細胞内の様子
<**実験**>の(1)で観察された緑色の粒と同じ形の粒は，透明であった。	<**実験**>の(1)で観察された緑色の粒と同じ形の粒は，透明であった。

(3)　<**実験**>の(7)のオオカナダモの先端付近の葉の細胞内の様子の記録は，表２のようになった。

表２

オオカナダモＡの先端付近の葉の細胞内の様子	オオカナダモＢの先端付近の葉の細胞内の様子
<**実験**>の(1)で観察された緑色の粒と同じ形の粒は，青紫色に染色されていた。	<**実験**>の(1)で観察された緑色の粒と同じ形の粒は，透明であった。

〔問１〕　<**実験**>の(1)でプレパラートを作り，顕微鏡で観察をする準備を行う際に，プレパラートと対物レンズを，最初に，できるだけ近づけるときの手順について述べたものと，対物レンズが20倍で接眼レンズが10倍である顕微鏡の倍率とを組み合わせたものとして適切なのは，次の表の**ア**～**エ**のうちではどれか。

	顕微鏡で観察をする準備を行う際に，プレパラートと対物レンズを，最初に，できるだけ近づけるときの手順	対物レンズが20倍で接眼レンズが10倍である顕微鏡の倍率
ア	接眼レンズをのぞきながら，調節ねじを回してプレパラートと対物レンズをできるだけ近づける。	200倍
イ	顕微鏡を横から見ながら，調節ねじを回してプレパラートと対物レンズをできるだけ近づける。	200倍
ウ	接眼レンズをのぞきながら，調節ねじを回してプレパラートと対物レンズをできるだけ近づける。	30倍
エ	顕微鏡を横から見ながら，調節ねじを回してプレパラートと対物レンズをできるだけ近づける。	30倍

〔問2〕　<**実験**>の(6)で葉を切り取ろうとした際に，オオカナダモAに気泡が付着していることに気付いた。このことに興味をもち，植物の働きによる気体の出入りについて調べ，<**資料**>にまとめた。

<**資料**>
【光が十分に当たるとき】と【光が当たらないとき】の植物の光合成や呼吸による，酸素と二酸化炭素の出入りは，図4の模式図のように表すことができる。図4から，植物の ⑤ による ③ の吸収と ④ の放出は，【光が ① とき】には見られるが，【光が ② とき】には見られない。

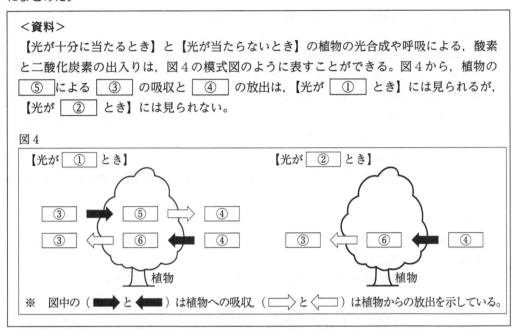

図4

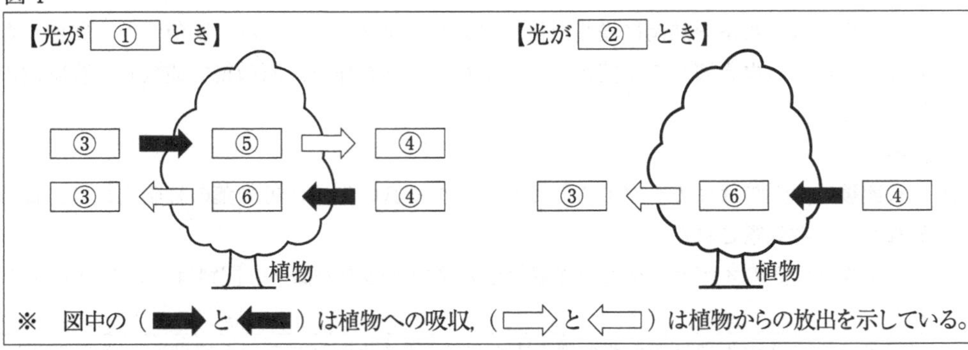

<**資料**>の ① ～ ⑥ にそれぞれ当てはまるものを組み合わせたものとして適切なのは，次の表の**ア**～**エ**のうちではどれか。

	①	②	③	④	⑤	⑥
ア	十分に当たる	当たらない	二酸化炭素	酸素	光合成	呼吸
イ	十分に当たる	当たらない	酸素	二酸化炭素	呼吸	光合成
ウ	当たらない	十分に当たる	二酸化炭素	酸素	光合成	呼吸
エ	当たらない	十分に当たる	酸素	二酸化炭素	呼吸	光合成

〔問3〕　<**結果**>の(1)～(3)から分かることとして適切なのは，次のうちではどれか。

ア　光が十分に当たる場所では，オオカナダモの葉の核でデンプンが作られることが分かる。

イ　光が十分に当たる場所では，オオカナダモの葉の核でアミノ酸が作られることが分かる。

ウ　光が十分に当たる場所では，オオカナダモの葉の葉緑体でデンプンが作られることが分かる。

エ　光が十分に当たる場所では，オオカナダモの葉の葉緑体でアミノ酸が作られることが分かる。

5　水溶液に関する実験について，あとの各問に答えよ。
<**実験1**>を行ったところ，<**結果1**>（次のページ）のようになった。

<**実験1**>

(1)　ビーカーA，ビーカーB，ビーカーCにそれぞれ蒸留水（精製水）を入れた。

(2) ビーカーBに塩化ナトリウムを加えて溶かし，5％の塩化ナトリウム水溶液を作成した。ビーカーCに砂糖を加えて溶かし，5％の砂糖水を作成した。
(3) 図1のように実験装置を組み，ビーカーAの蒸留水，ビーカーBの水溶液，ビーカーCの水溶液に，それぞれ約3Vの電圧を加え，電流が流れるか調べた。

図1

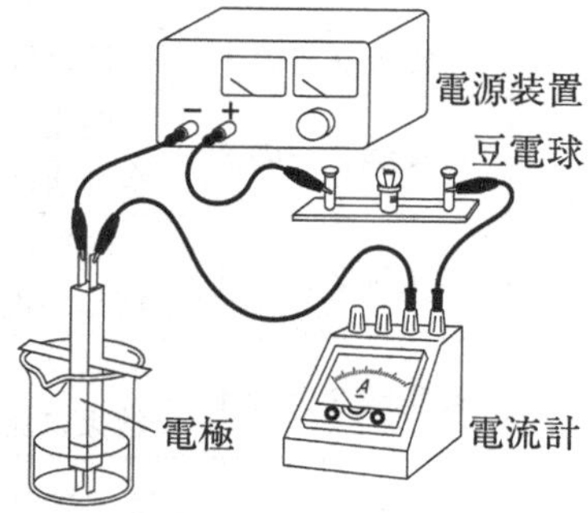

＜結果1＞

ビーカーA	ビーカーB	ビーカーC
電流が流れなかった。	電流が流れた。	電流が流れなかった。

〔問1〕 ＜結果1＞から，ビーカーBの水溶液の溶質の説明と，ビーカーCの水溶液の溶質の説明とを組み合わせたものとして適切なのは，次の表の**ア**～**エ**のうちではどれか。

	ビーカーBの水溶液の溶質の説明	ビーカーCの水溶液の溶質の説明
ア	蒸留水に溶け，電離する。	蒸留水に溶け，電離する。
イ	蒸留水に溶け，電離する。	蒸留水に溶けるが，電離しない。
ウ	蒸留水に溶けるが，電離しない。	蒸留水に溶け，電離する。
エ	蒸留水に溶けるが，電離しない。	蒸留水に溶けるが，電離しない。

次に，＜**実験2**＞を行ったところ，＜**結果2**＞のようになった。

＜**実験2**＞

(1) 試験管A，試験管Bに，室温と同じ27℃の蒸留水（精製水）をそれぞれ5g（5㎤）入れた。次に，試験管Aに硝酸カリウム，試験管Bに塩化ナトリウムをそれぞれ3g加え，試験管をよくふり混ぜた。試験管A，試験管Bの中の様子をそれぞれ観察した。
(2) 図2のように，試験管A，試験管Bの中の様子をそれぞれ観察しながら，ときどき試験管を取り出し，ふり混ぜて，温度計が27℃から60℃を示すまで水溶液をゆっくり温めた。
(3) 加熱を止め，試験管A，試験管Bの中の様子をそれぞれ観察しながら，温度計が27℃を示すまで水溶液をゆっくり冷やした。
(4) 試験管A，試験管Bの中の様子をそれぞれ観察しながら，さらに温度計が20℃を示すまで水溶液をゆっくり冷やした。
(5) (4)の試験管Bの水溶液を1滴とり，スライドガラスの上で蒸発させた。

図2

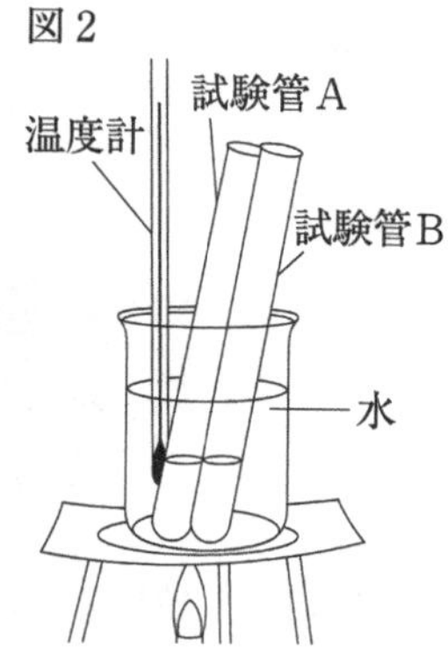

＜**結果2**＞

(1) ＜**実験2**＞の(1)から＜**実験2**＞の(4)までの結果は次のページの表のようになった。

	試験管Aの中の様子	試験管Bの中の様子
<**実験2**>の(1)	溶け残った。	溶け残った。
<**実験2**>の(2)	温度計が約38℃を示したときに全て溶けた。	<**実験2**>の(1)の試験管Bの中の様子に比べ変化がなかった。
<**実験2**>の(3)	温度計が約38℃を示したときに結晶が現れ始めた。	<**実験2**>の(2)の試験管Bの中の様子に比べ変化がなかった。
<**実験2**>の(4)	結晶の量は，<**実験2**>の(3)の結果に比べ増加した。	<**実験2**>の(3)の試験管Bの中の様子に比べ変化がなかった。

(2)　<**実験2**>の(5)では，スライドガラスの上に白い固体が現れた。
さらに，硝酸カリウム，塩化ナトリウムの水に対する溶解度を図書館で調べ，<**資料**>を得た。

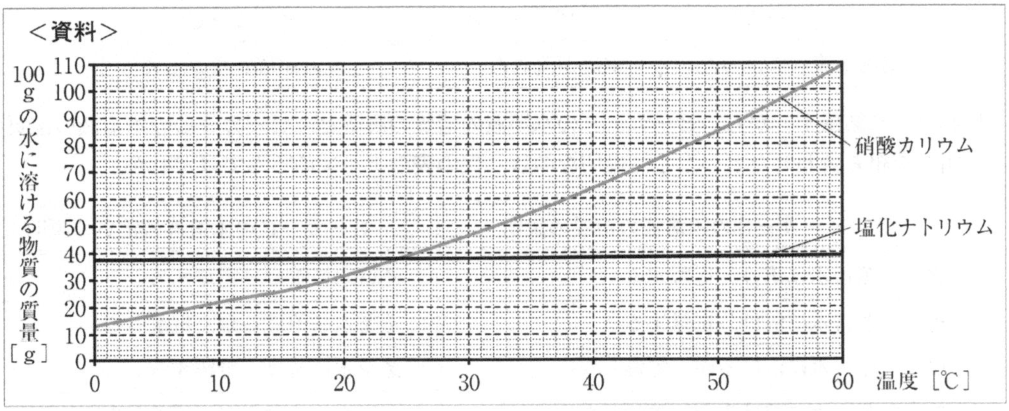

〔問2〕　<**結果2**>の(1)と<**資料**>から，温度計が60℃を示すまで温めたときの試験管Aの水溶液の温度と試験管Aの水溶液の質量パーセント濃度の変化との関係を模式的に示した図として適切なのは，次のうちではどれか。

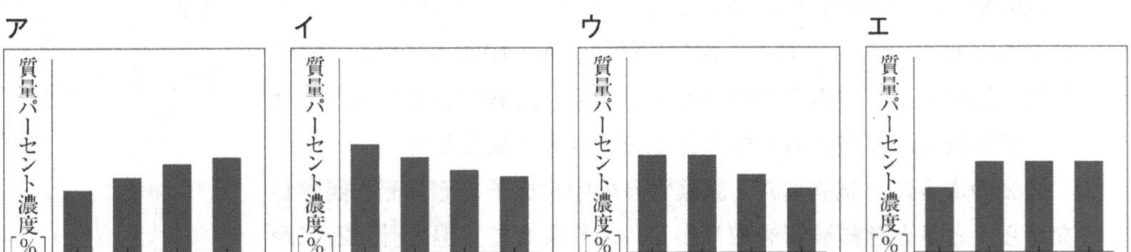

〔問3〕　<**結果2**>の(1)から，試験管Bの中の様子に変化がなかった理由を，温度の変化と溶解度の変化の関係に着目して，「<**資料**>から，」に続く形で，簡単に書け。

〔問4〕　<**結果2**>の(2)から，水溶液の溶媒を蒸発させると溶質が得られることが分かった。試験管Bの水溶液の温度が20℃のときと同じ濃度の塩化ナトリウム水溶液が0.35gあった場合，<**資料**>を用いて考えると，溶質を全て固体として取り出すために蒸発させる溶媒の質量として適切なのは，次のうちではどれか。

ア　約0.13g　　**イ**　約0.21g　　**ウ**　約0.25g　　**エ**　約0.35g

6 力学的エネルギーに関する実験について，次の各問に答えよ。
ただし，質量100ｇの物体に働く重力の大きさを１Ｎとする。

＜**実験１**＞を行ったところ，＜**結果１**＞のようになった。

＜**実験１**＞

(1) 図１のように，力学台車と滑車を合わせた質量600ｇの物体を糸でばねばかりにつるし，基準面で静止させ，ばねばかりに印を付けた。その後，ばねばかりをゆっくり一定の速さで水平面に対して垂直上向きに引き，物体を基準面から10cm持ち上げたとき，ばねばかりが示す力の大きさと，印が動いた距離と，移動にかかった時間を調べた。

図１

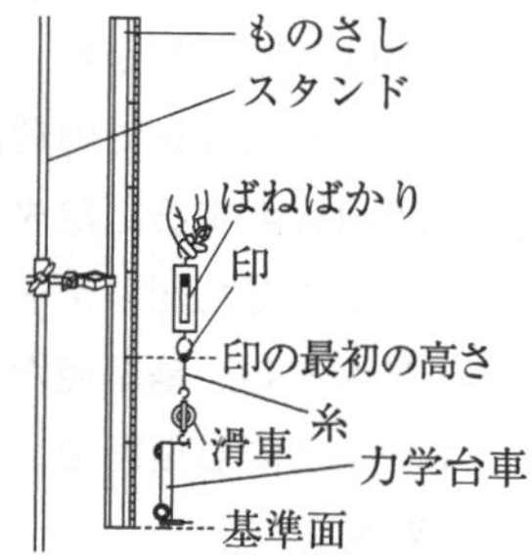

(2) 図２のように，(1)と同じ質量600ｇの物体を，一端を金属の棒に結び付けた糸でばねばかりにつるし，(1)と同じ高さの基準面で静止させ，ばねばかりに印を付けた。その後，ばねばかりをゆっくり一定の速さで水平面に対して垂直上向きに引き，物体を基準面から10cm持ち上げたとき，ばねばかりが示す力の大きさと，印が動いた距離と，移動にかかった時間を調べた。

図２

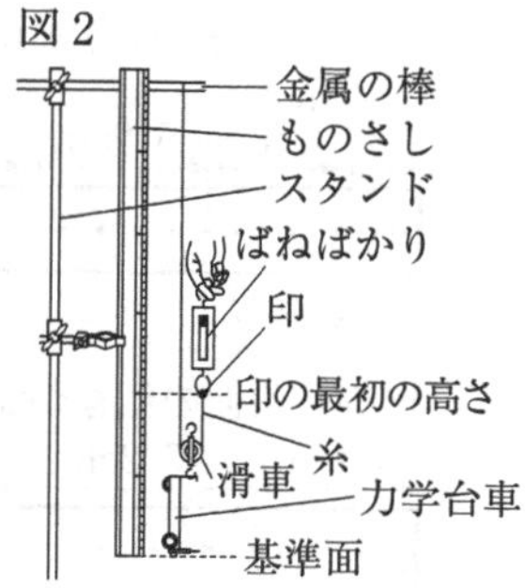

＜**結果１**＞

	ばねばかりが示す力の大きさ〔N〕	印が動いた距離〔cm〕	移動にかかった時間〔s〕
＜**実験１**＞の(1)	6	10	25
＜**実験１**＞の(2)	3	20	45

〔問１〕　＜**結果１**＞から，＜**実験１**＞の(1)で物体を基準面から10cm持ち上げたときに「ばねばかりが糸を引く力」がした仕事の大きさと，＜**実験１**＞の(2)で「ばねばかりが糸を引く力」を作用としたときの反作用とを組み合わせたものとして適切なのは，次の表の**ア**～**エ**のうちではどれか。

	「ばねばかりが糸を引く力」がした仕事の大きさ〔J〕	＜**実験１**＞の(2)で「ばねばかりが糸を引く力」を作用としたときの反作用
ア	0.6	力学台車と滑車を合わせた質量600gの物体に働く重力
イ	6	力学台車と滑車を合わせた質量600gの物体に働く重力
ウ	0.6	糸がばねばかりを引く力
エ	6	糸がばねばかりを引く力

次に，＜**実験２**＞を行ったところ，＜**結果２**＞のようになった。（次のページ）

＜**実験２**＞

(1)　図３のように，斜面の傾きを10°にし，記録テープを手で支え，力学台車の先端を点Aの位置にくるように静止させた。

(2)　記録テープから静かに手をはなし，力学台車が動き始めてから，点Bの位置にある車止めに当たる直前までの運動を，１秒間に一定間隔で50回打点する記録タイマーで記録テープに記録した。

(3)　(2)で得た記録テープの，重なっている打点を用いずに，はっきり区別できる最初の打点を基準点とし，基準点から５打点間隔ごとに長さを測った。

(4)　(1)と同じ場所で，同じ実験器具を使い，斜面の傾きを20°に変えて同じ実験を行った。

図３

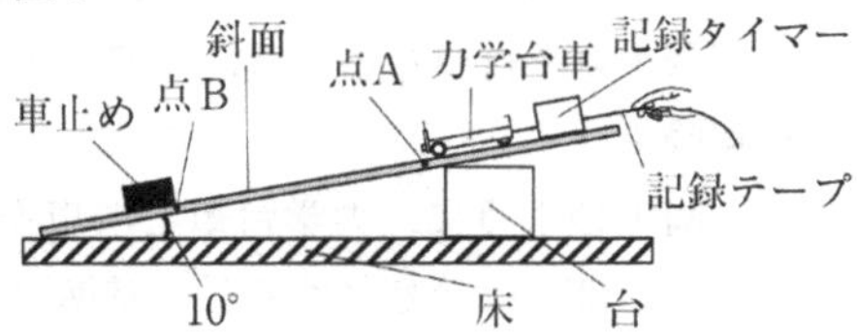

＜**結果２**＞

図４　斜面の傾きが10°のときの記録テープ

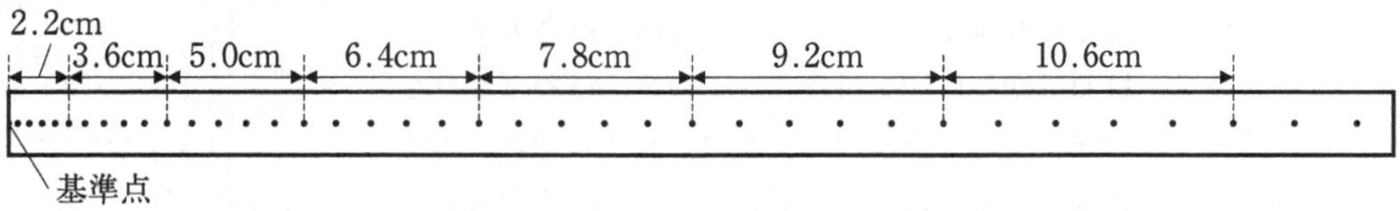

図５　斜面の傾きが20°のときの記録テープ

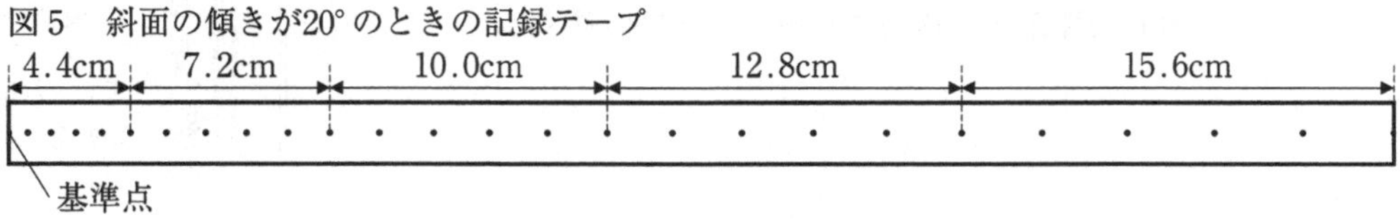

〔問２〕　＜**結果２**＞から，力学台車の平均の速さについて述べた次の文章の［①］と［②］にそれぞれ当てはまるものとして適切なのは，下の**ア**～**エ**のうちではどれか。

> ＜**実験２**＞の(2)で，斜面の傾きが10°のときの記録テープの基準点が打点されてから0.4秒経過するまでの力学台車の平均の速さをCとすると，Cは［①］である。また，＜**実験２**＞の(4)で，斜面の傾きが20°のときの記録テープの基準点が打点されてから0.4秒経過するまでの力学台車の平均の速さをDとしたとき，CとDの比を最も簡単な整数の比で表すとC：D＝［②］となる。

①	**ア**　16cm/s	**イ**　32cm/s	**ウ**　43cm/s	**エ**　64cm/s
②	**ア**　1：1	**イ**　1：2	**ウ**　2：1	**エ**　14：15

〔問３〕　＜**結果２**＞から，＜**実験２**＞で斜面の傾きを10°から20°にしたとき，点Aから点Bの直前まで斜面を下る力学台車に働く重力の大きさと，力学台車に働く重力を斜面に平行な（沿った）方向と斜面に垂直な方向の二つの力に分解したときの斜面に平行な方向に分解した力の大きさとを述べたものとして適切なのは，次のうちではどれか。

ア　力学台車に働く重力の大きさは変わらず，斜面に平行な分力は大きくなる。

イ　力学台車に働く重力の大きさは大きくなり，斜面に平行な分力も大きくなる。

ウ　力学台車に働く重力の大きさは大きくなるが，斜面に平行な分力は変わらない。

エ　力学台車に働く重力の大きさは変わらず，斜面に平行な分力も変わらない。

〔問4〕　＜**実験**1＞の位置エネルギーと＜**実験2**＞の運動エネルギーの大きさについて述べた次の文章の ① と ② にそれぞれ当てはまるものを組み合わせたものとして適切なのは，下の表の**ア**～**エ**のうちではどれか。

> ＜**実験1**＞の(1)と(2)で，ばねばかりをゆっくり一定の速さで引きはじめてから25秒経過したときの力学台車の位置エネルギーの大きさを比較すると ① 。
> ＜**実験2**＞の(2)と(4)で，力学台車が点Aから点Bの位置にある車止めに当たる直前まで下ったとき，力学台車のもつ運動エネルギーの大きさを比較すると ② 。

	①	②
ア	＜**実験1**＞の(1)と(2)で等しい	＜**実験2**＞の(2)と(4)で等しい
イ	＜**実験1**＞の(1)と(2)で等しい	＜**実験2**＞の(4)の方が大きい
ウ	＜**実験1**＞の(1)の方が大きい	＜**実験2**＞の(2)と(4)で等しい
エ	＜**実験1**＞の(1)の方が大きい	＜**実験2**＞の(4)の方が大きい

＜社会＞

時間　50分　　満点　100点

1　次の各問に答えよ。

〔問１〕　次の地形図は，2017年の「国土地理院発行２万５千分の１地形図（取手（とりで））」の一部を拡大して作成した地形図上に●で示したA点から，B～E点の順に，F点まで移動した経路を太線（━━）で示したものである。次のページのア～エの写真と文は，地形図上のB～E点の**いずれか**の地点の様子を示したものである。地形図上のB～E点のそれぞれに当てはまるのは，次のページのア～エのうちではどれか。

（編集の都合で90％に縮小してあります。）

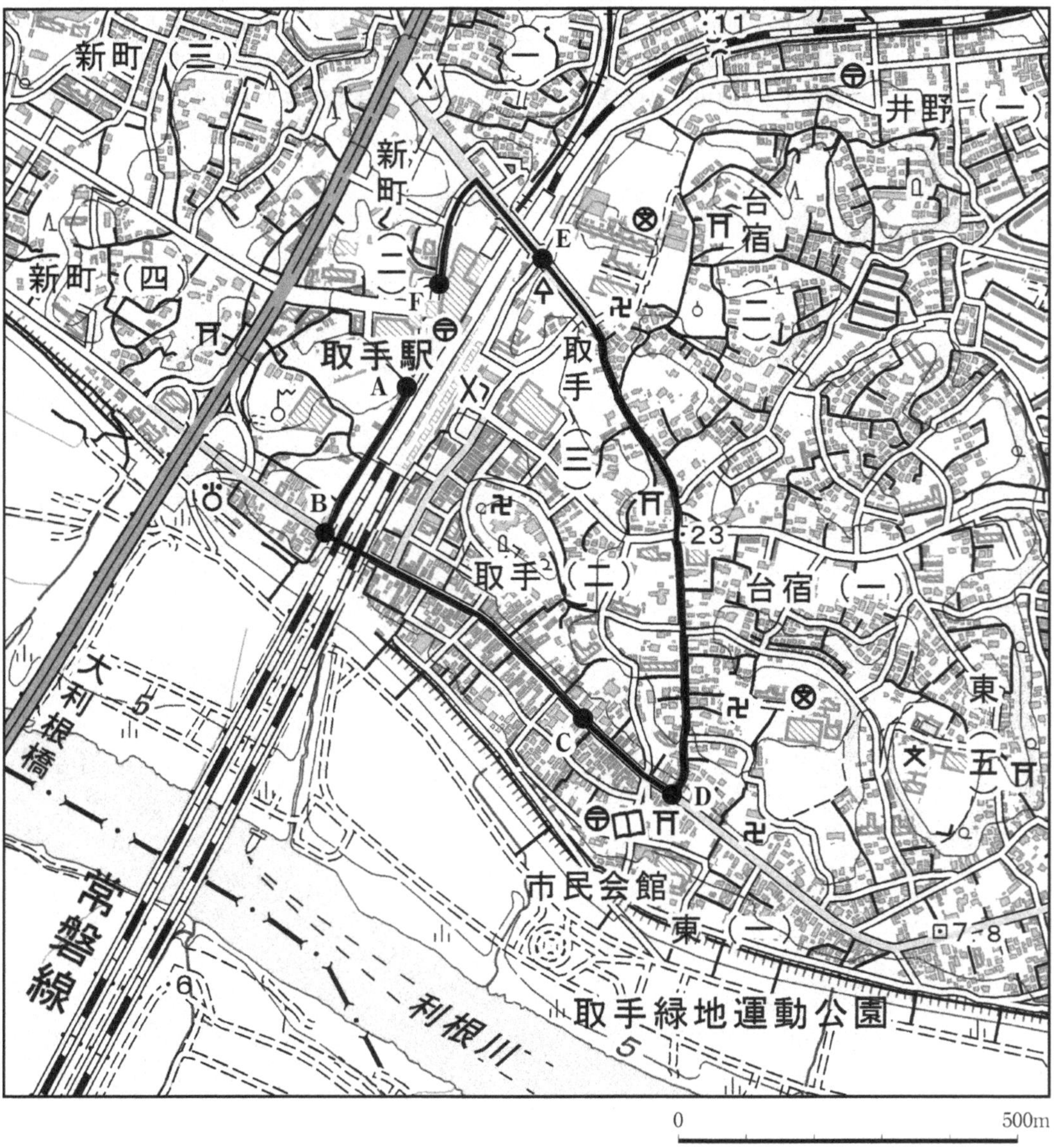

ア

この地点から進行する方向を見ると，鉄道の線路の上に橋が架けられており，道路と鉄道が立体交差していた。

イ

この地点から進行する方向を見ると，道路の上に鉄道の線路が敷設（ふせつ）されており，道路と鉄道が立体交差していた。

ウ

丁字形（ていじけい）の交差点であるこの地点に立ち止まり，進行する方向を見ると，登り坂となっている道の両側に住宅が建ち並んでいた。

エ

直前の地点から約470m進んだこの地点に立ち止まり，北東の方向を見ると，宿場の面影を残す旧取手宿本陣表門（きゅうとりでしゅくほんじんおもてもん）があった。

〔問２〕　次の文で述べている決まりに当てはまるのは，下の**ア**～**エ**のうちのどれか。

> 戦国大名が，領国を支配することを目的に定めたもので，家臣が，勝手に他国から嫁や婿を取ることや他国へ娘を嫁に出すこと，国内に城を築くことなどを禁止した。

ア　御成敗式目（ごせいばいしきもく）　　**イ**　大宝律令（たいほうりつりょう）　　**ウ**　武家諸法度（ぶけしょはっと）　　**エ**　分国法（ぶんこくほう）

〔問３〕　次の文章で述べているものに当てはまるのは，下の**ア**～**エ**のうちのどれか。

> 衆議院の解散による衆議院議員の総選挙後に召集され，召集とともに内閣が総辞職するため，両議院において内閣総理大臣の指名が行われる。会期は，その都度，国会が決定し，２回まで延長することができる。

ア　常会　　**イ**　臨時会　　**ウ**　特別会　　**エ**　参議院の緊急集会

2　次の略地図を見て，あとの各問に答えよ。

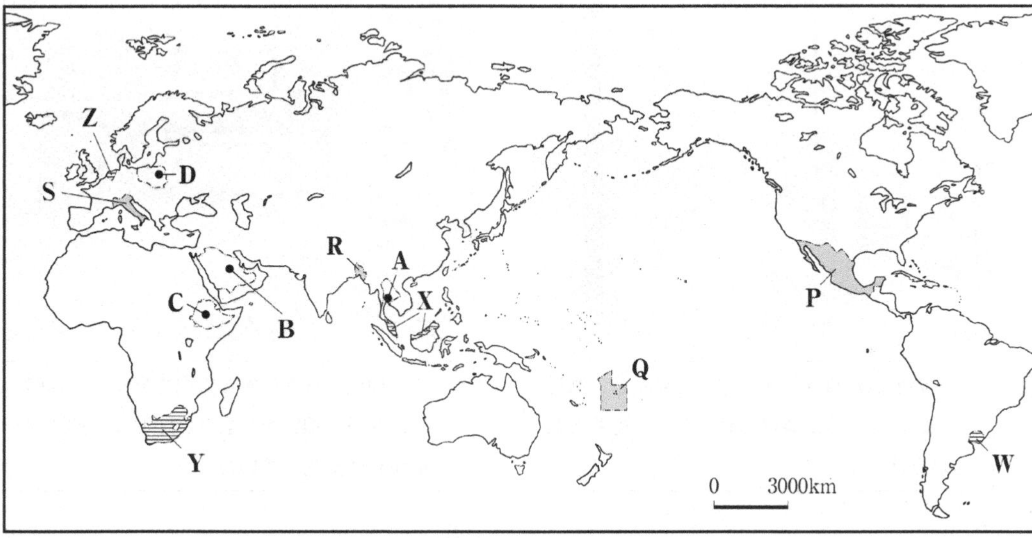

〔問１〕　略地図中のＡ～Ｄは，それぞれの国の首都の位置を示したものである。次のⅠの文章は，略地図中のＡ～Ｄの**いずれか**の首都を含む国の自然環境と農業についてまとめたものである。Ⅱのア～エのグラフは，略地図中のＡ～Ｄの**いずれか**の首都の，年平均気温と年降水量及び各月の平均気温と降水量を示したものである。Ⅰの文章で述べている国の首都に当てはまるのは，略地図中のＡ～Ｄのうちのどれか，また，その首都のグラフに当てはまるのは，Ⅱのア～エのうちのどれか。

Ⅰ

首都は標高約2350mに位置し，各月の平均気温の変化は年間を通して小さい。コーヒー豆の原産地とされており，2019年におけるコーヒー豆の生産量は世界第５位であり，輸出額に占める割合が高く，主要な収入源となっている。

Ⅱ

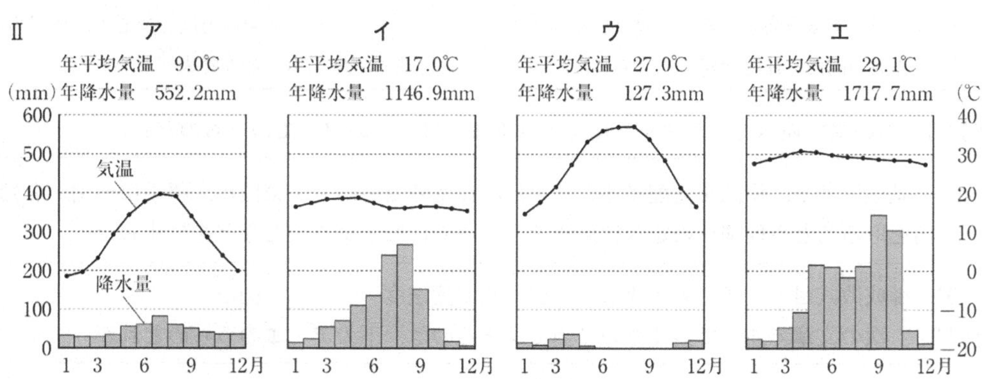

（「理科年表」令和５年より作成）

〔問２〕　次の表のア～エは，前のページの略地図中に で示したＰ～Ｓのいずれかの国の，2019年における米，小麦，とうもろこしの生産量，農業と食文化の様子についてまとめたものである。略地図中のＰ～Ｓのそれぞれの国に当てはまるのは，次の表のア～エのうちではどれか。

	米（万ｔ）	小麦（万ｔ）	とうもろこし（万ｔ）	農業と食文化の様子
ア	25	324	2723	○中央部の高原ではとうもろこしの栽培が行われ，北西部ではかんがい農業や牛の放牧が行われている。 ○とうもろこしが主食であり，とうもろこしの粉から作った生地を焼き，具材を挟んだ料理などが食べられている。
イ	149	674	628	○北部の平野では冬季に小麦の栽培が行われ，沿岸部では柑橘（かんきつ）類やオリーブなどの栽培が行われている。 ○小麦が主食であり，小麦粉から作った麺に様々なソースをあわせた料理などが食べられている。
ウ	0.6	－	0.1	○畑ではタロいもなどの栽培が行われ，海岸沿いの平野ではさとうきびなどの栽培が行われている。 ○タロいもが主食であり，バナナの葉に様々な食材と共にタロいもを包んで蒸した料理などが食べられている。
エ	5459	102	357	○河川が形成した低地では雨季の降水などを利用した稲作が行われ，北東部では茶の栽培が行われている。 ○米が主食であり，鶏やヤギの肉と共に牛乳から採れる油を使って米を炊き込んだ料理などが食べられている。

（注）－は，生産量が不明であることを示す。

（「データブック オブ・ザ・ワールド」2022年版などより作成）

〔問３〕　次のⅠとⅡ（次のページ）の表のア～エは，略地図中に で示したＷ～Ｚのいずれかの国に当てはまる。Ⅰの表は，2001年と2019年における日本の輸入額，農産物の日本の主な輸入品目と輸入額を示したものである。Ⅱの表は，2001年と2019年における輸出額，輸出額が多い上位３位までの貿易相手国を示したものである。次のページのⅢの文章は，略地図中のＷ～Ｚのいずれかの国について述べたものである。Ⅲの文章で述べている国に当てはまるのは，略地図中のＷ～Ｚのうちのどれか，また，ⅠとⅡの表のア～エのうちのどれか。

Ⅰ

		日本の輸入額（百万円）	農産物の日本の主な輸入品目と輸入額（百万円）					
ア	2001年	226492	植物性原材料	18245	ココア	4019	野菜	3722
	2019年	343195	豚肉	17734	チーズ等	12517	植物性原材料	6841
イ	2001年	5538	羊毛	210	米	192	チーズ等	31
	2019年	3017	牛肉	1365	羊毛	400	果実	39
ウ	2001年	338374	とうもろこし	12069	果実	9960	砂糖	5680
	2019年	559098	果実	7904	植物性原材料	2205	野菜	2118
エ	2001年	1561324	パーム油	14952	植物性原材料	2110	天然ゴム	2055
	2019年	1926305	パーム油	36040	植物性原材料	15534	ココア	15390

（財務省「貿易統計」より作成）

Ⅱ

		輸出額（百万ドル）	輸出額が多い上位3位までの貿易相手国		
			1位	2位	3位
ア	2001年	169480	ドイツ	イギリス	ベルギー
	2019年	576785	ドイツ	ベルギー	フランス
イ	2001年	2058	ブラジル	アルゼンチン	アメリカ合衆国
	2019年	7680	中華人民共和国	ブラジル	アメリカ合衆国
ウ	2001年	27928	アメリカ合衆国	イギリス	ドイツ
	2019年	89396	中華人民共和国	ドイツ	アメリカ合衆国
エ	2001年	88005	アメリカ合衆国	シンガポール	日本
	2019年	240212	中華人民共和国	シンガポール	アメリカ合衆国

（国際連合「貿易統計年鑑」2020などより作成）

Ⅲ

この国では農業の機械化が進んでおり，沿岸部の砂丘では花や野菜が栽培され，ポルダーと呼ばれる干拓地では酪農が行われている。

2001年と比べて2019年では，日本の輸入額は2倍に届いてはいないが増加し，輸出額は3倍以上となっている。2019年の輸出額は日本に次ぎ世界第5位となっており，輸出額が多い上位3位までの貿易相手国は全て同じ地域の政治・経済統合体の加盟国となっている。

3　次の略地図を見て，あとの各問に答えよ。

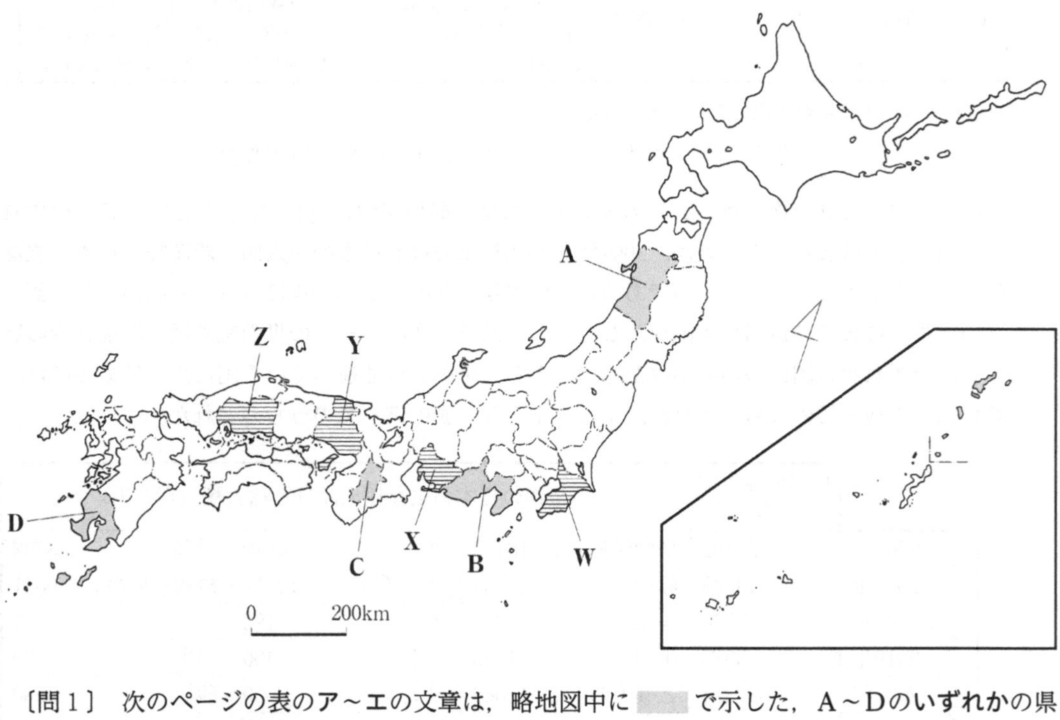

〔問1〕　次のページの表のア～エの文章は，略地図中に　　　で示した，A～Dのいずれかの県の，自然環境と第一次産業の様子についてまとめたものである。A～Dのそれぞれの県に当てはまるのは，次の表のア～エのうちではどれか。

	自然環境と第一次産業の様子
ア	○南東側の県境付近に位置する山を水源とする河川は，上流部では渓谷を蛇行しながら北西方向に流れた後，流路を大きく変えて西流し，隣接する県を貫流して海に注いでいる。 ○南東部は，季節風の影響などにより国内有数の多雨地域であり，木材の生育に適していることから，古くから林業が営まれ，高品質な杉などが生産されていることが知られている。
イ	○北側の3000m級の山々が連なる山脈は，南北方向に走っており，東部の半島は，複数の火山が見られる山がちな地域であり，入り組んだ海岸線が見られる。 ○中西部にある台地は，明治時代以降に開拓され，日当たりと水はけがよいことから，国内有数の茶の生産量を誇っており，ブランド茶が生産されていることが知られている。
ウ	○南側の県境付近に位置する山を水源とする河川は，上流部や中流部では，南北方向に連なる山脈と山地の間に位置する盆地を貫流し，下流部では平野を形成して海に注いでいる。 ○南東部にある盆地は，夏に吹く北東の冷涼な風による冷害の影響を受けにくい地形の特徴などがあることから，稲作に適しており，銘柄米が生産されていることが知られている。
エ	○二つの半島に挟まれた湾の中に位置する島や北東側の県境に位置する火山などは，現在でも活動中であり，複数の離島があり，海岸線の距離は約2600kmとなっている。 ○水を通しやすい火山灰などが積もってできた台地が広範囲に分布していることから，牧畜が盛んであり，肉牛などの飼育頭数は国内有数であることが知られている。

〔問２〕　次のⅠの表の**ア**～**エ**は，略地図中に▤で示した**W**～**Z**の**いずれか**の県の，2020年における人口，県庁所在地の人口，他の都道府県への従業・通学者数，製造品出荷額等，製造品出荷額等に占める上位３位の品目と製造品出荷額等に占める割合を示したものである。次のⅡの文章は，Ⅰの表の**ア**～**エ**の**いずれか**の県の工業や人口の様子について述べたものである。Ⅱの文章で述べている県に当てはまるのは，Ⅰの**ア**～**エ**のうちのどれか，また，略地図中の**W**～**Z**のうちのどれか。

Ⅰ

	人口（万人）	県庁所在地の人口（万人）	他の都道府県への従業・通学者数（人）	製造品出荷額等（億円）	製造品出荷額等に占める上位３位の品目と製造品出荷額等に占める割合（%）
ア	628	97	797943	119770	石油・石炭製品(23.1)，化学(17.2)，食料品(13.3)
イ	280	120	26013	89103	輸送用機械(32.8)，鉄鋼(11.2)，生産用機械(9.7)
ウ	547	153	348388	153303	化学（13.6），鉄鋼（11.0），食料品（10.8）
エ	754	233	88668	441162	輸送用機械(53.0)，電気機械(7.7)，鉄鋼(4.9)

（2021年経済センサスなどより作成）

Ⅱ

○湾に面した沿岸部は，1950年代から埋め立て地などに，製油所，製鉄所や火力発電所などが建設されており，国内最大規模の石油コンビナートを有する工業地域となっている。

○中央部及び北西部に人口が集中しており，2020年における人口に占める他の都道府県への従業・通学者数の割合は，１割以上となっている。

〔問３〕　次の資料は，2019年に富山市が発表した「富山市都市マスタープラン」に示された，富山市が目指すコンパクトなまちづくりの基本的な考え方の一部をまとめたものである。資料から読み取れる，将来の富山市における日常生活に必要な機能の利用について，現状と比較し，自宅からの移動方法に着目して，簡単に述べよ。

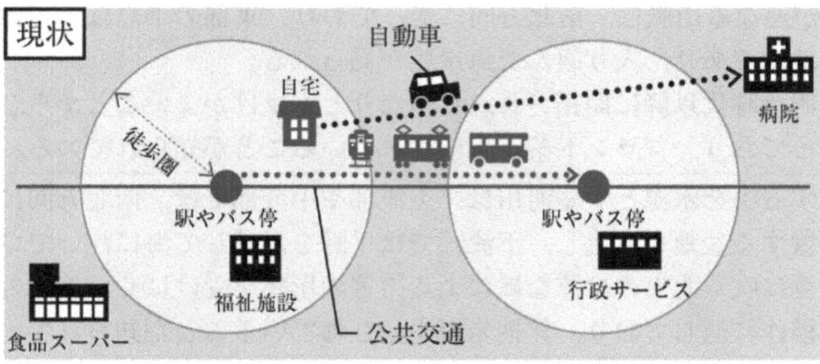

・公共交通のサービス水準が不十分で利用しにくい。
・駅やバス停を中心とした徒歩圏に日常生活に必要な機能がそろっていない。
・自動車を利用しないと生活しづらい。

こう変えたい

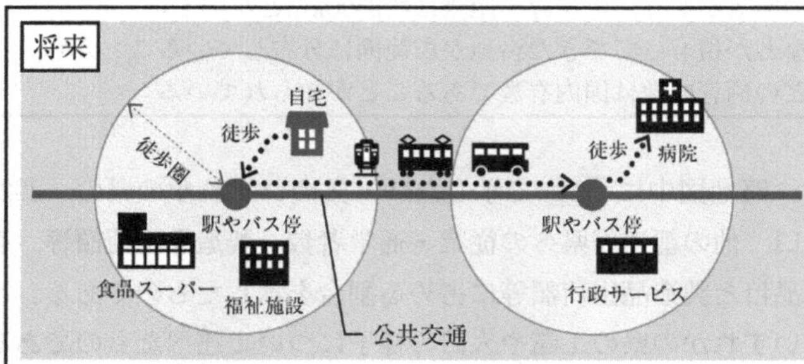

・公共交通のサービス水準が向上して利用しやすい。
・駅やバス停を中心とした徒歩圏に日常生活に必要な機能がそろっている。

（注）
・日常生活に必要な機能とは，行政サービス，福祉施設，病院，食品スーパーである。
・公共交通のサービス水準とは，鉄道・路面電車・バスの運行頻度などである。

（「富山市都市マスタープラン」より作成）

4　次の文章を読み，あとの各問に答えよ。

海上交通は，一度に大量の人や物を輸送することができることから，社会の発展のために重要な役割を果たしてきた。

古代から，各時代の権力者は，(1)周辺の国々へ使節を派遣し，政治制度や文化を取り入れたり，貿易により利益を得たりすることなどを通して，権力の基盤を固めてきた。時代が進むと，商人により，貨幣や多様な物資がもたらされ，堺や博多などの港が繁栄した。

江戸時代に入り，幕府は海外との貿易を制限するとともに，(2)国内の海上交通を整備し，全国的な規模で物資の輸送を行うようになった。開国後は，(3)諸外国との関わりの中で，産業が発展し，港湾の開発が進められた。

第二次世界大戦後，政府は，経済の復興を掲げ，海上交通の再建を目的に，造船業を支援した。(4)現在でも，外国との貿易の大部分は海上交通が担い，私たちの生活や産業の発展を支えている。

〔問１〕　(1)周辺の国々へ使節を派遣し，政治制度や文化を取り入れたり，貿易により利益を得たりすることなどを通して，権力の基盤を固めてきた。とあるが，次のア～エは，飛鳥時代から室町時代にかけて，権力者による海外との交流の様子などについて述べたものである。時期の古いものから順に記号を並べよ。

ア　混乱した政治を立て直すことを目的に，都を京都に移し，学問僧として唐へ派遣された最澄が帰国後に開いた密教を許可した。

イ　将軍を補佐する第五代執権として，有力な御家人を退けるとともに，国家が栄えることを願い，宋より来日した禅僧の蘭渓道隆を開山と定め，建長寺を建立した。

ウ　明へ使者を派遣し，明の皇帝から「日本国王」に任命され，勘合を用いて朝貢の形式で行う貿易を開始した。

エ　隋に派遣され，政治制度などについて学んだ留学生を国博士に登用し，大化の改新における政治制度の改革に取り組ませた。

〔問２〕　(2)国内の海上交通を整備し，全国的な規模で物資の輸送を行うようになった。とあるが，次のⅠの文章は，河村瑞賢が，1670年代に幕府に命じられた幕府の領地からの年貢米の輸送について，幕府に提案した内容の一部をまとめたものである。Ⅱの略地図は，Ⅰの文章で述べられている寄港地などの所在地を示したものである。ⅠとⅡの資料を活用し，河村瑞賢が幕府に提案した，幕府の領地からの年貢米の輸送について，輸送経路，寄港地の役割に着目して，簡単に述べよ。

Ⅰ

○陸奥国信夫郡（現在の福島県）などの幕府の領地の年貢米を積んだ船は，荒浜を出航したあと，平潟，那珂湊，銚子，小湊を寄港地とし，江戸に向かう。

○出羽国（現在の山形県）の幕府の領地の年貢米を積んだ船は，酒田を出航したあと，小木，福浦，柴山，温泉津，下関，大阪，大島，方座，安乗，下田を寄港地とし，江戸に向かう。

○寄港地には役人を置き，船の発着の日時や積荷の点検などを行う。

Ⅱ

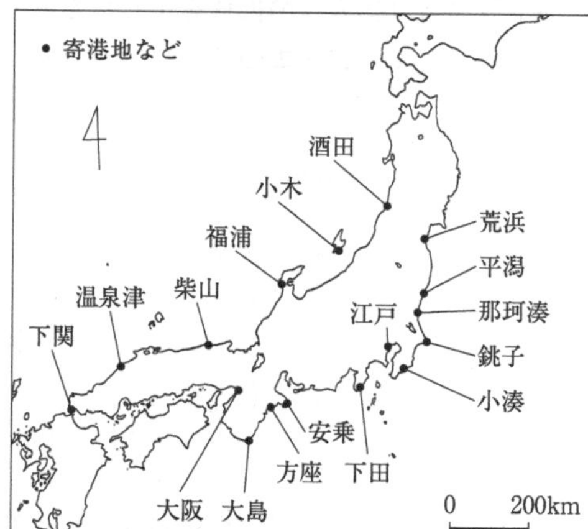

〔問３〕　(3)諸外国との関わりの中で，産業が発展し，港湾の開発が進められた。とあるが，次のページの略年表は，江戸時代から昭和時代にかけての，外交に関する主な出来事についてまとめたものである。略年表中のＡ～Ｄのそれぞれの時期に当てはまるのは，後のア～エのうちではどれか。

ア　四日市港は，日英通商航海条約の調印により，治外法権が撤廃され，関税率の一部引き上げが可能になる中で，外国との貿易港として開港場に指定された。

イ　東京港は，関東大震災の復旧工事の一環として，関東大震災の２年後に日の出ふ頭が完成したことにより，大型船の接岸が可能となった。

ウ　函館港は，アメリカ合衆国との間に締結した和親条約により，捕鯨船への薪と水，食糧を補給する港として開港された。

エ　三角（みすみ）港は，西南戦争で荒廃した県内の産業を発展させることを目的に，オランダ人技術者の設計により造成され，西南戦争の10年後に開港された。

西暦	外交に関する主な出来事	
1842	●幕府が天保（てんぽう）の薪水給与令を出し，異国船打ち払い令を緩和した。	
		A
1871	●政府が不平等条約改正の交渉などのために，岩倉使節団を欧米に派遣した。	
		B
1889	●大日本帝国憲法が制定され，近代的な政治制度が整えられた。	
		C
1911	●日米新通商航海条約の調印により，関税自主権の回復に成功した。	
		D
1928	●15か国が参加し，パリ不戦条約が調印された。	

［問４］　(4)現在でも，外国との貿易の大部分は海上交通が担（にな）い，私たちの生活や産業の発展を支えている。とあるが，次のグラフは，1950年から2000年までの，日本の海上貿易量（輸出）と海上貿易量（輸入）の推移を示したものである。グラフ中のＡ～Ｄのそれぞれの時期に当てはまるのは，後のア～エのうちではどれか。

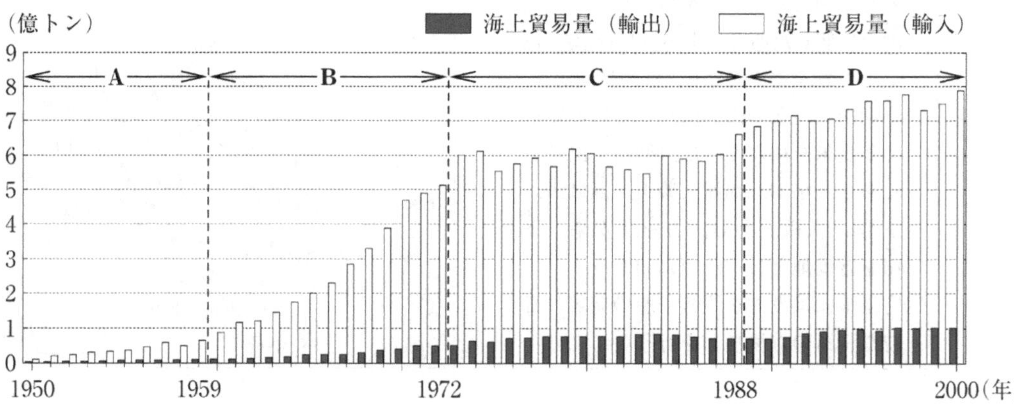

（日本長期統計総覧などより作成）

ア　サンフランシスコ平和条約（講和条約）を結び，国際社会に復帰する中で，海上貿易量は輸出・輸入ともに増加し，特に石油及び鉄鋼原料の需要の増加に伴い，海上貿易量（輸入）の増加が見られた。

イ　エネルギーの供給量において石油が石炭を上回り，海上輸送においてタンカーの大型化が進展する中で，日本初のコンテナ船が就航した他，この時期の最初の年と比較して最後の年では，海上貿易量（輸出）は約４倍に，海上貿易量（輸入）は約６倍に増加した。

ウ　冷たい戦争（冷戦）が終結するとともに，アジアにおいて経済発展を背景にした巨大な海運市場が形成される中で，海上貿易量は輸出・輸入ともに増加傾向にあったが，国内景気の後退や海外生産の増加を要因として，一時的に海上貿易量は輸出・輸入ともに減少が見られた。

エ　この時期の前半は二度にわたる石油価格の急激な上昇が，後半はアメリカ合衆国などとの貿易摩擦の問題がそれぞれ見られる中で，前半は海上貿易量（輸出）が増加し，後半は急速な円高により海上貿易量（輸入）は減少から増加傾向に転じた。

5　次の文章を読み，あとの各問に答えよ。

私たちは，家族，学校など様々な集団を形成しながら生活している。(1)一人一人が集団の中で個人として尊重されることが重要であり，日本国憲法においては，基本的人権が保障されている。

集団の中では，考え方の違いなどにより対立が生じた場合，多様な価値観をもつ人々が互いに受け入れられるよう，合意に至る努力をしている。例えば，国権の最高機関である(2)国会では，国の予算の使途や財源について合意を図るため，予算案が審議され，議決されている。

国際社会においても，(3)世界の国々が共存していくために条約を結ぶなど，合意に基づく国際協調を推進することが大切である。

今後も，よりよい社会の実現のために，(4)私たち一人一人が社会の課題に対して自らの考えをもち，他の人たちと協議するなど，社会に参画し，積極的に合意形成に努めることが求められている。

〔問1〕　(1)一人一人が集団の中で個人として尊重されることが重要であり，日本国憲法においては，基本的人権が保障されている。とあるが，基本的人権のうち，平等権を保障する日本国憲法の条文は，次の**ア**～**エ**のうちではどれか。

ア　すべて国民は，健康で文化的な最低限度の生活を営む権利を有する。

イ　すべて国民は，法の下に平等であつて，人種，信条，性別，社会的身分又は門地により，政治的，経済的又は社会的関係において，差別されない。

ウ　何人も，自己に不利益な供述を強要されない。

エ　何人も，裁判所において裁判を受ける権利を奪はれない。

〔問2〕　(2)国会では，国の予算の使途や財源について合意を図るため，予算案が審議され，議決されている。とあるが，次のページのⅠのグラフは，1989年度と2021年度における我が国の一般会計歳入額及び歳入項目別の割合を示したものである。Ⅰのグラフ中の**A**～**D**は，法人税，公債金，所得税，消費税の**いずれか**に当てはまる。次のページのⅡの文章は，Ⅰのグラフ中の**A**～**D**の**いずれか**について述べたものである。Ⅱの文章で述べている歳入項目に当てはまるのは，Ⅰの**A**～**D**のうちのどれか，また，その歳入項目について述べているのは，後の**ア**～**エ**のうちではどれか。

Ⅰ

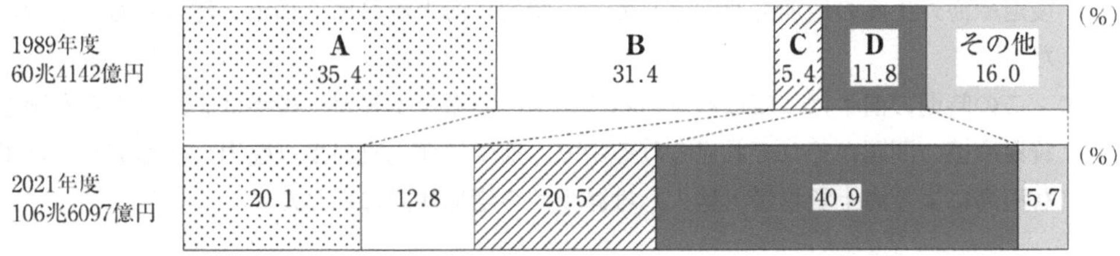

（財務省の資料より作成）

Ⅱ

> 間接税の一つであり，1989年に国民福祉の充実などに必要な歳入構造の安定化を図るために導入され，その後，段階的に税率が引き上げられた。2021年度の歳入額は20兆円を超え，1989年度に比べて６倍以上となっている。

ア　歳入の不足分を賄うため，借金により調達される収入で，元本の返済や利子の支払いなどにより負担が将来の世代に先送りされる。

イ　給料や商売の利益などに対して課され，主に勤労世代が負担し，税収が景気や人口構成の変化に左右されやすく，負担額は負担者の収入に応じて変化する。

ウ　商品の販売やサービスの提供に対して課され，勤労世代など特定の世代に負担が集中せず，税収が景気や人口構成の変化に左右されにくい。

エ　法人の企業活動により得られる所得に対して課され，税率は他の税とのバランスを図りながら，財政事情や経済情勢等を反映して決定される。

［問３］　(3)世界の国々が共存していくために条約を結ぶなど，合意に基づく国際協調を推進することが大切である。とあるが，次のⅠの文章は，ある国際的な合意について述べたものである。Ⅱの略年表は，1948年から2019年までの，国際社会における合意に関する主な出来事についてまとめたものである。Ⅰの国際的な合意が結ばれた時期に当てはまるのは，Ⅱの略年表中の**ア**～**エ**のうちではどれか。

Ⅰ

> 地球上の「誰一人取り残さない」ことをスローガンに掲げ，「質の高い教育をみんなに」などの17のゴールと169のターゲットで構成されている。持続可能でよりよい世界を目指し全ての国が取り組むべき国際目標として，国際連合において加盟国の全会一致で採択された。

Ⅱ

西暦	国際社会における合意に関する主な出来事	
1948	●世界人権宣言が採択された。	
		ア
1976	●国際連合において，児童権利宣言の20周年を記念して，1979年を国際児童年とすることが採択された。	
		イ
1990	●「気候変動に関する政府間パネル」により第一次評価報告書が発表された。	
		ウ
2001	●「極度の貧困と飢餓の撲滅」などを掲げたミレニアム開発目標が設定された。	
		エ
2019	●国際連合において，科学者グループによって起草された「持続可能な開発に関するグローバル・レポート2019」が発行された。	

［問４］ (4)私たち一人一人が社会の課題に対して自らの考えをもち，他の人たちと協議するなど，社会に参画し，積極的に合意形成に努めることが求められている。とあるが，次のⅠの文章は，2009年に法務省の法制審議会において取りまとめられた「民法の成年年齢の引下げについての最終報告書」の一部を分かりやすく書き改めたものである。Ⅱの表は，2014年から2018年までに改正された18歳，19歳に関する法律の成立年と主な改正点を示したものである。ⅠとⅡの資料を活用し，Ⅱの表で示された一連の法改正における，国の若年者に対する期待について，主な改正点に着目して，簡単に述べよ。

Ⅰ

○民法の成年年齢を20歳から18歳に引き下げることは，18歳，19歳の者を大人として扱い，社会への参加時期を早めることを意味する。

○18歳以上の者を，大人として処遇することは，若年者が将来の国づくりの中心であるという国としての強い決意を示すことにつながる。

Ⅱ

	成立年	主な改正点
憲法改正国民投票法の一部を改正する法律	2014	投票権年齢を満18歳以上とする。
公職選挙法等の一部を改正する法律	2015	選挙権年齢を満18歳以上とする。
民法の一部を改正する法律	2018	一人で有効な契約をすることができ，父母の親権に服さず自分の住む場所や，進学や就職などの進路について，自分の意思で決めることができるようになる成年年齢を満18歳以上とする。

6 次の文章を読み，あとの各問に答えよ。

国際社会では，人，物，お金や情報が，国境を越えて地球規模で移動するグローバル化が進んでいる。例えば，科学や文化などの面では，(1)これまでも多くの日本人が，研究などを目的に海外に移動し，滞在した国や地域，日本の発展に貢献してきた。また，経済の面では，(2)多くの企業が，世界規模で事業を展開するようになり，一企業の活動が世界的に影響を与えるようになってきた。

地球規模の課題は一層複雑になっており，課題解決のためには，(3)国際連合などにおける国際協調の推進が一層求められている。

［問１］ (1)これまでも多くの日本人が，研究などを目的に海外に移動し，滞在した国や地域，日本の発展に貢献してきた。とあるが，次のページの表の**ア**～**エ**は，次のページの略地図中に　　　で示したＡ～Ｄの**いずれか**の国に滞在した日本人の活動などについて述べたものである。略地図中のＡ～Ｄのそれぞれの国に当てはまるのは，後の表の**ア**～**エ**のうちではどれか。

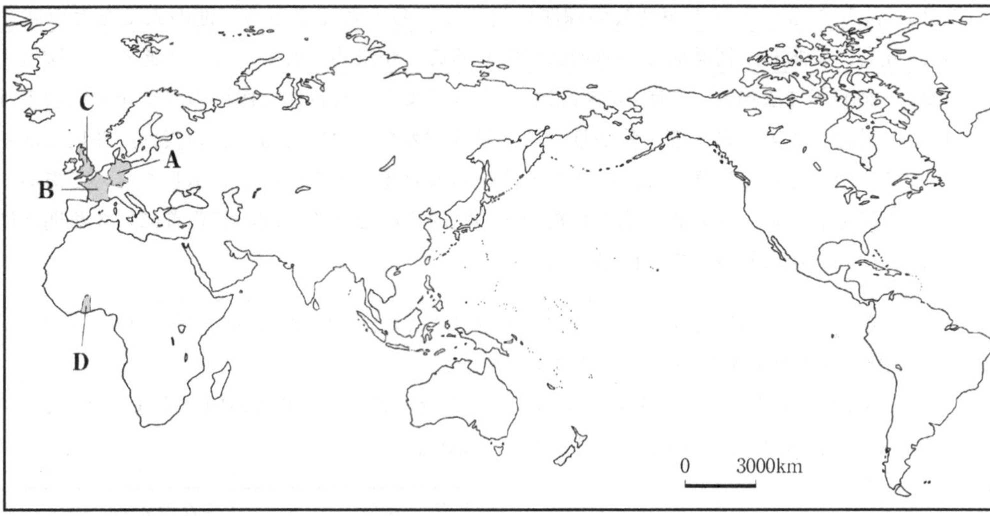

	日本人の活動など
ア	1789年に市民革命が起こったこの国に，1884年から1893年まで留学した黒田清輝(くろだせいき)は，途中から留学目的を洋画研究に変更し，ルーブル美術館で模写をするなどして，絵画の技法を学んだ。帰国後は，展覧会に作品を発表するとともに，後進の育成にも貢献した。
イ	1871年に統一されたこの国に，1884年から1888年まで留学した森鷗外(もりおうがい)は，コレラ菌などを発見したことで知られるコッホ博士などから細菌学を学んだ。帰国後は，この国を舞台とした小説を執筆するなど，文学者としても活躍した。
ウ	1902年に日本と同盟を結んだこの国に，1900年から1903年まで留学した夏目漱石(なつめそうせき)は，シェイクスピアの作品を観劇したり，研究者から英文学の個人指導を受けたりした。帰国後は，作家として多くの作品を発表し，文学者として活躍した。
エ	ギニア湾岸にあるこの国に，1927年から1928年まで滞在した野口英世(のぐちひでよ)は，この国を含めて熱帯地方などに広まっていた黄熱病(おうねつびょう)の原因を調査し，予防法や治療法の研究を行った。功績を記念し，1979年にこの国に野口記念医学研究所が設立された。

〔問２〕 (2)多くの企業が，世界規模で事業を展開するようになり，一企業の活動が世界的に影響を与えるようになってきた。とあるが，次のページのⅠの略年表は，1976年から2016年までの，国際会議に関する主な出来事についてまとめたものである。次のページのⅡの文は，Ⅰの略年表中の**ア**～**エ**の**いずれか**の国際会議について述べたものである。Ⅱの文で述べている国際会議に当てはまるのは，Ⅰの略年表中の**ア**～**エ**のうちのどれか。

Ⅰ

西暦	国際会議に関する主な出来事
1976	●東南アジア諸国連合（ＡＳＥＡＮ）首脳会議がインドネシアで開催された。……………………ア
1993	●アジア太平洋経済協力（ＡＰＥＣ）首脳会議がアメリカ合衆国で開催された。…………………イ
1996	●世界貿易機関（ＷＴＯ）閣僚会議がシンガポールで開催された。
2008	●金融・世界経済に関する首脳会合（Ｇ20サミット）がアメリカ合衆国で開催された。…………ウ
2016	●主要国首脳会議（Ｇ７サミット）が日本で開催された。………………………………………………エ

Ⅱ

アメリカ合衆国に本社がある証券会社の経営破綻などを契機に発生した世界金融危機（世界同時不況，世界同時金融危機）と呼ばれる状況に対処するために，初めて参加国の首脳が集まる会議として開催された。

〔問３〕 (3)国際連合などにおける国際協調の推進が一層求められている。とあるが，次のⅠのグラフ中のア～エは，1945年から2020年までのアジア州，アフリカ州，ヨーロッパ州，南北アメリカ州の**いずれか**の州の国際連合加盟国数の推移を示したものである。Ⅱの文章は，Ⅰのグラフ中の**ア**～**エ**の**いずれか**の州について述べたものである。Ⅱの文章で述べている州に当てはまるのは，Ⅰの**ア**～**エ**のうちのどれか。

Ⅰ

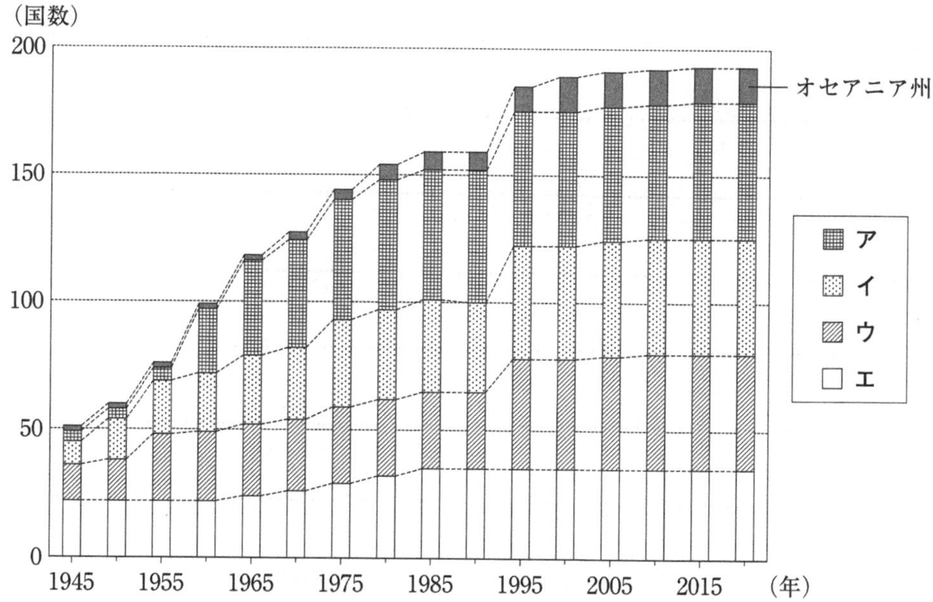

（国際連合広報センターのホームページより作成）

Ⅱ

○国際連合が設立された1945年において，一部の国を除き他国の植民地とされており，民族の分布を考慮しない直線的な境界線が引かれていた。
○国際連合総会で「植民地と人民に独立を付与する宣言」が採択された1960年に，多くの国が独立し，2020年では，50か国を超える国が国際連合に加盟している。

MEMO

大切なことはメモしておこうネ！

2024年度

解　答　と　解　説

《2024年度の配点は解答用紙集に掲載してあります。》

＜理科解答＞

1 〔問1〕 エ　〔問2〕 イ　〔問3〕 ウ　〔問4〕 ア　〔問5〕 イ　〔問6〕 エ

2 〔問1〕 ア　〔問2〕 イ　〔問3〕 エ　〔問4〕 ウ

3 〔問1〕 ウ　〔問2〕 2時間ごとに記録した透明半球上の・印のそれぞれの間隔は，どれも等しいため，地球上での太陽の見かけ上の動く速さは一定であることが分かる。
〔問3〕 エ　〔問4〕 ア

4 〔問1〕 イ　〔問2〕 ア　〔問3〕 ウ

5 〔問1〕 イ　〔問2〕 エ　〔問3〕 ＜資料＞から，塩化ナトリウムの溶解度は，温度によってほとんど変化しないものであるため。　〔問4〕 ウ

6 〔問1〕 ウ　〔問2〕 ① ウ　② イ　〔問3〕 ア　〔問4〕 エ

＜理科解説＞

1 （小問集合－物質の成り立ち，化学変化と物質の質量：質量保存の法則，電流：オームの法則・電力量，動物の特徴と分類，原子の成り立ちとイオン：原子の構造，気象要素の観測，動物の体のつくりとはたらき）

〔問1〕 水素，酸素，水は分子として存在する。また，質量保存の法則により，化学変化の前後で，原子の組み合わせは変化するが，原子の種類と数は変化しない。以上により，**水素2分子と酸素1分子が結びついて，水2分子ができるモデル**，エが正解である。

〔問2〕 **電熱線の抵抗の大きさ〔Ω〕＝$\frac{6〔V〕}{1.5〔A〕}$**＝4〔Ω〕である。**電力量〔J〕＝6〔V〕×1.5〔A〕×300〔s〕**＝9.0〔W〕×300〔s〕＝2700〔J〕である。

〔問3〕 **甲殻類はエビ・カニの仲間**であるため無脊椎動物である。よって，魚類，両生類，鳥類が脊椎動物であり，昆虫類と甲殻類が無脊椎動物である。

〔問4〕 原子核はプラスの電気をもつ陽子と，電気をもたない中性子からできているため，**原子核はプラスの電気**をもつ。**電子はマイナスの電気**をもち，ふつうの状態では**陽子の数と等しい**。

〔問5〕 くもりの**天気記号**は◎であり，風向が北東であるため矢は北東の向きにかく。表1より風速が3.0〔m/s〕であるため，表2より風力は2であり，矢ばねは2本である。よって，**天気図記号**はイである。

〔問6〕 ヒトの**ヘモグロビン**は，血液中の赤血球に含まれ，酸素の多いところでは酸素と結び付き，**酸素の少ないところでは酸素をはなす性質**がある。

2 （自由研究－身近な地形や地層・岩石の観察，地層の重なりと過去の様子，化学変化と物質の質量，化学変化：酸化と還元，光と音：光の屈折，自然界のつり合い）

〔問1〕 **フズリナは古生代の示準化石**であり，**アンモナイトは中生代の示準化石**であるため，地質年代の古いものは石材aに含まれるフズリナの化石である。石材cに含まれる**サンゴの化石**は，その化石を含む地層が堆積した当時の環境を示す**示相化石**である。

〔問2〕　不純物を含まないクジャク石の粉0.20gを加熱すると，酸化銅0.13gと二酸化炭素と水に分解される。**得られた酸化銅に炭素をよく混ぜ加熱すると，酸化銅が還元されて銅が得られるが，このときの銅の質量を求める。**表2より，**銅の質量〔g〕：加熱して得られる酸化銅の質量〔g〕＝4：5，**である。酸化銅0.13gに含まれる銅の質量をxgとすると，x〔g〕：0.13〔g〕＝4：5，x〔g〕＝0.104〔g〕，である。よって，クジャク石の粉0.20gに含まれる銅の割合は，**0.104〔g〕÷0.20〔g〕×100＝52〔%〕**，より，52%である。

〔問3〕　図2の境界面RをR_1とすると，光源装置から出た光が通過するとき**入射角より屈折角が大きくなる境界面は境界面R_1**である。厚さを2倍にした直方体のガラスを点線の枠に合わせて入れ替えた場合は，空気側からガラス側に入射して屈折した光を**厚さが2倍になった境界面R_2まで光の道筋をまっすぐ延長して，境界面R_2で屈折するように作図する**と，直線L上の点Pの位置はTの方向にずれる。

〔問4〕　生態系を構成する生物どうしの数量的な関係は，ピラミッドのような形で表すことができ，**食べられる側の生物の数の方が，食べる側の生物の数よりも多くなる。**生態系Vにおいて生物の数が少ないものから順に並べると，生物w＜x＜y＜z，であるため，図3の③はウの生物yである。

3　**（天体の動きと地球の自転・公転：透明半球を用いた太陽の日周経路の観察・北極側から見た地球の自転と太陽の方向に対する地上の方位の変化・地軸の傾きと季節の変化及び緯度の高低による夜の長さ）**

〔問1〕　太陽が天頂より南側で子午線（天頂と南北を結ぶ線）を通過するときの太陽の高度が**南中高度**である。高度は**観察者の位置（円の中心O）**で地平線から太陽までの角度で表す。

〔問2〕　2時間ごとに記録した透明半球上の・印のそれぞれの間隔は，どれも等しいため，地球上での**太陽の見かけ上の動く速さは一定**であることが分かる。

〔問3〕　地球上では太陽は見かけ上，①東から西に移動して見える。それは，**地球が北極側から見て反時計回り，④図3ではⅡの方向に自転しているため**である。**東の空に太陽が見えるのは，②点M**の位置であり，**西の空に太陽が見えるのは，③点K**の位置である。

〔問4〕　＜観察1＞は夏至の頃であり，＜観察2＞は秋分の頃である。図4より，**日の入りの位置は，＜観察1＞を行った日の方が**＜観察2＞を行った日よりも**北寄り**である。＜結果2＞より，＜観察1＞の(4)でかいた曲線の長さの方が，＜観察2＞の(4)でかいた曲線の長さよりも長いため，**昼の長さは＜観察1＞を行った日の方が**＜観察2＞を行った日よりも**長い。**また，地球が公転面に対して23.4°傾けて公転していることにより，**図5は北極点が太陽の方向に傾いているため，夜の長さはX地点の方がY地点よりも長い。**

4　**（植物の体のつくりとはたらき：光合成の対照実験・光合成の条件，光の明るさと光合成量・呼吸量の関係，生物と細胞：顕微鏡操作）**

〔問1〕　顕微鏡で観察をする準備を行う際に，プレパラートと対物レンズを，最初に，できるだけ近づけるときの手順は，**顕微鏡を横から見ながら，**調節ねじを回してプレパラートと対物レンズを**できるだけ近づける。**対物レンズが20倍で接眼レンズが10倍である顕微鏡の倍率は，20×10＝200〔倍〕，である。

〔問2〕　植物は昼間など，光の当たるときだけ光合成を行うが，呼吸は光が当たるかどうかに関係なく，昼も夜も行われている。よって，左の図は，**光が①十分に当たる**ときであり，植物の**⑤光合成**による**③二酸化炭素**の吸収と**④酸素**の放出が見られるが，右の図の光が②当たらないときには見られない。左右の図に**共通**して見られる⑥**は呼吸**であり，④**酸素**の吸収と③**二酸化炭素**の放出が見られる。**光が強い日中は，光合成によって出入りする気体の量の方が呼吸によって出入りする量より多い**ため，光が当たると光合成だけが行われているように見える。

〔問3〕　オオカナダモAとオオカナダモBは**対照実験**を行うために用意されている。<結果>(1)では，オオカナダモの葉AとBの細胞内に緑色の**葉緑体**を観察できた。<結果>(2)では，表1から，オオカナダモの葉AとBがヨウ素液に反応しなかったことから，**光が当たらない場所に2日間置いたため**，オオカナダモの葉AとBが作っていた**デンプンはすべてなくなっていたことがわかる。**<実験>(5)で，オオカナダモAは光が十分に当たる場所に置き，オオカナダモBはそのペトリ皿を光が当たらないようにアルミはくで覆って，Aと同様に光が十分に当たる場所に置いた。3日後，<実験>(7)による<結果>(3)表2から，対照実験を行った結果，**光が十分当たる場所に置いたオオカナダモAの葉緑体にのみ，青紫色に染色されたヨウ素液への反応があらわれた**ことから，**光が十分に当たる場所では，オオカナダモの葉の葉緑体で，デンプンが作られる**ことが分かる。

5　**(水溶液：溶質と溶媒・飽和水溶液・溶解度曲線の温度変化にともなう水溶液の濃度の変化・溶質の取り出し，水溶液とイオン：電離・電解質と非電解質)**

〔問1〕　砂糖を水にとかすと，砂糖水ができる。この場合，砂糖のように，とけている物質を**溶質**，水のように，溶質をとかす液体を**溶媒**という。溶質が溶媒にとけた液全体を**溶液**という。溶媒が水である溶液を**水溶液**という。ビーカーBの水溶液の溶質である**塩化ナトリウムは電解質**であるため，蒸留水に溶け，電離する。ビーカーCの水溶液の溶質である**砂糖は非電解質**であるため，蒸留水に溶けるが，電離しない。

〔問2〕　**水100gに物質を溶かして飽和水溶液にしたとき，溶けた溶質の質量〔g〕の値を溶解度という。資料の溶解度曲線は，溶解度と温度との関係を表している。**<実験2>(1)では試験管Aに27℃の蒸留水5gと硝酸カリウム3gを入れたが，水溶液の温度による溶質の溶け方の変化について**溶解度曲線を用いて考察するには，**試験管Aには**27℃の蒸留水100g**を入れ，同じ濃度になるように**硝酸カリウム60g**を加えたとして考察する。**27℃のとき**の溶解度は41であるため，**溶け残る**と考察でき，<実験2>の(1)の結果と一致する。**溶解度が60になり，飽和の状態になるのは38℃**である。**27℃から38℃**までは硝酸カリウムが**溶ける質量は少しずつ増加するため，質量パーセント濃度〔%〕は増加**し，**38℃で飽和**して**濃度は最大**になる。**38℃から60℃**まで**水溶液の温度が上昇しても質量パーセント濃度〔%〕は一定**である。

〔問3〕　試験管Bの水溶液の温度を27℃から60℃まで上昇させても，その後，27℃，20℃とゆっくり冷やしても，試験管の中の様子に変化がなかったのは，資料から，**塩化ナトリウムの溶解度は，温度によってほとんど変化しないものである**ためである。

〔問4〕　試験管Bの塩化ナトリウム水溶液の温度が**20℃のとき，溶解度は約38**であり，溶質である塩化ナトリウムの濃度は，**38〔g〕$\div$(100〔g〕$+$38〔g〕)$\times$100$\fallingdotseq$28〔%〕**，である。水溶液0.35gのうち，**溶質の質量が28%**であるため，**溶媒である水の質量は72%**である。よって，**溶質を全て固体として取り出すために蒸発させる溶媒の質量は，0.35〔g〕$\times$0.72$\fallingdotseq$**0.25〔g〕，より，約0.25gである。

6　**(力と物体の運動：斜面上での台車の運動，力のつり合いと合成・分解：斜面上の台車に働く力の分解と作用・反作用の法則，力学的エネルギー：位置エネルギーと運動エネルギー，仕事とエネルギー)**

〔問1〕「ばねばかりが糸を引く力」がした**仕事の大きさ〔J〕＝6〔N〕$\times$0.1〔m〕＝**0.6〔J〕である。**ば**

ねばかりが糸に引く力(作用)を加えると，同時に，ばねばかりは糸から大きさが同じで逆向きの引く力(反作用)を受ける。よって，「ばねばかりが糸を引く力」を作用としたときの反作用は，「糸がばねばかりを引く力」である。

〔問2〕 ① 記録タイマーは**1秒間に50回打点するから，0.1秒間に5回打点する**。よって，0.4秒経過するまでの力学台車の平均の速さ〔cm/s〕$=\frac{2.2+3.6+5.0+6.4〔cm〕}{0.4〔s〕}=43$〔cm/s〕である。
② 0.4秒経過するまでの力学台車の移動距離は，**斜面の傾き**が図4の10°では17.2cmであり**その速さをC**，図5の**20°**では34.4cmであり**その速さをD**としたとき，同じ時間でDの移動距離はCの2倍であったため，**CとDの比は1：2**である。

〔問3〕 斜面を下る力学台車に働く重力の大きさは変わらない。**斜面の傾きを大きくしていくほど，重力の斜面に平行な分力は大きくなり**，重力の斜面に垂直な分力は小さくなる。

〔問4〕 ① ばねばかりを引きはじめてから25秒経過したときの力学台車の位置エネルギーを比較する。<結果1>**<実験1>の(1)図1**では，力学台車は**基準面から10cmの高さ**であり，**<実験1>の(2)図2**では，糸を引く速さは，動滑車を使った場合は物体を引く力の大きさが半分になるためか，少し大きくなっているが，**25秒間で印が動いた距離は<実験1>の(1)とほぼ同じであると考えると，動滑車を用いたので物体は引いた距離の半分しか上がらないため**，力学台車は**基準面から約5cmの高さ**にしかならない。表のデータからは，一定の速さで45秒間引くと力学台車は基準面から10cmの高さになるので，25秒間では，$\frac{10〔cm〕\times 25〔s〕}{45〔s〕}\fallingdotseq 5.6$〔cm〕，と計算できる。よって，**力学台車の位置エネルギーの大きさは，<実験1>の(1)の方が大きい。** ② **運動エネルギー**は力学台車の速さが速いほど大きく，**〔問2〕から力学台車の速さは斜面の角度が大きい方が速いため，<実験2>の(4)の方が大きい。**

<社会解答>

1 〔問1〕 B イ　C エ　D ウ　E ア　〔問2〕 エ　〔問3〕 ウ

2 〔問1〕 (略地図中のA～D) C　(Ⅱのア～エ) イ　〔問2〕 P ア　Q ウ　R エ　S イ　〔問3〕 (略地図中のW～Z) Z　(ⅠとⅡのア～エ) ア

3 〔問1〕 A ウ　B イ　C ア　D エ　〔問2〕 (Ⅰのア～エ) ア　(略地図中のW～Z) W　〔問3〕 自動車を利用しなくても，公共交通を利用することで，日常生活に必要な機能が利用できる。

4 〔問1〕 エ→ア→イ→ウ　〔問2〕 太平洋のみを通る経路と，日本海と太平洋を通る経路で，寄港地では積荷の点検などを行い，江戸に輸送すること。　〔問3〕 A ウ　B エ　C ア　D イ　〔問4〕 A ア　B イ　C エ　D ウ

5 〔問1〕 イ　〔問2〕 (ⅠのA～D) C　(ア～エ) ウ　〔問3〕 エ　〔問4〕 投票権年齢，選挙権年齢，成年年齢を満18歳以上とし，社会への参加時期を早め，若年者が将来の国づくりの中心として積極的な役割を果たすこと。

6 〔問1〕 A イ　B ア　C ウ　D エ　〔問2〕 ウ　〔問3〕 ア

<社会解説>

1 **(地理的分野―日本地理－地形図の見方，歴史的分野―日本史時代別－鎌倉時代から室町時代，―日本史テーマ別－法律史，公民的分野―国の政治の仕組み)**

〔問1〕 B地点 **地形図**によれば，B地点からC地点に向かうと，すぐに鉄道との立体交差を通過す

る。B地点はイである。　C地点　C地点からD地点の長さは，地形図上では2cm弱である。この地形図の**縮尺**は，2万5千分の1である。それにより，実際の距離を計算すれば，2.0(cm)×25,000＝50,000(cm)＝約500(m)である。説明文の470mとほぼ合致する。C地点はエである。D地点　D地点は丁(てい)字形の交差点であり，進行する方向には道の両側に住宅地が見られる。D地点はウである。　E地点　E地点からF地点に向かうには，鉄道の上を道路が通る立体交差があるとの説明文があり，地形図と合致する。E地点はアである。

〔問2〕　**中世**から**近世**へ移り変わるころには，**下剋上**の風潮が強まり，実力のあるものが上の者を倒して**戦国大名**へとのし上がって行った。**戦国大名**が，自分の領国を治めるために制定したのが，**分国法**である。分国法の内容としては，家臣の統制など具体的なものが多い。家臣間の争いを禁じた**喧嘩両成敗**の規定が多くの分国法に見られる。分国法としては，今川氏の今川仮名目録，武田氏の甲州法度などが有名である。なお，アの**御成敗式目**は，1232年に鎌倉幕府によって定められたもの，イの**大宝律令**は，701年に朝廷によって定められたもの，ウの**武家諸法度**は江戸時代に幕府によって定められたものである。

〔問3〕　**日本国憲法**第54条によって定められる，**衆議院**の解散による衆議院議員総選挙後の30日以内に召集しなければならない国会を，**特別会**または**特別国会**という。特別国会が召集されると，日本国憲法第67条にあるように，「内閣総理大臣を，国会議員の中から国会の議決で，これを指名する。この指名は，他のすべての案件に先だって，これを行う。」ことになっている。

2　**(地理的分野―世界地理－気候・人々のくらし・産業・貿易)**

〔問1〕　まず，A～Dの国・都市を確定する。Aはタイの首都バンコク，Bはサウジアラビアの首都リャド，Cはエチオピアの首都アディスアベバ，Dはポーランドの首都ワルシャワである。Ⅰの文章は，「標高2350m」「コーヒーの生産量世界第5位」との記述から，エチオピアの首都アディスアベバだとわかる。解答はCである。アディスアベバは，**標高**2000m以上の高地にあるため，年間を通して最高気温25℃前後，最低気温15℃前後である。**降雨量**は**小雨季**(2月～5月)，**大雨季**(6月～9月)，**乾季**(10月～1月)に分かれるが，全体として降雨量は多くはない。Ⅱの中では，イの**雨温図**がアディスアベバを表している。

〔問2〕　まず，P～Sの国を確定する。Pはメキシコ，Qはフィジー，Rはバングラデシュ，Sはイタリアである。アは，「**とうもろこし**が主食であり，(中略)生地に具材を挟んだ料理などが食べられている。」(この料理はトルティーヤである)との記述からPのメキシコであるとわかる。イは，地中海性気候を生かした農業を行うSのイタリアについての説明であるとわかる。冬は気温10度前後で，雨が少なく，夏は気温が高く，雨がほとんど降らないのが，**地中海性気候**の特徴である。地中海沿岸部では，気候を生かして，夏は乾燥に強いオレンジやオリーブやぶどうなどの作物を栽培し，冬は北部を中心に小麦を栽培している。ウは，「**タロイモ**が主食であり」「バナナの葉に様々な食材と共にタロイモを包んで蒸した料理(以下略)」との記述から，Qのフィジーであるとわかる。エは，**雨季**の降水に依存して米を大量に生産し，米を主食とするところから，Rのバングラデシュであるとわかる。上記により，正しい組み合わせは，Pア・Qウ・Rエ・Sイとなる。

〔問3〕　まず，W～Zの国を確定する。Wはウルグアイ，Xはマレーシア，Yは南アフリカ共和国，Zはオランダである。Ⅲの文章の「ポルダー」とは，低湿地の干拓によって造成した土地のことを言い，普通はオランダやベルギーの干拓地のことを指す。したがって，Ⅲの文章で述べている国は，Zのオランダである。また，オランダは，2001年から2019年で輸出額は3倍以上となり，輸出額では世界第5位となっている。輸出相手国は**EU**加盟国が多くを占めている。Ⅰ表・Ⅱ表では，アである。

3 **(地理的分野―日本地理－地形・農林水産業・気候・工業・交通)**

〔問1〕　まず，A～Dの県を確定する。Aは秋田県，Bは静岡県，Cは奈良県，Dは鹿児島県である。次にア～エの県を確定する。アは，「国内有数の多雨地域」「古くから林業が営まれ，高品質な杉などが生産されている」等の文から，吉野杉の産地であるCの奈良県であるとわかる。イは，「北側の3000m級の山々」が**南アルプス**を指すところから，静岡県であるとわかる。また，「国内有数の茶の生産量」との記述からも，イが静岡県であるとわかる。ウは，文中の河川が秋田県の雄物川を指す。日本海側に位置するため，夏の「**やませ**」による冷害の影響を受けにくく，「あきたこまち」等の**銘柄米**が生産されていることから，秋田県であることがわかる。エは，二つの半島が大隅半島と薩摩半島であり，この二つの半島に囲まれているのが**活火山**の桜島である。**牧畜**が盛んであることからも，エが鹿児島県であることがわかる。上記により，正しい組み合わせは，Aウ・Bイ・Cア・Dエとなる。

〔問2〕　まず，W～Zの県を確定する。Wは千葉県，Xは愛知県，Yは兵庫県，Zは広島県である。ア～エのうち，人口に占める他の都道府県への従業・通学者の割合が1割以上となっているのは，アの千葉県である。また，国内最大規模の**石油コンビナート**を有するのは，京葉工業地域の千葉県である。Ⅱの文章に当てはまるのは，アである。千葉県は，上記で明らかなように，略地図中のW～Zのうち，Wに当たる。

〔問3〕　徒歩で利用できるところに，食品スーパー・福祉施設等の機能をそろえ，また，徒歩圏外のところでも，自動車でなく，電車やバスなどの**公共交通**を利用して，行政サービス・病院など日常生活に必要な機能が利用できるようになる。上記のような趣旨を簡潔にまとめて解答すればよい。

4 **(歴史的分野―日本史時代別－古墳時代から平安時代・鎌倉時代から室町時代・安土桃山時代から江戸時代・明治時代から現代，―日本史テーマ別－文化史・政治史・経済史・外交史・社会史)**

〔問1〕　ア　**桓武天皇**が，混乱した政治を立て直すことを目的に，都を京都に移したのは，794年のことである。　イ　**鎌倉幕府**の将軍を補佐する第五代**執権北条時頼**は，有力な御家人を退ける一方，**建長寺**を建立した。建長寺の建立は1253年である。　ウ　**室町幕府**の三代将軍**足利義満**が明に使者を派遣し，**勘合貿易**を始めたのは1404年である。　エ　**隋**から帰国した留学生を**国博士**とし，645年に始まる**大化改新**の改革に取り組ませたのは，**中大兄皇子**(のちの**天智天皇**)である。したがって，時代の古い順に並べると，エ→ア→イ→ウとなる。

〔問2〕　江戸前期の17世紀に，**河村瑞賢**は奥州荒浜から太平洋のみを通り江戸に至る**東回り航路**と，出羽酒田から日本海・瀬戸内海を通って，太平洋に出て江戸に至る**西回り航路**の両者を整えた。寄港地では積荷の点検などを行い，**年貢米**や各地の特産品を江戸に輸送することを実現した。以上の趣旨を簡潔にまとめて記せばよい。

〔問3〕　ア　四日市港は**日英通商航海条約**により，1899年に開港地に指定された。　イ　東京港では**関東大震災後**に復旧工事が行われ，震災の2年後の1925年に日の出ふ頭が完成した。　ウ　函館港は**日米和親条約**により1854年に開港され，薪・水・食糧の補給地となった。　エ　熊本の三角港は，**西南戦争**10年後の1887年にオランダ人技術者の設計により造成され，開港された。よって，略年表と照らし合わせれば，Aウ・Bエ・Cア・Dイとなる。

〔問4〕　ア　1951年に**サンフランシスコ平和条約**が結ばれ，特に海上貿易(輸入)の増加がみられた。　イ　エネルギー源が**石炭**から**石油**へ転換する**エネルギー革命**が起こったのは1950年代以降である。　ウ　米ソ首脳が**マルタ島**で会談し，**冷戦終結**を宣言したのが，1989年のことであり，一時的に海上貿易量の減少がみられた。　エ　二度にわたる石油価格の急激な上昇とは，1973年の第一次石油危機と1979年の**第二次石油危機**のことを指す。この時期には海上貿易量の増加がみられた。したがって，正しい組み合わせは，Aア・Bイ・Cエ・Dウとなる。

5 **(公民的分野―基本的人権・財政・国際社会との関わり・民主主義)**

〔問1〕 アは，**日本国憲法**第25条の条文であり，**社会権**の中の**生存権**である。ウは，憲法第38条の条文であり，**自由権**の中の**身体の自由**である。エは，憲法第32条の条文であり，**請求権**である。残されたイが，憲法第14条に示された**平等権**である。

〔問2〕 ⅠのAは**法人税**，Bが**所得税**，Cが**消費税**，Dが**公債金**である。Ⅱの文章で説明されているのは消費税であり，Cである。また，ア・イ・ウ・エのうち，アは公債金，イは所得税，エは法人税についての説明である。消費税を正しく説明しているのは，ウである。消費税は，1989年に導入された。**3%→5%→8%→10%**と税率が変更されるにしたがって，税収が増えてきた。消費税は，年収が低いほど，税負担の割合が高いという**逆進性**がある。

〔問3〕 2015年にニューヨークで開催された「**国連持続可能な開発に関するサミット**」において採択された世界共通の17の目標が，**持続可能な開発目標(SDGs)**である。目標の例をあげれば「貧困をなくそう」「飢餓をゼロに」「質の高い教育をみんなに」「ジェンダー平等を実現しよう」「エネルギーをみんなに　そしてクリーンに」「気候変動に具体的な対策を」など，世界の様々な問題を根本的に解決し，すべての人たちにとってより良い世界をつくるために設定されたものである。時期はエである。

〔問4〕 **投票権年齢**，**選挙権年齢**，**成年年齢**をそれぞれ満20歳から満18歳以上へと引き下げることにより，政治・社会への参加時期を2年間早めることが実現されてきた。これにより，若年者自らが大人であることを自覚し，自分の考えを持ち，他者と協議し，社会に参画して積極的に合意形成に努め，若年者が将来の国づくりの中心として積極的な役割を果たすことが期待されている。上記のような趣旨のことを簡潔にまとめて解答すればよい。

6 **(歴史的分野―日本史時代別－明治時代から現代，―日本史テーマ別－文化史，―世界史－経済史・政治史)**

〔問1〕 はじめに，A～Dの国を確定する。Aはドイツ，Bはフランス，Cはイギリス，Dはガーナである。1789年に**市民革命**が起こったのはフランスであり，アの**黒田清輝**は1880年代から1890年代にかけてこの国に留学して，**洋画**を学んだ。1871年に統一されたのはドイツであり，イの**森鷗外**は1884年から1888年まで留学し，**細菌学**を学んだ。1902年に日本と**日英同盟**を結んだのはイギリスであり，ウの**夏目漱石**は1900年から1902年までイギリスに留学し，英文学を学んだ。現在のガーナにあたる西アフリカで，1927年から1928年にかけて，エの**野口英世**は**黄熱病**の研究に努めた。したがって，正しい組み合わせは，Aイ・Bア・Cウ・Dエである。

〔問2〕 2008年9月に，**アメリカ合衆国**の投資銀行である**リーマン・ブラザーズ**が破綻したことに端を発して，**リーマン・ショック**といわれる**世界金融危機**が発生した。日本でも大幅に景気が後退し，**実質経済成長率**はマイナスとなった。リーマンショックに対処するため，同年11月にワシントンで第一回**G20サミット**が開催された。このG20は，各国の**首脳**(大統領・首相・国王・国家主席等)のみが集まる初めての国際会議として開催された。正解はウである。

〔問3〕 19世紀までにヨーロッパ諸国により**植民地**とされていたアフリカ各地で，**第二次世界大戦**後に**独立運動**が活発になり，1960年前後に一斉に独立を達成した。特に1960年は，17か国が独立をし，「**アフリカの年**」といわれる。これらの独立をした国々が**国際連合**に加盟したために，1960年前後はアフリカ州の国々の加盟国数が急激に増えた。Ⅱの文章は，アフリカ州について述べている。Ⅰのグラフのうち，1960年前後に国連加盟国数が急激に増えているのはアであり，アフリカ州がアである。

2024年度英語　リスニングテスト

〔放送台本〕

これから，リスニングテストを行います。リスニングテストは，全て放送による指示で行います。リスニングテストの問題には，問題Aと問題Bの二つがあります。問題Aと，問題Bの<Question 1>では，質問に対する答えを選んで，その記号を答えなさい。問題Bの<Question 2>では，質問に対する答えを英語で書きなさい。英文とそのあとに出題される質問が，それぞれ全体を通して二回ずつ読まれます。問題用紙の余白にメモをとってもかまいません。答えは全て解答用紙に書きなさい。

〔問題A〕

問題Aは，英語による対話文を聞いて，英語の質問に答えるものです。ここで話される対話文は全部で三つあり，それぞれ質問が一つずつ出題されます。質問に対する答えを選んで，その記号を答えなさい。では，<対話文1>を始めます。

Tom: Satomi, I heard you love dogs.
Satomi: Yes, Tom. I have one dog. How about you?
Tom: I have two dogs. They make me happy every day.
Satomi: My dog makes me happy, too. Our friend, Rina also has dogs. I think she has three.
Tom: Oh, really?
Satomi: Yes. I have an idea. Let's take a walk with our dogs this Sunday. How about at four p.m.?
Tom: OK. Let's ask Rina, too. I can't wait for next Sunday.

Question: How many dogs does Tom have?

<対話文2>を始めます。

John: Our grandfather will be here soon. How about cooking spaghetti for him, Mary?
Mary: That's a nice idea, John.
John: Good. We can use these tomatoes and onions. Do we need to buy anything?
Mary: We have a lot of vegetables. Oh, we don't have cheese.
John: OK. Let's buy some cheese at the supermarket.
Mary: Yes, let's.
John: Should we buy something to drink, too?
Mary: I bought some juice yesterday. So, we don't have to buy anything to drink.

Question: What will John and Mary buy at the supermarket?

<対話文3>を始めます。

Jane:	Hi, Bob, what are you going to do this weekend?
Bob:	Hi, Jane. I'm going to go to the stadium to watch our school's baseball game on Sunday afternoon.
Jane:	Oh, really? I'm going to go to watch it with friends, too. Can we go to the stadium together?
Bob:	Sure. Let's meet at Momiji Station. When should we meet?
Jane:	The game will start at two p.m. Let's meet at one thirty at the station.
Bob:	Well, why don't we eat lunch near the station before then?
Jane:	That's good. How about at twelve?
Bob:	That's too early.
Jane:	OK. Let's meet at the station at one.
Bob:	Yes, let's do that.

Question: When will Jane and Bob meet at Momiji Station?
これで問題Aを終わり，問題Bに入ります。

〔英文の訳〕

〔問題A〕

＜対話文1＞

トム　：サトミ，あなたは犬が大好きだと聞きましたよ。
サトミ：はい，トム。私は犬を1匹飼っています。あなたは？
トム　：私は2匹飼っています。彼らは毎日私を幸せにしてくれます。
サトミ：私の犬も私を幸せにしてくれます。友達のリナも犬を飼っています。彼女は3匹飼っていると思います。
トム　：へえ，本当に？
サトミ：はい。考えがあります。この日曜日に一緒に犬を散歩しましょう。午後の4時はどうですか？
トム　：オーケー。リナにも聞きましょう。次の日曜日が待ちきれません。
質問：トムは何匹の犬を飼っていますか？
答え：イ　2匹。

＜対話文2＞

ジョン　：おじいちゃんがもうすぐここに来るよ。彼にスパゲッティを作るのはどうだろう，メアリー？
メアリー：それはいいアイディアね，ジョン。
ジョン　：いいね。このトマトと玉ねぎを使えるね。何か買う必要あるかな？
メアリー：野菜はたくさんあるね。ああ，チーズがないよ。
ジョン　：オーケー。スーパーでチーズを買おう。
メアリー：うん，そうしよう。
ジョン　：何か飲み物も買うべきかな？
メアリー：昨日ジュースを買ったよ。だから飲み物を買う必要はないよ。
質問：ジョンとメアリーはスーパーで何を買いますか？

答え：ウ　チーズ。

<対話文3>

ジェイン：こんにちは，ボブ。この週末は何をするつもりですか？

ボブ　　：こんにちは，ジェイン。日曜日の午後に学校の野球の試合を見にスタジアムに行くつもりです。

ジェイン：あら，本当？　私も友達と一緒に行くつもりです。一緒にスタジアムへ行ってもいいですか？

ボブ　　：もちろん。モミジ駅で会いましょう。いつ会いましょうか？

ジェイン：試合は午後2時に始まります。1時半に駅で会いましょう。

ボブ　　：ええと，その前に駅のそばでランチを食べるのはどうですか？

ジェイン：それはいいですね。12時はどうですか？

ボブ　　：それは早すぎます。

ジェイン：オーケー。じゃあ1時に駅で会いましょう。

ボブ　　：はい，そうしましょう。

質問：ジェインとボブはいつモミジ駅で会いますか？

答え：エ　1時。

〔放送台本〕

〔問題B〕

これから聞く英語は，ある動物園の来園者に向けた説明です。内容に注意して聞きなさい。あとから，英語による質問が二つ出題されます。<Question 1> では，質問に対する答えを選んで，その記号を答えなさい。<Question 2> では，質問に対する答えを英語で書きなさい。なお，<Question 2>のあとに，15 秒程度，答えを書く時間があります。では，始めます。

Good morning everyone. Welcome to Tokyo Chuo Zoo. We have special news for you. We have a new rabbit. It's two months old. It was in a different room before. But one week ago, we moved it. Now you can see it with other rabbits in "Rabbit House." You can see the rabbit from eleven a.m. Some rabbits are over one year old. They eat vegetables, but the new rabbit doesn't.

In our zoo, all the older rabbits have names. But the new one doesn't. We want you to give it a name. If you think of a good one, get some paper at the information center and write the name on it. Then put the paper into the post box there. Thank you.

<Question 1> How old is the new rabbit?

<Question 2> What does the zoo want people to do for the new rabbit?

〔英文の訳〕

〔問題B〕

みなさん，おはようございます。東京中央動物園へようこそ。みなさんに特別なニュースがあります。新しいウサギがいます。生後2か月のウサギです。以前は違う部屋にいました。しかし1週間前に移動しました。「ウサギハウス」で他のウサギと一緒にそのウサギを見ることができます。午前11時からそのウサギを見ることができます。1歳以上のウサギもいます。彼らは野菜を食べますが，その新しいウサギは食べません。

私たちの動物園では全ての年上のウサギには名前があります。しかしその新しいウサギには名前がありません。みなさんにそのウサギに名前をつけてもらいたいです。いい名前を思いついたら，インフォメーションセンターで紙をもらってそれに名前を書いてください。そしてそこにあるポストボックスに紙を入れてください。ありがとうございました。

質問1：新しいウサギは何歳ですか？

答え　：ア　生後2か月。

質問2：動物園は新しいウサギのために人々に何をしてもらいたいですか？

答え　：(例)それに名前をつけること。

MEMO

大切なことはメモしておこうネ！

東京都公立高等学校

2023年度

★★★★★★★★★★★★★★★★★★★★★★★★

共通問題（理科・社会）

2023
年
度

●くわしい解説…… 29ページ

＜理科＞　時間　50分　満点　100点

1　次の各問に答えよ。

〔問１〕　次のＡ～Ｆの生物を生産者と消費者とに分類したものとして適切なのは，下の表の**ア**～**エ**のうちではどれか。

Ａ　エンドウ　Ｂ　サツマイモ　Ｃ　タカ　Ｄ　ツツジ　Ｅ　バッタ　Ｆ　ミミズ

	生産者	消費者
ア	Ａ，Ｂ，Ｄ	Ｃ，Ｅ，Ｆ
イ	Ａ，Ｄ，Ｆ	Ｂ，Ｃ，Ｅ
ウ	Ａ，Ｂ，Ｅ	Ｃ，Ｄ，Ｆ
エ	Ｂ，Ｃ，Ｄ	Ａ，Ｅ，Ｆ

〔問２〕　図１の岩石Ａと岩石Ｂのスケッチは，一方が玄武岩であり，もう一方が花こう岩である。岩石Ａは岩石Ｂより全体的に白っぽく，岩石Ｂは岩石Ａより全体的に黒っぽい色をしていた。岩石Ａと岩石Ｂのうち玄武岩であるものと，玄武岩のでき方とを組み合わせたものとして適切なのは，下の表の**ア**～**エ**のうちではどれか。

図１

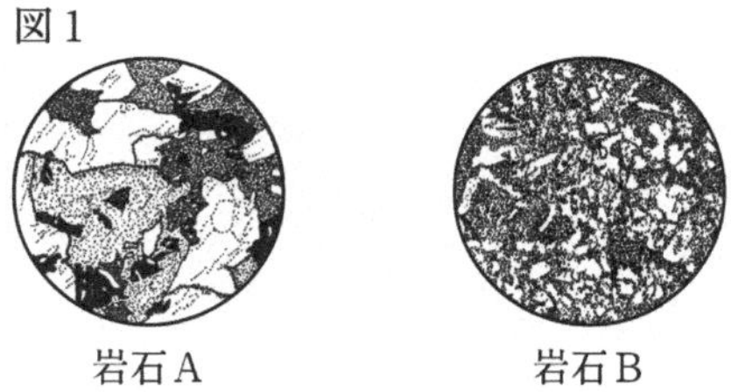

	玄武岩	玄武岩のでき方
ア	岩石Ａ	マグマがゆっくりと冷えて固まってできた。
イ	岩石Ａ	マグマが急激に冷えて固まってできた。
ウ	岩石Ｂ	マグマがゆっくりと冷えて固まってできた。
エ	岩石Ｂ	マグマが急激に冷えて固まってできた。

〔問３〕　図２のガスバーナーに点火し，適正な炎の大きさに調整したが，炎の色から空気が不足していることが分かった。炎の色を青色の適正な状態にする操作として適切なのは，あとの**ア**～**エ**のうちではどれか。

図２

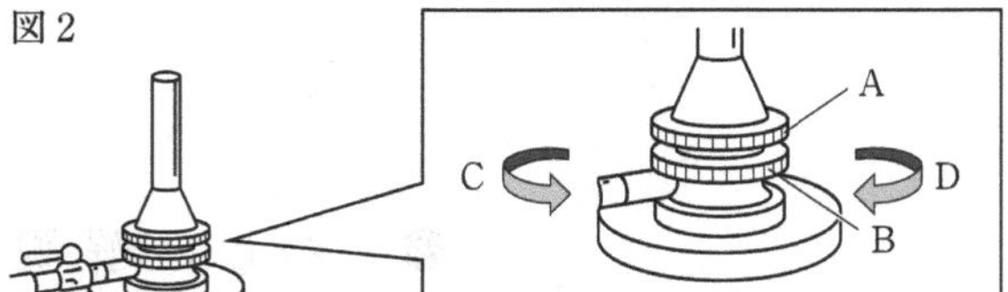

ア　Ａのねじを押さえながら，ＢのねじをＣの向きに回す。

イ　Aのねじを押さえながら，Bのねじを D の向きに回す。

ウ　Bのねじを押さえながら，Aのねじを C の向きに回す。

エ　Bのねじを押さえながら，Aのねじを D の向きに回す。

〔問4〕　図3のように，凸レンズの二つの焦点を通る一直線上に，物体（光源付き），凸レンズ，スクリーンを置いた。

凸レンズの二つの焦点を通る一直線上で，スクリーンを矢印の向きに動かし，凸レンズに達する前にはっきりと像が映る位置に調整した。図3のA点，B点のうちはっきりと像が映るときのスクリーンの位置と，このときスクリーンに映った像の大きさについて述べたものとを組み合わせたものとして適切なのは，下の表の**ア**～**エ**のうちではどれか。

図3

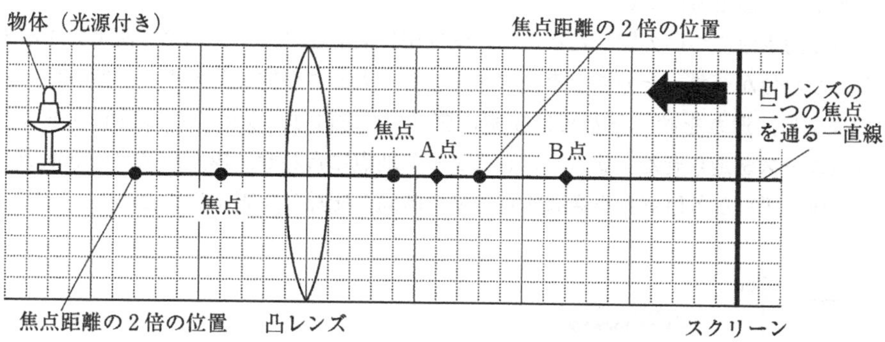

	スクリーンの位置	スクリーンに映った像の大きさについて述べたもの
ア	A点	物体の大きさと比べて，スクリーンに映った像の方が大きい。
イ	A点	物体の大きさと比べて，スクリーンに映った像の方が小さい。
ウ	B点	物体の大きさと比べて，スクリーンに映った像の方が大きい。
エ	B点	物体の大きさと比べて，スクリーンに映った像の方が小さい。

〔問5〕　次のA～Dの物質を化合物と単体とに分類したものとして適切なのは，次の表の**ア**～**エ**のうちではどれか。

A　二酸化炭素

B　水

C　アンモニア

D　酸素

	化合物	単体
ア	A，B，C	D
イ	A，B	C，D
ウ	C，D	A，B
エ	D	A，B，C

〔問6〕　図4はアブラナの花の各部分を外側にあるものからピンセットではがし，スケッチしたものである。図4のA～Dの名称を組み合わせたものとして適切なのは，次のページの表の**ア**～**エ**のうちではどれか。

図4

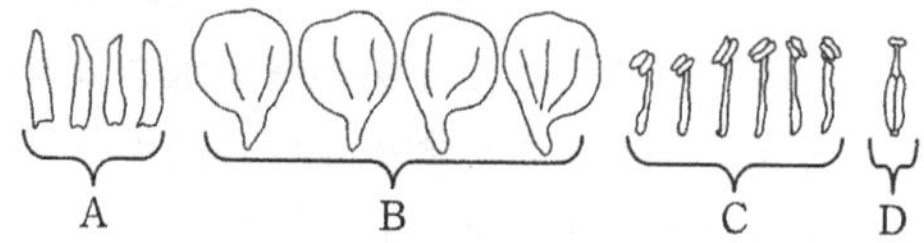

	A	B	C	D
ア	がく	花弁	めしべ	おしべ
イ	がく	花弁	おしべ	めしべ
ウ	花弁	がく	おしべ	めしべ
エ	花弁	がく	めしべ	おしべ

2 生徒が，南極や北極に関して科学的に探究しようと考え，自由研究に取り組んだ。生徒が書いたレポートの一部を読み，次の各問に答えよ。

<レポート１>　雪上車について

雪上での移動手段について調べたところ，南極用に設計され，−60℃でも使用できる雪上車があることが分かった。その雪上車に興味をもち，大きさが約40分の１の模型を作った。

図１のように，速さを調べるために模型に旗（◀）を付け，１ｍごとに目盛りをつけた７ｍの直線コースを走らせた。旗（◀）をスタート地点に合わせ，模型がスタート地点を出発してから旗（◀）が各目盛りを通過するまでの時間を記録し，表１にまとめた。

図１

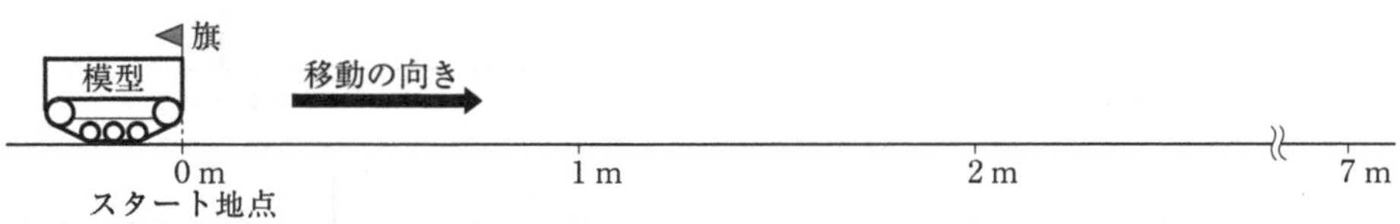

表１

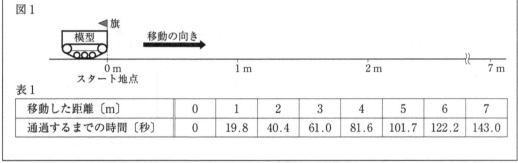

移動した距離〔m〕	0	1	2	3	4	5	6	7
通過するまでの時間〔秒〕	0	19.8	40.4	61.0	81.6	101.7	122.2	143.0

〔問１〕　<レポート１>から，模型の旗（◀）が２ｍ地点を通過してから６ｍ地点を通過するまでの平均の速さを計算し，小数第三位を四捨五入したものとして適切なのは，次のうちではどれか。

ア　0.02m / s　　**イ**　0.05m / s　　**ウ**　0.17m / s　　**エ**　0.29m / s

<レポート２>　海氷について

北極圏の海氷について調べたところ，海水が凍ることで生じる海氷は，海面に浮いた状態で存在していることや，海水よりも塩分の濃度が低いことが分かった。海氷ができる過程に興味をもち，食塩水を用いて次のようなモデル実験を行った。

図２のように，３％の食塩水をコップに入れ，液面上部から冷却し凍らせた。凍った部分を取り出し，その表面を取り除き残った部分を二つに分けた。その一つを溶かし食塩の濃度を測定したところ，0.84％であった。また，もう一つを３％の食塩水に入れたところ浮いた。

図2

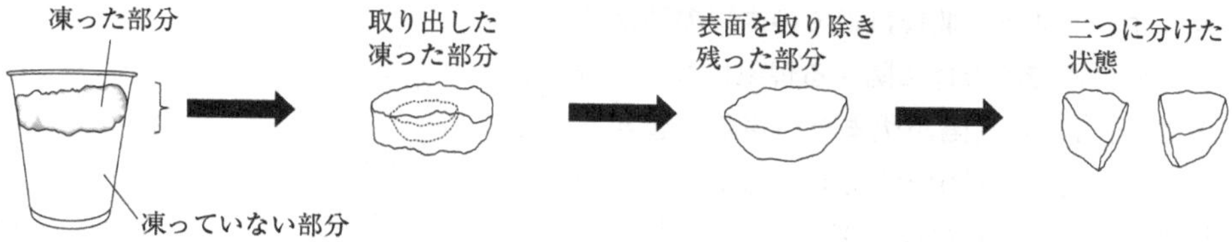

〔問2〕 ＜レポート2＞から，「3％の食塩水100gに含まれる食塩の量」に対する「凍った部分の表面を取り除き残った部分100gに含まれる食塩の量」の割合として適切なのは，下の ① のアとイのうちではどれか。また，「3％の食塩水の密度」と「凍った部分の表面を取り除き残った部分の密度」を比べたときに，密度が大きいものとして適切なのは，下の ② のアとイのうちではどれか。ただし，凍った部分の表面を取り除き残った部分の食塩の濃度は均一であるものとする。

① **ア** 約13％　　**イ** 約28％

② **ア** 3％の食塩水　　**イ** 凍った部分の表面を取り除き残った部分

＜レポート3＞ 生物の発生について

水族館で，南極海に生息している図3のようなナンキョクオキアミの発生に関する展示を見て，生物の発生に興味をもった。発生の観察に適した生物を探していると，近所の池で図4の模式図のようなカエル（ニホンアマガエル）の受精卵を見付けたので持ち帰り，発生の様子をルーペで継続して観察したところ，図5や図6の模式図のように，細胞分裂により細胞数が増えていく様子を観察することができた。なお，図5は細胞数が2個になった直後の胚(はい)を示しており，図6は細胞数が4個になった直後の胚を示している。

図3

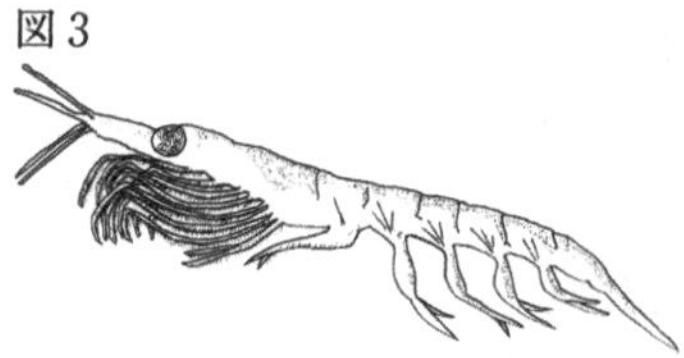

図4

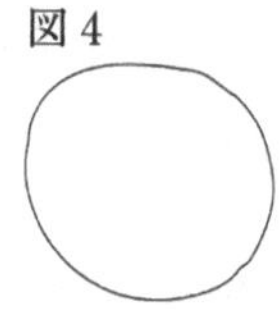

図5

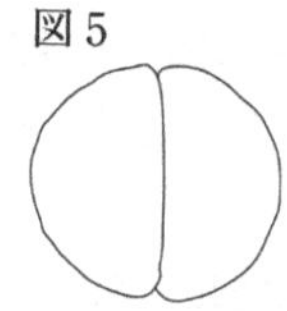

図6

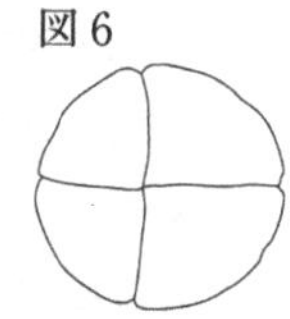

〔問3〕 ＜レポート3＞の図4の受精卵の染色体の数を24本とした場合，図5及び図6の胚に含まれる合計の染色体の数として適切なのは，次の表の**ア**～**エ**のうちではどれか。

	図5の胚に含まれる合計の染色体の数	図6の胚に含まれる合計の染色体の数
ア	12本	6本
イ	12本	12本
ウ	48本	48本
エ	48本	96本

＜レポート４＞　北極付近での太陽の動きについて

北極付近での天体に関する現象について調べたところ，1日中太陽が沈まない現象が起きることが分かった。１日中太陽が沈まない日に北の空を撮影した連続写真には，図７のような様子が記録されていた。

地球の公転軌道を図８のように模式的に表した場合，図７のように記録された連続写真は，図８のＡの位置に地球があるときに撮影されたことが分かった。

図７

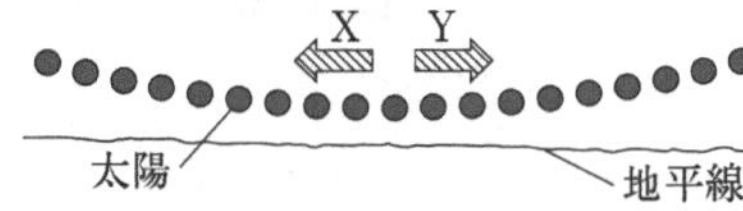

図８

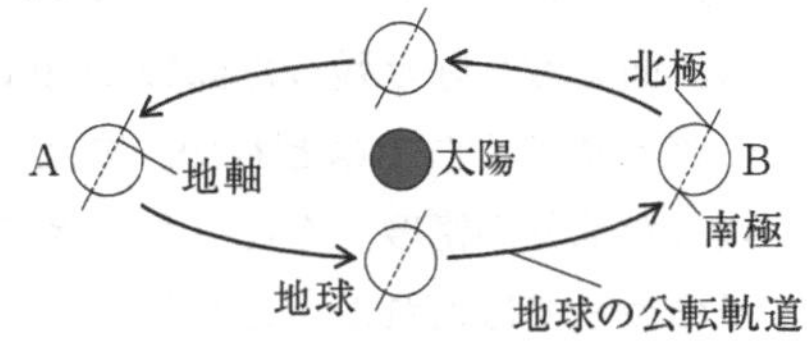

〔問４〕 **＜レポート４＞**から，図７のＸとＹのうち太陽が見かけ上動いた向きと，図８のＡとＢのうち日本で夏至となる地球の位置とを組み合わせたものとして適切なのは，次の表の**ア**～**エ**のうちではどれか。

	図７のＸとＹのうち太陽が見かけ上動いた向き	図８のＡとＢのうち日本で夏至となる地球の位置
ア	Ｘ	Ａ
イ	Ｘ	Ｂ
ウ	Ｙ	Ａ
エ	Ｙ	Ｂ

3　露点及び雲の発生に関する実験について，次の各問に答えよ。

＜実験１＞を行ったところ，次のページの**＜結果１＞**のようになった。

＜実験１＞

⑴　ある日の午前10時に，あらかじめ実験室の室温と同じ水温にしておいた水を金属製のコップの半分くらいまで入れ，温度計で金属製のコップ内の水温を測定した。

⑵　図１のように，金属製のコップの中に氷水を少しずつ加え，水温が一様になるようにガラス棒でかき混ぜながら，金属製のコップの表面の温度が少しずつ下がるようにした。

⑶　金属製のコップの表面に水滴が付き始めたときの金属製のコップ内の水温を測定した。

⑷　**＜実験１＞**の⑴～⑶の操作を同じ日の午後６時にも行った。

図１

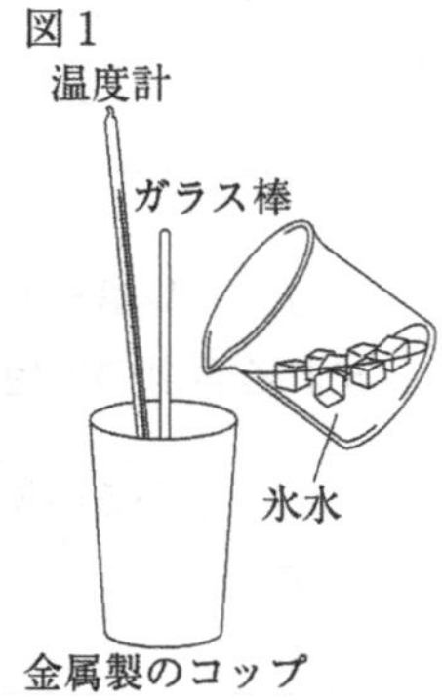

なお，この実験において，金属製のコップ内の水温とコップの表面付近の空気の温度は等しいものとし，同じ時刻における実験室内の湿度は均一であるものとする。

＜結果１＞

	午前10時	午後６時
＜実験１＞の⑴で測定した水温〔℃〕	17.0	17.0
＜実験１＞の⑶で測定した水温〔℃〕	16.2	12.8

〔問１〕 ＜実験１＞の⑵で，金属製のコップの表面の温度が少しずつ下がるようにしたのはなぜか。簡単に書け。

〔問２〕 図２は，気温と飽和水蒸気量の関係をグラフに表したものである。

図２

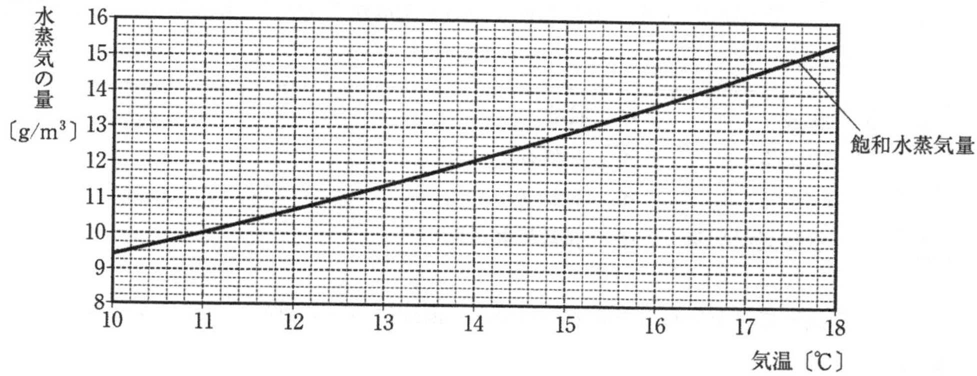

＜結果１＞から，午前10時の湿度として適切なのは，下の ① のアとイのうちではどれか。
また，午前10時と午後６時の実験室内の空気のうち，１m³に含まれる水蒸気の量が多い空気として適切なのは，下の ② のアとイのうちではどれか。

① **ア** 約76%　　**イ** 約95%

② **ア** 午前10時の実験室内の空気　　**イ** 午後６時の実験室内の空気

次に＜実験２＞を行ったところ，次のページの＜結果２＞のようになった。

＜実験２＞

⑴ 丸底フラスコの内部をぬるま湯でぬらし，線香のけむりを少量入れた。

⑵ 図３のように，ピストンを押し込んだ状態の大型注射器とデジタル温度計を丸底フラスコに空気がもれないようにつなぎ，装置を組み立てた。

⑶ 大型注射器のピストンをすばやく引き，すぐに丸底フラスコ内の様子と丸底フラスコ内の温度の変化を調べた。

⑷ ＜実験２＞の⑶の直後，大型注射器のピストンを元の位置まですばやく押し込み，すぐに丸底フラスコ内の様子と丸底フラスコ内の温度の変化を調べた。

図３

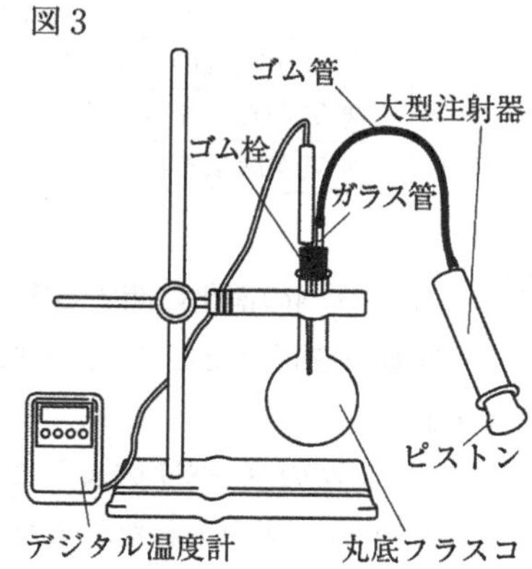

<結果２>

	<実験２>の(3)の結果	<実験２>の(4)の結果
丸底フラスコ内の様子	くもった。	くもりは消えた。
丸底フラスコ内の温度	26.9℃から26.7℃に変化した。	26.7℃から26.9℃に変化した。

〔問３〕　<結果２>から分かることをまとめた次の文章の ① ～ ④ にそれぞれ当てはまるものとして適切なのは，下のアとイのうちではどれか。

ピストンをすばやく引くと，丸底フラスコ内の空気は ① し丸底フラスコ内の気圧は ② 。その結果，丸底フラスコ内の空気の温度が ③ ，丸底フラスコ内の ④ に変化した。

① ア　膨張　　イ　収縮
② ア　上がる　　イ　下がる
③ ア　上がり　　イ　下がり
④ ア　水蒸気が水滴　　イ　水滴が水蒸気

さらに，自然界で雲が生じる要因の一つである前線について調べ，<資料>を得た。

<資料>

次の文章は，日本のある場所で寒冷前線が通過したときの気象観測の記録について述べたものである。

午前６時から午前９時までの間に，雨が降り始めるとともに気温が急激に下がった。この間，風向は南寄りから北寄りに変わった。

〔問４〕　<資料>から，通過した前線の説明と，前線付近で発達した雲の説明とを組み合わせたものとして適切なのは，次の表のア～エのうちではどれか。

	通過した前線の説明	前線付近で発達した雲の説明
ア	暖気が寒気の上をはい上がる。	広い範囲に長く雨を降らせる雲
イ	暖気が寒気の上をはい上がる。	短時間に強い雨を降らせる雲
ウ	寒気が暖気を押し上げる。	広い範囲に長く雨を降らせる雲
エ	寒気が暖気を押し上げる。	短時間に強い雨を降らせる雲

4　ヒトの体内の消化に関する実験について，次の各問に答えよ。

<実験>を行ったところ，<結果>のようになった。

<実験>

(1)　図１（次のページ）のように，試験管Ａ，試験管Ｂ，試験管Ｃ，試験管Ｄに0.5％のデンプン溶液を５cm³ずつ入れた。また，試験管Ａ，試験管Ｃには唾液を１cm³ずつ入れ，試験管Ｂ，試験管Ｄには水を１cm³ずつ入れた。

(2)　図２（次のページ）のように，試験管Ａ，試験管Ｂ，試験管Ｃ，試験管Ｄを約40℃に保った水に10分間つけた。

⑶　図3のように，試験管A，試験管Bにヨウ素液を入れ，10分後，溶液の色の変化を観察した。
⑷　図4のように，試験管C，試験管Dにベネジクト液と沸騰石を入れ，その後，加熱し，1分後，溶液の色の変化を観察した。

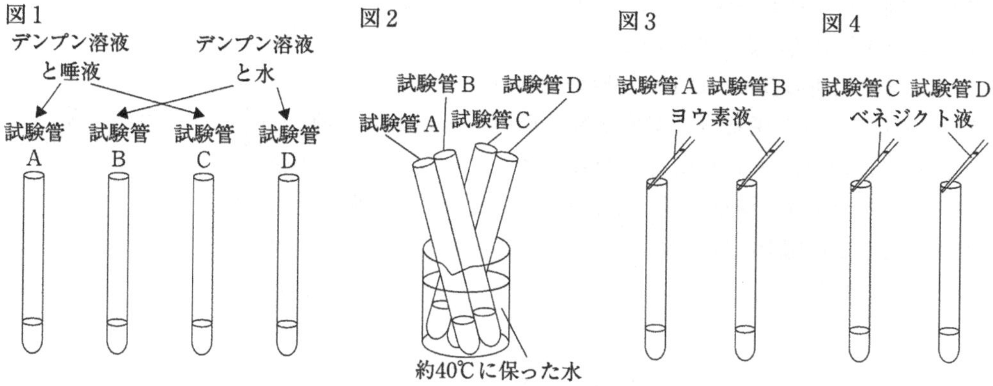

＜結果＞

	試験管A	試験管B	試験管C	試験管D
色の変化	変化しなかった。	青紫色になった。	赤褐色になった。	変化しなかった。

〔問1〕　**＜結果＞**から分かる唾液のはたらきについて述べたものとして適切なのは，次のうちではどれか。

ア　試験管Aと試験管Bの比較から，唾液にはデンプンをデンプンではないものにするはたらきがあることが分かり，試験管Cと試験管Dの比較から，唾液にはデンプンをアミノ酸にするはたらきがあることが分かる。

イ　試験管Aと試験管Dの比較から，唾液にはデンプンをデンプンではないものにするはたらきがあることが分かり，試験管Bと試験管Cの比較から，唾液にはデンプンをアミノ酸にするはたらきがあることが分かる。

ウ　試験管Aと試験管Bの比較から，唾液にはデンプンをデンプンではないものにするはたらきがあることが分かり，試験管Cと試験管Dの比較から，唾液にはデンプンをブドウ糖がいくつか結合した糖にするはたらきがあることが分かる。

エ　試験管Aと試験管Dの比較から，唾液にはデンプンをデンプンではないものにするはたらきがあることが分かり，試験管Bと試験管Cの比較から，唾液にはデンプンをブドウ糖がいくつか結合した糖にするはたらきがあることが分かる。

〔問2〕　消化酵素により分解されることで作られた，ブドウ糖，アミノ酸，脂肪酸，モノグリセリドが，ヒトの小腸の柔毛で吸収される様子について述べたものとして適切なのは，あとのうちではどれか。

ア　アミノ酸とモノグリセリドはヒトの小腸の柔毛で吸収されて毛細血管に入り，ブドウ糖と脂肪酸はヒトの小腸の柔毛で吸収された後に結合してリンパ管に入る。

イ　ブドウ糖と脂肪酸はヒトの小腸の柔毛で吸収されて毛細血管に入り，アミノ酸とモノグリセリドはヒトの小腸の柔毛で吸収された後に結合してリンパ管に入る。

ウ　脂肪酸とモノグリセリドはヒトの小腸の柔毛で吸収されて毛細血管に入り，ブドウ糖とアミノ酸はヒトの小腸の柔毛で吸収された後に結合してリンパ管に入る。

エ　ブドウ糖とアミノ酸はヒトの小腸の柔毛で吸収されて毛細血管に入り，脂肪酸とモノグリセリドはヒトの小腸の柔毛で吸収された後に結合してリンパ管に入る。

〔問３〕 図５は，ヒトの体内における血液の循環の経路を模式的に表したものである。図５のＡとＢの場所のうち，ヒトの小腸の毛細血管から吸収された栄養分の濃度が高い場所と，細胞に取り込まれた栄養分からエネルギーを取り出す際に使う物質とを組み合わせたものとして適切なのは，次の表の**ア**～**エ**のうちではどれか。

	栄養分の濃度が高い場所	栄養分からエネルギーを取り出す際に使う物質
ア	A	酸素
イ	A	二酸化炭素
ウ	B	酸素
エ	B	二酸化炭素

図５

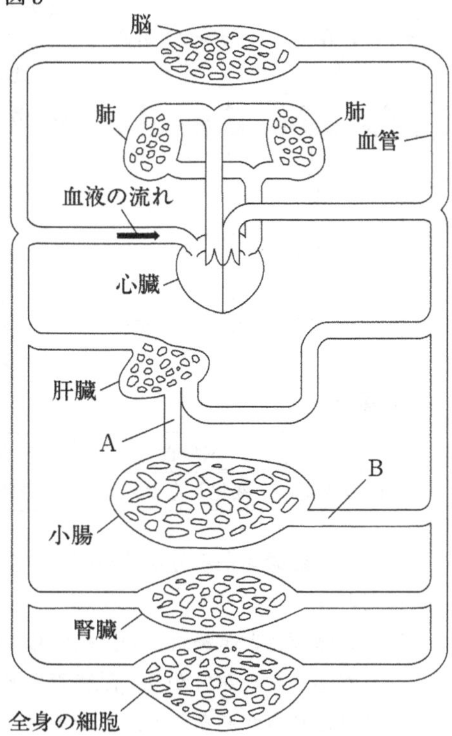

5　水溶液の実験について，次の各問に答えよ。

＜実験１＞を行ったところ，**＜結果１＞**のようになった。

＜実験１＞

⑴　図１のように，炭素棒，電源装置をつないで装置を作り，ビーカーの中に５％の塩化銅水溶液を入れ，3.5Vの電圧を加えて，３分間電流を流した。

電流を流している間に，電極Ａ，電極Ｂ付近の様子などを観察した。

⑵　**＜実験１＞**の⑴の後に，それぞれの電極を蒸留水（精製水）で洗い，電極の様子を観察した。

電極Ａに付着した物質をはがし，その物質を薬さじでこすった。

図１

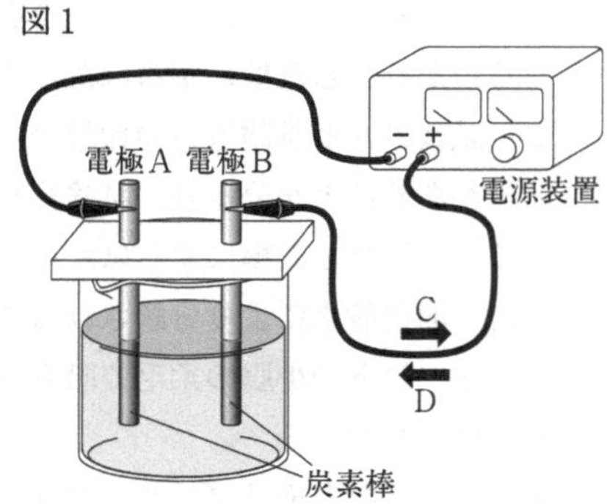

＜結果１＞

⑴　**＜実験１＞**の⑴では，電極Ａに物質が付着し，電極Ｂ付近から気体が発生し，刺激臭がした。

⑵　**＜実験１＞**の⑵では，電極Ａに赤い物質の付着が見られ，電極Ｂに変化は見られなかった。

その後，電極Aからはがした赤い物質を薬さじでこすると，金属光沢が見られた。

次に**＜実験２＞**を行ったところ，**＜結果２＞**のようになった。

＜実験２＞

(1)　図１のように，炭素棒，電源装置をつないで装置を作り，ビーカーの中に５％の水酸化ナトリウム水溶液を入れ，3.5Vの電圧を加えて，3分間電流を流した。
電流を流している間に，電極Aとその付近，電極Bとその付近の様子を観察した。

(2)　**＜実験２＞**の(1)の後，それぞれの電極を蒸留水で洗い，電極の様子を観察した。

＜結果２＞

(1)　**＜実験２＞**の(1)では，電流を流している間に，電極A付近，電極B付近からそれぞれ気体が発生した。

(2)　**＜実験２＞**の(2)では，電極A，電極B共に変化は見られなかった。

〔問１〕　塩化銅が蒸留水に溶けて陽イオンと陰イオンに分かれた様子を表したモデルとして適切なのは，下の**ア**～**オ**のうちではどれか。
ただし，モデルの●は陽イオン１個，○は陰イオン１個とする。

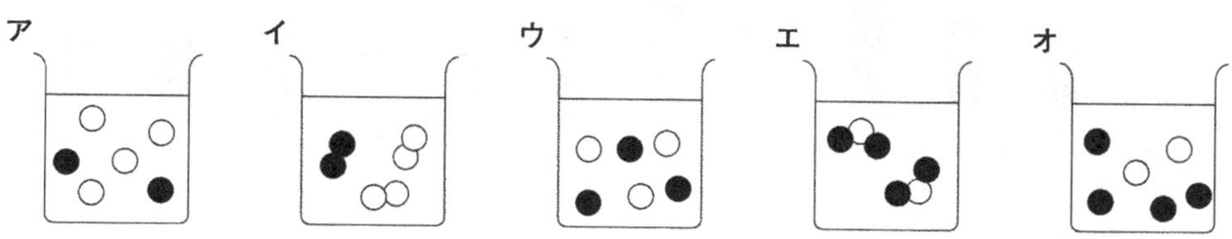

〔問２〕　**＜結果１＞**から，電極Aは陽極と陰極のどちらか，また，回路に流れる電流の向きはCとDのどちらかを組み合わせたものとして適切なのは，次の表の**ア**～**エ**のうちではどれか。

	電極A	回路に流れる電流の向き
ア	陽極	C
イ	陽極	D
ウ	陰極	C
エ	陰極	D

〔問３〕　**＜結果１＞**の(1)から，電極B付近で生成された物質が発生する仕組みを述べた次の文の［①］と［②］にそれぞれ当てはまるものを組み合わせたものとして適切なのは，下の表の**ア**～**エ**のうちではどれか。

> 塩化物イオンが電子を［①］，塩素原子になり，塩素原子が［②］，気体として発生した。

	①	②
ア	放出し（失い）	原子１個で
イ	放出し（失い）	２個結び付き，分子になり
ウ	受け取り	原子１個で
エ	受け取り	２個結び付き，分子になり

〔問4〕　＜結果１＞から，電流を流した時間と水溶液中の銅イオンの数の変化の関係を模式的に示した図として適切なのは，下の ① のア～ウのうちではどれか。また，＜結果２＞から，電流を流した時間と水溶液中のナトリウムイオンの数の変化の関係を模式的に示した図として適切なのは，下の ② のア～ウのうちではどれか。

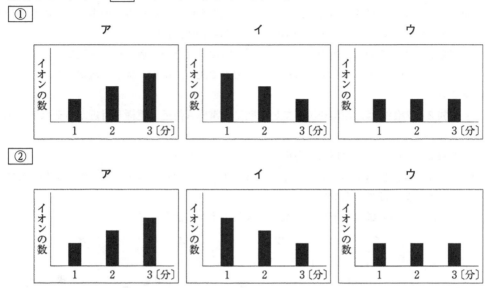

①

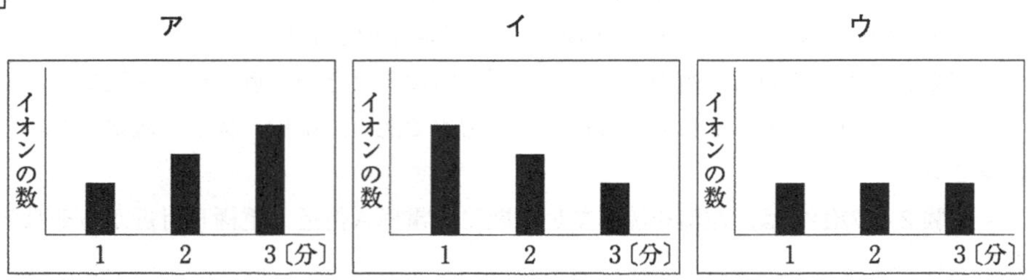

②

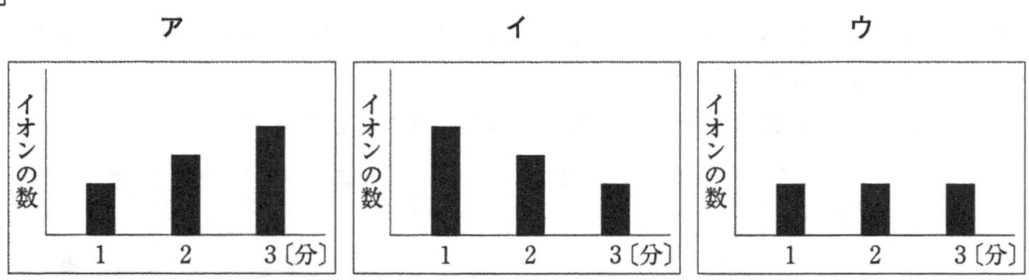

6 電流の実験について，次の各問に答えよ。

＜実験＞を行ったところ，次のページの＜結果＞のようになった。

＜実験＞

(1)　電気抵抗の大きさが5Ωの抵抗器Xと20Ωの抵抗器Y，電源装置，導線，スイッチ，端子，電流計，電圧計を用意した。

(2)　図1のように回路を作った。電圧計で測った電圧の大きさが1.0V，2.0V，3.0V，4.0V，5.0Vになるように電源装置の電圧を変え，回路を流れる電流の大きさを電流計で測定した。

(3)　図2のように回路を作った。電圧計で測った電圧の大きさが1.0V，2.0V，3.0V，4.0V，5.0Vになるように電源装置の電圧を変え，回路を流れる電流の大きさを電流計で測定した。

図1

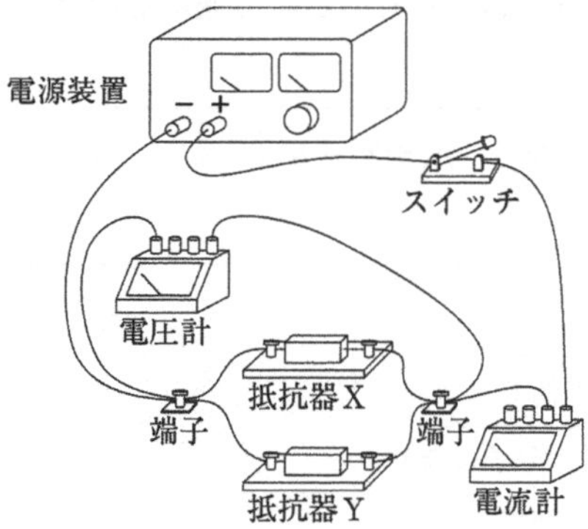

図2

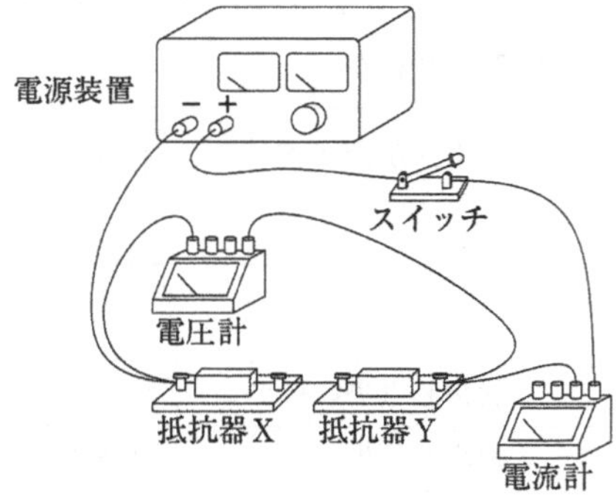

＜結果＞

＜実験＞の⑵と**＜実験＞**の⑶で測定した電圧と電流の関係をグラフに表したところ，図3のようになった。

図3

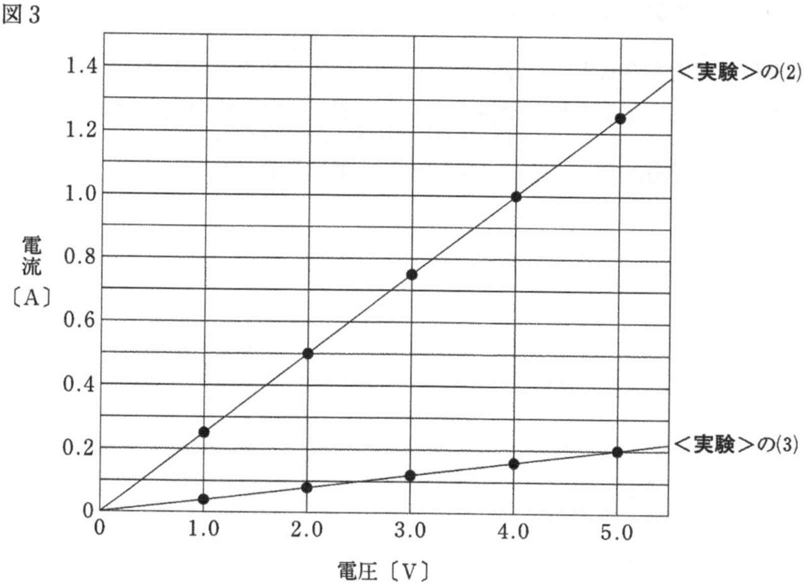

〔問1〕　**＜結果＞**から，図1の回路の抵抗器Xと抵抗器Yのうち，「電圧の大きさが等しいとき，流れる電流の大きさが大きい方の抵抗器」と，**＜結果＞**から，図1の回路と図2の回路のうち，「電圧の大きさが等しいとき，流れる電流の大きさが大きい方の回路」とを組み合わせたものとして適切なのは，次の表の**ア**～**エ**のうちではどれか。

	電圧の大きさが等しいとき，流れる電流の大きさが大きい方の抵抗器	電圧の大きさが等しいとき，流れる電流の大きさが大きい方の回路
ア	抵抗器X	図1の回路
イ	抵抗器X	図2の回路
ウ	抵抗器Y	図1の回路
エ	抵抗器Y	図2の回路

〔問2〕　**＜結果＞**から，次のA，B，Cの抵抗の値の関係を表したものとして適切なのは，下の**ア**～**カ**のうちではどれか。

A　抵抗器Xの抵抗の値

B　抵抗器Xと抵抗器Yを並列につないだ回路全体の抵抗の値

C　抵抗器Xと抵抗器Yを直列につないだ回路全体の抵抗の値

ア　A＜B＜C　　**イ**　A＜C＜B　　**ウ**　B＜A＜C

エ　B＜C＜A　　**オ**　C＜A＜B　　**カ**　C＜B＜A

〔問3〕　**＜結果＞**から，**＜実験＞**の⑵において抵抗器Xと抵抗器Yで消費される電力と，**＜実験＞**の⑶において抵抗器Xと抵抗器Yで消費される電力が等しいときの，図1の回路の抵抗器Xに加わる電圧の大きさをS，図2の回路の抵抗器Xに加わる電圧の大きさをTとしたときに，最も簡単な整数の比でS：Tを表したものとして適切なのは，次のア～オのうちではどれか。

ア　1：1　　**イ**　1：2　　**ウ**　2：1　　**エ**　2：5　　**オ**　4：1

〔問４〕　図２の回路の電力と電力量の関係について述べた次の文の ［　　］ に当てはまるものとして適切なのは，下の**ア**～**エ**のうちではどれか。

> 回路全体の電力を９Wとし，電圧を加え電流を２分間流したときの電力量と，回路全体の電力を４Wとし，電圧を加え電流を ［　　］ 間流したときの電力量は等しい。

ア　２分　　**イ**　４分30秒　　**ウ**　４分50秒　　**エ**　７分

＜社会＞

時間　50分　　満点　100点

1　次の各問に答えよ。

〔問１〕　次の発表用資料は，地域調査を行った神奈川県鎌倉市の亀ヶ谷坂切通周辺の様子をまとめたものである。発表用資料中の＜地形図を基に作成したＡ点→Ｂ点→Ｃ点の順に進んだ道の傾斜を模式的に示した図＞に当てはまるのは，次のページのア～エのうちではどれか。

発表用資料

鎌倉の切通を調査する（亀ヶ谷坂切通班）

○調査日　　令和４年９月３日（土）　天候　晴れ

○集合場所・時間　　北鎌倉駅・午前９時

○調査ルート　　＜亀ヶ谷坂切通周辺の地形図＞に示したＡ点→Ｂ点→Ｃ点の順に進んだ。

＜亀ヶ谷坂切通の位置＞

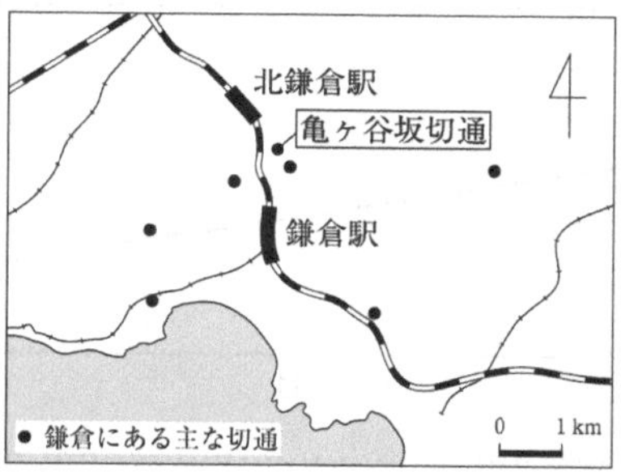

＜亀ヶ谷坂切通周辺の地形図＞

（2016年の「国土地理院発行２万５千分の１地形図（鎌倉）」の一部を拡大して作成）

＜Ａ点，Ｂ点，Ｃ点　それぞれの付近の様子＞

Ａ点　亀ヶ谷坂切通の方向を示した案内板が設置されていた。

Ｂ点　切通と呼ばれる山を削って作られた道なので，地層を見ることができた。

Ｃ点　道の両側に住居が建ち並んでいた。

＜Ｂ点付近で撮影した写真＞

＜地形図を基に作成したＡ点→Ｂ点→Ｃ点の順に進んだ道の傾斜を模式的に示した図＞

＜調査を終えて＞
○切通は，谷を利用して作られた道で，削る部分を少なくする工夫をしていると感じた。
○道幅が狭かったり，坂道が急であったりしていて，守りが堅い鎌倉を実感することができた。
○徒歩や自転車で通る人が多く，現在でも生活道路として利用されていることが分かった。

ア

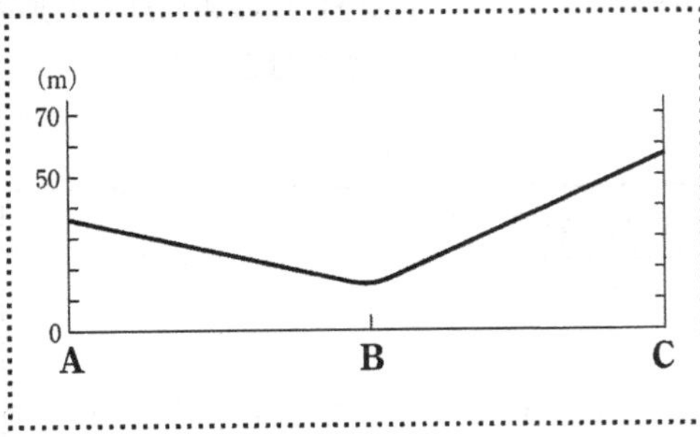

イ

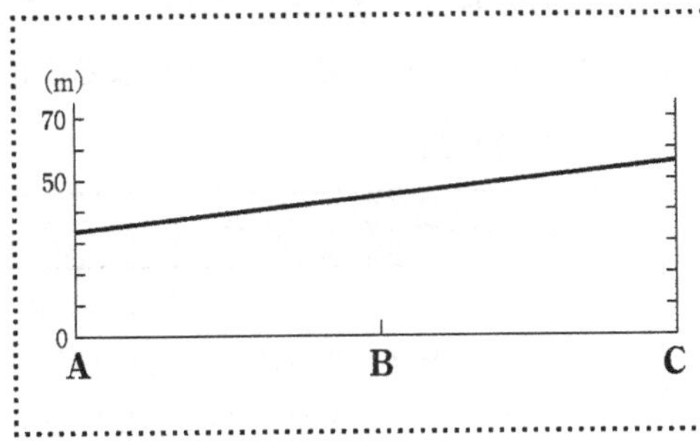

ウ

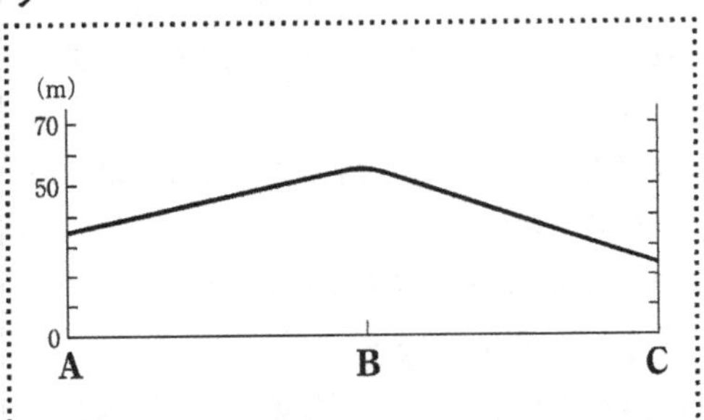

エ

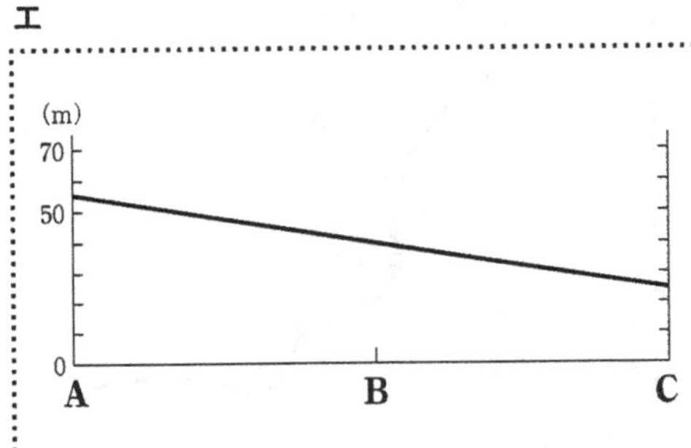

［問２］　次の文で述べている人物に当てはまるのは，下の**ア**～**エ**のうちのどれか。

大名や都市の豪商の気風を反映した壮大で豪華な文化が生み出される中で，堺（さかい）出身のこの人物は，全国統一を果たした武将に茶の湯の作法を指導するとともに，禅の影響を受けたわび茶を完成させた。

ア　喜多川歌麿（きたがわうたまろ）　**イ**　栄西（えいさい／ようさい）　**ウ**　尾形光琳（おがたこうりん）　**エ**　千利休（せんのりきゅう）

［問３］　2022年における国際連合の安全保障理事会を構成する国のうち，５か国の常任理事国を全て示しているのは，次の**ア**～**エ**のうちのどれか。

ア　中華人民共和国，フランス，ロシア連邦（ロシア），イギリス，アメリカ合衆国
イ　インド，フランス，ケニア，イギリス，アメリカ合衆国
ウ　中華人民共和国，ケニア，ノルウェー，ロシア連邦（ロシア），アメリカ合衆国
エ　ブラジル，インド，フランス，ノルウェー，ロシア連邦（ロシア）

2　次の略地図を見て，あとの各問に答えよ。

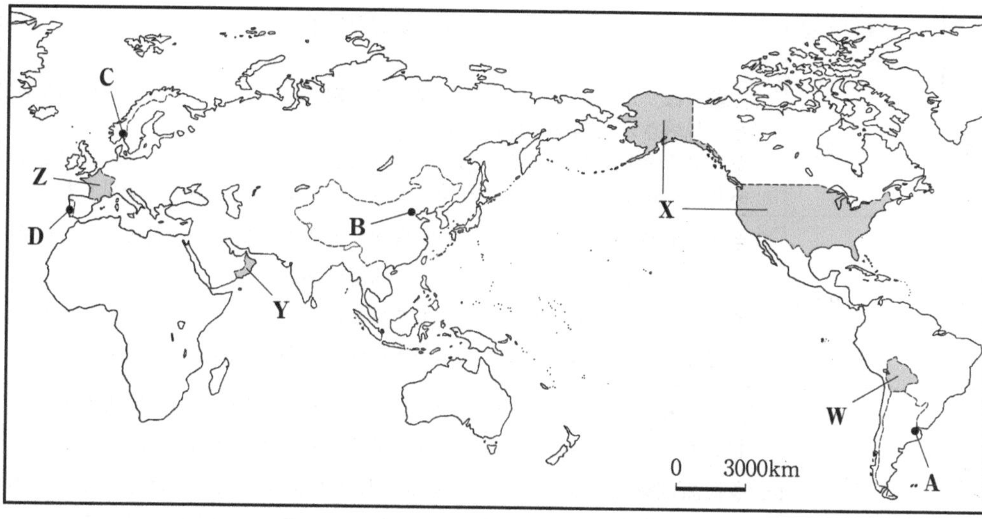

〔問１〕　次のⅠの文章は，略地図中にＡ～Ｄで示した**いずれか**の都市の商業などの様子についてまとめたものである。Ⅱの**ア**～**エ**のグラフは，略地図中のＡ～Ｄの**いずれか**の都市の，年平均気温と年降水量及び各月の平均気温と降水量を示したものである。Ⅰの文章で述べている都市に当てはまるのは，略地図中のＡ～Ｄのうちのどれか，また，その都市のグラフに当てはまるのは，Ⅱの**ア**～**エ**のうちのどれか。

Ⅰ

> 夏季は高温で乾燥し，冬季は温暖で湿潤となる気候を生かして，ぶどうやオリーブが栽培されている。国産のぶどうやオリーブは加工品として販売され，飲食店では塩漬けにされたタラをオリーブ油で調理した料理などが提供されている。

Ⅱ

	ア	イ	ウ	エ
年平均気温	13.3℃	17.2℃	18.1℃	5.3℃
年降水量	530.8mm	762.6mm	1256.1mm	864.3mm

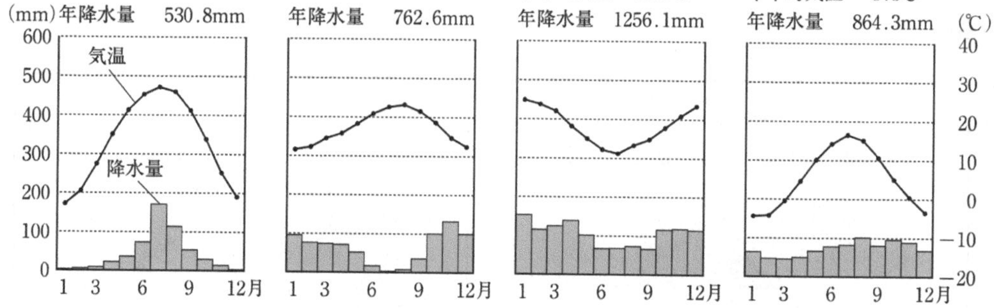

（「理科年表」令和４年より作成）

〔問２〕　次のページの表の**ア**～**エ**は，略地図中に　　　で示したＷ～Ｚの**いずれか**の国の，2019年における一人当たりの国民総所得，小売業などの様子についてまとめたものである。略地図中のＷ～Ｚのそれぞれの国に当てはまるのは，次の表の**ア**～**エ**のうちではどれか。

	一人当たりの国民総所得（ドル）	小売業などの様子
ア	3520	○市場では，ポンチョや強い紫外線を防ぐ帽子，この地方が原産で傾斜地などで栽培された様々な種類のじゃがいもが販売されている。 ○キリスト教徒の割合が最も多く，先住民の伝統的な信仰との結び付きがあり，農耕儀礼などに用いる品々を扱う店舗が立ち並ぶ町並が見られる。
イ	42290	○キリスト教徒（カトリック）の割合が最も多く，基本的に日曜日は非労働日とされており，休業日としている店舗がある。 ○首都には，ガラス製のアーケードを備えた商店街（パサージュ）や，鞄（かばん）や洋服などの世界的なブランド店の本店が立ち並ぶ町並が見られる。
ウ	65910	○高速道路（フリーウエー）が整備されており，道路沿いの巨大なショッピングセンターでは，大量の商品が陳列され，販売されている。 ○多民族国家を形成し，同じ出身地の移民が集まる地域にはそれぞれの国の料理を扱う飲食店や物産品を扱う店舗が立ち並ぶ町並が見られる。
エ	14150	○スークと呼ばれる伝統的な市場では，日用品に加えて，なつめやし，伝統衣装，香料などが販売されている。 ○イスラム教徒の割合が最も多く，断食（だんじき）が行われる期間は，日没後に営業を始める飲食店が立ち並ぶ町並が見られる。

（注）一人当たりの国民総所得とは，一つの国において新たに生み出された価値の総額を人口で割った数値のこと。
（「データブック　オブ・ザ・ワールド」2022年版より作成）

［問３］　次のⅠの略地図は，2021年における東南アジア諸国連合（ＡＳＥＡＮ（アセアン））加盟国の2001年と比較した日本からの輸出額の増加の様子を数値で示したものである。Ⅱの略地図は，2021年における東南アジア諸国連合（ＡＳＥＡＮ）加盟国の2001年と比較した進出日本企業の増加数を示したものである。次のページのⅢの文章で述べている国に当てはまるのは，次のページのア～エのうちのどれか。

Ⅰ

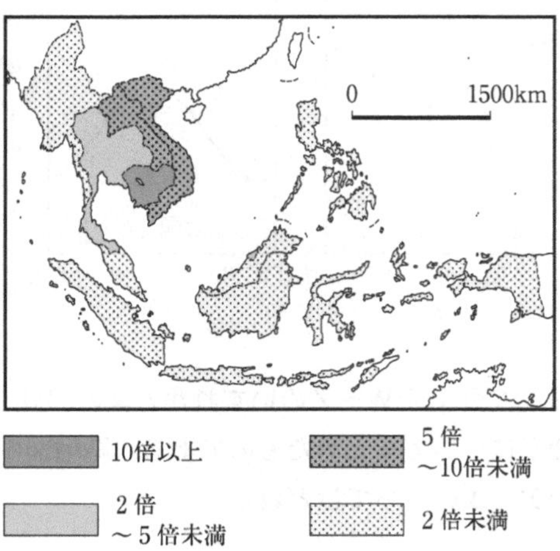

（財務省「貿易統計」より作成）

Ⅱ

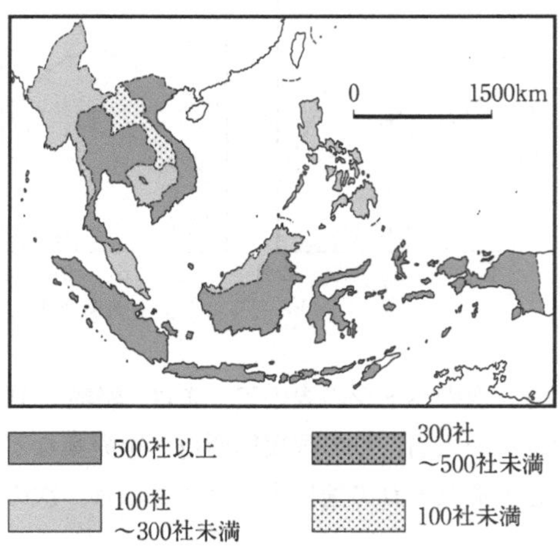

（「海外進出企業総覧2022（国別編）」などより作成）

Ⅲ

1945年の独立宣言後，国が南北に分離した時代を経て，1976年に統一された。国営企業中心の経済からの転換が図られ，現在では外国企業の進出や民間企業の設立が進んでいる。 2001年に約2164億円であった日本からの輸出額は，2021年には約２兆968億円となり，2001年に179社であった進出日本企業数は，2021年には1143社へと増加しており，日本との結び付きを強めている。首都の近郊には日系の自動車工場が見られ，最大の人口を有する南部の都市には，日系のコンビニエンスストアの出店が増加している。

ア　インドネシア　　**イ**　ベトナム　　**ウ**　ラオス　　**エ**　タイ

3　次の略地図を見て，あとの各問に答えよ。

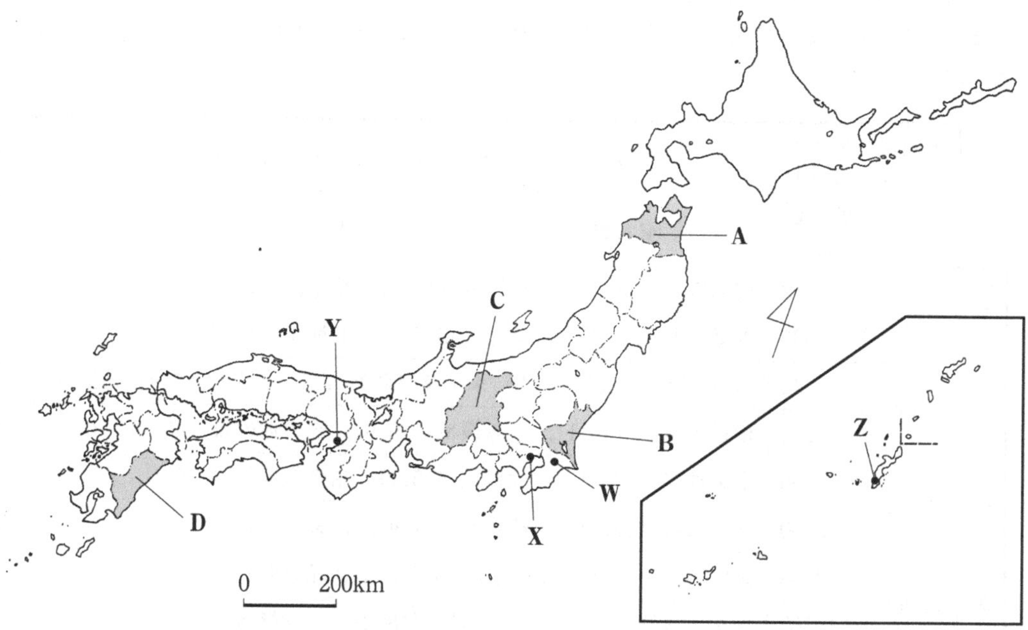

〔問１〕　次の表の**ア**～**エ**の文章は，略地図中に▒で示した，A～Dの**いずれか**の県の，自然環境と農産物の東京への出荷の様子についてまとめたものである。A～Dのそれぞれの県に当てはまるのは，あとの表の**ア**～**エ**のうちではどれか。

	自然環境と農産物の東京への出荷の様子
ア	○平均標高は1132mで，山脈が南北方向に連なり，フォッサマグナなどの影響によって形成された盆地が複数見られる。 ○東部の高原で他県と比べ時期を遅らせて栽培されるレタスは，明け方に収穫後，その日の正午頃に出荷され，東京まで約５時間かけて主に保冷トラックで輸送されている。
イ	○平均標高は100mで，北西部には山地が位置し，中央部から南西部にかけては河川により形成された平野が見られ，砂丘が広がる南東部には，水はけのよい土壌が分布している。 ○南東部で施設栽培により年間を通して栽培されるピーマンは，明け方に収穫後，その日の午後に出荷され，東京まで約３時間かけてトラックで輸送されている。

ウ	○平均標高は402mで，北西部に山地が位置し，中央部から南部にかけて海岸線に沿って平野が広がっている。 ○平野で施設栽培により年間を通して栽培されるきゅうりは，明け方に収穫後，翌日に出荷され，東京まで１日以上かけてフェリーなどで輸送されている。
エ	○平均標高は226mで，西部には平野が広がり，中央部に位置する火山の南側には水深が深い湖が見られ，東部の平坦な地域は夏季に吹く北東の風の影響で冷涼となることがある。 ○病害虫の影響が少ない東部で栽培されるごぼうは，収穫され冷蔵庫で保管後，発送日の午前中に出荷され，東京まで約10時間かけてトラックで輸送されている。

（国土地理院の資料より作成）

〔問２〕　次の表のア～エは，前のページの略地図中にW～Zで示した成田国際空港，東京国際空港，関西国際空港，那覇空港の**いずれか**の空港の，2019年における国内線貨物取扱量，輸出額及び輸出額の上位３位の品目と輸出額に占める割合，輸入額及び輸入額の上位３位の品目と輸入額に占める割合を示したものである。略地図中のXの空港に当てはまるのは，次の表のア～エのうちのどれか。

	国内線貨物取扱量（t）	輸出額（億円） 輸入額（億円）	輸出額の上位３位の品目と輸出額に占める割合（%） 輸入額の上位３位の品目と輸入額に占める割合（%）
ア	14905	51872	電気機器（44.4），一般機械（17.8），精密機器類（6.4）
		39695	電気機器（32.3），医薬品（23.2），一般機械（11.6）
イ	204695	42	肉類及び同調製品（16.8），果実及び野菜（7.5），魚介類及び同調製品（4.4）
		104	輸送用機器（40.1），一般機械（15.9），その他の雑製品（11.3）
ウ	22724	105256	電気機器（23.7），一般機械（15.1），精密機器類（7.0）
		129560	電気機器（33.9），一般機械（17.4），医薬品（12.3）
エ	645432	3453	金属製品（7.5），電気機器（5.0），医薬品（4.2）
		12163	輸送用機器（32.3），電気機器（18.2），一般機械（11.8）

（国土交通省「令和２年空港管理状況調書」などより作成）

〔問３〕　次のⅠの資料は，国土交通省が推進しているモーダルシフトについて分かりやすくまとめたものである。Ⅱのグラフは，2020年度における，重量１tの貨物を１㎞輸送する際に，営業用貨物自動車及び鉄道から排出される二酸化炭素の排出量を示したものである。Ⅲの略地図は，2020年における貨物鉄道の路線，主な貨物ターミナル駅，七地方区分の境界を示したものである。Ⅰ～Ⅲの資料から読み取れる，⑴「国がモーダルシフトを推進する目的」と⑵「国がモーダルシフトを推進する上で前提となる，七地方区分に着目した貨物鉄道の路線の敷設（ふせつ）状況及び貨物ターミナル駅の設置状況」の二点について，それぞれ簡単に述べよ。

（Ⅰの資料，Ⅱのグラフ，Ⅲの略地図は次のページにあります。）

Ⅰ
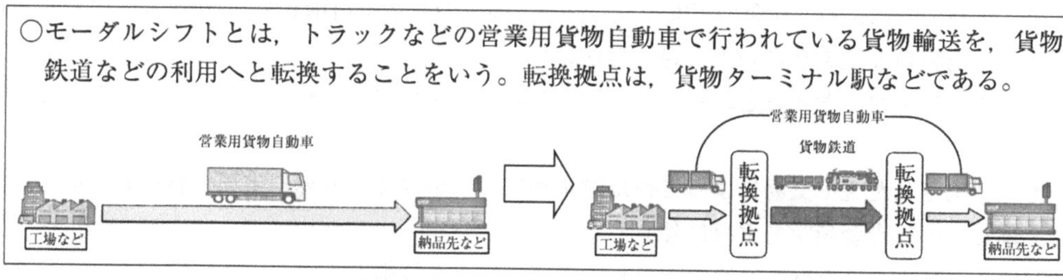

（国土交通省の資料より作成）

Ⅱ
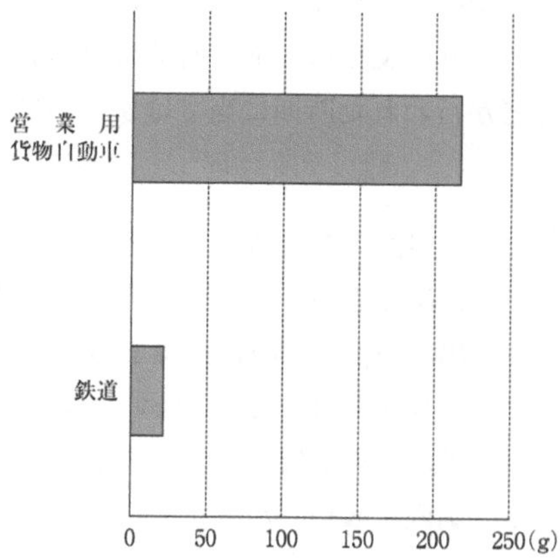

（国土交通省の資料より作成）

Ⅲ
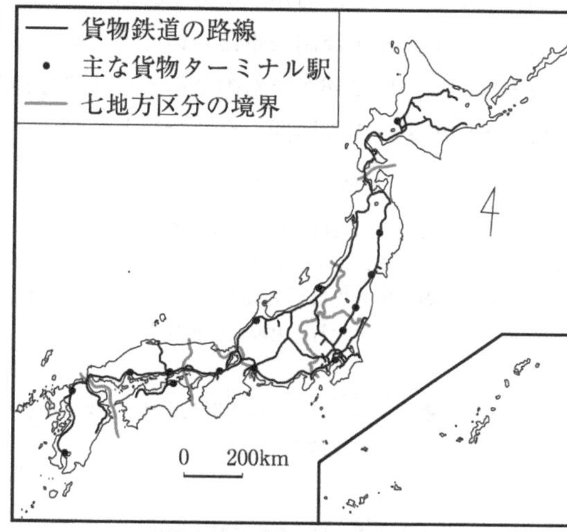

（国土交通省の資料などより作成）

4　次の文章を読み，あとの各問に答えよ。

私たちは，いつの時代も最新の知識に基づいて生産技術を向上させ，新たな技術を生み出すことで，社会を発展させてきた。

古代から，各時代の権力者は，(1)統治を継続することなどを目的に，高度な技術を有する人材に組織の中で役割を与え，寺院などを築いてきた。

中世から近世にかけて，農業においても新しい技術が導入されることで生産力が向上し，各地で特産物が生産されるようになった。また，(2)財政再建を行う目的で，これまで培（つちか）ってきた技術を生かし，新田開発などの経済政策を実施してきた。

近代以降は，政府により，(3)欧米諸国に対抗するため，外国から技術を学んで工業化が進められた。昭和時代以降は，(4)飛躍的に進歩した技術を活用し，社会の変化に対応した新たな製品を作り出す企業が現れ，私たちの生活をより豊かにしてきた。

〔問1〕　(1)統治を継続することなどを目的に，高度な技術を有する人材に組織の中で役割を与え，寺院などを築いてきた。とあるが，あとのア～エは，飛鳥（あすか）時代から室町時代にかけて，各時代の権力者が築いた寺院などについて述べたものである。時期の古いものから順に記号を並べよ。

ア　公家（くげ）の山荘を譲り受け，寝殿造（しんでんづくり）や禅宗様（ぜんしゅうよう）の様式を用いた三層からなる金閣（きんかく）を京都の北山（きたやま）に築いた。

イ　仏教の力により，社会の不安を取り除き，国家の安泰を目指して，3か年8回にわたる鋳造の末，銅製の大仏を奈良の東大寺（とうだいじ）に造立（ぞうりゅう）した。

ウ　仏教や儒教の考え方を取り入れ，役人の心構えを示すとともに，金堂（こんどう）などからなる法隆寺（ほうりゅうじ）を斑鳩（いかるが）に建立（こんりゅう）した。

エ　産出された金や交易によって得た財を利用し，金ぱく，象牙や宝石で装飾し，極楽浄土を表現した中尊寺金色堂（ちゅうそんじこんじきどう）を平泉（ひらいずみ）に建立した。

〔問2〕　(2)財政再建を行う目的で，これまで培（つちか）ってきた技術を生かし，新田開発などの経済政策を実施してきた。とあるが，次のⅠの略年表は，安土（あづち）・桃山（ももやま）時代から江戸時代にかけての，経済政策などに関する主な出来事についてまとめたものである。Ⅱの文章は，ある時期に行われた経済政策などについて述べたものである。Ⅱの経済政策などが行われた時期に当てはまるのは，Ⅰの略年表中の**ア**～**エ**の時期のうちではどれか。

Ⅰ

西暦	経済政策などに関する主な出来事	
1577	●織田信長（おだのぶなが）は，安土の城下を楽市とし，一切の役や負担を免除した。	
		ア
1619	●徳川秀忠（とくがわひでただ）は，大阪を幕府の直轄地とし，諸大名に大阪城の再建を命じた。	
		イ
1695	●徳川綱吉（とくがわつなよし）は，幕府の財政を補うため，貨幣の改鋳を命じた。	
		ウ
1778	●田沼意次（たぬまおきつぐ）は，長崎貿易の輸出品である俵物（たわらもの）の生産を奨励した。	
		エ
1841	●水野忠邦（みずのただくに）は，物価の上昇を抑えるため，株仲間（かぶなかま）の解散を命じた。	

Ⅱ

○新田開発を奨励し，開発に当たり商人に出資を促し，将軍と同じく，紀伊（きい）藩出身の役人に技術指導を担（にな）わせた。
○キリスト教に関係しない，漢文に翻訳された科学技術に関係する洋書の輸入制限を緩和した。

〔問3〕　(3)欧米諸国に対抗するため，外国から技術を学んで工業化が進められた。とあるが，次の**ア**～**ウ**は，明治時代に操業を開始した工場について述べたものである。略地図中のA～Cは，**ア**～**ウ**の**いずれか**の工場の所在地を示したものである。**ア**～**ウ**について，操業を開始した時期の古いものから順に記号を並べよ。また，略地図中のBに当てはまるのは，次の**ア**～**ウ**のうちではどれか。

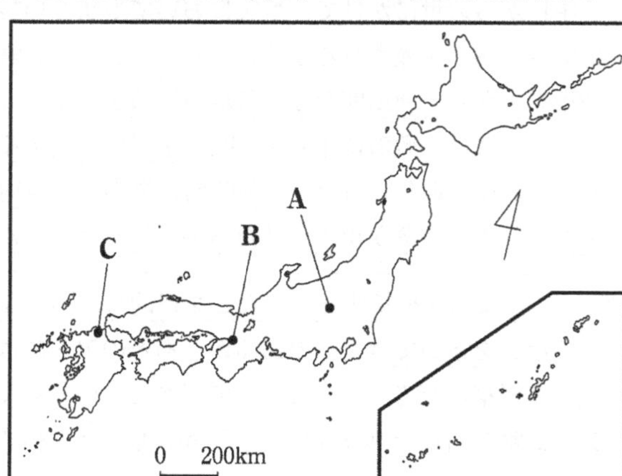

ア　実業家が発起人となり，イギリスの技術を導入し設立され，我が国における産業革命の契機となった民間の紡績会社で，綿糸の生産が開始された。

イ　国産生糸の増産や品質の向上を図ることを目的に設立された官営模範製糸場で，フランスの技術を導入し生糸の生産が開始された。

ウ　鉄鋼の増産を図ることを目的に設立された官営の製鉄所で，国内産の石炭と輸入された鉄鉱石を原材料に外国人技術者の援助を受けて鉄鋼の生産が開始された。

〔問４〕 (4)飛躍的に進歩した技術を活用し，社会の変化に対応した新たな製品を作り出す企業が現れ，私たちの生活をより豊かにしてきた。とあるが，次の略年表は，昭和時代から平成時代にかけて，東京に本社を置く企業の技術開発に関する主な出来事についてまとめたものである。略年表中のＡ～Ｄのそれぞれの時期に当てはまるのは，下のア～エのうちではどれか。

西暦	東京に本社を置く企業の技術開発に関する主な出来事	時期
1945	●造船会社により製造されたジェットエンジンを搭載した飛行機が，初飛行に成功した。	
1952	●顕微鏡・カメラ製造会社が，医師からの依頼を受け，日本初の胃カメラの実用化に成功した。	A
1955	●通信機器会社が，小型軽量で持ち運び可能なトランジスタラジオを販売した。	
		B
1972	●計算機会社が，大規模集積回路を利用した電子式卓上計算機を開発した。	
		C
1989	●フィルム製造会社が，家電製造会社と共同開発したデジタルカメラを世界で初めて販売した。	
		D
2003	●建築会社が，独立行政法人と共同して，不整地歩行などを実現するロボットを開発した。	

ア　地価や株価が上がり続けるバブル経済が終わり，構造改革を迫られ，インターネットの普及が急速に進み，撮影した写真を送信できるカメラ付き携帯電話が初めて販売された。

イ　連合国軍最高司令官総司令部（ＧＨＱ）の指令に基づき日本政府による民主化政策が実施され，素材，機器，測定器に至る全てを国産化した移動無線機が初めて製作された。

ウ　石油危機により，省エネルギー化が進められ，運動用品等に利用されていた我が国の炭素素材が，航空機の部材として初めて使用された。

エ　政府により国民所得倍増計画が掲げられ，社会資本の拡充の一環として，速度を自動的に調整するシステムを導入した東海道新幹線が開業した。

５　次の文章を読み，あとの各問に答えよ。

企業は，私たちが消費している財（もの）やサービスを提供している。企業には，国や地方公共団体が経営する公企業と民間が経営する私企業がある。(1)私企業は，株式の発行や銀行からの融資などにより調達した資金で，生産に必要な土地，設備，労働力などを用意し，利潤を得ることを目的に生産活動を行っている。こうして得た財やサービスの価格は，需要量と供給量との関係で変動するものや，(2)政府や地方公共団体により料金の決定や改定が行われるものなどがある。

私企業は，自社の利潤を追求するだけでなく，(3)国や地方公共団体に税を納めることで，社会を支えている。また，社会貢献活動を行い，社会的責任を果たすことが求められている。

(4)日本経済が発展するためには，私企業の経済活動は欠かすことができず，今後，国内外からの信頼を一層高めていく必要がある。

〔問１〕 (1)私企業は，株式の発行や銀行からの融資などにより調達した資金で，生産に必要な土地，設備，労働力などを用意し，利潤を得ることを目的に生産活動を行っている。とあるが，経済活動の自由を保障する日本国憲法の条文は，次のア～エのうちではどれか。

ア　すべて国民は，法の下に平等であつて，人種，信条，性別，社会的身分又は門地により，政治的，経済的又は社会的関係において，差別されない。

イ　何人も，法律の定める手続によらなければ，その生命若しくは自由を奪はれ，又はその他の刑罰を科せられない。

ウ　すべて国民は，法律の定めるところにより，その能力に応じて，ひとしく教育を受ける権利を有する。

エ　何人も，公共の福祉に反しない限り，居住，移転及び職業選択の自由を有する。

〔問２〕　(2)政府や地方公共団体により料金の決定や改定が行われるものなどがある。とあるが，次の文章は，令和２年から令和３年にかけて，ある公共料金が改定されるまでの経過について示したものである。この文章で示している公共料金に当てはまるのは，下のア～エのうちではどれか。

○所管省庁の審議会分科会が公共料金の改定に関する審議を開始した。(令和２年３月16日)
○所管省庁の審議会分科会が審議会に公共料金の改定に関する審議の報告を行った。(令和２年12月23日)
○所管省庁の大臣が審議会に公共料金の改定に関する諮問を行った。(令和３年１月18日)
○所管省庁の審議会が公共料金の改定に関する答申を公表した。(令和３年１月18日)
○所管省庁の大臣が公共料金の改定に関する基準を告示した。(令和３年３月15日)

ア　鉄道運賃　　**イ**　介護報酬　　**ウ**　公営水道料金　　**エ**　郵便料金（手紙・はがきなど）

〔問３〕　(3)国や地方公共団体に税を納めることで，社会を支えている。とあるが，次の表は，企業の経済活動において，課税する主体が，国であるか，地方公共団体であるかを，国である場合は「国」，地方公共団体である場合は「地」で示そうとしたものである。表のAとBに入る記号を正しく組み合わせているのは，次のア～エのうちのどれか。

	課税する主体
企業が提供した財やサービスの売上金から経費を引いた利潤にかかる法人税	**A**
土地や建物にかかる固定資産税	**B**

	ア	イ	ウ	エ
A	地	地	国	国
B	国	地	地	国

〔問４〕　(4)日本経済が発展するためには，私企業の経済活動は欠かすことができず，今後，国内外からの信頼を一層高めていく必要がある。とあるが，次のページのⅠの文章は，2010年に開催された法制審議会会社法制部会第１回会議における資料の一部を分かりやすく書き改めたものである。次のページのⅡの文は，2014年に改正された会社法の一部を分かりやすく書き改めたもので

ある。Ⅲのグラフは，2010年から2020年までの東京証券取引所に上場する会社における，具体的な経営方針等を決定する取締役会（とりしまりやくかい）に占める，会社と利害関係を有しない独立性を備えた社外取締役の人数別の会社数の割合を示したものである。Ⅰ～Ⅲの資料を活用し，2014年に改正された会社法によりもたらされた取締役会の変化について，社外取締役の役割及び取締役会における社外取締役の人数に着目して，簡単に述べよ。

Ⅰ

○現行の会社法では，外部の意見を取り入れる仕組を備える適正な企業統治を実現するシステムが担保されていない。
○我が国の上場会社等の企業統治については，内外の投資者等から強い懸念（けねん）が示されている。

Ⅱ

これまでの会社法では，社外取締役の要件は，自社又は子会社の出身者等でないことであったが，親会社の全ての取締役等，兄弟会社の業務執行取締役等，自社の取締役等及びその配偶者の近親者等でないことを追加する。

Ⅲ

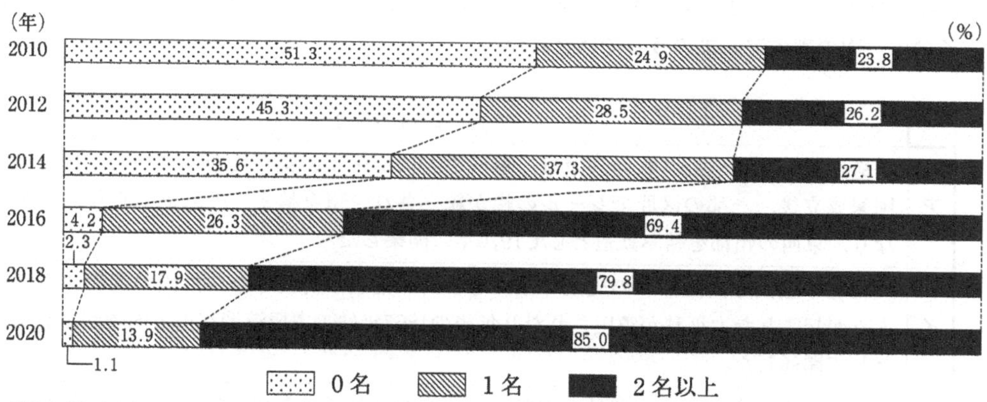

（注）四捨五入をしているため，社外取締役の人数別の会社数の割合を合計したものは，100%にならない場合がある。

（東京証券取引所の資料より作成）

6　次の文章を読み，次のページの略地図を見て，あとの各問に答えよ。

(1)1851年に開催された世界初の万国博覧会は，蒸気機関車などの最新技術が展示され，鉄道の発展のきっかけとなった。1928年には，国際博覧会条約が35か国により締結され，(2)テーマを明確にした国際博覧会が開催されるようになった。

2025年に大阪において「いのち輝く未来社会のデザイン」をテーマとした万国博覧会の開催が予定されており，(3)我が国で最初の万国博覧会が大阪で開催された時代と比べ，社会の様子も大きく変化してきた。

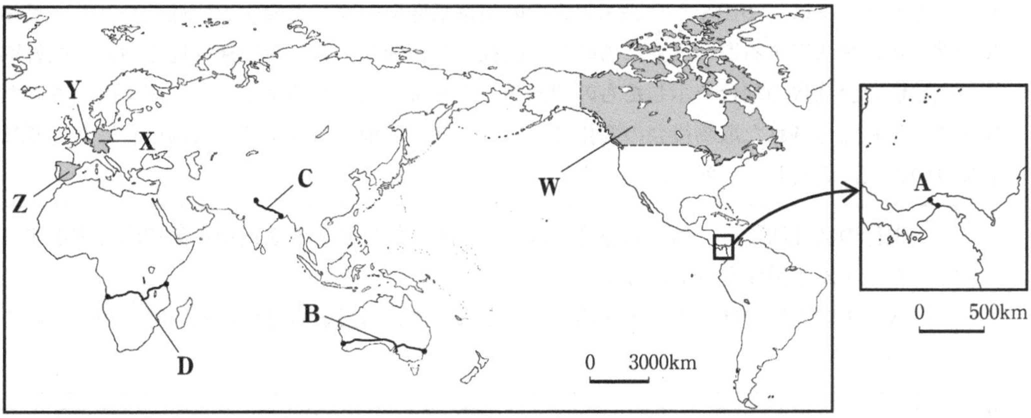

〔問1〕 (1)1851年に開催された世界初の万国博覧会は，蒸気機関車などの最新技術が展示され，鉄道の発展のきっかけとなった。とあるが，略地図中に●―●で示したA～Dは，世界各地の主な鉄道の路線を示したものである。次の表のア～エは，略地図中にA～Dで示した**いずれか**の鉄道の路線の様子についてまとめたものである。略地図中のA～Dのそれぞれの鉄道の路線に当てはまるのは，次の表の**ア**～**エ**のうちではどれか。

	鉄道の路線の様子
ア	植民地時代に建設された鉄道は，地域ごとにレールの幅が異なっていた。1901年の連邦国家成立後，一部の区間でレールの幅が統一され，州を越えての鉄道の乗り入れが可能となり，東西の州都を結ぶ鉄道として1970年に開業した。
イ	綿花の輸出や内陸部への支配の拡大を目的に建設が計画され，外国の支配に不満をもつ人々が起こした大反乱が鎮圧された9年後の1867年に，主要港湾都市と内陸都市を結ぶ鉄道として開通した。
ウ	二つの大洋をつなぎ，貿易上重要な役割を担(にな)う鉄道として，1855年に開業した。日本人技術者も建設に参加した国際運河が1914年に開通したことにより，貿易上の役割は低下したが，現在では観光資源としても活用されている。
エ	1929年に内陸部から西側の港へ銅を輸送する鉄道が開通した。この鉄道は内戦により使用できなくなり，1976年からは内陸部と東側の港とを結ぶ新たに作られた鉄道がこの地域の主要な銅の輸送路となった。2019年にこの二本の鉄道が結ばれ，大陸横断鉄道となった。

〔問2〕 (2)テーマを明確にした国際博覧会が開催されるようになった。とあるが，次のページのⅠの略年表は，1958年から2015年までの，国際博覧会に関する主な出来事についてまとめたものである。次のページのⅡの文章は，Ⅰの略年表中のA～Dの**いずれか**の国際博覧会とその開催国の環境問題について述べたものである。Ⅱの文章で述べている国際博覧会に当てはまるのは，Ⅰの略年表中のA～Dのうちのどれか，また，その開催国に当てはまるのは，略地図中に▒▒で示したW～Zのうちのどれか。

Ⅰ

西暦	国際博覧会に関する主な出来事
1958	●「科学文明とヒューマニズム」をテーマとした万国博覧会が開催された。……………………A
1967	●「人間とその世界」をテーマとした万国博覧会が開催された。……………………B
1974	●「汚染なき進歩」をテーマとした国際環境博覧会が開催された。
1988	●「技術時代のレジャー」をテーマとした国際レジャー博覧会が開催された。
1992	●「発見の時代」をテーマとした万国博覧会が開催された。……………………C
2000	●「人間・自然・技術」をテーマとした万国博覧会が開催された。……………………D
2015	●「地球に食料を，生命にエネルギーを」をテーマとした万国博覧会が開催された。

Ⅱ

この博覧会は，「環境と開発に関するリオ宣言」などに基づいたテーマが設定され，リオデジャネイロでの地球サミットから８年後に開催された。この当時，国境の一部となっている北流する国際河川の東側に位置する森林（シュヴァルツヴァルト）で生じた木々の立ち枯れは，偏西風などにより運ばれた有害物質による酸性雨が原因であると考えられていた。

〔問３〕 (3)我が国で最初の万国博覧会が大阪で開催された時代と比べ，社会の様子も大きく変化してきた。とあるが，次のⅠのア～エのグラフは，1950年，1970年，2000年，2020年の**いずれか**の我が国における人口ピラミッドを示したものである。次のページのⅡの文章で述べている年の人口ピラミッドに当てはまるのは，Ⅰのア～エのうちのどれか。

Ⅰ

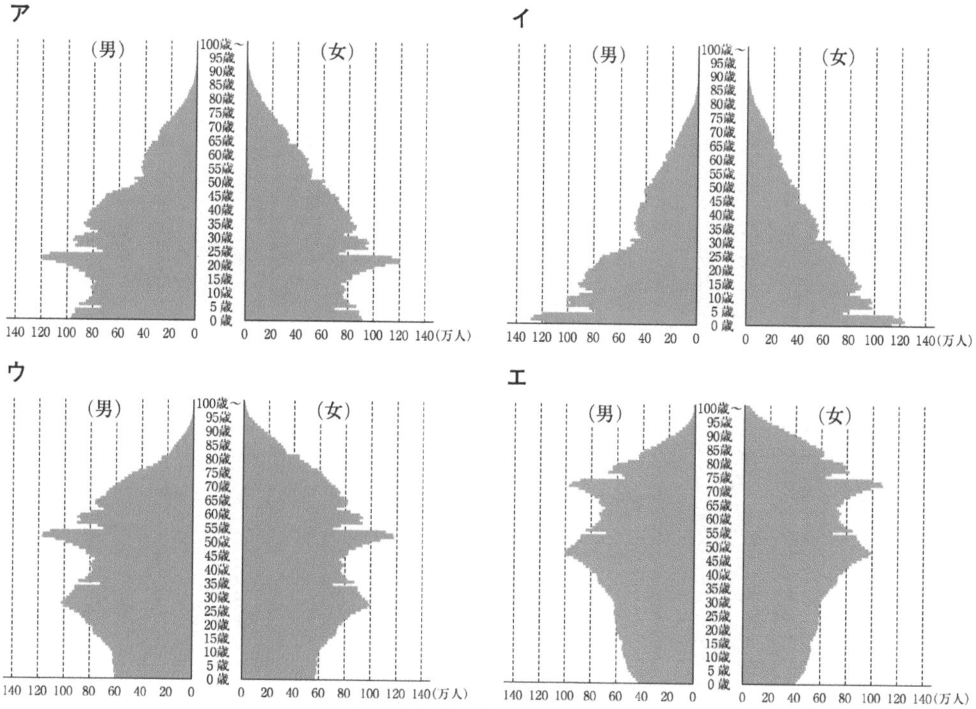

（2020年国勢調査などより作成）

Ⅱ

> ○我が国の人口が１億人を突破して３年後のこの年は，65歳以上の割合は７％を超え，高齢化社会の段階に入っている。
> ○地方から都市への人口移動が見られ，郊外にニュータウンが建設され，大阪では「人類の進歩と調和」をテーマに万国博覧会が開催された。

2023年度

解　答　と　解　説

《2023年度の配点は解答用紙集に掲載してあります。》

＜理科解答＞

1 〔問1〕 ア　〔問2〕 エ　〔問3〕 ウ　〔問4〕 イ　〔問5〕 ア　〔問6〕 イ
2 〔問1〕 イ　〔問2〕 ① イ　② ア　〔問3〕 エ　〔問4〕 ウ
3 〔問1〕 水滴が付き始める瞬間の温度を正確に読み取るため。　〔問2〕 ① イ　② ア
〔問3〕 ① ア　② イ　③ イ　④ ア　〔問4〕 エ
4 〔問1〕 ウ　〔問2〕 エ　〔問3〕 ア
5 〔問1〕 ア　〔問2〕 エ　〔問3〕 イ　〔問4〕 ① イ　② ウ
6 〔問1〕 ア　〔問2〕 ウ　〔問3〕 ウ　〔問4〕 イ

＜理科解説＞

1 **(小問集合－自然界のつり合い，火山活動と火成岩：火山岩，身のまわりの物質とその性質：ガスバーナーの操作，光と音：凸レンズによってできる像，物質の成り立ち，植物の体のつくりとはたらき：花のつくり)**

〔問1〕 **生産者は光合成を行い，みずから有機物をつくり出すことができる生物**であり，消費者はほかの生物から有機物を得る生物である。よって，生産者は**葉緑体**があるエンドウ，サツマイモ，ツツジである。消費者はタカ，バッタ，ミミズである。

〔問2〕 **玄武岩**はマグマが冷え固まって岩石になった火成岩であり，火成岩のうち，上昇したマグマが地表に近い地下や，溶岩のように地表にふき出て急激に冷えて固まってできた**火山岩**である。**斑状組織でカンラン石やキ石のような有色鉱物を多く含むため**，岩石は**黒っぽい**。

〔問3〕 ガスバーナーに点火し，適正な炎の大きさに調整した後，**空気不足になっている炎を青色の適正な状態にする操作は，Bのガス調節ねじを押さえながら，Aの空気調節ねじだけをCの向きに回して少しずつ開き**，青色の安定した炎にする。

〔問4〕 図3において，光の進み方を作図する。物体から光軸に平行に凸レンズに入った光は，屈折した後，反対側の焦点を通る。凸レンズの中心を通った光は，そのまま直進する。スクリーンの位置がA点にあると，2つの直線の交点がスクリーン上にくるため，はっきりと像が映る。作図から，物体の大きさと比べて，スクリーンに映った像の方が小さいことが分かる。

〔問5〕 **単体は1種類の元素からできている物質であり，2種類以上の元素からできている物質が化合物である**。よって，A 二酸化炭素の化学式はCO_2，B 水の化学式はH_2O，C アンモニアの化学式はNH_3，D 酸素の化学式はO_2であるため，化合物はA，B，Cであり，単体はDである。

〔問6〕 アブラナの花のつくりは，外側から，A がく，B 花弁，C おしべ，D めしべである。

2 **(自由研究－力と物体の運動：平均の速さ，身のまわりの物質とその性質：密度，水溶液：濃度，力のつり合いと合成・分解：浮力，生物の成長と生殖：発生，天体の動きと地球の自転・公転：白夜の太陽の見かけの動き)**

〔問1〕 平均の速さ〔m/s〕$=\dfrac{6〔\mathrm{m}〕-2〔\mathrm{m}〕}{122.2〔\mathrm{s}〕-40.4〔\mathrm{s}〕}=0.048\cdots$〔m/s〕≒0.05〔m/s〕である。

〔問2〕（凍った部分の表面を取り除き残った部分100gに含まれる食塩の量）÷（3％の食塩水100gに含まれる食塩の量）×100＝（100g×0.0084）÷（100g×0.03）×100＝28，よって，28％である。食塩水の上部に浮いた凍った部分の表面を取り除き残った部分に含まれる食塩の量は，3％の食塩水の28％であるため，3％の食塩水の方が密度が大きいと言える。このことは，**食塩水を凍らせると，凍った部分が浮くのは，凍って密度が小さくなった部分にかかる重力より，凍った部分より密度が大きい食塩水からの水圧による浮力のほうが大きい**ことからもわかる。

〔問3〕図4，5，6は，**カエルの受精卵が体細胞分裂により細胞の数をふやして胚になる過程**である。体細胞分裂であるため，**分裂を何回くり返しても，ひとつひとつの細胞の染色体の数は変わらない**。よって，図5の胚に含まれる細胞の和は2個であるため，合計の染色体の和は、24本×2＝48本，である。同様にして，図6の胚に含まれる細胞の和は4個であるため，合計の染色体の和は、24本×4＝96（本），である。

〔問4〕地軸を中心に太陽が北側へとまわってきたとき，図7の**北の空では，向かって右方向が東**であるため，**太陽は見かけ上，東方向に向かって上昇するように動く**。よって，太陽が見かけ上動いた向きはYである。日本で**夏至**となる地球の位置は，**北緯35°付近にある日本で太陽の南中高度が最も高く**，日の出と日の入りの位置が北寄りになり，日照時間が最も長くなるAである。

3 (気象要素の観測：金属製のコップによる露点の測定実験と湿度の計算，天気の変化：雲の発生に関する実験と寒冷前線)

〔問1〕**金属製のコップの表面の温度が少しずつ下がるようにしたのは，「水滴が付き始める瞬間の温度を正確に読み取るため。」**である。

〔問2〕午前10時に測定した水温は，同じ時刻の実験室の室温と等しいので，午前10時の実験室内の気温は17.0℃である。また，金属製のコップの表面に水滴がつき始めたときの金属製のコップ内の水温が露点であり，**この場合，露点16.2℃における飽和水蒸気量が，実際に午前10時の実験室内の1m³の空気に含まれる水蒸気の質量〔g/m³〕である**。よって，湿度〔％〕＝$\frac{\text{1m}^3\text{の空気に含まれる水蒸気の質量〔g/m}^3\text{〕}}{\text{その空気と同じ気温での飽和水蒸気量〔g/m}^3\text{〕}}$×100，から，午前10時の湿度〔％〕＝$\frac{13.8\text{〔g/m}^3\text{〕}}{14.5\text{〔g/m}^3\text{〕}}$×100≒95.2〔％〕である。午後6時も同じ気温であるため，露点が高いほうが1m³の空気に含まれる水蒸気の量が多いので，結果1の表から，午前10時の実験室内の空気である。

〔問3〕＜実験2＞は雲を発生させる実験装置である。「ピストンをすばやく引くと，丸底フラスコ内の空気は**膨張し**，丸底フラスコ内の**気圧は下がる**。その結果，丸底フラスコ内の**空気の温度が下がり露点に達し**，丸底フラスコ内の**水蒸気が水滴に変化**した。」そのため，丸底フラスコ内はくもった。自然界では**雲**である。

〔問4〕寒冷前線は，**寒気が**暖気の下にもぐりこみ，**暖気を押し上げながら進んでいく**。暖気が急激に上空高くに押し上げられ，強い上昇気流が生じて**積乱雲**が発達するため，**短時間に強い雨**が降り，**強い風**がふくことが多い。

4 (動物の体のつくりとはたらき：消化の対照実験・柔毛での吸収・血液の循環・細胞の呼吸)

〔問1〕試験管AとBは，**ヨウ素液**との反応により，**唾液がデンプンをデンプンではないものに変えるはたらき**があるのか否か比較して調べる**対照実験**である。試験管CとDは，**ベネジクト液を加えて加熱する**ことにより，唾液にはデンプンをブドウ糖がいくつか結合した**糖に変えるはたらき**があるのか否か比較して調べる対照実験である。

〔問2〕消化酵素により分解されることで作られた，**ブドウ糖とアミノ酸は**ヒトの**小腸の柔毛**で吸収されて**毛細血管**に入り，**脂肪酸とモノグリセリドは**ヒトの小腸の柔毛で吸収された後に**結合し**

てリンパ管に入る。

〔問3〕　心臓の左心室から送り出された血液はBの動脈を通って小腸の毛細血管に入る。毛細血管で栄養分を吸収し，小腸から肝臓へと向かう血液が流れるAの肝門脈を通って肝臓に運ばれる。よって，栄養分の濃度が高い場所は，Aである。細胞による呼吸については，血液の成分である血しょうがしみ出て組織液となり，養分や酸素を細胞に届ける。からだを構成しているひとつひとつの細胞では，届いた酸素を使い，養分からエネルギーが取り出される。このとき，二酸化炭素と水ができる。

5 (水溶液とイオン・原子の成り立ちとイオン：塩化銅の電気分解の仕組み・イオンの粒子モデル・化学式，物質の成り立ち：水の電気分解，気体の発生とその性質)

〔問1〕　＜実験1＞は塩化銅の電気分解である。塩化銅が水に溶けて電離したようすを化学式を使って表すと，$CuCl_2 \rightarrow Cu^{2+} + 2Cl^-$，であり，陽イオンの数：陰イオンの数＝1：2，である。よって，モデルはアである。

〔問2〕　電極Aは，電源装置の－端子に接続しているので陰極である。また，実験結果から，陽イオンとなっていた銅が付着していたことから，電極Aは，陰極であると言える。回路に流れる電流の向きは，電源装置の＋端子から出て－端子に入る向きであると決められているので，Dである。

〔問3〕　陽極である電極B付近からは，刺激臭がする気体である塩素が生成された。塩素の気体が発生する仕組みは，「塩化物イオンCl^-が，電子を放出し(失い)，塩素原子になり，塩素原子が2個結びつき，分子になり，気体として発生した。」である。

〔問4〕　＜結果1＞は塩化銅の電気分解の結果であり，銅イオンCu^{2+}は，陰極から電子を2個受けとり，銅原子Cuになり，陰極に金属となって付着するため，電流を流した時間が長くなるほど，水溶液中の銅イオンの数は減少する。よって，グラフはイである。＜結果2＞は水の電気分解の結果であり，5％の水酸化ナトリウム水溶液を加えたのは，電流が流れやすくするためであり，水酸化ナトリウムそのものは分解されないので，電流を流した時間が長くなっても，水溶液中のナトリウムイオンの数は変化しない。よって，グラフはウである。水の電気分解の化学反応式は，$2H_2O \rightarrow 2H_2 + O_2$，であり，陰極である電極A付近から発生した気体は水素で，陽極である電極Bから発生した気体は酸素である。

6 (電流：電圧と電流と抵抗・電力・電力量)

〔問1〕　オームの法則により，電流＝$\frac{電圧}{抵抗}$であるから，電圧の大きさが等しいとき，5Ωの抵抗器Xの方が，20Ωの抵抗器Yよりも大きい電流が流れる。また，＜結果＞図3のグラフから，電圧の大きさが等しいとき，＜実験＞の(2)図1の並列回路の方が，＜実験＞の(3)図2の直列回路よりも大きい電流が流れる。

〔問2〕　抵抗器Xと抵抗器Yを並列につないだ回路全体の抵抗をR_Pとすると，$\frac{1}{R_P〔Ω〕} = \frac{1}{5〔Ω〕} + \frac{1}{20〔Ω〕}$より，$R_P$〔Ω〕＝4〔Ω〕である。抵抗器Xと抵抗器Yを直列につないだ回路全体の抵抗をR_Sとすると，R_S〔Ω〕＝5〔Ω〕＋20〔Ω〕＝25〔Ω〕である。抵抗Xは5Ωであるため，ウが適切である。

〔問3〕　＜結果＞の図3グラフから，＜実験＞の(2)並列回路では2.0Vのとき0.5Aであり，電力〔W〕＝2.0〔V〕×0.5〔A〕＝1.0〔W〕である。＜実験＞の(3)直列回路では5.0Vのとき0.2Aであり，電力〔W〕＝5.0〔V〕×0.2〔A〕＝1.0〔W〕である。このとき，抵抗器Xと抵抗器Yで消費される電力は1.0Wで等しい。図1の並列回路では，各抵抗の両端の電圧は電源の電圧に等しいため，抵抗器Xに加わる電圧の大きさSは，2.0Vである。図2の直列回路を流れる電流の大きさはどこでも等しいため，抵抗器Xに加わる電圧の大きさTは，T〔V〕＝0.2〔A〕×5〔Ω〕＝1.0〔V〕である。よって，S：T＝2：1である。

〔問4〕　回路全体の電力を9Wとし，電圧を加え電流を2分間流したときの**電力量〔J〕＝9〔W〕×120〔s〕＝1080〔J〕**である。回路全体の電力を4Wとし，電圧を加え電流をt秒間流したときの電力量1080〔J〕＝4〔W〕×t〔s〕である。よって，t〔s〕＝270〔s〕であるから，電流を4分30秒間流したときである。

＜社会解答＞

1　〔問1〕　ウ　〔問2〕　エ　〔問3〕　ア

2　〔問1〕　略地図中のA～D　D　Ⅱのア～エ　イ　〔問2〕　W　ア　X　ウ　Y　エ　Z　イ　〔問3〕　イ

3　〔問1〕　A　エ　B　イ　C　ア　D　ウ　〔問2〕　エ　〔問3〕　(1)　(目的)　貨物輸送で生じる二酸化炭素の排出量を減少させるため。　(2)　(敷設(ふせつ)状況及び設置状況)　全ての地方に貨物鉄道の路線と貨物ターミナル駅がある。

4　〔問1〕　ウ→イ→エ→ア　〔問2〕　ウ　〔問3〕　(時期)　イ→ア→ウ　(略地図)　ア
〔問4〕　A　イ　B　エ　C　ウ　D　ア

5　〔問1〕　エ　〔問2〕　イ　〔問3〕　ウ　〔問4〕　適正な企業統治を実現する役割をになう社外取締役の要件が追加され，取締役会に外部の意見がより反映されるよう，社外取締役を2名以上置く会社数の割合が増加した。

6　〔問1〕　A　ウ　B　ア　C　イ　D　エ
〔問2〕　Ⅰの略年表中のA～D　D　略地図中のW～Z　X　〔問3〕　ア

＜社会解説＞

1　**(地理的分野―日本地理－地形図の見方，歴史的分野―日本史時代別－安土桃山時代から江戸時代，―日本史テーマ別－文化史，公民的分野―国際社会との関わり)**

〔問1〕　縮尺2万5千分の1の**地形図**では，**等高線**は**標高**差10mごとに引かれている。等高線を手がかりに見ると，A地点は標高約40m，B地点は約60m，C地点は約30mである。したがって，ウの図が適当である。

〔問2〕　安土桃山時代の茶人で，**千家流**茶道の創始者であるのが**千利休**(せんのりきゅう)である。堺の出身で，幼少のころから**茶の湯**に親しみ，**武野紹鴎**(たけのじょうおう)に師事して茶の湯を学び，**わび茶**を大成させた。織田信長と豊臣秀吉に続けて仕えたが，最後は秀吉に切腹を命じられた。

〔問3〕　国際の平和と安全の維持について,主要な責任を有するのが，**国際連合**の**安全保障理事会**である。具体的には，紛争当事者に対して，紛争を平和的手段によって解決するよう要請したり，平和に対する脅威の存在を決定し，平和と安全の維持と回復のために勧告を行うこと，経済制裁などの非軍事的強制措置及び軍事的強制措置を決定すること等を，その主な権限とする。しかし，**アメリカ・イギリス・フランス・ロシア・中国**の5か国の**常任理事国**が1か国でも反対すると，決議ができないことになっている。常任理事国は**拒否権**を持っていることになる。なお，日本は10か国ある非常任理事国の一つである(2023年現在)。

2 (地理的分野―世界地理－都市・気候・人々のくらし・産業)

〔問1〕 まず，A～Dの国・都市を確定する。Aはアルゼンチンのブエノスアイレス，Bは中国の北京，Cはノルウェーのオスロ，Dはポルトガルのリスボンである。Ⅰの文章は，**地中海性気候**のポルトガルのリスボンについての説明である。夏は気温が30度近く，雨がほとんど降らず，冬は気温10度前後で，夏に比べて雨が多いのが，地中海性気候の特徴である。雨温図のイである。地中海沿岸部の，ポルトガル・スペイン・イタリア・ギリシャ等の国では，気候を生かして夏は乾燥に強いオレンジやオリーブやぶどうなどの作物を，冬は小麦を栽培している。

〔問2〕 まず，W～Zの国を確認する。Wはボリビア，Xはアメリカ合衆国，Yはオマーン，Zはフランスである。かつてスペインの植民地であり，「キリスト教徒の割合が最も多い」「この地方が原産で傾斜地などで栽培された様々な種類のじゃがいも」との記述から，アは，ボリビアである。「高速道路が整備され」「多民族国家を形成し」との一節から，また，**一人当たりの国民総所得**が最も多いウがアメリカ合衆国である。「代表的市場はスークと呼ばれる」「断食が行われる」の一節から，エは**イスラム教徒**の最も多いオマーンである。「**キリスト教徒**(**カトリック**)の信者の割合が最も多く」「日曜日は非労働日とされており休日とする店舗がある」という記述から，イはフランスである。よって正しい組み合わせは，Wア　Xウ　Yエ　Zイとなる。

〔問3〕 1967年に設立され，現在はタイ・インドネシア・ベトナム・フィリピン・マレーシア・ブルネイ・シンガポール・ラオス・ミャンマー・カンボジアの10か国から構成されているのが，**ASEAN**(東南アジア諸国連合)である。ASEANの中で，ベトナムは，独自の歴史を持っている。フランス・アメリカが援助する**資本主義**の南ベトナム共和国と，中国・ソ連が援助する**社会主義**のベトナム民主共和国(北ベトナム)が対立し，**ベトナム戦争**へと発展した。1964年には，アメリカが**北爆**を開始し，ベトナム戦争は本格化したが，最終的に北ベトナムが勝利し，1976年に**南北ベトナムが統一**された。こうして成立したベトナムは，中国や韓国と比べて，労働者の月額平均賃金が安価であり，生産コストを抑えられるために，ベトナムに進出する日本企業数が大幅に増加しているのである。

3 (地理的分野―日本地理－農林水産業・工業・貿易・交通)

〔問1〕 まず，A～Dの県名を確定する。Aは青森県，Bは茨城県，Cは長野県，Dは宮崎県である。次にア～エの都道府県を確定する。アは，「**フォッサマグナ**」「レタスの**抑制栽培**」等の語句から，長野県の説明であるとわかる。イは，「**施設栽培**により年間を通して栽培されるピーマン」「東京まで3時間」との記述から，**近郊農業**を行う茨城県であるとわかる。ウは，「**施設栽培**により年間を通して栽培されるきゅうり」「フェリーで1日以上」との記述から，宮崎県についての説明であるとわかる。エは，「ごぼうは(中略)東京まで約10時間かけてトラックで輸送」との記述から，青森県であるとわかる。青森県はごぼうの生産量全国第1位である。したがって正しい組み合わせは，Aがエの青森県，Bがイの茨城県，Cがアの長野県，Dがウの宮崎県となる。

〔問2〕 まず，W～Zの空港を確定する。Wは**成田国際空港**，Xは**東京国際空港**(羽田空港)，Yは**関西国際空港**，Zが**那覇空港**である。このうち輸出入額の一番小さいZが，空港規模の最も小さい那覇空港であり，表中のイである。日本で最大の輸出入のある空港はWの成田国際空港であり，表中のウである。関西国際空港は，医薬品の輸入が多いのが特徴であり，表中のアである。残るエが東京国際空港である。なお，東京国際空港では医薬品は輸出の第3位である。

〔問3〕 (1) 〔目的〕 **モーダルシフト**とは，トラック等の自動車で行われている貨物輸送を環境負荷の小さい鉄道や船舶の利用へと転換することをいい，それによって貨物輸送で生じる**温暖化**の原因となる**二酸化炭素**の排出量を減少させることを目的として行われる。上記のような趣旨を簡潔にまとめればよい。　(2)〔敷設状況及び設置状況〕　七地方区分の全ての地方に，貨物鉄道の路線と貨物ターミナル駅があることを指摘し簡潔に述べればよい。「全ての地方」「貨物鉄道」「貨物ターミナル駅」の語句を必ず使うことに注意して解答する必要がある。

4　**(歴史的分野―日本史時代別－古墳時代から平安時代・鎌倉時代から室町時代・安土桃山時代から江戸時代・明治時代から現代，―日本史テーマ別－文化史・政治史・技術史・経済史)**

〔問1〕　ア　**室町幕府**の3代将軍である**足利義満**は，**南北朝**を統一した後，1397年に**金閣**を建立した。金閣は1950年に放火により焼失し，現在の金閣は再建されたものである。　イ　奈良の**平城京**を中心にして8世紀に花開いた貴族文化・仏教文化を，**聖武天皇**のときの元号である「天平」から**天平文化**と呼ぶ。天平文化は，**遣唐使**を通じて盛唐の影響を強く受けていた。さらにシルクロードを通じて，国際色豊かな文化が花開いていた。一方，奈良時代の社会は疫病が流行り，大きな戦乱が起こるなど混乱していた。聖武天皇は，国家を守るという仏教の**鎮護国家**の働きに頼ろうとし，都に**東大寺**と**大仏**を，諸国に**国分寺**・国分尼寺を建立させた。大仏造立の詔は743年に出され，開眼供養は752年に行われた。　ウ　**飛鳥時代**には，**聖徳太子**によって，603年に**冠位十二階の制**が定められ，604年には**憲法十七条**が定められた。また607年には**遣隋使**が派遣され，同年に**法隆寺**が建立された。　エ　12世紀に**奥州平泉**を本拠地とし，豊富だった金(きん)や馬を利用して勢力を築き上げ，**中尊寺金色堂**を建立したのは，**奥州藤原氏**である。奥州藤原氏は，1189年に源頼朝によって滅ぼされた。したがって時期の古い順に並べると，ウ→イ→エ→アとなる。

〔問2〕　資料Ⅱは，江戸幕府の8代将軍**徳川吉宗**が，**享保の改革**の際に行った1726年の**新田**検地条目と1720年の**洋書輸入の制限緩和**について述べている。よって，資料Ⅰのウの時期に該当する。

〔問3〕　(時期)　ア　1882年に，**渋沢栄一**らの主唱で大阪に近代的設備を備えた**大阪紡績会社**(現在の東洋紡)が設立された。　イ　**富岡製糸場**は，**殖産興業**政策の一環として，1872年に群馬県に建設された，日本で最初の**官営模範工場**である。フランス人技師が招かれ，全国から多くの**工女**を集めて操業を開始した。富岡製糸場は，2014年にUNESCO(国連教育科学文化機関)によって**世界遺産**に登録された。　ウ　この製鉄所は，北九州に建設された官営の**八幡製鉄所**である。この製鉄所は中国から輸入される鉄鉱石を原料とし，近くの炭田から採掘される石炭を燃料として生産するのに適した場所として，北九州に建設された。操業は1901年に開始された。八幡製鉄所は，日本の鉄鋼の生産高の大部分を占めるようになり，13%強だった日本の鉄鋼の自給率を3倍近くまで高めた。したがって，操業を開始した時期の古い順に並べると，イ→ア→ウとなる。　(略地図)　Bは大阪であり，大阪紡績会社について述べているアに該当する。

〔問4〕　Aの時期にあたるのは，イである。この時期の前半には日本を占領するGHQ(連合国最高司令官総司令部)によって**財閥解体・農地改革**など様々な日本民主化政策がとられていた。Bの時期にあたるのは，エである。1960年に**池田勇人内閣**は，実質国民総生産を10年以内に2倍にすることを目標とする**「国民所得倍増計画」**を閣議決定し，政策を実施した。また，この時期には東海道新幹線が開業した。Cの時期にあたるのは，ウである。1973年に第4次**中東戦争**を機に，OPEC(石油輸出国機構)の各国が石油価格を大幅に引き上げた。このことにより，世界経済全体が大きな混乱に陥ったことを，**石油危機**という。1979年には，第2次石油危機があった。Dにあたるのは，アである。土地や株式に対する投資が増大し，実際の価値以上に地価や株価が異常に高くなる現象を，**バブル経済**という。1986年末に始まったバブル経済が崩壊したのは，1991年である。バブル崩壊後は，景気が後退し，構造改革が進んだ。よって組み合わせは，Aイ・Bエ・Cウ・Dアである

5　**(公民的分野―基本的人権・財政・経済一般)**

〔問1〕　アは，**法の下の平等**を定めた**日本国憲法**第14条である。イは，**生命及び自由の保障**について定めた日本国憲法第31条である。ウは，**教育を受ける権利**について定めた日本国憲法第26条である。ア・イ・ウのどれも経済活動の自由とは関係がない。エが，日本国憲法第21条の，**居住・移転・職業選択の自由**であり，**経済活動の自由を保障**する条文である。これが経済活動の自由を保障した条文とは分かりにくいので注意が必要である。

〔問2〕　様々な料金の中で，その決定や変更に国会・政府・地方自治体が関わっているものを**公共料金**と呼ぶ。資料の診療報酬や介護報酬といった医療関連の公共料金は，所轄省庁の審議会・分科会での審議を経て，所轄省庁である厚生労働省の大臣が発議し，国が決定するものである。

〔問3〕　**法人税**は国税であり，**固定資産税**は**地方税**である。したがって，正しい組み合わせはウである。

〔問4〕　2014年に会社法が改正され，適正な**企業統治**を実現する役割をになう**社外取締役**の条件が追加された。これにより**取締役会**に外部の意見がより反映されるよう，社外取締役を2名以上置く会社数の割合が，2014年の20％台から2020年の80％台まで増加した。このような趣旨のことを簡潔にまとめればよい。

6　**(歴史的分野―世界史－政治史，公民的分野―公害・環境問題，地理的分野―日本地理－人口)**

〔問1〕　略地図上のAは，「国際運河が1914年に開通した」との記述から，パナマの鉄道だとわかる。ウの文章と合致する。略地図上のBは，「1901年に連邦国家が成立した」との記述から，オーストラリアの鉄道だとわかる。さらに「州を越え東西の州都を結ぶ鉄道が，1970年に開業した」との記述から，アの文章と合致する。略地図上のCは，「大反乱が鎮圧された9年後の1867年」との記述が，1857年に起こり翌年鎮圧された**インド大反乱**を指し，インドの鉄道だとわかる。文章のイと合致する。略地図上のDは，「2019年にこの2本の鉄道が結ばれ，大陸横断鉄道となった」に該当し，エの文章と合致する。よって組み合わせは，Aウ・Bア・Cイ・Dエとなる。

〔問2〕　1992年に，**「国連持続可能な開発会議」**がブラジルのリオデジャネイロで開催された。その8年後の2000年にドイツのハノーバーで，**万国博覧会**が開催された。当時のドイツでは，南西部の**シュバルツバルトの森**と呼ばれる地域で，強い酸を含む酸性雨の影響で多くの木々が突然枯れる現象が起こっていた。Ⅰの略年表のDである。また，ドイツの位置は略地図上のXである。

〔問3〕　Ⅱの文章は，大阪で万国博覧会が開催された年であるから，1970年である。1970年は**少子高齢化社会**の段階に入り，65歳以上の人口が7％を超えている。該当する**人口ピラミッド**は，アである。なお，人口ピラミッドのイは1950年，ウは2000年，エは2020年である。

2023年度英語　リスニングテスト

〔放送台本〕

これから，リスニングテストを行います。リスニングテストは，全て放送による指示で行います。リスニングテストの問題には，問題Aと問題Bの二つがあります。問題Aと，問題Bの＜Question1＞では，質問に対する答えを選んで，その記号を答えなさい。問題Bの＜Question2＞では，質問に対する答えを英語で書きなさい。英文とそのあとに出題される質問が，それぞれ全体を通して二回ずつ読まれます。問題用紙の余白にメモをとってもかまいません。答えは全て解答用紙に書きなさい。

〔問題A〕

問題Aは，英語による対話文を聞いて，英語の質問に答えるものです。ここで話される対話文は全部で三つあり，それぞれ質問が一つずつ出題されます。質問に対する答えを選んで，その記号を答えなさい。では，＜対話文1＞を始めます。

Meg: Hi, Taro. What did you do last Sunday?
Taro: Hi, Meg. I went to my grandmother's house to have a birthday party.
Meg: That's nice.
Taro: In the morning, I wrote a birthday card for her at home. Then I visited her and gave her the card. She looked happy. After that, she made some tea for me.
Meg: That sounds good.
Taro: In the evening, my sisters, mother, and father brought a cake for her.
Meg: Did you enjoy the party?
Taro: Yes, very much.

Question: Why did Taro go to his grandmother's house?

＜対話文2＞を始めます。

Satomi: Hi, John. I've been looking for you. Where were you?
John: I'm sorry, Satomi. I was very busy.
Satomi: I went to your classroom in the morning and during lunch time. What were you doing then?
John: Early in the morning, I gave water to flowers in the school garden. After that, I did my homework in my classroom.
Satomi: Oh, you did. How about during lunch time? I went to your room at one o'clock.
John: After I ate lunch, I went to the library. That was at about twelve fifty. I read some history books there for twenty minutes and came back to my room at one fifteen.

Question: What was John doing at one o'clock?

＜対話文3＞を始めます。

Jane: Hi, Bob. I'm happy that I can come to the concert today.
Bob: Hi, Jane. Yes. Me, too.
Jane: How did you get here today?
Bob: Why? I came by bike from home.
Jane: This morning, I watched the weather news. I think it'll be rainy this afternoon.
Bob: Oh, really? I'll have to go home by train and bus. What should I do with my bike?
Jane: After the concert, I will keep it at my house. We can walk to my house.
Bob: Thank you.
Jane: You're welcome. And you can use my umbrella when you go back home from my house.

Question: How did Bob get to the concert from home today?

〔英文の訳〕

［問題A］

<対話文1>

メグ　：こんにちは，タロウ。この前の日曜日は何をしましたか。
タロウ：こんにちは，メグ。誕生会をするために祖母の家に行きました。
メグ　：それはいいですね。
タロウ：午前中，家で彼女への誕生日カードを書きました。そして彼女を訪れそのカードを彼女に渡しました。彼女は嬉しそうでした。その後私に紅茶をいれてくれました。
メグ　：いいですね。
タロウ：夜に姉[妹]たちと母，父が彼女にケーキを持ってきました。
メグ　：パーティーは楽しかったですか。
タロウ：はい，とても。
質問：タロウはなぜ彼の祖母の家に行きましたか。
答え：ア　誕生会をするため。

<対話文2>

サトミ：こんにちは，ジョン。あなたを探していたんです。どこにいたんですか。
ジョン：ごめんなさい，サトミ。とても忙しかったんです。
サトミ：午前中と昼食の時間にあなたの教室に行きました。そのときは何をしていたんですか。
ジョン：午前中の早い時間に学校の庭の花に水をあげました。そのあと教室で宿題をしました。
サトミ：ああ，そうだったんですね。昼食の時間はどうでしたか。1時にあなたの教室へ行きました。
ジョン：昼食を食べたあと図書館へ行きました。それが大体12時50分でした。そこで20分歴史の本をいくつか読んで1時15分に教室に戻りました。
質問：ジョンは1時に何をしていましたか。
答え：エ　彼は歴史の本をいくつか読んでいました。

<対話文3>
ジェイン：こんにちは，ボブ。今日はコンサートに来られてうれしいです。
ボブ　　：こんにちは，ジェイン。はい，僕もです。
ジェイン：今日はどうやってここに来ましたか。
ボブ　　：なんでですか？　家から自転車で来ました。
ジェイン：今朝天気予報を見ました。今日の午後は雨だと思います。
ボブ　　：え，本当ですか？　電車とバスで家に帰らなければならないでしょうね。自転車をどうしたらいいでしょうか。
ジェイン：コンサートのあとに私の家に置いておきますよ。私たちは家まで歩けます。
ボブ　　：ありがとうございます。
ジェイン：どういたしまして。そして私の家から帰るときには私のカサを使っていいですよ。
質問：今日ボブはどのようにして家からコンサートまで来ましたか。
答え：ウ　彼は自転車でそこに来ました。

〔放送台本〕
〔問題B〕

これから聞く英語は，外国人のEmily先生が，離任式で中学生に向けて行ったスピーチです。内容に注意して聞きなさい。あとから，英語による質問が二つ出題されます。<Question1>では，質問に対する答えを選んで，その記号を答えなさい。<Question2>では，質問に対する答えを英語で書きなさい。なお，<Question2>のあとに，15秒程度，答えを書く時間があります。では，始めます。

Hello, everyone. This will be my last day of work at this school. First, I want to say thank you very much for studying English with me. You often came to me and taught me Japanese just after I came here. Your smiles always made me happy. I hope you keep smiling when you study English.

I had many good experiences here. I ran with you in sports festivals, and I sang songs with your teachers in school festivals. I was especially moved when I listened to your songs.

After I go back to my country, I'll keep studying Japanese hard. I want you to visit other countries in the future. I think English will help you have good experiences there. Goodbye, everyone.

<Question1> What made Emily happy?
<Question2> What does Emily want the students to do in the future?

〔英文の訳〕
〔問題B〕
みなさん，こんにちは。今日が私のこの学校で働く最後の日です。まず，私と英語を勉強してくれて本当にありがとうと言いたいです。みなさんは私がここに来てすぐあと，よく私のところに来て日本語を教えてくれました。あなた方の笑顔はいつも私を幸せにしてくれました。みなさんが英語を勉強するときに笑顔でいられることを願っています。

私はここでたくさんのいい経験をしました。体育祭でみなさんと一緒に走り，学園祭では先生方と一緒に歌を歌いました。私はみなさんの歌を聞いたときに特に感動しました。

国に戻ったら日本語を一生懸命勉強し続けるつもりです。将来みなさんには他の国々を訪れて欲しいです。英語がそこでいい経験をするのを手助けしてくれると思います。みなさん，さようなら。

質問1：何がエミリーを幸せにしましたか。

答え　：イ　生徒たちの笑顔。

質問2：エミリーは生徒たちに将来何をしてもらいたいですか。

答え　：(例)他の国々を訪れること。

MEMO

大切なことはメモしておこうネ！

東京都公立高等学校

2022年度

★★★★★★★★★★★★★★★★★★★★★★★

共通問題（理科・社会）

●くわしい解説……31ページ

＜理科＞

時間　50分　　満点　100点

1　次の各問に答えよ。

〔問1〕　図1は，質量を測定した木片に火をつけ，酸素で満たした集気びんPに入れ，ふたをして燃焼させた後の様子を示したものである。図2は，質量を測定したスチールウールに火をつけ，酸素で満たした集気びんQに入れ，ふたをして燃焼させた後の様子を示したものである。

燃焼させた後の木片と，燃焼させた後のスチールウールを取り出し質量を測定するとともに，それぞれの集気びんに石灰水を入れ，ふたをして振った。

燃焼させた後に質量が大きくなった物体と，石灰水が白くにごった集気びんとを組み合わせたものとして適切なのは，下の表の**ア**～**エ**のうちではどれか。

図1

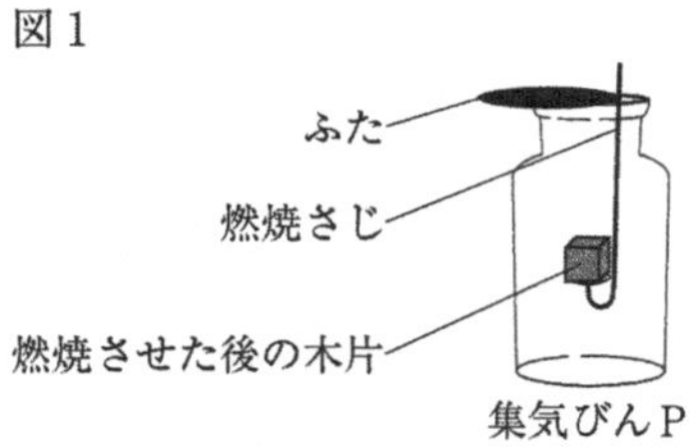

図2

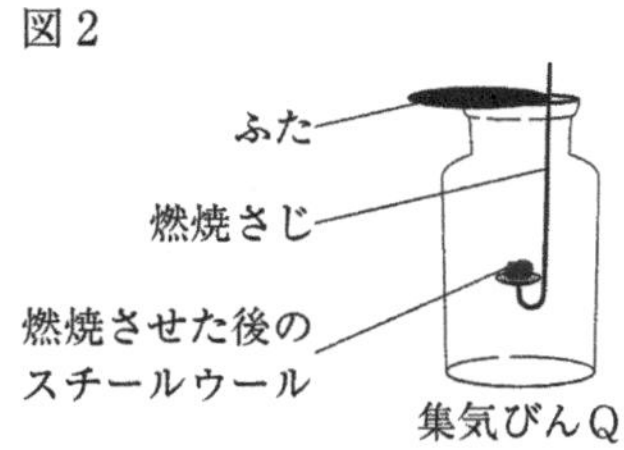

	燃焼させた後に質量が大きくなった物体	石灰水が白くにごった集気びん
ア	木片	集気びんP
イ	スチールウール	集気びんP
ウ	木片	集気びんQ
エ	スチールウール	集気びんQ

〔問2〕　図3は，ヒトの心臓を正面から見て，心臓から送り出された血液が流れる血管と心臓に戻ってくる血液が流れる血管を模式的に表したものである。また，図中の矢印（➡）は全身から右心房に戻る血液の流れを示している。

血管A～血管Dのうち，動脈と，動脈血が流れる血管とを組み合わせたものとして適切なのは，次の表の**ア**～**エ**のうちではどれか。

図3

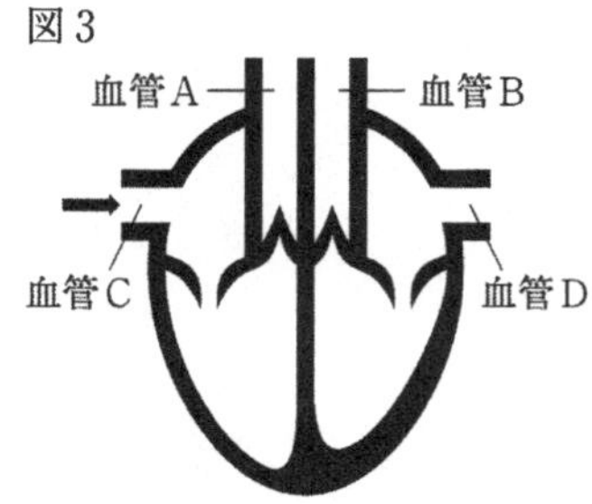

	動脈	動脈血が流れる血管
ア	血管Aと血管B	血管Bと血管D
イ	血管Aと血管B	血管Aと血管C
ウ	血管Cと血管D	血管Bと血管D
エ	血管Cと血管D	血管Aと血管C

〔問３〕　図４は，平らな底に「A」の文字が書かれた容器に水を入れた状態を模式的に表したものである。水中から空気中へ進む光の屈折に関する説明と，観察者と容器の位置を変えずに内側の「A」の文字の形が全て見えるようにするときに行う操作とを組み合わせたものとして適切なのは，下の表のア～エのうちではどれか。

図４

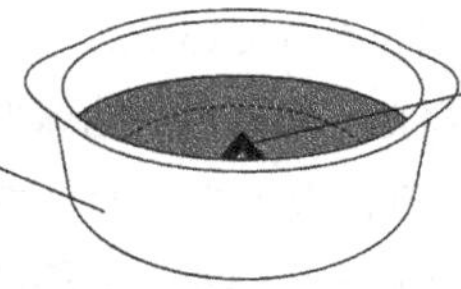

	水中から空気中へ進む光の屈折に関する説明	「A」の文字の形が全て見えるようにするときに行う操作
ア	屈折角より入射角の方が大きい。	容器の中の水の量を減らす。
イ	屈折角より入射角の方が大きい。	容器の中の水の量を増やす。
ウ	入射角より屈折角の方が大きい。	容器の中の水の量を減らす。
エ	入射角より屈折角の方が大きい。	容器の中の水の量を増やす。

〔問４〕　前線が形成されるときの暖気と寒気の動きを矢印（⇨）で模式的に表したものがA，Bである。温暖前線付近の暖気と寒気の動きを次のA，Bから一つ，できた直後の温暖前線付近の暖気と寒気を比較したときに，密度が小さいものを下のC，Dから一つ，それぞれ選び，組み合わせたものとして適切なのは，下のア～エのうちではどれか。

暖気と寒気の動き

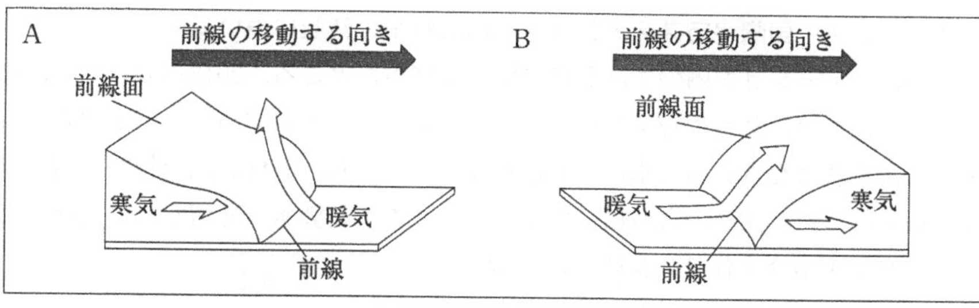

密度が小さいもの

C　暖気	D　寒気

ア　A，C　　イ　A，D　　ウ　B，C　　エ　B，D

〔問５〕　図５は，12Vの電源装置と1.2Ωの抵抗器A，2Ωの抵抗器B，3Ωの抵抗器Cをつないだ回路図である。この回路に電圧を加えたときの，回路上の点p，点q，点rを流れる電流の大きさを，それぞれP〔A〕，Q〔A〕，R〔A〕とした。このときP，Q，Rの関係を表したものとして適切なのは，次のうちではどれか。

図５

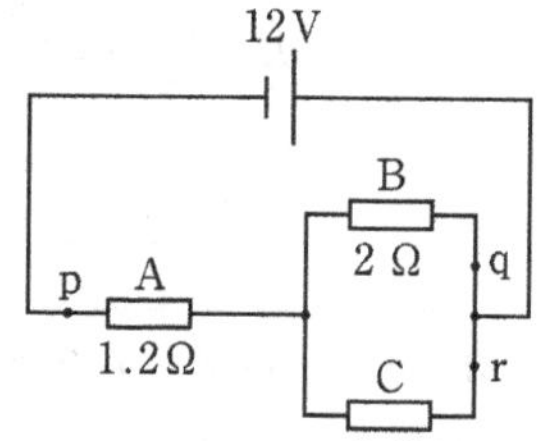

ア　P<Q<R　　イ　P<R<Q
ウ　Q<R<P　　エ　R<Q<P

2 生徒が，国際宇宙ステーションに興味をもち，科学的に探究しようと考え，自由研究に取り組んだ。生徒が書いたレポートの一部を読み，次の各問に答えよ。

<レポート１>　日食について

金環日食が観察された日の地球にできた月の影を，国際宇宙ステーションから撮影した画像が紹介されていた。

日食が生じるときの北極星側から見た太陽，月，地球の位置関係を模式的に示すと，図１のようになっていた。さらに，日本にある観測地点Aは，地球と月と太陽を一直線に結んだ線上に位置していた。

図１

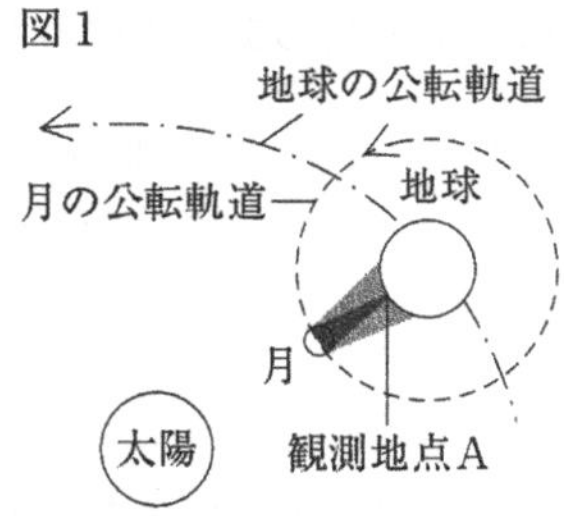

〔問１〕 **<レポート１>**から，図１の位置関係において，観測地点Aで月を観測したときに月が真南の空に位置する時刻と，この日から１週間後に観察できる月の見え方に最も近いものとを組み合わせたものとして適切なのは，次の表の**ア**～**エ**のうちではどれか。

	真南の空に位置する時刻	１週間後に観察できる月の見え方
ア	12時	上弦の月
イ	18時	上弦の月
ウ	12時	下弦の月
エ	18時	下弦の月

<レポート２>　国際宇宙ステーションでの飲料水の精製について

国際宇宙ステーション内の生活環境に関して調べたところ，2018年では，生活排水をタンクに一時的にため，蒸留や殺菌を行うことできれいな水にしていたことが紹介されていた。

蒸留により液体をきれいな水にすることに興味をもち，液体の混合物から水を分離するモデル実験を行った。図２のように，塩化ナトリウムを精製水（蒸留水）に溶かして５％の塩化ナトリウム水溶液を作り，実験装置で蒸留した。蒸留して出てきた液体が試験管に約１cmたまったところで蒸留を止めた。枝付きフラスコに残った水溶液Aと蒸留して出てきた液体Bをそれぞれ少量とり，蒸発させて観察し，結果を表１にまとめた。

図２

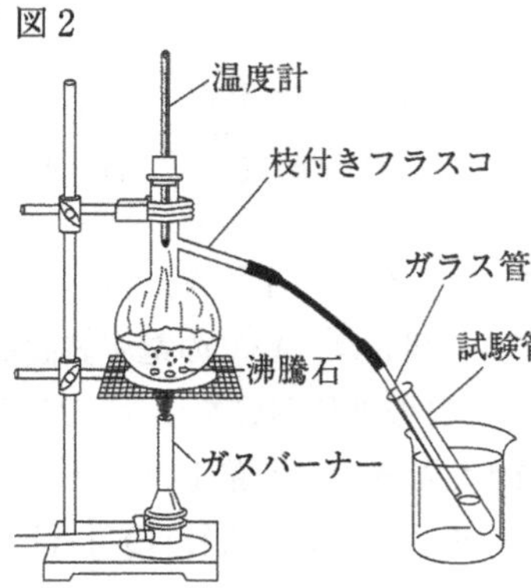

表１

蒸発させた液体	観察した結果
水溶液A	結晶が見られた。
液体B	結晶が見られなかった。

〔問２〕 **<レポート２>**から，結晶になった物質の分類と，水溶液Aの濃度について述べたものとを組み合わせたものとして適切なのは，次のページの表の**ア**～**エ**のうちではどれか。

	結晶になった物質の分類	水溶液Aの濃度
ア	混合物	5%より高い。
イ	化合物	5%より高い。
ウ	混合物	5%より低い。
エ	化合物	5%より低い。

<レポート3>　国際宇宙ステーションでの植物の栽培について

国際宇宙ステーションでは，宇宙でも効率よく成長する植物を探すため，図3のような装置の中で植物を発芽させ，実験を行っていることが紹介されていた。植物が光に向かって成長することから，装置の上側に光源を設置してあることが分かった。

植物の成長に興味をもち，植物を真上から観察すると，上下にある葉が互いに重ならないようにつき，成長していくことが分かった。

図3

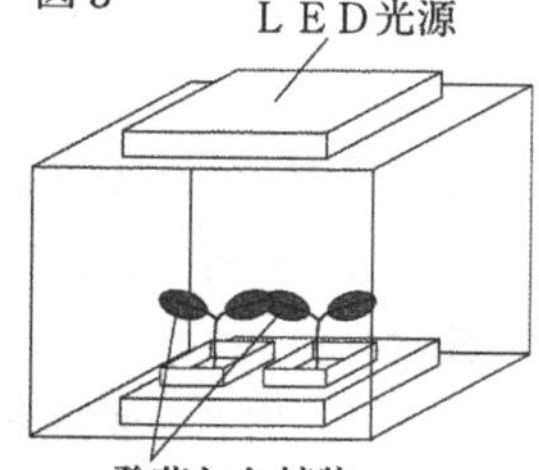

〔問3〕　<レポート3>から，上下にある葉が互いに重ならないようにつく利点と，葉で光合成でつくられた養分（栄養分）が通る管の名称とを組み合わせたものとして適切なのは，次の表の**ア**～**エ**のうちではどれか。

	上下にある葉が互いに重ならないようにつく利点	光合成でつくられた養分（栄養分）が通る管の名称
ア	光が当たる面積が小さくなる。	道管
イ	光が当たる面積が小さくなる。	師管
ウ	光が当たる面積が大きくなる。	道管
エ	光が当たる面積が大きくなる。	師管

<レポート4>　月面での質量と重さの関係について

国際宇宙ステーション内では，見かけ上，物体に重力が働かない状態になるため，てんびんや地球上で使っている体重計では質量を測定できない。そのため，宇宙飛行士は質量を測る際に特別な装置で行っていることが紹介されていた。

地球上でなくても質量が測定できることに興味をもち調べたところ，重力が変化しても物体そのものの量は，地球上と変わらないということが分かった。

また，重力の大きさは場所によって変わり，月面では同じ質量の物体に働く重力の大きさが地球上と比べて約6分の1であることも分かった。

図4のような測定を月面で行った場合，質量300gの物体Aを上皿てんびんに載せたときにつり合う分銅の種類と，物体Aをはかりに載せたときの目盛りの値について考えた。

図4

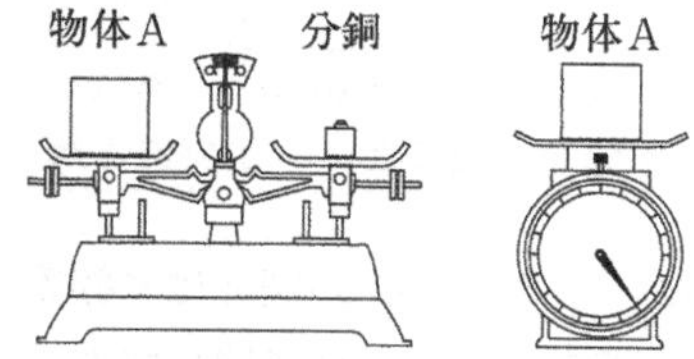

〔問4〕　＜レポート4＞から，図4のような測定を月面で行った場合，質量300gの物体Aを上皿てんびんに載せたときにつり合う分銅の種類と，物体Aをはかりに載せたときの目盛りの値とを組み合わせたものとして適切なのは，次の表の**ア**～**エ**のうちではどれか。

	上皿てんびんに載せたときにつり合う分銅の種類	はかりに載せたときの目盛りの値
ア	50gの分銅	約50g
イ	50gの分銅	約300g
ウ	300gの分銅	約50g
エ	300gの分銅	約300g

3　岩石や地層について，次の各問に答えよ。
＜観察＞を行ったところ，＜結果＞のようになった。

＜観察＞

図1は，岩石の観察を行った地域Aと，ボーリング調査の記録が得られた地域Bとを示した地図である。

(1)　地域Aでは，特徴的な岩石Pと岩石Qを採取後，ルーペで観察し，スケッチを行い特徴を記録した。

(2)　岩石Pと岩石Qの，それぞれの岩石の中に含まれているものを教科書や岩石に関する資料を用いて調べた。

(3)　地域BにあるX点とY点でのボーリング調査の記録と，この地域で起きた過去の堆積の様子についてインターネットで調べた。
なお，X点の標高は40.3m，Y点の標高は36.8mである。

図1

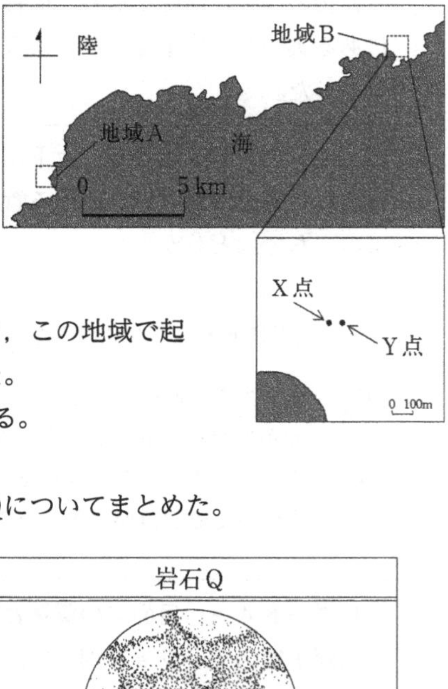

＜結果＞

(1)　＜観察＞の(1)と(2)を，表1のように，岩石Pと岩石Qについてまとめた。

表1

	岩石P	岩石Q
スケッチ	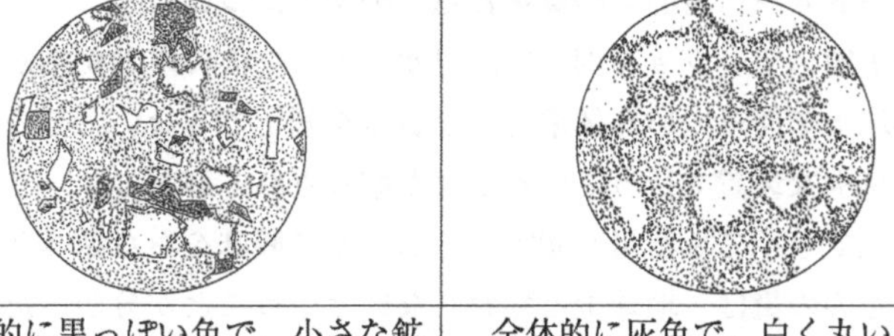	
特徴	全体的に黒っぽい色で，小さな鉱物の間に，やや大きな鉱物が散らばっていた。	全体的に灰色で，白く丸いものが多数散らばっていた。
教科書や資料から分かったこと	無色鉱物である長石や，有色鉱物である輝石(きせき)が含まれていた。	丸いものはフズリナの化石であった。

(2)　次のページの図2は＜観察＞の(3)で調べた地域BにあるX点とY点のそれぞれのボーリング調査の記録（柱状図）である。凝灰岩(ぎょうかいがん)の層は同じ時期に堆積している。また，地域Bの地層で

は上下の入れ替わりは起きていないことが分かった。

図2

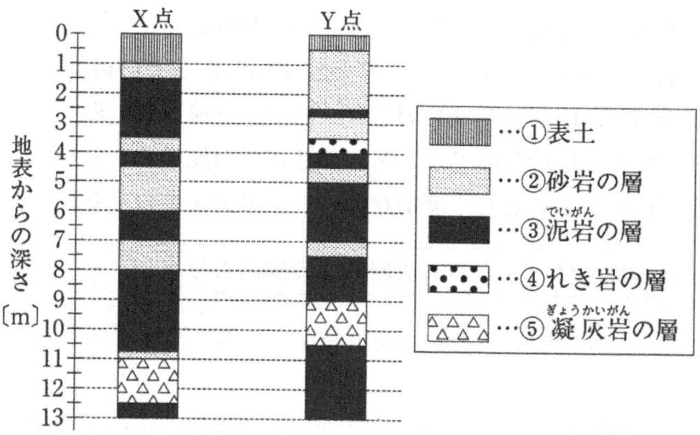

〔問1〕　<結果>の(1)の岩石Pと<結果>の(2)の④の層に含まれるれき岩の，それぞれのでき方と，れき岩を構成する粒の特徴とを組み合わせたものとして適切なのは，次の表のア〜エのうちではどれか。

	岩石Pとれき岩のそれぞれのでき方	れき岩を構成する粒の特徴
ア	岩石Pは土砂が押し固められてできたもので，れき岩はマグマが冷えてできたものである。	角が取れて丸みを帯びた粒が多い。
イ	岩石Pは土砂が押し固められてできたもので，れき岩はマグマが冷えてできたものである。	角ばった粒が多い。
ウ	岩石Pはマグマが冷えてできたもので，れき岩は土砂が押し固められてできたものである。	角が取れて丸みを帯びた粒が多い。
エ	岩石Pはマグマが冷えてできたもので，れき岩は土砂が押し固められてできたものである。	角ばった粒が多い。

〔問2〕　<結果>の(1)で，岩石Qが堆積した地質年代に起きた出来事と，岩石Qが堆積した地質年代と同じ地質年代に生息していた生物とを組み合わせたものとして適切なのは，次の表のア〜エのうちではどれか。

	岩石Qが堆積した地質年代に起きた出来事	同じ地質年代に生息していた生物
ア	魚類と両生類が出現した。	アンモナイト
イ	魚類と両生類が出現した。	三葉虫（サンヨウチュウ）
ウ	鳥類が出現した。	アンモナイト
エ	鳥類が出現した。	三葉虫（サンヨウチュウ）

〔問3〕　<結果>の(2)にある泥岩の層が堆積した時代の地域B周辺の環境について述べたものとして適切なのは，次のア〜エのうちではどれか。

ア　流水で運搬され海に流れた土砂は，粒の小さなものから陸の近くに堆積する。このことから，泥岩の層が堆積した時代の地域B周辺は，河口から近い浅い海であったと考えられる。

イ　流水で運搬され海に流れた土砂は，粒の大きなものから陸の近くに堆積する。このことから，泥岩の層が堆積した時代の地域Ｂ周辺は，河口から近い浅い海であったと考えられる。

ウ　流水で運搬され海に流れた土砂は，粒の小さなものから陸の近くに堆積する。このことから，泥岩の層が堆積した時代の地域Ｂ周辺は，河口から遠い深い海であったと考えられる。

エ　流水で運搬され海に流れた土砂は，粒の大きなものから陸の近くに堆積する。このことから，泥岩の層が堆積した時代の地域Ｂ周辺は，河口から遠い深い海であったと考えられる。

〔問４〕　**<結果>**の(2)から，地域ＢのＸ点とＹ点の柱状図の比較から分かることについて述べた次の文の □ に当てはまるものとして適切なのは，下の**ア**～**エ**のうちではどれか。

Ｘ点の凝灰岩の層の標高は，Ｙ点の凝灰岩の層の標高より □ なっている。

ア　1.5m高く　　**イ**　1.5m低く　　**ウ**　3.5m高く　　**エ**　3.5m低く

4　植物の花のつくりの観察と，遺伝の規則性を調べる実験について，次の各問に答えよ。

<観察>を行ったところ，**<結果１>**のようになった。

<観察>

(1)　メンデルの実験で用いられた品種と同じエンドウを校庭で育てた。

(2)　(1)から花を１個採取後，分解しセロハンテープに並べて貼り付けた。

(3)　(1)からさらに花をもう１個採取後，花の内側にある花弁が２枚合わさるように重なっている部分（図１の点線）をカッターナイフで切り，断面を観察して，スケッチした。

図１

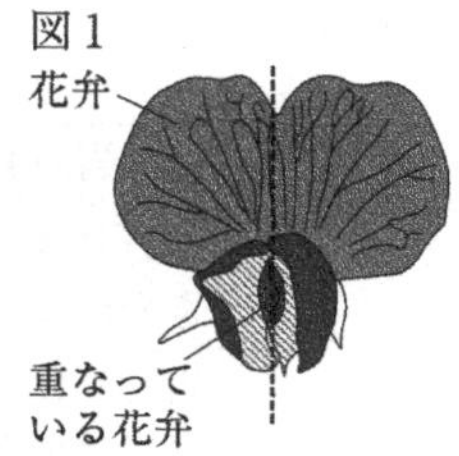

<結果１>

(1)　**<観察>**の(2)から，図２のようにエンドウの花弁は５枚あり，その１枚１枚が離れていた。

(2)　**<観察>**の(3)から，図３のように，おしべとめしべは内側の２枚の花弁で包まれていた。また，子房の中には，胚珠（はいしゅ）が見られた。

図２

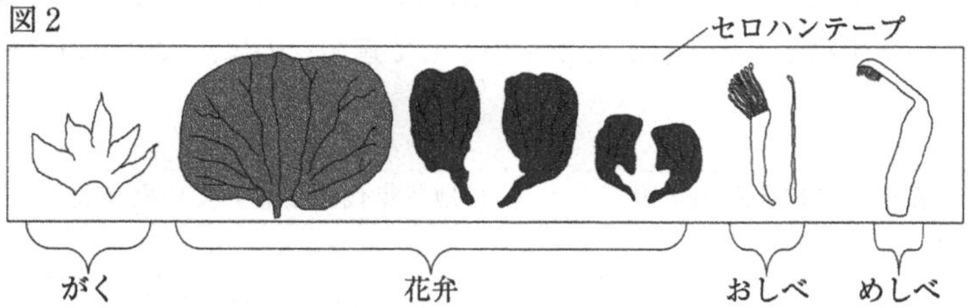

図３

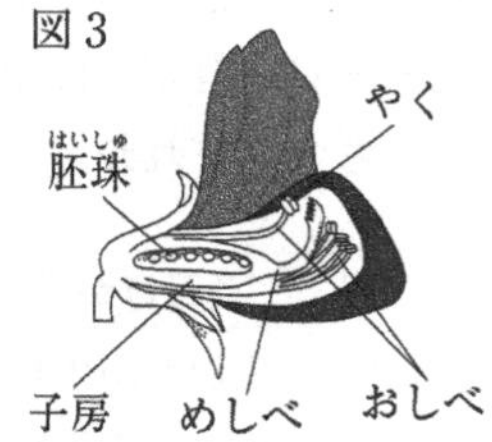

次に，**<実験>**を行ったところ，**<結果２>**のようになった。

<実験>

(1)　校庭で育てたエンドウには，草たけ（茎の長さ）の高い個体と低い個体がそれぞれあった。

(2)　草たけが高い個体を１本選び，エンドウが自家受粉し，受精後にできた種子を採取した。

(3)　草たけが低い個体を１本選び，エンドウが自家受粉し，受精後にできた種子を採取した。

(4)　(2)で採取した種子をまいて育て，成長したエンドウの草たけを調べた。

(5)　(3)で採取した種子をまいて育て，成長したエンドウの草たけを調べた。

(6)　(4)で調べたエンドウの花で，花粉がつくられる前に，やくを全て取り除いた。

(7)　(6)のエンドウの花の柱頭に，(5)で調べたエンドウの花のやくから採取した花粉を付け，受精した後にできた種子を採取した。

(8)　(7)で採取した種子をまいて育て，成長したエンドウの草たけを調べた。

＜結果２＞

(1)　**＜実験＞**の(4)から，全て草たけの高い個体（図４のＰ）であった。

(2)　**＜実験＞**の(5)から，全て草たけの低い個体（図４のＱ）であった。

(3)　**＜実験＞**の(8)から，全て草たけの高い個体（図４のＲ）であった。

図４　**＜実験＞**の模式図

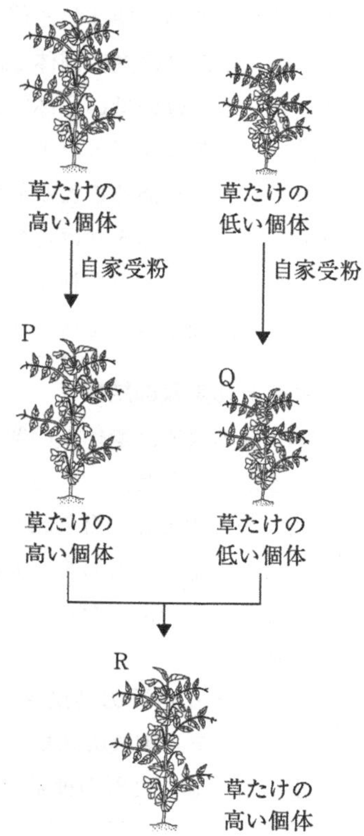

〔問１〕　**＜結果１＞**の(1)の花のつくりをもつ植物の子葉の枚数と，**＜結果１＞**の(2)のように胚珠が子房の中にある植物のなかまの名称とを組み合わせたものとして適切なのは，次の表の**ア**～**エ**のうちではどれか。

	子葉の枚数	胚珠が子房の中にある植物のなかまの名称
ア	１枚	被子植物
イ	１枚	裸子植物
ウ	２枚	被子植物
エ	２枚	裸子植物

〔問２〕　**＜実験＞**の(7)では，花粉から花粉管が伸長し，その中を移動する生殖細胞１個の染色体数は７本である。花粉管の中を移動する生殖細胞のうち１個と合体する細胞と，受精卵１個に含まれる染色体数とを組み合わせたものとして適切なのは，次の表の**ア**～**エ**のうちではどれか。

	花粉管の中を移動する生殖細胞のうち１個と合体する細胞	受精卵１個に含まれる染色体数
ア	卵	７本
イ	卵	14本
ウ	卵細胞	７本
エ	卵細胞	14本

〔問３〕　**＜結果２＞**の(3)の個体で，花粉がつくられる前にやくを全て取り除き，柱頭に**＜結果２＞**の(2)の個体のやくから採取した花粉を付け受精させ，種子を採取した。その種子をまいて育て，成長したエンドウの草たけを調べたときの結果として適切なのは，あとのうちではどれか。

ア　草たけの高い個体数と草たけの低い個体数のおよその比は１：１であった。
イ　草たけの高い個体数と草たけの低い個体数のおよその比は１：３であった。
ウ　全て草たけの高い個体であった。
エ　全て草たけの低い個体であった。

〔問４〕　メンデルが行ったエンドウの種子の形の遺伝に関する実験では，顕性形質の丸形と，潜性形質のしわ形があることが分かった。遺伝子の組み合わせが分からない丸形の種子を２個まき，育てた個体どうしをかけ合わせる**<モデル実験の結果>**から，**<考察>**をまとめた。
　ただし，エンドウの種子が丸形になる遺伝子をA，しわ形になる遺伝子をaとし，子や孫の代で得られた種子は，遺伝の規則性のとおりに現れるものとする。

<モデル実験の結果>
(1)　親の代で，遺伝子の組み合わせが分からない丸形の種子を２個まき，育てた個体どうしをかけ合わせたところ，子の代では丸形の種子だけが得られた。
(2)　子の代として得られた丸形の種子を全てまき，育てた個体をそれぞれ自家受粉させたところ，孫の代として，丸形の種子だけが得られた個体と丸形・しわ形の種子が得られた個体の両方があった。

<考察>
　<モデル実験の結果>の(1)で，子の代として得られた丸形の種子の遺伝子の組み合わせは，**<モデル実験の結果>**の(2)から，2種類あることが分かる。このことから，親の代としてまいた２個の丸形の種子の遺伝子の組み合わせを示すと［　　］であることが分かる。

<考察>の［　　］に当てはまるものとして適切なのは，下の**ア**～**ウ**のうちではどれか。
ア　AAとAA　　**イ**　AaとAa　　**ウ**　AAとAa

5　イオンの性質を調べる実験について，次の各問に答えよ。
　<実験１>を行ったところ，**<結果１>**のようになった。
<実験１>
(1)　図１のように，ビーカー①に硫酸亜鉛水溶液を入れ，亜鉛板Pを設置した。次に，ビーカー①に硫酸銅水溶液を入れたセロハンの袋を入れ，セロハンの袋の中に銅板Qを設置した。プロペラ付きモーターに亜鉛板Pと銅板Qを導線でつないだ後に金属板の表面の様子を観察した。
(2)　図２のように，簡易型電気分解装置に薄い水酸化ナトリウム水溶液を入れ，電極Rと電極Sを導線で電源装置につなぎ，電圧を加えて電流を流した後に電極の様子を観察した。

図１
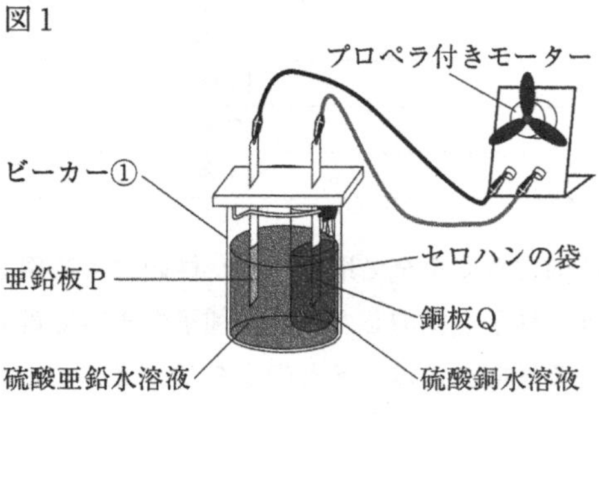

図２
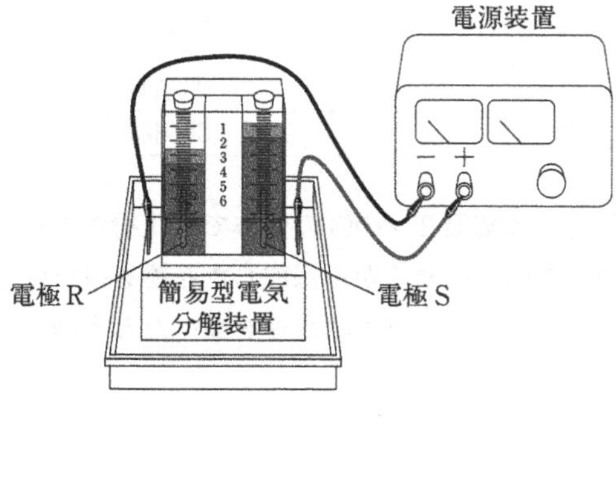

＜結果１＞

(1)　＜実験１＞の(1)でプロペラは回転した。亜鉛板Ｐは溶け，銅板Ｑには赤茶色の物質が付着した。

(2)　＜実験１＞の(2)で電極Ｒと電極Ｓからそれぞれ気体が発生した。

〔問１〕　＜結果１＞の(1)から，水溶液中の亜鉛板Ｐと銅板Ｑの表面で起こる化学変化について，亜鉛原子１個を●，亜鉛イオン１個を●$^{2+}$，銅原子１個を●，銅イオン１個を●$^{2+}$，電子１個を•というモデルで表したとき，亜鉛板Ｐの様子をＡ，Ｂから一つ，銅板Ｑの様子をＣ，Ｄから一つ，それぞれ選び，組み合わせたものとして適切なのは，下の**ア**～**エ**のうちではどれか。

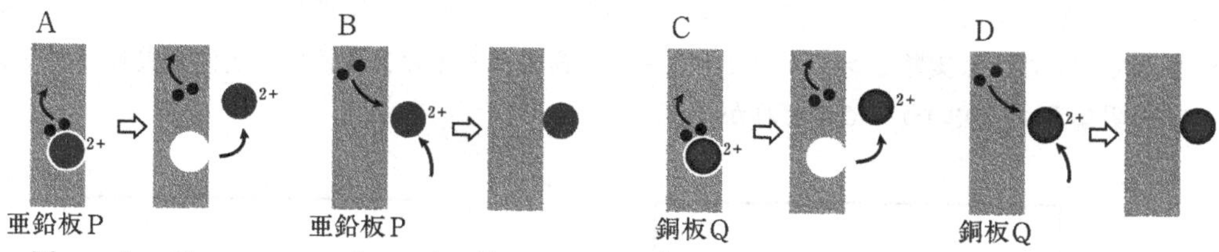

ア　A，C　　**イ**　A，D　　**ウ**　B，C　　**エ**　B，D

〔問２〕　＜結果１＞の(1)と(2)から，ビーカー①内の硫酸亜鉛水溶液と硫酸銅水溶液を合わせた水溶液中に含まれるZn^{2+}の数とCu^{2+}の数のそれぞれの増減と，電極Ｒと電極Ｓでそれぞれ発生する気体の性質とを組み合わせたものとして適切なのは，次の表の**ア**～**カ**のうちではどれか。

	合わせた水溶液に含まれるZn^{2+}の数	合わせた水溶液に含まれるCu^{2+}の数	電極Ｒで発生する気体の性質	電極Ｓで発生する気体の性質
ア	増える。	減る。	空気より軽い。	水に溶けにくい。
イ	増える。	増える。	空気より軽い。	水に溶けやすい。
ウ	増える。	減る。	空気より重い。	水に溶けにくい。
エ	減る。	増える。	空気より軽い。	水に溶けやすい。
オ	減る。	減る。	空気より重い。	水に溶けやすい。
カ	減る。	増える。	空気より重い。	水に溶けにくい。

次に，＜実験２＞を行ったところ，＜結果２＞のようになった。

＜実験２＞

(1)　ビーカー②に薄い塩酸を12㎤入れ，BTB溶液を５滴加えてよく混ぜた。図３は，水溶液中の陽イオンを○，陰イオンを⊗というモデルで表したものである。

(2)　水酸化ナトリウム水溶液を10㎤用意した。

(3)　(2)の水酸化ナトリウム水溶液をビーカー②に少しずつ加え，ガラス棒でかき混ぜ水溶液の様子を観察した。

(4)　(3)の操作を繰り返し，水酸化ナトリウム水溶液を合計６㎤加えると，水溶液は緑色になった。

(5)　緑色になった水溶液をスライドガラスに１滴取り，水を蒸発させた後，観察した。

図３

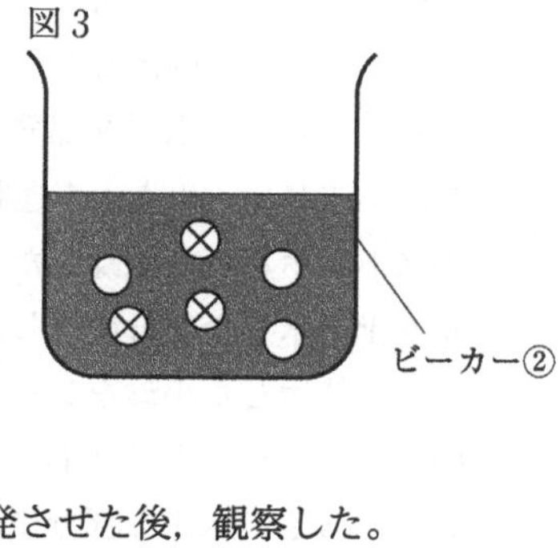

＜結果２＞

スライドガラスには，塩化ナトリウムの結晶が見られた。

〔問３〕　＜**実験２**＞の(4)のビーカー②の水溶液中で起きた化学変化を下の点線で囲まれた＜**化学反応式**＞で表すとき，下線部にそれぞれ当てはまる化学式を一つずつ書け。

ただし，＜**化学反応式**＞において酸の性質をもつ物質の化学式は（酸）の上の____に，アルカリの性質をもつ物質の化学式は（アルカリ）の上の____に，塩は（塩）の上の____に書くこと。

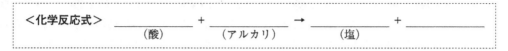

＜**化学反応式**＞　________ ＋ ________ → ________ ＋ ________
（酸）　（アルカリ）　（塩）

〔問４〕　＜**実験２**＞の(5)の後，＜**実験２**＞の(3)の操作を繰り返し，用意した水酸化ナトリウム水溶液を全て加えた。＜**実験２**＞の(1)のビーカー②に含まれるイオンの総数の変化を表したグラフとして適切なのは，次のうちではどれか。

ア
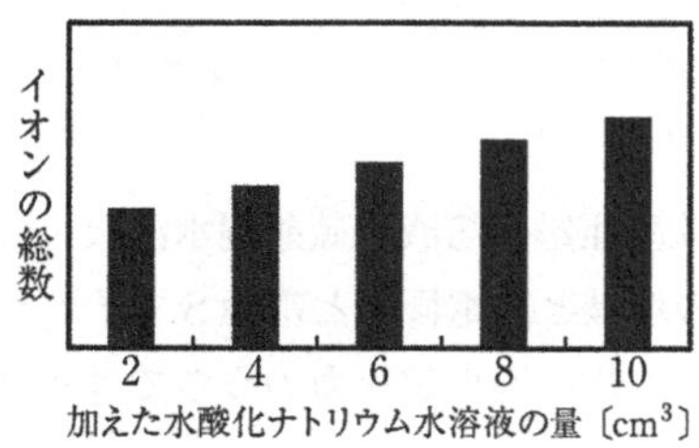

イ
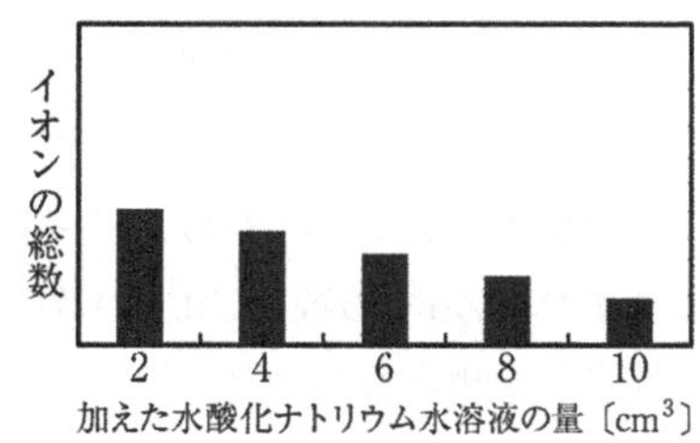

ウ
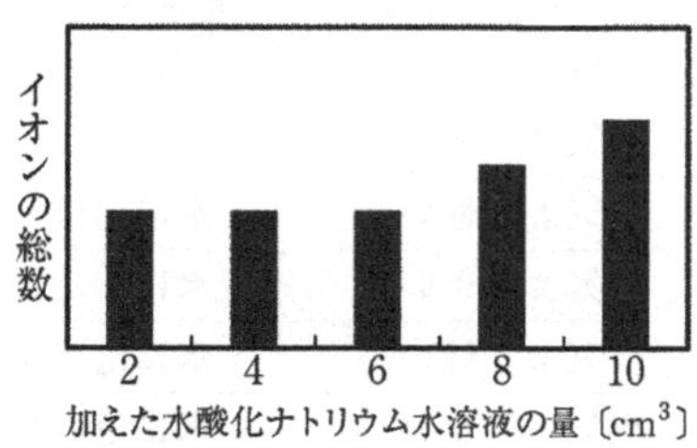

エ
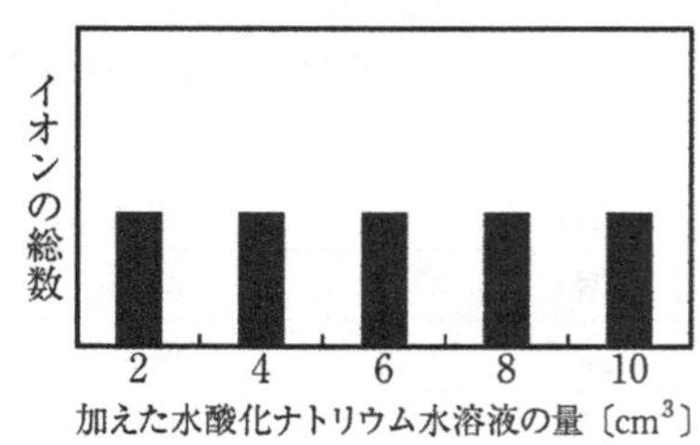

6　物体の運動に関する実験について，次の各問に答えよ。

＜**実験**＞を行ったところ，＜**結果**＞のようになった。

＜**実験**＞

(1)　形が異なるレールＡとレールＢを用意し，それぞれに目盛りを付け，次のページの図１のように水平な床に固定した。

(2)　レールＡ上の水平な部分から９cmの高さの点ａに小球を静かに置き，手を放して小球を転がし，小球がレールＡ上を運動する様子を，小球が最初に一瞬静止するまで，発光時間間隔0.1秒のストロボ写真で記録した。レールＡ上の水平な部分からの高さが４cmとなる点を点ｂ，レールＡ上の水平な部分に達した点を点ｃとした。

(3)　(2)で使用した小球をレールＢ上の水平な部分から９cmの高さの点ｄに静かに置き，(2)と同様の実験をレールＢ上で行った。レールＢ上の水平な部分からの高さが5.2cmとなる点を点ｅ，レールＢ上の水平な部分に達した点を点ｆとした。

(4)　ストロボ写真に記録された結果から，小球がレールＡ上の点ａから運動を始め，最初に一瞬静止するまでの0.1秒ごとの位置を模式的に表すと次のページの図２のようになった。さらに

0.1秒ごとに①から⑪まで，順に区間番号を付けた。

(5)　レールBについて，(4)と同様に模式的に表し，0.1秒ごとに①から⑪まで，順に区間番号を付けた。

(6)　レールAとレールBにおいて，①から⑪までの各区間における小球の移動距離を測定した。

図1

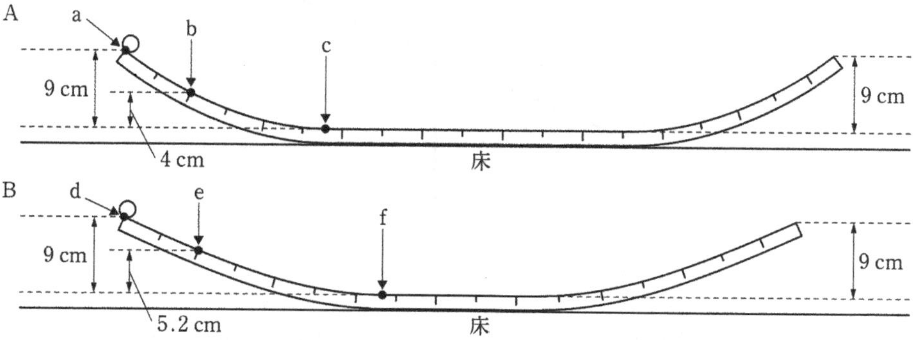

図2

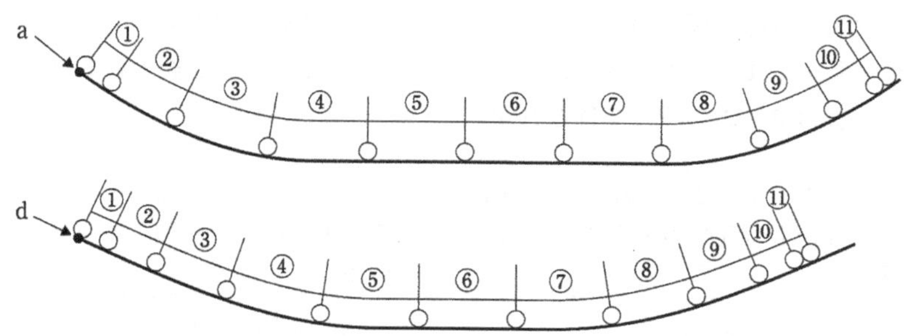

＜結果＞

区間番号	①	②	③	④	⑤	⑥	⑦	⑧	⑨	⑩	⑪
時間〔s〕	0~0.1	0.1~0.2	0.2~0.3	0.3~0.4	0.4~0.5	0.5~0.6	0.6~0.7	0.7~0.8	0.8~0.9	0.9~1.0	1.0~1.1
レールAにおける移動距離〔cm〕	3.6	7.9	10.4	10.9	10.9	10.9	10.8	10.6	9.0	5.6	1.7
レールBにおける移動距離〔cm〕	3.2	5.6	8.0	10.5	10.9	10.9	10.6	9.5	6.7	4.2	1.8

〔問1〕　＜結果＞から，レールA上の⑧から⑩までの小球の平均の速さとして適切なのは，次のうちではどれか。

ア　0.84m/s　　**イ**　0.95m/s　　**ウ**　1.01m/s　　**エ**　1.06m/s

〔問2〕　＜結果＞から，小球がレールB上の①から③まで運動しているとき，小球が運動する向きに働く力の大きさと小球の速さについて述べたものとして適切なのは，次のうちではどれか。

ア　力の大きさがほぼ一定であり，速さもほぼ一定である。

イ　力の大きさがほぼ一定であり，速さはほぼ一定の割合で増加する。

ウ　力の大きさがほぼ一定の割合で増加し，速さはほぼ一定である。

エ　力の大きさがほぼ一定の割合で増加し，速さもほぼ一定の割合で増加する。

〔問3〕　次のページの図3の矢印は，小球がレールB上の⑨から⑪までの斜面上にあるときの小球に働く重力を表したものである。小球が斜面上にあるとき，小球に働く重力の斜面に平行な分力と，斜面に垂直な分力を解答用紙の方眼を入れた図にそれぞれ矢印でかけ。

図3

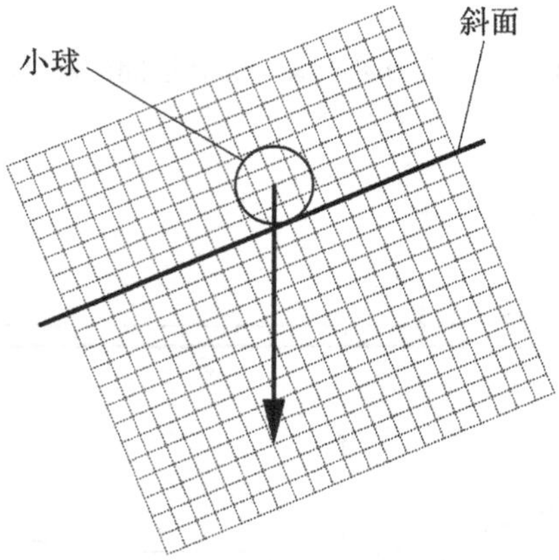

〔問4〕　**＜実験＞**の(2)，(3)において，点ｂと点ｅを小球がそれぞれ通過するときの小球がもつ運動エネルギーの大きさの関係について述べたものと，点ｃと点ｆを小球がそれぞれ通過するときの小球がもつ運動エネルギーの大きさの関係について述べたものとを組み合わせたものとして適切なのは，次の表の**ア**～**エ**のうちではどれか。

	点ｂと点ｅを小球がそれぞれ通過するときの小球がもつ運動エネルギーの大きさの関係	点ｃと点ｆを小球がそれぞれ通過するときの小球がもつ運動エネルギーの大きさの関係
ア	点ｂの方が大きい。	点ｆの方が大きい。
イ	点ｂの方が大きい。	ほぼ等しい。
ウ	ほぼ等しい。	点ｆの方が大きい。
エ	ほぼ等しい。	ほぼ等しい。

＜社会＞　時間　50分　満点　100点

1　次の各問に答えよ。

〔問１〕　次の資料は，ある地域の様子を地域調査の発表用としてまとめたものの一部である。次のページの**ア**～**エ**の地形図は，「国土地理院発行２万５千分の１地形図」の一部を拡大して作成した地形図上に●で示した**A**点から，**B**点を経て，**C**点まで移動した経路を太線（━━）で示したものである。資料で示された地域に当てはまるのは，次のページの**ア**～**エ**のうちではどれか。

漁師町の痕跡を巡る　調査日　令和３年10月２日（土）　天候　晴れ

複数の文献等に共通した地域の特徴

○**A**点付近の様子
ベカ舟がつながれていた川，漁業を営む家，町役場

○**B**点付近の様子
にぎやかな商店街，細い路地

〔ベカ舟〕

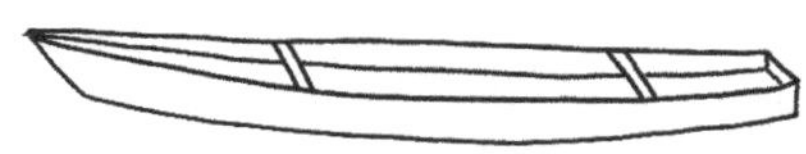

長さ約4.8m，幅約1.0m，高さ約0.6m

漁師町の痕跡を巡った様子

A点で川に架かる橋から東を見ると，漁業に使うベカ舟がつながれていた川が曲がっている様子が見えた。その橋を渡ると，水準点がある場所に旧町役場の跡の碑があった。南へ約50m歩いて南東に曲がった道路の**B**点では，明治時代初期の商家の建物や細い路地がいくつか見られた。川に並行した道路を約450m歩き，北東に曲がって川に架かる橋を渡り，少し歩いて北西に曲がって川に並行した道路を約250m直進し，曲がりくねった道を進み，東へ曲がると，学校の前の**C**点に着いた。

A点（漁業に使うベカ舟がつながれていた川）

B点（明治時代初期の商家の建物が見られる道路）

ア

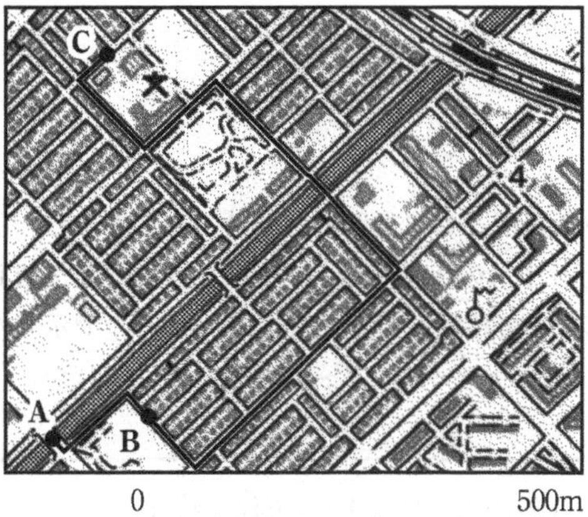

(2019年の「国土地理院発行2万5千分の1地形図(千葉西部)」の一部を拡大して作成)

イ

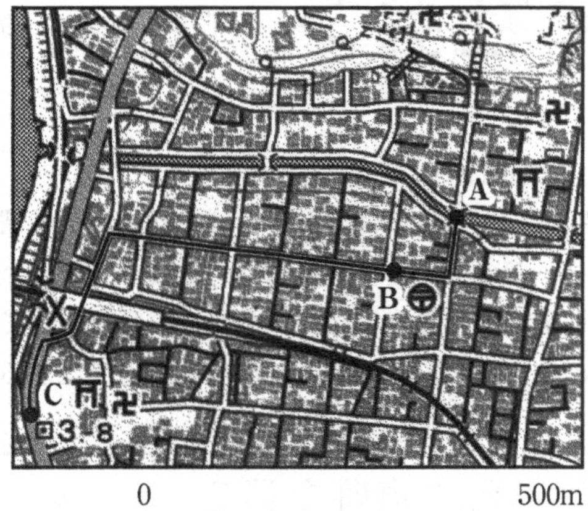

(2019年の「国土地理院発行2万5千分の1地形図(船橋)」の一部を拡大して作成)

ウ

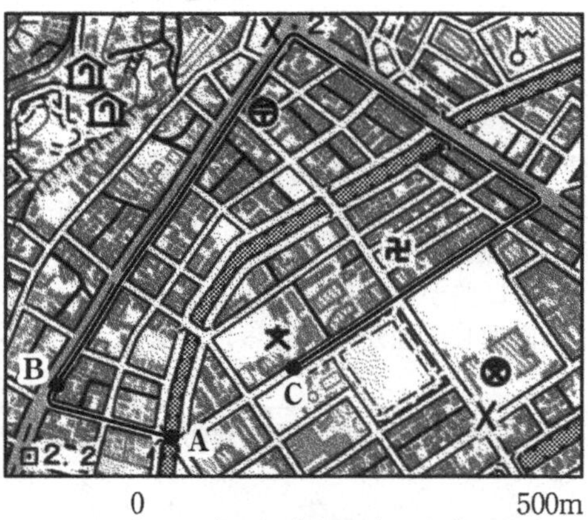

(2020年の「国土地理院発行2万5千分の1地形図(横浜西部)」の一部を拡大して作成)

エ

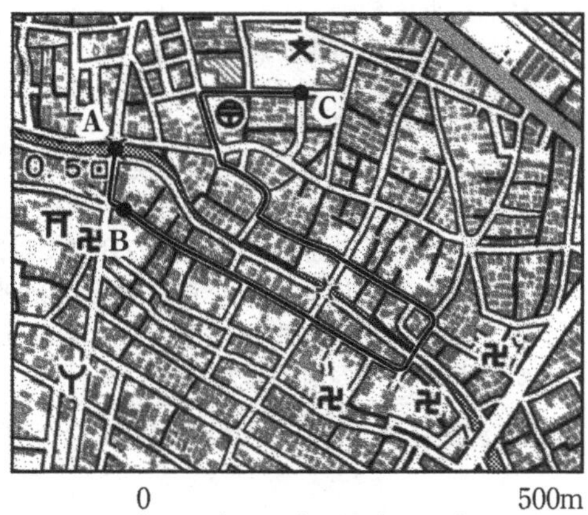

(2015年の「国土地理院発行2万5千分の1地形図(浦安)」の一部を拡大して作成)

〔問2〕　次のページのⅠの略地図中の**ア**～**エ**は，世界遺産に登録されている我が国の主な歴史的文化財の所在地を示したものである。Ⅱの文章で述べている歴史的文化財の所在地に当てはまるのは，略地図中の**ア**～**エ**のうちのどれか。

Ⅰ

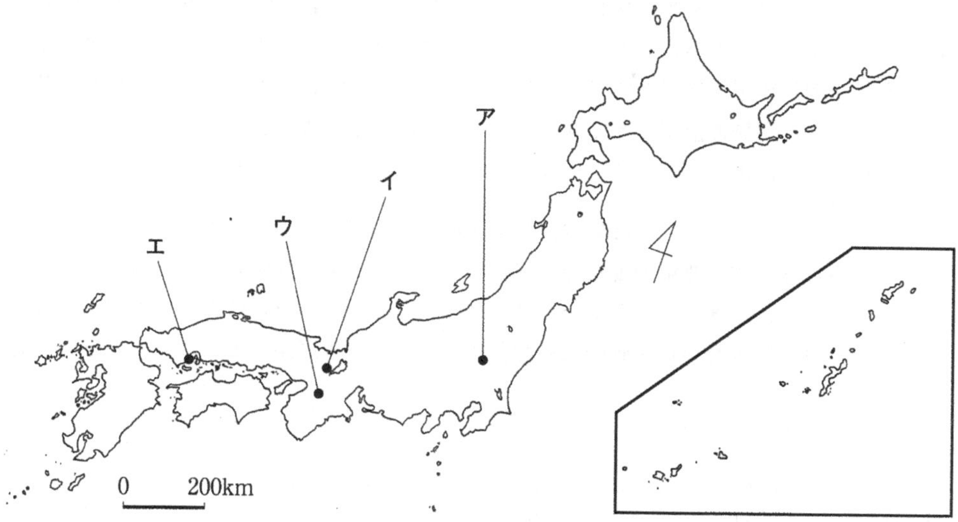

Ⅱ

鑑真によって伝えられた戒律を重んじる律宗の中心となる寺院は，中央に朱雀大路が通り，碁盤の目状に整備された都に建立された。金堂や講堂などが立ち並び，鑑真和上坐像が御影堂に納められており，1998年に世界遺産に登録された。

〔問３〕　次の文章で述べている司法機関に当てはまるのは，下のア～エのうちのどれか。

都府県に各１か所，北海道に４か所の合計50か所に設置され，開かれる裁判は，原則，第一審となり，民事裁判，行政裁判，刑事裁判を扱う。重大な犯罪に関わる刑事事件の第一審では，国民から選ばれた裁判員による裁判が行われる。

ア　地方裁判所　　イ　家庭裁判所　　ウ　高等裁判所　　エ　簡易裁判所

2　次の略地図を見て，あとの各問に答えよ。

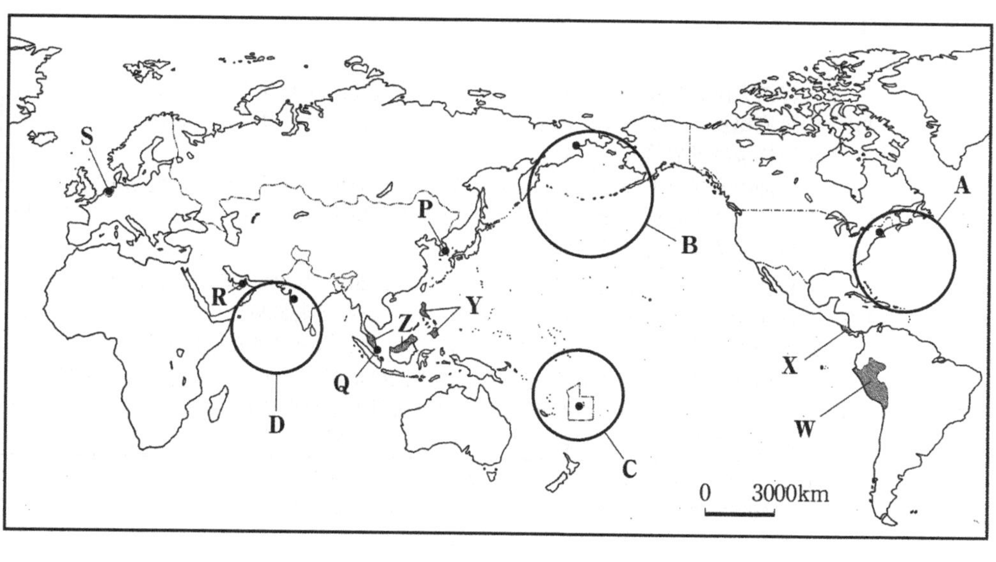

〔問１〕　次のⅠの文章は，略地図中に◯で示したＡ～Ｄの**いずれか**の範囲の海域と都市の様子についてまとめたものである。Ⅱの**ア**～**エ**のグラフは，略地図中のＡ～Ｄの**いずれか**の範囲内に●で示した都市の，年平均気温と年降水量及び各月の平均気温と降水量を示したものである。Ⅰの文章で述べている海域と都市に当てはまるのは，略地図中のＡ～Ｄのうちのどれか，また，その範囲内に位置する都市のグラフに当てはまるのは，Ⅱの**ア**～**エ**のうちのどれか。

Ⅰ

イスラム商人が，往路は夏季に発生する南西の風とその風の影響による海流を，復路は冬季に発生する北東の風とその風の影響による海流を利用して，三角帆のダウ船で航海をしていた。●で示した都市では，季節風（モンスーン）による雨の到来を祝う文化が見られ，降水量が物価動向にも影響するため，気象局が「モンスーン入り」を発表している。

Ⅱ

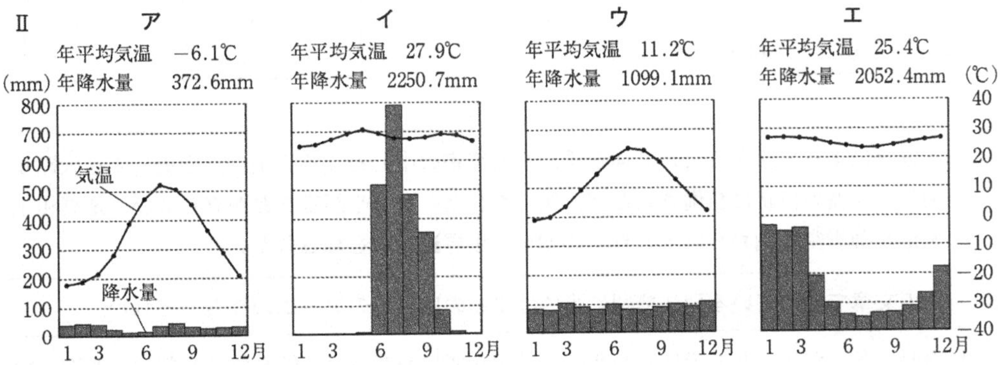

（気象庁のホームページより作成）

〔問２〕　次の表の**ア**～**エ**は，コンテナ埠頭（ふとう）が整備された港湾が位置する都市のうち，略地図中にＰ～Ｓで示した，釜山（プサン），シンガポール，ドバイ，ロッテルダムの**いずれか**の都市に位置する港湾の，2018年における総取扱貨物量と様子についてまとめたものである。略地図中のＰ～Ｓのそれぞれの都市に位置する港湾に当てはまるのは，次の表の**ア**～**エ**のうちではどれか。

	総取扱貨物量（百万ｔ）	港湾の様子
ア	461	経済大国を最短距離で結ぶ大圏航路上付近に位置する利点を生かし，国際貨物の物流拠点となるべく，国家事業として港湾整備が進められ，2018年にはコンテナ取扱量は世界第６位となっている。
イ	174	石油の輸送路となる海峡付近に位置し，石油依存の経済からの脱却を図る一環として，この地域の物流を担（にな）う目的で港湾が整備され，2018年にはコンテナ取扱量は世界第10位となっている。
ウ	469	複数の国を流れる河川の河口に位置し，2020年では域内の国の人口の合計が約４億5000万人，国内総生産（ＧＤＰ）の合計が約15兆2000億ドルの単一市場となる地域の中心的な貿易港で，2018年にはコンテナ取扱量は世界第11位となっている。
エ	630	人口密度約8000人/km²を超える国の南部に位置し，地域の安定と発展を目的に1967年に５か国で設立され現在10か国が加盟する組織において，ハブ港としての役割を果たし，2018年にはコンテナ取扱量は世界第２位となっている。

（注）国内総生産とは，一つの国において新たに生み出された価値の総額を示した数値のことである。

（「データブック　オブ・ザ・ワールド」2021年版などより作成）

〔問3〕 次のⅠとⅡの表の**ア**～**エ**は，略地図中に　　で示した**W**～**Z**の**いずれか**の国に当てはまる。Ⅰの表は，1999年と2019年における日本の輸入総額，日本の主な輸入品目と輸入額を示したものである。Ⅱの表は，1999年と2019年における輸出総額，輸出額が多い上位3位までの貿易相手国を示したものである。Ⅲの文章は，略地図中の**W**～**Z**の**いずれか**の国について述べたものである。Ⅲの文章で述べている国に当てはまるのは，略地図中の**W**～**Z**のうちのどれか，また，ⅠとⅡの表の**ア**～**エ**のうちのどれか。

Ⅰ

		日本の輸入総額（億円）	日本の主な輸入品目と輸入額（億円）					
ア	1999年	12414	電気機器	3708	一般機械	2242	液化天然ガス	1749
	2019年	19263	電気機器	5537	液化天然ガス	4920	一般機械	755
イ	1999年	331	金属鉱及びくず	112	非鉄金属	88	飼料	54
	2019年	2683	金属鉱及びくず	1590	液化天然ガス	365	揮発油	205
ウ	1999年	93	一般機械	51	コーヒー	14	植物性原材料	6
	2019年	459	精密機器類	300	電気機器	109	果実	15
エ	1999年	6034	一般機械	1837	電気機器	1779	果実	533
	2019年	11561	電気機器	4228	金属鉱及びくず	1217	一般機械	1105

（「データブック オブ・ザ・ワールド」2021年版などより作成）

Ⅱ

		輸出総額（億ドル）	輸出額が多い上位3位までの貿易相手国		
			1位	2位	3位
ア	1999年	845	アメリカ合衆国	シンガポール	日本
	2019年	2381	中華人民共和国	シンガポール	アメリカ合衆国
イ	1999年	59	アメリカ合衆国	スイス	イギリス
	2019年	461	中華人民共和国	アメリカ合衆国	カナダ
ウ	1999年	63	アメリカ合衆国	オランダ	イギリス
	2019年	115	アメリカ合衆国	オランダ	ベルギー
エ	1999年	350	アメリカ合衆国	日本	オランダ
	2019年	709	アメリカ合衆国	日本	中華人民共和国

（国際連合貿易統計データベースより作成）

Ⅲ

1946年に独立したこの国では，軽工業に加え電気機器関連の工業に力を注ぎ，外国企業によるバナナ栽培などの一次産品中心の経済から脱却を図ってきた。1989年にはアジア太平洋経済協力会議（APEC（エイペック））に参加し，1999年と比較して2019年では，日本の輸入総額は2倍に届かないものの増加し，貿易相手国としての中華人民共和国の重要性が増している。1960年代から日本企業の進出が見られ，近年では，人口が1億人を超え，英語を公用語としていることからコールセンターなどのサービス産業も発展している。

3　次の略地図を見て，あとの各問に答えよ。

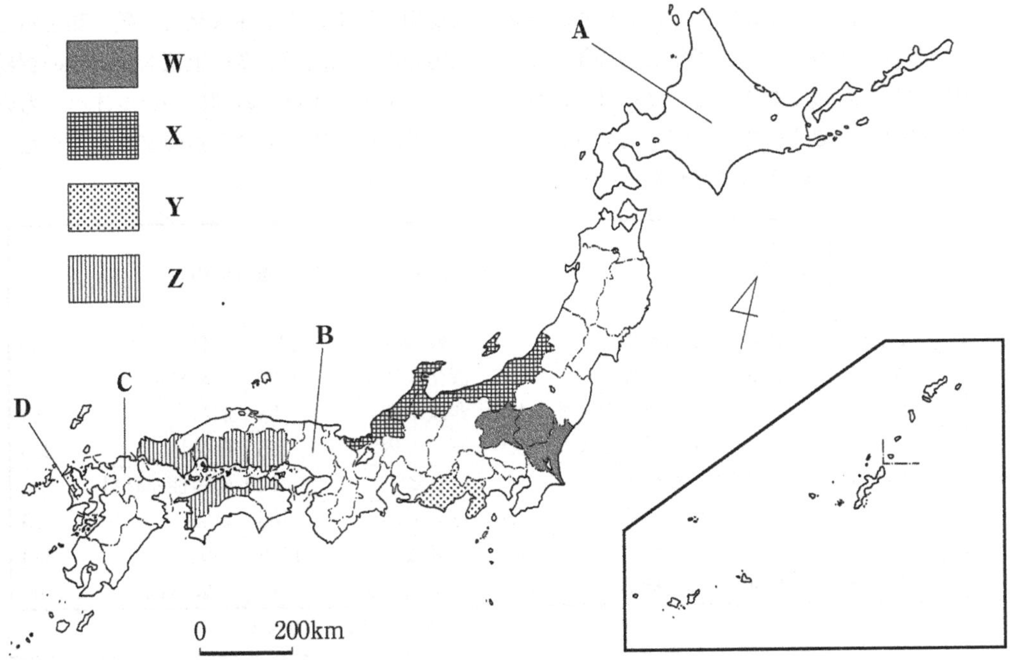

〔問１〕　次の表の**ア**～**エ**は，略地図中にA～Dで示した**いずれか**の道県の，2019年における鉄鋼業と造船業の製造品出荷額等，海岸線と臨海部の工業の様子についてまとめたものである。A～Dのそれぞれの道県に当てはまるのは，次の表の**ア**～**エ**のうちではどれか。

	製造品出荷額等（億円）		海岸線と臨海部の工業の様子
	鉄鋼	造船	
ア	9769	193	○678kmの海岸線には，干潟や陸と島をつなぐ砂州が見られ，北東部にある東西20km，南北２kmの湾に，工業用地として埋め立て地が造成された。 ○国内炭と中国産の鉄鉱石を原料に鉄鋼を生産していた製鉄所では，現在は輸入原料を使用し，自動車用の鋼板を生産している。
イ	19603	2503	○855kmの海岸線には，北部に国立公園に指定されたリアス海岸が見られ，南部に工業用地や商業用地として埋め立て地が造成された。 ○南部の海岸には，高度経済成長期に輸入原料を使用する製鉄所が立地し，国際貿易港に隣接する岬には，造船所が立地している。
ウ	3954	310	○4445kmの海岸線には，砂嘴（さし）や砂州，陸繋島（りくけいとう），プレート運動の力が複雑に加わり形成された半島などが見られる。 ○国内炭と周辺で産出される砂鉄を原料に鉄鋼を生産していた製鉄所では，現在は輸入原料を使用し，自動車の部品に使われる特殊鋼を生産している。
エ	336	2323	○4170kmの海岸線には，多くの島や半島，岬によって複雑に入り組んだリアス海岸が見られる。 ○人口が集中している都市の臨海部に，カーフェリーなどを建造する造船所が立地し，周辺にはボイラーの製造などの関連産業が集積している。

（「日本国勢図会」2020/21年版などより作成）

〔問２〕　次のⅠのア～エのグラフは，略地図中にＷ～Ｚで示した**いずれか**の地域の1971年と2019年における製造品出荷額等と産業別の製造品出荷額等の割合を示したものである。Ⅱの文章は，Ⅰの**ア**～**エ**の**いずれか**の地域について述べたものである。Ⅱの文章で述べている地域に当てはまるのは，Ⅰの**ア**～**エ**のうちのどれか，また，略地図中の**Ｗ**～**Ｚ**のうちのどれか。

Ⅰ

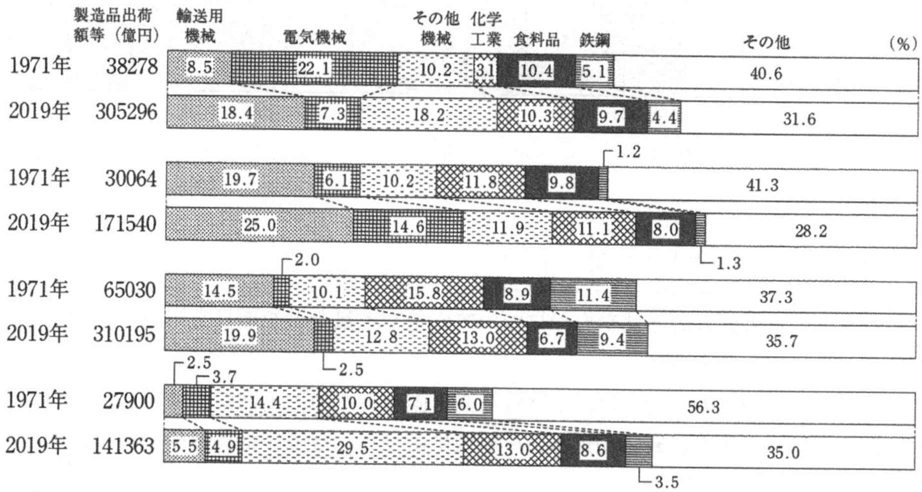

（注）四捨五入をしているため，産業別の製造品出荷額等の割合を合計したものは，100％にならない場合がある。

（2019年工業統計表などより作成）

Ⅱ

> 絹織物や航空機産業を基礎として，電気機械等の製造業が発展した。高速道路網の整備に伴い，1980年に西部が，1987年に中部が東京とつながり，2011年には1998年開港の港湾と結ばれた。西部の高速道路沿いには，未来技術遺産に登録された製品を生み出す高度な技術をもつ企業の工場が立地している。2019年には電気機械の出荷額等は約２兆円となる一方で，自動車関連の輸送用機械の出荷額等が増加し，5兆円を超えるようになった。

〔問３〕　次のⅠ(1)と次のページのⅡ(1)の文は，1984年に示された福島市と1997年に示された岡山市の太線（━━）で囲まれた範囲を含む地域に関する地区計画の一部を分かりやすく書き改めたものである。Ⅰ(2)は1984年・1985年のⅠ(3)は2018年の「２万５千分の１地形図（福島北部・福島南部）」の一部を拡大して作成したものである。Ⅱ(2)は1988年の，Ⅱ(3)は2017年の「２万５千分の１地形図（岡山南部）」の一部を拡大して作成したものである。ⅠとⅡの資料から読み取れる，太線で囲まれた範囲に共通した土地利用の変化について，簡単に述べよ。また，ⅠとⅡの資料から読み取れる，その変化を可能にした要因について，それぞれの県内において乗降客数が多い駅の一つである福島駅と岡山駅に着目して，簡単に述べよ。

Ⅰ

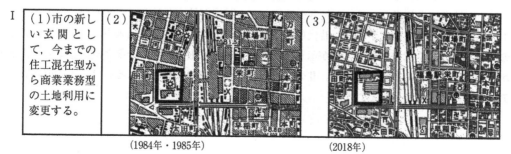

（1）市の新しい玄関として，今までの住工混在型から商業業務型の土地利用に変更する。

（2）

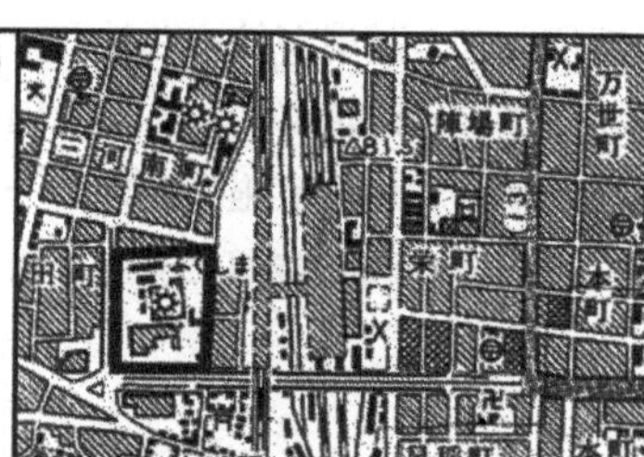

（1984年・1985年）

（3）

（2018年）

Ⅱ

(1)ターミナル隣接地という中枢的位置にあり，その地区特性を生かしつつ，商業施設などの集積を図る。	(2)	(3)

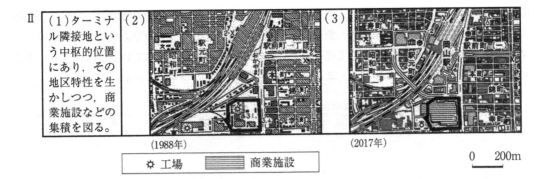

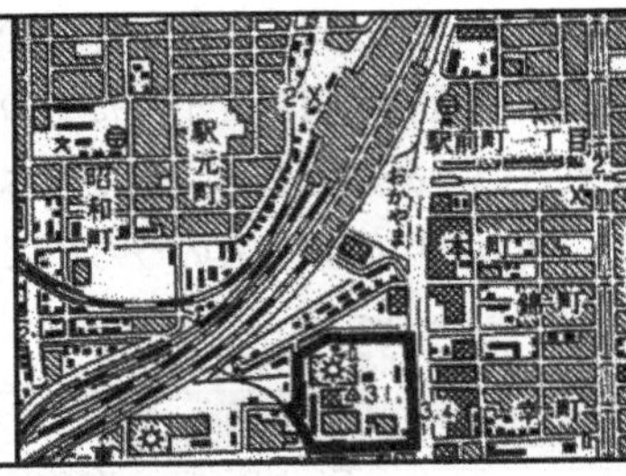

(1988年)

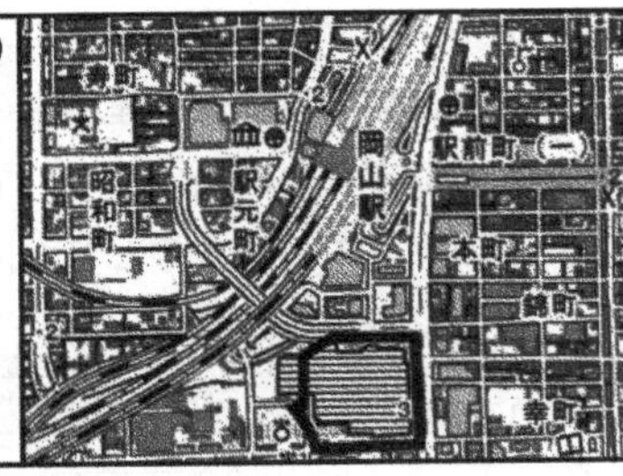

(2017年)

☼ 工場　　▤ 商業施設　　0　200m

4　次の文章を読み，あとの各問に答えよ。

> 私たちは，身の回りの土地やものについて面積や重量などを道具を用いて計測し，その結果を暮らしに役立ててきた。
>
> 古代から，各時代の権力者は，(1)財政基盤を固めるため，土地の面積を基に税を徴収するなどの政策を行ってきた。時代が進み，(2)地域により異なっていた長さや面積などの基準が統一された。
>
> (3)江戸時代に入ると，天文学や数学なども発展を遂げ，明治時代以降，我が国の科学技術の研究水準も向上し，独自の計測技術も開発されるようになった。
>
> 第二次世界大戦後になると，従来は計測することができなかった距離や大きさなどが，新たに開発された機器を通して計測することができるようになり，(4)環境問題などの解決のために生かされてきた。

〔問1〕　(1)財政基盤を固めるため，土地の面積を基に税を徴収するなどの政策を行ってきた。とあるが，次の**ア**～**エ**は，権力者が財政基盤を固めるために行った政策の様子について述べたものである。時期の古いものから順に記号を並べよ。

ア　朝廷は，人口増加に伴う土地不足に対応するため，墾田永年私財法（こんでんえいねんしざいほう）を制定し，新しく開墾した土地であれば，永久に私有地とすることを認めた。

イ　朝廷は，財政基盤を強化するため，摂関政治を主導した有力貴族や寺社に集中していた荘園（しょうえん）を整理するとともに，大きさの異なる枡（ます）の統一を図った。

ウ　朝廷は，元号を建武（けんむ）に改め，天皇中心の政治を推進するため，全国の田畑について調査させ，年貢（ねんぐ）などの一部を徴収し貢納させた。

エ　二度にわたる元軍の襲来を退けた幕府は，租税を全国に課すため，諸国の守護に対して，田地面積や領有関係などを記した文書の提出を命じた。

〔問2〕　(2)地域により異なっていた長さや面積などの基準が統一された。とあるが，次のページのⅠの略年表は，室町時代から江戸時代にかけての，政治に関する主な出来事についてまとめたものである。Ⅱの文章は，ある人物が示した検地における実施命令書の一部と計測基準の一部を分かりやすく書き改めたものである。Ⅱの文章が出された時期に当てはまるのは，Ⅰの略年表中の**ア**～**エ**の時期のうちではどれか。

Ⅰ

西暦	政治に関する主な出来事	
1560	●駿河国（静岡県）・遠江国（静岡県）などを支配していた人物が，桶狭間において倒された。	
		ア
1582	●全国統一を目指していた人物が，京都の本能寺において倒された。	
		イ
1600	●関ヶ原の戦いに勝利した人物が，全国支配の実権をにぎった。	
		ウ
1615	●全国の大名が守るべき事柄をまとめた武家諸法度が定められた。	
		エ
1635	●全国の大名が，国元と江戸とを１年交代で往復する制度が定められた。	

Ⅱ

【実施命令書の一部】
○日本全国に厳しく申し付けられている上は，おろそかに実施してはならない。

【計測基準の一部】
○田畑・屋敷地は長さ６尺３寸を１間とする竿を用い，５間かける60間の300歩を，１反として面積を調査すること。
○上田の石盛は１石５斗，中田は１石３斗，下田は１石１斗，下々田は状況で決定すること。
○升は京升に定める。必要な京升を準備し渡すようにすること。

〔問３〕 (3)江戸時代に入ると，天文学や数学なども発展を遂げ，明治時代以降，我が国の科学技術の研究水準も向上し，独自の計測技術も開発されるようになった。とあるが，次のア～エは，江戸時代から昭和時代にかけての我が国独自の計測技術について述べたものである。時期の古いものから順に記号を並べよ。

ア　後にレーダー技術に応用される超短波式アンテナが開発された頃，我が国最初の常設映画館が開館した浅草と，上野との間で地下鉄の運行が開始された。

イ　正確な暦を作るために浅草に天文台が設置された後，寛政の改革の一環として，幕府直轄の昌平坂学問所や薬の調合などを行う医官養成機関の医学館が設立された。

ウ　西洋時計と和時計の技術を生かして，時刻や曜日などを指し示す機能を有する万年自鳴鐘が開発された頃，黒船来航に備えて台場に砲台を築造するため，水深の計測が実施された。

エ　中部地方で発生した地震の研究に基づいて大森式地震計が開発された頃，日英同盟の締結を契機に，イギリスの無線技術を基にした無線電信機が開発された。

〔問４〕 (4)環境問題などの解決のために生かされてきた。とあるが，次のページのⅠのグラフは，1965年から2013年までの，東京のある地点から富士山が見えた日数と，大気汚染の一因となる二酸化硫黄の東京における濃度の変化を示したものである。Ⅱの文章は，Ⅰのグラフの**ア**～**エ**の**いずれか**の時期における国際情勢と，我が国や東京の環境対策などについてまとめたものである。Ⅱの文章で述べている時期に当てはまるのは，Ⅰのグラフの**ア**～**エ**の時期のうちではどれか。

Ⅰ

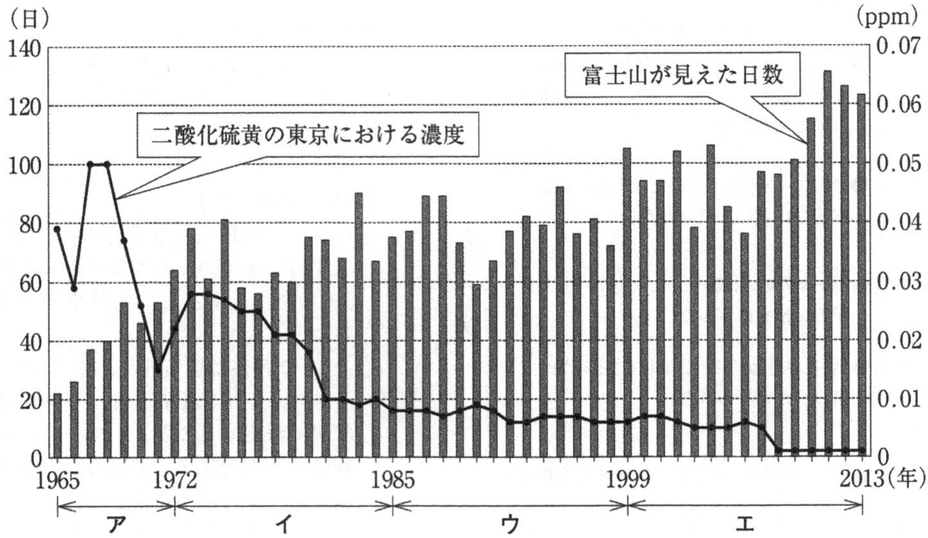

（東京都環境局資料などより作成）

Ⅱ

東ヨーロッパ諸国で民主化運動が高まり，東西ドイツが統一されるなど国際協調の動きが強まる中で，国際連合を中心に地球温暖化防止策が協議され，温室効果ガスの排出量の削減について数値目標を設定した京都議定書が採択された。長野県では，施設建設において極力既存の施設を活用し，自然環境の改変が必要な場合は大会後復元を図った，オリンピック・パラリンピック冬季競技大会が開催され，東京都においては，「地球環境保全東京アクションプラン」を策定し，大気汚染の状況は改善された。この時期には，Ⅰのグラフの観測地点から平均して週１回は富士山を見ることができた。

5　次の文章を読み，あとの各問に答えよ。

明治時代に作られた情報という言葉は，ある事柄の内容について文字などで伝達する知らせを表す意味として現在は用いられている。天気予報や経済成長率などの情報は，私たちの日々の暮らしに役立っている。

日本国憲法の中では，(1)自分の意見を形成し他者に伝える権利が，一定の決まり（ルール）の下で保障されている。

現代の社会は　(2)情報が大きな役割を担（にな）うようになり，情報化社会とも呼ばれるようになった。その後，インターネットの普及は，私たちと情報との関わり方を変えることとなった。

(3)情報が新たな価値を生み出す社会では，企業の中で，情報化を推進し，課題の解決策を示したり，ソフトウェアを開発したりする，デジタル技術を活用できる人材を確保していくことの重要性が増している。また，(4)情報の活用を進め，社会の様々な課題を解決していくためには，新たな決まり（ルール）を定める必要がある。

〔問１〕　(1)自分の意見を形成し他者に伝える権利が，一定の決まり（ルール）の下で保障されている。とあるが，精神（活動）の自由のうち，個人の心の中にある，意思，感情などを外部に明らかにすることを保障する日本国憲法の条文は，次のア～エのうちではどれか。

ア　何人（なんぴと）も，いかなる奴隷的拘束も受けない。又，犯罪に因（よ）る処罰の場合を除いては，その意に反する苦役に服させられない。

イ　思想及び良心の自由は，これを侵してはならない。

ウ　何人も，公共の福祉に反しない限り，居住，移転及び職業選択の自由を有する。

エ　集会，結社及び言論，出版その他一切の表現の自由は，これを保障する。

〔問２〕　(2)情報が大きな役割を担（にな）うようになり，情報化社会とも呼ばれるようになった。とあるが，次のⅠの略年表は，1938年から1998年までの，我が国の情報に関する主な出来事をまとめたものである。Ⅱの文章は，Ⅰの略年表中のア～エの**いずれか**の時期における社会の様子について，①は通信白書の，②は国民生活白書の一部をそれぞれ分かりやすく書き改めたものである。Ⅱの文章で述べている時期に当てはまるのは，Ⅰの略年表中のア～エの時期のうちではどれか。

Ⅰ

西暦	我が国の情報に関する主な出来事	
1938	●標準放送局型ラジオ受信機が発表された。	
1945	●人が意見を述べる参加型ラジオ番組の放送が開始された。	ア
1953	●白黒テレビ放送が開始された。	
1960	●カラーテレビ放送が開始された。	
1964	●東京オリンピック女子バレーボール決勝の平均視聴率が関東地区で66.8％を記録した。	イ
1972	●札幌オリンピック閉会式の平均視聴率が札幌で59.5％を記録した。	
1974	●テレビの深夜放送が一時的に休止された。	ウ
1985	●テレビで文字多重放送が開始された。	
1989	●衛星テレビ放送が開始された。	エ
1998	●ニュースなどを英語で発信するワールドテレビ放送が開始された。	

Ⅱ

①私たちの社会は，情報に対する依存を強めており，情報の流通は食料品や工業製品などの流通，つまり物流と同等あるいはそれ以上の重要性をもつようになった。

②社会的な出来事を同時に知ることができるようになり，テレビやラジオを通じて人々の消費生活も均質化している。また，節約の経験により，本当に必要でなければ買わないで今持っているものの使用期間を長くする傾向が，中東で起きた戦争の影響を受けた石油危機から３年後の現在も見られる。

〔問３〕　(3)情報が新たな価値を生み出す社会では，企業の中で，情報化を推進し，課題の解決策を示したり，ソフトウェアを開発したりする，デジタル技術を活用できる人材を確保していくことの重要性が増している。とあるが，次のページのⅠの文章は，2019年の情報通信白書の一部を分かりやすく書き改めたものである。次のページのⅡのグラフは，2015年の我が国とアメリカ合衆国における情報処理・通信に携わる人材の業種別割合を示したものである。Ⅱのグラフから読み取れる，Ⅰの文章が示された背景となる我が国の現状について，我が国より取り組みが進んでいるアメリカ合衆国と比較して，情報通信技術を提供する業種と利用する業種の構成比の違いに着目し，簡単に述べよ。

Ⅰ

○今後，情報通信技術により，企業は新しい製品やサービスを市場に提供することが可能となる。
○新たな製品やサービスを次々と迅速に開発・提供していくために，情報通信技術を利用する業種に十分な情報通信技術をもった人材が必要である。

Ⅱ

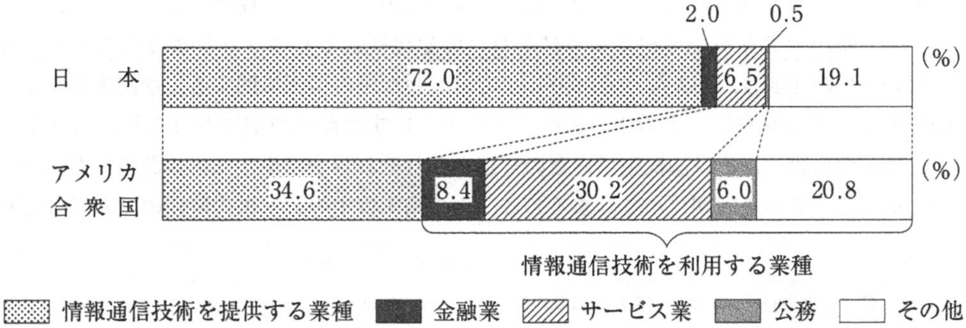

（注）四捨五入をしているため，情報処理・通信に携わる人材の業種別割合を合計したものは，100%にならない場合がある。

（独立行政法人情報処理推進機構資料より作成）

〔問４〕 (4)情報の活用を進め，社会の様々な課題を解決していくためには，新たな決まり（ルール）を定める必要がある。とあるが，次のⅠのＡ～Ｅは，令和３年の第204回通常国会で，情報通信技術を用いて多様で大量の情報を適正かつ効果的に活用することであらゆる分野における創造的かつ活力ある発展が可能となる社会の形成について定めた「デジタル社会形成基本法」が成立し，その後，公布されるまでの経過について示したものである。Ⅱの文で述べていることが行われたのは，下のア～エのうちではどれか。

Ⅰ

Ａ　第204回通常国会が開会される。（１月18日）
Ｂ　法律案が内閣で閣議決定され，国会に提出される。（２月９日）
Ｃ　衆議院の本会議で法律案が可決される。（４月６日）
Ｄ　参議院の本会議で法律案が可決される。（５月12日）
Ｅ　内閣の助言と承認により，天皇が法律を公布する。（５月19日）

（衆議院，参議院のホームページより作成）

Ⅱ

衆議院の内閣委員会で法律案の説明と質疑があり，障害の有無などの心身の状態による情報の活用に関する機会の格差の是正を着実に図ることや，国や地方公共団体が公正な給付と負担の確保のための環境整備を中心とした施策を行うことを，原案に追加した修正案が可決される。

ア　ＡとＢの間　　**イ**　ＢとＣの間　　**ウ**　ＣとＤの間　　**エ**　ＤとＥの間

6 次の文章を読み，下の略地図を見て，あとの各問に答えよ。

> 都市には，小さな家屋から超高層建築まで多様な建物が見られ，(1)人々が快適な生活を送るために様々な社会資本が整備されてきた。また，(2)政治の中心としての役割を果たす首都には，新たに建設された都市や，既存の都市に政府機関を設置する例が見られる。
> 都市への人口集中は，経済を成長させ新たな文化を創造する一方で，(3)交通渋滞などの都市問題を深刻化させ，我が国は多くの国々の都市問題の解決に協力している。

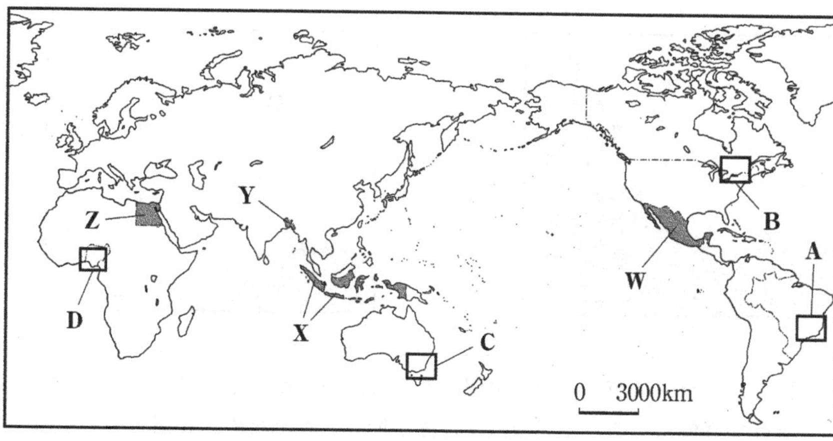

〔問1〕 (1)人々が快適な生活を送るために様々な社会資本が整備されてきた。とあるが，次の**ア**～**エ**の文は，それぞれの時代の都市の様子について述べたものである。時期の古いものから順に記号を並べよ。

ア ドイツ帝国の首都ベルリンでは，ビスマルクの宰相（さいしょう）任期中に，工業の発展により人口の流入が起き，上下水道が整備され，世界で初めて路面電車の定期運行が開始された。

イ イギリスの首都ロンドンでは，冷戦（冷たい戦争）と呼ばれる東西の対立が起き緊張が高まる中で，ジェット旅客機が就航し，翌年，空港に新滑走路が建設された。

ウ アメリカ合衆国の都市ニューヨークでは，300mを超える超高層ビルが建設され，フランクリン・ルーズベルト大統領によるニューディール政策の一環で公園建設なども行われた。

エ オーストリアの首都ウィーンでは，フランス同様に国王が強い政治権力をもつ専制政治（絶対王政）が行われ，マリア・テレジアが住んでいた郊外の宮殿の一角に動物園がつくられた。

〔問2〕 (2)政治の中心としての役割を果たす首都には，新たに建設された都市や，既存の都市に政府機関を設置する例が見られる。とあるが，次のページのⅠのA～Dは，略地図中のA～Dの□で示した部分を拡大し，主な都市の位置を**ア**～**ウ**で示したものである。次のページのⅡの文章は，略地図中のA～Dの中に首都が位置する**いずれか**の国とその国の首都の様子について述べたものである。Ⅱの文章で述べているのは，ⅠのA～Dのうちのどれか，また，首都に当てはまるのは，選択したⅠのA～Dの**ア**～**ウ**のうちのどれか。

Ⅰ

A

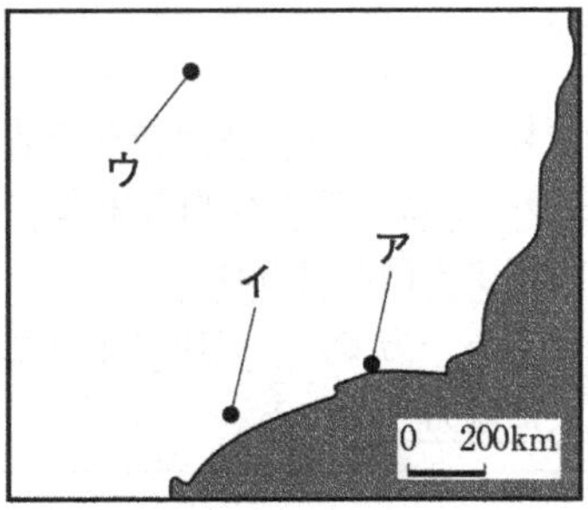

B

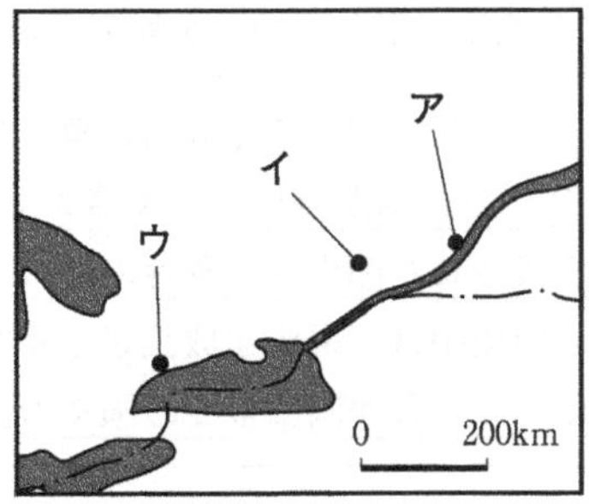

C

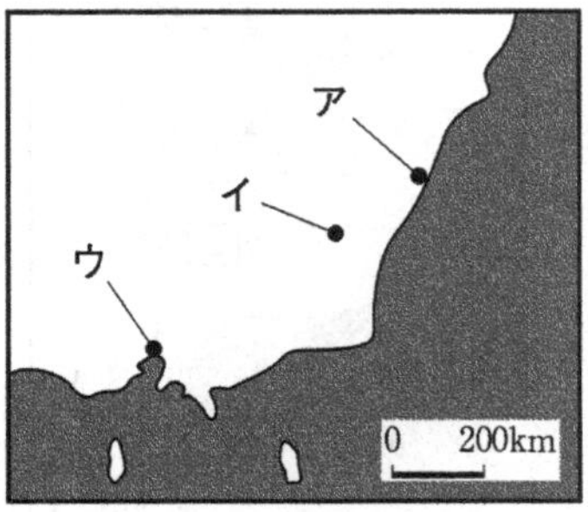

D

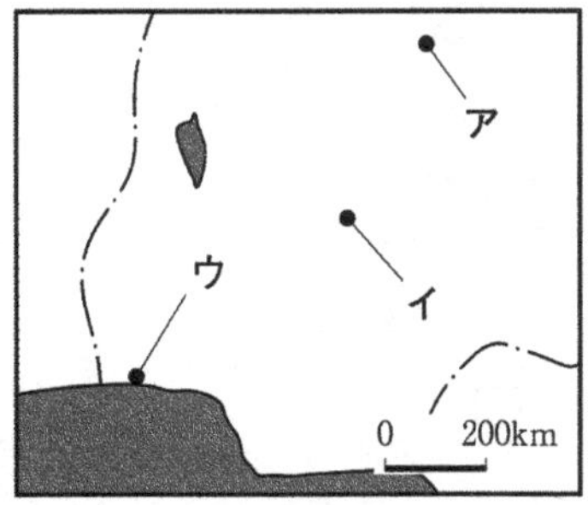

Ⅱ

> 16世紀にフランスがこの国の東部に進出し，隣国からイギリス人がフランス人の定住地を避けて移住したことで二つの文化圏が形成されたため，立憲君主である国王により文化圏の境界に位置する都市が首都と定められた。首都から約350㎞離れイギリス系住民が多い都市は，自動車産業などで隣国との結び付きが見られ，首都から約160㎞離れフランス系住民が多い都市は，フランス語のみで示されている道路標識などが見られる。

〔問３〕 (3)交通渋滞などの都市問題を深刻化させ，我が国は多くの国々の都市問題の解決に協力している。とあるが，次のⅠのW～Zのグラフは，略地図中に ▇ で示したW～Zのそれぞれの国の，1950年から2015年までの第１位の都市圏と第２位の都市圏の人口の推移を示したものである。Ⅱの文章で述べている国に当てはまるのは，略地図中のW～Zのうちのどれか。

Ⅰ

W

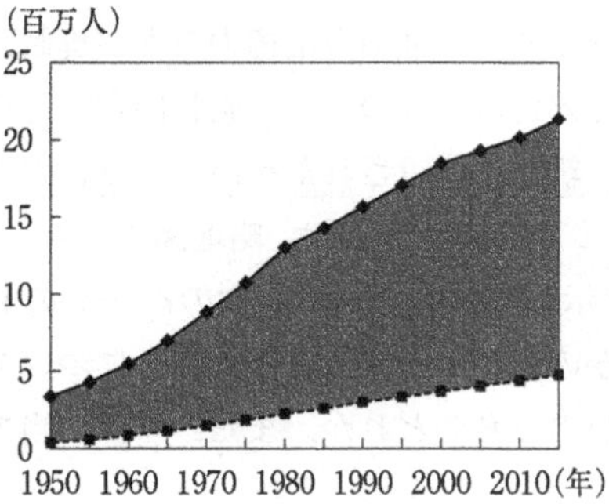

X

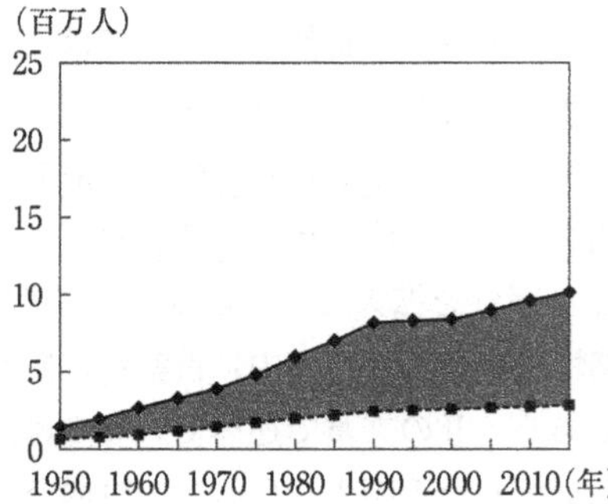

Y
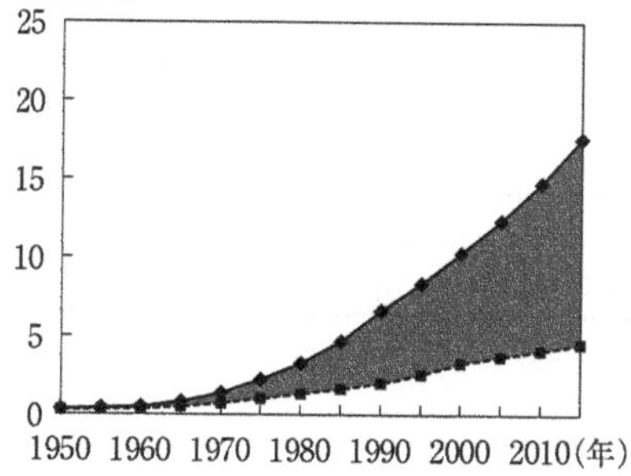

Z
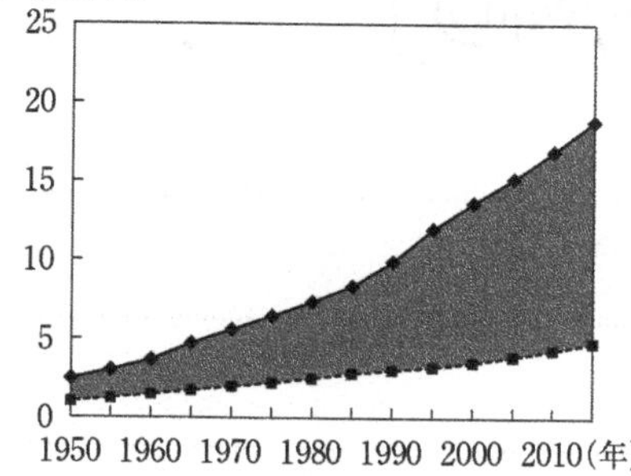

―◆― 第１位の都市圏の人口　　--■-- 第２位の都市圏の人口

(国際連合資料より作成)

Ⅱ

○1949年にオランダから独立し，イスラム教徒が８割を超えるこの国では，第１位の都市圏と第２位の都市圏の人口差は，1950年に100万人を下回っていたが，1990年には人口差は約７倍と急激に拡大しており，その後緩やかな拡大傾向が続いた。

○深刻化した交通渋滞や大気汚染などの都市問題を解決するため，日本の技術や運営の支援を受け，都市の中心部と住宅地をつなぐ国内初の地下鉄が2019年に開通した。

MEMO

大切なことはメモしておこうネ！

2022年度

解答と解説

《2022年度の配点は解答用紙集に掲載してあります。》

＜理科解答＞

1　〔問1〕 イ　〔問2〕 ア　〔問3〕 エ　〔問4〕 ウ　〔問5〕 エ

2　〔問1〕 ア　〔問2〕 イ　〔問3〕 エ　〔問4〕 ウ

3　〔問1〕 ウ　〔問2〕 イ　〔問3〕 エ　〔問4〕 ア

4　〔問1〕 ウ　〔問2〕 エ　〔問3〕 ア　〔問4〕 ウ

5　〔問1〕 イ　〔問2〕 ア

〔問3〕 ＜化学反応式＞ $\underset{(酸)}{\underline{\mathrm{HCl}}}+\underset{(アルカリ)}{\underline{\mathrm{NaOH}}}\rightarrow\underset{(塩)}{\underline{\mathrm{NaCl}}}+\mathrm{H_2O}$

〔問4〕 ウ

6　〔問1〕 ア　〔問2〕 イ　〔問3〕 右図

〔問4〕 イ

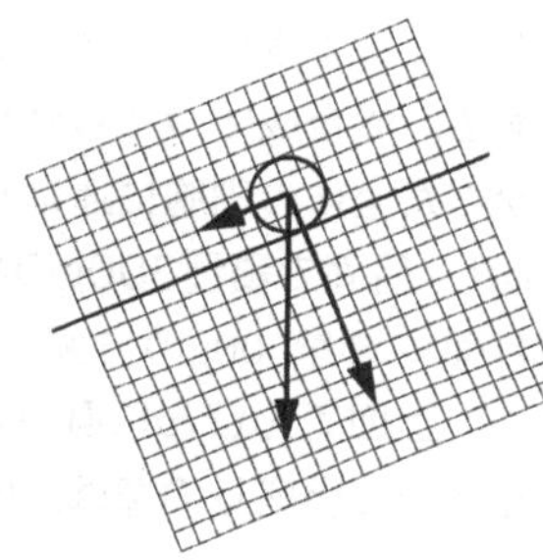

＜理科解説＞

1　**(小問集合―化学変化：燃焼，気体の発生とその性質，動物の体のつくりとはたらき：血液の循環，光と音：光の屈折，天気の変化：温暖前線，電流：電圧と電流と抵抗)**

〔問1〕 木には炭素原子や水素原子などがふくまれているので，木をじゅうぶんに燃焼させると，炭素や水素が酸化されて，**二酸化炭素や水(水蒸気)**などができる。二酸化炭素や水蒸気は空気中に出ていき，残るのは少量の灰なので質量が小さくなる。一方，スチールウールを燃焼させると，**酸素と化合して固体の酸化鉄になる**ので，結びついた酸素の分，質量が大きくなる。よって，石灰水が白くにごったのは，二酸化炭素が発生した集気びんPである。

〔問2〕 全身から戻った血液は大静脈Cを通って右心房に入り，右心室へ送られ，**静脈血は右心室から肺動脈Aへ送られ**，肺でガス交換が行われ動脈血となる。**動脈血は肺静脈Dを通って左心房に入り**，左心室へ送られる。動脈血は左心室から大動脈Bを通って全身に送り出される。よって，動脈は血管Aと血管Bであり，動脈血が流れる血管は血管Dと血管Bである。

〔問3〕 水中から空気中へ光が入射する場合，入射角より屈折角の方が大きい。容器の中の水の量を増やすと，**「A」の文字からの光が水面で屈折する点が上がるため，光はその点で屈折して目に入るようになる**。よって，屈折光の延長線上に実際より浮き上がった位置に見えるため，「A」の文字の形が全て見えるようになる。

〔問4〕 温暖前線は，**密度が小さい暖気が，密度が大きい寒気の上にはい上がり**，寒気をおしやりながら進んでいく。

〔問5〕 **P〔A〕＝Q〔A〕＋R〔A〕より，Q＜Pであり，R＜Pである。BとCは並列回路により，各抵抗にかかる電圧は等しい。よって抵抗が小さい方が大きい電流が流れるため，R＜Qである。よって，3点を流れる電流の大きさは，R＜Q＜P，である。**

2 **(自由研究─太陽系と恒星：月の見え方・日食，状態変化：蒸留，水溶液，物質の成り立ち，植物の体のつくりとはたらき，力と圧力：月面での重力)**

〔問1〕 観測地点Aは，地球と月と太陽を一直線に結んだ線上に位置している。このとき，太陽は真南の空に位置しているので，時刻は12時である。よって，**月が真南の空に位置する時刻は12時**である。北極星側から見ると，**月は地球のまわりを約1か月かけて反時計回りに公転**している。そのため，1週間後に真南の空に観察できる月の見え方は，**西側が光って見える上弦の月**である。

〔問2〕 蒸留して出てきた液体Bは水である。蒸留後，枝付きフラスコに残った水溶液Aは5%より濃度が高くなった塩化ナトリウム水溶液であるため，結晶は塩化ナトリウムであり，**塩化ナトリウムは，ナトリウム原子と塩素原子の2種類の原子でできている化合物**である。

〔問3〕 装置の上側に設置された光源に向かって成長していく植物では，上下にある葉が互いに重ならないようにつくが，その利点は，**光が当たる面積が大きくなり，光合成量が増加する**ことである。光合成でつくられた養分(栄養分)は，水にとけやすい物質に変化してから，**師管**を通ってからだ全体の細胞に運ばれ，それぞれの細胞で使われる。

〔問4〕 **月面で質量300gの物体Aに働く**重力の大きさは，地球上と比べて約6分の1の0.5Nである。月面で質量300gの分銅に働く重力の大きさは，地球上と比べて約6分の1の0.5Nである。よって，**上皿てんびんに載せたときにつり合うのは質量300gの分銅**である。物体A**をはかりに載せたときの目盛りの値は，**0.5Nの重力が物体Aに働くので，**約50g**である。

3 **(地層の重なりと過去の様子：柱状図・示準化石・堆積岩，動物の分類と生物の進化：セキツイ動物の出現，火山活動と火成岩，)**

〔問1〕 岩石Pは**石基と斑晶**が見られ，斑状組織であることから，岩石Pはマグマが冷えてできたもので，れき岩は土砂が押し固められてできたものである。れき岩を構成する粒の特徴は，流れる水のはたらきで，角が取れて**丸みを帯びた粒**が多い。

〔問2〕 岩石Qにはフズリナの化石が含まれていたので，岩石Qは古生代に堆積したもので，**古生代には魚類と両生類が出現**した。また，示準化石であるサンヨウチュウも生息していた。

〔問3〕 流水で運搬され海に流れ出た土砂は，粒の大きいものから陸の近くに堆積する。このことから，泥岩の層が堆積した時代の地域B周辺は，**河口から遠い深い海**であったと考えられる。

〔問4〕 X地点の**凝灰岩層の標高は，40.3m－11m＝29.3m，**であり，Y地点の凝灰岩層の標高は，36.8m－9m＝27.8m，である。よって，X地点の凝灰岩層の標高は，Y地点の凝灰岩層の標高より，29.3m－27.8m＝1.5m，高くなっている。

4 **(遺伝の規則性と遺伝子：メンデルの実験，生物の成長と生殖：減数分裂，植物の分類)**

〔問1〕 図2で，エンドウは花弁が1枚1枚離れていることから，**双子葉類の離弁花**であるため，子葉は2枚である。また，胚珠が子房の中にあることから，**被子植物**である。

〔問2〕 花粉の中では雄の生殖細胞の精細胞がつくられ，胚珠の中には雌の生殖細胞の卵細胞がつくられるが，**生殖細胞は減数分裂によりつくられるので，染色体数は体細胞の2分の1である。**よって，精細胞の核と卵細胞の核が合体してできた受精卵の核の染色体数は14本である。

〔問3〕 草たけが高い個体が**自家受粉**し，受精後にできた種子をまいて育てた結果は，<結果2>(1)のように，全て草たけの高い個体(図4のP)であった。これらのことから，エンドウの草たけを高くする遺伝子をA，対立形質である草たけを低くする遺伝子をaとすると，**エンドウPとその親の遺伝子はAA**で表せる。同様に，**エンドウQとその親の遺伝子はaa**で表せる。<結果2>の(3)の個体Rは，<実験>(7)で**PとQをかけ合わせ**てできた個体で，遺伝子は**全てAa**であり，草たけが高い形質が顕性形質であると，全て草たけが高い個体になる。**遺伝子Aaの個体Rに，<結果2>の(2)，すなわち<実験>(5)の結果である図4の遺伝子がaaの個体Qをかけ合わせると，**子の遺伝子は，Aa：aa＝草たけが高い個体の数：草たけが低い個体の数＝1：1，である。

〔問4〕　<モデル実験の結果から>子の代では丸形の種子だけが得られたが，丸形は顕性であることから，**子の代の遺伝子はAAとAaの2種類が考えられる。子の代を自家受粉させると，孫の代では丸形の種子だけが得られた個体と丸形・しわ形の種子が得られた個体の両方あったことから，前者の子の代は丸形の純系で遺伝子はAAであり親の代の遺伝子もAAである。後者では丸形としわ形の種子が得られたことから，子の代の遺伝子はAaであったと考えられ，親の代の遺伝子もAaであると考えられる。**よって，親の代としてまいた2個の丸形の種子の遺伝子の組み合わせは，AAとAaである。

5　(化学変化と電池，水溶液とイオン，物質の成り立ち：電気分解，気体の発生とその性質，酸・アルカリとイオン，中和と塩)

〔問1〕　図1は，**ダニエル電池**である。ダニエル電池の特徴は，セロハンで2種類の電解質の水溶液を仕切っているという点である。亜鉛板を硫酸亜鉛水溶液に，銅板を硫酸銅水溶液にひたし，導線でつないだつくりになっている。セロハンにはとても小さな穴が開いており，水溶液中の陽イオンと陰イオンはこの穴を通りぬけることができる。ダニエル電池では，**イオン化傾向(イオンへのなりやすさ)の大きい亜鉛原子Znが水溶液中に亜鉛イオンZn^{2+}となってとけ出し，亜鉛板に残った電子は導線を通って銅板へ移動し電流が流れる。水溶液中の銅イオンCu^{2+}は銅板に達した電子を受けとって銅原子Cuになる。(－極)$Zn \rightarrow Zn^{2+} + 2e^-$，**によりモデルで表した図はAであり，**(＋極)$Cu^{2+} + 2e^- \rightarrow Cu$，**によりモデルで表した図はDである。

〔問2〕　図1のダニエル電池については，－極の亜鉛が次々にイオンとなって溶け出すので，Zn^{2+}は増加し，＋極では水溶液中のCu^{2+}が，導線を通ってやってきた亜鉛が放出した電子を受けとって，銅の金属となって電極に付着するため，Cu^{2+}は減少する。**図2は水の電気分解**である。－極である電極Rには空気より軽い水素が発生し，＋極である電極Sには水に溶けにくい酸素が発生する。

〔問3〕　<実験2>は，酸にアルカリを加えるごとに酸の性質が打ち消され，塩と水ができる中和の実験である。よって，**化学反応式は，$HCl + NaOH \rightarrow NaCl + H_2O$，**である。

〔問4〕　図3のモデルで表した薄い塩酸に水酸化ナトリウム水溶液を加えるたびに起きる化学変化を，イオン式を用いて表し，ビーカー②に含まれるイオンの総数を考察する。**$(3H^+ + 3Cl^-) + (Na^+ + OH^-) \rightarrow Na^+ + Cl^- + H_2O + 2H^+ + 2Cl^-$，であり，$H^+ + OH^- \rightarrow H_2O$，の中和反応によって$H^+$が1個減少するが，$Na^+ + Cl^-$は水に溶ける塩なので，$Na^+$が1個増加するため，化学変化の前後で水素イオンの総数は変わらない。さらに水酸化ナトリウム水溶液を加えても，同様の考察ができる。H^+とOH^-が同数の中性になるまで化学変化の前後でイオンの総数は変わらない。**<実験2>の場合，薄い塩酸12cm^3に水酸化ナトリウム水溶液を6cm^3加えたとき，BTB溶液が緑色になったことから，中性である。**中性を過ぎると，加えた水酸化ナトリウムは化学変化をしないのでNa^+とOH^-のどちらもイオンとして残り，イオンの総数は増加する。**

6　(力と物体の運動：斜面を下る小球の運動，力の規則性：重力の分力，力学的エネルギー：力学的エネルギーの保存)

〔問1〕　小球の平均の速さ〔m/s〕＝{(10.6＋9.0＋5.6)÷100}〔m〕÷3÷0.1〔s〕＝0.84〔m/s〕である。

〔問2〕　レールBの斜面①から③の上の小球に働く重力は，小球に働く斜面下向きの斜面に平行な力と斜面に垂直な力に分解できる。小球に働く斜面下向きの力は小球が運動する向きに働く力である。**斜面①から③までは斜面の傾きはほぼ一定であるから，小球が運動する向きに働く力はほぼ一定である。小球が運動する向きに働く力がほぼ一定であり続けるとき，小球の速さはほぼ一定の割合で増加する。**よって，イが適切である。

〔問3〕 小球に働く重力が対角線となるような長方形をかく。小球に働く重力の斜面に平行な分力と斜面に垂直な分力の大きさを長方形の各辺の長さとして矢印をかく。

〔問4〕 点aと点dは9cmの同じ高さなので小球がもつ位置エネルギーは等しい。小球がもつ位置エネルギーは，斜面を下るにつれて運動エネルギーに変わるが，**位置エネルギーと運動エネルギーの和の力学的エネルギーは一定に保存されている。**点bと点eはそれぞれ4cmと5.2cmの高さなので，小球がもつ運動エネルギーは点bの方が大きい。点cと点fはそれぞれ水平な部分の上なので，小球がもつ位置エネルギーは，全て運動エネルギーに変っているため，運動エネルギーの大きさはほぼ等しい。

<社会解答>

1 〔問1〕 エ 〔問2〕 ウ 〔問3〕 ア

2 〔問1〕 (略地図中のA～D) D (Ⅱのア～エ) イ 〔問2〕 P ア Q エ R イ S ウ 〔問3〕 (略地図中のW～Z) Y (ⅠとⅡの表のア～エ) エ

3 〔問1〕 A ウ B イ C ア D エ 〔問2〕 (Ⅰのア～エ) ア (略地図中のW～Z) W 〔問3〕 〔変化〕地区計画により，工場であった土地に，商業施設が建てられた。 〔要因〕多くの人が集まる駅に近いこと。

4 〔問1〕 ア→イ→エ→ウ 〔問2〕 イ 〔問3〕 イ→ウ→エ→ア 〔問4〕 ウ

5 〔問1〕 エ 〔問2〕 ウ 〔問3〕 情報処理・通信に携わる人材は，アメリカ合衆国では，情報通信技術を利用する業種に就いている割合が高いが，我が国では，情報通信技術を提供する業種に就いている割合が高い。 〔問4〕 イ

6 〔問1〕 エ→ア→ウ→イ 〔問2〕 ⅠのA～D B ⅠのA～Dのア～ウ イ 〔問3〕 X

<社会解説>

1 **(地理的分野―日本地理―地形図の見方，歴史的分野―日本史時代別―古墳時代から平安時代，―日本史テーマ別―文化史，公民的分野―三権分立)**

〔問1〕 資料で示されたA地点からB地点に到達するまでに**水準点**「⊡」を通るのは，エの**地形図**のみである。歩いた距離や方角を正確に表しているのも，エの地形図のみである。

〔問2〕 8世紀半ばに**鑑真**によって開かれた**唐招提寺**は，大和国の**平城京**に建立された。平城京の位置は地図のウである。

〔問3〕 **裁判員裁判**は，重大な**刑事事件**の**第一審**で，**地方裁判所**で行われる。**家庭裁判所**は，公に公開される通常の訴訟手続きにはそぐわないと考えられている家庭内の紛争や，非行のある少年の事件を扱う裁判所である。**簡易裁判所**は，日常生活において発生する軽微な民事事件・刑事事件を迅速・簡易に処理するための裁判所である。**高等裁判所**は，地方裁判所および簡易裁判所の第一審判決に対する控訴を扱う裁判所である。

2 **(地理的分野―世界地理―都市・気候・産業・貿易)**

〔問1〕 Ⅰの文章は，イスラム商人の航海に関する記述から，Dの海域の説明であることがわかる。

また，その範囲内に位置する都市の**雨温図**は，**赤道**に近い都市であることから，一年間の気温差が少ないもの，**北半球**に属することから山型の気温変化があるもの，また**モンスーン**の季節以外は極めて雨が少なく，**雨季**と**乾季**があるものを選べばよい。これにあたるのが，イである。

〔問2〕 イは石油依存の経済との説明から，アラブ首長国連邦のドバイの説明であることがわかる。ウはEUの中心的な貿易港であるとの説明から，オランダのロッテルダムのことだとわかる。エはASEANの中のハブ港との記述から，シンガポールであるとわかる。残るアは，釜山だとわかる。

〔問3〕 初めに，略地図中のW～Zの国を確定する。Wはペルー，Xはニカラグア，Yはフィリピン，Zはマレーシアである。このうちⅢの文章にある「1946年に独立し」,「1989年にAPECに参加し」,「人口が1億人を超え」に該当するのはフィリピンである。また，Ⅲの文章を読み，Ⅰの表を見ると，日本の輸入総額が1999年から2019年の間で2倍弱増加し，果実の輸入量が上位3位から脱落していることから，エがフィリピンに該当するとわかる。また，Ⅱの表で上位3か国に中華人民共和国が新たに入ったことから，エがフィリピンに該当するとわかる。

3 (地理的分野―日本地理―地形・工業・交通・地形図の見方)

〔問1〕 初めに，AからDの道県を確定する。Aが北海道，Bが兵庫県，Cが福岡県，Dが長崎県である。都道府県中で最も海岸線が長いのは北海道であり，Aはウである。次に長いのは長崎県であり，Dがエである。都道府県中で最も鉄鋼の生産量が多いのは愛知県であり，兵庫県は第2位である。Bがイである。残るCがアである。

〔問2〕 Ⅱは**北関東工業地域**の説明である。北関東工業地域では，輸送用機械の出荷額の割合が増えている。輸送用機械を作るためには広い工場敷地面積が必要であり，北関東では，広い敷地を安く確保できるからである。また，1980年に**関越自動車道**が開通し，群馬から東京への輸送が容易になった。1987年には**東北自動車道**が開通し，栃木から東京への輸送が容易になった。さらに2011年の**北関東自動車道**の開通によって，内陸地の群馬県や栃木県から太平洋岸に輸送しやすくなったこと等が要因である。飛躍的に**輸送用機械**の出荷額が伸びているアのグラフが該当する。略地図中のW～Zのうち，Wが北関東工業地域である。

〔問3〕〔変化〕 地区計画により，工場「☼」であった土地に，商業施設が建てられたことを簡潔に指摘すればよい。〔要因〕 乗降客数が多い駅に近く，人が集まりやすいことを指摘すればよい。

4 (歴史的分野―日本史時代別―古墳時代から平安時代・鎌倉時代から室町時代・安土桃山時代から江戸時代・明治時代から現代，―日本史テーマ別―政治史・社会史，―世界史―政治史)

〔問1〕 アは8世紀の奈良時代の政策の様子である。イは11世紀の**後三条天皇**の時代の政策の様子である。ウは14世紀の**後醍醐天皇**の時代の政策の様子である。エは13世紀の鎌倉時代の政策の様子である。したがって，時代の古い順に並べると，ア→イ→エ→ウとなる。

〔問2〕 Ⅱは**太閤検地**の説明である。太閤検地は，**織田信長**の死後に**豊臣秀吉**によって行われた。略年表中のイの時期にあてはまる。

〔問3〕 ア 浅草から上野の間に**地下鉄**が開通したのは，1927年である。 イ **寛政の改革**が行われたのは，1787年から1793年である。 ウ **黒船**来航に備えて**台場**に砲台が設置されたのは，1853年からである。 エ **日英同盟**が締結されたのは，1902年である。したがって，時代の古い順に並べると，イ→ウ→エ→アとなる。

〔問4〕 **東西ドイツの統一**は1990年，**京都議定書**の採択は1997年，長野オリンピックは1998年に開催された。いずれも略年表のウの時期にあてはまる。

5　**(公民的分野―基本的人権・経済一般・国の政治の仕組み)**

〔問1〕　日本国憲法第21条には「集会，結社及び言論，出版その他一切の**表現の自由**は，これを保障する。」との規定があり，個人の心の中にある，意思，感情などを外部に明らかにすることを保障している。

〔問2〕　**第4次中東戦争**が勃発し，OPEC諸国は原油の値上げを決定し，いわゆる**石油危機**が起こったのは，1973年のことであり，ウの時期がこれにあたる。

〔問3〕　情報処理・通信に携わる人材は，我が国では，日本のグラフに見られるように，**情報通信技術**を提供する業種に就いている割合が72％と高い。これに対し，アメリカ合衆国のグラフでは，金融業・サービス業など情報通信技術を利用する業種に就いている割合が65.4％と高くなっている。このような趣旨のことを簡潔に述べればよい。

〔問4〕　**内閣委員会**は，**常任委員会**の一つで，内閣府の所管に属する事項のうち，他の常任委員会の所管に属さないものなどを扱う。常任委員会は国会に提出された法律案を，本会議の審議前に審議するので，BとCの間になる。

6　**(歴史的分野―世界史―政治史，地理的分野―世界地理―都市・人口)**

〔問1〕　ア　**ビスマルク**の宰相在任中とは，19世紀後期である。　イ　**冷戦**と呼ばれた東西の対立が起き，緊張が高まったのは，20世紀後期である。　ウ　**ニューディール政策**は，20世紀前期にアメリカで行われた。　エ　**マリア・テレジア**がハプスブルク家の皇帝フランツ1世の皇后にして共同統治者の地位にあったのは，18世紀である。したがって，時代の古い順に並べると，エ→ア→ウ→イとなる。

〔問2〕　Ⅱの文章は，「イギリス系住民」「フランス系住民」の記述から，カナダの説明であることがわかる。A～Dのうち，五大湖の一部が描かれているBがカナダである。カナダの首都オタワの位置は，ア～ウのうち，イである。

〔問3〕　Ⅱの文章は，「オランダから独立」「イスラム教徒が8割を超える」との記述から，インドネシアを指していることがわかる。1950年に人口差が100万人を下回っており，1990年には約7倍，その後は緩やかな拡大傾向が続いているグラフは，Xである。

2022年度英語　リスニングテスト

〔放送台本〕

これから，リスニングテストを行います。リスニングテストは，全て放送による指示で行います。リスニングテストの問題には，問題Aと問題Bの二つがあります。問題Aと，問題Bの<Question 1>では，質問に対する答えを選んで，その記号を答えなさい。問題Bの<Question 2>では，質問に対する答えを英語で書きなさい。英文とそのあとに出題される質問が，それぞれ全体を通して二回ずつ読まれます。問題用紙の余白にメモをとってもかまいません。答えは全て解答用紙に書きなさい。

〔問題A〕

問題Aは，英語による対話文を聞いて，英語の質問に答えるものです。ここで話される対話文は全部で三つあり，それぞれ質問が一つずつ出題されます。質問に対する答えを選んで，その記号を答えなさい。では，<対話文1>を始めます。

Sakura: Hi, Tom, do you think it's going to rain this afternoon?
Tom: Hi, Sakura. I don't think so.
Sakura: Really? It was sunny this morning, but it's cloudy now. If it rains, we will have to change our plan to practice tennis this afternoon.
Tom: Don't worry. We won't have to do that. The weather news says it will rain tomorrow morning, but not today.
Sakura: I'm glad to hear that.
Tom: Let's talk about today's practice on the phone this evening.
Sakura: Sure.

Question : When will Sakura and Tom practice tennis?
＜対話文2＞を始めます。

Jane: Excuse me. I'm Jane. I'm a new student. Can you help me?
Bob: Hi, Jane. I'm Bob. What's the problem?
Jane: I want to see Ms. Brown. Can you tell me the way to the teacher's room?
Bob: Well, she is usually in the music room.
Jane: I see. So, where is the music room?
Bob: Can you see the library? Turn right at the library and you'll see the music room next to the art room. Also, she sometimes reads some books in the library.
Jane: Thanks. I will go to the library first.
Bob: I hope you find her.

Question : Where will Jane go first?
＜対話文3＞を始めます。

Girl: My school looks new, but it has a long history.
Boy: What do you mean?
Girl: The building is new, but my school will be one hundred years old next year.
Boy: Really?
Girl: Yes. My grandfather was a student of the same school sixty years ago.
Boy: Oh, how old is your grandfather?
Girl: He will be seventy-two years old this year.
Boy: Oh, is that right?
Girl: Yes. We sometimes sing our school song together.
Boy: Sounds nice!

Question : How old is the school now?

〔英文の訳〕

<対話文1>

サクラ：こんにちは，トム，今日の午後雨が降ると思う？

トム　：こんにちは，サクラ。そうは思わないよ。

サクラ：本当？　今朝は天気が良かったけど今は曇ってるね。もし雨が降ったら午後のテニスの練習予定を変えないといけないね。

トム　：心配ないよ。そうする必要はないよ。天気予報は今日じゃなくて明日の朝に降るって言ってるよ。

サクラ：それを聞いてよかったわ。

トム　：今晩電話で今日の練習について話そう。

サクラ：わかった。

質問：サクラとトムはいつテニスを練習しますか？

答え：ア　今日の午後。

<対話文2>

ジェーン：すみません。私はジェーンです。新しい生徒です。手伝ってもらえますか？

ボブ　　：こんにちは，ジェーン。僕はボブ。どうしましたか？

ジェーン：ブラウン先生に会いたいんです。教員室への行き方を教えてくれませんか。

ボブ　　：ああ，彼女はたいてい音楽室にいますよ。

ジェーン：そうですか。じゃあ音楽室はどこですか。

ボブ　　：図書館が見えますか？　図書館を右に曲がると美術室のとなりに音楽室が見えます。あと彼女は図書館でときどき本を読みます。

ジェーン：ありがとう。まず図書館に行きますね。

ボブ　　：彼女が見つかるといいですね。

質問：ジェーンは最初にどこへ行きますか？

答え：ウ　図書館へ。

<対話文3>

女の子：私の学校は新しく見えるけど長い歴史があるのよ。

男の子：どういう意味？

女の子：建物は新しいけど私の学校は来年で100年になるの。

男の子：本当に？

女の子：うん。祖父は60年前に同じ学校の生徒だったの。

男の子：ええ，おじいさんは何歳なの？

女の子：今年72歳になるよ。

男の子：ええ，そうなの？

女の子：うん。時々一緒に校歌を歌うよ。

男の子：いいね！

質問：今この学校は何周年になりますか？

答え：イ　99年。

〔放送台本〕
〔問題B〕

これから聞く英語は，カナダの中学生の Cathy が，日本の中学生とのオンライン交流で行ったスピーチです。内容に注意して聞きなさい。あとから，英語による質問が二つ出題されます。<Question 1>では，質問に対する答えを選んで，その記号を答えなさい。<Question 2>では，質問に対する答えを英語で書きなさい。なお，<Question 2>のあとに，15秒程度，答えを書く時間があります。
では，始めます。

Hello, everyone! My name is Cathy. I'm fifteen years old. I'm happy to meet you on the Internet today.

First, I will talk about my country. In summer, many people enjoy walking and bird watching in the mountains. I often go to a swimming pool during summer vacation. In winter, many people enjoy watching basketball games. They are very exciting, and I like to watch them, too. Also, people enjoy skiing. The mountains are beautiful with snow. I go skiing with my family every year. I like skiing the best of all sports. I have learned that there are a lot of places for skiing in Japan. Do you like winter sports?

Next, I will tell you about things I want to know about Japan. I'm very interested in Japanese movies. I think the stories are interesting. I want you to tell me about some popular Japanese movies. I'm looking for a new one to enjoy watching. Let's have fun on the Internet today.

<Question 1> What sport does Cathy like the best?
<Question 2> What does Cathy think about the stories in Japanese movies?

〔英文の訳〕

みなさん，こんにちは！　私の名前はキャシーです。15歳です。今日はインターネットでみなさんにお会いできて嬉しいです。

まず，私の国について話します。夏は多くの人たちが山で歩いたりバードウオッチングをしたりして楽しみます。私は夏休みの間よくプールに行きます。冬は多くの人たちがバスケットボールの試合を見て楽しみます。とてもワクワクするし私も見るのが好きです。またみんなスキーを楽しみます。山は雪をかぶって美しいです。私は毎年家族とスキーに行きます。全てのスポーツの中でスキーが一番好きです。日本にはたくさんのスキー場があると知りました。みなさんは冬のスポーツは好きですか？

次に，私が日本について知っていることについて話します。私は日本の映画にとても興味があります。ストーリーが面白いと思います。人気の日本映画についてみなさんに教えてもらいたいです。見て楽しめる映画を今探しています。今日はインターネットで楽しみましょう。

質問1：キャシーが一番好きなスポーツは何ですか？
答え　：エ　スキー。
質問2：日本映画のストーリーについてキャシーはどう思っていますか？
答え　：(例)それは面白い。

MEMO

大切なことはメモしておこうネ！

東京都公立高等学校

2021年度

★★★★★★★★★★★★★★★★★★★★★★★

共通問題（理科・社会）

2021年度

●くわしい解説……29ページ

＜理科＞　時間　50分　　満点　100点

1　次の各問に答えよ。

〔問1〕　図1は，ヒトのからだの器官を模式的に表したものである。消化された養分を吸収する器官を図1のA，Bから一つ，アンモニアを尿素（にょうそ）に変える器官を図1のC，Dから一つ，それぞれ選び，組み合わせたものとして適切なのは，次のうちではどれか。

ア　A，C
イ　A，D
ウ　B，C
エ　B，D

図1

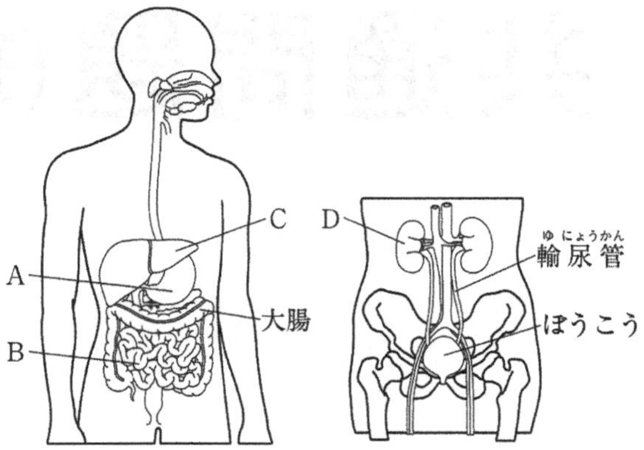

〔問2〕　音さXと音さYの二つの音さがある。音さXをたたいて出た音をオシロスコープで表した波形は，図2のようになった。図中のAは1回の振動にかかる時間を，Bは振幅を表している。音さYをたたいて出た音は，図2で表された音よりも高くて大きかった。この音をオシロスコープで表した波形を図2と比べたとき，波形の違いとして適切なのは，次のうちではどれか。

ア　Aは短く，Bは大きい。
イ　Aは短く，Bは小さい。
ウ　Aは長く，Bは大きい。
エ　Aは長く，Bは小さい。

図2

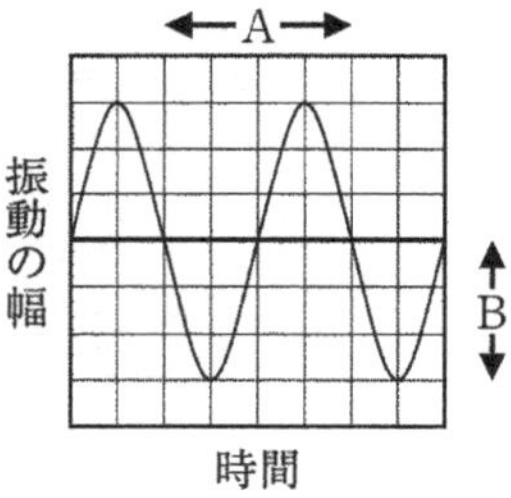

〔問3〕　表1は，ある場所で起きた震源が浅い地震の記録のうち，観測地点A～Cの記録をまとめたものである。この地震において，震源からの距離（きょり）が90kmの地点で初期微動の始まった時刻は10時10分27秒であった。震源からの距離が90kmの地点で主要動の始まった時刻として適切なのは，下のア～エのうちではどれか。

ただし，地震の揺（ゆ）れを伝える2種類の波は，それぞれ一定の速さで伝わるものとする。

表1

観測地点	震源からの距離	初期微動の始まった時刻	主要動の始まった時刻
A	36km	10時10分18秒	10時10分20秒
B	54km	10時10分21秒	10時10分24秒
C	108km	10時10分30秒	10時10分36秒

ア　10時10分28秒　　イ　10時10分30秒　　ウ　10時10分31秒　　エ　10時10分32秒

〔問4〕　スライドガラスの上に溶液Aをしみ込ませたろ紙を置き，図3のように，中央に ✕ 印を付けた2枚の青色リトマス紙を重ね，両端をクリップで留めた。薄い塩酸と薄い水酸化ナトリウム水溶液を青色リトマス紙のそれぞれの ✕ 印に少量付けたところ，一方が赤色に変色した。両端のクリップを電源装置につないで電流を流したところ，赤色に変色した部分は陰極側に広がった。このとき溶液Aとして適切なのは，下の ① のア～エのうちではどれか。また，青色リトマス紙を赤色に変色させたイオンとして適切なのは，下の ② のア～エのうちではどれか。

図3

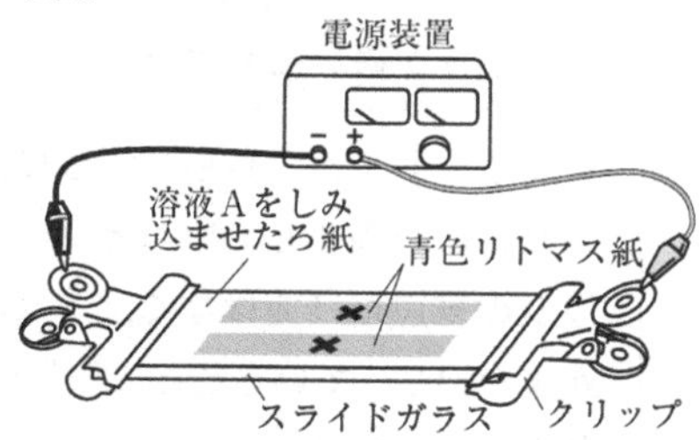

① **ア**　エタノール水溶液　**イ**　砂糖水　**ウ**　食塩水　**エ**　精製水（蒸留水）

② **ア**　H^+　**イ**　Cl^-　**ウ**　Na^+　**エ**　OH^-

〔問5〕　エンドウの丸い種子の個体とエンドウのしわのある種子の個体とをかけ合わせたところ，得られた種子は丸い種子としわのある種子であった。かけ合わせた丸い種子の個体としわのある種子の個体のそれぞれの遺伝子の組み合わせとして適切なのは，下の**ア**～**エ**のうちではどれか。

ただし，種子の形の優性形質（丸）の遺伝子をA，劣性形質（しわ）の遺伝子をａとする。

ア　ＡＡとＡａ
イ　ＡＡとａａ
ウ　ＡａとＡａ
エ　Ａａとａａ

〔問6〕　図4のA～Cは，机の上に物体を置いたとき，机と物体に働く力を表している。力のつり合いの関係にある2力と作用・反作用の関係にある2力とを組み合わせたものとして適切なのは，下の表の**ア**～**エ**のうちではどれか。

ただし，図4ではA～Cの力は重ならないように少しずらして示している。

図4

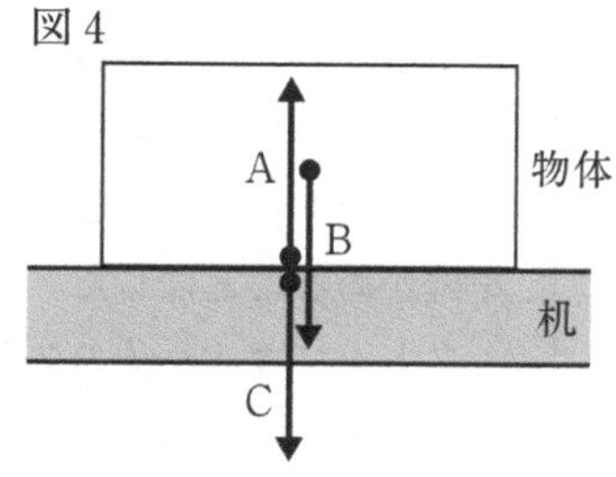

A：机が物体を押す力
B：物体に働く重力
C：物体が机を押す力

	力のつり合いの関係にある2力	作用・反作用の関係にある2力
ア	AとB	AとB
イ	AとB	AとC
ウ	AとC	AとB
エ	AとC	AとC

2　生徒が，毎日の暮らしの中で気付いたことを，科学的に探究しようと考え，自由研究に取り組んだ。生徒が書いたレポートの一部を読み，次の各問に答えよ。

＜レポート１＞　しらす干しに混じる生物について

食事の準備をしていると，しらす干しの中にはイワシの稚魚だけではなく，エビのなかまやタコのなかまが混じっていることに気付いた。しらす干しは，製造する過程でイワシの稚魚以外の生物を除去していることが分かった。そこで，除去する前にどのような生物が混じっているのかを確かめることにした。

しらす漁の際に捕れた，しらす以外の生物が多く混じっているものを購入(こうにゅう)し，それぞれの生物の特徴を観察し，表１のように４グループに分類した。

表１

グループ	生物
A	イワシ・アジのなかま
B	エビ・カニのなかま
C	タコ・イカのなかま
D	二枚貝のなかま

〔問１〕　＜レポート１＞から，生物の分類について述べた次の文章の ① と ② にそれぞれ当てはまるものとして適切なのは，下の**ア**～**エ**のうちではどれか。

表１の４グループを，セキツイ動物とそれ以外の生物で二つに分類すると，セキツイ動物のグループは， ① である。また，軟体動物(なんたいどうぶつ)とそれ以外の生物で二つに分類すると，軟体動物のグループは， ② である。

① **ア**　A　**イ**　AとB　**ウ**　AとC　**エ**　AとBとD

② **ア**　C　**イ**　D　**ウ**　CとD　**エ**　BとCとD

＜レポート２＞　おもちゃの自動車の速さについて

ぜんまいで動くおもちゃの自動車で弟と遊んでいたときに，本物の自動車の速さとの違いに興味をもった。そこで，おもちゃの自動車が運動する様子をビデオカメラで撮影し，速さを確かめることにした。

ストップウォッチのスタートボタンを押すと同時におもちゃの自動車を走らせて，方眼紙の上を運動する様子を，ビデオカメラの位置を固定して撮影した。おもちゃの自動車が運動を始めてから0.4秒後，0.5秒後及び0.6秒後の画像は，図１のように記録されていた。

図１

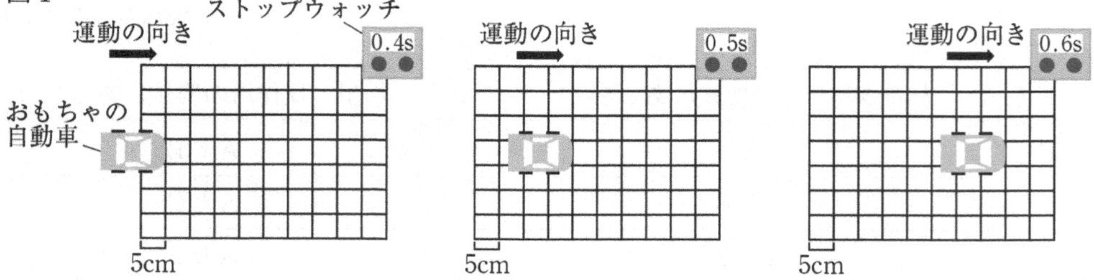

〔問２〕　＜レポート２＞から，おもちゃの自動車が運動を始めて0.4秒後から0.6秒後までの平均の速さとして適切なのは，次のうちではどれか。

ア　2.7km/h　　**イ**　5.4km/h　　**ウ**　6.3km/h　　**エ**　12.6km/h

<レポート3>　プラスチックごみの分別について

ペットボトルを資源ごみとして分別するため，ボトル，ラベル，キャップに分けて水を入れた洗いおけの中に入れた。すると，水で満たされたボトルとラベルは水に沈み，キャップは水に浮くことに気付いた。ボトルには，図2の表示があったのでプラスチックの種類はＰＥＴであることが分かったが，ラベルには，プラスチックの種類の表示がなかったため分からなかった。そこで，ラベルのプラスチックの種類を調べるため食塩水を作り，食塩水への浮き沈みを確かめることにした。

図2

水50cm^{3}に食塩15gを加え，体積を調べたところ55cm^{3}であった。この食塩水に小さく切ったラベルを，空気の泡が付かないように全て沈めてから静かに手を放した。すると，小さく切ったラベルは食塩水に浮いた。

また，ペットボトルに使われているプラスチックの種類を調べたところ，表2のうちの，いずれかであることが分かった。

表2

プラスチックの種類	密度〔g/cm^3〕
ポリエチレンテレフタラート	1.38～1.40
ポリスチレン	1.05～1.07
ポリエチレン	0.92～0.97
ポリプロピレン	0.90～0.92

〔問3〕　<レポート3>から，食塩水に浮いたラベルのプラスチックの種類として適切なのは，下の**ア**～**エ**のうちではどれか。

ただし，ラベルは1種類のプラスチックからできているものとする。

ア　ポリエチレンテレフタラート　　**イ**　ポリスチレン
ウ　ポリエチレン　　**エ**　ポリプロピレン

<レポート4>　夜空に見える星座について

毎日同じ時刻に戸じまりをしていると，空に見える星座の位置が少しずつ移動して見えることに気付いた。そこで，南の空に見られるオリオン座の位置を，同じ時刻に観察して確かめることにした。

方位磁針を使って東西南北を確認（かくにん）した後，午後10時に地上の景色と共にオリオン座の位置を記録した。11月15日から1か月ごとに記録した結果は，図3のようになり，1月15日のオリオン座は真南に見えた。

図3

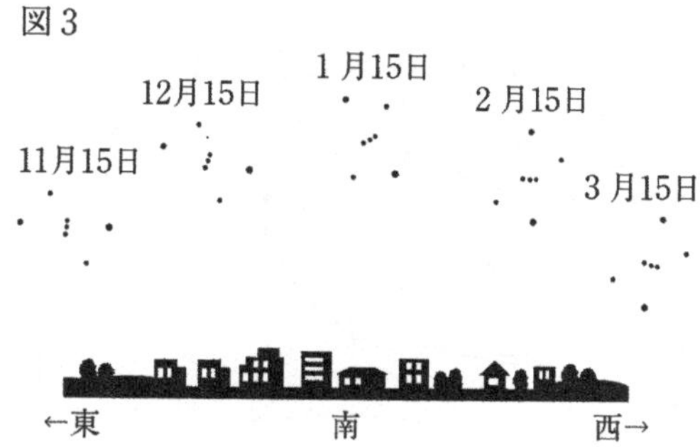

〔問4〕　<レポート4>から，2月15日にオリオン座が真南に見える時刻として適切なのは，次のうちではどれか。

ア　午前0時頃（ごろ）　**イ**　午前2時頃　**ウ**　午後6時頃　**エ**　午後8時頃

3　天気の変化と気象観測について，次の各問に答えよ。

＜観測＞を行ったところ，**＜結果＞**のようになった。

＜観測＞

天気の変化について調べるために，ある年の３月31日から連続した３日間，観測地点Pにおいて，気象観測を行った。気温，湿度，気圧は自動記録計により測定し，天気，風向，風力，天気図はインターネットで調べた。図１は観測地点Pにおける１時間ごとの気温，湿度，気圧の気象データを基に作成したグラフと，３時間ごとの天気，風向，風力の気象データを基に作成した天気図記号を組み合わせたものである。図２，図３，図４はそれぞれ３月31日から４月２日までの12時における日本付近の天気図であり，前線X（▼▼）は観測を行った期間に観測地点Pを通過した。

＜結果＞

図１

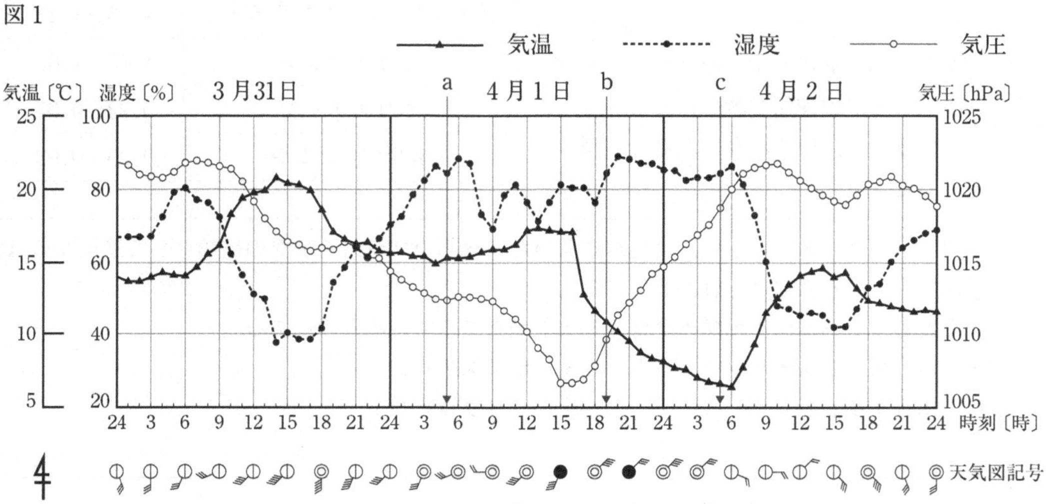

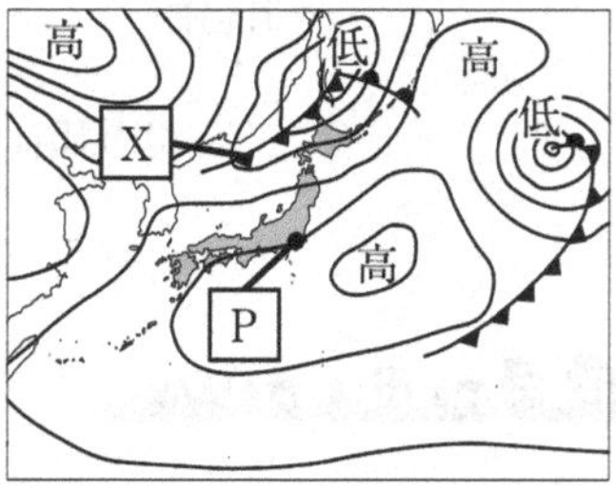

図２　３月31日12時の天気図

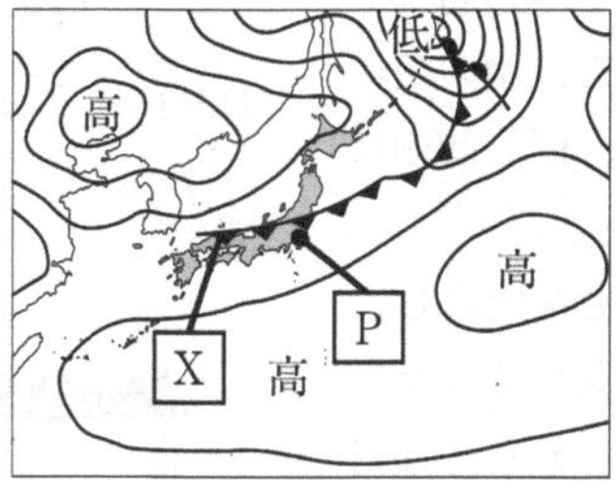

図３　４月１日12時の天気図

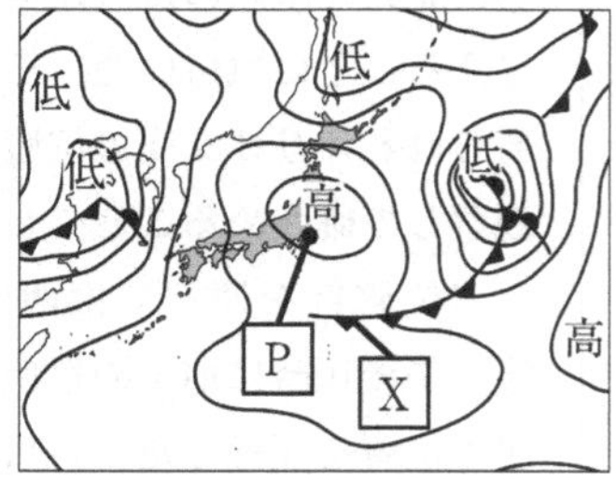

図４　４月２日12時の天気図

〔問１〕　**＜結果＞**の図１のa，b，cの時刻における湿度は全て84%であった。a，b，cの時刻における空気中の水蒸気の量をそれぞれA〔g/m^3〕，B〔g/m^3〕，C〔g/m^3〕としたとき，A，B，Cの関係を適切に表したものは，次のうちではどれか。

ア　A＝B＝C　　**イ**　A＜B＜C　　**ウ**　B＜A＜C　　**エ**　C＜B＜A

〔問２〕　**＜結果＞**の図１から分かる，３月31日の天気の概況について述べた次のページの文章の ① ～ ③ にそれぞれ当てはまるものとして適切なのは，あとの**ア**～**ウ**のうちではどれか。

> 日中の天気はおおむね [①] で，[②] が吹く。[③] は日が昇るとともに上がり始め，昼過ぎに最も高くなり，その後しだいに下がる。

[①]　ア　快晴　　イ　晴れ　　ウ　くもり
[②]　ア　東寄りの風　　イ　北寄りの風　　ウ　南寄りの風
[③]　ア　気温　　イ　湿度　　ウ　気圧

〔問3〕　＜**結果**＞から，4月1日の15時～18時の間に前線Xが観測地点Pを通過したと考えられる。前線Xが通過したときの観測地点Pの様子として適切なのは，下の [①] の**ア**～**エ**のうちではどれか。また，図4において，観測地点Pを覆(おお)う高気圧の中心付近での空気の流れについて述べたものとして適切なのは，下の [②] の**ア**～**エ**のうちではどれか。

[①]　**ア**　気温が上がり，風向は北寄りに変化した。
　　イ　気温が上がり，風向は南寄りに変化した。
　　ウ　気温が下がり，風向は北寄りに変化した。
　　エ　気温が下がり，風向は南寄りに変化した。

[②]　**ア**　地上から上空へ空気が流れ，地上では周辺から中心部へ向かって風が吹き込む。
　　イ　地上から上空へ空気が流れ，地上では中心部から周辺へ向かって風が吹き出す。
　　ウ　上空から地上へ空気が流れ，地上では周辺から中心部へ向かって風が吹き込む。
　　エ　上空から地上へ空気が流れ，地上では中心部から周辺へ向かって風が吹き出す。

〔問4〕　日本には，季節の変化があり，それぞれの時期において典型的な気圧配置が見られる。次の**ア**～**エ**は，つゆ（6月），夏（8月），秋（11月），冬（2月）のいずれかの典型的な気圧配置を表した天気図である。つゆ，夏，秋，冬の順に記号を並べよ。

ア

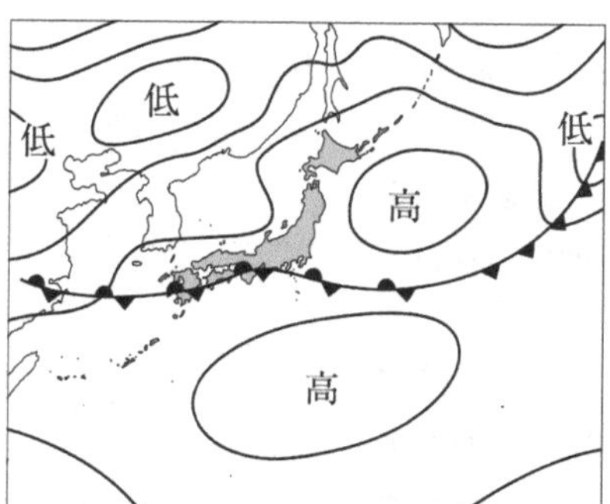

イ

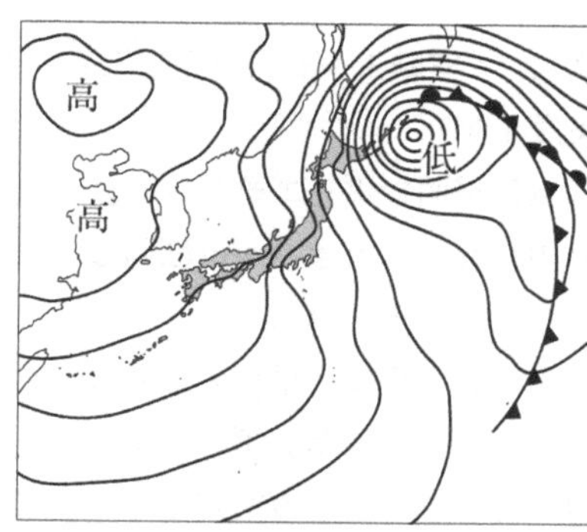

ウ

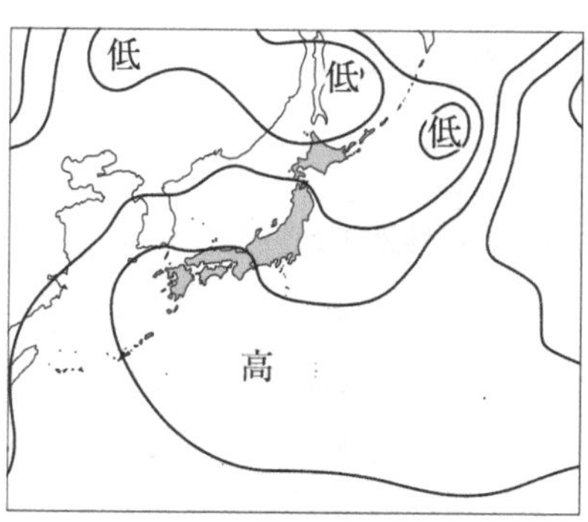

エ

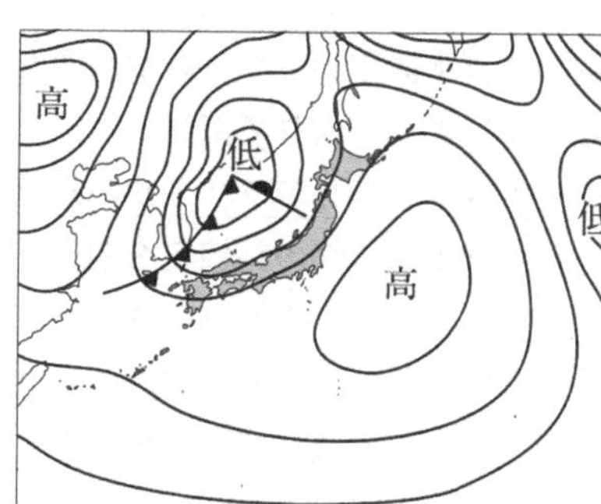

4　ツユクサを用いた観察，実験について，次の各問に答えよ。

<観察>を行ったところ，**<結果1>**のようになった。

<観察>

(1)　ツユクサの葉の裏側の表皮をはがし，スライドガラスの上に載せ，水を1滴落とし，プレパラートを作った。

(2)　(1)のプレパラートを顕微鏡で観察した。

(3)　(1)の表皮を温めたエタノールに入れ，脱色されたことを顕微鏡で確認した後，スライドガラスの上に載せ，ヨウ素液を1滴落とし，プレパラートを作った。

(4)　(3)のプレパラートを顕微鏡で観察した。

図1

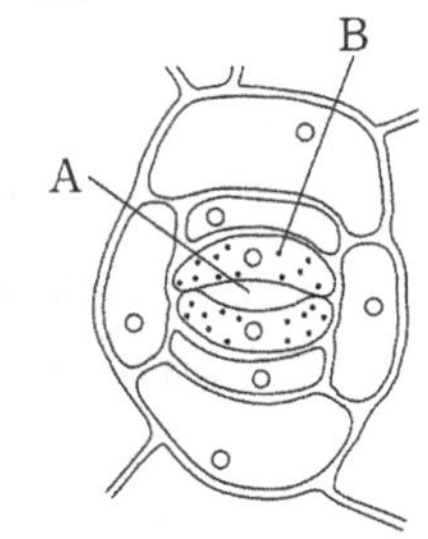

<結果1>

(1)　**<観察>**の(2)では，図1のAのような2個の三日月形の細胞で囲まれた隙間が観察された。三日月形の細胞にはBのような緑色の粒が複数見られた。

(2)　**<観察>**の(4)では，**<結果1>**の(1)のBが青紫色に変化した。

〔問1〕　**<結果1>**で観察されたAについて述べたものと，Bについて述べたものとを組み合わせたものとして適切なのは，次の表の**ア**～**エ**のうちではどれか。

	Aについて述べたもの	Bについて述べたもの
ア	酸素，二酸化炭素などの気体の出入り口である。	植物の細胞に見られ，酸素を作る。
イ	酸素，二酸化炭素などの気体の出入り口である。	植物の細胞の形を維持する。
ウ	細胞の活動により生じた物質を蓄えている。	植物の細胞に見られ，酸素を作る。
エ	細胞の活動により生じた物質を蓄えている。	植物の細胞の形を維持する。

次に，**<実験1>**を行ったところ，**<結果2>**のようになった。

<実験1>

(1)　無色透明なポリエチレンの袋4枚と，ツユクサの鉢植えを1鉢用意した。大きさがほぼ同じ4枚の葉を選び，葉C，葉D，葉E，葉Fとした。

(2)　図2のように，葉D・葉Fは，それぞれアルミニウムはくで葉の両面を覆った。葉C，葉Dは，それぞれ袋で覆い，紙ストローで息を吹き込み密封した。葉E，葉Fは，それぞれ袋で覆い，紙ストローで息を吹き込んだ後，二酸化炭素を吸収する性質のある水酸化ナトリウム水溶液をしみ込ませたろ紙を，葉に触れないように入れて密封した。

(3)　<u>**<実験1>**の(2)のツユクサの鉢植えを暗室に24時間置いた。</u>

(4)　**<実験1>**の(3)の鉢植えを明るい場所に3時間置いた後，葉C～Fをそれぞれ切り取った。

(5)　切り取った葉C～Fを温めたエタノールに入れて脱色し，ヨウ素液に浸して色の変化を調べた。

図2

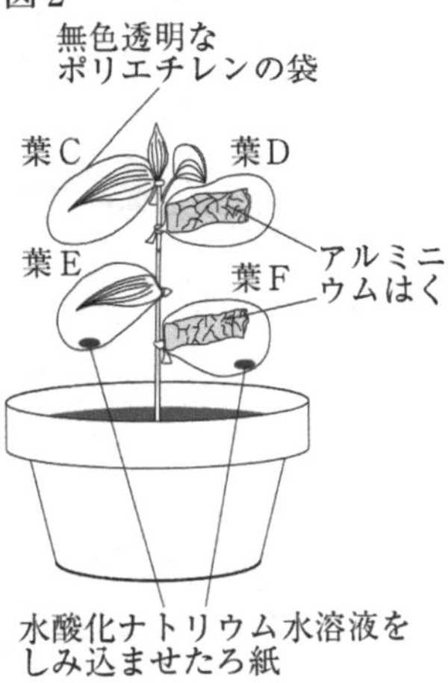

<結果2>

	色の変化
葉C	青紫色に変化した。
葉D	変化しなかった。
葉E	変化しなかった。
葉F	変化しなかった。

〔問2〕 ＜**実験1**＞の(3)の下線部のように操作する理由として適切なのは，下の ① の**ア**～**ウ**のうちではどれか。また，＜**結果2**＞から，光合成には二酸化炭素が必要であることを確かめるための葉の組合せとして適切なのは，下の ② の**ア**～**ウ**のうちではどれか。

① **ア**　葉にある水を全て消費させるため。
　イ　葉にある二酸化炭素を全て消費させるため。
　ウ　葉にあるデンプンを全て消費させるため。

② **ア**　葉Cと葉D　　**イ**　葉Cと葉E　　**ウ**　葉Dと葉F

次に，＜**実験2**＞を行ったところ，＜**結果3**＞のようになった。

＜**実験2**＞

(1)　明るさの度合いを1，2の順に明るくすることができる照明器具を用意した。葉の枚数や大きさ，色が同程度のツユクサを入れた同じ大きさの無色透明なポリエチレンの袋を3袋用意し，袋G，袋H，袋Ｉとした。

(2)　袋G～Ｉのそれぞれの袋に，紙ストローで息を十分に吹き込み，二酸化炭素の割合を気体検知管で測定した後，密封した。

(3)　袋Gは，暗室に5時間置いた後，袋の中の二酸化炭素の割合を気体検知管で測定した。

(4)　袋Hは，図3のように，照明器具から1m離れたところに置き，明るさの度合いを1にして5時間光を当てた後，袋の中の二酸化炭素の割合を気体検知管で測定した。

(5)　袋Ｉは，図3のように，照明器具から1m離れたところに置き，明るさの度合いを2にして5時間光を当てた後，袋の中の二酸化炭素の割合を気体検知管で測定した。

図3

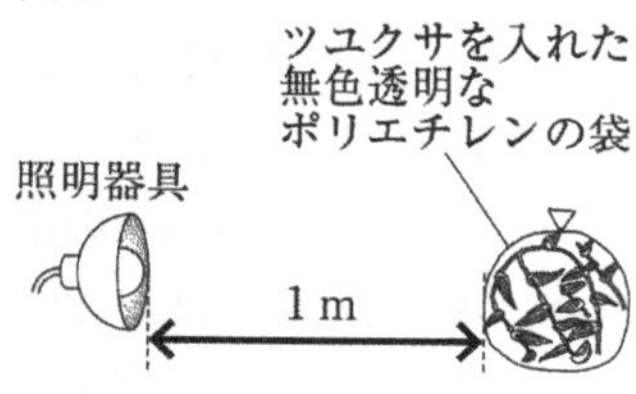

＜**結果3**＞

		袋G 暗室	袋H 明るさの度合い1	袋Ｉ 明るさの度合い2
		暗い → 明るい		
二酸化炭素の割合〔%〕	実験前	4.0	4.0	4.0
	実験後	7.6	5.6	1.5

〔問3〕 ＜**結果3**＞から，袋Hと袋Ｉのそれぞれに含(ふく)まれる二酸化炭素の量の関係について述べたものとして適切なのは，下の ① の**ア**～**ウ**のうちではどれか。また，＜**結果2**＞と＜**結果3**＞から，袋Hと袋Ｉのそれぞれのツユクサでできるデンプンなどの養分の量の関係について述べたものとして適切なのは，次のページの ② の**ア**～**ウ**のうちではどれか。

① **ア**　呼吸によって出される二酸化炭素の量よりも，光合成によって使われた二酸化炭素の量の方が多いのは，袋Hである。
　イ　呼吸によって出される二酸化炭素の量よりも，光合成によって使われた二酸化炭素の量の方が多いのは，袋Ｉである。
　ウ　袋Hも袋Ｉも呼吸によって出される二酸化炭素の量と光合成によって使われた二酸化炭素の量は，同じである。

② ア　デンプンなどの養分のできる量が多いのは，袋Hである。
　イ　デンプンなどの養分のできる量が多いのは，袋Ｉである。
　ウ　袋Hと袋Ｉでできるデンプンなどの養分の量は，同じである。

5　物質の変化やその量的な関係を調べる実験について，次の各問に答えよ。
＜実験１＞を行ったところ，**＜結果１＞**のようになった。

＜実験１＞

図１

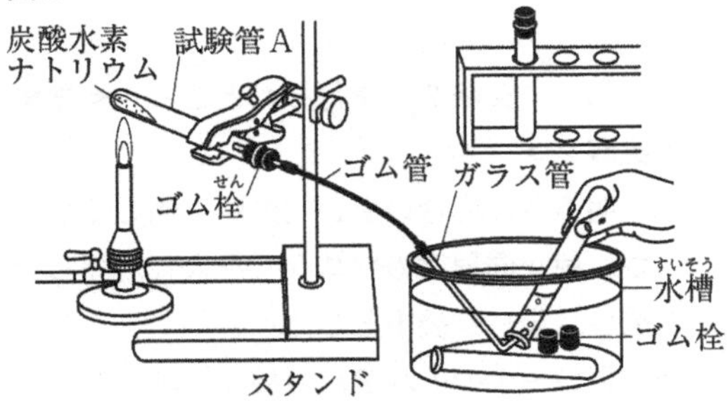

(1)　乾いた試験管Aに炭酸水素ナトリウム2.00ｇを入れ，ガラス管をつなげたゴム栓をして，試験管Aの口を少し下げ，スタンドに固定した。
(2)　図１のように，試験管Aを加熱したところ，ガラス管の先から気体が出てきたことと，試験管Aの内側に液体が付いたことが確認できた。出てきた気体を３本の試験管に集めた。
(3)　<u>ガラス管を水槽の水の中から取り出した後，試験管Aの加熱をやめ，</u>試験管Aが十分に冷めてから試験管Aの内側に付いた液体に青色の塩化コバルト紙を付けた。
(4)　気体を集めた３本の試験管のうち，１本目の試験管には火のついた線香を入れ，２本目の試験管には火のついたマッチを近付け，３本目の試験管には石灰水を入れてよく振った。
(5)　加熱後の試験管Aの中に残った物質の質量を測定した。
(6)　水5.0㎤を入れた試験管を２本用意し，一方の試験管には炭酸水素ナトリウムを，もう一方の試験管には**＜実験１＞**の(5)の物質をそれぞれ1.00ｇ入れ，水への溶け方を観察した。

＜結果１＞

塩化コバルト紙の色の変化	火のついた線香の変化	火のついたマッチの変化	石灰水の変化	加熱後の物質の質量	水への溶け方
青色から赤色（桃色）に変化した。	線香の火が消えた。	変化しなかった。	白く濁った。	1.26g	炭酸水素ナトリウムは溶け残り，加熱後の物質は全て溶けた。

〔問１〕　**＜実験１＞**の(3)の下線部のように操作する理由として適切なのは，下の ① の**ア**～**エ**のうちではどれか。また，**＜実験１＞**の(6)の炭酸水素ナトリウム水溶液と加熱後の物質の水溶液のpHの値について述べたものとして適切なのは，下の ② の**ア**～**ウ**のうちではどれか。

① **ア**　試験管A内の気圧が上がるので，試験管Aのゴム栓が飛び出すことを防ぐため。
　イ　試験管A内の気圧が上がるので，水槽の水が試験管Aに流れ込むことを防ぐため。
　ウ　試験管A内の気圧が下がるので，試験管Aのゴム栓が飛び出すことを防ぐため。
　エ　試験管A内の気圧が下がるので，水槽の水が試験管Aに流れ込むことを防ぐため。

② **ア**　炭酸水素ナトリウム水溶液よりも加熱後の物質の水溶液の方がpHの値が小さい。
　イ　炭酸水素ナトリウム水溶液よりも加熱後の物質の水溶液の方がpHの値が大きい。
　ウ　炭酸水素ナトリウム水溶液と加熱後の物質の水溶液のpHの値は同じである。

〔問２〕　<**実験１**>の(2)で試験管Ａ内で起きている化学変化と同じ種類の化学変化として適切なのは，下の ① のア～エのうちではどれか。また，<**実験１**>の(2)で試験管Ａ内で起きている化学変化をモデルで表した図２のうち，ナトリウム原子１個を表したものとして適切なのは，下の ② のア～エのうちではどれか。

① **ア**　酸化銀を加熱したときに起こる化学変化
イ　マグネシウムを加熱したときに起こる化学変化
ウ　鉄と硫黄（いおう）の混合物を加熱したときに起こる化学変化
エ　鉄粉と活性炭の混合物に食塩水を数滴（すうてき）加えたときに起こる化学変化

図２

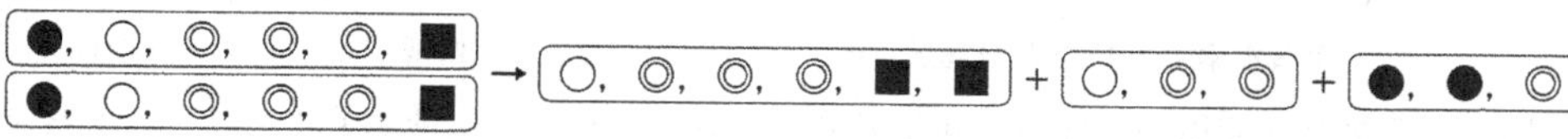

② **ア** ●　**イ** ○　**ウ** ◎　**エ** ■

次に，<**実験２**>を行ったところ，<**結果２**>のようになった。

<**実験２**>

(1)　乾いたビーカーに薄い塩酸10.0cm³を入れ，図３のようにビーカーごと質量を測定し，反応前の質量とした。

(2)　炭酸水素ナトリウム0.50ｇを，<**実験２**>の(1)の薄い塩酸の入っているビーカーに少しずつ入れたところ，気体が発生した。気体の発生が止まった後，ビーカーごと質量を測定し，反応後の質量とした。

(3)　<**実験２**>の(2)で，ビーカーに入れる炭酸水素ナトリウムの質量を，1.00ｇ，1.50ｇ，2.00ｇ，2.50ｇ，3.00ｇに変え，それぞれについて<**実験２**>の(1)，(2)と同様の実験を行った。

図３

<**結果２**>

反応前の質量〔g〕	79.50	79.50	79.50	79.50	79.50	79.50
炭酸水素ナトリウムの質量〔g〕	0.50	1.00	1.50	2.00	2.50	3.00
反応後の質量〔g〕	79.74	79.98	80.22	80.46	80.83	81.33

〔問３〕　<**結果２**>から，炭酸水素ナトリウムの質量と発生した気体の質量との関係を表したグラフとして適切なのは，次のうちではどれか。

ア

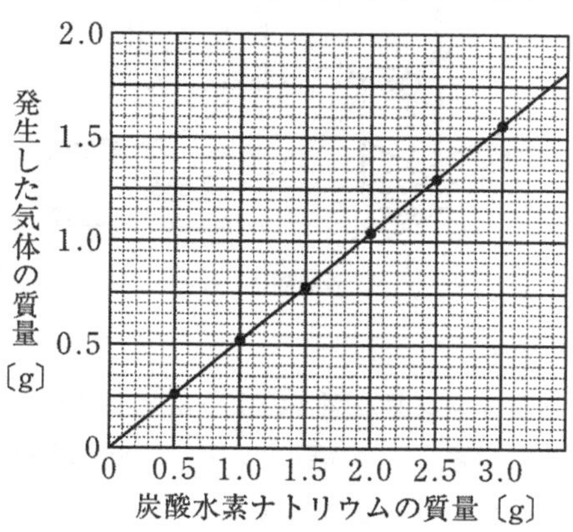

イ

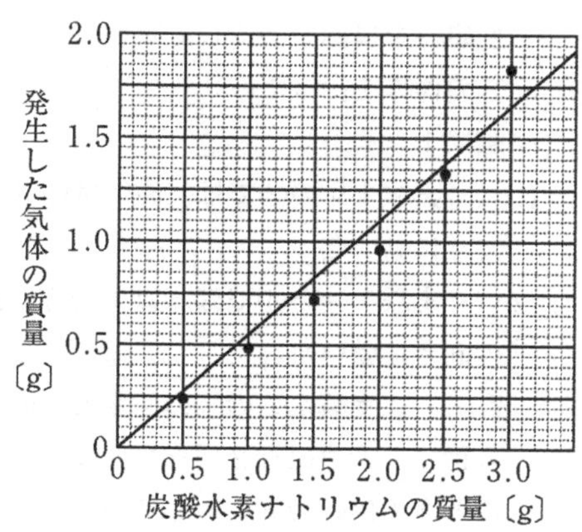

ウ

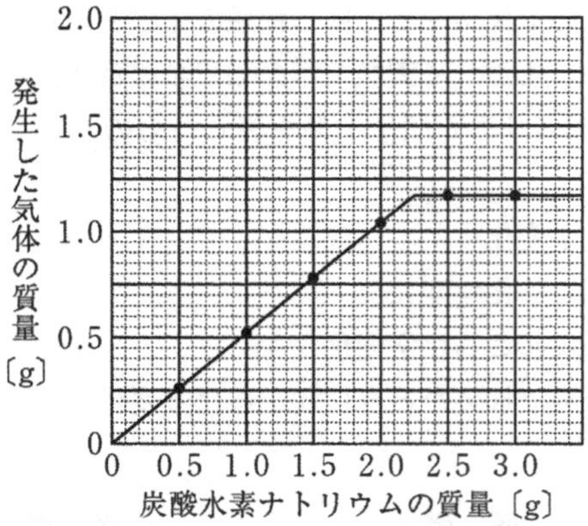

エ

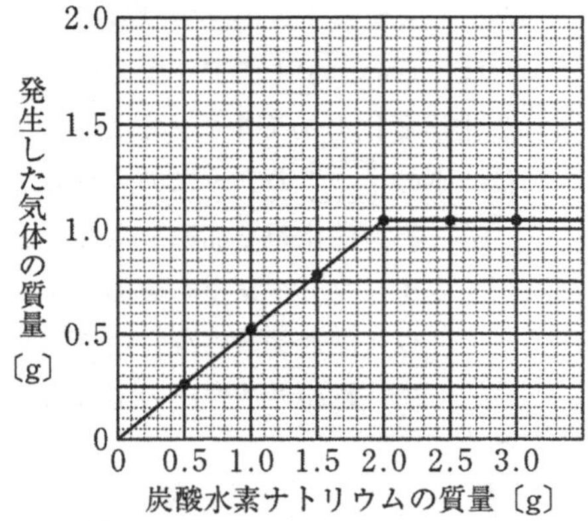

〔問４〕　**＜実験２＞**で用いた塩酸と同じ濃度（のうど）の塩酸10.0cm^{3}に，炭酸水素ナトリウムが含（ふく）まれているベーキングパウダー4.00gを入れたところ，0.65gの気体が発生した。ベーキングパウダーに含まれている炭酸水素ナトリウムは何％か。答えは，小数第一位を四捨五入して整数で求めよ。

ただし，発生した気体はベーキングパウダーに含まれている炭酸水素ナトリウムのみが反応して発生したものとする。

6　電流と磁界に関する実験について，次の各問に答えよ。

＜実験１＞を行ったところ，**＜結果１＞**のようになった。

＜実験１＞

(1)　木の棒を固定したスタンドを水平な机の上に置き，図１のように電源装置，導線，スイッチ，20Ωの抵抗器（ていこうき），電流計，コイルAを用いて回路を作った。

(2)　コイルAの下にN極が黒く塗（ぬ）られた方位磁針を置いた。

(3)　電源装置の電圧を５Ｖに設定し，回路のスイッチを入れた。

(4)　**＜実験１＞**の(1)の回路に図２のようにU字型磁石をN極を上にして置き，**＜実験１＞**の(3)の操作を行った。

＜結果１＞

(1)　**＜実験１＞**の(3)では，磁針は図３で示した向きに動いた。

(2)　**＜実験１＞**の(4)では，コイルAは図２のHの向きに動いた。

図１

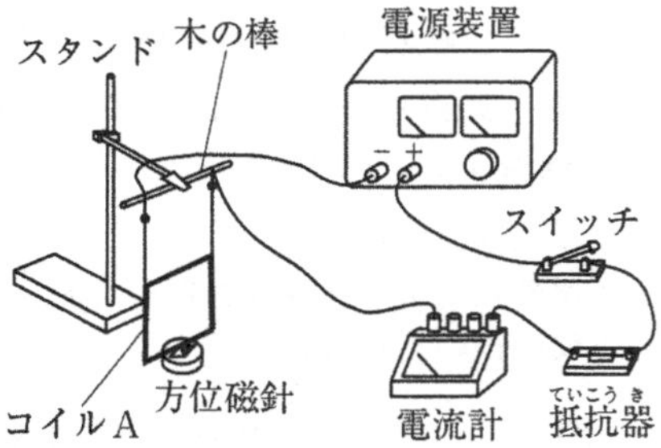

図２

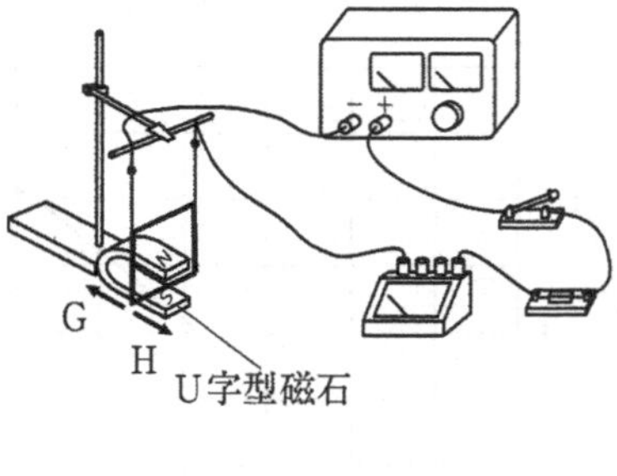

図３

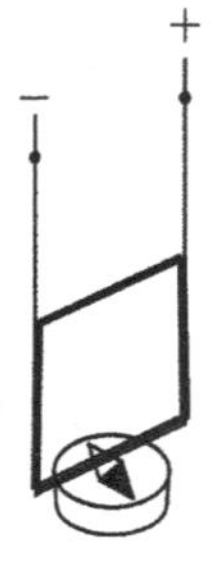

〔問１〕　**＜実験１＞**の(1)の回路と木の棒を固定したスタンドに図４のようにアクリル板２枚を取り付け，方位磁針２個をコイルAの内部と上部に設置し，**＜実験１＞**の(3)の操作を行った。このときの磁針の向きとして適切なのは，次のページのうちではどれか。

図 4

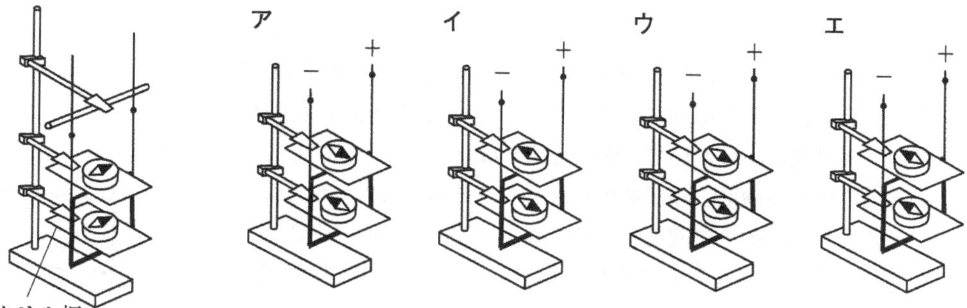

次に，＜**実験 2** ＞を行ったところ，＜**結果 2** ＞のようになった。

＜**実験 2** ＞

⑴　図 5 のようにコイルＡに導線で検流計をつないだ。

⑵　コイルＡを手でＧとＨの向きに交互に動かし，検流計の針の動きを観察した。

図 5

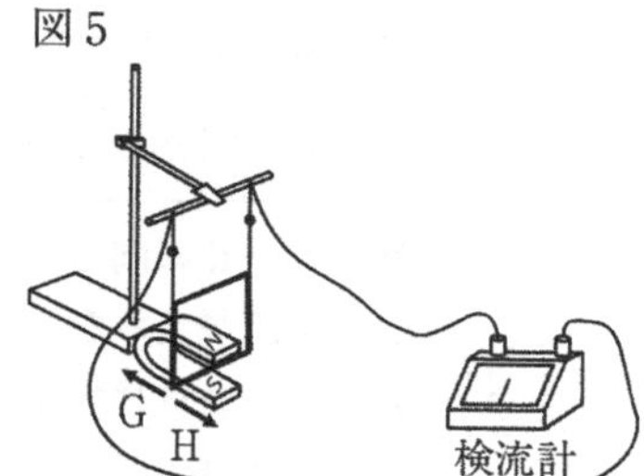

＜**結果 2** ＞

コイルＡを動かすと，検流計の針は左右に振れた。

〔問 2〕　＜**結果 2** ＞から，コイルＡに電圧が生じていることが分かる。コイルＡに電圧が生じる理由を簡単に書け。

次に，＜**実験 3** ＞を行ったところ，＜**結果 3** ＞のようになった。

＜**実験 3** ＞

⑴　図 6 において，電流を e から f に流すとき，a → b → c → d の向きに電流が流れるようエナメル線を巻き，左右に軸を出した。

e 側の軸のエナメルを下半分，f 側の軸のエナメルを全てはがしたコイルＢを作った。

なお，図 6 のエナメル線の白い部分はエナメルをはがした部分を表している。

図 6

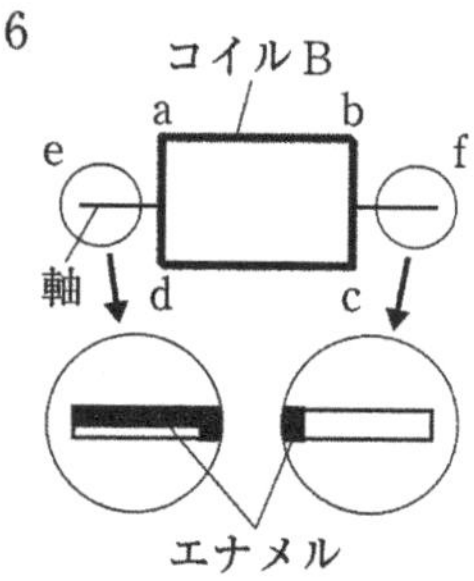

⑵　図 7 のように，磁石のＳ極を上にして置き，その上にコイルＢを a b の部分が上になるように金属製の軸受けに載せた。電源装置，導線，スイッチ，20Ω の抵抗器，電流計，軸受けを用いて回路を作り，＜**実験 1** ＞の⑶の操作を行った。

図 7

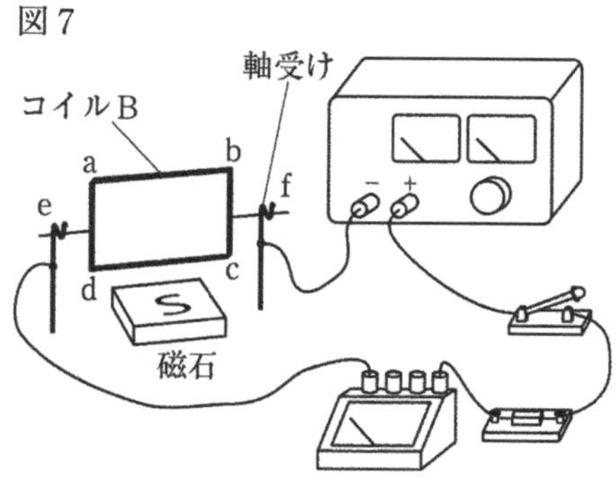

＜**結果 3** ＞

コイルＢは，同じ向きに回転し続けた。

〔問 3〕　＜**実験 3** ＞の⑵において，コイルＢを流れる電流を大きくするとコイルの回転が速くなる。

次のページの**ア**～**エ**は，図 7 の回路の抵抗器にもう一つ抵抗器をつなぐ際の操作を示したものである。＜**実験１**＞の(3)の操作を行うとき，コイルＢが速く回転するつなぎ方の順に記号を並べよ。

ア　５Ωの抵抗器を直列につなぐ。　　**イ**　５Ωの抵抗器を並列（へいれつ）につなぐ。

ウ　10Ωの抵抗器を直列につなぐ。　　**エ**　10Ωの抵抗器を並列につなぐ。

〔問４〕　＜**結果３**＞において，図８と図９はコイルＢが回転しているときのある瞬間の様子を表したものである。次の文章は，コイルＢが同じ向きに回転し続けた理由を述べたものである。文章中の ① ～ ④ にそれぞれ当てはまるものとして適切なのは，下の**ア**～**ウ**のうちではどれか。

図８

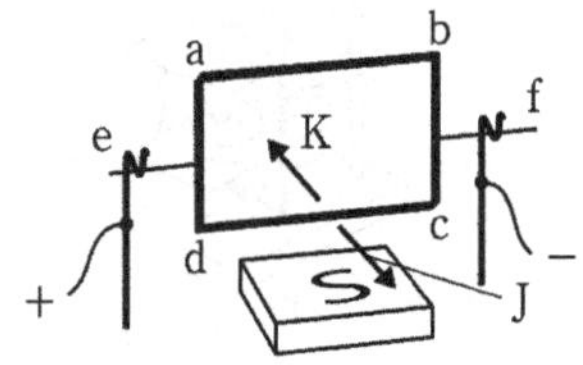

図９

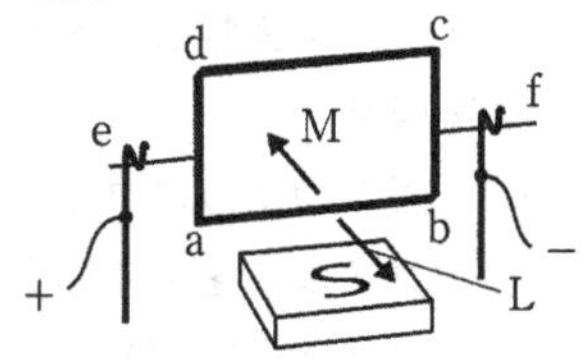

> 図８の状態になったときには，コイルＢのｃｄの部分には ① ため，磁界から ② 。半回転して図９の状態になったときには，コイルＢのａｂの部分には ③ ため，磁界から ④ 。そのため，同じ向きの回転を続け，さらに半回転して再び図８の状態になるから。

① **ア**　ｃ→ｄの向きに電流が流れる　　**イ**　ｄ→ｃの向きに電流が流れる
　ウ　電流が流れない

② **ア**　Ｊの向きに力を受ける　　**イ**　Ｋの向きに力を受ける
　ウ　力を受けない

③ **ア**　ａ→ｂの向きに電流が流れる　　**イ**　ｂ→ａの向きに電流が流れる
　ウ　電流が流れない

④ **ア**　Ｌの向きに力を受ける　　**イ**　Ｍの向きに力を受ける
　ウ　力を受けない

＜社会＞

時間　50分　　満点　100点

1　次の各問に答えよ。

I

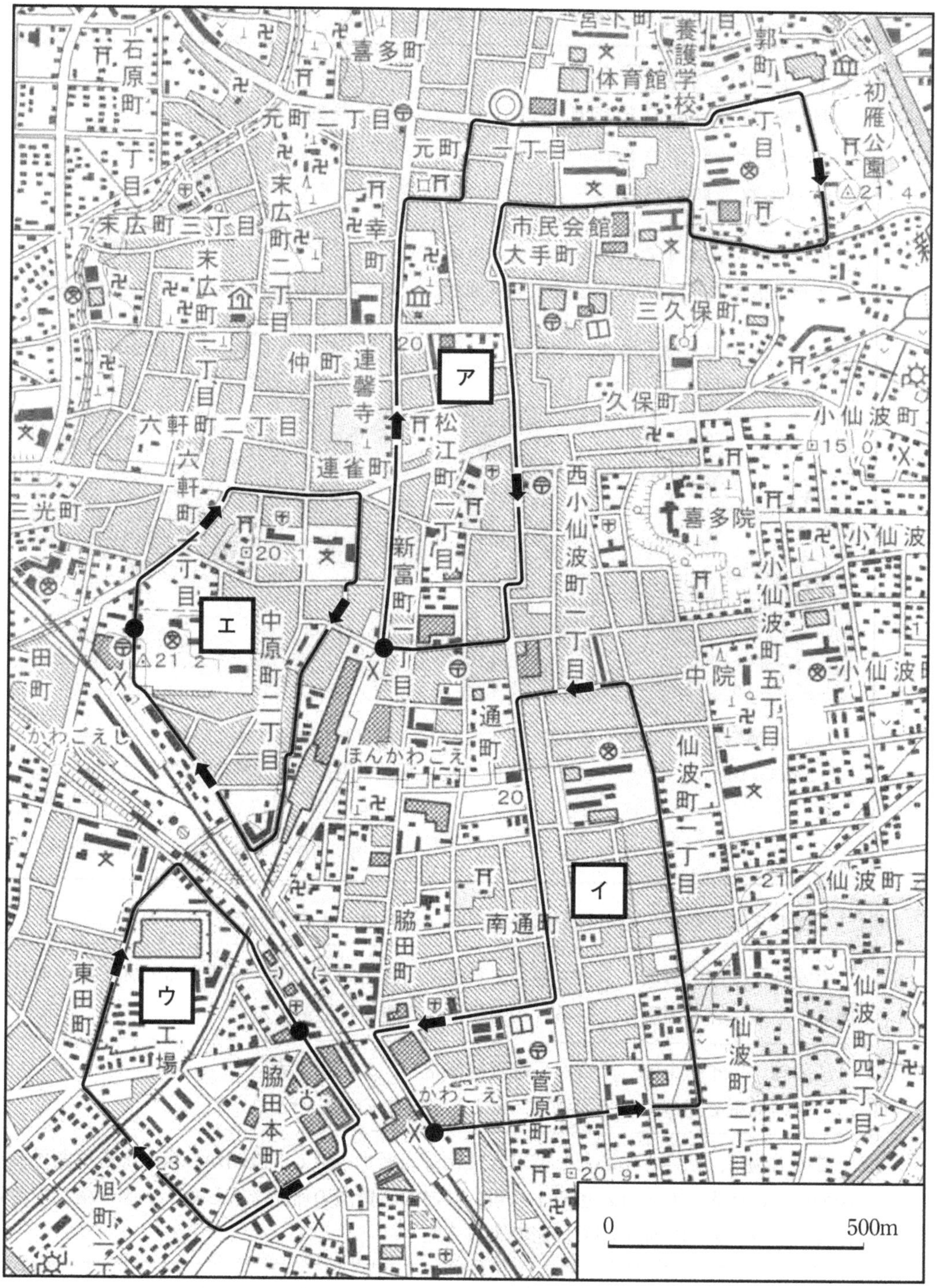

〔問１〕　前のページのⅠの地形図は，2006年と2008年の「国土地理院発行２万５千分の１地形図（川越南部・川越北部）」の一部を拡大して作成したものである。下のⅡの図は，埼玉県川越市中心部の地域調査で確認できる城下町の痕跡を示したものである。Ⅰの**ア**～**エ**の経路は，地域調査で地形図上に●で示した地点を起点に矢印（➡）の方向に移動した様子を━━で示したものである。Ⅱの図で示された痕跡を確認することができる経路に当てはまるのは，Ⅰの**ア**～**エ**のうちではどれか。(31ページの地図は編集の都合で90％に縮小してあります。)

Ⅱ

城下町の痕跡を探そう

調 査 日　令和２年10月３日（土）　　集合時刻　午前９時

集合場所　駅前交番前

移動距離　約4.1km

痕跡１　城に由来するものが，現在の町名に残っている。

郭町　城の周囲にめぐらした郭に由来する。　大手町　川越城の西大手門に由来する。

痕跡２　城下に「時」を告げてきた鐘つき堂

地形図上では，「高塔」の地図記号で示されている。

痕跡３　見通しを悪くし，敵が城に侵入しづらくなるようにした鍵型の道路

通行しやすくするために，鍵型の道路は直線的に結ばれている。

（↓は写真を撮った向きを示す。）

〔問２〕　次の文章で述べている我が国の歴史的文化財は，下の**ア**～**エ**のうちのどれか。

> 平安時代中期の貴族によって建立された，阿弥陀如来坐像を安置する阿弥陀堂であり，極楽浄土の世界を表現している。1994年に世界遺産に登録された。

ア　法隆寺　　**イ**　金閣　　**ウ**　平等院鳳凰堂　　**エ**　東大寺

〔問３〕　次の文章で述べている人物は，あとの**ア**～**エ**のうちのどれか。

> この人物は，江戸を中心として町人文化が発展する中で，波間から富士山を垣間見る構図の作品に代表される「富嶽三十六景」などの風景画の作品を残した。大胆な構図や色彩はヨーロッパの印象派の画家に影響を与えた。

ア　雪舟　　イ　葛飾北斎　　ウ　菱川師宣　　エ　狩野永徳

〔問４〕　次の条文がある法律の名称は，下のア～エのうちのどれか。

○労働条件は，労働者と使用者が，対等の立場において決定すべきものである。
○使用者は，労働者に，休憩時間を除き一週間について四十時間を超えて，労働させてはならない。

ア　男女共同参画社会基本法　　イ　労働組合法
ウ　男女雇用機会均等法　　エ　労働基準法

2　次の略地図を見て，あとの各問に答えよ。

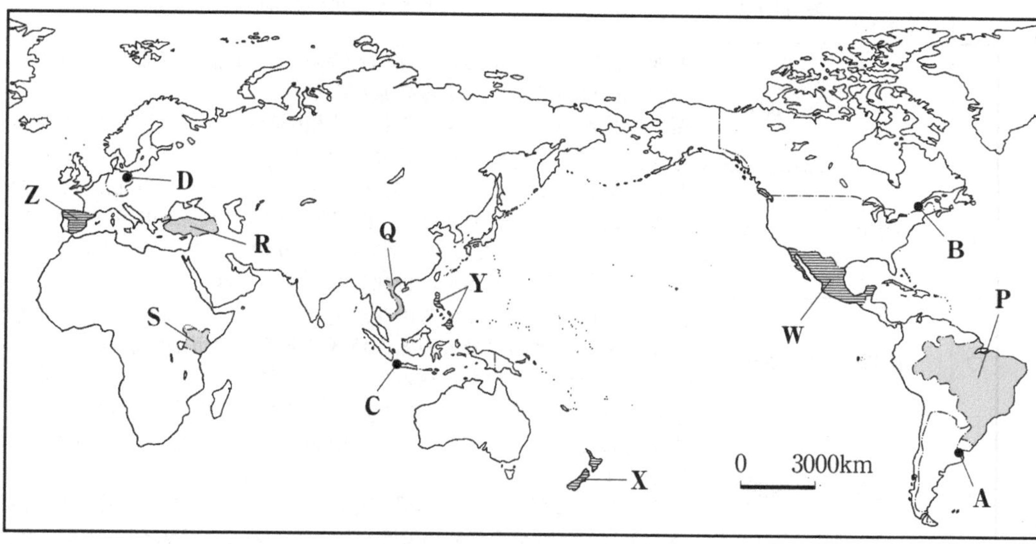

〔問１〕　次のⅠのア～エのグラフは，略地図中にA～Dで示した**いずれか**の都市の，年平均気温と年降水量及び各月の平均気温と降水量を示したものである。Ⅱの表のア～エは，略地図中にA～Dで示した**いずれか**の都市を含む国の，2017年における米，小麦，とうもろこし，じゃがいもの生産量を示したものである。略地図中のDの都市のグラフに当てはまるのは，Ⅰのア～エのうちのどれか，また，その都市を含む国の，2017年における米，小麦，とうもろこし，じゃがいもの生産量に当てはまるのは，次のページのⅡの表のア～エのうちのどれか。

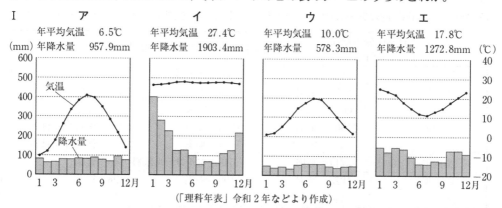

Ⅰ

ア	イ	ウ	エ
年平均気温　6.5℃	年平均気温　27.4℃	年平均気温　10.0℃	年平均気温　17.8℃
年降水量　957.9mm	年降水量　1903.4mm	年降水量　578.3mm	年降水量　1272.8mm

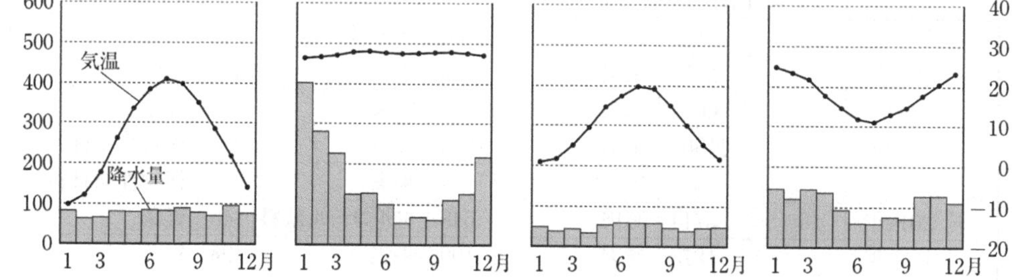

（「理科年表」令和２年などより作成）

Ⅱ

	米（万t）	小麦（万t）	とうもろこし（万t）	じゃがいも（万t）
ア	8138	－	2795	116
イ	133	1840	4948	245
ウ	－	2998	1410	441
エ	－	2448	455	1172

（注）－は，生産量が不明であることを示す。（「データブック　オブ・ザ・ワールド」2020年版などより作成）

〔問2〕　次の表のア～エは，略地図中に　　　で示したP～Sのいずれかの国の，2017年におけるコーヒー豆と茶の生産量，国土と食文化の様子についてまとめたものである。略地図中のP～Sのそれぞれの国に当てはまるのは，次の表のア～エのうちではどれか。

	コーヒー豆（百t）	茶（百t）	国土と食文化の様子
ア	－	2340	○北西部には二つの州を隔てる海峡が位置し，北部と南部も海に面し，中央部には首都が位置する高原が広がっている。 ○帝国時代からコーヒーが飲まれ，共和国時代に入り紅茶の消費量も増え，トマトや羊肉のスープを用いた料理などが食べられている。
イ	26845	5	○北部の盆地には流域面積約700万km²の河川が東流し，南部にはコーヒー栽培に適した土壌が分布し，首都が位置する高原が広がっている。 ○ヨーロッパ風に，小さなカップで砂糖入りの甘いコーヒーが飲まれ，豆と牛や豚の肉を煮込んだ料理などが食べられている。
ウ	15424	2600	○南北方向に国境を形成する山脈が走り，北部には首都が位置する平野が，南部には国内最大の稲作地域である三角州が広がっている。 ○練乳入りコーヒーや主に輸入小麦で作られたフランス風のパンが見られ，スープに米粉の麺と野菜を入れた料理などが食べられている。
エ	386	4399	○中央部には標高5000mを超える火山が位置し，西部には茶の栽培に適した土壌が分布し，首都が位置する高原が広がっている。 ○イギリス風に紅茶を飲む習慣が見られ，とうもろこしの粉を湯で練った主食と，野菜を炒め塩で味付けした料理などが食べられている。

（注）－は，生産量が不明であることを示す。（「データブック　オブ・ザ・ワールド」2020年版などより作成）

〔問3〕　次のⅠとⅡ（次のページ）の表のア～エは，略地図中に　　　で示したW～Zのいずれかの国に当てはまる。Ⅰの表は，1999年と2019年における日本の輸入総額，農産物の日本の主な輸入品目と輸入額を示したものである。Ⅱの表は，1999年と2019年における輸出総額，輸出額が多い上位3位までの貿易相手国を示したものである。あとのⅢの文章は，ⅠとⅡの表におけるア～エのいずれかの国について述べたものである。Ⅲの文章で述べている国に当てはまるのは，ⅠとⅡの表のア～エのうちのどれか，また，略地図中のW～Zのうちのどれか。

Ⅰ

		日本の輸入総額（億円）	農産物の日本の主な輸入品目と輸入額（億円）					
ア	1999年	2160	野菜	154	チーズ	140	果実	122
	2019年	2918	果実	459	チーズ	306	牛肉	134
イ	1999年	6034	果実	533	野菜	34	麻類	6
	2019年	11561	果実	1033	野菜	21	植物性原材料	8
ウ	1999年	1546	アルコール飲料	44	果実	31	植物性原材料	11
	2019年	3714	豚肉	648	アルコール飲料	148	野菜	50
エ	1999年	1878	豚肉	199	果実	98	野菜	70
	2019年	6440	豚肉	536	果実	410	野菜	102

（財務省「貿易統計」より作成）

Ⅱ

		輸出総額（億ドル）	輸出額が多い上位3位までの貿易相手国		
			1位	2位	3位
ア	1999年	125	オーストラリア	アメリカ合衆国	日本
	2019年	395	中華人民共和国	オーストラリア	アメリカ合衆国
イ	1999年	350	アメリカ合衆国	日本	オランダ
	2019年	709	アメリカ合衆国	日本	中華人民共和国
ウ	1999年	1115	フランス	ドイツ	ポルトガル
	2019年	3372	フランス	ドイツ	イタリア
エ	1999年	1363	アメリカ合衆国	カナダ	ドイツ
	2019年	4723	アメリカ合衆国	カナダ	ドイツ

（国際連合貿易統計データベースより作成）

Ⅲ

現在も活動を続ける造山帯に位置しており，南部には氷河に削られてできた複雑に入り組んだ海岸線が見られる。偏西風の影響を受け，湿潤な西部に対し，東部の降水量が少ない地域では，牧羊が行われている。一次産品が主要な輸出品となっており，1999年と比べて2019年では，日本の果実の輸入額は3倍以上に増加し，果実は外貨獲得のための貴重な資源となっている。貿易の自由化を進め，2018年には，日本を含む6か国による多角的な経済連携協定が発効したことなどにより，貿易相手国の順位にも変化が見られる。

3　次の略地図を見て，あとの各問に答えよ。

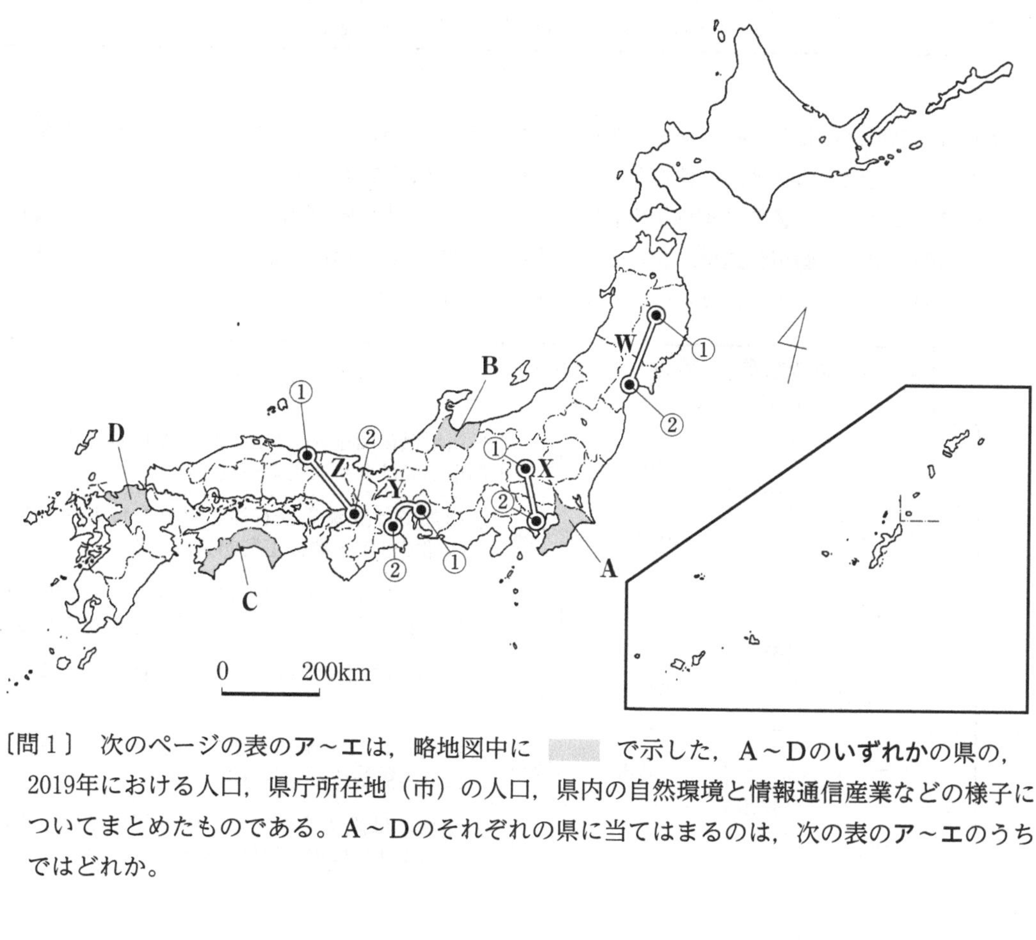

〔問1〕　次のページの表の**ア**～**エ**は，略地図中に　　　で示した，**A**～**Dのいずれか**の県の，2019年における人口，県庁所在地（市）の人口，県内の自然環境と情報通信産業などの様子についてまとめたものである。**A**～**D**のそれぞれの県に当てはまるのは，次の表の**ア**～**エ**のうちではどれか。

	人口(万人)	県庁所在地(市)の人口(万人)	県内の自然環境と情報通信産業などの様子
ア	70	33	○北部には山地が位置し，中央部には南流する複数の河川により形成された平野が見られ，沖合を流れる暖流の影響で，気候が温暖である。 ○県庁が所在する平野部には，園芸農業を行う施設内の環境を自動制御するためのシステムを開発する企業が立地している。
イ	510	154	○北西部に広がる平野の沖合には暖流が流れ，北東部には潮流が速い海峡が見られ，南西部に広がる平野は干満差の大きい干潟のある海に面している。 ○県庁所在地の沿岸部には，住宅地開発を目的に埋め立てられた地域に，報道機関やソフトウェア設計の企業などが集積している。
ウ	104	42	○冬季に降水が多い南部の山々を源流とし，北流する複数の河川が形成する平野が中央部に見られ，東部には下流に扇状地を形成する河川が見られる。 ○県庁が所在する平野部には，豊富な水を利用した医薬品製造拠点があり，生産管理のための情報技術などを開発する企業が立地している。
エ	626	97	○平均標高は約40mで，北部にはローム層が堆積する台地があり，西部には大都市が立地し，南部には温暖な気候の丘陵地帯が広がっている。 ○県庁所在地に近い台地には，安定した地盤であることを生かして金融関係などの情報を処理する電算センターが立地している。

（「日本国勢図会」2020／21年版などより作成）

〔問2〕　略地図中に① ◎══◎ ②で示したW～Zは，それぞれの①の府県の府県庁所在地と②の府県の府県庁所在地が，鉄道と自動車で結び付く様子を模式的に示したものである。次の表のア～エは，W～Zのいずれかの府県庁所在地間の直線距離，2017年における，府県相互間の鉄道輸送量，自動車輸送量，起点となる府県の産業の様子を示したものである。略地図中のW～Zのそれぞれに当てはまるのは，次の表のア～エのうちではどれか。

	起点→終点	直線距離(km)	鉄道(百t)	自動車(百t)	起点となる府県の産業の様子
ア	①→②	117.1	1078	32172	輸送用機械関連企業が南部の工業団地に立地し，都市部では食品加工業が見られる。
	②→①		10492	25968	沿岸部では鉄鋼業や石油化学コンビナートが，内陸部では電子機械工業が見られる。
イ	①→②	161.1	334	41609	中山間部には畜産業や林業，木材加工業が，南北に走る高速道路周辺には電子工業が見られる。
	②→①		3437	70931	平野部には稲作地帯が広がり，沿岸部では石油精製業が見られる。
ウ	①→②	147.9	209	11885	漁港周辺には水産加工業が，砂丘が広がる沿岸部には果樹栽培が見られる。
	②→①		33	9145	沿岸部には鉄鋼業が，都市中心部には中小工場が，内陸部には電気機械工業が見られる。

エ	①→②	61.8	1452	79201	世界を代表する輸送用機械関連企業が内陸部に位置し，沿岸部には鉄鋼業などが見られる。
	②→①		1777	95592	石油化学コンビナートや，岬と入り江が入り組んだ地形を生かした養殖業が見られる。

（国土交通省「貨物地域流動調査」などより作成）

〔問３〕　次のⅠとⅡの地形図は，千葉県八千代市の1983年と2009年の「国土地理院発行２万５千分の１地形図（習志野）」の一部である。Ⅲの略年表は，1980年から1996年までの，八千代市（萱田）に関する主な出来事についてまとめたものである。ⅠとⅡの地形図を比較して読み取れる，◯で示した地域の変容について，宅地に着目して，簡単に述べよ。また，Ⅰ～Ⅲの資料から読み取れる，◯で示した地域の変容を支えた要因について，八千代中央駅と東京都（大手町）までの所要時間に着目して，簡単に述べよ。

Ⅰ

（1983年）

Ⅱ

（2009年）

Ⅲ

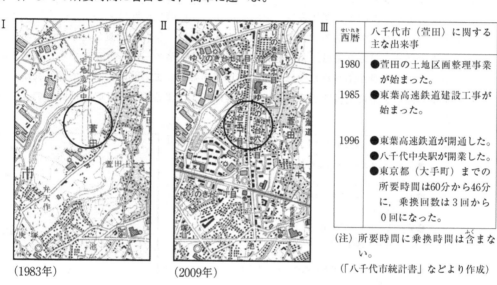

西暦	八千代市（萱田）に関する主な出来事
1980	●萱田の土地区画整理事業が始まった。
1985	●東葉高速鉄道建設工事が始まった。
1996	●東葉高速鉄道が開通した。 ●八千代中央駅が開業した。 ●東京都（大手町）までの所要時間は60分から46分に，乗換回数は３回から０回になった。

（注）所要時間に乗換時間は含まない。

（「八千代市統計書」などより作成）

4　次の文章を読み，あとの各問に答えよ。

政治や行政の在り方は，時代とともにそれぞれ変化してきた。

古代では，クニと呼ばれるまとまりが生まれ，政治の中心地が，やがて都となり，行政を行う役所が設けられるようになった。さらに，(1)都から各地に役人を派遣し，土地や人々を治める役所を設け，中央集権体制を整えた。

中世になると，武家が行政の中心を担うようになり，(2)支配を確実なものにするために，独自の行政の仕組みを整え，新たな課題に対応してきた。

明治時代に入ると，近代化政策が推進され，欧米諸国を模範として，(3)新たな役割を担う行政機関が設置され，地方自治の制度も整備された。そして，社会の変化に対応した政策を実現するため，(4)様々な法律が整備され，行政が重要な役割を果たすようになった。

〔問１〕　(1)都から各地に役人を派遣し，土地や人々を治める役所を設け，中央集権体制を整えた。

とあるが，次のア～エは，飛鳥時代から室町時代にかけて，各地に設置された行政機関について述べたものである。時期の古いものから順に記号を並べよ。

ア　足利尊氏は，関東への支配を確立する目的で，関東8か国と伊豆・甲斐の2か国を支配する機関として，鎌倉府を設置した。

イ　桓武天皇は，支配地域を拡大する目的で，東北地方に派遣した征夷大将軍に胆沢城や志波城を設置させた。

ウ　中大兄皇子は，白村江の戦いに敗北した後，大陸からの防御を固めるため，水城や山城を築き，大宰府を整備した。

エ　北条義時を中心とする幕府は，承久の乱後の京都の治安維持，西国で発生した訴訟の処理，朝廷の監視等を行う機関として，六波羅探題を設置した。

〔問2〕　(2)支配を確実なものにするために，独自の行政の仕組みを整え，新たな課題に対応してきた。とあるが，次のⅠの略年表は，室町時代から江戸時代にかけての，外国人に関する主な出来事をまとめたものである。Ⅱの略地図中のA～Dは，幕府が設置した奉行所の所在地を示したものである。Ⅲの文章は，幕府直轄地の奉行への命令の一部を分かりやすく書き改めたものである。Ⅲの文章が出されたのは，Ⅰの略年表中のア～エの時期のうちではどれか。また，Ⅲの文章の命令を主に実行する奉行所の所在地に当てはまるのは，Ⅱの略地図中のA～Dのうちのどれか。

Ⅰ

西暦	外国人に関する主な出来事	
1549	●フランシスコ・ザビエルが，キリスト教を伝えるため来航した。	
		ア
1600	●漂着したイギリス人ウィリアム・アダムスが徳川家康と会見した。	
		イ
1641	●幕府は，オランダ商館長によるオランダ風説書の提出を義務付けた。	
		ウ
1709	●密入国したイタリア人宣教師シドッチを新井白石が尋問した。	
		エ
1792	●ロシア使節のラクスマンが来航し，通商を求めた。	

Ⅱ

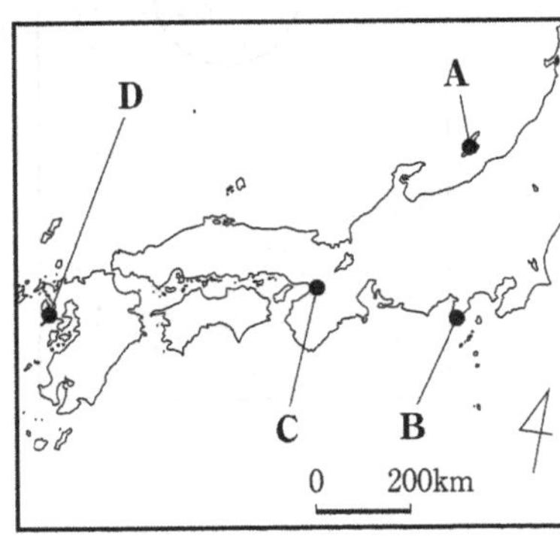

Ⅲ

○外国へ日本の船を行かせることを厳禁とする。
○日本人を外国へ渡航させてはならない。

〔問3〕　(3)新たな役割を担う行政機関が設置され，とあるが，次の文章は，帝都復興院総裁を務めることになる後藤新平が，1923年9月6日に　閣議に文書を提出する際に記した決意の一部を分かりやすく書き改めたものである。この決意をした時期の東京の様子について述べているのは，あとのア～エのうちではどれか。

○大変災は突如として帝都を震え上がらせた。
○火災に包まれる帝都を目撃し，自分の任務が極めて重要であることを自覚すると同時に復興の計画を策定することが急務であることを痛感した。
○第一に救護，第二に復旧，第三に復興の方針を執るべきである。

ア　新橋・横浜間に鉄道が開通するなど，欧米の文化が取り入れられ始め，現在の銀座通りに洋風れんが造りの２階建ての建物が建設された。

イ　我が国の国際的な地位を高めるために，イギリスと同盟を結び，我が国最初の国立図書館である帝国図書館が上野公園内に建設された。

ウ　大日本帝国憲法が制定され，近代的な政治制度が整えられ，東京では，都市の整備が進み，我が国最初のエレベーターを備える凌雲閣が浅草に建設された。

エ　東京駅が開業し，都市で働くサラリーマンや工場労働者の人口が大きく伸び，バスの車掌やタイピストなどの新しい職業に就く女性が増え，丸の内ビルヂング（丸ビル）が建設された。

〔問４〕　(4)様々な法律が整備され，行政が重要な役割を果たすようになった。とあるが，次の略年表は，大正時代から昭和時代にかけての，我が国の法律の整備に関する主な出来事についてまとめたものである。略年表中のA～Dのそれぞれの時期に当てはまるのは，下のア～エのうちではどれか。

西暦	我が国の法律の整備に関する主な出来事	
1921	●工業品規格の統一を図るため，度量衡法が改正され，メートル法への統一が行われた。	
		A
1931	●国家による電力の管理体制を確立するため，電気事業法が改正され，国家経済の基礎となる産業への優先的な電力供給が始まった。	
		B
1945	●我が国の民主化を進めるため，衆議院議員選挙法が改正され，女性に選挙権が与えられた。	
1950	●我が国の文化財の保護・活用のため，文化財保護法が公布され，新たに無形文化財や埋蔵文化財が保存の対象として取り入れられた。	C
1961	●所得格差の改善を図るため，農業基本法が公布され，農業の生産性向上及び農業総生産の増大などが国の施策として義務付けられた。	
		D
1973	●物価の急激な上昇と混乱に対処するため，国民生活安定緊急措置法が公布され，政府は国民生活に必要な物資の確保と価格の安定に努めることを示した。	

ア　普通選挙などを求める運動が広がり，連立内閣が成立し，全ての満25歳以上の男子に選挙権を認める普通選挙法が制定され，国民の意向が政治に反映される道が開かれた。

イ　急速な経済成長をとげる一方で，公害が深刻化し，国民の健康と生活環境を守るため，公害対策基本法が制定され，環境保全に関する施策が展開された。

ウ　農地改革などが行われ，日本国憲法の精神に基づく教育の基本を確立するため，教育基本法が制定され，教育の機会均等，男女共学などが定められた。

エ　日中戦争が長期化し，国家総動員法が制定され，政府の裁量により，経済，国民生活，労務，言論などへの広範な統制が可能となった。

5　次の文章を読み，あとの各問に答えよ。

地方自治は，民主政治を支える基盤（きばん）である。地方自治を担（にな）う地方公共団体は，住民が安心した生活を送ることができるように，地域の課題と向き合い，その課題を解決する重要な役割を担っている。(1)日本国憲法では，我が国における地方自治の基本原則や地方公共団体の仕組みなどについて規定している。

地方自治は，住民の身近な生活に直接関わることから，(2)住民の意思がより反映できるように，直接民主制の要素を取り入れた仕組みになっている。

国は，民主主義の仕組みを一層充実（じゅうじつ）させ，住民サービスを向上させるなどの目的で，(3)1999年に地方分権一括法（ちほうぶんけんいっかつほう）を成立させ，国と地方が，「対等・協力」の関係で仕事を分担できることを目指して，地方公共団体に多くの権限を移譲（いじょう）してきた。現在では，全国の地方公共団体が地域の課題に応じた新たな取り組みを推進できるように　国に対して地方分権改革に関する提案を行うことができる仕組みが整えられている。

〔問1〕　(1)日本国憲法では，我が国における地方自治の基本原則や地方公共団体の仕組みなどについて規定している。とあるが，日本国憲法が規定している地方公共団体の仕事について述べているのは，次のア～エのうちではどれか。

ア　条約を承認（しょうにん）する。

イ　憲法及び法律の規定を実施するために，政令を制定する。

ウ　条例を制定する。

エ　一切の法律，命令，規則又（また）は処分が憲法に適合するかしないかを決定する。

〔問2〕　(2)住民の意思がより反映できるように，直接民主制の要素を取り入れた仕組みになっている。とあるが，住民が地方公共団体に対して行使できる権利について述べているのは，次のア～エのうちではどれか。

ア　有権者の一定数以上の署名を集めることで，議会の解散や，首長及び議員の解職，事務の監査（かんさ）などを請求（せいきゅう）することができる。

イ　最高裁判所の裁判官を，任命後初めて行われる衆議院議員総選挙の際に，直接投票によって適任かどうかを審査（しんさ）することができる。

ウ　予算の決定などの事項（じこう）について，審議して議決を行ったり，首長に対して不信任決議を行ったりすることができる。

エ　国政に関する調査を行い，これに関して，証人の出頭及び証言，記録の提出を要求することができる。

〔問3〕　(3)1999年に地方分権一括法（ちほうぶんけんいっかつほう）を成立させ，国と地方が，「対等・協力」の関係で仕事を分担できることを目指して，地方公共団体に多くの権限を移譲（いじょう）してきた。とあるが，次のページのⅠのグラフは，1995年から2019年までの我が国の地方公共団体への事務・権限の移譲を目的とした法律改正数を示したものである。Ⅱの文章は，2014年に地方公共団体への事務・権限の移譲を目的とした法律改正が行われた後の，2014年6月24日に地方分権改革有識者会議が取りまとめた「個性を活（い）かし自立した地方をつくる～地方分権改革の総括と展望～」の一部を分かりやすく書き改めたものである。ⅠとⅡの資料を活用し，1995年から2014年までの期間と比較（ひかく）した，2015年から2019年までの期間の法律改正数の動きについて，地方分権改革の推進手法と，毎年の法律改正の有無及び毎年の法律改正数に着目して，簡単に述べよ。

Ⅰ（法律改正数）

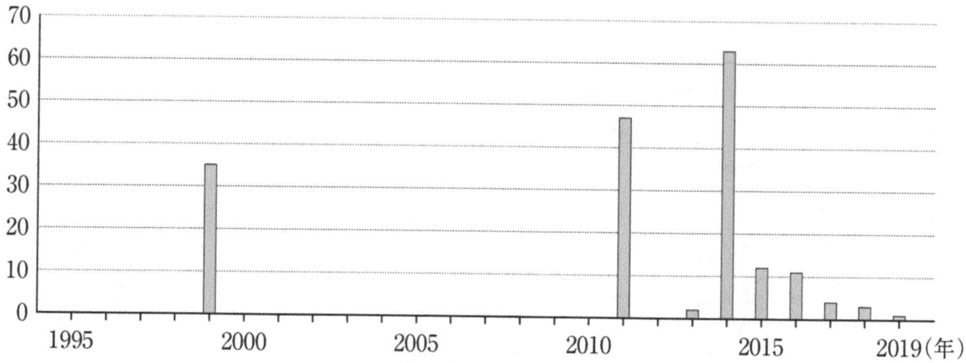

（内閣府資料より作成）

Ⅱ

○これまでの地方分権改革の推進手法は，国が主導する短期集中型の方式であり，この取組を実施することで一定の成果を得ることができた。
○今後は，これまでの改革の理念を継承し，更（さら）に発展させていくことが重要である。
○今後の地方分権改革の推進手法については，地域における実情や課題を把握（はあく）している地方公共団体が考え提案する長期継続型の方式を導入する。

6　次の文章を読み，あとの各問に答えよ。

世界各国では，株式会社や国営企業（こくえいきぎょう）などが，(1)利潤（りじゅん）を追求するなどの目的で誕生してきた。
人口が集中し，物資が集積する交通の要衝に設立された企業や，地域の自然環境や地下資源を生かしながら発展してきた企業など，(2)企業は立地条件に合わせ多様な発展を見せてきた。
(3)我が国の企業は，世界経済の中で，高度な技術を生み出して競争力を高め，我が国の経済成長を支えてきた。今後は，国際社会において，地球的規模で社会的責任を果たしていくことが，一層求められている。

〔問1〕　(1)利潤（りじゅん）を追求するなどの目的で誕生してきた。とあるが，次のア～エは，それぞれの時代に設立された企業について述べたものである。時期の古いものから順に記号を並べよ。

ア　綿織物を大量に生産するために産業革命が起こったイギリスでは，動力となる機械の改良が進み，世界最初の蒸気機関製造会社が設立された。

イ　南部と北部の対立が深まるアメリカ合衆国では，南北戦争が起こり，西部開拓（せいぶかいたく）を進めるために大陸を横断する鉄道路線を敷設（ふせつ）する会社が設立された。

ウ　第一次世界大戦の休戦条約が結ばれ，ベルサイユ条約が締結されるまでのドイツでは，旅客（りょかく）輸送機の製造と販売（はんばい）を行う会社が新たに設立された。

エ　スペインの支配に対する反乱が起こり，ヨーロッパの貿易で経済力を高めたオランダでは，アジアへの進出を目的とした東インド会社が設立された。

〔問２〕 (2)企業は立地条件に合わせ多様な発展を見せてきた。とあるが，下の表のア～エの文章は，略地図中に示したＡ～Ｄのいずれかの都市の歴史と，この都市に立地する企業の様子についてまとめたものである。Ａ～Ｄのそれぞれの都市に当てはまるのは，下の表のア～エのうちではどれか。

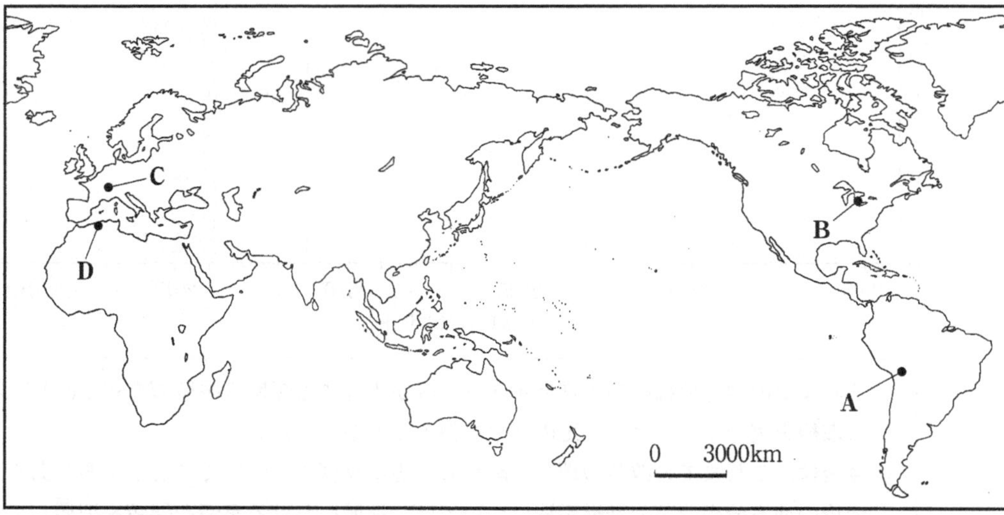

	都市の歴史と，この都市に立地する企業の様子
ア	○この都市は，標高3000mを超え，強風を遮るすり鉢状の地形に位置する首都で，1548年にスペイン人により建設され，金鉱もあったことから発展し，政治と経済の拠点となった。 ○国営企業が，銀，亜鉛などの鉱山開発を行っており，近年では，新たに国営企業が設立され，塩湖でのリチウムイオン電池の原料の採取を複数の外国企業と共同で行っている。
イ	○この都市は，標高3000mを超える山脈の北側に位置する首都で，内陸部にはイスラム風の旧市街地が，沿岸部にはフランスの影響を受けた建物が見られる港湾都市となっている。 ○独立後に設立された，砂漠地帯で採掘される天然ガスや石油などを扱う国営企業は，近年，石油の増産と輸出の拡大に向けて外国企業との共同開発を一層進めている。
ウ	○この都市は，1701年にフランス人により砦が築かれ，毛皮の交易が始まり，水運の拠点となり，1825年に東部との間に運河が整備され，20世紀に入り海洋とつながった。 ○19世紀後半には自動車の生産が始まり，20世紀に入ると大量生産方式の導入により，自動車工業の中心地へと成長し，現在でも巨大自動車会社が本社を置いている。
エ	○この都市は，20世紀に入り，湖の南西部に広がる市街地に国際連盟の本部が置かれ，第二次世界大戦後は200を超える国際機関が集まる都市となった。 ○16世紀後半に小型時計製造の技術が伝わったことにより精密機械関連企業が立地し，近年では生産の合理化や販売網の拡大などを行い，高価格帯腕時計の輸出量を伸ばしている。

〔問３〕 (3)我が国の企業は，世界経済の中で，高度な技術を生み出して競争力を高め，我が国の経済成長を支えてきた。とあるが，次のページのⅠのグラフは，1970年度から2018度までの我が国の経済成長率と法人企業の営業利益の推移を示したものである。Ⅱの文章は，Ⅰのグラフ

の**ア**～**エ**の**いずれか**の時期における我が国の経済成長率と法人企業の営業利益などについてまとめたものである。Ⅱの文章で述べている時期に当てはまるのは，Ⅰのグラフの**ア**～**エ**の時期のうちではどれか。

Ⅰ
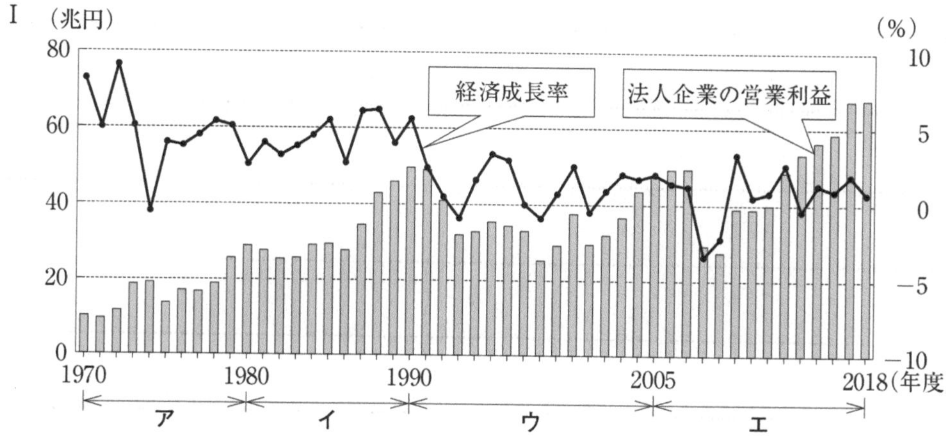

（財務省「法人企業統計調査」などより作成）

Ⅱ

○この時期の前半は，アメリカ合衆国の経済政策によって円安・ドル高が進行し，自動車などの輸送用機械や電気機械の輸出量が増えたことで，我が国の貿易収支は大幅な黒字となり，経済成長率は上昇傾向を示した。

○この時期の後半は，国際社会において貿易収支の不均衡（ふきんこう）を是正（ぜせい）するために為替相場（かわせそうば）を円高・ドル安へ誘導（ゆうどう）する合意がなされ，輸出量と輸出額が減少し，我が国の経済成長率は一時的に下降した。その後，日本銀行が貸付のための金利を下げたことなどで，自動車や住宅の購入（こうにゅう），株式や土地への投資が増え，株価や地価が高騰（こうとう）する好景気となり，法人企業の営業利益は増加し続けた。

MEMO

大切なことはメモしておこうネ！

2021年度

解答と解説

《2021年度の配点は解答用紙集に掲載してあります。》

＜理科解答＞

1 〔問1〕 ウ　〔問2〕 ア　〔問3〕 エ　〔問4〕 ① ウ　② ア　〔問5〕 エ
〔問6〕 イ

2 〔問1〕 ① ア　② ウ　〔問2〕 ウ　〔問3〕 イ　〔問4〕 エ

3 〔問1〕 エ　〔問2〕 ① イ　② ウ　③ ア　〔問3〕 ① ウ　② エ
〔問4〕 ア→ウ→エ→イ

4 〔問1〕 ア　〔問2〕 ① ウ　② イ　〔問3〕 ① イ　② イ

5 〔問1〕 ① エ　② イ　〔問2〕 ① ア　② エ　〔問3〕 ウ　〔問4〕 31%

6 〔問1〕 ア　〔問2〕 (例)コイルAの中の磁界が変化するから。　〔問3〕 イ→エ→ア→ウ
〔問4〕 ① ア　② ア　③ ウ　④ ウ

＜理科解説＞

1 **(小問集合－動物の体のつくりとはたらき：ヒトのからだの器官，光と音：音の大小と高低，地震と地球内部のはたらき：地震波，水溶液とイオン，酸・アルカリとイオン，遺伝の規則性と遺伝子：メンデルの実験，力の規則性：2力のつり合いと作用・反作用の法則)**

〔問1〕 消化された養分は，Bの小腸の内側の壁にある，たくさんのひだの表面にある多数の柔毛から吸収される。細胞の活動にともなってできた**有害なアンモニアは，Cの肝臓で無害な尿素に変えられて**から排出される。

〔問2〕 振動数が多いほど音は高くなるので，Aは短い。振幅が大きいほど音は大きくなるので，Bは大きい。

〔問3〕 **初期微動継続時間は震源からの距離に比例して長くなる。**よって，震源からの距離が90kmの地点での初期微動継続時間をx〔s〕とすると，36〔km〕: 90〔km〕＝2〔s〕：x〔s〕，x〔s〕＝5〔s〕であり，初期微動継続時間は5秒である。したがって，震源からの距離が90kmの地点での主要動の始まった時刻は，10時10分27秒＋5秒＝10時10分32秒，である。

〔問4〕 ① この実験における溶液Aは電解質であり，水溶液は中性である必要があるため，ウの食塩水である。　② 塩酸が電離すると，$HCl \rightarrow H^{+} + Cl^{-}$，により，青色のリトマス紙を赤色に変える水素イオン「H^{+}」が生じ，塩酸は酸性であることを示す。

〔問5〕 エンドウの種子は「丸」が優性形質，「しわ」が劣性形質なので，**エンドウの丸い種子がもつ遺伝子は，AAまたはAa**であり，しわのある種子がもつ遺伝子は，aaである。AAとaaのかけ合わせで得られる種子の遺伝子はすべてAaであり，すべて丸い種子である。Aaとaaのかけ合わせで得られる種子の遺伝子は，Aa：aa＝1：1，であり，丸い種子：しわのある種子＝1：1，となる。よって，かけ合わせた丸い種子の個体としわのある種子の個体のそれぞれの遺伝子の組み合わせは，Aaとaaである。

〔問6〕 **力のつり合いの関係にある2力は，1つの物体にはたらく。**物体には，物体にはたらく重力

Bと机が物体を押す力(垂直抗力)Aの2力がはたらく。この2力は，一直線上にあり，大きさが等しく，向きが逆向きなので，力のつり合いの関係にある。**作用・反作用の関係にある2力は，2つの物体に別々にはたらく。**物体が机を押す力Cは机にはたらくのに対して，机が物体を押す力(垂直抗力)Aは物体にはたらく。この2力も，一直線上にあり，大きさが等しく，向きが逆向きであり，作用・反作用の関係にある2力である。

2 **(自由研究－動物の分類と生物の進化：セキツイ動物と軟体動物，力と物体の運動：速さ，身のまわりの物質とその性質：密度，天体の動きと地球の自転・公転：星の日周運動・星の年周運動)**

〔問1〕 表1においては，セキツイ動物のグループは，魚類であるイワシ・アジのなかまである。軟体動物のグループは，**外とう膜で内臓がある部分が包まれていて，からだとあしには節がない**，タコ・イカのなかまと外とう膜をおおう貝殻がある二枚貝のなかまである。

〔問2〕 図1より，0.2秒間で7目盛りの35cm運動しているので，1時間に運動する距離をxkmとすると，0.2〔s〕：(60×60)〔s〕＝0.00035〔km〕：x〔km〕，x〔km〕＝6.3〔km〕，である。よって，平均の速さは，6.3km/hである。

〔問3〕 4℃の水の密度1g/cm^{3}を用いて計算すると，**食塩水の密度〔g/cm^3〕＝(15〔g〕＋50〔g〕)÷55〔cm^3〕**＝1.18〔g/cm^3〕，である。ラベルは，水に沈み，食塩水に浮いたため，**水の密度1g/cm^3＜ラベルの密度＜食塩水の密度1.18g/cm^3**，であり，ポリスチレンである。

〔問4〕 地球の太陽を中心とした西から東への公転による**年周運動**で，同時刻に見える星は1年に360°(1日に約1°)，東から西に動いて見える。また，地球の地軸を中心とした西から東への自転による**日周運動**で，星は1日に360°(1時間に15°)，東から西に動いて見える。よって，1月15日午後10時に真南に見えたオリオン座は，1か月後には年周運動により，30°西に見えるので，2月15日にオリオン座が真南に見える時刻は，自転により，30°÷15°＝2，であるため，2時間前の午後8時頃である。

3 **(天気の変化：空気中の水蒸気量・前線の通過，気象観測，日本の気象：日本の天気の特徴と天気図)**

〔問1〕 湿度〔%〕＝空気1m^{3}にふくまれる水蒸気量〔g/m^3〕÷その温度での飽和水蒸気量〔g/m^3〕×100，であり，a，b，cの時刻における湿度は84％で等しい。よって，**空気1m^{3}にふくまれる水蒸気量〔g/m^3〕は，その温度での飽和水蒸気量〔g/m^3〕が大きい方が，多い。**図1から，**aの気温は約15.5℃であり，bの気温は約11℃，cの気温は約6.5℃であるため，**その温度での**飽和水蒸気量〔g/m^3〕は，a＞b＞c**である。よって，a，b，cの時刻における空気中の水蒸気の量は，C〔g/m^3〕＜B〔g/m^3〕＜A〔g/m^3〕，である。

〔問2〕 観測地点Pは，図1の天気図記号から，日中の天気はおおむね晴れで，南寄りの風が吹く。気温は日が昇るとともに上がり始め，昼過ぎに最も高くなり，その後しだいに下がる。

〔問3〕 図1の**4月1日15時から18時にかけて，**天気図記号の**風向が，南寄りから北寄りに変わったことから前線Xは寒冷前線であり，**通過したとき，気圧が大きく下がり，気温が急激に下がったことがグラフから読みとれる。図4の観測地点Pを覆う高気圧の中心付近では，上空から地上へ空気が流れ，地上では中心部から周辺へ向かって風が吹き出す。

〔問4〕 つゆ(6月)の天気図は，南のあたたかくしめった気団と北の冷たくしめった気団の間に梅雨前線ができている，アである。夏(8月)は，小笠原気団におおわれ，南高北低の気圧配置になっている，ウである。**秋(11月)は，偏西風の影響を受けて，日本付近を移動性高気圧と低気圧が交互に通過し天気が周期的に変化する，**エである。冬(2月)は，西高東低の気圧配置で，南北方向の等圧線がせまい間隔で並ぶ，イである。

4 (植物の体のつくりとはたらき：葉のつくり・光合成の実験・観察・対照実験・光の明るさの変化に伴う光合成量と呼吸量の関係)

〔問1〕 Aは気孔で，呼吸や光合成によって生じる酸素や二酸化炭素などの気体の出入り口である。Bは気孔を囲む**孔辺細胞にある葉緑体**であり，＜観察＞の操作から，植物の細胞に見られ，ヨウ素液に反応して青紫色に変色したことから光合成によりデンプンが作られたことがわかる。光合成では酸素も作られる。

〔問2〕 光を当てる前に，＜実験1＞の(3)のツユクサの鉢植えを暗室に24時間置いた理由は，葉にあるデンプンを全て消費させるためである。葉にあるデンプンは分解されて糖になり，師管を通して植物体の各部に送られるが，多くの植物では，糖の移動は夜間に行われる。光合成に二酸化炭素が必要であることを確かめるための**対照実験**に適する葉の組み合わせは，葉緑体があり，日光が当たり，二酸化炭素があり，水がある「葉C」と，葉Cの条件のうち，水酸化ナトリウム水溶液をしみ込ませたろ紙を入れて二酸化炭素が無い状態にした「葉E」である。結果2により，光合成が，葉Cでは行われたが，葉Eでは行われなかったことから，光合成には二酸化炭素が必要であることが確かめられる。

〔問3〕 暗室に置いた「袋G」の場合，実験後の呼吸によって出された二酸化炭素の割合＝7.6％－4.0％＝3.6％であり，光合成によって使われた二酸化炭素の割合＝0％，である。明るさの度合い1の「袋H」の場合，実験後の呼吸によって出された二酸化炭素の割合は3.6％であり，光合成によって使われた二酸化炭素の割合＝7.6％－5.6％＝2.0％である。**明るさの度合い2の「袋I」の場合，実験後の呼吸によって出された二酸化炭素の割合は3.6％であり，光合成によって使われた二酸化炭素の割合＝7.6％－1.5％＝6.1％である。**よって，呼吸によって出される二酸化炭素の量よりも，光合成によって使われた二酸化炭素の量の方が多いのは,「袋I」である。そこで，デンプンなどの養分のできる量が多いのは，最も光合成量が大きかった「袋I」である。

5 (化学変化と物質の質量：化学変化と質量の保存・質量変化の規則性，物質の成り立ち：熱分解・原子と分子・化学変化のモデル化，酸・アルカリとイオン：pH)

〔問1〕 (3)で，ガラス管を水槽の水の中から取り出した後，試験管Aの加熱をやめるのは，**試験管Aが冷えて内部の気圧が大気圧より下がる**ことにより，水槽の水が試験管Aに**逆流するのを防ぐため**である。また，(6)で，加熱後にできた白い物質は，炭酸ナトリウムで，炭酸水素ナトリウムより水に溶けやすく，その水溶液は**強いアルカリ性**であるため，弱いアルカリ性である炭酸水素ナトリウムより，**pHの値が大きい。**

〔問2〕 ＜実験1＞の(2)で起きている化学変化は化学反応式で表すと，$2NaHCO_3 \rightarrow Na_2CO_3 + CO_2 + H_2O$，であり，**熱分解**である。よって，同じ種類の化学変化は酸化銀を加熱したときにも起こり，化学反応式で表すと，$2Ag_2O \rightarrow 4Ag + O_2$，の熱分解である。炭酸水素ナトリウムの熱分解を表したモデルでナトリウム原子1個を表しているのは，エの■である。

〔問3〕 ＜実験2＞の＜結果2＞の表から，炭酸水素ナトリウムの質量が0.50gのときに発生した気体の質量は，79.50g＋0.50g－79.74g＝0.26g，である。同様に計算して，炭酸水素ナトリウムの質量[g]をx，発生した気体の質量[g]をyとして，測定値の座標(x，y)をもとめると，(0.50g，0.26g)，(1.00g，0.52g)，(1.50g，0.78g)，(2.0g，1.04g)，(2.50g，1.17g)，(3.0g，1.17g)である。y＝0.52xとy＝1.17の交点の座標は(2.25，1.17)である。よって，**炭酸水素ナトリウムの質量が2.25gまでは，原点から各点のもっとも近いところを通る比例の直線，y＝0.52xであり，**

炭酸水素ナトリウムの質量が2.25g以上になると，y＝1.17の直線になる。

〔問4〕〔問3〕より，0.65gの気体が発生したときの塩酸10.0cm³に加えた炭酸水素ナトリウムの質量xgは，0.65g＝0.52xg，xg＝1.25g，である。ベーキングパウダー4.00gに含まれていた炭酸水素ナトリウムの質量は1.25gであるため，1.25〔g〕÷4.00〔g〕×100＝31.25〔%〕であり，約31〔%〕である。ウのグラフからも1.25gは読みとれる。

6 **(電流と磁界：右ねじの法則・電磁誘導・フレミングの左手の法則・コイルの回転，電流：合成抵抗)**

〔問1〕図3において，磁針のN極が指す向きがその点の磁界の向きであり，**右ねじの法則**により，電流は右ねじが進む向きに流れている。よって，電流は，コイルAの下側では＋方向(紙面向かって右)から－方向(紙面向かって左)へ流れている。図4において，コイルAの下側の導線がつくる磁界ではアクリル板上の磁針のN極の向きは図3の磁針のN極の向きとは反対になる。コイルAの上側は，コイルAの下側とは電流の向きが反対に変わるので，アの磁針の向きが適切である。

〔問2〕コイルAをGとHの向きに交互に動かし，コイルAの中の**磁界が変化すると，電磁誘導により，その変化に応じた電圧が生じて，コイルAに誘導電流が流れる。**

〔問3〕アの合成抵抗$R_{ア}$〔Ω〕＝20〔Ω〕＋5〔Ω〕＝25〔Ω〕である。ウの合成抵抗$R_{ウ}$〔Ω〕＝20〔Ω〕＋10〔Ω〕＝30〔Ω〕である。イの合成抵抗を$R_{イ}$〔Ω〕とすると，$\frac{1}{R_{イ}[\Omega]}=\frac{1}{20[\Omega]}+\frac{1}{5[\Omega]}=\frac{5}{20[\Omega]}$であるから，$R_{イ}$〔Ω〕＝4〔Ω〕である。エの合成抵抗を$R_{エ}$〔Ω〕とすると，$\frac{1}{R_{エ}[\Omega]}=\frac{1}{20[\Omega]}+\frac{1}{10[\Omega]}=\frac{3}{20[\Omega]}$であるから，$R_{エ}$〔Ω〕＝6.7〔Ω〕である。オームの法則より，合成抵抗の小さい順にコイルBを流れる電流は大きくなるため，コイルBが速く回転するつなぎ方の順は，イ→エ→ア→ウである。

〔問4〕図8のときには，コイルBのc→dの向きに電流が流れるため，**フレミングの左手の法則**により，磁界からJの向きに力を受ける。半回転して図9になると，**コイルBのabの部分には電流が流れないため，磁界から力を受けないが，勢いで同じ向きの回転を続け**，さらに半回転して再び図8にもどる。

＜社会解答＞

1 〔問1〕ア　〔問2〕ウ　〔問3〕イ　〔問4〕エ

2 〔問1〕(Ⅰのア～エ) ウ　(Ⅱの表のア～エ) エ　〔問2〕P イ　Q ウ　R ア　S エ　〔問3〕(ⅠとⅡの表のア～エ) ア　(略地図中のW～Z) X

3 〔問1〕A エ　B ウ　C ア　D イ　〔問2〕W イ　X ア　Y エ　Z ウ　〔問3〕〔地域の変容〕(例)畑や造成中だった土地に，住宅が造られた。〔要因〕(例)八千代中央駅が開業し，東京都(大手町)までの所要時間が短くなり，移動が便利になった。

4 〔問1〕ウ→イ→エ→ア　〔問2〕(Ⅰの略年表中のア～エ) イ　(Ⅱの略地図中のA～D) D　〔問3〕エ　〔問4〕A ア　B エ　C ウ　D イ

5 〔問1〕ウ　〔問2〕ア　〔問3〕(例)国が主導する短期集中型の方式から地方公共団体が考え提案する長期継続型の方式となり，毎年ではなく特定の年に多く見られていた法律改正数は，数は少なくなったものの毎年見られるようになった。

6 〔問1〕エ→ア→イ→ウ　〔問2〕A ア　B ウ　C エ　D イ　〔問3〕イ

＜社会解説＞

1 **(地理的分野―日本地理－地形図の見方，歴史的分野―日本史時代別－古墳時代から平安時代・安土桃山時代から江戸時代，―日本史テーマ別－文化史，公民的分野―経済一般)**

〔問1〕 経路途中に大手町，郭町の地名が見られるところ，元町に鐘つき堂を示す高塔の地図記号「口」が見られるところから，Ⅰの図の経路アである。

〔問2〕 平安時代中期は**末法思想**の流行から，**浄土信仰**が全盛を迎え，**摂関政治**の全盛期である11世紀半ばに，**関白藤原頼通**によって浄土信仰に基づいて建立されたのが，宇治の**平等院鳳凰堂**である。

〔問3〕 江戸時代後期の**浮世絵**師であり，**化政文化**を代表するのは**葛飾北斎**である。代表作に**『富嶽三十六景』**がある。中でも『神奈川沖浪裏』『凱風快晴(赤富士)』等が特に有名である。

〔問4〕 労働者のための統一的な保護法として，1947年に制定されたのが**労働基準法**である。労働条件の基準を定め，**1日8時間労働制**や，改定を重ねて現在では**1週40時間労働制**などを内容としている。

2 **(地理的分野―世界地理－都市・気候・地形・産業・人々のくらし・貿易)**

〔問1〕 Aの都市はブエノスアイレスであり，**南半球**に属することから，Ⅰのエである。Bの都市はオタワであり，年間を通じ降水量が100mm弱で冷涼な気候であることから，Ⅰのアである。Cの都市はジャカルタであり，**赤道直下**に位置するため年間を通じ気温が高く，**雨季**と**乾季**があることから，Ⅰのイである。Dの都市はベルリンであり，**西岸海洋性気候**にあたることから，降水量は**偏西風**の影響で一年中一定で少ない。Ⅰのウである。ベルリンを首都とするドイツでは，世界のベストテンに入るほどじゃがいも・小麦の生産量が多い。Ⅱの表のエである。

〔問2〕 Pはブラジルである。「流域面積700km^{2}の河川が東流し」との文と，「南部にはコーヒー栽培に適した土壌が分布し」との文から，ブラジルはイであることがわかる。河川は**世界最大の流域面積**を持つ**アマゾン川**である。Qはベトナムである。「南北方向に国境を形成する山脈が走り，北部には首都が位置する平野が，南部には…**三角州**が広がっている」との文から，ベトナムはウであることがわかる。国境を形成する山脈とは，**アンナン山脈**である。ベトナムの首都はハノイである。Rはトルコである。「帝国時代からコーヒーが飲まれ」の一文から，トルコはアであることがわかる。4国の中で**帝国**時代を持つのはトルコだけである。Sはケニアである。「中央部には標高5000mを超える火山が位置し，西部には茶の栽培に適した土壌が分布し」との文から，ケニアがエであるとわかる。火山とは，**キリマンジャロ**に次ぐアフリカ第2の高峰，**ケニア火山**である。ケニアは紅茶の産地として有名である。

〔問3〕 Ⅲの文章は，「**偏西風**の影響を受け，湿潤な西部に対し，東部の降水量が少ない地域では**牧羊**が行われている」との文から，ニュージーランドの説明であるとわかる。　ⅠとⅡの表のア～エ　ニュージーランドからの日本への輸入品は果実・チーズなどで，果実は1999年から2019年で3倍以上に増えている。また，ニュージーランドは，1999年の段階では輸出総額の1位は隣国オーストラリアであったが，2019年の段階では，近年この地域に経済的影響力を増している中華人民共和国が1位となっている。　略地図中のW～Z　Xがニュージーランドである。Wはメキシコ，Yはフィリピン，Zはスペインである。

3 **(地理的分野―日本地理－都市・地形・気候・農林水産業・工業・地形図の見方・交通)**

〔問1〕 Aは千葉県であり，「北部には**ローム層**が堆積する台地があり」との文から，エが千葉県だとわかる。Bは富山県であり，「冬季に降水が多い南部の山々を源流とし」との文から，ウが富山県だとわかる。Cは高知県であり，「沖合を流れる**暖流**の影響で，気候が温暖である」との文から，アが高知県だとわかる。この暖流は**日本海流**である。Dは福岡県であり，「南西部に広がる平野は干満差の大きい干潟のある海に面している」との文から，イが福岡県であるとわかる。この海は**有明海**である。

〔問2〕　W　①は岩手県盛岡市であり，②は宮城県仙台市である。盛岡市周辺の山間部では**畜産業・林業**などが発達しており，仙台市周辺の平野部では**稲作地帯**が広がっているため，Wは表中のイである。　X　①は群馬県前橋市であり，②は神奈川県横浜市である。群馬県南部の**工業団地**には**輸送用機械関連企業**が多く，横浜市周辺の京浜工業地帯では**石油化学コンビナート**が見られるため，Xは表中のアである。　Y　①は愛知県名古屋市であり，②は三重県津市である。愛知県には，世界的**自動車関連企業**があり，津市近辺には**石油化学コンビナート**があり，周辺では**リアス海岸**を生かした**養殖業**が行われているため，Yは表中のエである。　Z　①は鳥取県鳥取市であり，②は大阪府大阪市である。鳥取県では**砂丘**の広がる沿岸部で果樹栽培が行われており，また，大阪市では都市中心部に**中小工場**が数多く見られるため，Zは表中のウである。

〔問3〕〔地域の変容〕 **地形図**によれば，1983年から2009年の間に，畑(「∨」)や造成中だった土地が整備され，ゆりのき台と呼ばれる**住宅地**が造られた。〔要因〕 1996年に八千代中央駅が開業し，東京都(大手町)までの所要時間が60分から46分と短くなり，**通勤・通学**や**買い物**などの移動が便利になったことを指摘し解答する。

④ (歴史的分野―日本史時代別－古墳時代から平安時代・鎌倉時代から室町時代・安土桃山時代から江戸時代・明治時代から現代，―日本史テーマ別－政治史・法律史・社会史)

〔問1〕　ア　**足利尊氏**が**鎌倉府**を設置したのは，14世紀のことである。　イ　**桓武天皇**が**胆沢城**や**志波城**を設置させたのは，9世紀のことである。　ウ　**中大兄皇子**が**大宰府**を整備したのは，7世紀のことである。　エ　**北条義時**を中心とする幕府が**六波羅探題**を設置したのは，13世紀のことである。したがって，時代の古い順に並べると，ウ→イ→エ→アとなる。

〔問2〕　Ⅰの略年表中のア～エ　**日本人の海外渡航禁止・海外在住日本人の帰国禁止**の法令が出されたのは1635年のことであり，略年表中のイに該当する。　Ⅱの略地図中のA～D　こうした法令を主に実行するのは，**老中**直属の**遠国奉行**の一つで，**直轄領長崎**を支配した長崎の**奉行所**であった。略地図中のDが該当する。

〔問3〕　文章は，1923年の**関東大震災直後**に**後藤新平**が表明したものである。アの**新橋・横浜間**に**鉄道**が開通したのは，1872年のことである。イのイギリスと**日英同盟**を結んだのは，1902年のことである。ウの**大日本帝国憲法**が発布されたのは，1889年のことである。エの**東京駅**が開業したのは1914年，**丸ビル**が建設されたのは1923年である。したがって，文章と同時期の東京の様子を表しているのは，エである。

〔問4〕　アの**普通選挙法**が制定されたのは，1925年である。Aの時期にあてはまる。イの**公害対策基本法**が制定されたのは，1967年であり，Dの時期にあてはまる。ウの**教育基本法**が制定されたのは1947年であり，Cの時期にあてはまる。エの**国家総動員法**が制定されたのは，1938年であり，Bの時期にあてはまる。

⑤ (公民的分野―地方自治・国の政治の仕組み)

〔問1〕　日本国憲法第94条に「**地方公共団体**は，その財産を管理し，事務を処理し，及び行政を執行する権能を有し，法律の範囲内で**条例**を制定することができる。」とあり，地方公共団体は条例を議決・制定することができる。なお，アの**条約**を承認するのは**国会**の仕事である。イの**政令**

を制定するのは**内閣**の仕事である。エの法律等が**憲法**に適合するかどうか決定するのは，**最高裁判所**の仕事である。

〔問2〕 **地方自治法**において，**直接請求**の制度が定められ，有権者の一定数以上の署名を集めることで，**条例の改廃**や，**議会の解散**，**首長及び議員の解職**などを請求することができる。

〔問3〕 2014年の改正によって，**地方分権改革**の推進手法が，**国**が主導する短期集中型の方式から，**地方公共団体**が提案する長期継続型の方式となったことを指摘する。1995年から2014年の期間では，1999年・2011年・2014年など特定の年にのみ多く見られていた法律改正数が，2015年以降は，数は少なくなったが，毎年見られるようになったことを読み取り解答する。

6 **(歴史的分野―世界史－経済史，地理的分野―都市，公民的分野―経済一般)**

〔問1〕 ア　イギリスで**産業革命**が起こり，世界最初の**蒸気機関**製造会社が設立されたのは，18世紀後期である。　イ　アメリカで**南北戦争**が起こり，**大陸を横断**する鉄道路線を敷設する会社が設立されたのは，19世紀半ばである。　ウ　**第一次世界大戦後**のドイツで，旅客輸送機の製造と販売を行う会社が設立されたのは，20世紀前期である。　エ　オランダで**東インド会社**が設立されたのは，17世紀初頭である。時代の古い順に並べると，エ→ア→イ→ウとなる。

〔問2〕 Aの都市はボリビアの首都ラパスである。「標高3000mを超え，1548年にスペイン人により建設され，金鉱もあった。」との表現から，アが該当することがわかる。Bの都市はデトロイトである。「19世紀後半には自動車の生産が始まり，20世紀に入ると自動車工業の中心地へと成長し」との表現から，ウが該当するとわかる。Cの都市はジュネーブである。「**国際連盟**の本部が置かれ」との表現から，エが該当するとわかる。Dの都市はフランスを旧宗主国とするアルジェリアの首都アルジェである。「内陸部にはイスラム風の旧市街地が，沿岸部にはフランスの影響を受けた建物が見られる港湾都市となっている。」との表現から，イが該当するとわかる。

〔問3〕 グラフⅠに見られるように，1980年代の前半は**円安・ドル高**が進行し，日本の**貿易収支**は大幅な黒字となり，**経済成長率**は上昇傾向を見せた。その後1985年に**先進5か国蔵相・中央銀行総裁会議**がニューヨークのプラザホテルで行われ，ここで決定したプラザ合意により，円高・ドル安へと誘導され，日本の経済成長率は一時的に下降した。その後**日本銀行**が金利を下げたことなどで，株式や土地への投資が増え，株価や地価が高騰する**バブル景気**が到来し，法人企業の営業利益は増加し続けた。このバブル景気は1991年に終結を迎えた。Ⅱの文章で述べている時期に当てはまるのは，イの時期である。

2021年度英語　リスニングテスト

〔放送台本〕

これから，リスニングテストを行います。リスニングテストは，全て放送による指示で行います。リスニングテストの問題には，問題Aと問題Bの二つがあります。問題Aと，問題Bの<Question 1>では，質問に対する答えを選んで，その記号を答えなさい。問題Bの<Question 2>では，質問に対する答えを英語で書きなさい。英文とそのあとに出題される質問が，それぞれ全体を通して二回ずつ読まれます。問題用紙の余白にメモをとってもかまいません。答えは全て解答用紙に書きなさい。

〔問題A〕

問題Aは，英語による対話文を聞いて，英語の質問に答えるものです。ここで話される対話文は全部で三つあり，それぞれ質問が一つずつ出題されます。質問に対する答えを選んで，その記号を答えなさい。では，<対話文1>を始めます。

Yumi: David, we are on the highest floor of this building. The view from here is beautiful.
David: I can see some temples, Yumi.
Yumi: Look! We can see our school over there.
David: Where?
Yumi: Can you see that park? It's by the park.
David: Oh, I see it. This is a very nice view.
Yumi: I'm glad you like it. It's almost noon. Let's go down to the seventh floor. There are nice restaurants there.

Question: Where are Yumi and David talking?
<対話文2>を始めます。

Taro: Hi, Jane. Will you help me with my homework? It's difficult for me.
Jane: OK, Taro. But I have to go to the teachers' room now. I have to see Mr. Smith to give this dictionary back to him.
Taro: I see. Then, I'll go to the library. I have a book to return, and I'll borrow a new one for my homework.
Jane: I'll go there later and help you.
Taro: Thank you.

Question: Why will Jane go to the library?
<対話文3>を始めます。

Woman: Excuse me. I'd like to go to Minami Station. What time will the next train leave?
Man: Well, it's eleven o'clock. The next train will leave at eleven fifteen.
Woman: My mother hasn't come yet. I think she will get here at about eleven twenty.
Man: OK. Then you can take a train leaving at eleven thirty. You will arrive at Minami Station at eleven fifty-five.
Woman: Thank you. We'll take that train.

Question: When will the woman take a train?

〔英文の訳〕
<対話文1>
ユミ　：ディビッド，私たちはこの建物の一番高い階にいるわね。ここからの景色は美しいわね。

ディビッド：お寺がいくつか見えるね，ユミ。
ユミ　　　：見て！　あそこに私たちの学校が見えるわよ。
ディビッド：どこ？
ユミ　　　：あの公園が見える？　その公園のそばよ。
ディビッド：ああ，見えるよ。これはとてもいい景色だね。
ユミ　　　：あなたが気に入ってくれて嬉しいわ。もうそろそろ正午ね。7階に行きましょう。いいレストランがあるわ。
質問：ユミとディビッドはどこで話をしていますか。
答え：ア　建物の一番高い階。

<対話文2>
タロウ　：こんにちは，ジェイン。僕の宿題手伝ってくれる？　僕には難しいよ。
ジェイン：オーケー，タロウ。でも今教員室に行かないといけないの。スミス先生にこの辞書を返しに行かなといけないの。
タロウ　：そうか。じゃあ僕は図書館に行くよ。返す本があるし，宿題のために新しい本を借りるんだ。
ジェイン：後でそこに行って，お手伝いするわ。
タロウ　：ありがとう。
質問：なぜジェインは図書館に行きますか。
答え：エ　タロウを手伝うため。

<対話文3>
女性：すみません。ミナミ駅へ行きたいんですが。次の電車は何時に出発しますか。
男性：ええと，今11時です。次の電車は11時15分に出発します。
女性：母がまだ来ていません。11時20分くらいにここに着くと思います。
男性：オーケー。じゃあ11時30分に出発する電車に乗れます。ミナミ駅に11時55分に着くでしょう。
女性：ありがとうございます。その電車に乗ります。
質問：いつ女性は電車に乗りますか。
答え：ウ　11時30分。

〔放送台本〕

〔問題B〕

これから聞く英語は，ある外国人の英語の先生が，新しく着任した中学校の生徒に対して行った自己紹介です。内容に注意して聞きなさい。あとから，英語による質問が二つ出題されます。<Question 1>では，質問に対する答えを選んで，その記号を答えなさい。<Question 2>では，質問に対する答えを英語で書きなさい。なお，<Question 2>のあとに，15秒程度，答えを書く時間があります。では，始めます。

Good morning, everyone. My name is Margaret Green. I'm from Australia. Australia is a very large country. Have you ever been there? Many Japanese people visit my country every year. Before coming to Japan, I taught English for five years in China. I had a good time there.

I have lived in Japan for six years. After coming to Japan, I enjoyed traveling around the country for one year. I visited many famous places. Then I went to school to study Japanese for two years. I have taught English now for three years. This school is my second school as an English teacher in Japan. Please tell me about your school. I want to know about it. I' m glad to become a teacher of this school. Thank you.

<Question 1> How long has Ms. Green taught English in Japan?
<Question 2> What does Ms. Green want the students to do?

以上で，リスニングテストを終わります。

〔英文の訳〕

みなさん，おはようございます。私の名前はマーガレット・グリーンです。オーストラリアから来ました。オーストラリアはとても大きな国です。今までそこへ行ったことがありますか。毎年多くの日本人が私の国を訪れています。日本に来る前，私は中国で5年間英語を教えていました。そこでとてもいい時間を過ごしました。

私は日本に6年間住んでいます。日本に来たあと，1年間この国を旅行して楽しみました。多くの有名な場所を訪れました。そして2年間日本語を勉強するために学校へ行きました。今3年間英語を教えています。この学校は日本での英語の先生として2校目の学校です。あなた達の学校について教えてください。そのことを知りたいです。この学校の先生になれて嬉しいです。ありがとうございます。

質問1：グリーン先生は日本でどれくらい英語を教えていますか。
答え　：イ　3年間。
質問2：グリーン先生は生徒たちに何をしてもらいたいですか。
答え　：(例)彼らの学校について彼女に伝える。

東京都公立高等学校

2020年度

★★★★★★★★★★★★★★★★★★★★★★★★

共通問題(理科・社会)

●くわしい解説……31ページ

＜理科＞

時間　50分　　満点　100点

1　次の各問に答えよ。

〔問1〕　有性生殖では，受精によって新しい一つの細胞ができる。受精後の様子について述べたものとして適切なのは，次のうちではどれか。

ア　受精により親の体細胞に含まれる染色体の数と同じ数の染色体をもつ胚（はい）ができ，成長して受精卵になる。

イ　受精により親の体細胞に含まれる染色体の数と同じ数の染色体をもつ受精卵ができ，細胞分裂によって胚になる。

ウ　受精により親の体細胞に含まれる染色体の数の２倍の数の染色体をもつ胚ができ，成長して受精卵になる。

エ　受精により親の体細胞に含まれる染色体の数の２倍の数の染色体をもつ受精卵ができ，細胞分裂によって胚になる。

〔問2〕　図１のように，電気分解装置に薄い塩酸を入れ，電流を流したところ，塩酸の電気分解が起こり，陰極からは気体Ａが，陽極からは気体Ｂがそれぞれ発生し，集まった体積は気体Ａの方が気体Ｂより多かった。気体Ａの方が気体Ｂより集まった体積が多い理由と，気体Ｂの名称とを組み合わせたものとして適切なのは，次の表のア～エのうちではどれか。

図１

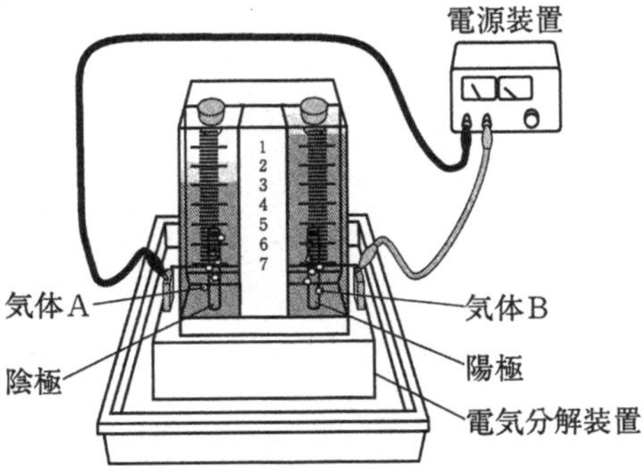

	気体Ａの方が気体Ｂより集まった体積が多い理由	気体Ｂの名称
ア	発生する気体Ａの体積の方が，発生する気体Ｂの体積より多いから。	塩素
イ	発生する気体Ａの体積の方が，発生する気体Ｂの体積より多いから。	酸素
ウ	発生する気体Ａと気体Ｂの体積は変わらないが，気体Ａは水に溶けにくく，気体Ｂは水に溶けやすいから。	塩素
エ	発生する気体Ａと気体Ｂの体積は変わらないが，気体Ａは水に溶けにくく，気体Ｂは水に溶けやすいから。	酸素

〔問3〕 150 gの物体を一定の速さで1.6m持ち上げた。持ち上げるのにかかった時間は２秒だった。持ち上げた力がした仕事率を表したものとして適切なのは，下のア～エのうちではどれか。

ただし，100 gの物体に働く重力の大きさは１Ｎとする。

ア　1.2W　　イ　2.4W　　ウ　120W　　エ　240W

〔問４〕 図２は，ある火成岩をルーペで観察したスケッチである。
観察した火成岩は有色鉱物の割合が多く，黄緑色で不規則な形の有色鉱物Ａが見られた。観察した火成岩の種類の名称と，有色鉱物Ａの名称とを組み合わせたものとして適切なのは，次の表の**ア**～**エ**のうちではどれか。

図２

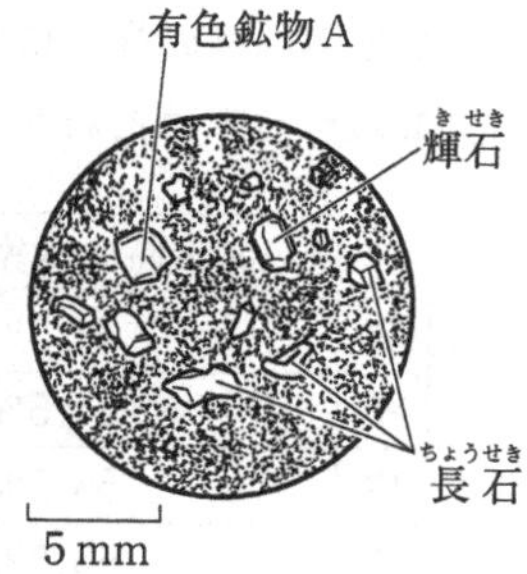

	観察した火成岩の種類の名称	有色鉱物Ａの名称
ア	はんれい岩	石英
イ	はんれい岩	カンラン石
ウ	玄武岩	石英
エ	玄武岩	カンラン石

〔問５〕 酸化銀を加熱すると，白色の物質が残った。酸化銀を加熱したときの反応を表したモデルとして適切なのは，下の**ア**～**エ**のうちではどれか。
ただし，●は銀原子１個を，○は酸素原子１個を表すものとする。

ア　○●○　○●○　→　●　●　＋　○○　○○
イ　●○●　●○●　→　●　●　●　●　＋　○○
ウ　●○　→　●　＋　○
エ　●○●　→　●　●　＋　○

2 生徒が，水に関する事物・現象について，科学的に探究しようと考え，自由研究に取り組んだ。生徒が書いたレポートの一部を読み，次の各問に答えよ。

<レポート１>　空気中に含まれる水蒸気と気温について

雨がやみ，気温が下がった日の早朝に，霧が発生していた。同じ気温でも，霧が発生しない日もある。そこで，霧の発生は空気中に含まれている水蒸気の量と温度に関連があると考え，空気中の水蒸気の量と，水滴が発生するときの気温との関係について確かめることにした。

教室の温度と同じ24℃のくみ置きの水を金属製のコップＡに半分入れた。次に，図１のように氷を入れた試験管を出し入れしながら，コップＡの中の水をゆっくり冷やし，コップＡの表面に水滴がつき始めたときの温度を測ると，14℃であった。教室の温度は24℃で変化がなかった。

また，飽和水蒸気量〔g/m³〕は表１のように温度によって決まっていることが分かった。

図１

表１

温度〔℃〕	飽和水蒸気量〔g/m³〕
12	10.7
14	12.1
16	13.6
18	15.4
20	17.3
22	19.4
24	21.8

〔問１〕　＜レポート１＞から，測定時の教室の湿度と，温度の変化によって霧が発生するときの空気の温度の様子について述べたものとを組み合わせたものとして適切なのは，次の表の**ア**～**エ**のうちではどれか。

	測定時の教室の湿度	温度の変化によって霧が発生するときの空気の温度の様子
ア	44.5%	空気が冷やされて，空気の温度が露点より低くなる。
イ	44.5%	空気が暖められて，空気の温度が露点より高くなる。
ウ	55.5%	空気が冷やされて，空気の温度が露点より低くなる。
エ	55.5%	空気が暖められて，空気の温度が露点より高くなる。

＜レポート２＞　凍結防止剤と水溶液の状態変化について

雪が降る予報があり，川にかかった橋の歩道で凍結防止剤が散布されているのを見た。凍結防止剤の溶けた水溶液は固体に変化するときの温度が下がることから，凍結防止剤は，水が氷に変わるのを防止するとともに，雪をとかして水にするためにも使用される。そこで，溶かす凍結防止剤の質量と温度との関係を確かめることにした。

３本の試験管Ａ～Ｃにそれぞれ10cm^{3}の水を入れ，凍結防止剤の主成分である塩化カルシウムを試験管Ｂには１ｇ，試験管Ｃには２ｇ入れ，それぞれ全て溶かした。試験管Ａ～Ｃのそれぞれについて－15℃まで冷却し試験管の中の物質を固体にした後，試験管を加熱して試験管の中の物質が液体に変化するときの温度を測定した結果は，表２のようになった。

表２

試験管	A	B	C
塩化カルシウム〔g〕	0	1	2
試験管の中の物質が液体に変化するときの温度〔℃〕	0	－5	－10

〔問２〕　＜レポート２＞から，試験管Ａの中の物質が液体に変化するときの温度を測定した理由について述べたものとして適切なのは，次のうちではどれか。

ア　塩化カルシウムを入れたときの水溶液の沸点が下がることを確かめるには，水の沸点を測定する必要があるため。

イ　塩化カルシウムを入れたときの水溶液の融点が下がることを確かめるには，水の融点を測定する必要があるため。

ウ　水に入れる塩化カルシウムの質量を変化させても，水溶液の沸点が変わらないことを確かめるため。

エ　水に入れる塩化カルシウムの質量を変化させても，水溶液の融点が変わらないことを確かめるため。

＜レポート３＞　水面に映る像について

池の水面にサクラの木が逆さまに映って見えた。そこで，サクラの木が水面に逆さまに映って見える現象について確かめることにした。

鏡を用いた実験では，光は空気中で直進し，空気とガラスの境界面で反射することや，光が反射するときには入射角と反射角は等しいという光の反射の法則が成り立つことを学んだ。水面に映るサクラの木が逆さまの像となる現象も，光が直進することと光の反射の法則により説明できることが分かった。

〔問3〕 **＜レポート3＞**から，観測者が観測した位置を点Xとし，水面とサクラの木を模式的に表したとき，点Aと点Bからの光が水面で反射し点Xまで進む光の道筋と，点Xから水面を見たときの点Aと点Bの像が見える方向を表したものとして適切なのは，下の**ア**～**エ**のうちではどれか。ただし，点Aは地面からの高さが点Xの2倍の高さ，点Bは地面からの高さが点Xと同じ高さとする。

ア

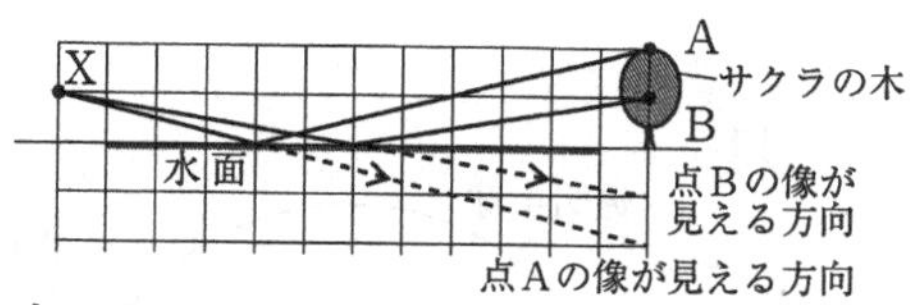

イ

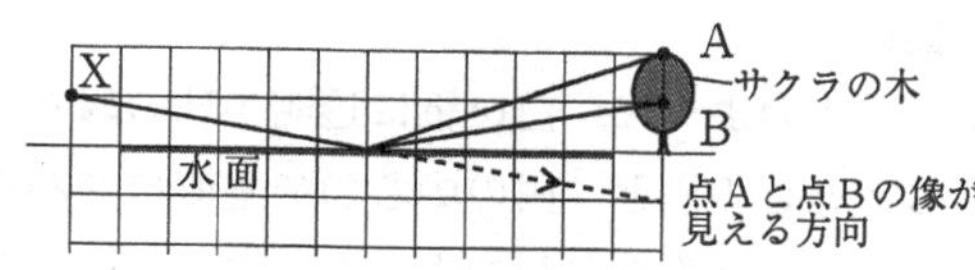

ウ

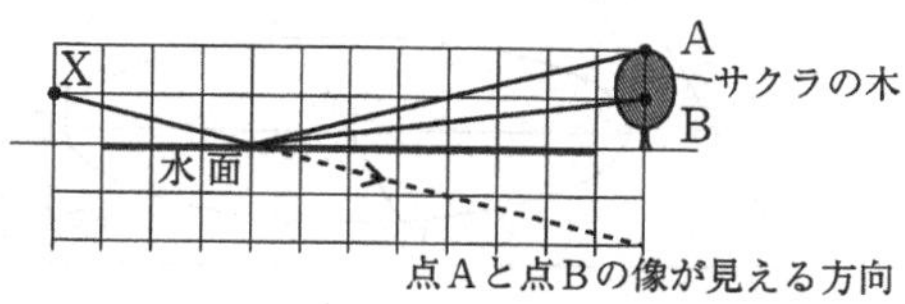

エ

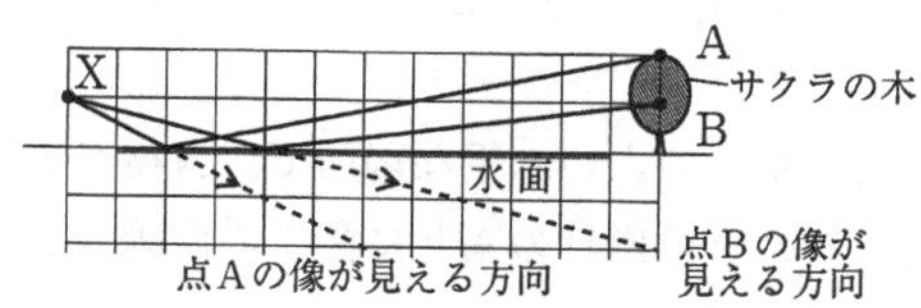

＜レポート4＞　水生生物による水質調査について

川にどのような生物がいるかを調査することによって，調査地点の水質を知ることができる。水生生物による水質調査では，表3のように，水質階級はⅠ～Ⅳに分かれていて，水質階級ごとに指標生物が決められている。調査地点で見つけた指標生物のうち，個体数が多い上位2種類を2点，それ以外の指標生物を1点として，水質階級ごとに点数を合計し，最も点数の高い階級をその地点の水質階級とすることを学んだ。そこで，学校の近くの川について確かめることにした。

表3

水質階級	指標生物
Ⅰ きれいな水	カワゲラ・ナガレトビケラ・ウズムシ・ヒラタカゲロウ・サワガニ
Ⅱ ややきれいな水	シマトビケラ・カワニナ・ゲンジボタル
Ⅲ 汚い水	タニシ・シマイシビル・ミズカマキリ
Ⅳ とても汚い水	アメリカザリガニ・サカマキガイ・エラミミズ・セスジユスリカ

学校の近くの川で調査を行った地点では，ゲンジボタルは見つからなかったが，ゲンジボタルの幼虫のエサとして知られているカワニナが見つかった。カワニナは内臓が外とう膜で覆われている動物のなかまである。カワニナのほかに，カワゲラ，ヒラタカゲロウ，シマトビケラ，シマイシビルが見つかり，その他の指標生物は見つからなかった。見つけた生物のうち，シマトビケラの個体数が最も多く，シマイシビルが次に多かった。

〔問4〕 **＜レポート4＞**から，学校の近くの川で調査を行った地点の水質階級と，内臓が外とう膜で覆われている動物のなかまの名称とを組み合わせたものとして適切なのは，次の表の**ア**～**エ**のうちではどれか。

	調査を行った地点の水質階級	内臓が外とう膜で覆われている動物のなかまの名称
ア	Ⅰ	節足動物
イ	Ⅰ	軟体動物
ウ	Ⅱ	節足動物
エ	Ⅱ	軟体動物

3　太陽の１日の動きを調べる観察について，次の各問に答えよ。

東京の地点Ｘ（北緯35.6°）で，ある年の夏至の日に，**＜観察＞**を行ったところ，**＜結果１＞**のようになった。

＜観察＞

⑴　図１のように，白い紙に透明半球の縁と同じ大きさの円と，円の中心Ｏで垂直に交わる直線ＡＣと直線ＢＤをかいた。かいた円に合わせて透明半球をセロハンテープで固定した。

⑵　日当たりのよい水平な場所で，Ｎ極が黒く塗られた方位磁針の南北に図１の直線ＡＣを合わせて固定した。

⑶　９時から15時までの間，１時間ごとに，油性ペンの先の影が円の中心Ｏと一致する透明半球上の位置に●印と観察した時刻を記入した。

⑷　図２のように，記録した●印を滑らかな線で結び，その線を透明半球の縁まで延ばして東側で円と交わる点をＦとし，西側で円と交わる点をＧとした。

図１

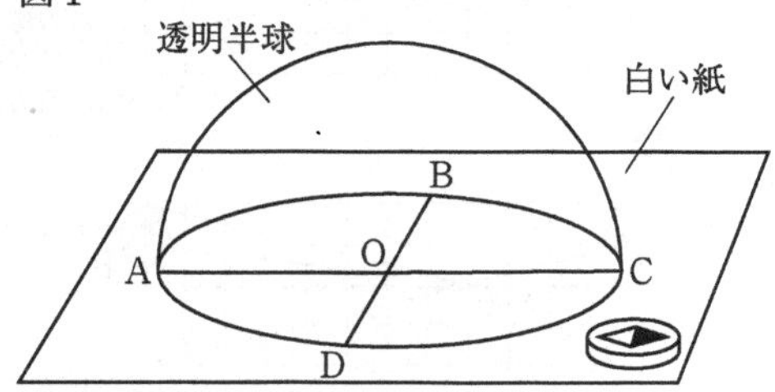

図２

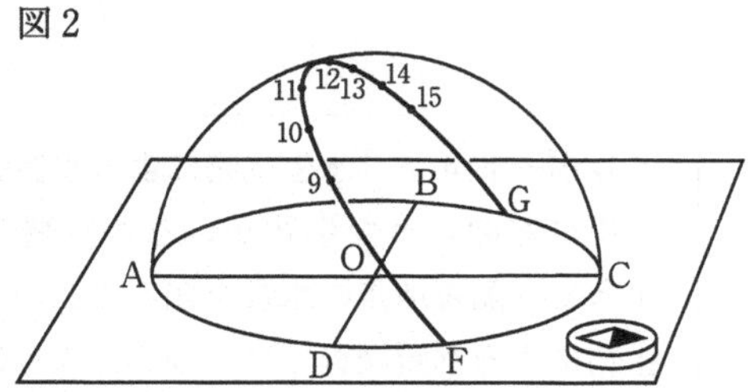

⑸　透明半球にかいた滑らかな線に紙テープを合わせて，１時間ごとに記録した●印と時刻を写し取り，点Ｆから９時までの間，●印と●印の間，15時から点Ｇまでの間をものさしで測った。

＜結果１＞

図３のようになった。

図３

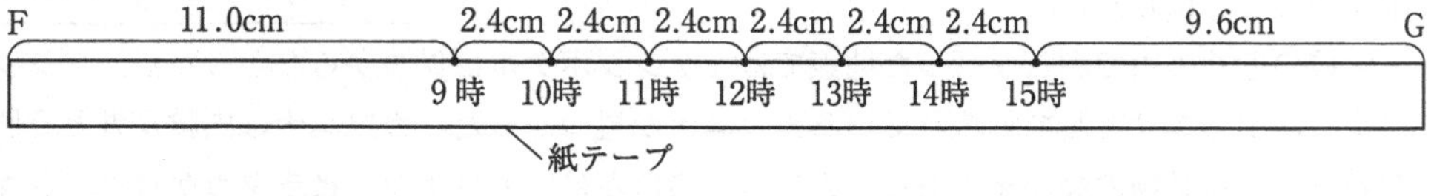

〔問１〕　**＜観察＞**を行った日の日の入りの時刻を，**＜結果１＞**から求めたものとして適切なのは，次のうちではどれか。

ア　18時　　**イ**　18時35分　　**ウ**　19時　　**エ**　19時35分

〔問２〕　**＜観察＞**を行った日の南半球のある地点Ｙ（南緯35.6°）における，太陽の動きを表した模式図として適切なのは，次のうちではどれか。

ア

イ

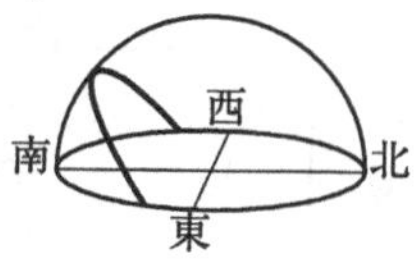

ウ

エ

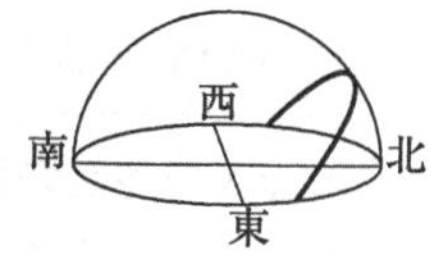

次に，**＜観察＞**を行った東京の地点Xで，秋分の日に**＜観察＞**の(1)から(3)までと同様に記録し，記録した●印を滑らかな線で結び，その線を透明半球の縁まで延ばしたところ，図4のようになった。

図4

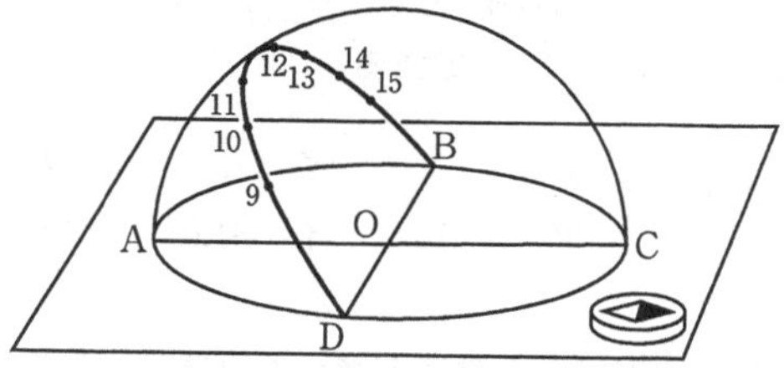

次に，秋分の日の翌日，東京の地点Xで，**＜実験＞**を行ったところ，**＜結果２＞**のようになった。

＜実験＞

(1)　黒く塗った試験管，ゴム栓，温度計，発泡ポリスチレンを二つずつ用意し，黒く塗った試験管に24℃のくみ置きの水をいっぱいに入れ，空気が入らないようにゴム栓と温度計を差し込み，図5のような装置を２組作り，装置H，装置Iとした。

図5

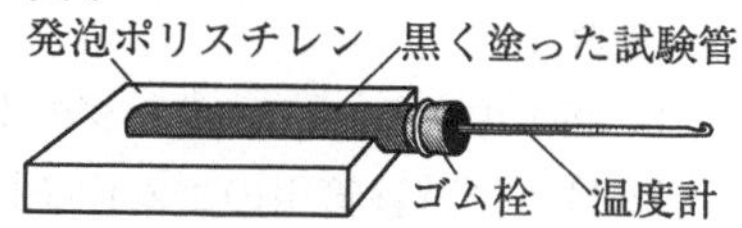

図6

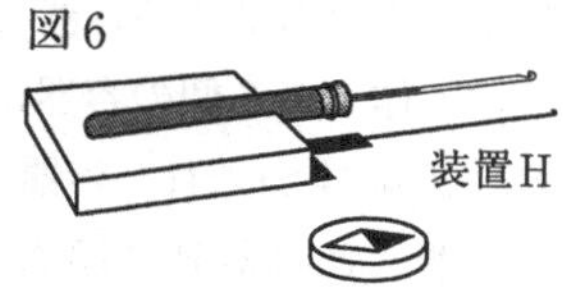

図7

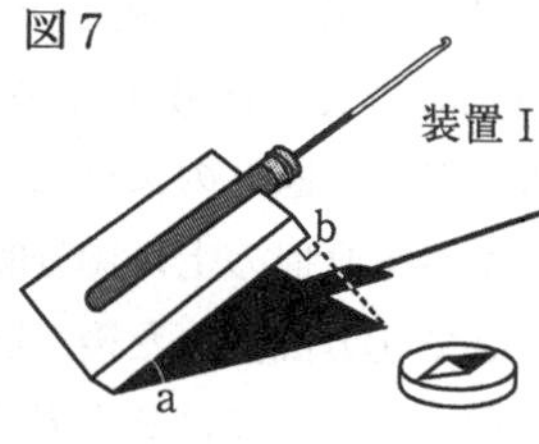

(2)　12時に，図6のように，日当たりのよい水平な場所に装置Hを置いた。また，図7のように，装置Iを装置と地面（水平面）でできる角を角a，発泡ポリスチレンの上端と影の先を結んでできる線と装置との角を角bとし，黒く塗った試験管を取り付けた面を太陽に向けて，太陽の光が垂直に当たるように角bを90°に調節して，12時に日当たりのよい水平な場所に置いた。

(3)　装置Hと装置Iを置いてから10分後の試験管内の水温を測定した。

＜結果２＞

	装置H	装置I
12時の水温〔℃〕	24.0	24.0
12時10分の水温〔℃〕	35.2	37.0

〔問３〕　南中高度が高いほど地表が温まりやすい理由を，**＜結果２＞**を踏まえて，同じ面積に受ける太陽の光の量（エネルギー）に着目して簡単に書け。

〔問４〕　次のページの図8は，**＜観察＞**を行った東京の地点X（北緯35.6°）での冬至の日の太陽の光の当たり方を模式的に表したものである。次のページの文は，冬至の日の南中時刻に，地点Xで図7の装置Iを用いて，黒く塗った試験管内の水温を測定したとき，10分後の水温が最も高くなる装置Iの角aについて述べている。

文中の ① と ② にそれぞれ当てはまるものとして適切なのは，次のページの**ア**～**エ**のうちではどれか。

ただし，地軸は地球の公転面に垂直な方向に対して23.4°傾いているものとする。

図8

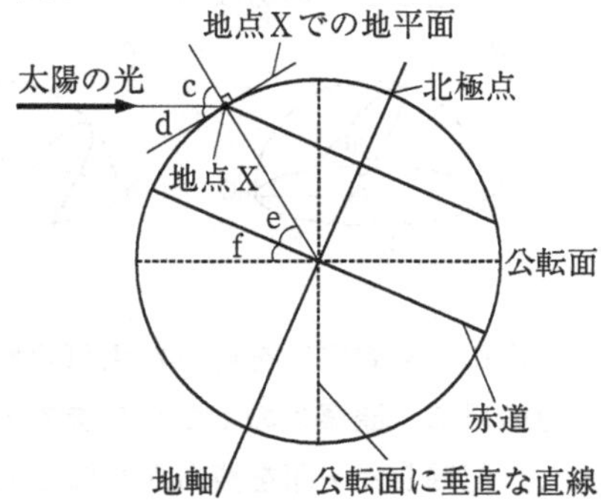

> 地点Xで冬至の日の南中時刻に，図7の装置Ⅰを用いて，黒く塗った試験管内の水温を測定したとき，10分後の水温が最も高くなる角aは，図8中の角 ① と等しく，角の大きさは ② である。

① ア c　イ d　ウ e　エ f

② ア 23.4°　イ 31.0°　ウ 59.0°　エ 66.6°

4 消化酵素の働きを調べる実験について，次の各問に答えよ。

＜実験1＞を行ったところ，＜結果1＞のようになった。

＜実験1＞

(1) 図1のように，スポンジの上に載せたアルミニウムはくに試験管用のゴム栓を押し付けて型を取り，アルミニウムはくの容器を6個作った。

(2) (1)で作った6個の容器に1％デンプン溶液をそれぞれ2 cm^3ずつ入れ，容器A～Fとした。

(3) 容器Aと容器Bには水1 cm^3を，容器Cと容器Dには水で薄めた唾液1 cm^3を，容器Eと容器Fには消化酵素Xの溶液1 cm^3を，それぞれ加えた。容器A～Fを，図2のように，40℃の水を入れてふたをしたペトリ皿の上に10分間置いた。

(4) (3)で10分間置いた後，図3のように，容器A，容器C，容器Eにはヨウ素液を加え，それぞれの溶液の色を観察した。また，図4のように，容器B，容器D，容器Fにはベネジクト液を加えてから弱火にしたガスバーナーで加熱し，それぞれの溶液の色を観察した。

図1

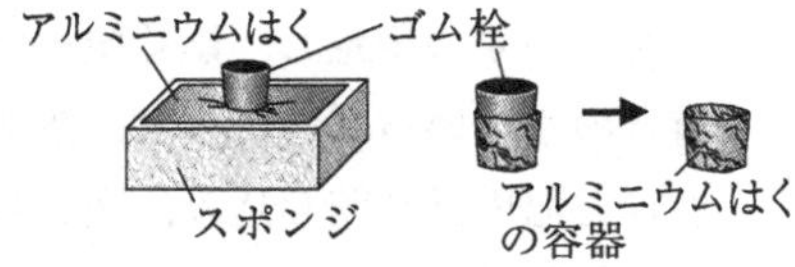

図2

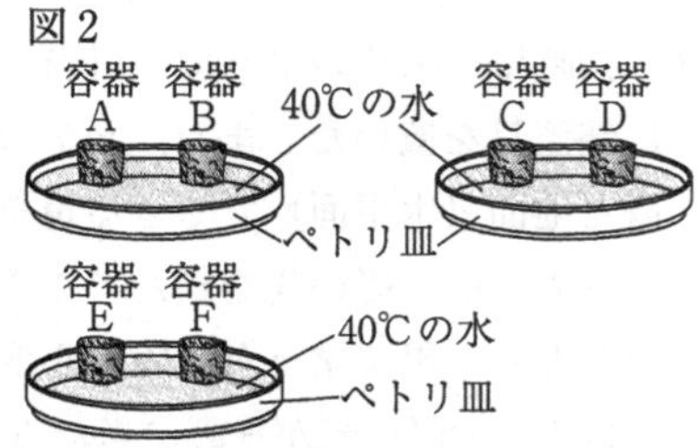

図3　図4

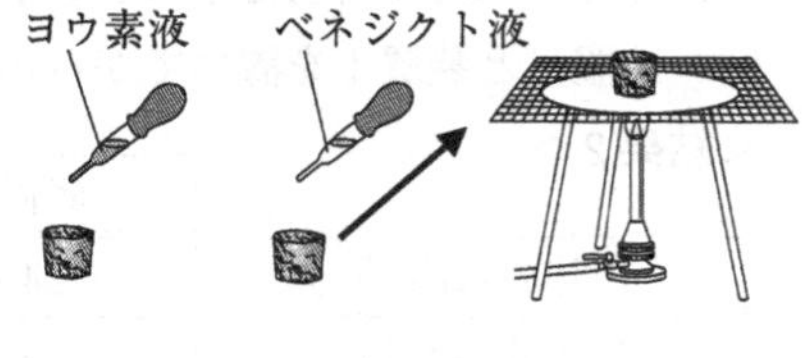

＜結果1＞

容器	1％デンプン溶液2 cm^3に加えた液体	加えた試薬	観察された溶液の色
A	水1 cm^3	ヨウ素液	青紫色
B		ベネジクト液	青色
C	水で薄めた唾液1 cm^3	ヨウ素液	茶褐色
D		ベネジクト液	赤褐色
E	消化酵素Xの溶液1 cm^3	ヨウ素液	青紫色
F		ベネジクト液	青色

次に，＜**実験１**＞と同じ消化酵素Ｘの溶液を用いて＜**実験２**＞を行ったところ，＜**結果２**＞のようになった。

＜**実験２**＞

⑴　ペトリ皿を２枚用意し，それぞれのペトリ皿に60℃のゼラチン水溶液を入れ，冷やしてゼリー状にして，ペトリ皿ＧとＨとした。ゼラチンの主成分はタンパク質であり，ゼリー状のゼラチンは分解されると溶けて液体になる性質がある。

⑵　図５のように，ペトリ皿Ｇには水をしみ込ませたろ紙を，ペトリ皿Ｈには消化酵素Ｘの溶液をしみ込ませたろ紙を，それぞれのゼラチンの上に載せ，24℃で15分間保った。

⑶　⑵で15分間保った後，ペトリ皿ＧとＨの変化の様子を観察した。

図５

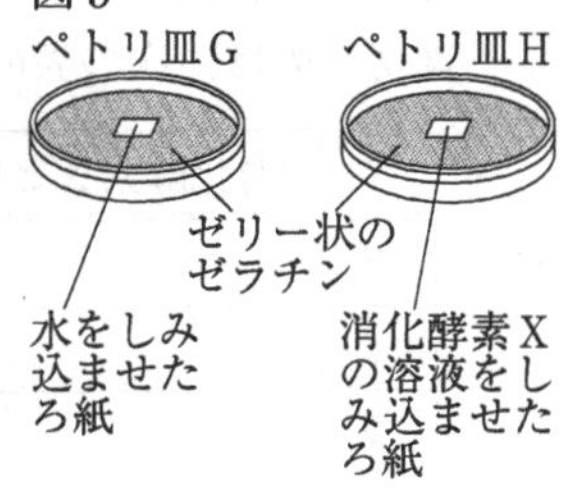

＜**結果２**＞

ペトリ皿	ろ紙にしみ込ませた液体	ろ紙を載せた部分の変化	ろ紙を載せた部分以外の変化
Ｇ	水	変化しなかった。	変化しなかった。
Ｈ	消化酵素Ｘの溶液	ゼラチンが溶けて液体になった。	変化しなかった。

次に，＜**実験１**＞と同じ消化酵素Ｘの溶液を用いて＜**実験３**＞を行ったところ，＜**結果３**＞のようになった。

＜**実験３**＞

⑴　ペトリ皿に60℃のゼラチン水溶液を入れ，冷やしてゼリー状にして，ペトリ皿Ｉとした。

⑵　図６のように，消化酵素Ｘの溶液を試験管に入れ80℃の水で10分間温めた後に24℃に戻し，加熱後の消化酵素Ｘの溶液とした。図７のように，ペトリ皿Ｉには加熱後の消化酵素Ｘの溶液をしみ込ませたろ紙を，ゼラチンの上に載せ，24℃で15分間保った後，ペトリ皿Ｉの変化の様子を観察した。

図６

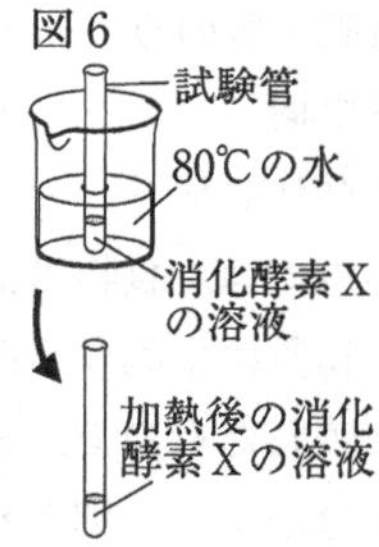

図７

＜**結果３**＞

ろ紙を載せた部分も，ろ紙を載せた部分以外も変化はなかった。

〔問１〕　＜**結果１**＞から分かる，消化酵素の働きについて述べた次の文の［①］～［③］にそれぞれ当てはまるものとして適切なのは，下の**ア**～**エ**のうちではどれか。

> ［①］の比較から，デンプンは［②］の働きにより別の物質になったことが分かる。さらに，［③］の比較から，［②］の働きによりできた別の物質は糖であることが分かる。

［①］　**ア**　容器Ａと容器Ｃ　　**イ**　容器Ａと容器Ｅ
　　　ウ　容器Ｂと容器Ｄ　　**エ**　容器Ｂと容器Ｆ

［②］　**ア**　水　　**イ**　ヨウ素液　　**ウ**　唾液　　**エ**　消化酵素Ｘ

③　ア　容器Aと容器C　　イ　容器Aと容器E
　　ウ　容器Bと容器D　　エ　容器Bと容器F

〔問2〕　<結果1>と<結果2>から分かる，消化酵素Xと同じ働きをするヒトの消化酵素の名称と，<結果3>から分かる，加熱後の消化酵素Xの働きの様子とを組み合わせたものとして適切なのは，次の表のア～エのうちではどれか。

	消化酵素Xと同じ働きをするヒトの消化酵素の名称	加熱後の消化酵素Xの働きの様子
ア	アミラーゼ	タンパク質を分解する。
イ	アミラーゼ	タンパク質を分解しない。
ウ	ペプシン	タンパク質を分解する。
エ	ペプシン	タンパク質を分解しない。

〔問3〕　ヒトの体内における，デンプンとタンパク質の分解について述べた次の文の ① ～ ④ にそれぞれ当てはまるものとして適切なのは，下のア～エのうちではどれか。

> デンプンは， ① から分泌される消化液に含まれる消化酵素などの働きで，最終的に ② に分解され，タンパク質は， ③ から分泌される消化液に含まれる消化酵素などの働きで，最終的に ④ に分解される。

①　ア　唾液腺・胆のう　　イ　唾液腺・すい臓　　ウ　胃・胆のう　　エ　胃・すい臓
②　ア　ブドウ糖　　イ　アミノ酸　　ウ　脂肪酸
　　エ　モノグリセリド
③　ア　唾液腺・胆のう　　イ　唾液腺・すい臓　　ウ　胃・胆のう　　エ　胃・すい臓
④　ア　ブドウ糖　　イ　アミノ酸　　ウ　脂肪酸
　　エ　モノグリセリド

〔問4〕　ヒトの体内では，食物は消化酵素などの働きにより分解された後，多くの物質は小腸から吸収される。図8は小腸の内壁の様子を模式的に表したもので，約1mmの長さの微小な突起で覆われていることが分かる。分解された物質を吸収する上での小腸の内壁の構造上の利点について，微小な突起の名称に触れて，簡単に書け。

図8
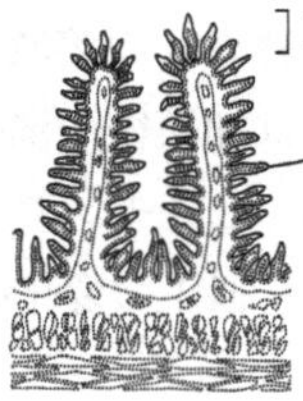

5　物質の性質を調べて区別する実験について，次の各問に答えよ。

4種類の白色の物質A～Dは，塩化ナトリウム，ショ糖（砂糖），炭酸水素ナトリウム，ミョウバンのいずれかである。

<実験1>を行ったところ，<結果1>のようになった。

<実験1>

(1)　物質A～Dをそれぞれ別の燃焼さじに少量載せ，図1のように加熱し，物質の変化の様子を調べた。

図1

(2)　<実験1>の(1)では，物質Bと物質Cは，燃えずに白色の物質が残り，区別がつかなかった。そのため，乾いた試験管を2本用意し，それ

ぞれの試験管に物質B，物質Cを少量入れた。物質Bの入った試験管にガラス管がつながっているゴム栓をして，図2のように，試験管の口を少し下げ，スタンドに固定した。

(3)　試験管を加熱し，加熱中の物質の変化を調べた。気体が発生した場合，発生した気体を水上置換法で集めた。

(4)　**＜実験１＞**の(2)の物質Bの入った試験管を物質Cの入った試験管に替え，**＜実験１＞**の(2)，(3)と同様の実験を行った。

図2

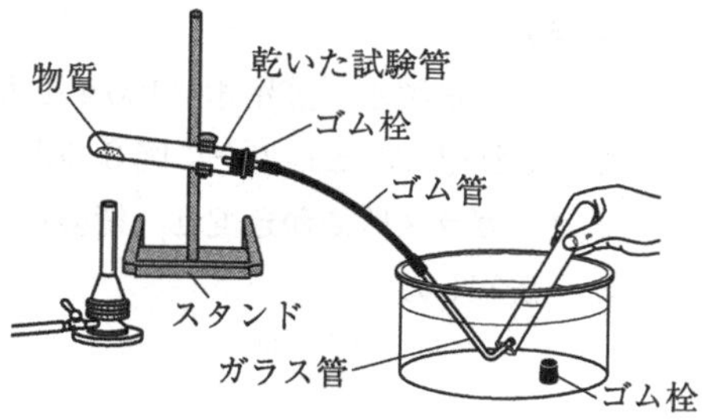

＜結果１＞

	物質A	物質B	物質C	物質D
＜実験１＞の(1)で加熱した物質の変化	溶けた。	白色の物質が残った。	白色の物質が残った。	焦げて黒色の物質が残った。
＜実験１＞の(3)，(4)で加熱中の物質の変化		気体が発生した。	変化しなかった。	

〔問１〕　**＜実験１＞**の(1)で，物質Dのように，加熱すると焦げて黒色に変化する物質について述べたものとして適切なのは，次のうちではどれか。

ア　ろうは無機物であり，炭素原子を含まない物質である。
イ　ろうは有機物であり，炭素原子を含む物質である。
ウ　活性炭は無機物であり，炭素原子を含まない物質である。
エ　活性炭は有機物であり，炭素原子を含む物質である。

〔問２〕　**＜実験１＞**の(3)で，物質Bを加熱したときに発生した気体について述べた次の文の［①］に当てはまるものとして適切なのは，下の**ア**～**エ**のうちではどれか。また，［②］に当てはまるものとして適切なのは，下の**ア**～**エ**のうちではどれか。

> 物質Bを加熱したときに発生した気体には［①］という性質があり，発生した気体と同じ気体を発生させるには，［②］という方法がある。

［①］
ア　物質を燃やす
イ　空気中で火をつけると音をたてて燃える
ウ　水に少し溶け，その水溶液は酸性を示す
エ　水に少し溶け，その水溶液はアルカリ性を示す

［②］
ア　石灰石に薄い塩酸を加える
イ　二酸化マンガンに薄い過酸化水素水を加える
ウ　亜鉛に薄い塩酸を加える
エ　塩化アンモニウムと水酸化カルシウムを混合して加熱する

次に，＜実験２＞を行ったところ，＜結果２＞のようになった。

＜実験２＞

(1) 20℃の精製水（蒸留水）100ｇを入れたビーカーを４個用意し，それぞれのビーカーに図３のように物質Ａ～Ｄを20ｇずつ入れ，ガラス棒でかき混ぜ，精製水（蒸留水）に溶けるかどうかを観察した。

図３

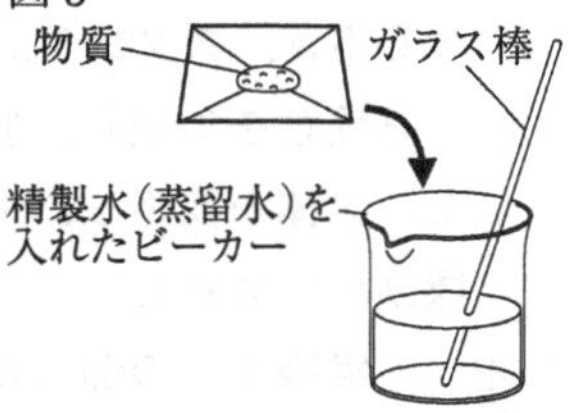

(2) 図４のように，ステンレス製の電極，電源装置，豆電球，電流計をつないで回路を作り，＜実験２＞の(1)のそれぞれのビーカーの中に，精製水（蒸留水）でよく洗った電極を入れ，電流が流れるかどうかを調べた。

(3) 塩化ナトリウム，ショ糖（砂糖），炭酸水素ナトリウム，ミョウバンの水100ｇに対する溶解度を，図書館で調べた。

図４

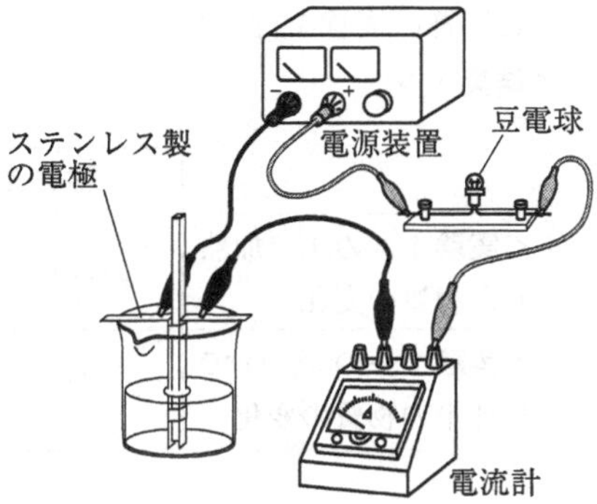

＜結果２＞

(1) ＜実験２＞の(1)，(2)で調べた結果は，次の表のようになった。

	物質Ａ	物質Ｂ	物質Ｃ	物質Ｄ
20℃の精製水（蒸留水）100ｇに溶けるかどうか	一部が溶けずに残った。	一部が溶けずに残った。	全て溶けた。	全て溶けた。
電流が流れるかどうか	流れた。	流れた。	流れた。	流れなかった。

(2) ＜実験２＞の(3)で調べた結果は，次の表のようになった。

水の温度〔℃〕	塩化ナトリウムの質量〔ｇ〕	ショ糖（砂糖）の質量〔ｇ〕	炭酸水素ナトリウムの質量〔ｇ〕	ミョウバンの質量〔ｇ〕
0	35.6	179.2	6.9	5.7
20	35.8	203.9	9.6	11.4
40	36.3	238.1	12.7	23.8
60	37.1	287.3	16.4	57.4

〔問３〕 物質Ｃを水に溶かしたときの電離の様子を，化学式とイオン式を使って書け。

〔問４〕 ＜結果２＞で，物質の一部が溶けずに残った水溶液を40℃まで加熱したとき，一方は全て溶けた。全て溶けた方の水溶液を水溶液Ｐとするとき，水溶液Ｐの溶質の名称を書け。また，40℃まで加熱した水溶液Ｐ120ｇを20℃に冷やしたとき，取り出すことができる結晶の質量〔ｇ〕を求めよ。

6 電熱線に流れる電流とエネルギーの移り変わりを調べる実験について，次の各問に答えよ。

<**実験1**>を行ったところ，<**結果1**>のようになった。

<**実験1**>

(1) 電流計，電圧計，電気抵抗の大きさが異なる電熱線Aと電熱線B，スイッチ，導線，電源装置を用意した。

(2) 電熱線Aをスタンドに固定し，図1のように，回路を作った。

(3) 電源装置の電圧を1.0Vに設定した。

(4) 回路上のスイッチを入れ，回路に流れる電流の大きさ，電熱線の両端に加わる電圧の大きさを測定した。

(5) 電源装置の電圧を2.0V，3.0V，4.0V，5.0Vに変え，<**実験1**>の(4)と同様の実験を行った。

(6) 電熱線Aを電熱線Bに変え，<**実験1**>の(3)，(4)，(5)と同様の実験を行った。

図1

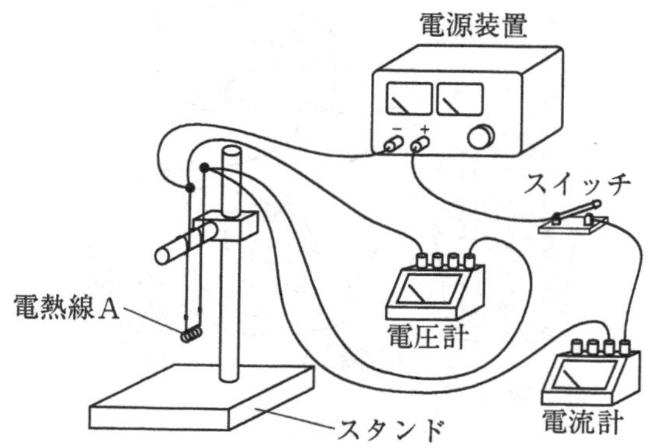

<**結果1**>

	電源装置の電圧〔V〕	1.0	2.0	3.0	4.0	5.0
電熱線A	回路に流れる電流の大きさ〔A〕	0.17	0.33	0.50	0.67	0.83
	電熱線Aの両端に加わる電圧の大きさ〔V〕	1.0	2.0	3.0	4.0	5.0
電熱線B	回路に流れる電流の大きさ〔A〕	0.25	0.50	0.75	1.00	1.25
	電熱線Bの両端に加わる電圧の大きさ〔V〕	1.0	2.0	3.0	4.0	5.0

〔問1〕 <**結果1**>から，電熱線Aについて，電熱線Aの両端に加わる電圧の大きさと回路に流れる電流の大きさの関係を，解答用紙の方眼を入れた図に●を用いて記入し，グラフをかけ。また，電熱線Aの両端に加わる電圧の大きさが9.0Vのとき，回路に流れる電流の大きさは何Aか。

次に，<**実験2**>を行ったところ，<**結果2**>のようになった。

<**実験2**>

(1) 電流計，電圧計，<**実験1**>で使用した電熱線Aと電熱線B，200gの水が入った発泡ポリスチレンのコップ，温度計，ガラス棒，ストップウォッチ，スイッチ，導線，電源装置を用意した。

(2) 図2（次のページ）のように，電熱線Aと電熱線Bを直列に接続し，回路を作った。

(3) 電源装置の電圧を5.0Vに設定した。

(4) 回路上のスイッチを入れる前の水の温度を測定し，ストップウォッチのスタートボタンを押すと同時に回路上のスイッチを入れ，回路に流れる電流の大きさ，回路上の点aから点bまでの間に加わる電圧の大きさを測定した。

⑸　1分ごとにガラス棒で水をゆっくりかきまぜ，回路上のスイッチを入れてから5分後の水の温度を測定した。

⑹　図3のように，電熱線Aと電熱線Bを並列に接続し，回路を作り，**<実験2>**の⑶，⑷，⑸と同様の実験を行った。

図2

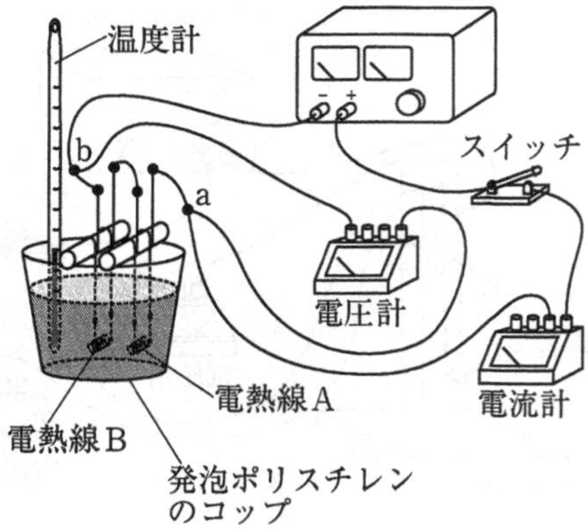

図3

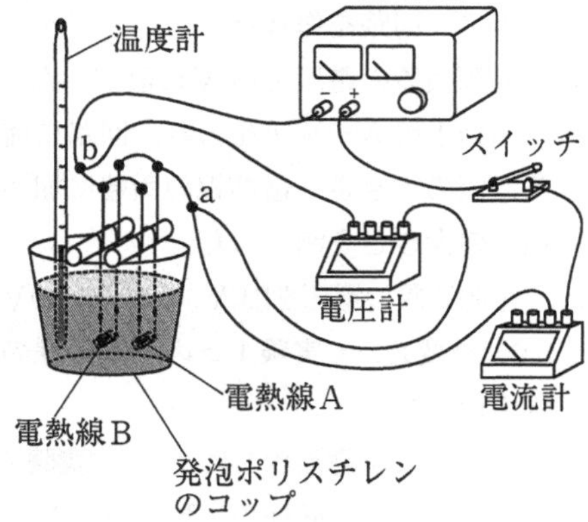

<結果2>

	電熱線Aと電熱線Bを直列に接続したとき	電熱線Aと電熱線Bを並列に接続したとき
電源装置の電圧〔V〕	5.0	5.0
スイッチを入れる前の水の温度〔℃〕	20.0	20.0
回路に流れる電流の大きさ〔A〕	0.5	2.1
回路上の点aから点bまでの間に加わる電圧の大きさ〔V〕	5.0	5.0
回路上のスイッチを入れてから5分後の水の温度〔℃〕	20.9	23.8

〔問2〕　**<結果1>**と**<結果2>**から，電熱線Aと電熱線Bを直列に接続したときと並列に接続したときの回路において，直列に接続したときの電熱線Bに流れる電流の大きさと並列に接続したときの電熱線Bに流れる電流の大きさを最も簡単な整数の比で表したものとして適切なのは，次のうちではどれか。

ア　1：5　　**イ**　2：5

ウ　5：21　　**エ**　10：21

〔問3〕　**<結果2>**から，電熱線Aと電熱線Bを並列に接続し，回路上のスイッチを入れてから5分間電流を流したとき，電熱線Aと電熱線Bの発熱量の和を**<結果2>**の電流の値を用いて求めたものとして適切なのは，次のうちではどれか。

ア　12.5J　　**イ**　52.5J

ウ　750J　　**エ**　3150J

〔問4〕　**<結果1>**と**<結果2>**から，電熱線の性質とエネルギーの移り変わりの様子について述べたものとして適切なのは，次のうちではどれか。

ア　電熱線には電気抵抗の大きさが大きくなると電流が流れにくくなる性質があり，電気エネルギーを熱エネルギーに変換している。

イ　電熱線には電気抵抗の大きさが大きくなると電流が流れにくくなる性質があり，電気エネルギーを化学エネルギーに変換している。

ウ　電熱線には電気抵抗の大きさが小さくなると電流が流れにくくなる性質があり，熱エネルギーを電気エネルギーに変換している。

エ　電熱線には電気抵抗の大きさが小さくなると電流が流れにくくなる性質があり，熱エネルギーを化学エネルギーに変換している。

＜社会＞

時間 50分 満点 100点

1 次の各問に答えよ。

〔問1〕 次の図は，神奈川県藤沢(ふじさわ)市の「江の島(えのしま)」の様子を地域調査の発表用資料としてまとめたものである。この地域の景観を，●で示した地点から矢印⬋の向きに撮影した写真に当てはまるのは，下のア～エのうちではどれか。

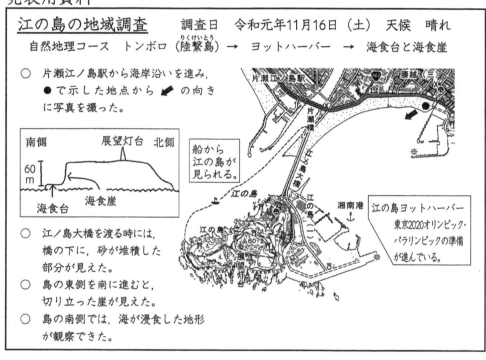

発表用資料

江の島の地域調査　　調査日　令和元年11月16日（土）　天候　晴れ

自然地理コース　トンボロ（陸繋島(りくけいとう)）→ ヨットハーバー → 海食台と海食崖

○ 片瀬江ノ島駅から海岸沿いを進み，●で示した地点から⬋の向きに写真を撮った。

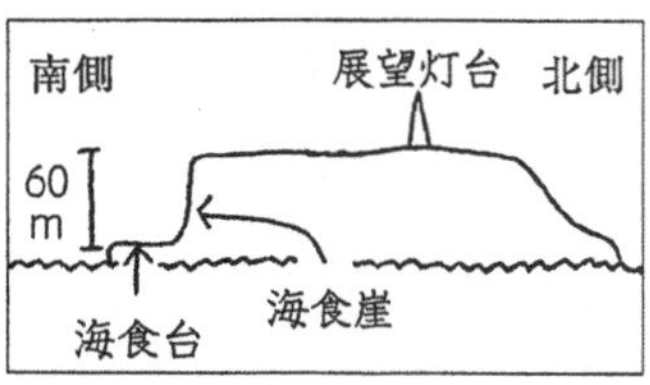

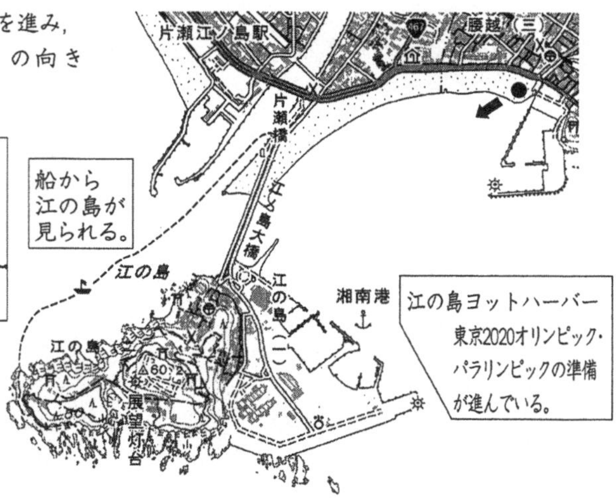

○ 江ノ島大橋を渡る時には，橋の下に，砂が堆積した部分が見えた。

○ 島の東側を南に進むと，切り立った崖が見えた。

○ 島の南側では，海が浸食した地形が観察できた。

ア

イ

ウ

エ

〔問２〕　次のⅠの略地図中の**ア**～**エ**は，世界遺産に登録されている我が国の主な歴史的文化財の所在地を示したものである。Ⅱの文で述べている歴史的文化財の所在地に当てはまるのは，略地図中の**ア**～**エ**のうちのどれか。

Ⅰ

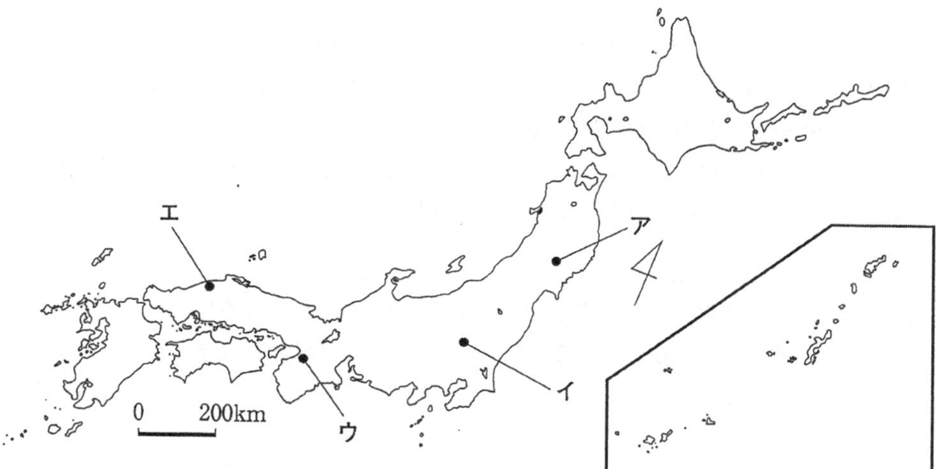

Ⅱ

> 5世紀中頃に造られた，大王(おおきみ)の墓と言われる日本最大の面積を誇る前方後円墳で，周囲には三重の堀が巡らされ，古墳の表面や頂上等からは，人や犬，馬などの形をした埴輪(はにわ)が発見されており，2019年に世界遺産に登録された。

〔問3〕 次の文で述べている国際連合の機関に当てはまるのは，下の**ア**～**エ**のうちのどれか。

> 国際紛争を調査し，解決方法を勧告する他，平和を脅(おびや)かすような事態の発生時には，経済封鎖や軍事的措置などの制裁を加えることができる主要機関である。

ア　国連難民高等弁務官事務所
イ　安全保障理事会
ウ　世界保健機関
エ　国際司法裁判所

2　次の略地図を見て，あとの各問に答えよ。

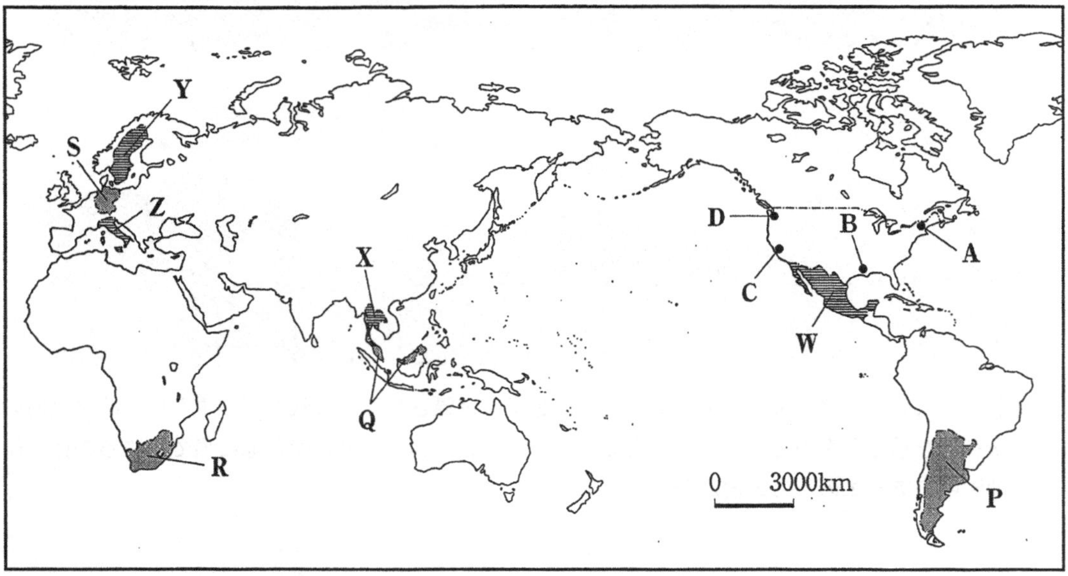

〔問1〕 次のⅠの文章は，略地図中のA～Dの**いずれか**の都市の様子についてまとめたものである。次のページのⅡのグラフは，A～Dの**いずれか**の都市の，年平均気温と年降水量及び各月の平均気温と降水量を示したものである。Ⅰの文章で述べている都市に当てはまるのは，略地図中のA～Dのうちのどれか，また，その都市のグラフに当てはまるのは，Ⅱの**ア**～**エ**のうちのどれか。

Ⅰ

> サンベルト北限付近に位置し，冬季は温暖で湿潤だが，夏季は乾燥し，寒流の影響で高温にならず，一年を通して過ごしやすい。周辺には1885年に大学が設立され，1950年代から半導体の生産が始まり，情報分野で世界的な企業が成長し，現在も世界各国から研究者が集まっている。

Ⅱ

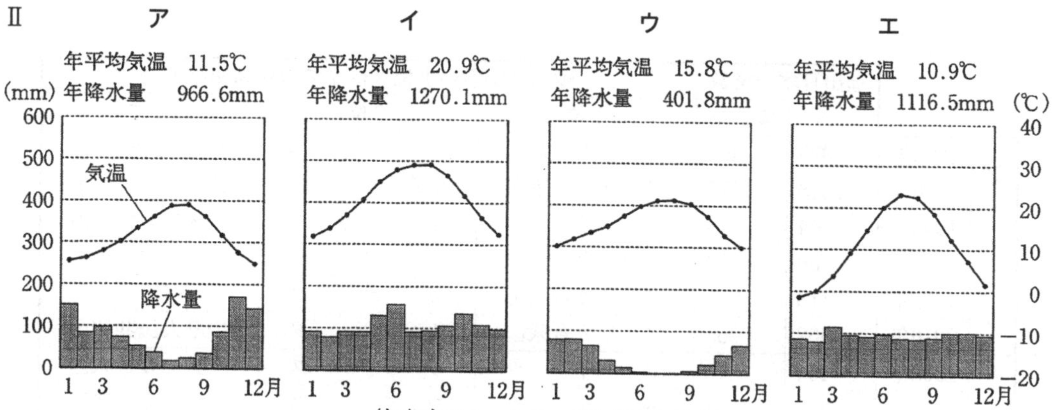

(気象庁のホームページなどより作成)

〔問2〕 次の表の**ア**～**エ**は，略地図中に ▒▒ で示したP～Sの**いずれか**の国の，2017年における自動車の生産台数，販売台数，交通や自動車工業の様子についてまとめたものである。略地図中のP～Sのそれぞれの国に当てはまるのは，次の表の**ア**～**エ**のうちではどれか。

	自動車 生産 (千台)	自動車 販売 (千台)	交通や自動車工業の様子
ア	460	591	○年間数万隻の船舶が航行する海峡に面する港に高速道路が延び，首都では渋滞解消に向け鉄道が建設された。 ○1980年代には，日本企業と協力して熱帯地域に対応した国民車の生産が始まり，近年は政策としてハイブリッド車などの普及を進めている。
イ	472	900	○現在も地殻変動が続き，国土の西側に位置し，国境を形成する山脈を越えて，隣国まで続く高速道路が整備されている。 ○2017年は，隣国の需要の低下により乗用車の生産が減少し，パンパでの穀物生産や牧畜で使用されるトラックなどの商用車の生産が増加した。
ウ	5646	3811	○国土の北部は氷河に削られ，城郭都市の石畳の道や，1930年代から建設が始まった速度制限のない区間が見られる高速道路が整備されている。 ○酸性雨の被害を受けた経験から，自動車の生産では，エンジンから排出される有害物質の削減に力を入れ，ディーゼル車の割合が減少している。
エ	590	556	○豊富な地下資源を運ぶトラックから乗用車まで様々な種類の自動車が見られ，1970年代に高速道路の整備が始められた。 ○欧州との時差が少なく，アジアまで船で輸送する利便性が高いことを生かして，欧州企業が日本向け自動車の生産拠点を置いている。

(「世界国勢図会」2018/19年版などより作成)

〔問3〕 次のページのⅠとⅡの表の**ア**～**エ**は，略地図中に ▤ で示したW～Zの**いずれか**の国に当てはまる。Ⅰの表は，1993年と2016年における進出日本企業数と製造業に関わる進出日本企業数，輸出額が多い上位3位までの貿易相手国，Ⅱの表は，1993年と2016年における日本との貿易総額，日本の輸入額の上位3位の品目と日本の輸入額に占める割合を示したものである。次のページのⅢの文章は，ⅠとⅡの表における**ア**～**エ**の**いずれか**の国について述べたものである。Ⅲの文章で述べている国に当てはまるのは，略地図中のW～Zのうちのどれか，また，ⅠとⅡの表の**ア**～**エ**のうちのどれか。

Ⅰ

		進出日本企業数		輸出額が多い上位3位までの貿易相手国		
			製造業	1位	2位	3位
ア	1993年	875	497	アメリカ合衆国	日　　本	シンガポール
	2016年	2318	1177	アメリカ合衆国	中華人民共和国	日　　本
イ	1993年	44	4	ド イ ツ	イギリス	アメリカ合衆国
	2016年	80	19	ノルウェー	ド イ ツ	デンマーク
ウ	1993年	113	56	アメリカ合衆国	カ ナ ダ	スペイン
	2016年	502	255	アメリカ合衆国	カ ナ ダ	中華人民共和国
エ	1993年	164	46	ド イ ツ	フランス	アメリカ合衆国
	2016年	237	72	ド イ ツ	フランス	アメリカ合衆国

（国際連合「貿易統計年鑑」2016などより作成）

Ⅱ

		貿易総額（億円）	日本の輸入額の上位3位の品目と日本の輸入額に占める割合（%）					
			1位		2位		3位	
ア	1993年	20885	魚介類	15.3	一般機械	11.3	電気機器	10.7
	2016年	51641	電気機器	21.1	一般機械	13.6	肉類・同調製品	8.0
イ	1993年	3155	電気機器	20.4	医薬品	16.7	自動車	15.3
	2016年	3970	医薬品	29.4	一般機械	11.9	製材	9.7
ウ	1993年	5608	原油・粗油	43.3	塩	8.1	果実及び野菜	7.8
	2016年	17833	原油	23.2	電気機器	17.0	自動車部品	7.9
エ	1993年	7874	一般機械	11.6	衣類	10.3	織物用糸・繊維製品	10.2
	2016年	14631	一般機械	12.1	バッグ類	10.9	医薬品	10.0

（国際連合「貿易統計年鑑」2016などより作成）

Ⅲ

雨季と乾季があり，国土の北部から南流し，首都を通り海に注ぐ河川の両側に広がる農地などで生産される穀物が，1980年代まで主要な輸出品であったが，1980年代からは工業化が進んだ。2016年には，製造業の進出日本企業数が1993年と比較し2倍以上に伸び，貿易相手国として中華人民共和国の重要性が高まった。また，この国と日本との貿易総額は1993年と比較し2倍以上に伸びており，電気機器の輸入額に占める割合も2割を上回るようになった。

3 次の略地図を見て，あとの各問に答えよ。

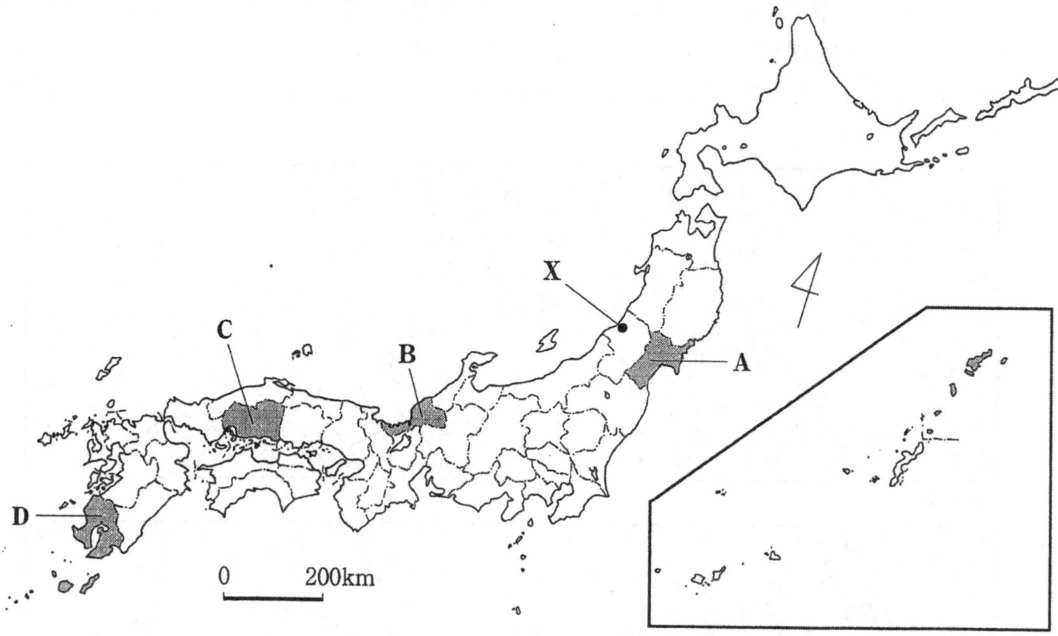

〔問１〕 次の表の**ア**～**エ**の文章は，略地図中に ▓ で示した，**A**～**D**の**いずれか**の県の，2017年における鉄道の営業距離，県庁所在地（市）の人口，鉄道と県庁所在地の交通機関などの様子についてまとめたものである。略地図中の**A**～**D**のそれぞれの県に当てはまるのは，次の表の**ア**～**エ**のうちではどれか。

	営業距離(km) 人口（万人）	鉄道と県庁所在地の交通機関などの様子
ア	710 119	○内陸部の山地では南北方向に，造船業や鉄鋼業が立地する沿岸部では東西方向に鉄道が走り，新幹線の路線には５駅が設置されている。 ○この都市では，中心部には路面電車が見られ，1994年に開業した鉄道が北西の丘陵地に形成された住宅地と三角州上に発達した都心部とを結んでいる。
イ	295 27	○リアス海岸が見られる地域や眼鏡産業が立地する平野を鉄道が走り，2022年には県庁所在地を通る新幹線の開業が予定されている。 ○この都市では，郊外の駅に駐車場が整備され，自動車から鉄道に乗り換え通勤できる環境が整えられ，城下町であった都心部の混雑が緩和されている。
ウ	642 109	○南北方向に走る鉄道と，西側に位置する山脈を越え隣県へつながる鉄道などがあり，1982年に開通した新幹線の路線には４駅が設置されている。 ○この都市では，中心となるターミナル駅に郊外から地下鉄やバスが乗り入れ，周辺の道路には町を象徴する街路樹が植えられている。
エ	423 61	○石油の備蓄基地が立地する西側の半島に鉄道が走り，2004年には北西から活動中の火山の対岸に位置する県庁所在地まで新幹線が開通した。 ○この都市では，路面電車の軌道を芝生化し，緑豊かな環境が整備され，シラス台地に開発された住宅地と都心部は，バス路線で結ばれている。

（「データで見る県勢」第27版などより作成）

〔問２〕 次のⅠとⅡの地形図は，1988年と1998年の「国土地理院発行２万５千分の１地形図（湯野浜(ゆのはま)）」の一部である。Ⅲの文章は，略地図中にＸで示した庄内空港(しょうないくうこう)が建設された地域について，ⅠとⅡの地形図を比較して述べたものである。Ⅲの文章の P ～ S のそれぞれに当てはまるのは，次の**ア**と**イ**のうちではどれか。なお，Ⅱの地形図上において，Ｙ－Ｚ間の長さは８㎝である。

Ⅰ

（1988年）

Ⅱ

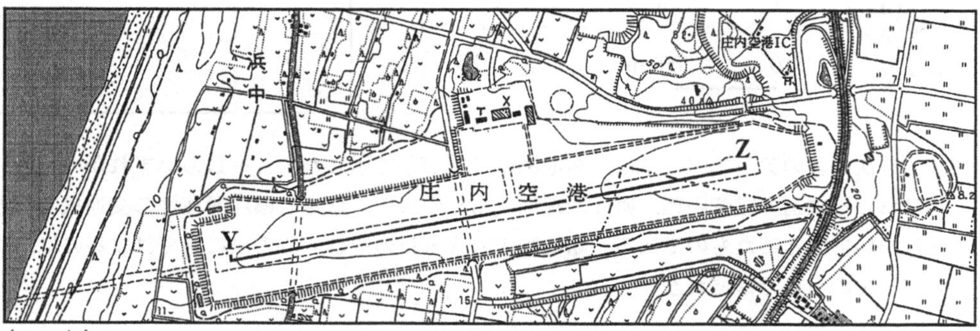

（1998年）

Ⅲ

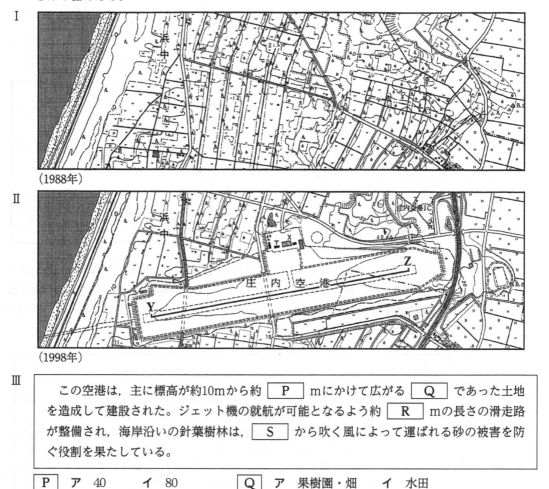

> この空港は，主に標高が約10mから約 P mにかけて広がる Q であった土地を造成して建設された。ジェット機の就航が可能となるよう約 R mの長さの滑走路が整備され，海岸沿いの針葉樹林は， S から吹く風によって運ばれる砂の被害を防ぐ役割を果たしている。

P　**ア** 40　**イ** 80　　Q　**ア** 果樹園・畑　**イ** 水田

R　**ア** 1500　**イ** 2000　　S　**ア** 南東　**イ** 北西

〔問３〕 次のⅠの文章は，2012年４月に示された「つなぐ・ひろがる　しずおかの道」の内容の一部をまとめたものである。Ⅱの略地図は，2018年における東名高速道路と新東名高速道路の一部を示したものである。Ⅲの表は，Ⅱの略地図中に示した御殿場(ごてんば)から三ヶ日(みっかび)までの，東名と新東名について，新東名の開通前（2011年４月17日から2012年４月13日までの期間）と，開通後（2014年４月13日から2015年４月10日までの期間）の，平均交通量と10㎞以上の渋滞回数を示したものである。自然災害に着目し，ⅠとⅡの資料から読み取れる，新東名が現在の位置に建設された理由と，平均交通量と10㎞以上の渋滞回数に着目し，新東名が建設された効果について，それぞれ簡単に述べよ。

Ⅰ

○東名高速道路は，高波や津波などによる通行止めが発生し，経済に影響を与えている。
○東名高速道路は，全国の物流・経済を支えており，10km以上の渋滞回数は全国１位である。

Ⅱ

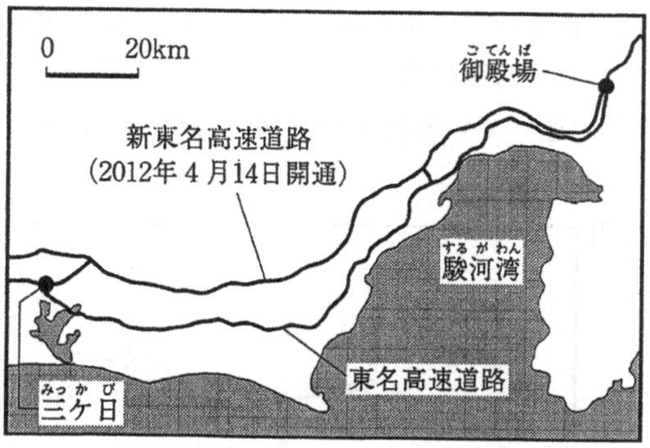

Ⅲ

		開通前	開通後
東名	平均交通量(千台／日)	73.2	42.9
	10km以上の渋滞回数(回)	227	4
新東名	平均交通量(千台／日)	－	39.5
	10km以上の渋滞回数(回)	－	9

(注) －は，データが存在しないことを示す。
(中日本高速道路株式会社作成資料より作成)

4　次の文章を読み，あとの各問に答えよ。

紙は，様々な目的に使用され，私たちの生活に役立ってきた。

古代では，様々な手段で情報を伝え，支配者はクニと呼ばれるまとまりを治めてきた。我が国に紙が伝来すると，(1)支配者は，公的な記録の編纂（へんさん）や情報の伝達に紙を用い，政治を行ってきた。

中世に入ると，(2)屋内の装飾の材料にも紙が使われ始め，我が国独自の住宅様式の確立につながっていった。

江戸時代には，各藩のひっ迫した財政を立て直すために工芸作物の生産を奨励される中で，各地で紙が生産され始め，人々が紙を安価に入手できるようになった。(3)安価に入手できるようになった紙は，書物や浮世絵（うきよえ）などの出版にも利用され，文化を形成してきた。

明治時代以降，欧米の進んだ技術を取り入れたことにより，従来から用いられていた紙に加え，西洋風の紙が様々な場面で使われるようになった。さらに，(4)生産技術が向上すると，紙の大量生産も可能となり，新聞や雑誌などが広く人々に行き渡ることになった。

〔問１〕　(1)支配者は，公的な記録の編纂（へんさん）や情報の伝達に紙を用い，政治を行ってきた。とあるが，次のア～エは，飛鳥（あすか）時代から室町時代にかけて，紙が政治に用いられた様子について述べたものである。時期の古いものから順に記号を並べよ。

ア　大宝律令（たいほうりつりょう）が制定され，天皇の文書を作成したり図書の管理をしたりする役所の設置など，大陸の進んだ政治制度が取り入れられた。

イ　武家政権と公家政権の長所を政治に取り入れた建武式目が制定され，治安回復後の京都に幕府が開かれた。

ウ　全国に支配力を及ぼすため，紙に書いた文書により，国ごとの守護と荘園（しょうえん）や公領ごとの地頭を任命する政策が，鎌倉で樹立された武家政権で始められた。

エ　各地方に設置された国分寺と国分尼寺（こくぶんにじ）へ，僧を派遣したり経典の写本を納入したりするなど，様々な災いから仏教の力で国を守るための政策が始められた。

［問２］ (2)屋内の装飾の材料にも紙が使われ始め，我が国独自の住宅様式の確立につながっていった。とあるが，次のⅠの略年表は，鎌倉時代から江戸時代にかけての，我が国の屋内の装飾に関する主な出来事についてまとめたものである。Ⅱの略地図中のＡ～Ｄは，我が国の主な建築物の所在地を示したものである。Ⅲの文は，ある時期に建てられた建築物について述べたものである。Ⅲの文で述べている建築物が建てられた時期に当てはまるのは，Ⅰの略年表中のア～エの時期のうちではどれか。また，Ⅲの文で述べている建築物の所在地に当てはまるのは，Ⅱの略地図中のＡ～Ｄのうちのどれか。

Ⅰ

西暦	我が国の屋内の装飾に関する主な出来事	
1212	●鴨長明が「方丈記」の中で，障子の存在を記した。	
		ア
1351	●藤原隆昌と父が「慕帰絵」の中で，襖に絵を描く僧の様子を表した。	
		イ
1574	●織田信長が上杉謙信に「洛中洛外図屏風」を贈った。	
		ウ
1626	●狩野探幽が二条城の障壁画を描いた。	
		エ
1688	●屏風の売買の様子を記した井原西鶴の「日本永代蔵」が刊行された。	

Ⅱ

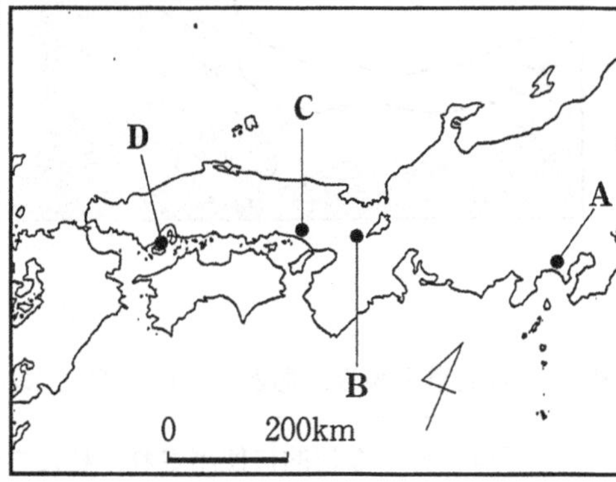

Ⅲ

慈照寺にある東求堂同仁斎には，障子や襖といった紙を用いた建具が取り入れられ，我が国の和室の原点と言われる書院造の部屋が造られた。

［問３］ (3)安価に入手できるようになった紙は，書物や浮世絵などの出版にも利用され，文化を形成してきた。とあるが，次の文章は，江戸時代の医師が著しさた「後見草」の一部を分かりやすく示したものである。下のア～エは，江戸時代に行われた政策について述べたものである。この書物に書かれた出来事の４年後から10年後にかけて主に行われた政策について当てはまるのは，下のア～エのうちではどれか。

○天明３年７月６日夜半，西北の方向に雷のような音と振動が感じられ，夜が明けても空はほの暗く，庭には細かい灰が舞い降りていた。７日は灰がしだいに大粒になり，８日は早朝から激しい振動が江戸を襲ったが，当初人々は浅間山が噴火したとは思わず，日光か筑波山で噴火があったのではないかと噂し合った。

○ここ３，４年，気候も不順で，五穀の実りも良くなかったのに，またこの大災害で，米価は非常に高騰し，人々の困窮は大変なものだった。

ア 物価の引き下げを狙って，公認した株仲間を解散させたり，外国との関係を良好に保つよう，外国船には燃料や水を与えるよう命じたりするなどの政策を行った。

イ 投書箱を設置し，民衆の意見を政治に取り入れたり，税収を安定させて財政再建を図ることを目的に，新田開発を行ったりするなどの政策を行った。

ウ 税収が安定するよう，株仲間を公認したり，長崎貿易の利益の増加を図るため，俵物と呼ばれる海産物や銅の輸出を拡大したりするなどの政策を行った。

エ　幕府が旗本らの生活を救うため借金を帳消しにする命令を出したり，江戸に出稼ぎに来ていた農民を農村に返し就農を進め，飢饉に備え各地に米を蓄えさせたりするなどの政策を行った。

〔問４〕 (4)生産技術が向上すると，紙の大量生産も可能となり，新聞や雑誌などが広く人々に行き渡ることになった。とあるが，次の略年表は，明治時代から昭和時代にかけての，我が国の紙の製造や印刷に関する主な出来事についてまとめたものである。略年表中のＡの時期に当てはまるのは，下のア～エのうちではどれか。

西暦	我が国の紙の製造や印刷に関する主な出来事	
1873	●渋沢栄一により洋紙製造会社が設立された。	
1876	●日本初の純国産活版洋装本が完成した。	
1877	●国産第１号の洋式紙幣である国立銀行紙幣が発行された。	
1881	●日本で初めての肖像画入り紙幣が発行された。	
1890	●東京の新聞社が，フランスから輪転印刷機を輸入し，大量高速印刷が実現した。	
1904	●初の国産新聞輪転印刷機が大阪の新聞社に設置された。	
1910	●北海道の苫小牧で，新聞用紙国内自給化の道を拓く製紙工場が操業を開始した。	
1928	●日本初の原色グラビア印刷が開始された。	A
1933	●３社が合併し，我が国の全洋紙生産量の85％の生産量を占める製紙会社が誕生した。	
1940	●我が国の紙・板紙の生産量が過去最大の154万トンになった。	

ア　国家総動員法が制定され国民への生活統制が強まる中で，東京市が隣組回覧板を10万枚配布し，毎月２回の会報の発行を開始した。

イ　官営の製鉄所が開業し我が国の重工業化か進む中で，義務教育の就学率が90％を超え，国定教科書用紙が和紙から洋紙に切り替えられた。

ウ　東京でラジオ放送が開始されるなど文化の大衆化が進む中で，週刊誌や月刊誌の発行部数が急速に伸び，東京の出版社が初めて１冊１円の文学全集を発行した。

エ　廃藩置県により，実業家や政治の実権を失った旧藩主による製紙会社の設立が東京において相次ぐ中で，政府が製紙会社に対して地券用紙を大量に発注した。

5　次の文章を読み，あとの各問に答えよ。

(1)我が国の行政の役割は，国会で決めた法律や予算に基づいて，政策を実施することである。行政の各部門を指揮・監督する(2)内閣は，内閣総理大臣と国務大臣によって構成され，国会に対し，連帯して責任を負う議院内閣制をとっている。

行政は，人々が安心して暮らせるよう，(3)社会を支える基本的な仕組みを整え，資源配分や経済の安定化などの機能を果たしている。その費用は，(4)主に国民から納められた税金により賄われ，年を追うごとに財政規模は拡大している。

〔問１〕 (1)我が国の行政の役割は，国会で決めた法律や予算に基づいて，政策を実施することである。とあるが，内閣の仕事を規定する日本国憲法の条文は，次のページのア～エのうちではどれか。

ア　条約を締結すること。但し，事前に，時宜(じぎ)によっては事後に，国会の承認を経ることを必要とする。

イ　両議院は，各々(おのおの)国政に関する調査を行ひ，これに関して，証人の出頭及び証言並びに記録の提出を要求することができる。

ウ　すべて国民は，個人として尊重される。生命，自由及び幸福追求に対する国民の権利については，公共の福祉に反しない限り，立法その他の国政の上で，最大の尊重を必要とする。

エ　地方公共団体の組織及び運営に関する事項は，地方自治の本旨に基いて，法律でこれを定める。

〔問2〕　(2)内閣は，内閣総理大臣と国務大臣によって構成され，国会に対し，連帯して責任を負う議院内閣制をとっている。とあるが，次の表は，我が国の内閣と，アメリカ合衆国の大統領の権限について，「議会に対して法律案を提出する権限」，「議会の解散権」があるかどうかを，権限がある場合は「○」，権限がない場合は「×」で示そうとしたものである。表のAとBに入る記号を正しく組み合わせているのは，下の**ア**～**エ**のうちのどれか。

	我が国の内閣	アメリカ合衆国の大統領
議会に対して法律案を提出する権限	○	**A**
議会の解散権	**B**	×

	ア	**イ**	**ウ**	**エ**
A	○	○	×	×
B	○	×	○	×

〔問3〕　(3)社会を支える基本的な仕組みを整え，資源配分や経済の安定化などの機能を果たしている。とあるが，次の文章は，行政が担(にな)う役割について述べたものである。この行政が担う役割に当てはまるのは，下の**ア**～**エ**のうちではどれか。

> 社会資本は，長期間にわたり，幅広く国民生活を支えるものである。そのため，時代の変化に応じて機能の変化を見通して，社会資本の整備に的確に反映させ，蓄積・高度化を図っていくことが求められる。

ア　収入が少ない人々に対して，国が生活費や教育費を支給し，最低限度の生活を保障し，自立を助ける。

イ　国民に加入を義務付け，毎月，保険料を徴収し，医療費や高齢者の介護費を支給し，国民の負担を軽減する。

ウ　保健所などによる感染症の予防や食品衛生の管理，ごみ処理などを通して，国民の健康維持・増進を図る。

エ　公園，道路や上下水道，図書館，学校などの公共的な施設や設備を整え，生活や産業を支える。

〔問4〕　(4)主に国民から納められた税金により賄われ，年を追うごとに財政規模は拡大している。とあるが，次のページのⅠのグラフは，1970年度から2010年度までの我が国の歳入と歳出の決算総額の推移を示したものである。次のページのⅡの文章は，ある時期の我が国の歳入と歳出の決算総額の変化と経済活動の様子について述べたものである。Ⅱの文章で述べている経済活動の時期に当てはまるのは，Ⅰのグラフの**ア**～**エ**の時期のうちではどれか。

Ⅰ

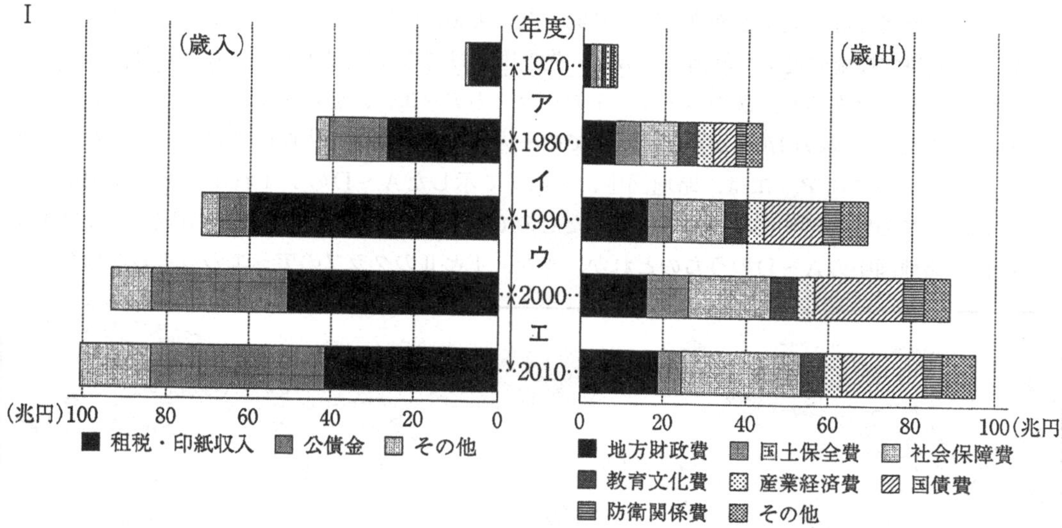

（財務省の資料より作成）

Ⅱ

○この10年間で，歳入総額に占める租税・印紙収入の割合の増加に伴い，公債金の割合が低下し，歳出総額は約1.5倍以上となり，国債費も約２倍以上に増加した。
○この時期の後半には，６％台の高い経済成長率を示すなど景気が上向き，公営企業の民営化や税制改革が行われる中で，人々は金融機関から資金を借り入れ，値上がりを見込んで土地や株の購入を続けた。

6　次の文章を読み，あとの各問に答えよ。

世界の国々は，地球上の様々な地域で，人々が活動できる範囲を広げてきた。そして，(1)対立や多くの困難に直面する度に，課題を克服し解決してきた。また，(2)科学技術の進歩や経済の発展は，先進国だけでなく発展途上国の人々の暮らしも豊かにしてきた。

グローバル化が加速し，人口増加や環境の変化が急速に進む中で，持続可能な社会を実現するために，(3)我が国にも世界の国々と強調した国際貢献が求められている。

〔問１〕　(1)対立や多くの困難に直面する度に，課題を克服し解決してきた。とあるが，次の**ア**～**エ**は，それぞれの時代の課題を克服した様子について述べたものである。時期の古いものから順に記号で並べよ。

ア　特定の国による資源の独占が国家間の対立を生み出した反省から，資源の共有を目的とした共同体が設立され，その後つくられた共同体と統合し，ヨーロッパ共同体（ＥＣ）が発足した。

イ　アマゾン川流域に広がるセルバと呼ばれる熱帯林などの大規模な森林破壊の解決に向け，リオデジャネイロで国連環境開発会議（地球サミット）が開催された。

ウ　パリで講和会議が開かれ，戦争に参加した国々に大きな被害を及ぼした反省から，アメリカ合衆国大統領の提案を基にした，世界平和と国際協調を目的とする国際連盟が発足した。

エ　ドイツ，オーストリア，イタリアが三国同盟を結び，ヨーロッパで政治的な対立が深まる一方で，科学者の間で北極と南極の国際共同研究の実施に向け，国際極年が定められた。

［問２］ (2)科学技術の進歩や経済の発展は，先進国だけでなく発展途上国の人々の暮らしも豊かにしてきた。とあるが，次のページのⅠのグラフの**ア**～**エ**は，略地図中に ▨ で示したA～Dの**いずれか**の国の1970年から2015年までの一人当たりの国内総生産の推移を示したものである。Ⅱのグラフの**ア**～**エ**は，略地図中に ▨ で示したA～Dの**いずれか**の国の1970年から2015年までの乳幼児死亡率の推移を示したものである。Ⅲの文章で述べている国に当てはまるのは，略地図中のA～Dのうちのどれか，また，ⅠとⅡのグラフの**ア**～**エ**のうちのどれか。

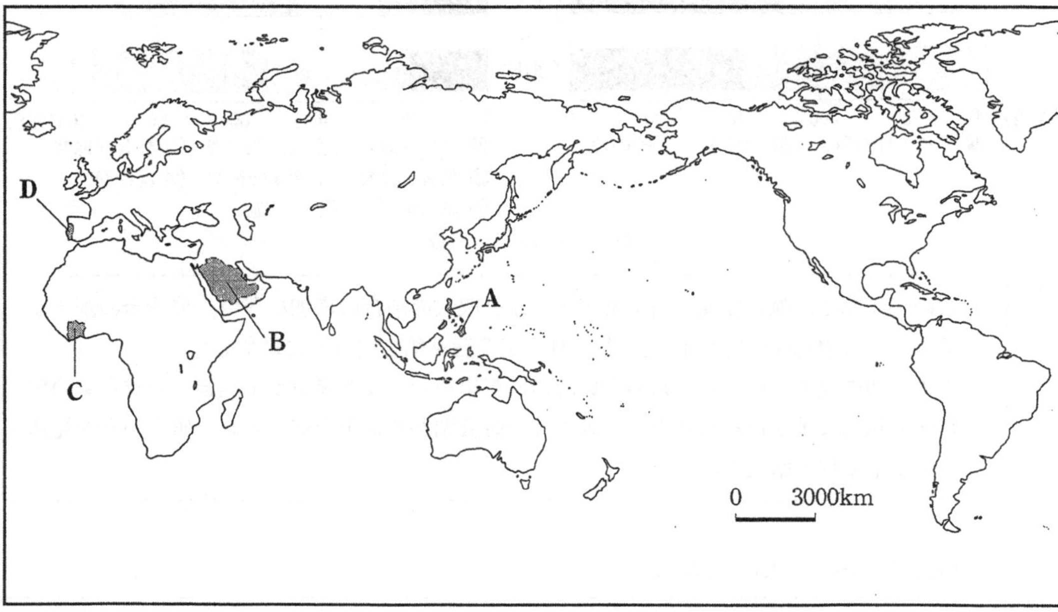

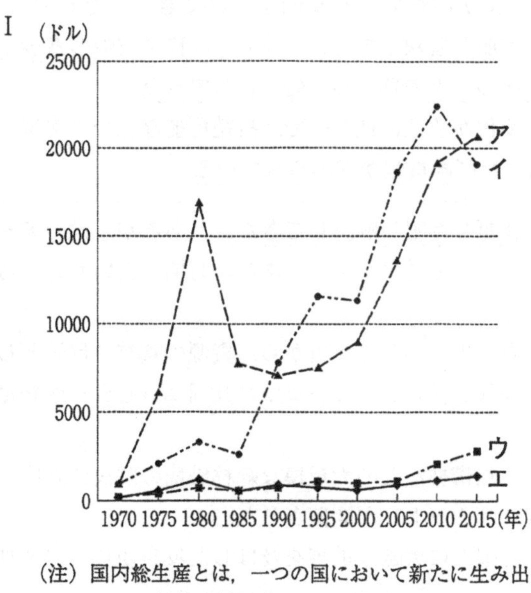

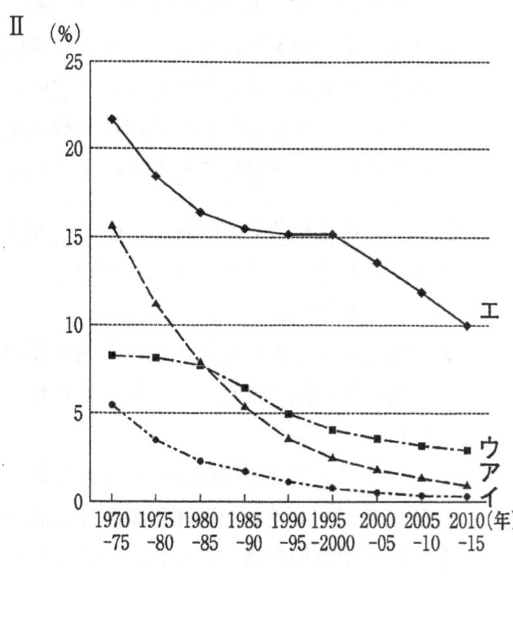

（注）国内総生産とは，一つの国において新たに生み出された価値の総額を示した数値のこと。

（国際連合のホームページより作成）

Ⅲ

文字と剣が緑色の下地に描かれた国旗をもつこの国は，石油輸出国機構（ＯＰＥＣ(オペック)）に加盟し，二度の石油危機を含む期間に一人当たりの国内総生産が大幅に増加したが，一時的に減少し，1990年以降は増加し続けた。また，この国では公的医療機関を原則無料で利用することができ，1970年から2015年までの間に乳幼児死亡率は約10分の１に減少し，現在も人口増加が続き，近年は最新の技術を導入し，高度な医療を提供する病院が開業している。

〔問３〕 (3)我が国にも世界の国々と協調した国際貢献が求められている。とあるが，次のⅠの文章は，2015年に閣議決定し，改定された開発協力大綱の一部を抜粋して分かりやすく書き改めたものである。Ⅱの表は，1997年度と2018年度における政府開発援助（ＯＤＡ）事業予算，政府開発援助（ＯＤＡ）事業予算のうち政府貸付と贈与について示したものである。Ⅲの表は，Ⅱの表の贈与のうち，1997年度と2018年度における二国間政府開発援助贈与，二国間政府開発援助贈与のうち無償資金協力と技術協力について示したものである。1997年度と比較した2018年度における政府開発援助（ＯＤＡ）の変化について，Ⅰ～Ⅲの資料を活用し，政府開発援助（ＯＤＡ）事業予算と二国間政府開発援助贈与の内訳に着目して，簡単に述べよ。

Ⅰ

○自助努力を後押しし，将来における自立的発展を目指すのが日本の開発協力の良き伝統である。

○引き続き，日本の経験と知見を活用しつつ，当該国の発展に向けた協力を行う。

Ⅱ

	政府開発援助（ＯＤＡ）事業予算（億円）		
		政府貸付	贈　与
1997年度	20147	9767（48.5％）	10380（51.5％）
2018年度	21650	13705（63.3％）	7945（36.7％）

Ⅲ

	二国間政府開発援助贈与（億円）		
		無償資金協力	技術協力
1997年度	6083	2202（36.2％）	3881（63.8％）
2018年度	4842	1605（33.1％）	3237（66.9％）

（外務省の資料より作成）

MEMO

大切なことはメモしておこうネ！

2020年度

解答と解説

《2020年度の配点は解答用紙集に掲載してあります。》

＜理科解答＞

1 〔問1〕 イ 〔問2〕 ウ 〔問3〕 ア 〔問4〕 エ 〔問5〕 イ

2 〔問1〕 ウ 〔問2〕 イ 〔問3〕 ア 〔問4〕 エ

3 〔問1〕 ウ 〔問2〕 エ 〔問3〕 太陽の光の当たる角度が地面に対して垂直に近いほど，同じ面積に受ける太陽の光の量が多いから。
〔問4〕 ① ア ② ウ

4 〔問1〕 ① ア ② ウ ③ ウ 〔問2〕 エ
〔問3〕 ① イ ② ア ③ エ ④ イ
〔問4〕 柔毛で覆われていることで小腸の内側の壁の表面積が大きくなり，効率よく物質を吸収することができる点。

5 〔問1〕 イ 〔問2〕 ① ウ ② ア
〔問3〕 $NaCl \rightarrow Na^{+} + Cl^{-}$
〔問4〕 溶質の名称 ミョウバン 結晶の質量 8.6g

6 〔問1〕 右図 電流の大きさ 1.5A 〔問2〕 イ
〔問3〕 エ 〔問4〕 ア

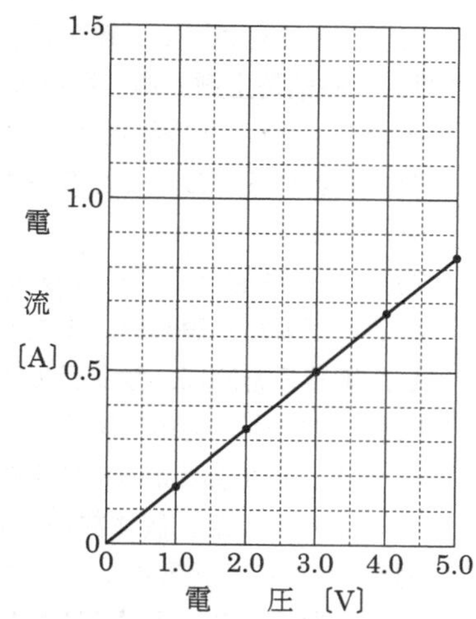

＜理科解説＞

1 (小問集合－生物の成長と生殖，水溶液とイオン・電解質の電気分解，気体の発生とその性質，仕事とエネルギー：仕事率，火山活動と火成岩：火山岩，物質の成り立ち・化学変化：熱分解のモデル化)

〔問1〕 動物では卵と精子，被子植物では卵細胞と精細胞の2種類の生殖細胞が結合し，それぞれの核が合体して1個の細胞となることを受精といい，受精卵の染色体数は親の体細胞の染色体と同数である。受精卵は体細胞分裂をして胚になる。

〔問2〕 塩酸の電離をイオン式で表すと，$HCl \rightarrow H^{+} + Cl^{-}$，であり，電圧がかかると陰極からは気体Aの水素が発生し，陽極からは気体Bの塩素が発生する。塩酸の電気分解を化学反応式で表すと，$2HCl \rightarrow H_2 + Cl_2$，であり，発生する気体の体積比は，水素：塩素＝1：1，であるが，実験で集まった体積は，水素の方が塩素より多かった。それは，水素は水に溶けにくく，塩素は水に溶けやすいためである。

〔問3〕 持ち上げた力がした仕事率$〔W〕=1.5〔N〕\times\frac{1.6〔m〕}{2〔s〕}=\frac{2.4〔J〕}{2〔s〕}=1.2〔W〕$である。

〔問4〕 観察した火成岩は，**有色鉱物の割合が多く，図2より斑状組織であることから，ねばりけが弱いマグマが，地表や地表付近で短い時間で冷えて固まった火山岩**である。よって，この火成岩の種類は玄武岩であり，黄緑色で不規則な形の有色鉱物Aはカンラン石である。

〔問5〕 酸化銀の熱分解の化学反応式は，$2Ag_2O \rightarrow 4Ag + O_2$，であり，銀原子1個を●，酸素原子1個を○で表してモデル化すると，●○● ●○● → ● ● ● ● ＋ ○○，である。

2 **(自由研究－天気の変化：空気中の水蒸気量・霧の発生，光と音：光の反射と像の見え方，科学技術の発展：凍結防止剤，状態変化：融点，電流：電力・発熱量，自然環境の調査と環境保全：水質調査，動物の分類：無セキツイ動物)**

〔問1〕 **24℃の教室の1m³中に含まれる水蒸気量は，図1の金属製のコップAの表面に水滴がつき始めた温度，すなわち露点の14℃における飽和水蒸気量である。**よって，

$$教室の湿度〔\%〕=\frac{1\mathrm{m}^3の空気に含まれる水蒸気の質量〔\mathrm{g/m}^3〕}{その空気と同じ気温での飽和水蒸気量〔\mathrm{g/m}^3〕}\times 100=\frac{12.1〔\mathrm{g/m}^3〕}{21.8〔\mathrm{g/m}^3〕}\times 100 \fallingdotseq 55.5$$

〔%〕である。夜や明け方などに空気が冷やされ露点より低くなると，地表付近でも空気中の水蒸気が水滴に変わって，霧が発生する。

〔問2〕 **凍結防止剤**である塩化カルシウムが溶けた水溶液は固体に変化するときの温度が下がることから，水が氷に変わるのを防止する効果がある。そこで，塩化カルシウムを入れたときの水溶液の融点が下がることを確かめるには，氷が溶けて水になるときの温度である融点を測定する必要がある。

〔問3〕 アの作図は，さくらの木の点Aと点Bの各点からの光が水面に入射して反射するときの，入射角と反射角が等しい。また，この観察では，**水面が鏡のようになり，反射光線を反対側に延長した破線の方向に，サクラの木が水面に対して対称の位置に逆さまに映って見える。**

〔問4〕 学校近くの川の調査地点で見つかった，水質階級Ⅰの指標生物は，カワゲラとヒラタカゲロウで，水質階級Ⅱの指標生物は，シマトビケラとカワニナ，水質階級Ⅲの指標生物は，シマイシビルであった。個体数が最も多かったシマトビケラと次に多かったシマイシビルを2点とし，他を1点として計算すると，調査を行った付近の水質階級は，最も点数が多かった水質階級Ⅱである。**内蔵が外とう膜で覆われている動物の仲間の名称は，軟体動物である。**

3 **(太陽系と恒星：太陽の日周運動，太陽の南中高度と気温の変化)**

〔問1〕 図3より，1時間ごとの紙テープの長さは2.4cmであるため，15時から日の入りの点Gまでの紙テープの長さは9.6cmであることから，日の入りの時刻〔時〕＝15〔時〕＋9.6〔cm〕÷2.4〔cm/時〕＝19〔時〕である。

〔問2〕 地球の自転により，南半球では，太陽は天の南極を中心に回転して見える。<観測>を行ったのは東京が夏至の日であるため，南半球では冬至である。**南半球のある地点(南緯35.6°)では，冬至の北中高度(南半球では，南と天頂と北を結ぶ線(天の子午線)上を通過するとき，太陽は北中するという)は，最も低い**ため，エが正しい。

〔問3〕 図6と図7で，試験管と太陽の光がなす角度が装置Hより大きい装置Iは，結果2から水温の上昇が装置Hより大きかった。このモデル実験から，南中高度が高いほど，太陽の光の当たる角度が地面に対して垂直に近いため，同じ面積に受ける太陽の光の量(エネルギー)が多いから，地表が温まりやすいことがわかる。

〔問4〕 図7において，10分後の水温が最も高くなる角aは，太陽の光が装置Iの試験管に垂直に当たるように角bを90°にしたときである。このとき，**∠a＝90°－南中高度**，である。また，図8では，**90°－南中高度＝∠c**，である。よって，**∠a＝∠c**，である。したがって，図8で，同位角により，**∠c＝∠e(北緯)＋∠f(地軸の傾き)**＝35.6°＋23.4°＝59.0°＝∠a，である。

4 **(動物の体のつくりとはたらき：消化酵素のはたらきを調べる実験・ヒトの消化と吸収)**

〔問1〕 1%デンプン溶液に水を加えた容器Aと唾液を加えた容器Cを体温に近い40℃に保って比較すると，容器Cではヨウ素デンプン反応が起きないのでデンプンは**唾液のはたらき**により別の物質に変化したことが分かる。さらに，容器Bと容器Dの比較から，容器Dでは**ベネジクト液を加えて加熱した結果，赤褐色の沈殿ができたことから別の物質は糖であることが分かる。**

〔問2〕 消化酵素Xは，<実験1><結果1>では容器Aと容器Eの結果から，40℃においてデンプンを分解しないことが分かる。消化酵素Xは，<実験2><結果2>では容器Gと容器Hの結果から，24℃において主成分が**タンパク質であるゼラチンを別の物質に変化させた**ことがわかる。よって，消化酵素Xと同じはたらきをするヒトの消化酵素は**ペプシン**である。<実験3><結果3>から，80℃で加熱後の消化酵素Xは，タンパク質を分解しないことが分かる。

〔問3〕 デンプンは，唾液腺・すい臓から分泌される消化液に含まれる消化酵素などのはたらきで，最終的にブドウ糖に分解される。また，タンパク質は，胃・すい臓から分泌される消化液に含まれる消化酵素などのはたらきで，最終的にアミノ酸に分解される。

〔問4〕 小腸のかべにはたくさんのひだがあり，その表面はたくさんの柔毛で覆われていることで，小腸の内側のかべの**表面積は非常に大きくなっている**。このため，効率よく養分を吸収することができる。

5 **(身のまわりの物質とその性質：白い物質を区別する探究活動・有機物，物質の成り立ち：熱分解，気体の発生とその性質，水溶液とイオン，水溶液：溶解度・結晶)**

〔問1〕 物質Dは，加熱すると焦げて黒色に変化する炭素原子を含む物質で，4種類の白い物質のうちでは，有機物のショ糖である。ろうも強く熱すると，炎を出して燃え，二酸化炭素と水ができる炭素原子を含む物質で，**有機物**である。活性炭は，炭素原子を主成分とする多孔質の物質で，無機物である。

〔問2〕 4種類の白い物質のうち，燃焼さじで加熱すると白色の物質が残り，図2の装置で加熱すると水上置換で集められる気体が発生するのは，炭酸水素ナトリウムである。よって，物質Bは炭酸水素ナトリウムである。炭酸水素ナトリウムの熱分解の化学反応式は，$2NaHCO_3 \rightarrow Na_2CO_3 + H_2O + CO_2$，であり，発生する二酸化炭素の性質は，水に少し溶け，その水溶液は酸性を示す。また，二酸化炭素は，石灰石に薄い塩酸を加えても発生させることができる。

〔問3〕 物質Aと物質Cについては，<実験2>の<結果2>において，(1)の表から**物質Aと物質Cはどちらも電解質であるが，**(1)と(2)の表から**20℃のときの溶解度は物質Cの方が物質Aより大きいので，全て溶けた物質Cが塩化ナトリウムであり，物質Aがミョウバンである。**塩化ナトリウムが電離したときの様子を化学式とイオン式で表すと，$NaCl \rightarrow Na^+ + Cl^-$，である。

〔問4〕 (1)の表から，20℃のとき，一部が溶けずに残ったのは，物質Aのミョウバンと物質Bの炭酸水素ナトリウムである。(2)の表から，40℃のときの溶解度はミョウバンの方が大きいので，全部溶けた水溶液Pの溶質はミョウバンである。40℃のミョウバンの水溶液120gは，水100gにミョウバン20gが溶けている。これを20℃まで温度を下げると溶解度は11.4gなので，析出する結晶の質量は，20g−11.4g=8.6g，である。

6 **(電流：電流と電圧と抵抗・発熱量，いろいろなエネルギー：エネルギーの変換)**

〔問1〕 電圧〔V〕をX軸に，電流〔A〕をY軸に表した方眼用紙に，<結果1>からの，(1.0，0.17)，(2.0，0.33)，(3.0，0.50)，(4.0，0.67)，(5.0，0.83)の点を・を用いて記入する。次に，原点を通り，上記の5個の点の最も近くを通る直線を引く。$y=0.17x$の直線のグラフとなる。$x=9.0$〔V〕を代入すると，$y=0.17\times9.0$〔V〕$\fallingdotseq 1.5$〔A〕である。

〔問2〕 電熱線Aと電熱線Bを直列に接続したとき，電熱線Aと電熱線Bには回路に流れる電流の大きさに等しい電流が流れる。よって，<結果2>から，このとき電熱線Bに流れる電流の大きさは0.5Aである。<結果1>から，電熱線Bの抵抗〔Ω〕$=\frac{4.0〔V〕}{1.00〔A〕}$=4.0〔Ω〕である。よって，**電熱線Aと電熱線Bを並列に接続したとき，電熱線Bに流れる電流の大きさ〔A〕$=\frac{5.0〔V〕}{4.0〔Ω〕}$=1.25〔A〕である。**よって，0.5A：1.25A＝2：5である。

〔問3〕 電熱線Aと電熱線Bの発熱量の和〔J〕＝2.1〔A〕×5.0〔V〕×300〔s〕＝10.5〔W〕×300〔s〕＝3150〔J〕である。

〔問4〕 電熱線には電気抵抗の大きさが大きくなると電流が流れにくくなる性質があり，電気エネルギーを熱エネルギーに変換して熱を発生している。

<社会解答>

1 〔問1〕 エ　〔問2〕 ウ　〔問3〕 イ

2 〔問1〕 略地図中のA～D　C　Ⅱのア～エ　ウ　〔問2〕 P　イ　Q　ア　R　エ　S　ウ　〔問3〕 略地図中のW～Z　X　ⅠとⅡの表のア～エ　ア

3 〔問1〕 A　ウ　B　イ　C　ア　D　エ　〔問2〕 P　ア　Q　ア　R　イ　S　イ　〔問3〕 (建設された理由) 内陸に建設されたのは，高波や津波などの影響を受けにくいからである。　(建設された効果) 東名高速道路と新東名高速道路の交通量の合計は増加したが，分散が図られたことで渋滞回数が減少した。

4 〔問1〕 ア→エ→ウ→イ　〔問2〕 Ⅰの略年表中のア～エ　イ　Ⅱの略地図中のA～D　B　〔問3〕 エ　〔問4〕 ウ

5 〔問1〕 ア　〔問2〕 ウ　〔問3〕 エ　〔問4〕 イ

6 〔問1〕 エ→ウ→ア→イ　〔問2〕 略地図中のA～D　B　ⅠとⅡのグラフのア～エ　ア　〔問3〕 政府開発援助事業予算に占める，政府貸付の割合を増やすとともに，二国間政府開発援助贈与に占める，技術協力の割合を増やすことで，自助努力を後押しし，自立的発展を目指している。

<社会解説>

1 **(地理的分野―日本地理－地形図の見方，歴史的分野―日本史時代別－古墳時代から平安時代，―日本史テーマ別－文化史，公民的分野―国際社会との関わり)**

〔問1〕 ●印から矢印の方向に写真を写せば，右手前に砂浜が見え，左奥に江の島が見えるはずなので，エが正しい。

〔問2〕 問題文で説明されているのは，2019年に**ユネスコ**によって**世界文化遺産**に登録された，**百舌鳥・古市古墳群**の**大山古墳**(仁徳天皇陵と伝えられる)であり，地図上の位置としては，大阪府堺市を示すウが正しい。

〔問3〕 国際の平和と安全の維持について，主要な責任を有するのが，国際連合の**安全保障理事会**である。具体的には，紛争当事者に対して，紛争を平和的手段によって解決するよう要請したり，平和に対する脅威の存在を決定し，平和と安全の維持と回復のために勧告を行うこと，**経済制裁**などの**非軍事的強制措置**及び**軍事的強制措置**を決定すること等を，その主な権限とする。しかし，5か国ある**常任理事国**が1か国でも反対すると，決議ができないことになっている。常任理事国は**拒否権**を持っていることになる。

2 **(地理的分野―世界地理－都市・気候・産業・貿易)**

〔問1〕 Ⅰの文章は，**サンフランシスコ**を指しており，略地図中のCである。1885年にサンフランシスコ大学が創立され，郊外のサノゼ地区は**シリコンバレー**と呼ばれ，**半導体産業**の一大拠点となっている。サンフランシスコは，冬季は温暖湿潤で，夏季は乾燥するが高温にはならない。**雨温図**はウである。

〔問2〕 Pの国は**アルゼンチン**，Qは**インドネシア**，Rは**南アフリカ共和国**，Sは**ドイツ**である。パンパは，アルゼンチン中部のラプラタ川流域に広がる草原地帯であり，Pはイである。年間数万隻の船舶が通行する海峡とは，**マラッカ海峡**であり，Qはアである。欧州との時差が少なく，アジアまで船で輸送する利便性が高いのは，南アフリカ共和国であり，Rはエである。**シュバルツバルト**(黒い森)が**酸性雨**の被害を受けたのは，ドイツであり，Sはウである。

〔問3〕 略地図中のW～ZのWはメキシコ，Xはタイ，Yはスウェーデン，Zはイタリアである。

国土の北部から南流し，首都を通り，海に注ぐ河川とは，**タイ**のチャオプラヤー川であり，Ⅲの文章はタイの説明である。**進出日本企業数**が2倍以上となっていて，中華人民共和国の重要性が高まっているのは，Ⅰ表のアである。日本との貿易総額が2倍以上に伸び，電気機器の輸入額に占める割合が2割を上回るようになったのは，Ⅱ表のアである。

3 **(地理的分野―日本地理－都市・交通・地形図の見方・工業)**

〔問1〕 Aは**宮城県**であり，「中心となるターミナル駅に郊外から地下鉄やバスが乗り入れ(以下略)」との記述から，ウが該当することがわかる。宮城県の**県庁所在地**の**仙台市**では，地下鉄・市バスが乗り入れている。Bは**福井県**であり，「リアス海岸が見られる地域や眼鏡産業が立地する平野(以下略)」との記述から，イが該当することがわかる。福井県は，若狭湾の**リアス海岸**が有名であり，また福井県**鯖江市**は，日本に流通している眼鏡の9割以上を生産する，一大**眼鏡産業地帯**である。Cは**広島県**であり，「造船業や鉄鋼業が立地する沿岸部(以下略)」「中心部には路面電車が見られ(以下略)」との記述から，アが該当することがわかる。広島県の沿岸部では，**造船業**や**鉄鋼業**が盛んである。また，県庁所在地の**広島市**には，**路面電車**が運行されている。Dは**鹿児島県**であり，「シラス台地に開発された住宅地(以下略)」との記述から，エが該当することがわかる。**シラス台地**は，**桜島**などの火山の噴出物からなる，九州南部に分布する台地である。

〔問2〕 地形図は2万5千分の1地形図であり，**等高線**は10mごとに引かれているので，標高は，約10mから約40mである。空港は，Ⅰの地図で果樹園「ό」や畑「∨」であった土地を造成してつくられた。地形図は2万5千分の1地形図なので，計算すれば8cm×25000＝200000cm＝2000mである。海岸沿いの針葉樹林は，冬の北西からの**季節風**によって運ばれる砂の害を防ぐ**防砂林**の役割を果たしている。

〔問3〕 東名高速道路が**高波**や**津波**などの影響を受けていたため，**新東名高速道路**は，沿岸部を避けて，高波や津波などの影響を受けにくい内陸に建設されたことを簡潔に指摘する。 建設された効果としては，東名高速道路と新東名高速道路の**交通量**の合計はやや増加したが，交通量の分散が実現したことで，**渋滞回数**が激減したことがあげられることを指摘する。

4 **(歴史的分野―日本史時代別－古墳時代から平安時代・鎌倉時代から室町時代・安土桃山時代から江戸時代・明治時代から現代，―日本史テーマ別－政治史・社会史・文化史)**

〔問1〕 ア **大宝律令**が制定されたのは，8世紀の初期である。 イ 十七か条の**建武式目**が制定されたのは，1336年である。 ウ **守護**や**地頭**を任命する政策が始められたのは，1185年のことである。 エ 各地方に**国分寺**や**国分尼寺**が建立されたのは，8世紀中期のことである。時期の古いものから順に並べると，ア→エ→ウ→イとなる。

〔問2〕 室町幕府の8代将軍の**足利義政**が，1480年代に東山に山荘を築き，これが後の**慈照寺**となった。Iの略年表中のイの時期である。慈照寺は京都にあり，IIの略地図上のBである。

〔問3〕 **浅間山**が**大噴火**を起こしたのは，1783年のことであり，その4年後から10年後にかけて行われたのは，**老中松平定信**の**寛政の改革**であり，**棄捐令・旧里帰農令・囲米の制**などの政策がとられた。

〔問4〕 **ラジオ放送**が開始され，新聞・週刊誌・月刊誌の発行部数が急速に伸び，1冊1円の**円本**が発行されたのは，大正期から昭和初期にかけてのことであり，ウが正しい。なお，アは昭和10年代，イは明治30年代，エは明治初期のことである。

5 **(公民的分野―国の政治の仕組み・財政)**

〔問1〕 日本国憲法第73条では，内閣の事務として，第3項に「**条約**を締結すること。但し，事前に，時宜によっては事後に，国会の承認を経ることを必要とする。」と定めている。

〔問2〕 **アメリカ合衆国の大統領**は，議会に対して法律案を提出する権限がないが，**大統領令**によって**行政権**を直接行使することができる。日本の**内閣**は，**衆議院**の**解散権**を持っている。

〔問3〕 **社会資本**とは，道路・港湾・上下水道・公園・公営住宅・病院・学校など，産業や生活の基盤となる公共施設のことを指し，その整備は行政の役割である。

〔問4〕 1980年から1990年の10年間で，**租税・印紙収入**は約2倍となり，歳入総額に占める割合が大幅に増加し，歳出総額も1.5倍以上となった。1980年代の後半には，**土地**や**株式**に対する投資が増大し，実際の価値以上に地価や株価が異常に高くなった。この時期の景気を，**バブル景気**という。その後は，バブル崩壊期を迎え，1991年から景気後退期となった。

6 **(歴史的分野―世界史－政治史，地理的分野―地理総合，公民的分野―国際社会との関わり)**

〔問1〕 ア **ヨーロッパ共同体(EC)**が発足したのは，1967年のことである。 イ **国連環境開発会議**がリオデジャネイロで開催されたのは，1992年のことである。 ウ **パリ**で**講和会議**が開かれ，**国際連盟**が発足したのは，1919年から1920年にかけてである。 エ ドイツ・オーストリア・イタリアの**三国同盟**が結ばれたのは，1882年のことである。年代の古い順に並べると，エ→ウ→ア→イとなる。

〔問2〕 略地図中のAはフィリピン，Bはサウジアラビア，Cはコートジボワール，Dはポルトガルである。**石油輸出国機構**の加盟国であるのは，サウジアラビアである。サウジアラビアで1973年と1979年の二度の**石油危機**を含む期間に，一人当りの**国内総生産**が大幅に増加し，1990年以降に国内総生産が増加し続けているのを示しているのは，Iグラフのアである。また，乳幼児死亡率が約10分の1に減少しているのを示しているのは，IIグラフのアである。

〔問3〕 まず，**政府開発援助**事業予算に占める，途上国に対して無償で提供される**贈与**を減らし，将来に途上国が返済することを前提とした**政府貸付**の割合を増やしたことを指摘する。また，**二国間政府開発援助贈与**に占める，返済義務を課さない**無償資金協力**の割合を減らし，日本の知識・技術・経験を活かし，同地域の経済社会開発の担い手となる人材の育成を行う**技術協力**の割合を増やしたことを指摘する。**開発途上国**の**自助努力**を後押しし，**自立的発展**を目指して援助を行う傾向が強まっていることを，全般的な傾向として指摘する。

2020年度英語　リスニングテスト

〔放送台本〕

これから，リスニングテストを行います。リスニングテストは，全て放送による指示で行います。リスニングテストの問題には，問題Aと問題Bの二つがあります。問題Aと，問題Bの＜Question 1＞では，質問に対する答えを選んで，その記号を答えなさい。問題Bの＜Question 2＞では，質問に対する答えを英語で書きなさい。

英文とそのあとに出題される質問が，それぞれ全体を通して二回ずつ読まれます。問題用紙の余白にメモをとってもかまいません。答えは全て解答用紙に書きなさい。

〔問題A〕

問題Aは，英語による対話文を聞いて，英語の質問に答えるものです。ここで話される対話文は全部で三つあり，それぞれ質問が一つずつ出題されます。質問に対する答えを選んで，その記号を答えなさい。では，＜対話文1＞を始めます。

Tom: I am going to buy a birthday present for my sister. Lisa, can you go with me?
Lisa: Sure, Tom.
Tom: Are you free tomorrow?
Lisa: Sorry. I can't go tomorrow. When is her birthday?
Tom: Next Monday. Then, how about next Saturday or Sunday?
Lisa: Saturday is fine with me.
Tom: Thank you.
Lisa: What time and where shall we meet?
Tom: How about at eleven at the station?
Lisa: OK. See you then.

Question : When are Tom and Lisa going to buy a birthday present for his sister?
＜対話文2＞を始めます。

(呼び出し音)
Bob's mother: Hello?
Ken: Hello. This is Ken. Can I speak to Bob, please?
Bob's mother: Hi, Ken. I'm sorry, he is out now. Do you want him to call you later?
Ken: Thank you, but I have to go out now. Can I leave a message?
Bob's mother: Sure.
Ken: Tomorrow we are going to do our homework at my house. Could you ask him to bring his math notebook? I have some questions to ask him.
Bob's mother: OK. I will.
Ken: Thank you.

Bob's mother: You're welcome.

Question : What does Ken want Bob to do?

<対話文3>を始めます。

Yumi: Hi, David. What kind of book are you reading?
David: Hi, Yumi. It's about *ukiyoe* pictures. I learned about them last week in an art class.
Yumi: I see. I learned about them, too. You can see *ukiyoe* in the city art museum now.
David: Really? I want to visit there. In my country, there are some museums that have *ukiyoe*, too.
Yumi: Oh, really? I am surprised to hear that.
David: I have been there to see *ukiyoe* once. I want to see them in Japan, too.
Yumi: I went to the city art museum last weekend. It was very interesting. You should go there.

Question : Why was Yumi surprised?

〔英文の訳〕

<対話文1>

トム：妹(姉)に誕生日プレゼントを買うつもりなんだ。リサ，一緒に行ってもらえるかい？
リサ：もちろんよ，トム。
トム：明日はひま？
リサ：ごめんね，明日は行けないの。彼女のお誕生日はいつなの？
トム：次の月曜日だよ。じゃあ次の土曜日か日曜日はどう？
リサ：土曜日が都合がいいわ。
トム：ありがとう。
リサ：何時にどこで会う？
トム：11時に駅はどう？
リサ：オーケー。じゃあね。
質問：トムとリサはいつ妹(姉)の誕生日プレゼントを買いに行くつもりですか。
答え：ウ　次の土曜日

<対話文2>

ボブの母：もしもし。
ケン　　：もしもし。ケンです。ボブはいらっしゃいますか。
ボブの母：こんにちは，ケン。ごめんなさいね，ボブは今外出中なのよ。後で電話させましょうか？
ケン　　：ありがとうございます。でも僕は今出かけないといけないんです。伝言をお願いできますか。
ボブの母：もちろんよ。

ケン　　：明日僕たちは僕の家で宿題をするつもりです。ボブに数学のノートを持ってくるように言ってもらえますか。いつくか聞きたいことがあるんです。

ボブの母：オーケー。伝えておくわ。

ケン　　：ありがとうございます。

ボブの母：どういたしまして。

質問：ケンはボブに何をしてもらいたいですか。

答え：エ　彼の数学のノートを持ってくる。

<対話文3>

ユミ　　　：こんにちは，ディビッド。何の本を読んでいるの？

ディビッド：こんにちは，ユミ。これは浮世絵についての本だよ。先週美術の時間にこのことについて習ったんだ。

ユミ　　　：なるほどね。私もそのことを習ったわ。今市の美術館で浮世絵を見られるわよ。

ディビッド：本当？　行きたいな。僕の国でも浮世絵がある美術館がいくつかあるよ。

ユミ　　　：あら，本当に？　それを聞いて驚いたわ。

ディビッド：一度そこに浮世絵を見に行ったことがあるんだ。日本でも見たいな。

ユミ　　　：先週末にその市の美術館に行ったのよ。とても興味深かったわよ。行った方がいいわよ。

質問：なぜユミは驚いたのですか。

答え：イ　ディビッドが彼の国の美術館に浮世絵があると言ったから。

〔放送台本〕

〔問題B〕

これから聞く英語は，カナダの高校に留学している日本の生徒たちに向けて，留学先の生徒が行った留学初日の行動についての説明及び連絡です。内容に注意して聞きなさい。あとから，英語による質問が二つ出題されます。<Question 1>では，質問に対する答えを選んで，その記号を答えなさい。<Question 2>では，質問に対する答えを英語で書きなさい。なお，<Question 2>のあとに，15秒程度，答えを書く時間があります。では，始めます。

Welcome to our school. I am Linda, a second-year student of this school. We are going to show you around our school today.

Our school was built in 2015, so it's still new. Now we are in the gym. We will start with the library, and I will show you how to use it. Then we will look at classrooms and the music room, and we will finish at the lunch room. There, you will meet other students and teachers.

After that, we are going to have a welcome party.

There is something more I want to tell you. We took a group picture in front of our school. If you want one, you should tell a teacher tomorrow. Do you have any questions? Now let's start. Please come with me.

<Question 1> Where will the Japanese students meet other students and teachers?

<Question 2> If the Japanese students want a picture, what should they do tomorrow?

以上で，リスニングテストを終わります。

〔英文の訳〕

私たちの学校へようこそ。私はこの学校の２年生のリンダです。今日は私たちが皆さんに学校を案内します。

私たちの学校は2015年に設立されたのでまだ新しいです。今私たちは体育館にいます。最初は図書館からスタートして使い方を説明します。そして教室と音楽室を見て，最後はランチルームになります。そこで他の生徒や先生達と会います。

その後，歓迎会を行うつもりです。

さらにお伝えしたいことがあります。学校の前でグループ写真を撮りました。もし1枚欲しいようでしたら明日先生に伝えてください。何か質問はありますか。では始めましょう。一緒に来てください。

質問1：日本の生徒たちはどこで他の生徒や先生達に会いますか。

答え　：ウ　ランチルームで。

質問2：もし日本の生徒たちが写真を欲しいときは，明日何をすべきですか。

答え　：先生に伝えるべきだ。

解答用紙集

○月×日 △曜日　天気(合格日和)

◆ご利用のみなさまへ
＊解答用紙の公表を行っていない学校につきましては、弊社の責任において、解答用紙を制作いたしました。
＊編集上の理由により一部縮小掲載した解答用紙がございます。
＊編集上の理由により一部実物と異なる形式の解答用紙がございます。

人間の最も偉大な力とは、その一番の弱点を克服したところから生まれてくるものである。 ──カール・ヒルティ──

東京学参株式会社

都立青山高等学校　2024年度

◇数学◇

※ 139%に拡大していただくと，解答欄は実物大になります。

1	
〔問 1〕	
〔問 2〕	
〔問 3〕	
〔問 4〕	
〔問 5〕	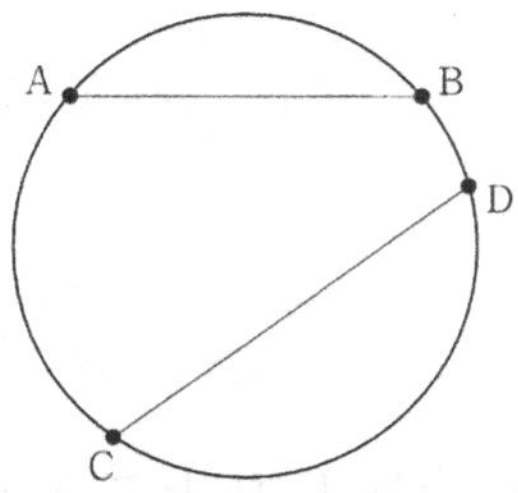

2				
〔問 1〕	cm²			
〔問 2〕	①		②	
	③		④	
	⑤	$y =$		
	⑥	【 途中の式や計算など 】 (答え) C (,)		
〔問 3〕	cm²			

3	
〔問1〕	度
〔問2〕	cm^2
〔問3〕	【 選んだ記号 】 ① ② ③ 【 証 明 】

4					
〔問1〕					cm
〔問2〕	(1)	ア		イ	
		ウ		エ	
		オ			
	(2)	【 選んだ記号 】 X Y Z 【 途中の式や計算など 】 (答え) cm			
〔問3〕					cm^2

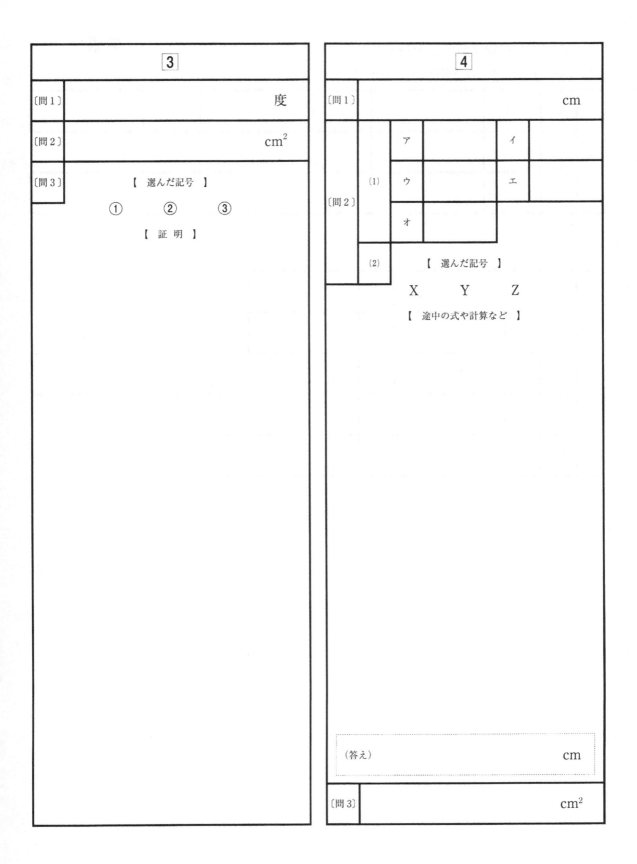

都立青山高等学校　　2024年度　　◇英語◇

※ 137%に拡大していただくと，解答欄は実物大になります。

1	〔問題A〕	<対話文1>		<対話文2>		<対話文3>	
	〔問題B〕	<Question 1>					
		<Question 2>					

2	〔問1〕	(1)-a		(1)-b			
		(1)-c		(1)-d			
	〔問2〕			〔問3〕		〔問4〕	
	〔問5〕	(5)-a		(5)-b			
	〔問6〕			〔問7〕			

3							
	〔問１〕		〔問２〕		〔問３〕		
	〔問４〕		〔問５〕		〔問６〕		
	〔問７〕	(1)		(2)		(3)	
	〔問８〕						
	〔問９〕	6 12 18 24 30 36 42 48 50					

◇国語◇

都立青山高等学校　２０２４年度

※１３７％に拡大していただくと、解答欄は実物大になります。

1

(1) 枯渇　(2) 薫　(3) 店舗　(4) 丘陵　(5) 喫緊

2

(1) フジョウ　(2) コウバイ　(3) アんで　(4) クニク　(5) カセイ

3

〔問1〕　〔問2〕　〔問3〕

〔問4〕　〔問5〕

4

〔問1〕　〔問2〕　〔問3〕

〔問4〕 A　B

〔問5〕 15

〔問6〕 25　100　200

5

〔問1〕　〔問2〕　〔問3〕

〔問4〕

〔問5〕 ①　②　③　④

都立青山高等学校　2023年度　◇数学◇

※ 137%に拡大していただくと，解答欄は実物大になります。

1	
〔問１〕	
〔問２〕	$x=$　　　　，$y=$
〔問３〕	
〔問４〕	%
〔問５〕	

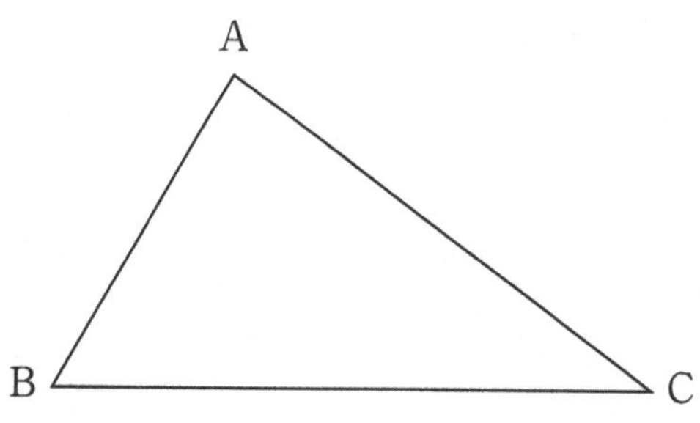

2		
〔問１〕	D（　　　，　　　）	
〔問２〕		
〔問３〕	①	
	②	
	③	：
	④	【途中の式や計算など】

（答え）

3		
〔問1〕		cm
〔問2〕	(1)	【証 明】
〔問2〕	(2)	cm

4	
〔問1〕	
〔問2〕	【選んだ記号】 (ア)　(イ)　(ウ) 【途中の式や計算など】 (答え)　cm^3
〔問3〕	cm

都立青山高等学校　2023年度　　◇英語◇

※ 137％に拡大していただくと，解答欄は実物大になります。

1	〔問題A〕	＜対話文1＞		＜対話文2＞		＜対話文3＞	
	〔問題B〕	<Question1>					
		<Question2>					

2	〔問1〕	(1)-a		(1)-b	
		(1)-c		(1)-d	
	〔問2〕	(2)-a		(2)-b	
		(2)-c		(2)-d	

〔問3〕		〔問4〕		〔問5〕	
〔問6〕		〔問7〕		〔問8〕	

3	〔問1〕		〔問2〕				
	〔問3〕		〔問4〕				
	〔問5〕	(1)		(2)		(3)	
	〔問6〕						
	〔問7〕	6 12 18 24 30 36 42 48 50					

◇国語◇

都立青山高等学校　２０２３年度

※１３９％に拡大していただくと、解答欄は実物大になります。

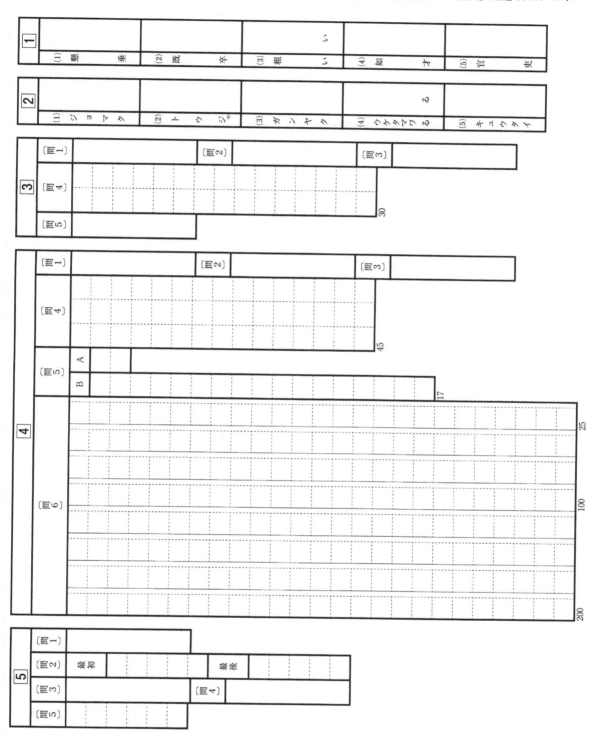

1

(1) 懸垂　(2) 既卒　(3) 粗い　(4) 如才　(5) 官吏

2

(1) ジョマク　(2) トウジ　(3) ガンシャク　(4) ウケタマワる　(5) キュウタイ

3

〔問1〕　〔問2〕　〔問3〕

〔問4〕 30

〔問5〕

4

〔問1〕　〔問2〕　〔問3〕

〔問4〕 45

〔問5〕 A　B 17

〔問6〕 25 100 200

5

〔問1〕

〔問2〕 最初　最後

〔問3〕　〔問4〕

〔問5〕

都立青山高等学校　2022年度

◇数学◇

※ 137%に拡大していただくと，解答欄は実物大になります。

1

〔問１〕

〔問２〕

〔問３〕

〔問４〕

〔問５〕

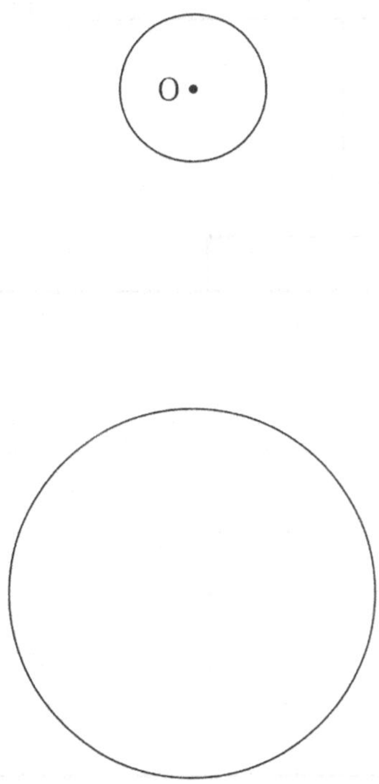

2

〔問１〕 $p =$

〔問２〕 $p =$

〔問３〕 【 途中の式や計算など 】

（答え）　$p =$

3

〔問1〕	(1)	度
	(2)	(　　　　　　) cm

〔問2〕

【証明】

よって，RD//CF　…（イ）

4

〔問1〕　cm

〔問2〕 (1)

【選んだ三角形】

ア　イ　ウ　エ

【途中の式や計算など】

（答え）

〔問2〕 (2)　cm^3

都立青山高等学校　2022年度

◇英語◇

※ 137%に拡大していただくと，解答欄は実物大になります。

1	〔問題A〕	<対話文1>		<対話文2>		<対話文3>	
	〔問題B〕	<Question1>					
		<Question2>					

2	〔問1〕	1-a		1-b			
		1-c		1-d			
	〔問2〕		〔問3〕		〔問4〕		
	〔問5〕	5-a		5-b		5-c	
	〔問6〕		〔問7〕		〔問8〕		

2	〔問9〕	6 12 18 24 30 36 42 48 50

3	〔問1〕		〔問2〕			
	〔問3〕	2−a		2−b		2−c
		2−d				
	〔問4〕		〔問5〕			
	〔問6〕	(1)		(2)		(3)
		(4)		〔問7〕		

◇国語◇

都立青山高等学校　2022年度

※139％に拡大していただくと，解答欄は実物大になります。

1

(1) 推奨
(2) 銘柄
(3) 謄写
(4) 魂胆
(5) 諸般

2

(1) シュクジ
(2) テイキョウ
(3) ショウダン
(4) イエジ
(5) チョウケ(し)　し

3

〔問1〕
〔問2〕
〔問3〕 A 13　B 26
〔問4〕
〔問5〕

4

〔問1〕
〔問2〕
〔問3〕
〔問4〕
〔問5〕 最初　最後
〔問6〕 25　100　200

5

〔問1〕 20
〔問2〕
〔問3〕
〔問4〕
〔問5〕

都立青山高等学校　2021年度

◇数学◇

※ 143％に拡大していただくと，解答欄は実物大になります。

1

〔問１〕	
〔問２〕	
〔問３〕	
〔問４〕	通り
〔問５〕	

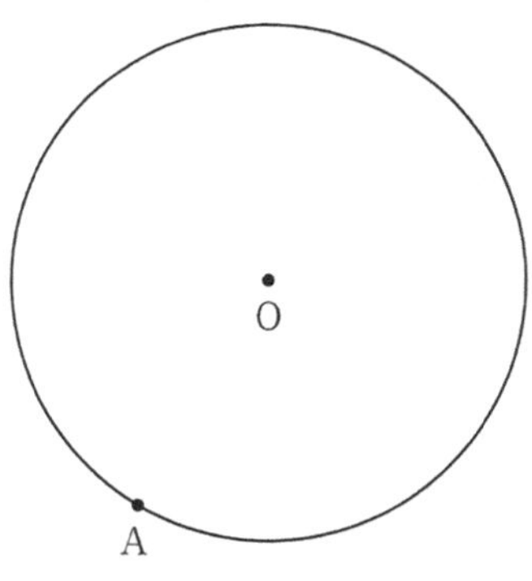

2

〔問１〕		a =
〔問２〕	(1)	
	(2)	【途中の式や計算など】

（答え）　D（　　　，　　　）

3		
〔問1〕		cm
〔問2〕	(1)	【答えの三角形】
【途中の式や計算など】		
〔問2〕	(2)	度

4	
〔問1〕	
〔問2〕	【途中の式や計算など】 （答え）　$V=$
〔問3〕	通り

都立青山高等学校　2021年度　◇英語◇

※ 143％に拡大していただくと，解答欄は実物大になります。

1	〔問題A〕	<対話文1>		<対話文2>		<対話文3>	
	〔問題B〕	<Question1>					
		<Question2>					

2	〔問1〕	1-a		1-b		1-c	
		1-d		1-e			
	〔問2〕	2-a		2-b		2-c	
	〔問3〕		〔問4〕		〔問5〕		
	〔問6〕		〔問7〕				

2	〔問 8〕	I have made a very useful robot. ____ ____ ____ ____ 4 ____ ____ ____ ____ ____ ____ 10 ____ ____ ____ ____ ____ ____ 16 ____ ____ ____ ____ ____ ____ 22 ____ ____ ____ ____ ____ ____ 28 ____ ____ ____ ____ ____ ____ 34 ____ ____ ____ ____ ____ ____ 40 ____ ____ ____ ____ ____ ____ 46 ____ ____ ____ ____ 50

3	〔問 1〕			〔問 2〕			〔問 3〕	
	〔問 4〕			〔問 5〕				
	〔問 6〕			〔問 7〕	(A)		(B)	
	〔問 8〕	(A)		(B)				

◇国語◇

都立青山高等学校　２０２１年度

※１４１％に拡大していただくと、解答欄は実物大になります。

1

(1) 拍　車

(2) 喉　元

(3) 楼　閣

(4) 必　定

(5) 幻　灯

2

(1) ヒョウデン

(2) ガ　ン

(3) サ　サ（えた）　えた

(4) イ　ニ　ン

(5) セ　イ　ハ　ン

3

〔問1〕 〔問2〕 〔問3〕

〔問4〕 〔問5〕 〔問6〕

4

〔問1〕 〔問2〕 〔問3〕

〔問4〕 16

〔問5〕 30

〔問6〕 25 100 200

5

〔問1〕 〔問2〕 〔問3〕

〔問4〕 20

〔問5〕

都立青山高等学校　2020年度

◇数学◇

※ 143％に拡大していただくと，解答欄は実物大になります。

1	
〔問1〕	
〔問2〕	$x =$　　　　，$y =$
〔問3〕	
〔問4〕	m
〔問5〕	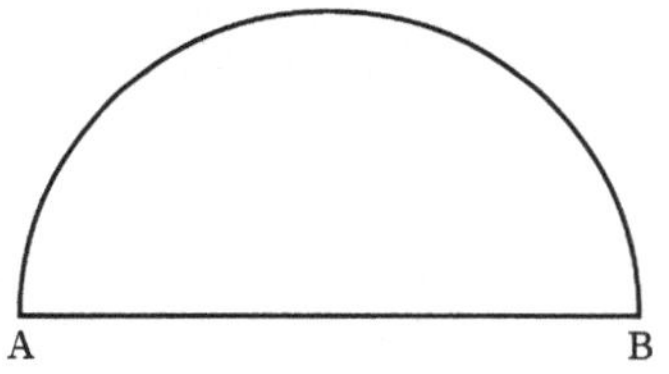

2		
〔問1〕		Q(　　　，　　　)
〔問2〕	(1)	$a =$
	(2)	【途中の式や計算など】 （答え）　$q =$

※ 143%に拡大していただくと，解答欄は実物大になります。

3		
〔問１〕	(1)	(　　　　　　)度
	(2)	【選んだ１つの三角形】
【証　明】		
〔問２〕		cm

4	
〔問１〕	cm
〔問２〕	cm^2
〔問３〕	【途中の式や計算など】 （答え）　$V_1 : V_2 =$　　　：

都立青山高等学校　2020年度

◇英語◇

※ 164％に拡大していただくと，解答欄は実物大になります。

1	〔問題A〕	<対話文1>		<対話文2>		<対話文3>	
	〔問題B〕	<Question1>					
		<Question2>					

2	〔問1〕	1-a		1-b		1-c		1-d		1-e	
	〔問2〕		〔問3〕	3-a		3-b		3-c			
	〔問4〕		〔問5〕		〔問6〕						
	〔問7〕	6 12 18 24 30 36 42 48 50									

3	〔問1〕	1-a		1-b		1-c		1-d	
	〔問2〕		〔問3〕		〔問4〕				
	〔問5〕	5-a		5-b		5-c			
	〔問6〕	6-a		6-b		〔問7〕	(A)		(B)

◇国語◇

都立青山高等学校　２０２０年度

※１４３％に拡大していただくと、解答欄は実物大になります。

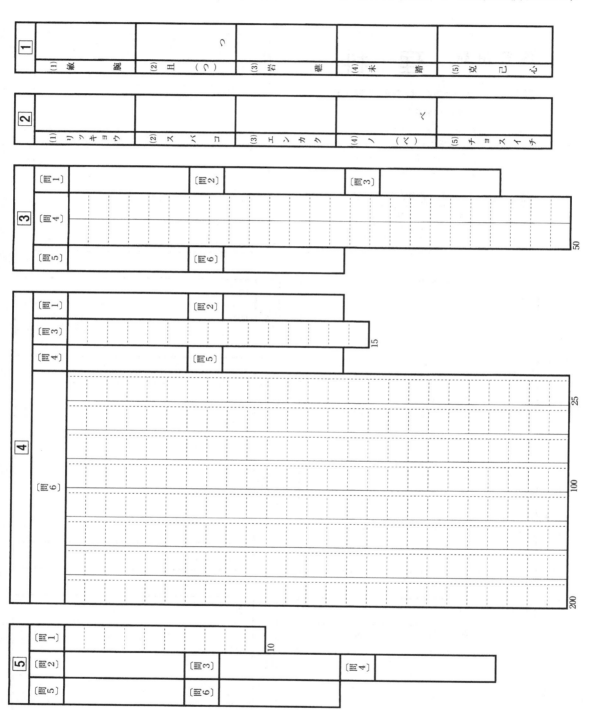

1

(1) 敏腕	(2) 日（つ）	(3) 岩礁	(4) 未踏	(5) 克己心
	つ			

2

(1) リッキョウ	(2) スバコ	(3) エンカク	(4) ノ（べ）	(5) チョスイチ
			べ	

3

〔問1〕　〔問2〕　〔問3〕

〔問4〕 50

〔問5〕　〔問6〕

4

〔問1〕　〔問2〕

〔問3〕 15

〔問4〕　〔問5〕

〔問6〕 25　100　200

5

〔問1〕 10

〔問2〕　〔問3〕　〔問4〕

〔問5〕　〔問6〕

※ 143％に拡大していただくと，解答欄は実物大になります。

解答用紙　理科

□部分がマークシート方式により解答する問題です。

マーク上の注意事項

1　ＨＢ又はＢの鉛筆（シャープペンシルも可）を使って，◯の中を正確に塗りつぶすこと。

2　答えを直すときは，きれいに消して，消しくずを残さないこと。

3　決められた欄以外にマークしたり，記入したりしないこと。

良い例	悪い例
●	線　小さい　はみ出し　丸囲み　レ点　うすい

受検番号						
⓪①②③④⑤⑥⑦⑧⑨	⓪①②③④⑤⑥⑦⑧⑨	⓪①②③④⑤⑥⑦⑧⑨	⓪①②③④⑤⑥⑦⑧⑨	⓪①②③④⑤⑥⑦⑧⑨	⓪①②③④⑤⑥⑦⑧⑨	⓪①②③④⑤⑥⑦⑧⑨

1		
	〔問1〕	㋐　㋑　㋒　㋓
	〔問2〕	㋐　㋑　㋒　㋓
	〔問3〕	㋐　㋑　㋒　㋓
	〔問4〕	㋐　㋑　㋒　㋓
	〔問5〕	㋐　㋑　㋒　㋓
	〔問6〕	㋐　㋑　㋒　㋓

2		
	〔問1〕	㋐　㋑　㋒　㋓
	〔問2〕	㋐　㋑　㋒　㋓
	〔問3〕	㋐　㋑　㋒　㋓
	〔問4〕	㋐　㋑　㋒　㋓

3		
	〔問1〕	㋐　㋑　㋒　㋓
	〔問2〕	2時間ごとに記録した透明半球上の・印のそれぞれの間隔は，
	〔問3〕	㋐　㋑　㋒　㋓
	〔問4〕	㋐　㋑　㋒　㋓

4		
	〔問1〕	㋐　㋑　㋒　㋓
	〔問2〕	㋐　㋑　㋒　㋓
	〔問3〕	㋐　㋑　㋒　㋓

5		
	〔問1〕	㋐　㋑　㋒　㋓
	〔問2〕	㋐　㋑　㋒　㋓
	〔問3〕	<資料>から，
	〔問4〕	㋐　㋑　㋒　㋓

6			
	〔問1〕	㋐　㋑　㋒　㋓	
	〔問2〕	①	②
		㋐ ㋑ ㋒ ㋓	㋐ ㋑ ㋒ ㋓
	〔問3〕	㋐　㋑　㋒　㋓	
	〔問4〕	㋐　㋑　㋒　㋓	

※ 149％に拡大していただくと，解答欄は実物大になります。

解答用紙　社会

□部分がマークシート方式により解答する問題です。

マーク上の注意事項

1　ＨＢ又はＢの鉛筆（シャープペンシルも可）を使って，〇の中を正確に塗りつぶすこと。

2　答えを直すときは，きれいに消して，消しくずを残さないこと。

3　決められた欄以外にマークしたり，記入したりしないこと。

良い例	悪い例		
●	線	小さい	はみ出し
	丸囲み	レ点	うすい

受検番号						
⓪	⓪	⓪	⓪	⓪	⓪	⓪
①	①	①	①	①	①	①
②	②	②	②	②	②	②
③	③	③	③	③	③	③
④	④	④	④	④	④	④
⑤	⑤	⑤	⑤	⑤	⑤	⑤
⑥	⑥	⑥	⑥	⑥	⑥	⑥
⑦	⑦	⑦	⑦	⑦	⑦	⑦
⑧	⑧	⑧	⑧	⑧	⑧	⑧
⑨	⑨	⑨	⑨	⑨	⑨	⑨

1

	B	C	D	E
〔問1〕	ア イ ウ エ	ア イ ウ エ	ア イ ウ エ	ア イ ウ エ
〔問2〕	ア　イ　ウ　エ			
〔問3〕	ア　イ　ウ　エ			

2

〔問1〕	略地図中のA～D		Ⅱのア～エ	
	Ⓐ Ⓑ Ⓒ Ⓓ		ア イ ウ エ	
〔問2〕	P	Q	R	S
	ア イ ウ エ	ア イ ウ エ	ア イ ウ エ	ア イ ウ エ
〔問3〕	略地図中のW～Z		ⅠとⅡの表のア～エ	
	Ⓦ Ⓧ Ⓨ Ⓩ		ア イ ウ エ	

3

〔問1〕	A	B	C	D
	ア イ ウ エ	ア イ ウ エ	ア イ ウ エ	ア イ ウ エ
〔問2〕	Ⅰのア～エ		略地図中のW～Z	
	ア イ ウ エ		Ⓦ Ⓧ Ⓨ Ⓩ	
〔問3〕				

4

〔問1〕	ア イ ウ エ →	ア イ ウ エ →	ア イ ウ エ →	ア イ ウ エ
〔問2〕				
〔問3〕	A	B	C	D
	ア イ ウ エ	ア イ ウ エ	ア イ ウ エ	ア イ ウ エ
〔問4〕	A	B	C	D
	ア イ ウ エ	ア イ ウ エ	ア イ ウ エ	ア イ ウ エ

5

〔問1〕	ア　イ　ウ　エ	
〔問2〕	ⅠのA～D	ア～エ
	Ⓐ Ⓑ Ⓒ Ⓓ	ア イ ウ エ
〔問3〕	ア　イ　ウ　エ	
〔問4〕		

6

	A	B	C	D
〔問1〕	ア イ ウ エ	ア イ ウ エ	ア イ ウ エ	ア イ ウ エ
〔問2〕	ア　イ　ウ　エ			
〔問3〕	ア　イ　ウ　エ			

2024年度入試配点表(東京都)

	1	2	3	4	5	6	計
理科	各4点×6	各4点×4	各4点×4	各4点×3	各4点×4	各4点×4 (問2完答)	100点

	1	2	3	4	5	6	計
社会	各5点×3 (問1完答)	各5点×3 (問1~問3各完答)	各5点×3 (問1,問2各完答)	各5点×4 (問1,問3,問4各完答)	各5点×4 (問2完答)	各5点×3 (問1完答)	100点

※ 143%に拡大していただくと，解答欄は実物大になります。

解答用紙　理科

□部分がマークシート方式により解答する問題です。

マーク上の注意事項

1 HB又はBの鉛筆（シャープペンシルも可）を使って，○の中を正確に塗りつぶすこと。
2 答えを直すときは，きれいに消して，消しくずを残さないこと。
3 決められた欄以外にマークしたり，記入したりしないこと。

良い例	悪い例
●	線　小さい　はみ出し　丸囲み　レ点　うすい

受検番号						
⓪①②③④⑤⑥⑦⑧⑨	⓪①②③④⑤⑥⑦⑧⑨	⓪①②③④⑤⑥⑦⑧⑨	⓪①②③④⑤⑥⑦⑧⑨	⓪①②③④⑤⑥⑦⑧⑨	⓪①②③④⑤⑥⑦⑧⑨	⓪①②③④⑤⑥⑦⑧⑨

1		
	〔問1〕	㋐ ㋑ ㋒ ㋓
	〔問2〕	㋐ ㋑ ㋒ ㋓
	〔問3〕	㋐ ㋑ ㋒ ㋓
	〔問4〕	㋐ ㋑ ㋒ ㋓
	〔問5〕	㋐ ㋑ ㋒ ㋓
	〔問6〕	㋐ ㋑ ㋒ ㋓

2			
	〔問1〕	㋐ ㋑ ㋒ ㋓	
	〔問2〕	①	②
		㋐ ㋑	㋐ ㋑
	〔問3〕	㋐ ㋑ ㋒ ㋓	
	〔問4〕	㋐ ㋑ ㋒ ㋓	

3					
	〔問1〕				
	〔問2〕	①	②		
		㋐ ㋑	㋐ ㋑		
	〔問3〕	①	②	③	④
		㋐ ㋑	㋐ ㋑	㋐ ㋑	㋐ ㋑
	〔問4〕	㋐ ㋑ ㋒ ㋓			

4		
	〔問1〕	㋐ ㋑ ㋒ ㋓
	〔問2〕	㋐ ㋑ ㋒ ㋓
	〔問3〕	㋐ ㋑ ㋒ ㋓

5			
	〔問1〕	㋐ ㋑ ㋒ ㋓ ㋔	
	〔問2〕	㋐ ㋑ ㋒ ㋓	
	〔問3〕	㋐ ㋑ ㋒ ㋓	
	〔問4〕	①	②
		㋐ ㋑ ㋒	㋐ ㋑ ㋒

6		
	〔問1〕	㋐ ㋑ ㋒ ㋓
	〔問2〕	㋐ ㋑ ㋒ ㋓ ㋔ ㋕
	〔問3〕	㋐ ㋑ ㋒ ㋓ ㋔
	〔問4〕	㋐ ㋑ ㋒ ㋓

※ 149％に拡大していただくと，解答欄は実物大になります。

解答用紙　社会

□部分がマークシート方式により解答する問題です。

マーク上の注意事項

1 ＨＢ又はＢの鉛筆（シャープペンシルも可）を使って，◯の中を正確に塗りつぶすこと。

2 答えを直すときは，きれいに消して，消しくずを残さないこと。

3 決められた欄以外にマークしたり，記入したりしないこと。

良い例	悪い例
●	線　小さい　はみ出し　丸囲み　レ点　うすい

受	検	番	号			
⓪	⓪	⓪	⓪	⓪	⓪	⓪
①	①	①	①	①	①	①
②	②	②	②	②	②	②
③	③	③	③	③	③	③
④	④	④	④	④	④	④
⑤	⑤	⑤	⑤	⑤	⑤	⑤
⑥	⑥	⑥	⑥	⑥	⑥	⑥
⑦	⑦	⑦	⑦	⑦	⑦	⑦
⑧	⑧	⑧	⑧	⑧	⑧	⑧
⑨	⑨	⑨	⑨	⑨	⑨	⑨

1

〔問1〕	㋐ ㋑ ㋒ ㋓
〔問2〕	㋐ ㋑ ㋒ ㋓
〔問3〕	㋐ ㋑ ㋒ ㋓

2

〔問1〕	略地図中のA～D		Ⅱのア～エ	
	Ⓐ Ⓑ Ⓒ Ⓓ		㋐ ㋑ ㋒ ㋓	
〔問2〕	W	X	Y	Z
	㋐㋑㋒㋓	㋐㋑㋒㋓	㋐㋑㋒㋓	㋐㋑㋒㋓
〔問3〕	㋐ ㋑ ㋒ ㋓			

3

〔問1〕	A	B	C	D
	㋐㋑㋒㋓	㋐㋑㋒㋓	㋐㋑㋒㋓	㋐㋑㋒㋓
〔問2〕	㋐ ㋑ ㋒ ㋓			
〔問3〕	〔(1)目的〕			
	〔(2)敷設（ふせつ）状況及び設置状況〕			

4

〔問1〕	㋐㋑㋒㋓ → ㋐㋑㋒㋓ → ㋐㋑㋒㋓ → ㋐㋑㋒㋓			
〔問2〕	㋐ ㋑ ㋒ ㋓			
〔問3〕	時期			略地図
	㋐㋑㋒ → ㋐㋑㋒ → ㋐㋑㋒			㋐ ㋑ ㋒
〔問4〕	A	B	C	D
	㋐㋑㋒㋓	㋐㋑㋒㋓	㋐㋑㋒㋓	㋐㋑㋒㋓

5

〔問1〕	㋐ ㋑ ㋒ ㋓
〔問2〕	㋐ ㋑ ㋒ ㋓
〔問3〕	㋐ ㋑ ㋒ ㋓
〔問4〕	

6

〔問1〕	A	B	C	D
	㋐㋑㋒㋓	㋐㋑㋒㋓	㋐㋑㋒㋓	㋐㋑㋒㋓
〔問2〕	Ⅰの略年表中のA～D		略地図中のW～Z	
	Ⓐ Ⓑ Ⓒ Ⓓ		Ⓦ Ⓧ Ⓨ Ⓩ	
〔問3〕	㋐ ㋑ ㋒ ㋓			

2023年度入試配点表(東京都)

理科	1	2	3	4	5	6	計
	各4点×6	各4点×4 (問2完答)	各4点×4 (問2,問3各完答)	各4点×3	各4点×4 (問4完答)	各4点×4	100点

社会	1	2	3	4	5	6	計
	各5点×3	各5点×3 (問1,問2各完答)	各5点×3 (問1完答)	各5点×4 (問1,問3,問4 各完答)	各5点×4	各5点×3 (問1,問2各完答)	100点

※ 143％に拡大していただくと，解答欄は実物大になります。

解答用紙　理　科

□部分がマークシート方式により解答する問題です。

マーク上の注意事項

1　ＨＢ又はＢの鉛筆（シャープペンシルも可）を使って，○の中を正確に塗りつぶすこと。

2　答えを直すときは，きれいに消して，消しくずを残さないこと。

3　決められた欄以外にマークしたり，記入したりしないこと。

良い例	悪い例
●	線　小さい　はみ出し　丸囲み　レ点　うすい

受	検	番	号			
0	0	0	0	0	0	0
1	1	1	1	1	1	1
2	2	2	2	2	2	2
3	3	3	3	3	3	3
4	4	4	4	4	4	4
5	5	5	5	5	5	5
6	6	6	6	6	6	6
7	7	7	7	7	7	7
8	8	8	8	8	8	8
9	9	9	9	9	9	9

1		
	〔問1〕	㋐　㋑　㋒　㋓
	〔問2〕	㋐　㋑　㋒　㋓
	〔問3〕	㋐　㋑　㋒　㋓
	〔問4〕	㋐　㋑　㋒　㋓
	〔問5〕	㋐　㋑　㋒　㋓

2		
	〔問1〕	㋐　㋑　㋒　㋓
	〔問2〕	㋐　㋑　㋒　㋓
	〔問3〕	㋐　㋑　㋒　㋓
	〔問4〕	㋐　㋑　㋒　㋓

3		
	〔問1〕	㋐　㋑　㋒　㋓
	〔問2〕	㋐　㋑　㋒　㋓
	〔問3〕	㋐　㋑　㋒　㋓
	〔問4〕	㋐　㋑　㋒　㋓

4		
	〔問1〕	㋐　㋑　㋒　㋓
	〔問2〕	㋐　㋑　㋒　㋓
	〔問3〕	㋐　㋑　㋒　㋓
	〔問4〕	㋐　㋑　㋒

5		
	〔問1〕	㋐　㋑　㋒　㋓
	〔問2〕	㋐　㋑　㋒　㋓　㋔　㋕
	〔問3〕	<化学反応式> ＿＿＿＿（酸）＋＿＿＿＿（アルカリ）→ ＿＿＿＿（塩）＋＿＿＿＿
	〔問4〕	㋐　㋑　㋒　㋓

6		
	〔問1〕	㋐　㋑　㋒　㋓
	〔問2〕	㋐　㋑　㋒　㋓
	〔問3〕	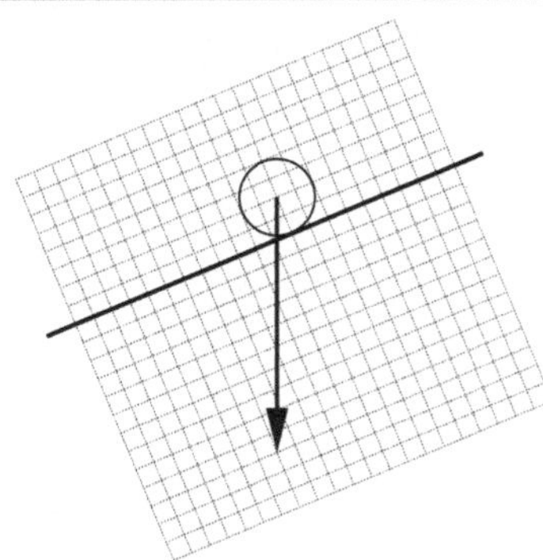
	〔問4〕	㋐　㋑　㋒　㋓

※ 149%に拡大していただくと，解答欄は実物大になります。

解答用紙　社会

□部分がマークシート方式により解答する問題です。

マーク上の注意事項

1　ＨＢ又はＢの鉛筆（シャープペンシルも可）を使って，◯の中を正確に塗りつぶすこと。

2　答えを直すときは，きれいに消して，消しくずを残さないこと。

3　決められた欄以外にマークしたり，記入したりしないこと。

良い例	悪い例		
●	線	小さい	はみ出し
	丸囲み	レ点	うすい

受検番号						
0	0	0	0	0	0	0
1	1	1	1	1	1	1
2	2	2	2	2	2	2
3	3	3	3	3	3	3
4	4	4	4	4	4	4
5	5	5	5	5	5	5
6	6	6	6	6	6	6
7	7	7	7	7	7	7
8	8	8	8	8	8	8
9	9	9	9	9	9	9

1

〔問1〕	ア　イ　ウ　エ
〔問2〕	ア　イ　ウ　エ
〔問3〕	ア　イ　ウ　エ

2

〔問1〕	略地図中のA～D		IIのア～エ	
	A　B　C　D		ア　イ　ウ　エ	
〔問2〕	P	Q	R	S
	ア　イ　ウ　エ	ア　イ　ウ　エ	ア　イ　ウ　エ	ア　イ　ウ　エ
〔問3〕	略地図中のW～Z		IとIIの表のア～エ	
	W　X　Y　Z		ア　イ　ウ　エ	

3

〔問1〕	A	B	C	D
	ア　イ　ウ　エ	ア　イ　ウ　エ	ア　イ　ウ　エ	ア　イ　ウ　エ
〔問2〕	Iのア～エ		略地図中のW～Z	
	ア　イ　ウ　エ		W　X　Y　Z	
〔問3〕	〔変化〕			
	〔要因〕			

4

〔問1〕	ア イ ウ エ → ア イ ウ エ → ア イ ウ エ → ア イ ウ エ
〔問2〕	ア　イ　ウ　エ
〔問3〕	ア イ ウ エ → ア イ ウ エ → ア イ ウ エ → ア イ ウ エ
〔問4〕	ア　イ　ウ　エ

5

〔問1〕	ア　イ　ウ　エ
〔問2〕	ア　イ　ウ　エ
〔問3〕	
〔問4〕	ア　イ　ウ　エ

6

〔問1〕	ア イ ウ エ → ア イ ウ エ → ア イ ウ エ → ア イ ウ エ	
〔問2〕	IのA～D	IのA～Dのア～ウ
	A　B　C　D	ア　イ　ウ
〔問3〕	W　X　Y　Z	

2022年度入試配点表(東京都)

理科	1	2	3	4	5	6	計
	各4点×5	各4点×4	各4点×4	各4点×4	各4点×4 (問3完答)	各4点×4	100点

社会	1	2	3	4	5	6	計
	各5点×3	各5点×3 (問1・問2・問3 各完答)	各5点×3 (問1・問2 各完答)	各5点×4 (問1・問3 各完答)	各5点×4	各5点×3 (問1・問2 各完答)	100点

※ 148％に拡大していただくと，解答欄は実物大になります。

解答用紙　理科

▭部分がマークシート方式により解答する問題です。

マーク上の注意事項

1　ＨＢ又はＢの鉛筆（シャープペンシルも可）を使って，◯の中を正確に塗りつぶすこと。

2　答えを直すときは，きれいに消して，消しくずを残さないこと。

3　決められた欄以外にマークしたり，記入したりしないこと。

良い例	悪い例
●	線　小さい　はみ出し 丸囲み　レ点　うすい

受検番号						
⓪	⓪	⓪	⓪	⓪	⓪	⓪
①	①	①	①	①	①	①
②	②	②	②	②	②	②
③	③	③	③	③	③	③
④	④	④	④	④	④	④
⑤	⑤	⑤	⑤	⑤	⑤	⑤
⑥	⑥	⑥	⑥	⑥	⑥	⑥
⑦	⑦	⑦	⑦	⑦	⑦	⑦
⑧	⑧	⑧	⑧	⑧	⑧	⑧
⑨	⑨	⑨	⑨	⑨	⑨	⑨

1			
〔問1〕	㋐　㋑　㋒　㋓		
〔問2〕	㋐　㋑　㋒　㋓		
〔問3〕	㋐　㋑　㋒　㋓		
〔問4〕	①	②	
	㋐ ㋑ ㋒ ㋓	㋐ ㋑ ㋒ ㋓	
〔問5〕	㋐　㋑　㋒　㋓		
〔問6〕	㋐　㋑　㋒　㋓		

2		
〔問1〕	①	②
	㋐ ㋑ ㋒ ㋓	㋐ ㋑ ㋒ ㋓
〔問2〕	㋐　㋑　㋒　㋓	
〔問3〕	㋐　㋑　㋒　㋓	
〔問4〕	㋐　㋑　㋒　㋓	

3			
〔問1〕	㋐　㋑　㋒　㋓		
〔問2〕	①	②	③
	㋐ ㋑ ㋒	㋐ ㋑ ㋒	㋐ ㋑ ㋒
〔問3〕	①	②	
	㋐ ㋑ ㋒ ㋓	㋐ ㋑ ㋒ ㋓	
〔問4〕	㋐㋑㋒㋓ → ㋐㋑㋒㋓ → ㋐㋑㋒㋓ → ㋐㋑㋒㋓		

4		
〔問1〕	㋐　㋑　㋒　㋓	
〔問2〕	①	②
	㋐ ㋑ ㋒	㋐ ㋑ ㋒
〔問3〕	①	②
	㋐ ㋑ ㋒	㋐ ㋑ ㋒

5		
〔問1〕	①	②
	㋐ ㋑ ㋒ ㋓	㋐ ㋑ ㋒
〔問2〕	①	②
	㋐ ㋑ ㋒ ㋓	㋐ ㋑ ㋒ ㋓
〔問3〕	㋐　㋑　㋒　㋓	
〔問4〕	％	

6				
〔問1〕	㋐　㋑　㋒　㋓			
〔問2〕				
〔問3〕	㋐㋑㋒㋓ → ㋐㋑㋒㋓ → ㋐㋑㋒㋓ → ㋐㋑㋒㋓			
〔問4〕	①	②	③	④
	㋐ ㋑ ㋒	㋐ ㋑ ㋒	㋐ ㋑ ㋒	㋐ ㋑ ㋒

※ 151％に拡大していただくと，解答欄は実物大になります。

解答用紙　社　会

受	検	番	号			
0	0	0	0	0	0	0
1	1	1	1	1	1	1
2	2	2	2	2	2	2
3	3	3	3	3	3	3
4	4	4	4	4	4	4
5	5	5	5	5	5	5
6	6	6	6	6	6	6
7	7	7	7	7	7	7
8	8	8	8	8	8	8
9	9	9	9	9	9	9

□部分がマークシート方式により解答する問題です。

マーク上の注意事項

1　ＨＢ又はＢの鉛筆（シャープペンシルも可）を使って，◯の中を正確に塗りつぶすこと。

2　答えを直すときは，きれいに消して，消しくずを残さないこと。

3　決められた欄以外にマークしたり，記入したりしないこと。

良い例	悪い例
●	線　小さい　はみ出し　丸囲み　レ点　うすい

1

〔問1〕	㋐ ㋑ ㋒ ㋓
〔問2〕	㋐ ㋑ ㋒ ㋓
〔問3〕	㋐ ㋑ ㋒ ㋓
〔問4〕	㋐ ㋑ ㋒ ㋓

2

〔問1〕	Ⅰのア～エ		Ⅱの表のア～エ	
	㋐ ㋑ ㋒ ㋓		㋐ ㋑ ㋒ ㋓	
〔問2〕	P	Q	R	S
	㋐ ㋑ ㋒ ㋓	㋐ ㋑ ㋒ ㋓	㋐ ㋑ ㋒ ㋓	㋐ ㋑ ㋒ ㋓
〔問3〕	ⅠとⅡの表のア～エ		略地図中のW～Z	
	㋐ ㋑ ㋒ ㋓		Ⓦ Ⓧ Ⓨ Ⓩ	

3

〔問1〕	A	B	C	D
	㋐ ㋑ ㋒ ㋓	㋐ ㋑ ㋒ ㋓	㋐ ㋑ ㋒ ㋓	㋐ ㋑ ㋒ ㋓
〔問2〕	W	X	Y	Z
	㋐ ㋑ ㋒ ㋓	㋐ ㋑ ㋒ ㋓	㋐ ㋑ ㋒ ㋓	㋐ ㋑ ㋒ ㋓
〔問3〕	〔地域の変容〕			
	〔要因〕			

4

〔問1〕	㋐ ㋑ ㋒ ㋓ →	㋐ ㋑ ㋒ ㋓ →	㋐ ㋑ ㋒ ㋓ →	㋐ ㋑ ㋒ ㋓
〔問2〕	Ⅰの略年表中のア～エ		Ⅱの略地図中のA～D	
	㋐ ㋑ ㋒ ㋓		Ⓐ Ⓑ Ⓒ Ⓓ	
〔問3〕	㋐ ㋑ ㋒ ㋓			
〔問4〕	A	B	C	D
	㋐ ㋑ ㋒ ㋓	㋐ ㋑ ㋒ ㋓	㋐ ㋑ ㋒ ㋓	㋐ ㋑ ㋒ ㋓

5

〔問1〕	㋐ ㋑ ㋒ ㋓
〔問2〕	㋐ ㋑ ㋒ ㋓
〔問3〕	

6

〔問1〕	㋐ ㋑ ㋒ ㋓ →	㋐ ㋑ ㋒ ㋓ →	㋐ ㋑ ㋒ ㋓ →	㋐ ㋑ ㋒ ㋓
〔問2〕	A	B	C	D
	㋐ ㋑ ㋒ ㋓	㋐ ㋑ ㋒ ㋓	㋐ ㋑ ㋒ ㋓	㋐ ㋑ ㋒ ㋓
〔問3〕	㋐ ㋑ ㋒ ㋓			

2021年度入試配点表(東京都)

理科	1	2	3	4	5	6	計
	各4点×6 (問4完答)	各4点×4 (問1完答)	各4点×4 (問2,問3,問4 各完答)	各4点×3 (問2,問3各完答)	各4点×4 (問1,問2各完答)	各4点×4 (問3,問4各完答)	100点

社会	1	2	3	4	5	6	計
	各5点×4	各5点×3 (問1,問2,問3 各完答)	各5点×3 (問1,問2各完答)	各5点×4 (問1,問2,問4 各完答)	各5点×3	各5点×3 (問1,問2各完答)	100点

※この解答用紙は147%に拡大していただきますと，実物大になります。

解答用紙　理科

▭部分がマークシート方式により解答する問題です。

マーク上の注意事項

1 HB又はBの鉛筆（シャープペンシルも可）を使って，◯の中を正確に塗りつぶすこと。

2 答えを直すときは，きれいに消して，消しくずを残さないこと。

3 決められた欄以外にマークしたり，記入したりしないこと。

良い例	悪い例
●	線　小さい　はみ出し　丸囲み　レ点　うすい

受	検	番	号			
⓪	⓪	⓪	⓪	⓪	⓪	⓪
①	①	①	①	①	①	①
②	②	②	②	②	②	②
③	③	③	③	③	③	③
④	④	④	④	④	④	④
⑤	⑤	⑤	⑤	⑤	⑤	⑤
⑥	⑥	⑥	⑥	⑥	⑥	⑥
⑦	⑦	⑦	⑦	⑦	⑦	⑦
⑧	⑧	⑧	⑧	⑧	⑧	⑧
⑨	⑨	⑨	⑨	⑨	⑨	⑨

1		
	〔問1〕	㋐ ㋑ ㋒ ㋓
	〔問2〕	㋐ ㋑ ㋒ ㋓
	〔問3〕	㋐ ㋑ ㋒ ㋓
	〔問4〕	㋐ ㋑ ㋒ ㋓
	〔問5〕	㋐ ㋑ ㋒ ㋓

2		
	〔問1〕	㋐ ㋑ ㋒ ㋓
	〔問2〕	㋐ ㋑ ㋒ ㋓
	〔問3〕	㋐ ㋑ ㋒ ㋓
	〔問4〕	㋐ ㋑ ㋒ ㋓

3			
	〔問1〕	㋐ ㋑ ㋒ ㋓	
	〔問2〕	㋐ ㋑ ㋒ ㋓	
	〔問3〕	＊ 解答欄は裏面にあります。	
	〔問4〕	①	②
		㋐ ㋑ ㋒ ㋓	㋐ ㋑ ㋒ ㋓

4					
	〔問1〕	①	②	③	
		㋐ ㋑ ㋒ ㋓	㋐ ㋑ ㋒ ㋓	㋐ ㋑ ㋒ ㋓	
	〔問2〕	㋐ ㋑ ㋒ ㋓			
	〔問3〕	①	②	③	④
		㋐ ㋑ ㋒ ㋓	㋐ ㋑ ㋒ ㋓	㋐ ㋑ ㋒ ㋓	㋐ ㋑ ㋒ ㋓
	〔問4〕	＊ 解答欄は裏面にあります。			

5			
	〔問1〕	㋐ ㋑ ㋒ ㋓	
	〔問2〕	①	②
		㋐ ㋑ ㋒ ㋓	㋐ ㋑ ㋒ ㋓
	〔問3〕		
	〔問4〕	溶質の名称	
		結晶の質量	g

6			
	〔問1〕	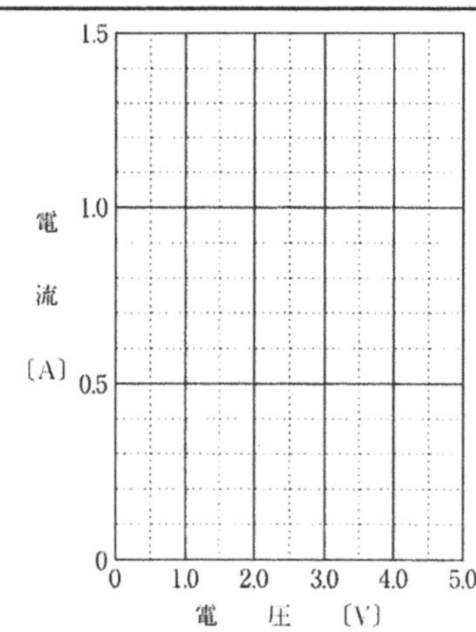	
		電流の大きさ	A
	〔問2〕	㋐ ㋑ ㋒ ㋓	
	〔問3〕	㋐ ㋑ ㋒ ㋓	
	〔問4〕	㋐ ㋑ ㋒ ㋓	

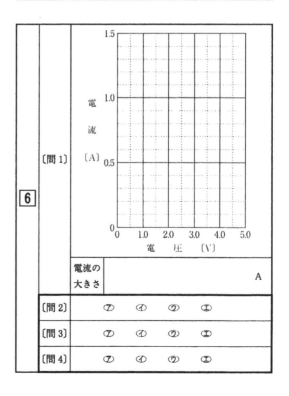

解答用紙　理　科

受検番号						

3	〔問 3〕	

4	〔問 4〕	

※この解答用紙は145％に拡大していただきますと，実物大になります。

解答用紙　社会

□部分がマークシート方式により解答する問題です。

マーク上の注意事項

1　ＨＢ又はＢの鉛筆（シャープペンシルも可）を使って，◯の中を正確に塗りつぶすこと。

2　答えを直すときは，きれいに消して，消しくずを残さないこと。

3　決められた欄以外にマークしたり，記入したりしないこと。

良い例	悪い例
●	線　小さい　はみ出し　丸囲み　レ点　うすい

受	検	番	号			
⓪〜⑨	⓪〜⑨	⓪〜⑨	⓪〜⑨	⓪〜⑨	⓪〜⑨	⓪〜⑨

1

〔問1〕	㋐ ㋑ ㋒ ㋓
〔問2〕	㋐ ㋑ ㋒ ㋓
〔問3〕	㋐ ㋑ ㋒ ㋓

2

〔問1〕	略地図中のA〜D		Ⅱのア〜エ	
	Ⓐ Ⓑ Ⓒ Ⓓ		㋐ ㋑ ㋒ ㋓	
〔問2〕	P	Q	R	S
	㋐ ㋑ ㋒ ㋓	㋐ ㋑ ㋒ ㋓	㋐ ㋑ ㋒ ㋓	㋐ ㋑ ㋒ ㋓
〔問3〕	略地図中のW〜Z		ⅠとⅡの表のア〜エ	
	Ⓦ Ⓧ Ⓨ Ⓩ		㋐ ㋑ ㋒ ㋓	

3

〔問1〕	A	B	C	D
	㋐ ㋑ ㋒ ㋓	㋐ ㋑ ㋒ ㋓	㋐ ㋑ ㋒ ㋓	㋐ ㋑ ㋒ ㋓
〔問2〕	P	Q	R	S
	㋐ ㋑	㋐ ㋑	㋐ ㋑	㋐ ㋑
〔問3〕	〔建設された理由〕 〔建設された効果〕			

4

〔問1〕	㋐㋑㋒㋓ → ㋐㋑㋒㋓ → ㋐㋑㋒㋓ → ㋐㋑㋒㋓	
〔問2〕	Ⅰの略年表中のア〜エ	Ⅱの略地図中のA〜D
	㋐ ㋑ ㋒ ㋓	Ⓐ Ⓑ Ⓒ Ⓓ
〔問3〕	㋐ ㋑ ㋒ ㋓	
〔問4〕	㋐ ㋑ ㋒ ㋓	

5

〔問1〕	㋐ ㋑ ㋒ ㋓
〔問2〕	㋐ ㋑ ㋒ ㋓
〔問3〕	㋐ ㋑ ㋒ ㋓
〔問4〕	㋐ ㋑ ㋒ ㋓

6

〔問1〕	㋐㋑㋒㋓ → ㋐㋑㋒㋓ → ㋐㋑㋒㋓ → ㋐㋑㋒㋓	
〔問2〕	略地図中のA〜D	ⅠとⅡのグラフのア〜エ
	Ⓐ Ⓑ Ⓒ Ⓓ	㋐ ㋑ ㋒ ㋓
〔問3〕		

2020年度入試配点表(東京都)

理科	1	2	3	4	5	6	計
	各4点×5	各4点×4	各4点×4 (問4完答)	各4点×4 (問1,問3各完答)	問4　各2点×2 他　各4点×3 (問2完答)	問1　各2点×2 他　各4点×3	100点

社会	1	2	3	4	5	6	計
	各5点×3	各5点×3 (問1・問2・問3 各完答)	各5点×3 (問1・問2各完答)	各5点×4 (問1・問2各完答)	各5点×4	各5点×3 (問1・問2各完答)	100点

東京学参の
高校別入試過去問題シリーズ

＊出版校は一部変更することがあります。一覧にない学校はお問い合わせください。

東京ラインナップ

あ 愛国高校(A59)
青山学院高等部(A16)★
桜美林高校(A37)
お茶の水女子大附属高校(A04)
か 開成高校(A05)★
共立女子第二高校(A40)★
慶應義塾女子高校(A13)
啓明学園高校(A68)★
国学院高校(A30)
国学院大久我山高校(A31)
国際基督教大高校(A06)
小平錦城高校(A61)★
駒澤大高校(A32)
さ 芝浦工業大附属高校(A35)
修徳高校(A52)
城北高校(A21)
専修大附属高校(A28)
創価高校(A66)★
た 拓殖大第一高校(A53)
立川女子高校(A41)
玉川学園高等部(A56)
中央大高校(A19)
中央大杉並高校(A18)★
中央大附属高校(A17)
筑波大附属高校(A01)
筑波大附属駒場高校(A02)
帝京大高校(A60)
東海大菅生高校(A42)
東京学芸大附属高校(A03)
東京農業大第一高校(A39)
桐朋高校(A15)
都立青山高校(A73)★
都立国立高校(A76)★
都立国際高校(A80)★
都立国分寺高校(A78)★
都立新宿高校(A77)★
都立墨田川高校(A81)★
都立立川高校(A75)★
都立戸山高校(A72)★
都立西高校(A71)★
都立八王子東高校(A74)★
都立日比谷高校(A70)★
な 日本大櫻丘高校(A25)
日本大第一高校(A50)
日本大第三高校(A48)
日本大第二高校(A27)
日本大鶴ヶ丘高校(A26)
日本大豊山高校(A23)
は 八王子学園八王子高校(A64)
法政大高校(A29)
ま 明治学院高校(A38)
明治学院東村山高校(A49)
明治大付属中野高校(A33)
明治大付属八王子高校(A67)
明治大付属明治高校(A34)★
明法高校(A63)
わ 早稲田実業学校高等部(A09)
早稲田大高等学院(A07)

神奈川ラインナップ

あ 麻布大附属高校(B04)
アレセイア湘南高校(B24)
か 慶應義塾高校(A11)
神奈川県公立高校特色検査(B00)
さ 相洋高校(B18)
た 立花学園高校(B23)
桐蔭学園高校(B01)
東海大付属相模高校(B03)★
桐光学園高校(B11)
な 日本大高校(B06)
日本大藤沢高校(B07)
は 平塚学園高校(B22)
藤沢翔陵高校(B08)
法政大国際高校(B17)
法政大第二高校(B02)★
や 山手学院高校(B09)
横須賀学院高校(B20)
横浜商科大高校(B05)
横浜市立横浜サイエンスフロンティア高校(B70)
横浜翠陵高校(B14)
横浜清風高校(B10)
横浜創英高校(B21)
横浜隼人高校(B16)
横浜富士見丘学園高校(B25)

千葉ラインナップ

あ 愛国学園大附属四街道高校(C26)
我孫子二階堂高校(C17)
市川高校(C01)★
か 敬愛学園高校(C15)
さ 芝浦工業大柏高校(C09)
渋谷教育学園幕張高校(C16)★
翔凜高校(C34)
昭和学院秀英高校(C23)
専修大松戸高校(C02)
た 千葉英和高校(C18)
千葉敬愛高校(C05)
千葉経済大附属高校(C27)
千葉日本大第一高校(C06)★
千葉明徳高校(C20)
千葉黎明高校(C24)
東海大付属浦安高校(C03)
東京学館高校(C14)
東京学館浦安高校(C31)
な 日本体育大柏高校(C30)
日本大習志野高校(C07)
は 日出学園高校(C08)
や 八千代松陰高校(C12)
ら 流通経済大付属柏高校(C19)★

埼玉ラインナップ

あ 浦和学院高校(D21)
大妻嵐山高校(D04)★
か 開智高校(D08)
開智未来高校(D13)★
春日部共栄高校(D07)
川越東高校(D12)
慶應義塾志木高校(A12)
さ 埼玉栄高校(D09)
栄東高校(D14)
狭山ヶ丘高校(D24)
昌平高校(D23)
西武学園文理高校(D10)
西武台高校(D06)
た 東京農業大第三高校(D18)
は 武南高校(D05)
本庄東高校(D20)
や 山村国際高校(D19)
ら 立教新座高校(A14)
わ 早稲田大本庄高等学院(A10)

北関東・甲信越ラインナップ

あ 愛国学園大附属龍ヶ崎高校(E07)
宇都宮短大附属高校(E24)
か 鹿島学園高校(E08)
霞ヶ浦高校(E03)
共愛学園高校(E31)
甲陵高校(E43)
国立高等専門学校(A00)
さ 作新学院高校
(トップ英進・英進部)(E21)
(情報科学・総合進学部)(E22)
常総学院高校(E04)
た 中越高校(R03)＊
土浦日本大高校(E01)
東洋大附属牛久高校(E02)
な 新潟青陵高校(R02)
新潟明訓高校(R04)
日本文理高校(R01)
は 白鷗大足利高校(E25)
ま 前橋育英高校(E32)
や 山梨学院高校(E41)

中京圏ラインナップ

あ 愛知高校(F02)
愛知啓成高校(F09)
愛知工業大名電高校(F06)
愛知みずほ大瑞穂高校(F25)
暁高校(3年制)(F50)
鶯谷高校(F60)
栄徳高校(F29)
桜花学園高校(F14)
岡崎城西高校(F34)
か 岐阜聖徳学園高校(F62)
岐阜東高校(F61)
享栄高校(F18)
さ 桜丘高校(F36)
至学館高校(F19)
椙山女学園高校(F10)
鈴鹿高校(F53)
星城高校(F27)★
誠信高校(F33)
清林館高校(F16)★
た 大成高校(F28)
大同大大同高校(F30)
高田高校(F51)
滝高校(F03)★
中京高校(F63)
中京大附属中京高校(F11)★
中部大春日丘高校(F26)★
中部大第一高校(F32)
津田学園高校(F54)
東海高校(F04)★
東海学園高校(F20)
東邦高校(F12)
同朋高校(F22)
豊田大谷高校(F35)
な 名古屋高校(F13)
名古屋大谷高校(F23)
名古屋経済大市邨高校(F08)
名古屋経済大高蔵高校(F05)
名古屋女子大高校(F24)
名古屋たちばな高校(F21)
日本福祉大付属高校(F17)
人間環境大附属岡崎高校(F37)
は 光ヶ丘女子高校(F38)
誉高校(F31)
ま 三重高校(F52)
名城大附属高校(F15)

宮城ラインナップ

さ 尚絅学院高校(G02)
聖ウルスラ学院英智高校(G01)★
聖和学園高校(G05)
仙台育英学園高校(G04)
仙台城南高校(G06)
仙台白百合学園高校(G12)
た 東北学院高校(G03)★
東北学院榴ヶ岡高校(G08)
東北高校(G11)
東北生活文化大高校(G10)
常盤木学園高校(G07)
は 古川学園高校(G13)
ま 宮城学院高校(G09)★

北海道ラインナップ

さ 札幌光星高校(H06)
札幌静修高校(H09)
札幌第一高校(H01)
札幌北斗高校(H04)
札幌龍谷学園高校(H08)
は 北海高校(H03)
北海学園札幌高校(H07)
北海道科学大高校(H05)
ら 立命館慶祥高校(H02)

★はリスニング音声データのダウンロード付き。

都道府県別 公立高校入試過去問 シリーズ

- 全国47都道府県別に出版
- 最近数年間の検査問題収録
- リスニングテスト音声対応

公立高校入試対策 問題集シリーズ

- 目標得点別・公立入試の数学(基礎編)
- 実戦問題演習・公立入試の数学(実力錬成編)
- 実戦問題演習・公立入試の英語(基礎編・実力錬成編)
- 形式別演習・公立入試の国語
- 実戦問題演習・公立入試の理科
- 実戦問題演習・公立入試の社会

高校入試特訓問題集 シリーズ

- 英語長文難関攻略33選(改訂版)
- 英語長文テーマ別難関攻略30選
- 英文法難関攻略20選
- 英語難関徹底攻略33選
- 古文完全攻略63選(改訂版)
- 国語融合問題完全攻略30選
- 国語長文難関徹底攻略30選
- 国語知識問題完全攻略13選
- 数学の図形と関数・グラフの融合問題完全攻略272選
- 数学難関徹底攻略700選
- 数学の難問80選
- 数学　思考力—規則性とデータの分析と活用—

〈ダウンロードコンテンツについて〉

本問題集のダウンロードコンテンツ、弊社ホームページで配信しております。現在ご利用いただけるのは「2025年度受験用」に対応したもので、**2025年3月末日**までダウンロード可能です。弊社ホームページにアクセスの上、ご利用ください。

※配信期間が終了いたしますと、ご利用いただけませんのでご了承ください。

高校別入試過去問題シリーズ

都立青山高等学校　2025年度

ISBN978-4-8141-2952-2

[発行所] 東京学参株式会社
〒153-0043　東京都目黒区東山2-6-4

書籍の内容についてのお問い合わせは右のQRコードから　⇒

※書籍の内容についてのお電話でのお問い合わせ、本書の内容を超えたご質問には対応できませんのでご了承ください。

2024年7月26日　初版